브랜드로 읽는
그리스 신화

브랜드로 읽는 그리스 신화

초판 1쇄 인쇄 2024년 9월 19일
초판 1쇄 발행 2024년 10월 1일

—

지은이 김원익
펴낸이 이방원

책임편집 이희도　　**책임디자인** 양혜진
마케팅 최성수·김 준　　**경영지원** 이병은

—

펴낸곳 세창출판사
신고번호 제1990-000013호　　주소 03736 서울특별시 서대문구 경기대로 58 경기빌딩 602호
전화 02-723-8660　　팩스 02-720-4579　　이메일 edit@sechangpub.co.kr　　홈페이지 http://www.sechangpub.co.kr
블로그 blog.naver.com/scpc1992　　페이스북 fb.me/Sechangofficial　　인스타그램 @sechang_official

—

ISBN 979-11-6684-346-4　03210

브랜드로 읽는

그리스 신화

세창출판사

김원익 지음

신화는 수천 년 동안 내려오면서 다른 이야기들과의 생존경쟁에서 살아남은 이야기로 이 세상 모든 이야기의 모델이자 원형이다. 그래서 신화는 고대인의 이야기일 뿐 아니라 바로 지금 여기를 살아가고 있는 우리의 이야기다. 세계적인 신화학자 조지프 캠벨도 『신화의 힘』에서 이렇게 말한다. "신화는 나에게 절망의 위기 혹은 기쁨의 순간에, 실패 혹은 성공의 순간에 내가 어떻게 행동해야 할 것인가를 가르쳐 줍니다. 신화는 내가 지금 어디에 있는가를 가르쳐 줍니다." 우리가 신화를 읽어야 하는 이유가 바로 여기에 있다.

하지만 신화는 꼬리에 꼬리를 물고 등장하는 생소하고 긴 이름 탓에 공부하기가 여간 어려운 게 아니다. 필자가 10여 년 전 '상표와 로고 속 신화 이야기'라는 제목으로 강의를 하기 시작한 것은 수강생들에게 그런 어려움을 조금이나마 덜어 주기 위해서였다. 그런데 그 결과가 자못 놀라웠다. 그리스 신화에서 유래한 건 몰랐어도 상표와 로고에 이미 눈과 귀가 익숙한 터라 수강생들의 눈빛은 빛났고, 이해도 아주 빨랐으며, 기억력도 남달랐다. 입소문이 나면서 아예 그 제목으로 강의해 달라는 요청도 많이 들어왔다.

그사이 강의 제목도 '브랜드 속 신화 이야기', 혹은 '브랜드 속 그리스 신화 이야기'로 바뀌었다. 2시간짜리 1강이었던 분량도 점점 쌓여서 8강도 가능할 정도로 많아졌다. 이제 책 한 권이 나올 만큼 충분한 자료가 축적된 셈이다. 그렇다고 이 책은 '나이키' 운동화처럼 그리스 신화에서 유래한 좁은 의미의 브랜드만 그 대상으로 한 건 아니다. 그리스 신화에서 유래한 상호, 로고, 관용구, 심리학 개념, 노래, 영화, 시 등도 넓은 의미의 브랜드로 간주하고 그 대상으로 삼았다.

이 책의 '차례'는 각 브랜드를 그 속에 깃들어 있는 그리스 신화를 기준으로 태초의 카오스부터 시작하여 티탄 신족, 올림포스 신족, 사랑 이야기 등 인간의 이야기, 영웅의 모험 등의 순서로 정돈한 것이다. 독자들이 총 120가지의 재미있는 브랜드 스토리를 읽으면서 스며들 듯이 자연스럽게 그리스 신화를 차근차근 개관할 수 있도록 하기 위한 배려다. 책은 모름지기 가독성이 있어야 하는 법이다. 이 책은 독자들의 가독성을 높이기 위해 가능한 한 관련 명화를 많이 실었다. 필요한 곳에는 지도나 족보도 삽입했다.

이 책에는 내용 전개상 어쩔 수 없이 앞의 브랜드에서 언급한 신화가 나중 브랜드에서 다시 언급될 수밖에 없는 경우도 더러 있다. 그것은 기억을 확인하거나, 반복을 통해 기억을 다지는 기회로 삼길 바란다. 특히 이 책은 다른 그리스 신화 책에서는 접할 수 없는 내용을 아주 많이 담고 있다. 가령 근대 올림픽의 기원이 된 고대 올림피아 경기에 대해서는 거의 모든 것을 망라했고, 지하 세계를 흐르는 스틱스강 등 총 5개의 강에 대한 모든 궁금증도 명쾌하게 해소했다. 다만 저작권 문제로 상표, 로고, 영화 포스터 등을 소개하지 못해 무척 아쉬울 뿐이다.

John Collier, 〈고다이바 부인〉, 1897년경

이 책의 마중물로 '고다이바^{Godiva}'라는 벨기에산 유명한 초콜릿 브랜드에 깃들어 있는 짧은 영국 전설을 소개한다. '고다이바'는 우리나라에서는 '고디바'로 부른다. 이 초콜릿 브랜드는 바로 11세기경 영국 코번트리^{Coventry}에 살았던 '고다이바 부인^{Lady Godiva}'에게서 따온 것이다. 그녀는 영주였던 남편 레오프릭^{Leofric}이 무리한 세금을 징수하여 백성들이 엄청난 도탄에 빠지자, 남편에게 세금을 감면해 줄 것을 간청했다.

이에 대해 성격이 괴팍하고 강퍅했던 영주는 자신의 아내에게 "벗은 몸으로 말을 탄 채 성을 한 바퀴 돌면 그렇게 하겠다"라고 말했다. 고심하던 고다이바는 백성들을 위해 남편의 제의를 받아들이기로 하였고, 이에 화답이라도 하듯 백성들은 비밀회의를 개최하여 고다이바가

성을 돌 때 아무도 밖을 내다보지 않기로 결의했다.

마침내 약속 시간이 되자 고다이바는 정말 옷을 벗은 채 말을 타고 묵묵히 성을 한 바퀴 돌았다. 그러자 남편은 아내의 대단한 용기에 감탄하여 백성들에게 즉시 말에 대한 세금을 제외한 모든 세금을 감면해주었다. 이를 기념하기 위해 1678년부터 코번트리에서는 해마다 고다이바의 말타기 행진이 벌어진다. 시간이 흐르자 원래의 고다이바 이야기에 다른 내용이 첨가되기 시작했다.

그중 가장 대표적인 것이 '모든 백성이 다짐한 대로 밖을 내다보지 않았지만 어떤 백성 하나가 몰래 밖을 내다보았다가 즉시 눈이 멀었다'는 내용이다. 그 백성 이름도 '피핑 톰 Peeping Tom'이라고 구체적으로 거명된다. 그래서 '피핑 톰'은 '엿보기 좋아하는 사람'이나 '관음증 환자', 혹은 '호색한' 등을 의미한다. 그렇다면 왜 초콜릿 브랜드가 하필 고다이바의 이름을 따랐을까? 그것은 혹시 고다이바가 달콤한 초콜릿 같은 미담의 주인공이라서 그런 것은 아닐까?

영국 코번트리 브로드게이트의
고다이바 부인과 피핑 톰

고디바 초콜릿

차례

브랜드로 읽는 그리스 신화

1.

'카오스 이론'과 '카오스 재단'

George Frederic Watts, 〈카오스〉, 1875년경

　　'카오스Chaos'는 '혼돈'과 '혼란'을 뜻하며 '질서'와 '조화'를 뜻하는 '코스모스Cosmos'의 반의어다. 세계 각국의 신화는 태초의 카오스의 상태에서 점차 코스모스의 상태로 자리를 잡아간다. 그것은 아무리 무질서한 상태라도 결국 언젠가는 정돈된 상태로 되어 가기 마련이라는 세상 이치를 말해 주는 것은 아닐까?

　　B.C. 7세기 그리스 신들의 계보를 최초로 정리한 헤시오도스Hesiodos의 『신통기』에 따르면 '카오스'는 '아무것도 없는 텅 빈 공간'이나 '커다랗게 벌어진 틈'을 의미한다. 이에 비해 B.C. 1세기 로마 작가 오비디우스Ovidius의 『변신 이야기』에 따르면 '카오스'는 '미세한 활성 물질들로 가득 찬 공간'이다.

　　그리스 신화에서 신을 비롯한 모든 만물은 태초의 카오스에서 생성된다. 그래서 카오스는 이 세상이 만들어지기 전 태초에 있었다고 하는 성서 「창세기」의 '흑암'이나 북유럽 신화의 '어둠'과 거의 똑같다. 『신통기』에 의하면 태초에 카오스에서 대지 여신 가이아Gaia, 지하 세계에서 가장 깊은 곳이자 그곳을 다스리는 신 타르타로스Tartaros, 사랑의 신 에로스Eros, 밤의 여신 닉스Nyx, 지하 세계의 암흑의 신 에레보스Erebos 등 5명의 신이 태어난다.

　　'카오스'에서 이름을 따온 것들은 전 세계적으로 아주 많다. 수학이나 물리학에서 비선형의 예측할 수 없는 혼란스러운 행태를 연구하는 분야도 바로 '카오스 이론Chaos theory'이라고 부른다. 미국과 일본의 영화감독 토니 기글리오Tony Giglio와 나카타 히데오Nakata Hideo도 〈카오스〉라는 제목의 영화를 만들었다. 두 영화 모두 그야말로 카오스(혼돈)와 다

Anselm Feuerbach, 〈가이아〉, 1875
(왼쪽은 가이아와 함께 태어난
사랑의 신 에로스다)

름없는 현대의 대도시에서 난무하는 납치와 살인사건을 다룬 공포 영화다.

미국의 영화감독 데이비드 데팔코^{David DeFalco}도 2005년 10대 소녀 2명이 납치당해 살해당하는 〈카오스〉라는 공포 영화를 만들었다. 미국의 추리소설 작가 퍼트리샤 콘웰^{Patricia Cornwell}도 『카오스』라는 소설을 썼다. 한때 인기를 끌었던 일본의 유명한 레슬링 팀 이름도 '카오스'였다. 전 세계적으로 노래나 앨범 이름에 '카오스'가 들어 있는 것도 아주 많다.

'카오스'는 유명한 만화의 등장인물 이름으로도 자주 사용되었다. 가령 일본 만화 『세일러문』에서 주인공 '세일러문'이 대적해서 싸워 온 모든 적은 바로 주적이자 최후의 적 '카오스'의 분신들이다. 그래서 카오스의 기운이 완전히 스며든 세일러 갤럭시아^{Sailer Galaxia}의 이름이 '세일러 카오스^{Sailer Chaos}'로 바뀐다. 『세일러문』의 스토리는 결국 평화, 정의, 질서를 대변하는 코스모스 세력과 전쟁, 불의, 혼돈을 대변하는 카오스 세력 사이의 싸움인 셈이다.

우리나라의 게임 전문업체 '네오 액트'에서 개발하고 '세시소프트'와 '넥슨'이 서비스하는 멀티플레이어 온라인 게임 중에도 '카오스 온라인^{Chaos online}'처럼 '카오스'라는 이름이 들어간 것들도 있다. 왜 게임에 카오스라는 이름이 들어갔을까? 게임도 결국 어둠의 세력인 카오스를 제압하고 퇴치하는 것을 핵심 주제로 삼아야 재미있지 않을까?

우리나라 서울에는 2014년 "과학, 지식, 나눔을 모토"로 만들어진 '카오스KAOS'라는 과학재단이 있다. 재단 이름 'KAOS'는 '무대 위에서 깨어난 지식'이라는 뜻의 영문 'Knowledge Awakening On Stage'의 이니셜이다. 하지만 Chaos(Kaos)라는 단어를 염두에 두지 않고서는 나올 수 없는 이름이다. 카오스 재단은 홈피에서 설립 취지를 "난해한 과학과 수학의 지식을 쉽고 재미있게 대중에게 전달하고자" 하는 것이라고 분명하게 밝히고 있으니 하는 말이다.

'테라' 가상화폐와 '테라로사' 커피

Giorgio Vasari, 〈우라노스를 거세하는 크로노스〉, 1700년경

'가이아'는 그리스 신화에서 태초에 카오스에서 혼자 태어난 대지의 여신으로 모든 신들과 만물의 어머니다. '게Ge' 혹은 '가Ga'라고도 했고, 로마에서는 '테라Terra' 혹은 '텔루스Tellus'라고 불렀으며, 영어로는 '지어Gaea'라고 한다. '가이아, 테라, 지어'는 모두 '지구', '땅', '토지'라는 의미로도 사용된다. 그래서였을까? 시내 간판 중에 가끔 '가이아 부동산'이나 '가이아 공인 중개사 사무소'가 눈에 띈다.

가이아는 태초에 카오스에서 다른 4명의 신들과 함께 동시에 태어났다. 사랑의 신 에로스, 지하에서 가장 깊은 곳의 신 타르타로스, 밤의 여신 닉스, 지하 세계의 암흑의 신 에레보스가 바로 그들이다. 카오스는 누구와 짝을 이루지도 않고 혼자서 5명이나 되는 신을 낳은 셈이다.

태초의 카오스는 거대한 텅 빈 공간일 뿐 엄밀히 말해 신은 아니다. 그래서 그리스 신화에서는 가이아가 실제로 최초의 신이며 모든 신들의 어머니다. 신들은 모두 그녀의 자손들이기 때문이다. 가이아는 먼저 혼자서 자신과 비슷한 크기로 별이 총총한 하늘 우라노스Uranos, 폭풍우가 이는 태초의 황량한 바다 폰토스Pontos, 요정들의 처소인 산맥 우레아Ourea를 낳았다. 가이아는 그 다음에는 아들 우라노스와 관계하여 12명의 거인족인 티탄Titan을 낳았다.

가이아는 우라노스와의 사이에서 계속해서 키클로페스Kyklopes 3형제인 브론테스Brontes(천둥), 스테로페스Steropes(번개), 아르게스Arges(벼락)와 헤카톤케이레스Hekatonkeires 3형제인 코토스Kottos, 브리아레오스Briareos, 기게스Gyges를 낳았다. 키클로페스는 눈이 하나밖에 없는 종족을 총칭하는 이름이고, 헤카톤케이레스는 100개의 팔에 50개의 머리가 돋아난 괴물을 총칭하는 이름이다.

티탄 12신을 비롯한 가이아와 우라노스의 자식들은 하나같이 끔찍하고 거대한 모습이었다. 이에 불안을 느낀 우라노스는 자식들이 태어나자마자 가이아의 몸속 가장 깊은 곳인 타르타로스로 밀어 넣어 세상의 빛을 보지 못하도록 했다. 분노한 가이아는 티탄 12신 중 막내였던 크로노스^{Kronos}를 시켜 남편 우라노스를 거세시키고 권좌에서 밀어냈다.

그리스 신들의 제2대 왕에 오른 크로노스는 거사 전 어머니 가이아와 한 약속을 지키지 않았다. 그는 자신을 제외한 11명의 티탄 신족들은 타르타로스에서 꺼내 주었지만 키클로페스와 헤카톤케이레스 3형제는 여전히 그곳에 가두어 두었다. 가이아가 크로노스에게 그들을 꺼내 주라고 아무리 채근해도 그는 꿈쩍도 하지 않았다. 이에 가이아는 크로노스에게 앞으로 태어날 그의 자식 중 하나가 반드시 그를 권좌에서 밀어낼 것이라고 저주를 퍼부었다.

가이아의 저주가 내내 마음에 걸린 크로노스는 아내로 맞이한 레아^{Rhea}와의 사이에서 자식들이 태어날 때마다 차례로 단숨에 집어삼켜 버렸다. 이렇게 총 5명의 자식을 잃은 레아는 막내 제우스^{Zeus}만은 시어머니 가이아의 충고대로 크레타^{Kreta}섬으로 빼돌려서 딕테^{Dikte}산 요정들을 시켜 은밀히 키우도록 했다. 세월이 흘러 헌헌장부로 장성한 제우스는 결국 아버지 크로노스의 배 속에서 형제자매들을 구해 내고 그들과 힘을 합해 그를 권좌에서 밀어냈다.

그리스 신화는 바로 그리스 신들의 3대 왕위에 오른 제우스를 정점으로 한 소위 올림포스 신족들의 이야기다. 그런데 제우스는 대지의 여신 가이아의 손자다. 이처럼 가이아는 모든 그리스 신들의 어머니이자 할머니다. 헤시오도스가 『신통기』에서 가이아를 "넓은 젖가슴"을 지녔고 "모든 신들의 든든한 처소"라고 말한 것은 바로 그 때문이다.

영국의 과학자 제임스 러브록James Lovelock이 창시한 '가이아 이론Gaia theory'이라는 게 있다. 가이아로 대변되는 지구를 하나의 살아 있는 유기체로 보는 이론이다. 지구는 자신의 생명을 유지하기 위해 주변 환경과 끊임없이 상호작용하면서 스스로 조절하고 진화해 나가는 거대한 생명체라는 것이다. 정말 그게 사실

Francisco de Goya, 〈아들을 집어삼키는 크로노스〉, 1819~1823

이라면 현재의 기후나 환경 위기도 전혀 걱정할 문제가 아닐 터이니 얼마나 좋을까? '가이아 이론'은 '가이아 원칙Gaia principle' 혹은 '가이아 가설Gaia hypothesis'이라고도 한다.

브라질 환경운동가 호세 루첸베르거José Lutzenberger가 1987년 설립한 환경재단 이름도 '가이아'이며, 1992년 독일에서 창간된 '가이아'라는 유명한 환경 잡지가 있다. 미국 시카고에는 미국뿐 아니라 개발도상국에서 헌 옷을 모아 재활용하는 자선단체 '가이아'가 있고, 영국에는 '생태학적으로 지속 가능한 개발'의 중요성을 고취할 목적으로 설립된 '가이아 재단Gaia Foundation'이 있다. 어린이 건강 기능식품 중에 '바이오 가

이아^{Bio Gaia}’가 있으며, 그리스 와인 양조 회사 중에도 ‘가이아 와인스^{Gaia Wines}’가 있다.

우리나라 맥주 브랜드 중에 가이아의 로마식 이름을 딴 ‘테라’가 있다. 또한 지리학 용어 중에 ‘붉은 땅^{赤土}’이라는 뜻의 ‘테라로사^{Terrarossa}’도 있고, 조각품 중에도 점토를 구워 만든 소상^{塑像}인 ‘테라코타^{Terracotta}’가 있다. ‘테라로사’라는 이탈리아 지명도 있고, 우리나라 커피 전문점에도 ‘테라로사’가 있다. 그런데 그 커피 전문점 영어 스펠링을 자세히 살펴보면 ‘Terrarossa’에서 알파벳 ‘r’과 ‘s’가 각각 하나씩 빠져 있다. 우리나라에는 걸그룹 에프엑스^{f(x)}로 데뷔한 ‘루나^{LUNA}’라는 가수도 있고, 한때 그 가수 이름 딴 ‘루나폰’과 ‘루나 화장품’이 출시되어 인기를 끈 적이 있었다. 전 세계적으로 ‘루나’라는 제목의 노래와 앨범도 아주 많다.

구소련이 1959년부터 1976년까지 진행한 무인 달 탐사 계획도 ‘루나 계획^{Luna-Programm}’이고, 세계 최초로 달에 착륙한 우주선 이름도 루나^{Luna} 9호다. 우리나라 가상 화폐 중에 2022년 대폭락 사태로 수많은 투자자를 나락으로 빠뜨렸던 ‘테라^{Terra}’와 ‘루나^{Luna}’라는 브랜드가 있다. 테라는 앞서 언급했듯이 대지의 여신 가이아의 로마식 이름이고, 루나는 티탄 신족의 달의 여신이었던 셀레네^{Selene}의 로마식 이름이다. 달(셀레네=루나)이 지구(가이아=테라)의 위성인 것처럼 두 가상 화폐는 자매 사이다. 그 가상 화폐를 만든 대표의 탈법성과 도덕성은 차치하더라도 어쨌든 정말 기발한 조합이 아닐 수 없다.

태초의 신들

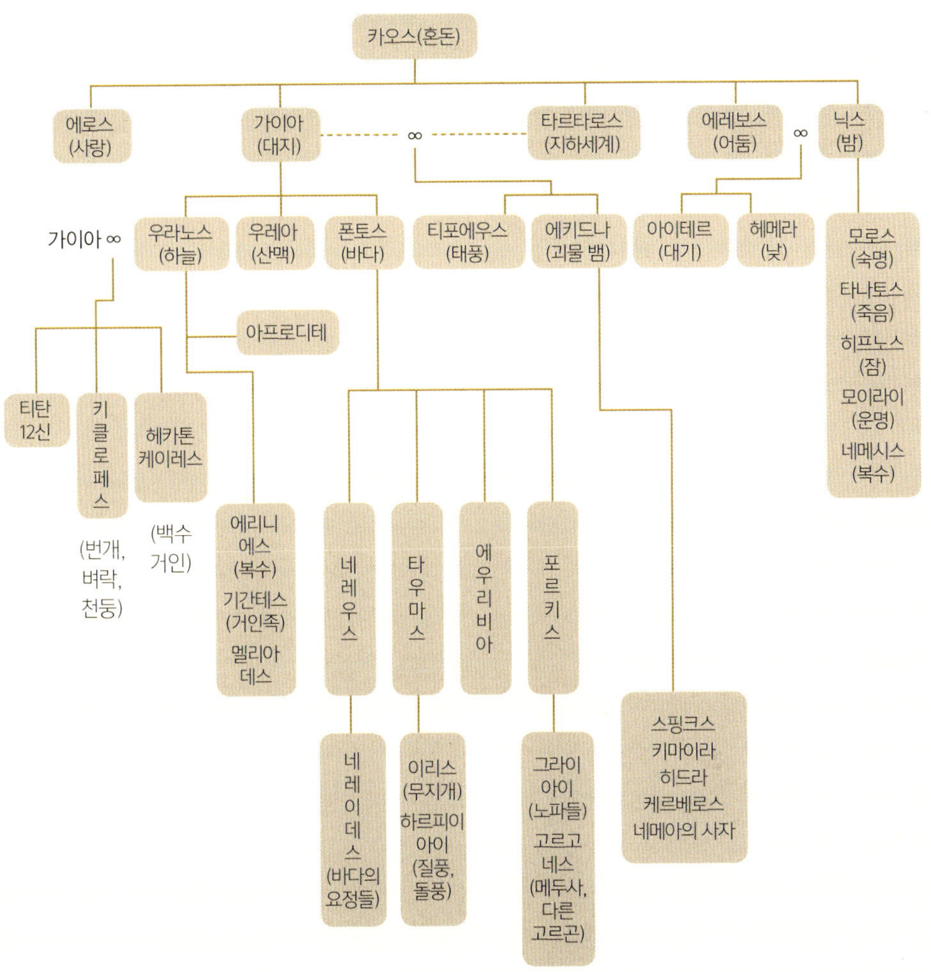

† 키클로페스 3형제 : 스테로페스(번개), 아르게스(벽락), 브론테스(천둥)
  헤카톤케이레스 3형제 : 코토스, 브리아레오스, 기게스

3.

'타이타닉'호와 '타이탄' 자동차

'티탄'이라는 말은 어원적으로 '늘어나다'라는 뜻을 지닌 그리스어 '티타이노ᵗⁱᵗᵃⁱⁿᵒ'에서 나온 말로 '거인'이라는 뜻이다. 그리스 신화에서 티탄은 대지의 여신 가이아와 하늘의 신 우라노스 사이에서 태어난 6남 6녀, 총 12명의 자식을 총칭하는 이름으로 영어로는 '타이탄'이라고 한다.

앞서 언급한 것처럼 티탄 12신은 태어날 때부터 아버지 우라노스가 위협을 느낄 정도로 어마어마하게 큰 몸집을 하고 있었다고 하니 그 크기를 가히 짐작할 만하다. 티탄 12신 중 남신은 오케아노스ᴼᵏᵉᵃⁿᵒˢ, 히페리온ᴴʸᵖᵉʳⁱᵒⁿ, 코이오스ᴷᵒⁱᵒˢ, 크로노스, 크리오스ᴷʳⁱᵒˢ, 이아페토스ᴵᵃᵖᵉᵗᵒˢ

이며, 여신은 테티스^{Tethys}, 테이아^{Theia}, 포이베^{Phoibe}, 레아, 므네모시네^{Mnemosyne}, 테미스^{Themis}다.

티탄 12신은 형제자매 사이이지만 오케아노스와 테티스, 히페리온과 테이아, 코이오스와 포이베, 크로노스와 레아 등 4남매는 서로 부부로 맺어지기도 했다. 오케아노스는 대지를 둘러싸고 있는 거대한 대양강大洋江이고 테티스는 담수淡水의 여신인데, 이 둘 사이에서는 이 세상의 모든 강의 신들과 요정들이 태어났다. 가령 죽은 혼령들이라면 반드시 건너야 하는 지하 세계를 흐르는 강 스틱스^{Styx}도 그들의 딸이다. 특히 강의 여신들은 '오케아노스의 딸'들이라는 뜻의 '오케아니데스^{Okeanides}'라고 칭했다.

빛의 신 히페리온과 테이아 사이에서는 태양신 헬리오스^{Helios}, 달의 신 셀레네, 새벽의 여신 에오스^{Eos}가 태어났다. 코이오스와 '빛나는 자'라는 뜻을 지닌 포이베 사이에서는 레토^{Leto}와 아스테리아^{Asteria}라는 두 딸이 태어났다. 레토의 어원은 망각의 강 '레테^{Lethe}'이고, 아스테리아는 '별의', 혹은 '별처럼 반짝반짝 빛나는'이라는 뜻이다. 크로노스와 레아 사이에서는 나중에 올림포스 신족의 왕이 되는 제우스를 비롯한 포세이돈^{Poseidon}, 하데스^{Hades}, 헤라^{Hera}, 데메테르^{Demeter}, 헤스티아^{Hestia} 등 6남매가 태어났다.

크레이오스^{Kreios}라고도 하는 크리오스와 에우리비아^{Eurybia}와의 사이에서는 '황혼의 신' 아스타리오스^{Astarios}, 팔라스^{Pallas}, '파괴의 신' 페르세스^{Perses} 등 3형제가 태어났다. 에우리비아는 '태초의 바다의 신' 폰토스^{Pontos}와 가이아의 딸이다. 이아페토스와 아내 아시아^{Asia} 혹은 클리메네^{Klymene}와의 사이에서는 아틀라스^{Atlas}, 프로메테우스^{Prometheus}, 에피메테우스^{Epimetheus}, 메노이티오스^{Menoitios} 등 4형제가 태어났다. 아시아와 클리메네는 오케아노스와 테티스의 딸들로 강의 요정들이다.

그리스 신들은 각각 크로노스와 제우스를 수장으로 한 티탄 신족과 올림포스 신족으로 나누어진다. 하지만 올림포스 신족도 엄밀히 말해 티탄 신족에서 갈라져 나온 것이다. 올림포스 신족의 왕 제우스의 아버지가 바로 티탄 신족의 왕 크로노스이기 때문이다. 그렇다면 올림포스 신족이란 정확하게 어떤 신들을 지칭하는 걸까? 그것은 바로 제우스 6남매, 그리고 그들과 함께 올림포스산에 산성을 쌓고 크로노스에게 반기를 들었던 티탄 신들을 말한다. 또한 제우스가 여신이나 인간들과 관계를 맺어 낳아 대업을 맡긴 자식들도 모두 올림포스 신족에 속한다.

크로노스를 중심으로 한 티탄 신족은 폭력을 휘두르는 아버지 우라노스를 거세하고 그리스 신들의 권력을 거머쥐었다. 하지만 얼마 후 크로노스도 자식들을 집어삼키는 만행을 저지르다가 제우스와의 10년 전쟁에서 패배한 뒤 신화의 뒤안길로 쓸쓸히 사라졌다. 신화도 역사와 마찬가지로 승자의 기록이다. 그래서 그리스 신화도 결국 권력 투쟁에서 승리한 올림포스 신족의 이야기다. 그리스 신화에서 신들의 전쟁 이후 티탄 신족이 더 이상 모습을 드러내지 않는 것은 바로 그 때문이다.

로마는 B.C. 753년 건국한 이래 그리스 신화를 신들의 이름만 바꾼 채 그대로 받아들이고 장려했다. 하지만 테오도시우스 황제는 392년 기독교를 국교로 정하면서 그리스 신화를 이단으로 규정하고 신전들도 철저하게 파괴했다. 그 후 그리스 신화는 기독교 제국 중세 천년의 세월이 흐르는 동안 사람들의 기억에서 사라졌다가, 르네상스 이후에야 비로소 수많은 화가의 그림을 통해 깊고 긴 잠에서 깨어나기 시작했다.

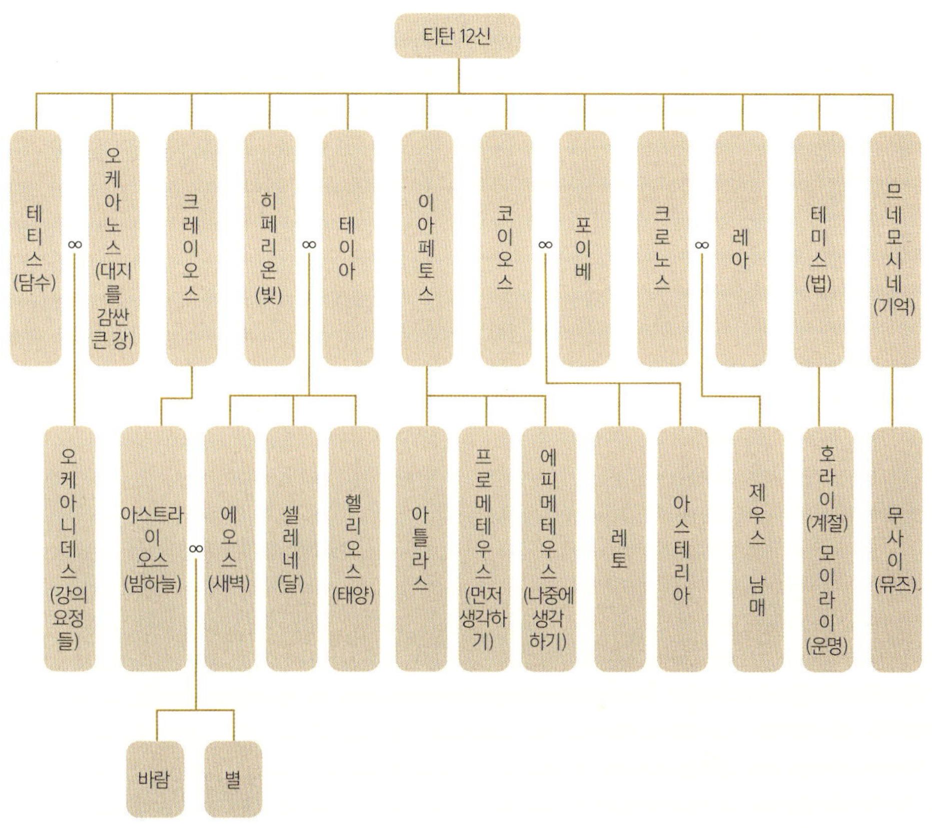

† 니케 : 스틱스와 팔라스의 딸
† 헤시오도스에 따르면 운명의 여신 모이라이는 밤의 여신 닉스의 딸들이다.

그리스 신화를 소재로 그린 당대의 그림 중에는 소위 '티타노마키아Titanomachia'라고 불리는 티탄 신족과 올림포스 신족 사이에서 벌어진 전쟁을 그린 것도 있다. 가령 16세기에 활동했던 네덜란드의 화가 코르넬리스 판 하를렘Cornelis van Haarlem은 올림포스 신족이 던진 돌무덤에 갇혀 몰락하는 티탄 신족을 그린 그림에 〈티탄의 추락〉이라는 제목을 달았다. 코르넬리스에 이어 루벤스Rubens도 이와 똑같은 제목의 그림을 그렸고, 야코프 요르단스Jacob Jordaens는 루벤스의 그림을 그대로 모사했다.

17세기에 발견된 태양계 행성 중 하나인 토성 주위를 돌고 있는 위성 중 가장 큰 위성의 이름도 '타이탄'이다. 토성은 티탄 신족의 왕이었던 크로노스의 영어식 이름인 '새턴Saturn'이기 때문에 절로 고개가 끄덕

Cornelis van Haarlem, 〈티탄의 추락〉, 1588~1590

Jacob Jordaens, 〈티탄의 추락〉, 1637~1638

여지는 네이밍이다. 현재 세계에서 가장 큰 반려견으로 기네스북에 등재된 미국의 그레이트데인 이름도 '타이탄'이다.

1912년 영국에서 북대서양을 횡단하기 위해 만들어진 배 이름도 '타이타닉Titanic'이었다. 이런 이름이 붙은 것은 당시 그 배가 전 세계에서 가장 컸기 때문이다. 타이타닉호는 영국 사우샘프턴Southampton을 출발하여 미국 뉴욕으로 가던 첫 항해에서 빙산과 충돌하여 침몰했다. 침몰할 당시 타이타닉호에는 이미 바다에 뛰어들었다가 사망한 승객들을 제외하고 여전히 1000여 명의 승객이 남아 있었는데 구조된 사람은 706명에 불과했다.

그동안 전 세계적으로 이 타이타닉호의 침몰을 다룬 만화, 애니메이션, TV 시리즈, 영화 등도 아주 많이 만들어졌는데, 가장 유명한 것으로는 1997년 제임스 카메론 감독이 메가폰을 잡고 레오나르도 디카프리오와 케이트 윈슬릿이 주연을 맡아 만든 〈타이타닉〉이라는 영화를 들 수 있다.

1971년 일본 마쓰다^{Mazda} 자동차에서 만든 트럭도 '타이탄'이라는 이름을 지니고 있다. 우리나라의 기아 자동차도 1972년 마쓰다의 타이탄 기종을 모델로 '타이탄'이라는 트럭을 내놓았다. 2004년 일본의 닛산^{Nissan} 자동차에서 만든 사륜구동 자동차에도 '타이탄'이라는 이름이 붙어 있다. 아마 소비자들에게 이 자동차가 그리스 신화의 거인족 티탄처럼 힘이 아주 세다는 인상을 심어 주기 위해 그런 이름을 붙였으리라.

'타이탄'은 미국의 오토바이 회사나 슈퍼컴퓨터 이름으로도 쓰이고 있는데, 그것은 그 제품들이 힘이나 규모에서 세계 최고라는 이미지를 불러일으키기 위한 인문학적인 발상일 것이다. 그래서 미국 텍사스 주의 엘링턴에 있는 '식스 플래그스^{Six Flags}' 놀이공원에 세워진 세계 최대 규모의 롤러코스터 이름도 '타이탄'이다.

2010년에는 국내에 미국의 루이스 리터리어^{Louis Leterrier} 감독의 〈타이탄〉이라는 영화가 상영되어 팬들의 많은 사랑을 받았다. 하지만 이 영화는 티탄 신족이 아닌 그리스 신화의 영웅 페르세우스를 다루고 있어 실제 내용은 제목이 주는 인상과는 사뭇 다르다. 우리나라 가수 중에도 '타이탄'이라는 남성 4인조 그룹이 있지만, 이름을 지을 때 염두에 둔 것처럼 아직 활발한 활동을 하지 못하는 것 같아 무척 안타깝다.

'아트라스' 배터리와 '아트라스' 초콜릿

John Singer Sargent, 〈아틀라스와 헤스페리데스〉, 1925

아틀라스는 티탄 12신 중 하나인 이아페토스와 오케아노스^{Ocheanos}

의 딸인 아시아^{Asia} 사이에서 맏아들로 태어났다. 그에게는 메노이티오스, 프로메테우스, 에피메테우스 등 3명의 동생이 있었다. 그리스 신들의 천하장사라고 해도 손색이 없을 만큼 힘이 셌던 아틀라스는 티탄 신족과 올림포스 신족 사이에서 전쟁이 발발하자 메노이티오스와 함께 티탄 신족의 편을 들었다.

제우스는 소위 '티타노마키아^{Titanomachia}'라고 부르는 10년 동안이나 지속된 이 전쟁에서 승리하자 자신에게 적대적이었던 다른 티탄 신족을 모두 지하 세계에서 가장 깊은 타르타로스 감옥에 가두었다. 하지만 괴력을 지닌 탓에 가장 애를 먹였던 아틀라스에게만은 본때를 보여주고 싶었다. 그래서 그에게 세상의 서쪽 끝자락에서 선 채로 하늘을 떠받치고 있으라는 형벌을 내렸다.

아틀라스가 두 손으로 하늘을 잡고 어깨에 메고 있는 모습을 상상하다가, 언뜻 초등학교 시절 수업 시간에 선생님 몰래 장난을 치다 걸리는 바람에 복도에서 손을 들고 벌을 받던 내 모습이 떠올라 웃음이 절로 나온다. 그런데 그 당시 하늘에 도대체 무슨 문제가 있었던 것일까? 제우스는 아틀라스에게 왜 하필이면 하늘을 떠받치게 했을까? 그 이유는 2가지로 나누어 설명할 수 있다.

우선 제우스는 하늘이 대지 위로 떨어질지 모른다는 불안감에서 그런 조치를 취했을 수도 있다. 북유럽 신화에서도 세상의 창조 작업을 주도했던 오딘^{Odin} 3형제는 대지에서 강한 바람이 불면 하늘이 심하게 흔들리는 것을 보고 난쟁이 중 가장 힘센 녀석 넷을 골라 동서남북에서 하늘의 네 귀퉁이를 어깨에 짊어지고 단단히 잡고 있으라고 명령한다.

또 다른 이유는 대지의 여신 가이아와 하늘의 신 우라노스의 역학 관계에서 찾을 수 있다. 태초에 한때 모자母子였다가 부부로 맺어졌던 가이아와 우라노스의 결혼 생활은 평탄치 못했다. 우라노스가 자식들이 태어날 때마다 가이아의 몸 가장 깊은 곳인 타르타로스로 다시 밀어 넣는 폭력을 자행했기 때문이다. 그래서 주지하다시피 가이아는 티탄 12신 중 막내였던 크로노스와 합심하여 우라노스를 거세하고 권좌에서 밀어냈다. 이때부터 우라노스는 당연히 가이아와도 인연을 끊고 살았다.

하지만 제우스는 아마 우라노스가 언제든지 다시 폭력적인 본성을 드러낼 수 있다고 생각했을 수 있다. 그래서 괴력을 지닌 아틀라스를 이용해서 하늘인 우라노스가 대지인 가이아에게 가까이 오지 못하도록 막았던 것은 아닐까? 그것은 할머니 가이아가 다시는 할아버지 우라노스의 폭력의 희생물이 되지 않기를 바라는 제우스의 배려심일 수도 있다. 하지만 우라노스가 가이아와 한 편이 되어 자신의 권력에 걸림돌이 되지 않게 하려는 제우스의 고도의 전략일 수도 있다.

아틀라스를 소재로 한 그림이나 조각을 보면 마치 그가 어깨에 둥근 지구를 떠받치고 있는 것처럼 보이지만, 사실 그것은 지구가 아니라 천구天球다. 천구는 하늘이 지구를 감싸고 있다고 가정하여 만든 가상의 구로서 지구는 그 안쪽 한가운데에 있고, 별자리나 행성은 그 표면에서 떠다닌다. 그래서 아틀라스가 벌 받고 있는 모습이 제대로 구현되려면 그는 천구 안에서 지구에 발을 디딘 채로 하늘을 떠받치고 있어야 한다.

하지만 그러면 아틀라스의 모습은 천구에 가려 밖에서 보이지 않는다. 결국 그의 모습을 드러내려면 어쩔 수 없이 아틀라스가 천구 밖에서 그것을 들고 있는 모습으로 그리거나 조각할 수밖에 없는 것이다. 지구본 중에 아틀라스가 어깨에 오대양 육대주가 그려진 지구를 떠받치고 있는 게 더러 눈에 띄는데 그것은 잘못된 것이다. 그것은 지구가 아니라 게자리나 양자리 등 별자리가 그려진 천구여야 맞다.

아틀라스는 형벌을 받기 오래전에 몇몇 여신들과 사랑을 나누어 많은 딸을 두었다. 우선 오케아노스의 딸 플레이오네^{Pleione}와의 사이에서는 '플레이아데스^{Pleiades}'라고 부르는 7명의 딸이 태어났다. 또한 오케아노스의 딸 아이트라^{Aithra}와의 사이에서도 '히아데스^{Hyades}'라고 부르는 3~7명의 딸이 태어났다. 이어 저녁별의 여신 헤스페리스^{Heperis}와의 사이에서도 '헤스페리데스^{Hesperides}'라고 부르는 3~7명의 딸이 태어났다.

우리는 아틀라스가 벌을 받고 있는 한 그가 주연으로 활약하는 이야기가 생길 리 만무하다고 생각할 수도 있겠지만 그건 큰 오산이다. 그리스 신화에서 내로라하는 두 영웅인 페르세우스와 헤라클레스가 과업을 쫓아 아틀라스의 유형지인 세상의 서쪽 끝자락까지 왔다가 그를 만나면서 흥미진진한 이야기가 전개되기 때문이다.

그렇다면 당시 세상의 서쪽 끝자락은 어디일까? 그곳은 바로 지금의 지브롤터해협 근처 북아프리카 해안이었다. 오비디우스의 『변신 이야기』에 따르면 영웅 페르세우스에 의해 참수를 당하는 괴물 메두사^{Medusa}의 소굴도 바로 그곳에 있었다. 메두사는 얼굴이 하도 흉측해서 살아있는 것이라면 무엇이든 보기만 하면 돌로 변했다.

페르세우스는 긴 여정 끝에 세상의 서쪽 끝자락에 당도하여 모험을 떠나기 전 아테나가 건네주었던 방패 거울에 비친 메두사의 모습을 보고 그녀의 머리를 잘라 냈다. 이어 그 머리를 마법 자루에 담아 공중을 날아 귀환하다가 근처에서 벌을 받고 있던 아틀라스와 마주치자, 마침 날도 저무는지라 그에게 하룻밤 묵기를 간청했다. 아틀라스는 아무리 벌을 받고 있는 처지라도 궁전이나 부하들도 있었던 모양이다.

하지만 아틀라스는 페르세우스가 제우스의 아들이라는 사실을 알고는 아주 냉정하게 그의 청을 거절했다. 언젠가 법의 여신 테미스가 그에게 제우스의 아들 중 하나가 자신의 딸들인 헤스페리데스가 관리하는 근처 정원에서 황금 사과를 훔쳐 갈 것이라고 경고한 적이 있었기 때문이다.

페르세우스는 아틀라스의 냉대에 분노가 치밀어 올랐지만 힘으로는 그를 당할 재간이 없었다. 그래서 그는 재빨리 고개를 한쪽으로 돌린 채, 갑자기 마법 자루에서 메두사의 머리를 꺼내 아틀라스의 눈앞에 쳐들었다. 아틀라스는 그 순간 정상이 구름 속에 가려진 엄청나게 높은 산맥으로 변했다. 그게 바로 오늘날의 아틀라스산맥이다.

아틀라스는 영웅 헤라클레스의 모험에도 등장한다. 그의 열한 번째 과업이 아틀라스의 딸이었던 헤스페리데스의 황금 사과를 가져오는 것이었기 때문이다. 아틀라스에게 테미스가 경고한 '제우스의 아들 중 하나'는 바로 헤라클레스였던 것이다. 그런데 헤라클레스는 그 정원이 정확히 어디 있는지 몰랐다. 그는 다만 그곳이 세상의 서쪽 끝자락이라는 소문만 듣고 무작정 서쪽을 향해 출발했다.

얼마 후 헤라클레스는 흑해 연안의 카우카소스^{Kaukasos}산맥을 지나치다가 우연히 그곳에서 독수리에게 간을 쪼아 먹히는 형벌을 받고 있던 프로메테우스를 구해 주었다. 그러자 프로메테우스는 그에 대한 보답으로 그에게 헤스페리데스의 정원으로 직접 가서 황금 사과를 얻을 생각을 하지 말고, 소재가 분명한 아틀라스를 찾아가 부탁하라고 충고했다.

헤라클레스는 계속 서쪽을 향해 길을 재촉하다가 마침내 아틀라스가 벌을 받고 있는 곳에 도착했다. 그는 아틀라스에게 자신이 대신 하늘을 어깨에 떠받치고 있을 테니 그사이 근처에 있는 딸들의 정원에 가서 황금 사과를 하나만 좀 얻어 달라고 간청했다. 아틀라스는 헤라클레스의 명성을 익히 들어 잘 알고 있는 터라 그의 부탁을 흔쾌히 들어주었다.

헤라클레스에게 하늘을 건네주고 딸들의 정원에 들러 황금 사과를 가지고 돌아오던 아틀라스는 그제야 어깨가 가벼워진 것을 깨닫고 깜짝 놀랐다. 발걸음도 이렇게 가뿐한 적이 한 번도 없었다. 그는 더 이상 무거운 하늘을 어깨에 떠메고 싶지 않았다. 그래서 헤라클레스에게 돌아오자 자신이 직접 그 일을 시킨 에우리스테우스Eurysteus왕에게 황금 사과를 갖다주겠다고 말했다.

헤라클레스는 순간 난감했지만 금세 기발한 꾀를 하나 생각해 냈다. 그는 아틀라스의 제안에 동조하는 척하면서 자신이 하늘을 떠메는 것은 처음이라 그런지 무척 아프다며, 어깨에 쿠션을 올려놓을 때까지 잠시만 하늘을 다시 떠메고 있어 달라고 부탁했다. 우직한 아

작자 미상, 〈아틀라스로부터 하늘을 넘겨받는 헤라클레스〉(원본 동판화, Heinrich Aldegrever, 1550)

틀라스는 그 말을 듣고 얼른 딸들의 정원에서 따온 황금 사과를 땅에 내려놓더니 헤라클레스에게서 하늘을 덥석 넘겨받았다.

국산 유명 초콜릿 중에 '아트라스'가 있었다. '아트라스'는 '아틀라스'의 우리식 표기다. 아마 그 초콜릿을 만든 제과 회사는 소비자들에게 그것을 먹으면 마치 그리스 신화에서 하늘을 떠받칠 수 있을 정도로 엄청난 괴력을 지닌 아틀라스처럼 강력한 에너지가 솟아날 것이라는 이미지를 심어 주고 싶었을 것이다. '아트라스' 초콜릿은 한때 꽤 인기를 누렸다. 나도 등산을 갈 때면 늘 배낭에 넣고 다니며 즐겨 먹을 정도였다. 그런데 언젠가부터 외국산 유명 초콜릿에 밀려 슈퍼마켓 진열대에서 모습을 감추고 말았다. 그럴 때면 마치 올림포스 신족에게 밀려 신화의 무대에서 사라진 티탄 신족의 모습이 연상되어 쓸쓸한 마음 감출 수 없다.

우리나라의 차량용 배터리에도 '아트라스'라는 이름이 붙어 있다. 나는 어느 날 우연히 '아트라스' 배터리를 차량 아랫부분에 매달고 도로를 달리는 트럭을 발견하고는, 불현듯 아틀라스가 하늘을 떠받치고 있는 모습을 떠올렸다. 미국 최초의 ICBM 이름도 '아틀라스'다. 한때 미국, 영국, 프랑스의 자동차 회사의 이름에도 '아틀라스'가 있었으며, 현재 일본의 닛산과 독일의 폭스바겐 자동차 회사도 '아틀라스'라는 브랜드를 생산하고 있다. 미국에서는 위스콘신주의 포크Polk 카운티에서처럼 아주 많은 곳에 '아틀라스'라는 지명이 있다.

남극 동쪽의 휴화산 무리 중에는 아틀라스의 아내와 딸들의 이름을 딴 '플레이오네'와 '플레이아데스'가 있는데, 그중 가장 높은 휴화산이 바로 '아틀라스'다. 아틀라스는 하늘의 별자리에서처럼 지상에서도 아내와 딸들과 함께 옹기종기 모여서 오순도순 살고 있는 것이다. 독일에는 '아틀라스 전기'라는 1902년 설립된 해양 전문 전기 회사가 있다. 미국의 항공 화물 소송 회사 중에는 '아틀라스 에어'가 있는데 로고가 아주 이채롭다. 아틀라스가 하늘을 떠메고 있는 것을 형상화하고 있기 때문이다.

아틀라스 산맥의 위치(빨간색)

아프리카 북부에는 2300여 km에 걸쳐 아틀라스산맥이 길게 뻗어 있다. 그중 가장 높은 봉우리가 바로 모로코에 있는 해발 4167m의 두브칼Toubkal산이다. 규모나 높이로 보아 과연 하늘을 떠받치고 있다고 해도 과언이 아니다. 바로 이 아틀라스산맥 때문이었을까? 지도를 모아 만든 책도 '아틀라스'라고 부른다. 미국 뉴욕의 록펠러 센터 빌딩 앞에도 청동으로 만든 아틀라스 조각상이 있다. 심지어 우리 몸에도 '아틀라스'가 살고(!) 있다. 척추에서 머리를 받치고 있는 맨 위에 있는 목뼈 이름이 바로 '아틀라스'이기 때문이다.

'헬리오시티'와 '하이페리온' 아파트

작자 미상, 〈사두마차를 탄 헬리오스〉, B.C. 300~B.C. 280, 트로이의 아테나 신전의 메토프

●

　요즘 우리나라에서 새로 분양되는 아파트 이름에는 한글도 아니고 영어도 아닌 국적 불명의 합성어나 외래어가 난무하고 있다. 아무리 곰곰이 생각해 봐도 그 이름의 어원이나 의미를 도저히 파악할 수 없다. 답답한 마음에 그 아파트를 짓는 건설사의 홈페이지에 들어가 봐도 그 이름에 대해 속 시원한 설명을 찾을 수 없다. 특히 2020년 입주를 마친 아파트 '헬리오시티Heliocity'의 이름을 두고도 입주를 앞두고 입주자들 사이에서 논란이 아주 많았다. '헬리오시티'가 마치 '헬시티Hellcity'처럼 들릴 수 있다는 것이다.

　하지만 '헬리오시티'는 기존의 다른 아파트 이름과는 달리 '콩글리시'도 아니고 화려한 뜻의 여러 영어 단어들을 무리하게 줄여 부른 말도 아니다. 그것은 '태양'이나 '빛'을 의미하는 '헬리오helio'와 '시티city'를 결합하여 만든 '빛의 도시' 혹은 '태양의 도시'라는 뜻의 충분히 개연성 있는 합성어이다. 또한 '헬리오시티'는 이집트의 고대 도시 '헬리오폴리스Heliopolis'에서 영감을 받아 지어낸 이름일 수도 있다. '폴리스Polis'는 그리스어로 '도시, 국가, 도시국가' 등의 뜻을 지니고 있기에 '헬리오폴리스'는 결국 '헬리오시티'와 똑같은 '태양의 도시'라는 뜻이다.

　그렇다면 '헬리오'의 어원은 무엇일까? 그것은 바로 그리스 신화의 티탄 신족의 태양신 헬리오스다. 헬리오스는 티탄 12신 중 '빛의 신'이었던 히페리온의 아들로 달의 여신 셀레네 그리고 새벽의 여신 에오스와 형제자매 사이다. 티탄 신족은 올림포스 신족과의 10년 전쟁에서 패배하자 모든 권한을 내려놓고 더 이상 그리스 신화의 무대에 그 모습을 드러내지 않는다. 하지만 헬리오스만은 아폴론Apollon에게 태양 마차를 이양하고도 그리스 신화의 몇몇 에피소드에 출연하여 여전히 그 존재감을 과시하고 있다. 고대 그리스에서 태양신 헬리오스에 대한 신앙이 민간에 얼마나 깊이 뿌리내리고 있었는지 짐작할 수 있는 대목이다.

그리스 신화에서 헬리오스는 헤파이스토스에게 아내 아프로디테가 아레스와 한눈을 팔고 있다는 사실을 귀띔해 주고, 데메테르에게도 딸 페르세포네가 하데스에게 납치당한 사실도 알려 준다. 헬리오스의 이 두 가지 행적은 모든 것을 보는 자라는 뜻의 '판옵테스Panoptes'라는 별명을 지닌 그의 면모를 여실히 보여 준다. 높은 하늘에서 태양 마차를 몰며 마치 헬리콥터의 헤드라이트처럼 햇빛을 비추며 지상 구석구석을 샅샅이 살펴보는 헬리오스의 눈에 띄지 않는 것이 과연 무엇이 있겠는가? 헬리오스는 또한 태양 마차를 허투루 몰다 제우스가 던진 벼락을 맞고 떨어져 죽은 파에톤Phaeton의 아버지로, 혹은 오디세우스가 바다를 방랑하다 잠시 상륙했던 트리나키에Thrinakie섬의 소 떼 주인으로 등장하기도 한다.

고대 그리스에서 헬리오스에 대한 신앙이 가장 유서 깊고 오랫동안 유지되어 왔던 곳은 코린토스Korinthos와 로도스Rhodos섬이었다. 그래서 코린토스의 수호신 자리를 놓고 벌인 포세이돈과 헬리오스의 경합에서 코린토스에서 가장 높은 곳이자 노른자위 땅이었던 아크로코린토스Akrokorinthos는 헬리오스가, 바다에서 가까운 이스트모스Isthmos 지협은 포세이돈이 차지했다는 이야기가 전해 내려온다. 특히 로도스는 헬리오스의 거대한 상을 제작하여 항구에 세워 놓을 정도로 헬리오스 신앙이 깊이 뿌리내리고 있었다. 로도스가 헬리오스 거상을 건립하게 된 계기는 로도스를 점령하기 위해 벌어진 소위 '로도스 공성'과 깊은 관련이 있다.

B.C. 323년 마케도니아의 알렉산더 대왕이 갑자기 사망하자 휘하 장수들은 소위 '디아두코이Diadochoi'라는 대왕의 '후계자' 자리를 놓고 전쟁을 벌였다. 총 4차에 걸쳐 40여 년 동안 계속된 전쟁에서 마침내 B.C. 301년 카산드로스Kassandros, 프톨레마이오스Ptolemaios, 리시마코스Lysimachos, 셀레우코스Seleucos 등 4명의 후계자가 서로 동맹을 맺고 가장 세력이 컸던 또 다른 후계자 안티고노스Antigonos를 제거한 뒤 제국을 4개로 분할하여 통치했다.

그런데 안티고노스가 아직 후계자들 사이에서 패권을 쥐고 있고 후계자들 사이에서 내분이 한창이던 B.C. 305년, 로도스가 이집트의 프톨레마이오스와 가까워지면서 그의 든든한 동맹국이 되었다. 이에 불안을 느낀 안티고노스는 아들 데메트리오스Demetrios에게 4만 명의 군사를 주어 로도스를 함락시키라고 명령했다. 데메트리오스는 '헬레폴리스Helepolis'라는 공성기攻城機까지 동원하여 로도스를 공격했지만, 철옹성 로도스는 전혀 꿈쩍도 하지 않았다. 게다가 B.C. 304년 로도스를 돕기 위해 프톨레마이오스의 원병을 가득 실은 함선이 다가오자 데메트리오스는 황급히 도주했다.

안티고노스의 군대가 퇴각하자 로도스인들은 그들이 도망칠 때 버리고 간 공성기 등 군수물자 등을 처분하여 전쟁의 승리를 기념하는 조각품을 하나 만들기로 계획을 세우는데, 그게 바로 헬리오스 거상이다. 로도스인들은 섬의 수호신 헬리오스가 막강한 안티고노스 군대로부터 자신들을 지켜 주었다고 굳게 믿었던 것이다. 이 거상 프로젝트는 올림피아의 제우스 신전의 제우스 좌상을 만든 천재 조각가 리시포스Lysiposs의 제자 카레스Chares가 맡았다.

카레스는 로도스의 만드라키Mandraki 항구 입구에 15m 높이의 대리석 기단을 조성한 다음, 그 위에 태양을 상징하는 톱니바퀴형 관을 쓰고 키가 33m나 되는 헬리오스 청동 거상을 세우기 시작하여, 12년 만인 B.C. 280년에야 비로소 마무리했다. 그 후 거상은 56년 동안 굳게 자기 자리를 지키다가 안타깝게도 B.C. 224년 로도스에서 일어난 대지진으로 완전히 파괴되고 말았다. 이어 시간이 지나서 그 크기나 조성 방법이 신비한 베일에 휩싸이면서 고

Friedrich Justin Bertuch, 1806
(『어린이를 위한 그림책』 속 고대 세계의 불가사의 삽화. 맨 위는 로도스의 헬리오스 거상. 아래의 왼쪽은 올림피아 제우스 신전의 제우스 좌상. 오른쪽은 에페소스의 아르테미스 신전)

대 세계의 7대 불가사의 중 하나가 되었다. 그리스 신화와 연관된 또 다른 고대의 세계 7대 불가사의로는 올림피아 제우스 신전의 제우스 좌상과 소아시아 에페소스의 아르테미스 신전이 있다.

헬리오스의 인기는 현대에 와서도 시들 줄을 모른다. 다른 신들에 비해 그의 이름을 상표나 로고로 쓰는 경우가 아주 많기 때문이다. 헬리오스Hellios에서 따온 현대의 상표 중 몇 개만 예로 들어 보자. 가령 우리나라에서도 수입하여 판매되고 있는 독일의 보온병 이름이 '헬리오스'다. 아마 헬리오스가 티탄 신족의 태양신이라는 것을 아는 사람이라면 헬리오스 보온병 속의 음료수는 절대 식을 리 없다고 상상할 수도 있을 것이다.

아프리카가 태양이 작열하는 곳이라서 그랬을까? 영국에 본사를

둔 아프리카 투자 전문 회사의 이름도 '헬리오스'다. 독일 전역에 지점을 둔 대형 병원 그룹도 '헬리오스'다. 이것은 아마 헬리오스의 뒤를 이어 올림포스 신족에서 태양을 맡았던 아폴론의 역할과 연관이 있을 것이다. 아폴론이 태양신이자 또한 의술의 신이었던 것처럼 사람들은 자연스럽게 헬리오스도 티탄 신족에서 의술도 관장했을 것이라고 상상할 수 있었을 것이다.

키프로스의 항공사 이름도 '헬리오스'다. 하늘을 나는 헬리오스 비행기를 보는 순간 헬리오스가 그것을 몰며 하늘을 누볐다는 4마리의 말이 끄는 태양 마차가 연상된다. 우리나라에는 헬리오스의 이름을 딴 '헬리오시티' 아파트뿐 아니라 그의 아버지이자 티탄 12신 중의 하나로 빛의 신 히페리온의 이름을 딴 아파트도 있다. 그것은 바로 '히페리온'의 영어식 이름인 '하이페리온' 아파트다. 두 이름 모두 아마 사람들에게 빛의 신이나 태양신의 궁전처럼 볕이 아주 잘 드는 아파트라는 인상을 주고 싶었을 것이다.

우리나라 법원과 대법원의 로고

Marcello Bacciarelli, 〈테미스, 정의의 알레고리〉, 1775~1800

그리스 신화에는 한 손으로는 천칭을 든 채 다른 손으로는 칼을 들고 있는 여신이 2명 등장한다. 하나는 법의 여신 테미스^{Themis}고, 다른 하나는 그녀의 딸로 정의의 여신 디케^{Dike}다. 두 여신의 칼은 법과 정의를 엄정하게 구현하고, 진실을 거짓으로부터 엄격하게 구별해 내겠다는 각오의 상징이다. 천칭은 어느 쪽으로도 조금이라도 치우치지 않겠다는 공정함의 상징이다.

우리나라 대법원과 법원 로고는 바로 이 두 여신 중 하나를 모델로 만들어진 것이다. 그래서 여인이 오른손으로는 칼 대신 법전을 품에 안은 채 왼손으로는 천칭을 들고 있는 모양새다. 그렇다면 그 로고의 모델은 두 여신 중 누구일까? 그건 바로 정의의 여신 디케다. 테미스가 '신의 의지'나 '법' 혹은 '관습'을 관장했다면 디케는 '정의 구현'이나 '도덕적인 질서' 혹은 '공정한 재판'을 관장했기 때문이다.

헤시오도스의 『신통기』에 따르면 제우스는 신들의 왕이 된 후 지혜의 여신 메티스^{Metis}에 이어 티탄 12신의 하나로 고모였던 테미스를 두 번째 아내로 맞이하여 계절의 여신 '호라이^{Horai}' 3자매를 두었다. 호라이는 '호라^{Hora}'의 복수형으로 계절의 여신 3자매를 총칭하는 이름이며 두 세대로 나누어진다. 그중 정의의 여신 디케는 바로 호라이의 두 번째 세대의 3자매 중 하나다.

호라이의 첫 번째 세대는 계절이나 12시간 혹은 12개월을 담당했던 여신들로 처음에는 3자매였다가 점차 계절이나 달의 수에 맞게 4명 혹은 12명으로 늘어나기도 했다. 호라이는 3자매일 때는 주로 봄을 담당하는 탈로^{Tallo(개화)}, 여름을 담당하는 아욱소^{Auxo(성장)}, 가을을 담당하는 카르포Karpo(수확)를 말하며, 4명일 때는 여기에 겨울을 담당하는 키오네 Chione(눈)가 합류했다.

하지만 호라이가 계절이 아닌 시간이나 달을 담당하는 여신으로 그 역할이 확장되어 12명으로 늘어나면서 위와는 전혀 다른 여신들의 이름이 언급된다. 그들을 모두 열거하면 아우게Auge, 아나톨레Anatole, 무시케Mousike, 김나스티케Gymnastike, 님페Nymphe, 메셈브리아Mesembria, 스폰데Sponde, 엘레테Elete, 악테Akte, 헤스페리스Hesperis, 디시스Dysis, 아르크토스Arktos 등이다.

호라이의 두 번째 세대는 질서의 여신 에우노미아Eunomia, 평화의 여신 에이레네Eirene, 정의의 여신 디케 3자매를 말한다. 각각 질서, 평화, 정의라는 뜻인데 어머니인 법의 여신 테미스의 속성을 타고난 딸들이다. 그중 특히 디케는 헤시오도스의 『신통기』에 따르면 "신들의 존경을 한 몸에 받고 있는 제우스 신의 딸이자 고결한 성처녀"로서 안개로 몸을 감춘 채 이 세상 곳곳을 암행하며 인간의 "부당한 판결과 수치스러운 행동"을 감시하는 3000명이나 되는 제우스의 파수꾼 중 하나다.

누군가가 디케의 마음을 상하게 하거나 파렴치한 말로 모욕하면 그녀는 곧바로 크로노스의 아들 제우스 옆에 가서 앉아 그 수치스러운 사람들의 행동을 그에게 낱낱이 보고한다. 그래서 위험한 생각을 하거나 정의를 왜곡하고 잘못된 판결을 내리는 위정자들의 악행에 대해 전 국민이 징벌을 내리도록 한다. 그러니 그러기 전에 당신들 뇌물을 좋아하는 여러분 왕들이여, 정당하게 판결을 내리고 정의를 왜곡할 생각을 떨쳐 버리길 바란다.

하지만 뇌물을 좋아하는 재판관들이 잘못된 판결로 정의를 날조하면서 디케를 아전인수식으로 억지로 끌들이면 문제가 생긴다. 그러면 디케는 비통해하며 안개에 둘러싸인 채 도시와 사람들이 사는 거주지를 일일이 찾아다니며, 자신을 축출하고 정당하게 분배하지 않은 사람들을 색출하여 화를 내릴 것이다. 그러나 이방인이든 내국인이든 누구에게든 정당한 판결을 내리고 정의로부터 한 치도 벗어나지 않은 사람이 사는 도시는 번성할 것이다.

디케는 로마에서는 '유스티티아Justitia'라고 이름만 달라진다. 그래서 유스티티아도 두 손에 각각 천칭과 칼을 들고 있다. 하지만 15세기 말부터 여기에 한 가지 특성이 더 부가된다. 그것은 바로 그녀가 천으로 눈을 가리기 시작했다는 점이다. 유스티티아의 눈가리개는 인종이나 계급이나 성별 등을 보지 않고 불편부당하게 정의를 구현하겠다는 강력한 의지의 표현이다.

Hans Gieng, 〈유스티티아〉, 1543
(스위스 베른 정의의 분수.
여신이 천으로 눈을 가리고 있다)

오비디우스의 『변신 이야기』에 따르면 유스티티아는 순결함을 관장했던 '아스트라이아Astraea'라는 처녀 신과 동일 인물이다. '별 처녀'라는 뜻을 지닌 아

August St. Gaudens, 〈아스트라이아〉, 1886(몬트필리어, 버몬트 주의사당, 구 대법원)

스트라이아는 철의 시대로 접어들어 인간들이 너무 사악해지자 실망한 나머지 정의가 사라진 무법천지의 지상을 떠나 하늘로 올라간 다음 늘 갖고 다니던 천칭과 함께 각각 처녀자리와 천칭자리라는 하늘의 별자리로 변신한다. 고대 그리스에서도 디케는 아스트라이아와 동일시되어 '디케 아스트라이아^{Dike Astraia}'라고 불리기도 했다.

유스티티아는 근대로 접어들면서 '레이디 저스티스^{Lady Justice}'라는 새로운 이름을 또 하나 얻게 된다. '레이디 저스티스'를 굳이 우리말로 옮긴다면 '정의의 부인'이라고는 할 수 없을 테니 '정의의 여신', 혹은 '레이디 저스티스'라고밖에 할 수 없을 것이다. 이 호칭은 아마 그리스 신화에서 제우스의 아내 헤라마저도 법의 여신 테미스에게는 깍듯이 'Lady'라는 경칭을 붙여 불렀다는 데서 착안한 것 같다.

정의의 여신상은 세계 어디서나 법의 상징으로 여겨진다. 그래서 법과 관련된 단체나 기관이라면 무엇이든 모두 약속이라도 한 것처럼 경내에 정의의 여신상을 만들어 전시한다. 심지어 서양 문화권에서는 사람의 왕래가 잦은 광장이나 분수 등에도 여신상이 세워질 정도이다. 그 조각상의 이름은 '정의의 여신'을 비롯해서 '디케', '아스트라이아', '유스티티아', '레이디 저스티스' 등 아주 다양하다. 간혹 디케의 어머니이자 법의 여신 '테미스' 상도 자주 눈에 띈다. 테미스와 그녀의 딸 디케의 역할을 동일시하거나 혼동한 탓이리라.

우리나라에서도 대법원과 법원 로고에만 정의의 여신상이 형상화되어 있는 것은 아니다. 각 대학교의 법대나 로스쿨 앞에도 거의 모두 정의의 여신상이나 법의 여신상이 하나씩 세워져 있다. 특히 대법원 로비 정면 상단 벽에도 정의의 여신상이 하나 조성되어 있는데, 다른 나라 정의의 여신상과 사뭇 달라 이채롭다. 우선 여신의 얼굴, 머리 모양, 의상 등이 우리나라의 전래 동화에 등장하는 선녀를 연상시킬 만큼 한국적이다. 또한 왼손에는 대법원과 법원의 로고처럼 칼이 아니라 법전을, 오른손에는 천칭을 들고 있다.

이에 비해 일산 사법연수원의 도서관 내에 세워져 있는 정의의 여신상은 얼굴이나 옷차림새가 너무 수수하고 오른손에 들고 있는 칼의 끝도 너무 뭉툭하여 여신의 풍모나 기운이 전혀 우러나지 않는다. 광화문 세종문화회관 뒤쪽 옛 대한변호사협회 회관 앞 도로변에도 '법의 여신상'이라는 이름의 조각상이 하나 세워져 있다. 이 조각상도 얼굴이나 복장이 이국적이며 오른손으로는 천칭을 들고, 왼손 손바닥으로는 끝이 땅바닥에 닿은 칼의 손잡이 끝을 슬며시 누르고 있다.

또한 눈을 지그시 감은 채 깊은 생각에 잠겨 있다. 그런데 이 여신상은 왜 왕관을 쓰고 있는 것일까? 그리스 신화의 원전인 『일리아스』나 『오디세이아』를 보면 하데스를 "지하 세계의 왕"이라고 하는 것처럼 신들을 왕이라 부르는 경우가 있다. 그것은 아마 각 신들은 그들이 담당하고 있던 분야나 영역의 왕이라는 뜻일 것이다. 그렇다면 테미스도 법의 여왕인 셈이다. 이 여신상은 가로수와 가로등으로 막혀 있는 터라 바로 옆에 있어도 의식하고 보지 않으면 그냥 지나치기 쉽다.

현재 대한변호사협회 회관은 서초동으로 옮긴 지 오래다. 하지만 이 여신상만은 굳게 남아 임대용 건물로 쓰이고 있는 옛 대한변호사협회 회관 빌딩을 굳게 지키고 있다. 나는 그 근처에 볼일이 있을 때면 너무 무료하고 고독할 그 여신상을 찾아 한참 동안 무언의 대화를 나누곤 한다. 조선대학교 법과 대학 앞에 서 있는 정의의 여신상 이름은 '레이디 유스티티아_{Lady Justitia}'다. 하지만 '정의의 여신'을 '유스티티아'라고 부를 때는 일반적으로 그 앞에 'Lady'를 붙이지 않는다.

폴란드 그다니스크 법원의
법의 여신 테미스상
(여신이 천으로 눈을 가리고 있다)

7.

서울과 인천의 '올림포스' 호텔

올림포스산

●

고대 그리스에는 '올림포스^{Olympos}'라는 이름을 지닌 산들이 여러 곳에 산재해 있었다. 올림포스산은 엘리스^{Elis}, 라코니아^{Lakonia}, 레스보스^{Lesbos}, 키프로스^{Kypros}, 리키아^{Lykia}등에도 있었다. 그런데 아무래도 '올림포스'라는 말을 듣는 순간 떠오르는 산은 아마 테살리아와 마케도니아 사이에 있는 그리스에서 가장 높은 산일 것이다.

이 올림포스산에서 가장 높은 곳은 해발 2918m의 '미티카스^{Mytikas}' 봉우리다. '미티카스^{Μύτικας}'는 원래 그리스어 뜻처럼 멀리서 보면 정말 사람의 코처럼 보인다. 그리스 신화에서 제우스는 포세이돈 등 형제자매들과 함께 이 올림포스산 정상에 산성을 쌓고 아버지 크로노스를 비롯한 티탄 신족들과 싸웠다. 그러자 티탄 신족들도 1726m의 오트리스^{Othrys}산에 산성을 쌓고 이에 맞섰다.

제우스는 티탄 신족과 벌인 소위 '티타노마키아^{Titanomachia}'라고 불리는 이 전쟁에서 10년 만에 마침내 승리했다. 그래서 고대 그리스인들은 자연스럽게 이 올림포스산 정상이나 그 위 하늘에 신들이 거처하는 궁전이 있는 것으로 상상했다. 또한 제우스를 신들의 왕으로 옹립한 모든 신들도 '올림포스 신족'이라 불렀다. 참고로 '올림포스'와 발음이 비슷한 '올림피아^{Olympia}'는 제우스 신전과 근대 올림픽 경기의 발상지로 유명한 펠로폰네소스의 엘리스 지역에 있던 도시 이름이다.

'올림포스'의 로마나 영어식 표기는 '올림푸스^{Olympus}'다. 태양계 행성 중 화성에 있는 화산도 '올림푸스산^{Olympus Mons}'으로 명명했다. 높이가 22km가 넘는 그 산은 태양계에서 가장 높은 산이기 때문이다. 또한 미국 테네시주와 터키의 안탈리아주에도 '올림푸스'라는 도시가 있다.

올림포스산과 오트리스산의 위치

올림포스산 정상의 봉우리 이름 : 1. 스칼라Skala, 2. 미티카스Mytikas(최고봉, '코nose'라는 뜻)
3. 스테파니Stefani(제우스의 왕관), 4. 프로피티스 일리아스Profitis Ilias, 5. 투바Touba

‘유럽 우주국ESA’에서는 한때 ‘올림푸스’라는 이름의 인공위성을 발사하기도 했다.

　우리나라의 서울과 인천 그리고 그리스 아테네에도 ‘올림포스’ 호텔이 있다. 심지어 미국의 켄터키를 비롯한 여러 곳에도 ‘올림포스’산이 있다. 하지만 그리스 신화의 무대인 ‘올림포스’산에서 이름을 빌려와 전 세계적으로 가장 잘 알려진 것은 아마 ‘올림푸스Olympus’라는 일본의 카메라 전문 제조회사일 것이다. 나는 어린 시절 그 카메라를 갖는 게 꿈이었던 적도 있었다. 하지만 이제 카메라는 스마트폰에 밀려 자리를 내준 터라 카메라 사업은 사양 사업이 되어 그 회사도 우리나라에서 철수한 지 오래다.

　기업이나 상품 등에 ‘올림포스’ 혹은 ‘올림푸스’라는 이름을 붙인 것은 그리스에서 가장 높은 올림포스산처럼 그 분야 ‘최고가 되고 싶은 열망’과 ‘최고라는 자부심’의 표현이리라.

8.

태양계 행성과 그 위성 이름

●

    그리스 신화는 로마로 유입되면서 스토리는 그대로 두고 신들이나 주인공의 이름만 다르게 불렸다. 또한 그리스 신들의 로마식 이름에서 영어식 이름이 나왔으니 그리스 신들의 이름은 하나의 신을 가리키는 이름이 2개가 더 있는 셈이다. 어떤 독자는 이 3개의 이름이 각각 다른 신을 지칭하는 것으로 오해하기도 한다. 그래서 적어도 그리스 신화에 자주 등장하는 신들의 로마식과 영어식 이름만은 구분해서 잘 알아두는 것이 필요하다.

    그리스 신들은 신들의 왕 제우스의 형제자매인 1세대와 제우스의 자식들인 2세대로 나뉜다. 1세대 신 중 제우스는 로마에서는 유피테르

Jupiter, 영어로는 주피터Jupiter라고 했다. 바다의 신 포세이돈은 로마에서는 넵투누스Neptunus, 영어로는 넵튠Neptune이라고 했다. 지하 세계의 신 하데스는 플루톤Plouton이라고도 했는데, 로마에서는 플루토Pluto, 영어로도 플로토Pluto라고 했다. 결혼과 가정의 여신 헤라는 로마에서는 유노Juno, 영어로는 주노Juno라고 했다. 곡물의 여신 데메테르는 로마에서는 케레스Ceres, 영어로는 시어리즈Ceres라고 했다. 화로의 여신 헤스티아는 로마에서는 베스타Vesta, 영어로는 베스터Vesta라고 했다.

2세대 신 중 태양신 아폴론은 로마에서는 아폴로Apollo, 영어로도 아폴로라고 했다. 전령의 신 헤르메스Hermes는 로마에서는 메르쿠리우스Mercurius, 영어로는 머큐리Mercury라고 했다. 대장장이의 신 헤파이스토스Hephaistos는 로마에서는 불카누스Vulkanus, 영어로는 벌컨Vulkan이라고 했다. 전쟁의 신 아레스Ares는 로마에서는 마르스Mars, 영어로는 마즈Mars라고 했다. 포도주의 신 디오니소스Dionysos는 박코스Bakchos라고도 했는데, 로마에서는 바쿠스Bacchus, 영어로는 배커스Bacchus라고 했다.

미의 여신 아프로디테Aphrodite는 로마에서는 베누스Venus, 영어로는 비너스Venus라고 했다. 달과 사냥의 여신 아르테미스Artemis는 로마에서는 디아나Diana, 영어로는 다이애나Diana라고 했다. 지혜의 여신 아테나Athena는 아테네Athene라고도 했으며, 로마에서는 미네르바Minerva, 영어로도 미네르바라고 했다. 사랑의 신 에로스는 로마에서는 쿠피도Cupido 혹은 아모르Amor, 영어로는 큐피드Cupid라고 했다. 그리스 신화는 바로 올림포스 신족의 12주신主神과 그들의 자손에 관한 이야기를 체계적으로 정리한 것이다.

그리스 신화의 12주신은 원래 남신은 제우스, 포세이돈, 아폴론, 아레스, 헤파이스토스, 헤르메스 등 6명, 여신도 헤라, 데메테르, 헤스티아, 아테나, 아르테미스, 아프로디테 등 6명이었다. 그런데 맨 나중에 디오니소스가 올림포스 신족에 합류하자 헤스티아가 자리를 양보하면서 남신은 7명, 여신은 5명이 되었다. 특히 제우스 3형제 중 지하 세계의 신 하데스가 12주신에 포함되지 않는 것이 이채롭다. 사랑의 신 에로스는 미의 여신 아프로디테가 그 역할도 떠맡았으니 12주신에 포함되지 않았으리라.

특히 그리스 신들의 영어식 이름은 태양계 행성 이름으로도 쓰인다. 수성은 머큐리, 금성은 비너스, 지구는 대지의 여신 가이아의 영어식 이름인 지어^{Gaea}, 화성은 마즈, 행성 중 가장 큰 목성은 주피터, 토성은 제우스의 아버지 크로노스의 영어식 이름인 새턴이다. 또 천왕성은 하늘의 신 우라노스의 영어식 이름인 유레이너스^{Uranus}, 해왕성은 넵튠, 명왕성은 플루토로 불린다.

1997년 미국의 화성 무인 탐사선 마즈 파스파인더^{Mars Pathfinder}가 닻을 내린 곳은 '아레스의 협곡^{Ares Vallis}'으로 불렸다. 화성은 또한 '근심'을 뜻하는 '다이마스^{Deimos, 데이모스}'와 '공포'를 뜻하는 '포우버스^{Phobos, 포보스}'라는 두 개의 위성을 갖고 있는데, 그들은 아레스가 아프로디테와 한눈을 팔아 낳은 자식들 이름이다. '공포증'이라는 영어 단어 '포비아^{Phobia}'는 바로 포보스^{Phobos}에서 유래했다.

목성도 몇 개의 위성을 갖고 있다. 모두 제우스와 밀접한 관계가 있는 신들이나 인물들의 이름을 지니고 있다. 메티스^{Metis}, 이오^{Io}, 에우로파^{Europa}(에우로페^{Europe}), 칼리스토^{Kallisto}, 가니메드^{Ganymede}(가니메데스^{Ganymedes})가 그들이다. 메티스는 지혜의 여신으로 제우스의 첫째 부인, 이오는 제우스와 사랑을 나누다가 헤라의 질투 때문에 암소로 변한 여인이다.

그리스 신들의 로마와 영어식 이름 비교표

그리스	로마	영어권
가이아[Gaia]	텔루스[Tellus] 테라[Terra]	지어[Gaea]
우라노스[Uranos]	우라누스[Uranus]	유레이너스[Uranus]
크로노스[Kronos]	사투르누스[Saturnus]	새턴[Saturn]
제우스[Zeus]	유피테르[Jupiter]	주피터[Jupiter]
헤라[Hera]	유노[Juno]	주노[Juno]
포세이돈[Poseidon]	넵투누스[Neptunus]	넵튠[Neptune]
하데스[Hades] 플루톤[Plouton]	플루토[Pluto]	플루토[Pluto]
데메테르[Demeter]	케레스[Ceres]	시어리즈[Ceres]
헤르메스[Hermes]	메르쿠리우스[Mercurius]	머큐리[Mercury]
헤스티아[Hestia]	베스타[Vesta]	베스터[Vesta]
헤파이스토스[Hephaistos]	불카누스[Vulcanus]	벌컨[Vulcan]
아폴론[Apollon]	아폴로[Apollo]	아폴로[Apollo]
아프로디테[Aphrodite]	베누스[Venus]	비너스[Venus]
아테나[Athena] 아테네[Athene]	미네르바[Minerva]	미네르바[Minerva]
아르테미스[Artemis]	디아나[Diana]	다이애나[Diana]
아레스[Ares]	마르스[Mars]	마즈[Mars]
디오니소스[Dionysos] 박코스[Bakchos]	바쿠스[Bacchus]	배커스[Bacchus]
에로스[Eros]	쿠피도[Cupido] 아모르[Amor]	큐피드[Cupid]
에오스[Eos]	아우로라[Aurora]	오로라[Aurora]

에우로페는 제우스가 황소로 변신해 납치한 소아시아의 아름다운 공주다. 칼리스토는 헤라의 질투심 때문에 곰으로 변한다. 가니메데스

는 제우스가 납치하여 신들의 술 심부름꾼으로 삼았다. 토성의 위성들은 모두 타이탄Titan(티탄)으로 불린다. 토성 새턴(크로노스)이 타이탄 신들의 왕이었으니 그럴 만하다.

천왕성의 행성은 지금까지 총 27개가 발견되었는데, 그중 가장 큰 6개는 그리스 신들이 아니라 영국 작가 셰익스피어Shakespeare와 알렉산더 포프Alexander Pope의 작품에 등장하는 인물들 이름을 따라 지었다. 가령 티타니아Titania, 오베론Oberon, 퍽Puck은 각각 셰익스피어의 『한여름 밤의 꿈』에 등장하는 요정들의 왕, 그의 왕비, 요정이고, 미란다Miranda는 『템페스트』에 등장하는 밀라노 공작 프로스페로Prospero의 딸이다. 또한 움브리엘Umbriel과 아리엘Ariel은 알렉산더 포프의 『머리카락을 훔친 자The Rape of the Lock』에 등장하는 요정이다. 엔켈라두스Enceladus 등 총 140여 개가 넘는 토성의 위성에 대해서는 다음 장에서 자세히 살펴보겠다.

해왕성의 위성 중 트리톤Triton은 바다의 신 포세이돈과 바다의 요정 암피트리테Amphitrite 사이에서 태어난 아들로 바다의 신이다. 프로테우스Proteus는 변신의 귀재로 포세이돈 휘하에 있는 바다의 신이다. 네레이드Nereid는 바다의 노인으로도 불리는 바다의 신 네레우스Nereus와 오케아노스의 딸 도리스Doris 사이에서 태어난 50명의 바다의 요정을 총칭하는 이름으로 단수다. 그리스어로는 '네레우스의 딸'이라는 뜻의 '네레이스Nereis'로 불리는데 암피트리테도 그중 하나다. 네레이스의 복수형이 바로 네레이데스Nereides다.

명왕성도 카론Charon이라는 위성을 갖고 있다. 카론은 지상과 지하 세계를 가르는 스틱스Styx 강가에서 혼령들을 지하 세계로 건네주는 뱃사공이다. 하지만 명왕성은 2006년 안타깝게도 행성의 지위를 잃어버렸다. 그 대신 명왕성 뒤에 있던 제나Xena라는 별이 새로운 행성으로 등

태양계 행성 지도

행성의 위성들

극했다. 제나는 이를 발견한 마이클 브라운 미국 캘리포니아 공대 교수가 TV 시리즈 '여전사 제나'에서 따와 일시적으로 사용해 온 이름이다. 그동안 제나는 명왕성보다 커서 제10의 행성으로 불려 왔다. 브라운 교수는 2006년 제나를 에리스[Eris]라는 새 이름으로 부를 것을 제안했고 국제천문연맹[IAU]이 이를 공식 인정했다.

그리스 신화에 등장하는 에리스는 트로이 전쟁을 일으킨 불화의 여신이다. 브라운 교수는 "명왕성이 행성이냐 아니냐를 놓고 천문학자들 간에 불화가 빚어진 지금 상황에 딱 어울리는 이름"이라는 설명을 달았다. 에리스의 발견은 천문학계에 유례없이 격렬한 행성 논쟁을 불러일으켜 결국 2006년 명왕성을 76년 동안 누려온 행성의 지위에서 끌어내려 자신과 함께 '난쟁이 행성'이라는 뜻의 '왜행성'으로 격하시켰다.

9.

토성의 위성들과 기간테스 '엔켈라두스'

2023년 토성의 위성 '엔켈라두스Enceladus(혹은 엔셀라두스)'의 지하 얼음 바다에서 1만 km 물기둥이 분사되는 우주쇼가 벌어졌다. 그에 앞서 독일 베를린대학교 프랑크 포스트베르크Frank Postberg 교수가 이끄는 국제 토성 연구팀은 미 항공우주국 나사NASA의 카시니Cassini 탐사선이 보내온 자료를 분석한 끝에 토성의 물에서 "생명체의 핵심 구성요소인 인산염을 발견했다"고 발표했다. 지구 외에 토성에도 생명체가 있을 수 있음을 시사한 것이다. 엔켈라두스는 토성의 위성 중 하나로 그리스 신화의 거인족 엥켈라도스Enkelados의 영어식 이름이다.

주지하다시피 태양계 행성 이름은 그리스 신들의 영어식 이름을 따라 지어졌는데, '토성'은 '새턴Saturn'이라고 한다. 새턴은 제우스의 아버지 '크로노스'의 로마식 이름인 '사투르누스Saturnus'의 영어식 이름이다. 토성의 위성은 2024년 현재까지 알려진 것만 총 146개다. 그중 큰 위성의 이름은 대부분 그리스 신들의 영어식 이름을, 나머지는 이미르Ymir, 수퉁Suttungr, 트림Thrymr 등 북유럽 신화의 거인들이나 신들의 이름을 따라 붙였다.

그리스 신화에서 새턴은 티탄 신족의 수장이다. 티탄 12신 중 레아, 포이베Phoebe, 이아페투스Iapetus, 하이페리온, 테티스Tethys, 테미스 등이 토성의 위성인 것은 바로 그 때문이다. 그래서 이아페투스(그리스어로는 이아페토스Iapetos)의 세 아들 아틀라스, 프로메테우스, 에피메테우스가 토성의 위성인 것도 충분히 납득이 간다. 가장 큰 토성의 위성 이름도 바로 티탄의 영어식 이름인 '타이탄'이다.

토성에는 신기하게도 똑같은 궤도를 쓰는 위성도 있다. 가령 프로메테우스와 판도라Pandora, 에피메테우스와 야누스Janus, 테티스와 칼립소Calypso 및 텔레스토Telesto, 디오네Dione와 헬레네Helene의 궤도가 똑같다. 야누스는 일반적으로 로마 신화 속 두 얼굴의 신으로 알려져 있지만 정확히 말하자면 두 개의 문의 신이다. 칼립소는 오디세우스Odysseus가 10년 동안 바다를 방랑하다가 만나 7년을 함께 산 요정이고, 텔레스토와 디오네는 오케아누스Oceanus의 딸들로 물의 요정이다.

판도라는 에피메테우스의 아내, 칼립소는 아틀라스의 딸, 텔레스토와 디오네는 대양강의 신으로 티탄 12신 중 하나였던 오케아누스(그리스어로는 오케아노스)의 딸이기에 토성의 위성인 것은 자연스럽다. 하지만 야누스, 고대 그리스 최고의 미녀이자 트로이 전쟁의 원인이 되었던 헬레네, 숲의 신 판Pan이 그런 것은 아무리 생각해도 연결고리를 찾을

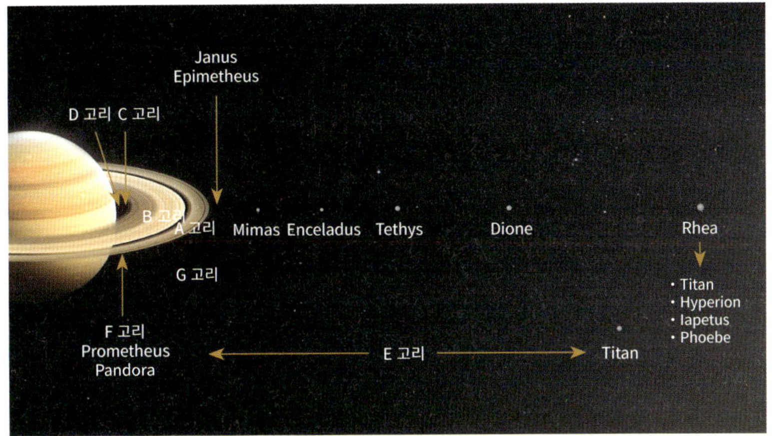

토성의 주요 위성 지도

수 없다.

그렇다면 거인족 기간테스^{Gigantes}였던 엔켈라두스와 미마스^{Mimas}가 토성의 위성인 것은? 두 거인은 어머니이자 대지의 여신 가이아의 명령을 받고 티탄 신족을 위해 다른 22명의 동료들과 함께 올림포스 신족과 전쟁을 벌이다 전사했기 때문에 티탄 신족 편이라고 볼 수 있으니 그것도 개연성이 있다. 그렇다면 그 전쟁은 왜 일어났고 두 거인은 어떻게 죽었을까?

제우스가 티탄 신족과의 싸움에서 승리한 후 그들을 포박하여 지하 감옥 타르타로스에 가두자 대지의 여신 가이아는 시간이 지날수록 마음이 불편해졌다. 티탄 신족이 아무리 잘못은 했어도 자신이 배가 아파 낳은 귀한 자식이었기 때문이다. 가이아는 어느 정도 시간이 흐르자 제우스에게 이제 그만하면 되었으니 그들을 풀어 주라고 했다. 하지만 제우스는 가이아의 말을 듣지 않았다. 그러자 그녀는 거인족 기간테스를 부추겨 제우스를 혼내주도록 하여 발발한 전쟁이 바로 '기간토마키아 Gigantomachia'였다. 그 뜻은 '기간테스의 전쟁'이라는 뜻이다.

기간테스는 크로노스에게 거세당한 우라노스의 남근에서 흘러나온 피가 트라케의 플레그라 Phlegra 평원(현재의 팔레네 Pallene)에 스며들어 솟아난 거인들로 모두 24명이나 되었다. 그들도 결국 우라노스의 피를 물려받은 가이아(땅)의 자식들인 셈이다. 그들은 긴 머리카락과 수염과 뱀의 꼬리를 지니고 있었으며 비록 신의 자식이었어도 불사의 몸은 아니었다. '기간테스'에서 바로 '거인'이라는 뜻을 지닌 영어 단어 '자이언트 Giant'가 유래했다.

기간테스는 가이아의 명령을 받자 에우리메돈 Eurymedon 의 지휘 아래 자신들이 태어난 플레그라 평원에서 하늘의 올림포스 궁전을 향해 커다란 바윗덩어리와 불붙은 참나무를 던지기 시작했다. 전쟁이 벌어지기 전 가이아는 기간테스를 영생불사로 만들 수 있는 파르마콘 Pharmakon 이라는 약초를 찾아 헤맸다. 하지만 제우스가 선수를 쳤다. 그는 새벽의 여신 에오스, 태양의 신 헬리오스, 달의 여신 셀레네에게 잠시 빛을 비추는 것을 금한 다음 어둠 속에서 그 약초를 찾아내 아무도 모르는 곳에 숨겼다.

올림포스 신족은 이제 전쟁에서 유리한 고지를 선점했지만 또 다른 난관이 남아 있었다. 당시 신탁을 맡고 있던 법의 여신 테미스가 기간테스와의 싸움에서 승리하려면 인간의 도움을 받아야 한다고 예언했기 때문이다. 제우스는 즉시 아테나를 시켜 자신과 미케네의 공주 알크메네 Alkmene 의 아들로 당시 명성을 날리고 있던 불세출의 영웅 헤라클레스 Herakles 를 올림포스 궁전으로 소환했다.

기간테스 중에서 가장 강한 녀석은 알키오네우스 Alkyoneus 와 포르피리온 Porphyrion 이었다. 특히 알키오네우스는 자신이 태어난 플레그라에서는 절대로 죽지 않을 운명이었다. 그래서 헤라클레스는 그를 그곳에서 유인해 낸 다음 활로 쏘아 죽였다. 그 후 포르피리온이 갑자기 헤라에게 욕정을 느끼고 그녀에게 다가와 옷을 벗기려 했다. 제우스가 그 광경을 목격하고 분노하여 그를 향해 번개를 던졌고 헤라클레스가 활로 마무리했다.

에피알테스Ephialtes도 포르피리온과 같은 방식으로 살해당했다. 아폴론이 화살로 그의 왼쪽 눈을 맞추자 헤라클레스가 마찬가지로 화살로 오른쪽 눈을 맞추어 죽였다. 디오니소스는 자신의 티르소스Tyrsos 지팡이로 에우리토스Eurytos를 때려죽였다. 마법의 여신 헤카테Hekate는 자신의 햇불로 클리티오스Klytios를 태워 죽였다. 헤파이스토스는 붉게 달구어진 철로 미마스를 지져 죽였다. 아테나는 동료들이 차례로 죽는 것을 목격하고 도망치는 엥켈라도스Enkelados에게 시칠리아섬을 통째로 들어 던져 그를 짓뭉개 죽였다.

아테나는 또한 팔라스Pallas의 살가죽을 벗겨 죽여서 그것을 방패로 사용했다. 포세이돈은 에게 해를 지나 코스Kos섬까지 폴리보테스Polybotes를 쫓아가서는 코스섬의 일부였던 니시로스Nysiros를 떼어 내 던졌다. 헤르메스는 하데스로부터 빌린 마법 두건을 쓰고 몸을 감춘 채 히폴리토스Hippolytos를 칼로 찔러 죽였다. 아르테미스는 화살을 날려 그라티온Gration을 죽였다. 운명의 여신 모이라이Moirai 3자매는 청동 절굿공이로 아그리

〈엥켈라도스와 싸우는 아테나〉, B.C. 525년경(그리스 도기 그림)

오스^{Agrios}와 토아스^{Thoas}를 빻아 죽였다. 나머지 기간테스는 포르피리온처럼 제우스의 번개를 맞은 다음 헤라클레스의 화살을 맞고 죽었다.

올림포스 신족은 거의 모두 기간토마키아에 참전했다. 전투에 직접 뛰어들지 못한 여신들도 어떻게든 동료들을 도왔다. 하지만 평화를 사랑하는 헤스티아와 데메테르만은 싸움에 전혀 관여하지 않았다. 각각 화로와 곡물의 여신으로서 어떤 형태의 폭력도 증오했기 때문이다. 그들은 전쟁 내내 그 혼란에서 한발 물러선 채 어찌할 바를 모르며 발만 동동 구르고 있었다.

〈폴리보테스와 싸우는 포세이돈〉, B.C. 475~B.C. 470년경
(그리스 도기 그림, 포세이돈이 왼쪽 어깨에 메고 있는 게 니시로스다.
기간테스는 도기 그림에서 거인 괴물이 아니라 신들과 똑같은 키와 모습으로 그려져 있다)

태풍, 타이푼, 괴물 '티폰'

2023년 제6호 태풍 '카눈Khanun'이 8월 10일과 11일 이틀에 걸쳐 이례적으로 한반도를 남북으로 관통했다. 카눈은 초역대급 태풍으로 시작한 터라 사상 초유의 큰 피해를 입힐 것이라는 예상과는 달리 불행 중 다행으로 그나마 10일 오후를 기점으로 갑자기 세력이 약화되어 소멸 예상 시점과 지점이 앞당겨졌다. 한반도에 상륙하면서 바다의 더운 기운을 받지 못했거나, 한반도의 복잡한 지형에 이리저리 부딪히면서 동력을 상실했다는 후문이다.

'카눈'은 열대 과일 '잭프루트Jakfruit'의 태국어 명칭이다. '태풍'은 북태평양에서 발생하는 열대 폭풍으로 동아시아와 동남아시아에 큰 영향을 미친다. 열대 폭풍은 발생하는 지역에 따라 이름이 달라진다. 인도양과 남태평양에서 발생하면 태풍이 아니라 '사이클론Cyclone'으로, 북대서양 서부에서 발생하면 '허리케인Hurricane'으로 불린다.

'태풍'의 어원에 대해서는 2가지 설이 있다. 하나는, 고대부터 중국에서는 '오래 지속되는 바람'을 '풍구風舊', '풍치風癡', '풍태風颱' 등으로 불렀는데, 외국 선원들이 그중 '풍태'를 발음하기 쉽게 글자 순서를 바꾸어 '태풍'으로 썼고, 그것을 영어권에서 '타이푼Typhoon'으로 표기했다는 것이다. 다른 하나는, 페르시아어로 '폭풍우'라는 단어가 '투판Tufan'인데, 그것의 영어식 표기가 바로 '타이푼'이라는 것이다.

그렇다면 '타이푼'의 어원은 무엇일까? 바로 그리스 신화에서 대지의 여신 가이아의 명령을 받고 제우스에게 대들었다가 무참하게 깨진 괴물 '티폰Typhon'이다. 제우스가 티탄 신족과의 싸움인 '티타노마키아Titanomachia'에서 승리한 후 티탄 신족을 포박하여 지하 세계에서 가장 깊은 타르타로스에 가두자 가이아는 못마땅했다. 티탄 신족이 아무리 잘못은 했어도 자신이 배 아파 낳은 귀한 자식이었기 때문이다.

그래서 가이아는 어느 정도의 시간이 흐르자 제우스에게 그만하면 되었으니 그들을 지하 감옥격인 타르타로스에서 풀어 주라고 했다. 하지만 제우스는 가이아의 말을 듣지 않았다. 그래서 분노한 가이아는 제우스를 혼내줄 요량으로 타르타로스와 어울려 티폰Typhon(혹은 티포에우스Typhoeus)을 낳았다. 타르타로스는 지하 세계에서 가장 깊은 곳이자 그곳을 관장하는 신이기도 했다.

헤시오도스의 『신통기』에 따르면 티폰은 킬리키아Kilikia의 코리코스Korykos 동굴에서 태어났고, 무시무시한 모습의 엄청난 거인에다가 괴력의 소유자였다. 녀석의 어깨 위에는 검은 혀를 날름거리는 100개의 끔찍한 뱀의 머리들이 나풀거리고 있었고, 녀석이 쏘아볼 때마다 두 눈에서는 이글거리는 불꽃이 튀어나왔으며, 입을 벌릴 때마다 끔찍한 굉음들과 함께 강력한 폭풍우가 쏟아져 나왔다.

〈티폰〉, B.C. 540~B.C. 530년경(그리스 도기 그림)

어느 날 티폰이 가이아의 명령을 받고 올림포스 신족을 공격하기 위해 걸음을 내딛자 녀석의 거대한 몸뚱어리에 눌린 대지는 신음하는 듯 진동했고, 올림포스산도 흔들렸으며, 불꽃이 쌓여 달궈진 바다는 부글부글 끓어오르며 열풍을 발산했다. 얼마 되지 않아 바다뿐 아니라 대지와 하늘까지도 온통 그 열풍에 휩싸였다. 특히 녀석이 발을 뗄 때마다 지하 세계의 왕 하데스도 땅이 꺼질까 봐 두려워 몸을 떨었다.

다른 신들이 공포에 질려 어찌할 바 모르고 있는 사이 제우스는 혼자서 천둥과 번개와 벼락을 무기로 티폰과 맞서 용감하게 싸웠다. 그는 한때 수세에 몰리기도 했지만, 결국 마치 독수리처럼 올림포스산 정상에서 뛰어내리면서 온 힘을 모아 천둥과 번개와 연기 나는 벼락을 던져 녀석의 어깨에서 나풀거리던 끔찍한 뱀의 머리들을 모두 불태워 버린 다음, 최후의 일격을 가해 녀석을 타르타로스로 내던져 버렸다.

아폴로도로스Apollodoros는 『원전으로 읽는 그리스 신화』에서 티폰에 대해 우리에게 헤시오도스보다 더 상세한 얘기를 전해 준다. 그에 의하면 티폰은 괴물 뱀 에키드나Echidna와 결합하여 많은 다른 괴물들을 낳았다. 키마이라Chimaira, 네메아Nemea의 사자, 머리가 둘 달린 괴물 개 오르트로스Orthros, 왕뱀 라돈Ladon, 스핑크스Sphinx, 프로메테우스의 간을 쪼아 먹은 독수리, 크롬미온Krommyon의 괴물 암퇘지 파이아Phaia 등이 그의 자식들이다.

티폰이 올림포스 궁전을 공격해오자 제우스를 비롯한 올림포스 신족들은 그 위세에 밀려 이집트로 도망갔다. 그들은 티폰이 너무 두려운 나머지 쉽게 찾을 수 없는 여러 가지 동물들로 변신했다. 아폴론은 까마귀, 디오니소스는 염소, 헤라는 하얀 암소, 아르테미스는 고양이, 아프로디테는 물고기, 아레스는 수퇘지, 헤르메스는 따오기로 변신했다. 이렇게 괴물 티폰의 끔찍한 모습에 놀라 올림포스 신족이 거의 모두 줄행랑을 쳤어도 제우스와 아테나만은 끝까지 맞섰다.

제우스는 녀석에게 번개를 던지며 아버지 크로노스로부터 노획한 우라노스의 남근을 자를 때 사용했던 낫을 휘둘렀다. 티폰은 그 낫에 맞아 상처를 입고 비명을 지르며 시리아 북쪽에 솟아있는 카시오스Kasios산으로 도망쳤다. 제우스는 거기까지 녀석을 쫓아가 용감하게 싸웠다. 하지만 티폰은 제우스가 방심한 사이에 무수한 손가락으로 그를 휘감아서 낫을 빼앗아 그의 팔다리에서 힘줄을 잘라냈다. 그러자 제우스는 불사의 몸이라 죽지는 않았지만, 팔다리에 힘줄이 없는지라 사지를 움직일 수 없었다.

그래서 티폰은 제우스를 손쉽게 자신이 태어난 코리코스 동굴로 끌고 가 가둔 다음 자신의 누이이자 뱀 꼬리를 지닌 끔찍한 용 델피네Delphyne에게 곰 가죽으로 싼 제우스의 힘줄도 건네주며 함께 지키도록 했다. 올림포스 신족은 은신처에서 제우스가 티폰에게 패했다는 소식을 듣고 한동안 절망감에 빠졌다. 하지만 곧 전열을 가다듬고 전령의 신 헤르메스와 숲의 신 판이 콤비를 이루어 제우스가 갇힌 동굴로 잠입했다. 이어 판이 끔찍한 소리를 질러 델피네를 동굴에서 쫓아내자 헤르메스가 재빨리 힘줄을 찾아 제우스의 팔다리에 붙여 주었다.

힘을 되찾은 제우스는 재빨리 천마 페가소스Pegasos가 끄는 마차에 올라타고 올림포스 궁전으로 돌아가 헤파이스토스의 대장간에서 다 써 버린 번개를 충전한 다음 다시 티폰을 추격했다. 이리저리 쫓기던 티폰은 니사Nysa산으로 도망쳐 운명의 여신 모이라이Moirai의 말만 믿고 그곳 특산물인 힘을 넘치게 해 준다는 과일을 따 먹었다. 하지만 그 과일은 오히려 티폰의 힘을 쇠잔시켰을 뿐이다. 기진맥진한 티폰은 간신히 트라케Thrake로 도망친 다음 근처에 있는 산들을 들어 자신을 끈질기게 추격하던 제우스를 향해 최후의 발악을 감행했다.

하지만 제우스가 날아오는 산들을 향해 번개를 던지자, 산들은 다시 티폰을 향해 날아가 그에게 끔찍한 상처를 입혔다. 그때 티폰의 몸에 맞고 튀어나온 산들이 쌓여서 높다란 산 하나가 생겨났다. 그것은 바로 하이모스Haimos산인데 그 이름이 티폰의 상처에서 흘러나온 피에

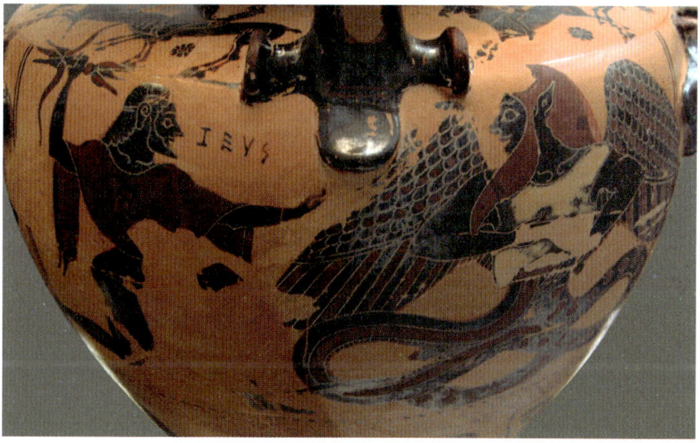

〈티폰에게 번개를 던지는 제우스〉, B.C. 540~B.C. 530년경(그리스 도기 그림)

서 유래했다. 그리스어로 '하이마Haima'는 '피'라는 뜻이기 때문이다. 티폰은 피를 흘리며 다시 시칠리아로 도망쳤지만, 제우스가 재빨리 다시 그를 향해 던진 시칠리아의 에트나Etna산 밑에 깔리고 말았다. 고대인들은 활화산 에트나가 뿜어내는 불을 괴물 티폰이 토해 내는 숨결이라고 생각했다.

2차 세계대전 당시 영국과 호주 공군이 사용했던 전투기 이름이 '호커 타이푼Hawker Typhoon'이었는데, 현재 유럽 연합의 전투기 이름이 '유로파이터 타이푼Eurofighter Typhoon'이다. 80년대에 제조되어 현재도 운영 중인 러시아 핵잠수함 '프로젝트 941 아쿨라형 잠수함'은 나토NATO에서는 '타이푼급Typhoon class'으로 분류된다.

미국의 자동차 회사 지엠시GMC가 80년대에 만든 픽업트럭 브랜드가 '사이클론GMC Syclone'이었는데, 얼마 후 바로 그것을 기반으로 만든 SUV 브랜드가 바로 '타이푼GMC Typhoon'이다. 우리나라 가수 중에 '타이푼'이 있고, 가수 솔비가 보컬 리더로 있는 3인조 혼성그룹 이름도 '타이푼'이다. '타이푼'이라는 비보이B-boy와 래퍼도 있다.

'준오' 헤어 숍과 '헤라' 웨딩 숍

Francois Boucher, 〈아르테미스의 모습으로 변신한 제우스와 칼리스토〉, 1707~1770

제우스는 어느 날 헤라의 미모에 반해 눈독을 들이고 있다가 그녀가 산에 홀로 있는 것을 발견했다. 절호의 기회라고 생각한 제우스는 장대비를 내리게 한 후 비에 흠뻑 젖은 뻐꾸기로 변신하여 여신의 무릎에 내려앉았다. 그걸 보고 헤라가 가엾게 여기고 뻐꾸기를 가슴에 품자 제우스가 얼른 원래의 모습으로 돌아와 그녀와 강제로 사랑을 나누려 했다.

헤라는 처음에는 완강히 저항하다가 결국 제우스로부터 자신을 정실부인으로 받아들이겠다는 약속을 받아 내고서야 그를 허락했다. 이렇듯 헤라에게는 제우스와 결혼하여 그의 아내 역할을 하는 게 가장 중요했다. 고대 그리스인들이 헤라를 결혼과 가정의 여신으로 삼은 것은 바로 그 때문이다.

결혼과 가정의 여신답게 헤라는 자신의 결혼생활을 방해하는 자는 누구도 용서하지 않았다. 가령 헤라의 질투 때문에 곰으로 변신한 칼리스토^{Kallisto}의 비극을 살펴보자. 그녀는 아르카디아의 왕 리카온^{Lykaon}의 딸이자 요정으로 독신주의자였기에 다른 요정들과 함께 독신자의 수호신 아르테미스를 따라다니며 숲속에서 사냥을 즐기며 살았다. 그런데 제우스가 요정들 사이에서 칼리스토를 발견하고 그만 사랑에 빠지고 말았다.

칼리스토에게 다가갈 방법을 찾던 제우스는 마침내 아르테미스 여신의 모습으로 변신하여 그녀와 사랑을 나누었다. 몇 달이 흐른 뒤 아르테미스 여신은 요정들과 목욕을 즐기다 우연히 칼리스토가 임신한 사실을 발견하고 상대가 누구냐고 다그쳤다. 칼리스토가 머뭇거리며

Hendrick Goltzius, 〈칼리스토가 임신한 사실을 발견하는 아르테미스〉, 1599

여신의 이름을 대자 어안이 벙벙해진 여신은 그녀를 무리에서 추방했다. 영문도 모른 채 버림받은 칼리스토는 혼자 살며 아들 아르카스^{Arkas}를 낳아 길렀다.

그런데 정말 불행은 한꺼번에 찾아오는 모양이다. 얼마 되지 않아 헤라가 제우스와 칼리스토의 관계를 알고 분노하여 칼리스토를 곰으로 만들어 버렸기 때문이다. 칼리스토는 틈만 나면 산속을 헤매며 자신의 신세를 한탄했다. 그러자 제우스는 불쌍한 아들 아르카스를 헤르메스의 어머니 마이아^{Maia}에게 맡겼다.

세월이 흘러 장성한 아르카스가 어느 숲속으로 사냥하러 들어갔다가 우연히 그곳에 살던 어머니를 만났다. 어머니는 아들을 알아보고 기뻐 달려갔지만, 아들은 곰이 된 어머니가 단지 사냥감으로밖에 보이지 않았다. 일설에 의하면 모자가 이렇게 상봉하게 된 것도 헤라의 질투심 때문이었다고 한다. 아르카스가 막 활시위를 당겨 어머니에게 화살을 날리려는 순간 하늘에서 제우스가 그 광경을 내려다보고 깜짝 놀랐다.

제우스는 부리나케 칼리스토와 아르카스를 하늘로 불러들여 어머니는 큰곰자리, 아들은 작은곰자리로 만들어 하늘에 별자리로 박아주었다. 하지만 헤라의 질투는 이것으로 그치지 않았다. 그녀는 오케아노스Ocheanos신에게 부탁하여 그 별자리들이 신선한 바다에 가라앉지 못하도록 했다. 그래서 큰곰자리와 작은곰자리는 극 주변만을 빙빙 돌 뿐 그 아래로는 내려가지 못한다.

고대부터 최근까지 신화 이야기꾼들은 모두 이구동성으로 위처럼 헤라의 질투로 인해 나락으로 떨어진 인물들 이야기를 열거하며 헤라를 줄곧 질투의 화신으로 비난하는 데만 급급했다. 하지만 이제 시대가 많이 변한 만큼 헤라의 질투에 대해서도 긍정적으로 평가할 때가 되지 않았을까? 만날 한눈만 파는 제우스에 대해 결혼과 가정을 끝까지 지키려는 노력의 소산으로 말이다.

어린 시절 우리 동네 엄마들은 물론 헤라와 사뭇 결은 달라도 모두 가정과 결혼의 수호신이라고 해도 과언이 아니었다. 먹을 것도 모자라는 그 힘든 시기에 자식들 먹이고 학교 보내느라 피땀 흘리시는 걸 직접 두 눈으로 보고 자랐기에 하는 말이다. 심지어 그 당시 우리 엄마들은 자식들을 이발소에 보낼 돈이 없어 목에 보자기를 두르고 가위로 머리도 직접 깎아 주셨는데, 그중 빼어난 커트 솜씨를 지닌 엄마는 부탁을 받으면 기꺼이 다른 집 아이들의 머리를 깎아주시기도 했다.

그래서였을까? 나는 '준오헤어' 브랜드를 처음 마주하는 순간 불현듯 어렸을 적 우리 가정과 결혼의 수호신이자 자식들의 헤어 디자이너이기도 하셨던 동네 엄마들의 모습을 떠올리며 어떻게 저렇게 기가 막힌 브랜드를 생각해 낼 수 있을까 하고 감탄사를 연발했다. 게다가 헤

라의 영어식 이름도 원래의 '주노'보다는 훨씬 더 친근하게 들리는 '준
오'로 표기하지 않는가. 창업자의 원래 의도와는 무관하게 적어도 내
해석은 그랬다는 뜻이다.

그래서 브랜드 소개를 어떻게 했는지 무척 궁금해졌다. 홈피에 들
어가 보니 이렇게 쓰여 있었다.

> 준오(JUNO)는 그리스 신화 속 제우스 신의 부인인 헤라 여신의 로
> 마 신화식 표기로 여신 중의 여신, 결혼의 여신을 의미하며 6월을
> 뜻하는 June의 어원이 되었습니다. 준오헤어는 최고의 여신 Juno
> 의 명성에 걸맞은 가장 앞선 뷰티 기술과 노하우로 고객의 아름다
> 움을 추구합니다.

어떤가? 약간 아쉬움이 남지 않는가? 나 같았으면 이렇게 했으리라.

> 준오Juno는 그리스 신화의 신들의 왕 제우스의 왕비인 헤라 여신의
> 영어식 이름으로, 저희 '준오헤어'는 마치 헤라 여신처럼 어린 시절
> 우리 가정과 결혼의 수호신이셨던 우리 엄마들이 손수 자식들 머
> 리를 깎아 줄 때와 똑같은 마음으로 정성을 다해 고객들을 모실 것
> 을 약속합니다.

주지하다시피 '헤라'라는 화장품 브랜드도 있으며, 아현동 웨딩 거
리에는 'Hera'라는 웨딩드레스 대여점도 있다.

12.

네이버 검색창의 헤르메스의 모자

Giovanni da Bologna, 〈날으는 헤르메스〉, 1578～1580

킥보드가 유행하던 시절 나는 그것을 타고 달리는 아이들을 보면서 갑자기 헤르메스를 상상했다. 한때 백화점에서 아이들이 바퀴 달린 운동화를 신고 내 옆을 재빨리 지나쳐 갈 때도 마찬가지였다. 요즘은 스케이트보드나 전동 킥보드를 타고 내 옆을 휙 지나가는 청년들을 보면 그런 생각이 든다. 급기야 제트팩Jet Pack, 제트 플라이보드Jet Flyboard, 제트 슈트Jet Suit 등을 보곤 제우스의 명령을 받고 하늘을 날아 급히 지상으로 내려가는 헤르메스를 연상하며 신화가 곧 현실이 될 날도 멀지 않았다는 생각이 들었다.

헤르메스는 그리스 신화의 전령신으로 제우스의 명령을 아주 빨리 전달해야 했기에 두건, 신발 뒤축, 지팡이 위쪽 등 세 군데에 날개가 달렸다. 헤르메스의 두건은 시대에 따라 투구와 모자로 바뀌기도 한다. 헤르메스의 세 군데 날개는 헬리콥터의 구조를 빼닮았다. 헬리콥터의 방향과 균형을 잡기 위해 사용하는 꼬리 날개는 헤르메스의 지팡이 날개, 헬리콥터가 나는 데 가장 큰 역할을 하는 위쪽 날개는 헤르메스의 두건의 날개, 헬리콥터가 날기 전 활주로를 달려 추진력을 얻는 바퀴는 바로 헤르메스의 신발의 날개에 해당한다.

나는 헤르메스의 신발에 날개가 달린 것을 헤르메스가 지상에서도 걷지 않고 날았다는 것으로 이해하지 않는다. 그는 아마 지상을 걸을 때도 그 날개 덕분에 아주 빨랐을 것이다. 무엇보다도 신발의 날개는 그가 먼 곳을 가기 위해 하늘로 날아오르기 전 지상을 달려 예열을 하는 데 필요했을 것이다. 어떤가? 이제 그 옛날 내가 킥보드를 타고 달리는 아이들을 보고 왜 헤르메스를 상상했다고 했는지 충분히 이해가 가지 않는가?

헤르메스의 날개는 여러 업종에서 로고로 사용할 수 있는 매력적인 소재다. 택배 회사나 배달 음식 회사에서도 활용하면 어떨까? 어쨌든 현대에 로고로 부활한 헤르메스의 날개 3개만 살펴보자. 첫째는 이제는 단종된 미국의 포드Ford 자동차의 고급 자동차 브랜드 '머큐리Mecury'의 로고가 브랜드 이름에 걸맞게 바로 머큐리의 날개다. 그런데 날개가 세 줄인 것을 보면 머큐리가 갖고 있었던 세 군데 날개를 형상화했을 가능성이 크다.

둘째는 미국 스포츠화 멀티 숍 '애슬릿 풋The athlete's foot'의 로고에도 헤르메스의 날개 달린 발이 그려져 있다. 이 로고는 날개 달린 신발을 신고 있는 발이 아니라 아예 발 뒤쪽에 날개가 나 있다. 이 신발을 신으면 나는 듯이 걷거나 달릴 수 있다는 뜻일 것이다. 마지막으로 우리나라의 대표적인 포털 사이트 네이버의 검색창 왼쪽에 그려져 있는 헤르메스의 날개 달린 모자다. 네이버는 그만큼 다른 포털 사이트보다 훨씬 더 빠르다는 뜻일 것이다.

헤르메스가 전령의 상징으로 들고 다녔던 지팡이는 케리케이온Kerykeion이라고 불렀고 로마에서는 카두케우스Caduceus라고 불렀다. 그렇다면 왜 케리케이온 날개 밑에는 뱀 2마리가 머리를 마주한 채 마치 데칼코마니처럼 몸통 부분을 서로 교차하며 지팡이를 휘감고 있는 것일까? 뱀 2마리가 그런 모습으로 지팡이를 휘감게 된 사연은 그가 전령의 신뿐 아니라 또한 언변의 신으로서 분쟁과 갈등의 해결사였음을 암시해 준다.

헤르메스는 어느 날 숲속을 가다가 2마리 뱀이 싸우는 걸 보고 힘들게 뜯어말린 뒤 예전에 아폴론으로부터 선물 받은 황금 지팡이를 옆

에 놓고 잠시 쉬고 있었다. 그러
자 신기하게도 녀석들은 그 지
팡이를 친친 감더니 이내 굳어
버렸다. 지팡이에 뱀이 감겨있
다는 사실 때문에 사람들은 헤
르메스의 지팡이를 의술의 신
아스클레피오스^{Asklepios}의 지팡
이와 혼동하기도 한다. 하지만
주지하다시피 아스클레피오스
의 지팡이에는 뱀 한 마리만 감
겨 있다.

Evelyn de Morgan, 〈헤르메스〉,
1870~1873

　　제우스도 헤르메스의 유려
한 언변과 협상 능력을 총애하
여 지상에서 문제가 발생하면
늘 그를 급파했다. 헤라의 질투로 인해 암소로 변신하여 고통을 당하고
있던 이오^{Io}를 구출하기 위해서도 그를 보냈고, 인간에게 불을 훔쳐다
준 벌로 카우카소스산 절벽에 사슬로 묶여 있던 프로메테우스와 협상
을 벌일 때도 그를 보냈으며, 요정 칼립소^{Kalypso}가 오디세우스^{Odysseus}를
7년 동안이나 붙들고 있을 때도 그를 보내 그녀를 설득했고, 아이네이
아스^{Aineias}가 여왕 디도^{Dido}에게 사랑에 빠져 카르타고^{Karthago}에 정착하
려고 했을 때도 그를 보내 만류했다. 그중 이오의 사연을 알아보자.

　　이오는 아르고스^{Argos}의 초대 왕 이나코스^{Inachos}와 강의 요정 멜리
아^{Melia}의 딸이자 아르고스의 수호신 헤라 신전의 여사제였다. 이나코
스는 또한 아르고스가 속해 있는 아르골리스^{Argolis} 지방의 이나코스강

의 수호신이기도 했다. 신들의 왕 제우스는 한때 헤라 신전에 들렀다가 여사제 이오의 미모에 반해 사랑에 빠진 뒤로 자주 그녀와 함께 지내곤 했다.

그러던 어느 날 헤라는 제우스가 이오와 함께 있다는 얘기를 듣고 질투심에 사로잡혀 그 현장을 급습했다. 하지만 제우스는 헤라가 도착하기 전 얼른 이오를 암소로 변신시킨 다음 시치미를 뚝 떼고 있었다. 어떻게 암소와 사랑을 할 수 있겠냐는 투였다. 헤라는 사태를 짐작하고 제우스에게 자신을 사랑한다면 그 암소를 선물로 달라고 했다. 심심할 때 놀이 친구로 삼겠다는 것이다.

제우스는 헤라의 의심을 사지 않기 위해 암소를 넘겨주지 않을 수 없었다. 그러자 헤라는 암소를 끌고 가서 우연히 앞서 언급한 아르고

Abraham Bloemaert, 〈머큐리, 아르고스, 이오〉, 1592년경
(오른쪽 아르고스의 머리를 자세히 살펴보면 수많은 눈들이 보인다)

스라는 지명과 이름이 같은 자신의 충복 아르고스에게 감시하도록 했다. 아르고스는 머리에 눈이 100개나 달린 괴물이었다. 눈 하나는 절대로 감지 않아 감시병으로는 그야말로 제격이었다. 제우스는 이오가 안타까워 빼내 올 궁리를 하다가 전령의 신 헤르메스에게 그 임무를 맡겼다. 헤르메스는 나그네로 변신한 채 아르고스에게 다가가 피곤을 풀어 주겠다며 피리를 불기 시작했다.

그런데 헤르메스의 절묘한 피리 소리를 듣고 있던 아르고스의 눈들이 그 선율에 마비되어 하나씩 감기기 시작했다. 이어 절대로 감기지 않는다던 마지막 눈마저도 마술에 걸린 듯 스르르 눈까풀을 내리고 말았다. 바로 그 순간 헤르메스는 숨겨 놓은 칼을 뽑아 아르고스의 목을 쳐 이오를 구출했다. 우리나라 블랙박스 브랜드 중에 '아르고스'가 있다. 블랙박스가 현대판 아르고스가 아니던가? 아르고스는 '판옵테스 Panoptes'라는 별명을 지니고 있다. 판옵테스는 '모든 것을 보는 자'라는 뜻이다.

프랑스 명품 '에르메스'

프랑스 파리의 '에르메스' 상점

언젠가 지하철에서 우연히 옆 좌석에 앉아 있던 두 사람이 '헤르메스'와 프랑스 명품 브랜드 '에르메스'를 놓고 격론을 벌이는 것을 목격했다. 격론을 넘어 금방이라도 싸울 태세였다. 요지는 한 사람은 두 이름이 같은 인물이라는 것이고, 다른 사람은 전혀 다른 인물이라는 것이다. 중간에 끼어들까 생각도 했지만 꾹 참고 있다가 도중에 하차해서 그 결과는 알 수 없었다. 나는 지하철에서 내리면서 내 인내심에 내심 탄복했다. 그런 싸움에 개입했다가는 큰코다치기 십상이다.

'에르메스'는 그리스 신화의 전령신 '헤르메스'의 프랑스어식 발음이다. 프랑스어에서는 H를 발음하지 않기 때문이다. 헤르메스는 전령의 신이면서 동시에 상업의 신이기도 했다. '에르메스'는 물론 창업자가 상업의 신으로서의 헤르메스의 속성에 착안하여 이런 이름을 지었을 것으로 생각할 수 있지만, 절묘하게도 창업자의 이름에서 따온 것이다. 아마 창업자의 아버지가 아들의 이름에 자신의 열망을 불어 넣었을 수도 있다.

그리스 신화에서 헤르메스가 담당했던 전령의 신과 상업의 신의 역할은 서로 밀접하게 연관되어 있다. 헤르메스는 주로 제우스의 명령에 따라 인간 세상에 문제가 생겼을 때 그곳으로 파견된다. 지금으로 치면 한 나라의 대통령이 다른 나라에 보내는 특사 역할과 흡사하다. 특사는 대통령의 메시지를 정확하게 인식하고 다른 나라와의 이견을 매끄럽게 조율해야 했기에 언변이 뛰어나야 제격이다.

그래서 고대 그리스인들은 제우스의 특사였던 헤르메스를 언변의 신으로도 모셨다. 장사도 말주변이 뛰어나야 잘할 수 있는 법이다. 외판원이란 걸 알고 처음에는 경계심을 보이다가도 이내 그 말솜씨에 빠져들어 부지불식간에 물건값을 물어보는 경우가 있지 않은가? 고대 그리스인들이 전령의 신 헤르메스를 상업의 신으로도 모신 것은 바로 그가 언변의 신으로서 지니고 있었던 뛰어난 말솜씨 때문이다.

헤르메스는 언변의 신이었기에 또한 도둑의 신이기도 했다. 예로부터 유능한 장사꾼만 말을 잘한 게 아니라, 사기꾼들도 대부분 달변이다. 특히 헤르메스는 숲의 요정 마이아Maia를 어머니로 둔 탓에 깊은 산속 동굴에서 태어났다. 그래서 헤르메스가 도둑의 신이었던 것도 우연이 아니다. 동굴은 『천일야화』의 '알리바바와 40인의 도둑'처럼 도둑들이 자주 보물을 숨겨 놓는 곳이기 때문이다. 게다가 헤르메스는 태어나자마자 아폴론의 소 떼를 훔쳤을 정도로 그야말로 뼛속까지 도둑이었다. 그 사건을 자세히 따라가 보자.

헤르메스는 다른 신들보다도 성장이 아주 빨라 태어나자마자 잠들어 있는 어머니를 남겨 두고 재빨리 요람을 빠져나왔다. 이어 동굴 앞에서 거북이 한 마리를 발견하고 녀석을 잡아 껍질은 울림통으로 사용하고 일곱 개의 현은 양의 대장으로 대신하여 순식간에 리라Lyra라는 악기를 만들어 냈다. 헤르메스는 리라를 연주하며 한참을 놀더니 싫증이 났던지 갑자기 아폴론이 제우스의 명령으로 1년 동안 신의 지위를 박탈당한 채 아드메토스Admetos왕의 소들을 돌보며 근신하고 있던 테살리아의 페라이Pherai로 가서는 대뜸 50마리의 소를 훔쳤다.

헤르메스는 훔친 소들을 데려올 때 혀를 내두를 정도로 아주 치밀하고 용의주도했다. 그는 강가 모래사장의 길을 이용했으며 소들을 뒷걸음치게 했다. 게다가 소들의 발굽과 자신의 신발에는 나뭇가지를 긴 풀들로 묶어 발자국이 남지 않도록 했다. 이어 소들을 자신만이 아는 은밀한 장소에 숨긴 다음 동굴로 돌아와서는 여전히 깊이 잠들어 있는 어머니 곁의 요람으로 스르르 기어들어 가 마치 아무 일도 없었다는 듯이 새근새근 잠을 자고 있었다.

아폴론은 소가 없어진 것을 알고 이성의 신답게 특유의 예지력으로 동생 헤르메스를 의심하고 그가 태어난 킬레네산의 동굴로 헤르메스를 찾아가 추궁했다. 하지만 헤르메스는 정색을 하며 자신은 태어난 지 얼마 되지 않은 터라 소가 어떻게 생겼는지 모른다고 시치미를 뚝 뗐다. 아폴론이 헤르메스의 동굴과 그 주변을 아무리 뒤져도 소들이 나올 리 만무했다. 그야말로 심증은 가지만 물증이 없는 격이었다.

아폴론은 하는 수 없이 아버지 제우스를 찾아가서 억울함을 하소연했다. 모든 사실을 알고 있던 제우스는 헤르메스의 대담함에 미소를 지으며 그에게 당장 형의 소를 돌려주라고 명령했다. 헤르메스는 어쩔 수 없이 아폴론을 데리고 훔친 소들을 숨겨 둔 곳으로 갔지만 마침 그곳에 던져두었던 리라를 발견하고는 그것을 들더니 갑자기 연주를 시작했다. 아폴론은 절묘한 리라 소리를 듣자 봄눈 녹듯이 분노가 풀렸다.

리라 소리에 반한 아폴론은 헤르메스에게 리라를 주면 그 대가로 도둑맞은 소들뿐 아니라 가축을 돌보는 재능도 양보하겠다고 제안했다. 이어 헤

Claude Lorrain, 〈아폴론과 헤르메스가 있는 풍경〉, 1645년경

르메스가 자신의 말에 동의하자 그에게 새로운 재능의 상징으로 자신이 아드메토스왕의 소들을 돌볼 때 쓰던 황금 지팡이 하나를 건네주었다. 이처럼 헤르메스는 태어날 때부터 도둑질에 천부적인 재질을 갖고 있었다. 얼마나 도둑질을 하고 싶었으면 태어나자마자 형의 소들을 도둑질할 생각을 했을까?

헤르메스의 영어식 이름은 머큐리다. 머큐리는 사전적으로는 수은이라는 뜻이다. 수은은 고체도 아니고 액체도 아닌 그 중간 상태로 양쪽의 성격을 모두 갖고 있다. 그래서 수은은 용광로처럼 이질적인 모든 것을 하나로 녹여 낼 수 있는 헤르메스의 능력을 아주 잘 대변해 준다. 영국의 전설적인 록그룹 '퀸Queen'이 세계인의 마음을 사로잡을 수 있었던 것도 리더 프레디 머큐리Freddie Mercury의 이름 덕분이 아닐까? 활동은 뜸해도 우리나라 걸 그룹 중에도 '머큐리'가 있다. 코스닥에 상장된 우리나라 네트워크 기기 전문업체 중에도 '머큐리'가 있다.

강아지 사료 '아르테미스'

〈베르샤유의 다이애나〉, B.C. 325년경 고대 그리스 조각가 레오카레스Leochares의
진품의 로마 시대 모조품, 루브르 박물관

●

'아르테미스'는 그리스 신화에서 달의 신으로 로마에서는 '디아나', 영어권에서는 '다이애나'로 불렸다. 그래서 미국이 주도하는 '아르테미스 프로그램Artemis Program'도 달 탐험에 관한 것이다. 우리나라도 최근 소위 '아르테미스 약정Artemis Accords'에 세계 열 번째로 가입했다.

이 프로그램에 따르면 미국 항공 우주국 나사NASA는 2024년까지 달에 최초로 여성 우주인을 달에 보낸 다음 2028년까지 유인기지를 건설한다. 또한 2024년 유인 우주선 '오리온Orion'을 달로 보내고 유인 우주 정거장인 '루나 게이트웨이Lunar Orbital Platform-Gateway'도 지을 계획이다. '오리온'은 거인 사냥꾼으로 아르테미스의 남사친이었고, '루나Luna'는 티탄 신족의 달의 신이었던 셀레네의 로마식 이름이다.

아르테미스는 달의 신이면서도 동시에 사냥의 여신이기도 했다. 그녀를 상징하는 동물 중 하나도 사냥개다. 사슴도 물론 그녀를 상징한다. 하지만 사슴은 이상하게도 아르테미스의 사냥의 대상이라기보다는 오히려 친구로 그려진다. 아마 접근하기 힘든 사슴의 성격이 자신을 닮아 아르테미스가 친구로 삼은 것 같다. 루브르 박물관에 전시되어 있는 유명한 조각품 '베르사유의 다이애나Diana of Versailles'도 복장은 사냥 복장이지만 그녀가 데리고 있는 것은 사냥개가 아니라 사슴이다.

사냥개와 사슴과 관련된 그녀의 일화로는 테베의 왕자 악타이온Aktaion과의 악연을 들 수 있다. 테베의 왕자였던 악타이온이 어느 날 사냥개들을 대동하고 친구들과 숲속으로 사냥을 나섰다. 얼마 후 그는 친구들과 떨어져 혼자 자신의 사냥개들과 함께 추격하던 사냥감을 놓치고 목이 말라 샘을 찾아 나섰다가 어떤 동굴 속에서 우연히 아르테미스 여신과 마주치게 되었다.

그녀도 마침 마침 요정들과 사냥을 마친 뒤 그곳 샘물 속에서 목욕을 즐기고 있었던 것이다. 갑작스러운 남자의 침입에 깜짝 놀란 여신이 벗은 몸을 가리며 그를 저주하자 악타이온은 동굴에서 황급히 튀어나오는 순간 사슴으로 변했다가 자신의 사냥개들과 그사이 합세한 친구들의 사냥개들에게 추격당한 끝에 결국 녀석들에게 온몸이 갈기갈기 찢겨 죽고 말았다.

미국의 유명한 애견 사료 브랜드 '아르테미스'는 사냥의 여신이기도 했던 아르테미스가 평소 사냥을 하면서 데리고 다녔을 사냥개에서 힌트를 얻어 만든 이름이리라. 우리나라 브랜드 스페쉬Spash에는 '아르테미스 포 우먼'이라는 여성 갱년기 전문 비타민이 있다. 아르테미스가 숲속에 여인 왕국을 세워 요정들과 자유롭게 사냥을 즐기며 살면서 같은 여성인 요정들의 보호자 역할을 톡톡히 했으니 충분히 개연성 있는 네이밍이다. 그에 대한 좋은 예가 바로 자신을 추종하던 아르카디아 지방의 물의 요정 아레투사Arethusa를 절체절명의 위기에서 구해 준 일이다.

아레투사가 어느 무더운 여름날 몸을 식히려 알페이오스Alpheios 강물로 들어갔다. 그러자 똑같은 이름의 강의 신이 그녀에게 첫눈에 반해 그녀를 덮쳤다. 간신히 그의 손아귀에서 벗어난 아레투사가 혼신의 힘을 다해 도망치다가 막 잡히려는 순간 자신의 수호신인 아르테미스에게 도와 달라고 외쳤다. 아르테미스가 비명을 듣고 재빨리 그녀를 짙은 안개로 감쌌지만, 알페이오스는 포기할 줄을 모르고 계속해서 그녀를 찾아 헤맸다. 아르테미스는 하는 수 없이 그녀를 샘물로 만들어 펠로폰네소스 반도 지하를 흘러 바다 밑을 뚫고 이탈리아 남부 시라쿠사의 오르티기아Ortygia 반도에서 솟아나도록 했다.

Giuseppe Cesari, 〈아르테미스와 악타이온〉, 1602~1603

아르테미스는 특히 같은 여성으로서 어머니에게 강한 애착을 지녔다. 그것은 그녀가 어머니에게 의존했다는 뜻이 아니라 어머니를 도와주고 그녀의 방패가 되어 주었다는 뜻이다. 아르테미스가 태어나자마자 곧바로 동생 아폴론을 낳는 어머니 레토Leto를 도와주었다는 일화도 그녀가 얼마나 어머니를 섬겼는지 확인할 수 있는 대목이다. 아르테미스가 아폴론과 함께 어머니를 능멸한 니오베Niobe의 자식들을 처단한 것도 마찬가지이다.

니오베는 리디아의 왕 탄탈로스Tantalos의 딸이었다. 그녀는 테베의 왕 암피온Amphion의 아내로 7남 7녀를 낳았다. 그녀는 일국의 왕비로서 남부러울 게 없었는데 특히 자식들이 많다는 사실에 지나친 자부심을 품고 있었다. 그래서 틈만 나면 사람들에게 자신이 여신인 레토보다 똑똑한 자식들을 더 많이 두었다고 오만을 떨었다. 레토는 신들의 왕 제우스와의 사이에서 아르테미스와 아폴론 쌍둥이 남매밖에 낳지 않았기 때문이다.

그러던 어느 날 레토는 하늘에서 니오베가 자신을 모욕하는 말을 듣고 분노했다. 그녀는 당장 두 자식을 불러 자신이 니오베에게 당한 수모를 당장 갚아 달라고 명령했다. 추상같은 어머니의 명령이 떨어지자 아폴론과 아르테미스는 재빨리 활과 화살을 들고 테베 왕궁으로 가서 하늘의 구름 위에 앉았다. 이어 니오베의 자식들이 모두 궁전 마당으로 놀러 나오자 화살을 날리기 시작했다. 아폴론의 화살은 아들들을 향했고, 아르테미스의 화살은 딸들을 향했다.

아폴론과 아르테미스의 화살은 각각 궁술의 신과 사냥의 신답게 백발백중 하나도 빗나가지 않았다. 니오베의 남편 암피온은 자식들이 태어난 순서대로 하나씩 몰살당하는 광경을 보고 광분한 나머지 델피의 아폴론 신전을 부수려다가 아폴론 신의 화살을 맞고 쓰러졌다. 니오베는 자식을 잃은 슬픔을 이기지 못하고 하염없이 울기만 했다. 결국 그녀는 고향 리디아Lydia로 돌아가 시필로스Sipylos산에서 하염없이 울다 지쳐 바위로 변했다. 바위에선 계속해서 눈물이 흘러나왔다.

거인 티티오스Tityos도 레토를 겁탈하려다 아르테미스와 아폴론의 화살에 목숨을 잃는다. 티티오스의 어머니는 엘라라Elara였고 아버지는 제우스신이었다. 제우스는 엘라라가 임신하자 그녀를 대진의 여신 가이아의 품속에 깊숙이 숨겼다. 헤라가 쏘아 대는 질투의 화살로부터 그녀를 보호하고 싶었기 때문이다. 이윽고 달이 차서 몸을 풀던 엘라라는 아들 티티오스가 태어나면서 거대한 몸집으로 자신의 자궁을 찢는 바람에 그만 목숨을 잃고 말았다.

세월이 흘러 엄청난 거인으로 자라난 티티오스는 어느 날 우연히

Pierre-Charles Jombert,
〈니오베의 자식들을 죽이는 아폴론과
아르테미스〉, 1772

Tizian,
〈티티오스의 형벌〉,
1565년경

레토를 만났다가 그녀의 미모에 매혹되어 겁탈하려 했다. 위기의 순간 레토가 다급하게 큰소리로 도움을 요청하자 아르테미스와 아폴론이 어머니의 비명을 듣고 적시에 나타나 화살을 날려 티티오스를 쓰러뜨렸다. 이어 그를 지하 세계에서 가장 깊은 곳인 타르타로스로 떨어뜨린 다음 독수리 2마리를 보내 그의 간을 쪼아 먹도록 했다. 티티오스의 간은 마치 프로메테우스의 간처럼 독수리가 휴식을 취하는 밤사이에 다시 돋아나 그는 영원한 고통에 시달려야 했다.

현재 영국 국왕 찰스 3세의 전처 이름이 아르테미스의 영어식 이름인 '다이애나'였다. 그녀의 본명은 '다이애나 프랜시스 스펜서^{Diana Frances Spencer}'다. 현재 영국 왕위 계승 서열 1위 윌리엄과 5위 해리 왕자가 바로 그녀의 아들이다. 다이애나는 1981년 당시 왕세자였던 찰스 3세와 결혼했다가 1996년 이혼한 뒤 1997년 파파라치를 피하려다가 파리 교외에서 교통사고로 세상을 떠나는 바람에 우리나라에서는 비운의 왕세자 비로 알려져 있다. 2014년에는 그녀의 일생을 다룬 영화 '다이애나'가 만들어지기도 했다.

우리나라에는 아르테미스의 로마식 이름인 '디아나' 주택, 오피스텔, 여성 의류 전문점, 댄스 스쿨, 결혼 메이크업 전문업소, 피부관리소, 레스토랑, 동물 병원, 주얼리 숍 등이 있다. 또한 '다이애나'가 아닌 '다이아나' 헤어 숍, 레스토랑, 호프집, 카페, 주택 등도 있는데, '다이아나'는 특히 주얼리 숍 이름으로 많이 쓰이고 있다. 2016년에 창단한 '다이아나'라는 유명한 여성 댄스팀도 있는데, 그 로고가 깜깜한 밤에 별들 사이에 떠 있는 초승달을 가로질러 영어 필기체로 팀 이름이 쓰여 있어 아주 이채롭다. 마치 아르테미스 여신이 초승달 위에 걸터앉아 있는 것처럼 보인다. 가수 이바다가 부른 노래 중에 '다이애나'가 있다.

'아폴로 11호'와 '아폴로' 보온병

1969년 유인 우주선이 세계 최초로 달에 상륙한 사건은 어린 시절 최고의 사건이었다. 우리 소꿉친구들은 그 의미도 제대로 모르면서 그날을 손꼽아 기다렸다. 그 당시 우리 고향 동네에는 TV가 있는 집이 하나도 없었다. 모든 소식은 라디오로 접했다. 마침내 카운트다운이 시작되고 우주선이 달에 착륙했다는 아나운서의 목소리가 들리는 순간 나는 소꿉친구들에게 달을 가리키며 말했다. "야, 얘들아, 저기 봐 봐. 우주선 안 보이냐? 나는 보이는데. 야, 대단하다."

그때의 감동이 얼마나 뇌리에 깊게 박혀 있는지 아직도 닐 암스트롱Neil Armstrong이라는 그 우주선 선장 이름을 생생하게 기억하고 있다.

하물며 우주선 이름을 기억하지 못할까? 그건 바로 '아폴로 11호'였다. 아폴로는 그리스 신화의 태양신 아폴론의 로마와 영어식 이름이다. 그 때는 잘 몰랐지만 달 탐사선에 태양의 신 이름을 붙인 건 아무래도 어울리진 않는다. 물론 그것을 의미 있게 해석할 순 있다. 달의 신 아르테미스가 태양신 아폴론의 쌍둥이 누나이니 동생이 누나를 만나러 간 것이라고 말이다.

유인 우주선에 그리스 신의 이름을 붙인 경우는 또 있다. 가령 1959년 구소련이 달 탐사를 위해 쏘아 올린 우주선 이름은 '루나 2호Luna였다. 주지하다시피 루나는 티탄 신족 중 달의 신이었던 셀레네의 로마식 이름이다. '루나 2호'는 달 표면에 도착하기는 했어도 성공적으로 착륙하지 못한 채 소위 달의 '고요의 바다'에 충돌한 뒤 파괴되었다. 1974년 독일이 쏘아 올린 태양 탐사선 이름도 '헬리오스'였다. 헬리오스는 티탄 12신 히페리온의 아들로 태양신이었다.

최근 추억의 불량 과자(!) 목록에서 '아폴로'를 발견하고 아폴로 11호가 달에 착륙한 그즈음에 그 과자가 유행했던 것을 기억해 냈다. 그렇다면 그 당시 왜 그 과자에 아폴로라는 이름을 붙였을까? 아마 아폴로 11호가 장안의 화제가 되던 때라 그 유명세에 올라타고 싶었던 것은 아닐까? 아폴로 불량 과자에 우주선이 그려져 있었으니 하는 말이다. 그 우주선은 아마 아폴로 11호일 것이다. 요즘 새로 출시한 아폴로 과자에는 우주선 그림이 없는 게 있다. 하지만 그 당시 아폴로 과자 겉봉에는 분명 우주선 그림이 있었다.

아폴론은 태양신이면서도 이성의 신이다. 예언의 신이자 의술의 신이기도 하다. 어둠을 밝히는 태양의 밝은 빛은 무지몽매한 인간을 일깨워 주었던 계몽주의의 이성의 빛과 통한다. 아폴론을 이성의 신이라고도 하는 것은 바로 그 때문이다. 불확실한 미래를 알려 주는 예언과 수수께끼 같은 몸의 이상을 밝히고 치료하는 의술 능력 또한 이성의 예리한 통찰의 힘에서 나온다. 그래서 아폴론이 관장하고 있는 이성, 예언, 의술 분야는 모두 태양신이라는 그의 속성과 깊은 관련이 있다. 물론 아폴론은 후에 의술 분야는 아들인 아스클레피오스^{Asklepios}에게 넘겨주지만 그렇다고 마치 어떤 회사에서 회장과 사장의 관계처럼 의술 분야에서 완전히 손을 뗀 것은 아니다.

어린 시절 한때 '아폴로 눈병'으로 무척 고생한 적이 있었다. 아폴로 눈병은 눈이 갑자기 아주 심하게 충혈되는 급성 출혈결막염을 칭하는 이름이다. 그건 왜 하필 아폴로 눈병이라고 했을까? 그 당시엔 아무 생각 없이 그냥 넘어갔는데 최근에야 비로소 그런 이름을 붙인 이유가 분명 의술의 신이기도 했던 아폴론과 관련이 있을 것으로 생각하여 인터넷을 뒤져 보다가 너무 실망스러운 답을 찾고 말았다. 추억의 불량 과자 이름에 아폴로를 붙인 이유와 엇비슷하게 그 눈병이 만연하던 시기가 바로 아폴로 11호 우주선이 달에 착륙하던 때라 그냥 아폴로 눈병이라고 칭했다는 것이다.

내가 은근히 기대했던 답은, 아폴론은 의술의 신으로서 병을 치료하기만 한 게 아니라 병을 주기도 했는데 그 당시 그 눈병이 너무 창궐하는 바람에 신이 내린 병이라는 뜻에서 그리스 신화의 의술의 신 아폴로의 이름을 붙였다는 것이었다. 사실 아폴론은 병을 치료만 한 게 아니라 일으키기도 했다. 때는 트로이 전쟁 마지막 해인 10년 차. 트로이 측이었던 크리세^{Chryse}섬의 아폴론 신전의 사제 크리세스^{Chryses}가 금은보화를 배에 가득 싣고 아가멤논을 찾아와 포로로 잡혀 그에게 배분된 딸 크리세이스^{Chryseis}를 돌려 달라고 정중하게 간청했다.

<아가멤논에게 자신의 딸 크리세이스를 돌려달라고 간청하는 크리세스>,
B.C. 360~B.C. 350년경(그리스 도기 그림)

하지만 아가멤논은 백발이 성성한 노인의 청을 면박까지 주면서 매몰차게 거절했다. 빈손으로 집에 돌아온 크리세스는 아폴론 신전에서 자신을 모욕한 아가멤논에게 복수해 달라고 기도했다. 아폴론 신은 크리세스의 기도에 화답하여 즉시 그리스군 진영에 역병의 화살을 날려 수많은 군마와 병사들을 죽음으로 내몰았다. 아가멤논이 예언가 칼카스Kalchas에게 역병의 이유를 물어보니 크리세스에게 딸을 돌려주지 않아 아폴론 신이 분노한 것이니 그에게 딸만 돌려주면 역병은 깨끗이 물러갈 것이라는 신탁을 전했다. 결국 아가멤논은 크리세이스를 돌려주었고, 아폴론은 바로 역병을 거두어 갔다.

고대 그리스에서 의술의 신 아폴론 신전으로 유명한 게 바로 바사이Bassai의 아폴론 신전이다. 2세기경의 그리스 여행 작가 파우사니아스

Edward Dodwell, 〈바사이 아폴론 에피쿠리오스 신전〉, 1821

Pausanias에 따르면 펠로폰네소스 전쟁 시기에 바사이 지역에 전염병이 창궐하자 주민들이 태양신이자 의술의 신이기도 했던 아폴론에게 도움을 간청했다. 이에 아폴론은 신비한 약초가 있는 곳을 알려 주어 그들이 역병에서 벗어나도록 해 주었다. 주민들은 감사의 표시로 바로 그 약초를 발견한 곳에 아폴론 신전을 짓고 '아폴론 에피쿠리오스Epikourios' 신전이라고 명명했다. 그것은 '치료자 아폴론' 혹은 '구원자 아폴론'이라는 뜻이다.

이 신전은 해발 1131m의 코틸리온Kotylion산 경사면에 놓여 있는데 B.C. 450~B.C. 400년 아테네 아크로폴리스에 파르테논Parthenon 신전을 지은 건축가 익티노스Iktinos가 세웠다. 파우사니아스에 의하면 이 신전은 당대 그리스에서 테게아Tegea의 아테나 신전 다음으로 아름다웠다. 또한 대도시에서 멀리 떨어진 깊은 산속에 있어 전쟁이나 이슬람의 영향을 피한 덕분에 현재 아테네 아고라에 있는 헤파이스토스 신전 다음으로 보존이 잘 되어 있어 1986년 그리스에서는 최초로 세계문화 유산에 등재되었다. 현재 이 신전은 산성비로 인한 부식을 막기 위해 전체를 하얀 천막으로 덮어 보호하고 있다.

고대 그리스인들은 아폴론을 태양 자체로 생각하지 않았다. 그가 사두마차에 태양을 싣고 마치 애니메이션 속 '은하철도 999호'처럼 하늘길을 따라 달린다고 생각했다. 그에 한발 앞서 하루를 여는 게 바로 새벽의 여신 에오스^{Eos}다. 그래서 화가들은 아폴론의 태양 마차 앞에 종종 에오스를 함께 그려 넣곤 한다. 우리나라 보온병 브랜드 중에도 '아폴로'가 있다. 그 보온병에 들어 있는 물은 태양신 아폴론이 마차에 싣고 있는 뜨거운 태양열로 늘 덥혀 줄 테니 아마 절대 식을 리 없을 것이다.

Charles de La Fosse, 〈일출: 아폴론의 태양마차〉, 1672년경

16.

'비너스' 여성용 속옷과 '아프로디테 헤어'

●

'비너스'는 미의 여신 '아프로디테'의 영어식 이름이다. 미와 사랑은 불가분의 관계에 있기에 아프로디테는 또한 사랑의 신이기도 하다. 게다가 사랑의 신 에로스가 아프로디테의 자식이지 않은가? 헤시오도스의 『신통기』에 따르면 아프로디테는 태초에 카오스에서 에로스가 태어나고 얼마 되지 않아 하늘의 신 우라노스의 살점에서 태어났다. 그 과정을 자세히 살펴보자.

『신통기』에 따르면 태초에 '카오스'가 있었다. '카오스'는 '혼돈'이라는 뜻이다. '질서'를 뜻하는 '코스모스'의 반대말이다. 그런데 바로 이 카오스에서 제일 먼저 사랑의 신 에로스, 대지의 여신 가이아, 가이아의 몸속에서 가장 깊은 곳인 타르타로스가 태어났다. 밤의 여신 닉스와 지하 세계의 칠흑 같은 어둠 에레보스도 마찬가지로 카오스에서 만들어졌다. 그 후 가이아는 혼자서 하늘 우라노스, 산맥 오레^{Ore}, 태초의 바다 폰토스^{Pontos}를 낳았다.

헤시오도스의 천지창조에서 특히 우리의 이목을 끄는 것은 날개 달린 사랑의 신 에로스가 가장 먼저 탄생했다는 점이다. 그것은 이 세상 만물은 사랑이 있어야 비로소 생성될 수 있다는 만고의 진리를 암시하고 있는 것은 아닐까? 세상이 이렇게 카오스에서 점차 코스모스 쪽으로 자리를 잡아 가기 시작하자 가이아는 이제 우라노스와 부부가 되어 여러 자연신을 낳기 시작했다. 그들은 대지를 둘러싸고 있는 거대한 대양강의 신 오케아노스, 담수의 여신 테티스^{Tethys}, 태양의 신 히페리온, 빛의 여신 포이베 등 티탄 12신을 낳았다.

티탄 12신은 하나같이 모두 거대한 몸집을 하고 있었다. 나중에 인간에게 불을 훔쳐다 주는 프로메테우스의 아버지 이아페토스도 티탄 12신에 속했다. 제우스의 아버지 크로노스도 티탄 12신 중 막내였다. 그 후 가이아와 우라노스는 계속해서 헤카톤케이레스^{Hekatoncheires}와 키클로페스^{Kyklopes}를 낳았다. 헤카톤케이레스는 손이 100개, 머리가 50개나 달린 3형제를, 키클로페스는 이마에 둥근 눈이 하나만 박혀 있는 '번개', '벼락', '천둥' 3형제를 총칭하는 이름으로 흉측하면서도 거대한 괴물들이었다. 그래서 헤카톤케이레스는 백수거인^{百手巨人}으로, 키클로페스는 외눈박이로 칭하기도 한다.

우라노스는 자식들의 엄청난 크기와 끔찍한 모습이 너무나 역겨웠다. 자기 자식이라는 것이 부끄러웠다. 그는 급기야 앞으로 자식들이 장성하면 모두 힘을 합해 자신의 권력을 찬탈할지 모른다는 상상을 하기도 했다. 생각이 이에 미치자 그는 어느 날 자식들을 아내 가이아의 몸속에 밀어 넣기 시작했다. 결국 우라노스의 자식들은 가이아의 몸속에서 가장 깊은 타르타로스에 갇히는 신세가 되었다. 가이아는 칠흑 같은 어둠 속에 갇혀 있는 자식들 생각에 하루도 편안한 날이 없었다. 우라노스의 만행으로 세상은 다시 카오스의 상태로 돌아간 것이다.

참다못한 가이아는 어느 날 은밀하게 자신의 몸속에 있는 쇠를 버리어 커다란 낫을 만든 다음 자식들에게 도움을 요청했다. 대부분의 자식들은 선뜻 나서지 않았다. 포악한 아버지 우라노스가 두려웠기 때문이다. 하지만 막내 크로노스만은 달랐다. 그는 아버지가 무섭기는 했어도 어머니의 호소를 외면할 수 없었다. 자식들 중 어머니와 가장 친했기 때문만은 아니었다. 그는 아버지의 행동이 너무 부당하다고 생각했다. 결국 크로노스는 어머니 가이아가 준 커다란 낫으로 어머니 옆에서 깊이 잠든 아버지 우라노스를 거세하고 그를 권좌에서 밀어냈다. 아버지 우라노스가 휘저어 놓았던 세상의 질서를 아들 크로노스가 바로잡은 것이다.

크로노스가 우라노스를 거세했다는 것은 결국 아들이 아버지와의 권력 투쟁에서 승리했다는 것을 의미한다. 그래서 우라노스와 크로노스의 권력 투쟁은 그리스 신들이 벌인 최초의 전쟁이다. 그런데 신기하게도 크로노스가 어머니 가이아로부터 건네받은 커다란 낫으로 우라노스의 남근을 자를 때 흘린 피가 땅에 스며들더니 물푸레나무 요정 멜리아이Meliai, 24명의 거인족 기간테스, 복수의 여신 에리니에스Erinyes가 태어났다.

에리니에스는 알렉토Alekto, 메가이라Megaira, 티시포네Tisiphone 3자매를 총칭하는 이름으로 지하 세계의 암흑인 에레보스에 살면서 혈육 간의 복수를 담당했다. 그들이 나중에 모친 살해범 오레스테스^{Orestes}를 뒤쫓는 건 바로 이 때문이다. 그들은 태어날 때부터 노파였으며 몸이 석탄처럼 검었다. 또한 실뱀 모양의 머리카락, 개의 머리, 박쥐의 날개를 하고 있으며 손에는 청동 옹이가 박힌 채찍을 들고 있었다.

크로노스가 뒤로 힘껏 던진 우라노스의 살점도 바다에 떨어져 미의 여신 아프로디테로 태어났다. 살점이 바다에 가라앉으면서 거품이 일더니 한참 후에 눈이 부시도록 아름다운 아프로디테가 조개를 타고 솟아올랐다. 그래서 아프로디테는 '거품에서 태어난 자'라는 뜻이다. 헤시오도스의 『신통기』에 따르면 아프로디테가 태어나자 그녀보다 먼저 생겨난 사랑의 신 에로스가 마치 아들처럼 그녀를 따라다녔다. 후세의 많은 화가들이 아프로디테의 탄생을 주제로 그림을 그렸다. 그중 가장 유명한 게 바로 보티첼리의 〈비너스의 탄생〉이다.

이 그림의 왼쪽에서 입김으로 바람을 일으켜 아프로디테가 타고

Sandro Botticelli, 〈비너스의 탄생〉, 1483~1485

있는 가리비 조개 배를 밀어주고 있는 신은 서풍의 신 제피로스^{Zephyros}고, 그가 가슴에 안고 있는 여자는 그의 아내이자 로마에서는 플로라^{Flora}로 불리는 꽃의 여신 클로리스^{Chloris}이다. 그림 오른쪽에 있는 여인은 계절의 여신 호라이^{Horai} 3자매 중 한 여신인데 아마 봄의 여신인 듯하다. 그녀는 키프로스 해안에서 아프로디테에게 입혀 주려고 양손에 옷을 들고 아프로디테를 두 팔 벌려 환영하고 있다.

그림 왼쪽 맨 아래에는 주로 습지와 연못 가장자리에서 볼 수 있는 부들 2개가 자라고 있고, 오른쪽 키프로스 해안에는 잎이 무성한 나무 세 그루가 서 있어, 그곳이 각각 해안과 숲이라는 것을 부각시키고 있다. 조개 주변에 주로 삼각형 모양으로 그려진 물결은 바다 분위기를 한층 돋우어 주고 있다. 또한 해안 풀밭에 뿌려진 금 모래알들은 신의 빛을 상징한다. 특히 제피로스의 품에 안긴 플로라가 뿌리는 아프로디테에게 바쳐진 도금양꽃, 계절의 여신이 내미는 옷에 수놓인 데이지꽃, 그녀의 옷에 그려진 수레바퀴 국화도 이채롭다.

보티첼리의 아프로디테는 해부학적으로 볼 때 실제 인체와는 사뭇 다르다. 목도 이상할 정도로 길쭉할 뿐 아니라 왼쪽 어깨도 보통 인간이라면 취할 수 없는 포즈다. 그래서 미술사가들은 보티첼리의 아프로디테가 미술사에서 '매너리즘'을 선취했다고 평가한다. 하지만 그런 포즈들이 보티첼리의 아프로디테를 더욱 아름답게 보이게 한다. 또한 보티첼리의 아프로디테는 벗은 몸인데도 불구하고 수줍어하는 모습으로 볼 때 육체적인 사랑이 아니라 정신적인 사랑을 상징한다고 한다.

10여 년도 훨씬 전의 일이다. 지하철에서 우연히 어떤 광고 사진을 보고 실소를 금치 못했다. 모 성형외과에서 바로 보티첼리의 〈비너스의 탄생〉에서 조개를 타고 바다에서 갓 솟아오른 비너스를 지우고 그 대신 성형미인을 올려놓고 병원을 홍보하고 있었기 때문이다. 그 광고를 보고 먼저 어떻게 명화를 저렇게 오용할 수 있을까, 저렇게 하면 저작권에 걸리지 않을까 생각했다.

물론 예상은 했어도 그날 집에 와서 〈비너스의 탄생〉이 1485년 작품이라는 것을 확인하고 나서 저작권은 문제가 없겠다고 생각하는 순간 문득 이런 생각이 들었다. "내 취향은 아니지만 어떻게 저런 기발한 생각을 할 수 있었을까?" 현재 이 광고는 어디에서도 찾아볼 수 없다. 병원 홈피에도 없다. 아마 법적으론 아무런 문제가 없어도 시민들, 특히 미술 애호가들의 항의를 꽤 받았을 수 있다. 가끔 '브랜드 속 신화 이야기'라는 주제로 특강을 하면서 보티첼리의 〈비너스의 탄생〉을 설명한 뒤 이 광고를 보여 주면 거의 모두 박장대소를 터뜨린다.

여성용 속옷 브랜드 중에 비너스가 있다. 그런데 이 브랜드 로고에 나오는 두상이 누구인 줄 아는 사람은 드물 것이다. 이것은 바로 〈밀로의 비너스〉의 두상이다. 〈밀로의 비너스〉는 1820년 4월 8일 게오르기오스 켄트로타스Georgios Kentrotas라는 농부에 의해 키클라데스 군도의 멜로스Melos섬에 있는 고대 원형극장 터에서 발견되었다. 멜로스는 현대 그리스어로는 밀로스Milos라고 불리는데 영어로는 밀로Milo라고 한다.

나는 특강을 하다가 가끔 이 조각상에 대해 이런 돌발 퀴즈를 내서 맞추는 수강생에게 책을 선물한다. "〈밀로의 비너스〉라는 조각상에서 '밀로'는 과연 무엇일까요?" 그러면 대부분의 대답은 이렇다. "조각가 이름요!" 밀로의 비너스는 원래 이 조각이 올려져 있던 대좌와 함께 왼팔과 사과를 든 왼손도 함께 발견되었는데 여러 번 옮겨지면서 소실되었다.

그 사과는 아마 소위 '파리스의 심판'에서 아프로디테가 최고로 아

〈밀로의 비너스〉, B.C. 130〜B.C. 100년경.
파리 루브르 박물관

름다운 여신으로 등극하면서 파리스로부터 건네받은 황금 사과를 형상화했을 것이다. 농부 켄트로타스는 이 조각품의 가치를 알아보지 못하고 당시 그리스 유물을 수집하고 다니던 두 명의 프랑스인을 통해 콘스탄티노플의 프랑스 대사였던 리비에르Rivière 백작에게 싼값에 넘기기로 했다.

하지만 리비에르 대사로부터 연락이 늦어지자 초조해진 농부는 더 이상 기다리지 못하고 그것을 콘스탄티노플에서 오스만제국의 술탄 마흐무트 2세Mahmud II의 통역사로 일하던 니콜라스 무루시Nicholas Morousis에게 팔기로 하고 배에 막 싣고 있었다. 그런데 바로 그 순간 리비에르 대사가 보낸 돈이 도착하여 비너스상은 가까스로 프랑스 소유가 되었다.

천신만고 끝에 조각품을 인수한 리비에르 백작은 그것을 루이 18세에게 선물했는데, 왕은 다시 그것을 루브르 박물관에 기증했다. 이 조각품은 인체보다 약간 큰 2.2m 크기로 키클라데스 제도의 파로스섬에서 채굴된 대리석으로 만들어졌으며 여성의 이상적인 아름다움을 상징하고 있다. 이 조각은 현재 파리 루브르 박물관의 대표 작품이 되어 유리관에 둘러쳐진 채 특급 경호를 받고 있다.

우리나라에는 '비너스'라는 이름의 가수가 셋, 3인조 걸그룹이 하나 있다. 6인조 걸그룹 중에 '헬로비너스HELLOVENUS'가 있는데, 그들이 펴낸 미니 앨범 이름이 바로 '비너스'다. 고양시 일산동구에는 '아프로디테 헤어Aphrodite Hair'가 있다. 프랑스의 '소울 시즌스Soul Seasons' 화장품 회사의 바디 로션과 향수 이름이 '아프로디테 아일랜드Aphrodite Island'다. 구찌 가방 브랜드 중에 '아프로디테'가 있다.

여성 심벌, '비너스'의 둥근 손거울

작자 미상, 〈화장실의 비너스〉, 1550년경

●

‘비너스’는 그리스 신화에서 미와 사랑의 신이었던 ‘아프로디테’의 영어식 이름이다. 로마식 이름은 영어식 이름에서 발음만 달라진 ‘베누스’다. 태양계 행성 중 ‘금성’도 ‘비너스’라고 부른다. 우리나라에서는 새벽에 보이는 금성은 샛별, 혹은 계명성啓明星, 초저녁 개들이 저녁밥 먹을 무렵 반짝이는 금성은 개밥바라기, 혹은 태백성太白星으로 불린다.

비너스의 탄생에는 2가지 설이 있다. 『신통기』를 쓴 헤시오도스에 따르면 비너스는 우라노스의 막내아들 크로노스가 어머니 가이아와 형제들을 괴롭히던 아버지 우라노스의 남근을 잘라 바다에 던지자 가라앉으면서 거품이 일며 조개를 타고 솟아올랐다.

하지만 『오디세이아』와 『일리아스』를 쓴 호메로스Homeros에 따르면 비너스는 제우스가 티탄 신족을 제압하고 신들의 왕이 된 후 그와 물의 요정 디오네Dione 사이에서 태어났다. 비너스의 그리스식 이름인 ‘아프로디테’가 ‘거품에서 태어난 자’라는 의미이기 때문에 호메로스보다는 헤시오도스의 주장에 한 표를 던지고 싶다.

플라톤은 『향연』에서 헤시오도스와 호메로스의 아프로디테를 모두 인정했다. 우라노스의 살점이 바다에 떨어져 태어난 아프로디테는 정신적인 사랑을 담당했던 ‘아프로디테 우라니아Aphrodite Urania’이고, 디오네를 어머니로 둔 후대의 아프로디테는 육체적인 사랑을 담당했던 ‘아프로디테 판데모스Aphrodite Pandemos’라는 것이다. ‘아프로디테 우라니아’는 ‘천상의 아프로디테’, ‘아프로디테 판데모스’는 ‘민중의 아프로디테’라는 뜻이다.

비너스는 인간의 최대의 관심사인 미와 사랑을 담당한 신이었기에 시대를 초월하여 수많은 화가의 단골 메뉴가 되었다. 그림의 주제도 비너스가 바다 거품에서 탄생하는 장면, 아들이자 사랑의 신 에로스와 다정한 한때를 보내고 있는 장면, 아들 에로스와 함께 남편 헤파이스토스의 대장간을 방문하는 장면, 연인이었던 전쟁의 신 아레스와 한눈을 파는 장면 등 다양하다.

명화 중에는 비너스가 거울을 보고 있는 모습도 눈에 많이 띈다. 비너스는 주로 아들 에로스가 그녀 앞에서 손에 들고 있는 거울에 비친 자신의 모습을 쳐다보고 있다. 대부분 '화장실의 비너스' 혹은 '거울을 보는 비너스'라는 제목을 지녔다. 화가들은 아마 아무리 그리스 여신 중 최고의 아름다움을 자랑하는 비너스라도 늘 거울을 보며 얼굴과 옷 매무새를 다듬고 화장을 고쳤을 것이라고 상상했으리라.

여성을 상징하는 기호를 '비너스 심벌'이라고 부르기도 한다. 그 기호가 바로 그리스 신화의 미와 사랑의 여신 비너스의 손거울을 모델로 하여 만든 것이기 때문이다. 여성 심벌에서 둥근 원은 비너스의 둥근 거울을, 그 바로 아래 붙어 있는 십자가는 거울의 손잡이를 형상화한 것이다. 비너스 심벌은 '비너스의 거울'이라고도 불린다.

여성 심벌

남성 심벌, '아레스'의 방패와 창

Bartholomeus Spranger, 〈전쟁터의 마즈〉, 1580년경

'아레스'는 그리스 신들의 왕 제우스와 헤라의 아들이었으며 로마에서는 '마르스'라고 불렀고, 영어로는 '마즈'라고 한다. 태양계 행성 중 화성의 이름도 아레스의 영어식 이름을 따라 '마즈'라고 부른다. '아레스'는 전쟁의 신이었으며 어원적으로도 '파괴자'와 '복수자'라는 뜻이다. 호메로스는 『일리아스』에서 아레스의 본거지를 황량하고 추운 트라케Thrake로 기록하고 있다. 트라케(영어로는 트라키아Thrakia)의 전설에 따르면 아주 오랜 옛날 살인과 폭력을 일삼았던 악명 높은 아레스라는 인물이 실존했었다고 한다.

그리스 신화에는 전쟁의 신이 둘 있다. 그중 지혜의 여신이기도 한 아테나는 영웅들의 정의로운 전쟁을 후원하는 신으로 전쟁에서 지혜와 연관된 전략과 전술을 담당했다. 또한 아테나의 주 무기는 방어의 신답게 방패였다. 이에 비해 아레스는 우리가 전쟁하면 연상할 수 있는 살육, 방화, 파괴를 담당했던 아주 끔찍하고 무자비한 신이었다. 그래서 아레스를 가장 기쁘게 하는 것은 칼이나 창에 찔려 상처를 입을 때 나는 비명, 무기 부딪히는 소리, 뼈 부러지는 소리였다.

아레스는 때를 가리지 않고 인간들의 싸움에 참견하여 분란을 조장했다. 아레스의 주 무기는 공격의 신답게 창이었다. 여성 심벌이 아프로디테의 손거울에서 나온 것처럼 남성 심벌은 바로 아레스의 창에서 유래했다. 그래서 남성 심벌은 마즈심벌Marssymbol이라고 부른다. 그 심벌에서 둥근 부분은 아레스의 방패를, 화살처럼 뾰족한 부분은 아레스의 창을 형상화한 것이다. 스웨덴 볼보Volvo 자동차 로고도 바로 남성 심벌을 활용한 것이다.

아레스의 아주 다른 성격 때문에 다른 그리스 신들은 그를 경멸했다. 아테나는 트로이 전쟁 때 아레스를 돌로 쓰러뜨린 뒤 이렇게 말했다.

어리석은 자여, 내가 당신보다 얼마나 더 강한지 몰라서 나와 거루려 하는가? 당신의 어머니는 당신이 그리스군을 배반하고 트로이군을 돕는다고 해서 복수를 준비하고 있는데, 이것은 그것에 대한 경고다.

또한 아테나의 도움을 받은 그리스의 장수 디오메데스의 창에 찔려 하소연하러 온 그를 제우스마저도 호되게 질책했다.

이 철딱서니 없는 놈아! 내 곁에서 징징대지 마라. 나는 올림포스에 사는 신들 중 네가 제일 싫다. 너는 밤낮 말다툼과 전쟁과 싸움질만 좋아하니 말이다

존 그레이^{John Gray}는 『화성에서 온 남자 금성에서 온 여자』라는 책을 통해 아레스와 아프로디테를 남성과 여성의 원초적인 모델로 해석하기도 한다. 그에 따르면 태고에 남자들은 화성^{Mars}에 따로 살았고, 여자들은 금성^{Venus}에 따로 살았다. 그러던 어느 날 망원경으로 천체를 관측하던 그들은 서로 눈이 맞아 긴 논의 끝에 화성도 금성도 아닌 제3의 장소인 지구에서 만나 함께 살기로 합의했다.

그들은 초기에는 근본이 다른 터라 언어와 습관도 다를 수밖에 없다는 사실을 잘 이해했기 때문에 전혀 갈등이 없었다. 하지만 세월이

흐르자 마치 애초부터 지구에서 함께 살아온 듯 점차 자신의 고향을 잊다 보니 싸움이 잦아지게 되었다. 그래서 이 책의 저자인 그레이는 우리에게 행복한 결혼 생활을 하려거든 원래 남녀의 뿌리가 다르다는 것을 인정하라고 권한다.

Joseph-Benoit Suvee, 〈아레스와 아테나의 결투〉, 1771

남성 심벌

118

두산 위브의 '포세이돈' 아파트

수니온곶의 포세이돈 신전

'포세이돈'은 바다의 신으로 로마에서는 '넵투누스'라고 불렀고, 영어로는 '넵튠'이라고 부른다. 행성 중 '해왕성'의 이름도 포세이돈의 영어식 이름을 따라 '넵튠'이라고 부른다. 포세이돈의 무기는 영어로 '트라이던트Trident'라고 하는 삼지창이다. 미국 해군의 핵 잠수함 이름과 그 안에 탑재하고 있는 탄도미사일 이름도 '트라이던트'이다. '잠수함 킬러'라는 별명을 지닌 우리나라의 해상초계기 이름도 '포세이돈'이다.

그리스에서 포세이돈 신전으로 가장 유명한 곳은 아테네에서 남서쪽으로 70km 떨어진 아티카Attika 반도 최남단의 수니온Sounion곶이다. 수니온곶은 앞쪽으로 에게해의 망망대해가 펼쳐져 있어 바다의 신 포세이돈의 성소가 자리 잡기에는 최적의 장소였다. 고대 그리스인들은 이곳에 포세이돈의 강한 기운이 서려 있다고 생각하고 일찍부터 제단을 쌓고 그에게 제물을 바치며 선원들의 무사 귀환을 빌었다.

호메로스도 『오디세이아』에서 스파르타의 메넬라오스의 함선이 트로이에서 돌아오다가 수니온곶을 도는 중에 갑자기 아폴론의 화살을 맞고 죽은 키잡이를 위해 "성스러운" 이곳에 상륙하여 포세이돈 신에게 제물을 바치며 성대한 장례식을 거행했다고 쓰고 있다. 그래서 B.C. 7세기경부터 이곳 암반에는 포세이돈 신에게 바친 실제 사람보다 키가 큰 청년상인 쿠로이Kouroi가 세워져 있었다고 한다. 그중 가장 유명한 것은 소위 '수니온 쿠로이' 혹은 '수니온 전사'로 알려진 청년상인데 현재 아테네 고고학 박물관에 전시되어 있다.

수니온곶에 있었던 초기의 제단 형식의 포세이돈 신전은 B.C. 5세기경 도리아식 기둥과 지붕을 갖춘 정식 신전으로 개축되다가 B.C.

490년 완성되지 못한 채 페르시아 전쟁 때 파괴되었다. 그 후 신전은 B.C. 440년경 페리클레스 시대에 아테네 아크로폴리스의 파르테논 신전과 함께 재건되었지만, 지금은 15개의 기둥 그리고 약간의 벽면과 함께 1800년대 이곳을 방문한 사람들의 낙서만 남아 있다.

특히 신전 동편 오른쪽에서 세 번째 기둥 아래쪽을 살펴보면 그리스 독립을 위해 애쓰다 열병으로 죽은 영국 시인 바이런Byron 경의 이름을 찾을 수 있다. 1810년 아테네에 머물던 바이런은 수니온곶을 찾아왔다가 매우 감동한 나머지 신전 기둥에 자신의 이름을 새겨 두었다고 하지만 그가 자신의 이름을 직접 새겨 넣었다는 확실한 증거는 없다. 수니온곶 포세이돈 신전은 특히 석양 무렵이 아름답다. 석양으로 세계적으로 유명한 산토리니의 이아Oia 마을 못지않다.

수니온곶 포세이돈 신전은 우리나라 부안 채석강 바로 옆 적벽강의 '수성당'을 쏙 빼닮았다. '수성당'은 서해를 지켜주는 개양할미와 그녀의 딸 8자매를 모신 당집으로 앞쪽에 서해의 망망대해가 펼쳐져 있어 개양할미에게 기도드리는 곳으로는 그야말로 최적의 장소다. 나는 이곳에 가면 그리스 수니온곶 포세이돈 신전이, 또한 그리스의 수니온곶 포세이돈 신전에 가면 부안의 수성당이 생각난다.

수니온곶에 가면 생각나는 게 또 하나 있다. 바로 우리나라 건설사 '두산위브'의 아파트 브랜드 '포세이돈'이다. 현재 건설사 홈페이지 등에서 별도의 아파트 브랜드 스토리를 찾을 수는 없다. 하지만 그걸 고안한 사람은 분명 바이런도 자주 찾았을 정도로 조망과 석양이 빼어난 수니온곶의 포세이돈 신전을 보고 영감을 받지 않았을까? 포세이돈 아파트가 유독 항구도시 부산, 그것도 해운대에 집중적으로 지어진 것도 우연이 아니리라.

수니온곶 포세이돈 신전의 석양

우리나라에는 이외에도 포세이돈이 바다의 신이라는 점에 착안하여 스쿠버 장비 가게, 초밥집, 스위밍 스쿨, 해양 경찰학원, 수상레저, 실내 바다 낚시터 등에서 그 이름이 상호로 자주 사용된다. 하지만 포세이돈의 로마식 이름인 넵투누스나 영어식 이름인 넵튠을 상호로 쓰는 경우는 별로 없다. 아마 발음이 포세이돈에 비해 낯설고 어려워서일 것이다.

미국 명문 사립 '미네르바대학교'

'아테나'는 지혜와 전쟁의 여신으로 로마에서는 '미네르바'로 불렸고, 영어로도 '미네르바'라고 부른다. 고대 그리스에서는 '아테네'라고 부르기도 했지만, 현재 그리스의 수도 '아테네'와 혼동할 수 있기 때문에 우리는 주로 '아테나'라고 부른다. 미국 캘리포니아 샌프란시스코의 명문 사립대학교 이름도 '미네르바대학교Minerva University'다. 한국 외국어대학교의 교양 대학 이름도 '미네르바'다. 경희대학교 본관에도 '미네르바 모교상'이 세워져 있다.

아테나의 탄생에는 아주 특별한 비화가 숨어 있다. 아테나의 어머니는 원래 메티스Metis라는 지혜의 여신이었다. 제우스는 사촌이었던 그녀를 줄곧 마음에 두고 있다가 티탄 신족과의 전쟁에서 승리하여 신들의 왕이 된 후 그녀를 첫 번째 왕비로 맞아들였다. 그러던 어느 날 제우스는 청천벽력 같은 소문을 들었다. 메티스가 나중에 첫째는 딸을 낳지만, 둘째는 아들을 낳는데, 그 아들이 나중에 자신의 권력을 찬탈한다는 것이다.

고심하던 제우스는 어느 날 임신한 메티스를 조그맣게 만들어서 집어삼켜 버렸다. 10개월이 지나자 제우스는 머리가 깨어질 듯이 아파 왔다. 고통을 참다못한 제우스는 아들이자 대장장이 신이었던 헤파이스토스를 불러 대장간에서 도끼를 가져와 자신의 머리를 치도록 했다. 그러자 쪼개진 제우스의 머리에서 신기하게도 아테나가 완전무장을 하고 태어났다. 제우스의 머리가 고대판 인큐베이터로 사용된 것이다. 아테나가 태어나자 제우스는 그녀에게 지혜와 전쟁을 관장하도록 했다.

Rene-Antoine Houasse, 〈아테나의 탄생〉, 1688년경

부엉이는 눈이 커서 지혜의 상징으로 알려져 있다. 그래서 부엉이는 지혜의 여신 아테나의 새이기도 했다. 고대의 아테네 시내에는 아테나의 도시답게 부엉이가 정말 아주 많았다고 한다. 그래서 '부엉이를 아테네로 가지고 간다'라는 관용구가 생길 정도였다. 그것은 '쓸데없는 일을 한다'라는 뜻이다. 부엉이가 많은 곳에 또 부엉이를 가져가면 누가 관심을 갖고 보겠는가?

철학자 헤겔^{G. W. F. Hegel}은 그리스 신 중 아테나를 무척 좋아했다. 그래서 그는 『법철학 초안』의 서문에서 '미네르바의 부엉이는 황혼 녘에야 비로소 날갯짓을 시작한다^{Die Eule der Minerva beginnt erst mit der einbrechenden Dämmerung ihren Flug}'는 유명한 말을 남겼다. 그것은 '어떤 사건의 본질을 꿰뚫어 볼 수 있는 지혜의 눈은, 그 사건이 일어난 시점이 아니라 한참 시간이 지나야 생긴다'는 뜻이다.

아테나는 전쟁 중에서 특히 지혜가 필요한 전략과 전술을 담당했고, 공격보다는 방어를 선호했다. 그녀는 전쟁의 여신답게 어려서부터 전쟁놀이를 하는 것을 좋아했다. 언젠가 그녀는 친구인 팔라스^{Pallas}와 전쟁놀이를 하다가 실수로 그만 친구를 죽이고 말았다. 그때부터 아테나는 친구에 대한 죄책감으로 팔라스의 이름을 자신의 별명으로 삼았다. 그래서 아테나는 '팔라스 아테나', 혹은 그냥 '팔라스'로도 불린다. 철옹성 트로이를 지켜 주었던 아테나상의 이름도 그녀의 별명인 팔라스에서 따온 팔라디온^{Palladion}이다.

트로이 성을 완성한 뒤 트로이 백성들이 하늘을 향해 트로이를 지켜 달라고 기도하자, 곧바로 하늘에서 신상이 하나 떨어졌는데, 그게 바로 팔라디온이었다고 한다. 트로이 전쟁이 발발하자 트로이인들은 성안에 이 팔라디온만 있으면 트로이 성은 절대 무너지지 않는다고 굳게 믿었다. 하지만 그 사실을 알게 된 그리스군은 오디세우스와 디오메데스Diomedes를 트로이 성안에 침투시켜 팔라디온을 훔쳐 왔다. 그 후 정말 얼마 가지 않아 트로이 성은 함락되고 말았다.

아테나는 지혜와 전쟁의 여신이자 수공예의 신이기도 했다. 복잡한 문양의 수를 놓는 일이나 나무 등을 다듬어 무언가 유용한 것을 만들어 내는 일에는 특별한 지혜가 필요했기 때문이리라. 그녀가 수공업자들의 숭배를 받아 아테네 아고라 헤파이스토스 신전에 헤파이스토스와 함께 신상이 봉안된 건 바로 그 때문이다. 특히 아테나가 감히 수공예의 신인 자신에게 도전한 수예의 달인 아라크네Arachne를 거미로 만들어 버린 사건은 아주 유명하다.

아라크네는 리디아의 콜로폰 출신으로 양치기 이드몬Idmon의 딸이었다. 그녀는 리디아에서 베를 짜고 그 위에 수를 놓는 재주로 명성이 자자했다. 사람들에게서 수공예의 신인 아테나의 제자라는 평판을 얻을 정도였다. 하지만 아라크네는 그것으로 만족하지 않았다. 어느 날 그녀는 친구들이 그녀의 수놓는 솜씨가 신기에 가깝다고 자꾸 치켜세우자 자신은 수공예의 신인 아테나 여신과 겨루어도 거뜬히 이길 수 있다고 오만을 떨었다.

아테나가 노파로 변신하고 하늘에서 내려와 그녀에게 겸손하라고 타이르며 신과는 감히 겨룰 생각을 해서는 안 된다고 경고했다. 하지만 아라크네는 노파의 말을 귓등으로 흘려듣고 오히려 더 우쭐댔다. 자신의 수예 기술은 타고난 것이지 전혀 아테나 여신에게서 배운 게 아니라는 것이다. 그러자 분노한 아테나는 본래의 모습을 드러낸 뒤 도전을 받아들여 둘 사이에 경합이 시작되었다.

아테나는 자수 판에 근엄한 올림포스의 12주신의 모습을 수놓았다. 이어 자수 판 가장자리에는 아라크네에게 경각심을 불러일으키기 위해 신에게 도전했다가 비참한 최후를 맞이한 인간들의 이야기를 수놓았다. 이에 비해 아라크네는 자수 판에 제우스가 에우로페나 다나에 Danae 등 인간 여인들을 납치하거나 농락하는 장면을 수놓았다. 처음에 아테나는 절제의 화신답게 그것을 보며 치밀어 오르는 화를 애써 참았다. 하지만 아라크네의 수놓는 재주가 자신과 비교해서 전혀 손색이 없다는 것을 알고는 질투심이 폭발했다.

아테나는 갑자기 일어서더니 아라크네에게 다가가 그녀의 자수 판을 찢어 버리고 풀어진 대나무 수틀로 그녀를 흠씬 패 주었다. 그러자 아라크네는 모욕을 참을 수 없어 목매 자살했다. 하지만 아테나는 아라크네의 죽음을 허락하지 않았다. 여신은 그녀의 시신을 거미로 변신시켜 영원히 베를 짜도록 했다. 거미가 자신의 집을 완벽하게 짓는

Peter Paul Rubens, 〈아테나와 아라크네〉, 1636~1637

것은 녀석이 바로 아라크네의 후손이기 때문이다. 아라크네는 그리스어로 '거미'라는 뜻이기도 하다.

'아테나 디자인Athena Degins'이라는 아일랜드 코크Cork산 양모로 만든 수제 명품 니트웨어 브랜드가 있다. 우리나라에는 원단, 섬유, 직물을 거래하는 '미네르바'라는 회사도 있다. 둘 다 (털)실과 연관이 있는 수공예의 여신 아테나를 염두에 두고 지은 브랜드일 것이다. 2010년 12월부터 SBS TV에서 20부작으로 〈아테나: 전쟁의 여신〉이라는 드라마를 방영한 적이 있었다. 1972년에 창간한 계간 문예지 이름도 '미네르바'이며, 신촌에서 가장 오래된 카페 이름도 '미네르바'다. 전국 일타 강사들이 모여 만든 스터디 법인 중에 '(주)미네르바'가 있다.

대공화기 '발칸포'와 '불칸' 화덕피자

Piero di Cosimo, 〈렘노스섬에 떨어진 헤파이스토스를 발견하는 테티스〉, 1490년경

서울 성곽길 중 청와대 뒷산 백악산에 오르면 최정상 '백악마루' 안내판에 이렇게 쓰여 있다. "2007년, 서울 한양도성 백악구간 개방 전까지 서울의 하늘을 방어하던 발칸포가 있던 곳입니다." 「네이버 지식백과」에 따르면 발칸포는 "구경 20밀리미터의 대공포로서 중고도 및 저고도로 침투 공격하는 적의 항공기로부터 전방 전투 부대와 중요 시설에 대한 대공 방어를 실시하고, 지상 및 해상 표적에 대해서 효과적으로 사격할 수 있는 단거리 방공 무기"다. 그렇다면 발칸포에서 '발칸'의 어원은? 바로 그리스 신화의 대장장이와 불의 신 '헤파이스토스'다.

'헤파이스토스'는 로마에서는 '볼카누스Volcanus' 혹은 '불카누스Vulcanus'라고 불렀고, 영어로는 '벌컨Vulcan'이라고 했는데, '발칸'은 바로 '벌컨'의 우리식 표기다. 영어로 '화산'을 뜻하는 '발케이노우Volcano'가 헤파이스토스의 로마 이름인 '볼카누스'에서 유래했다. 헤파이스토스 신앙의 발상지는 그가 태어나자마자 하늘에서 떨어진 곳으로 알려진 에게해 렘노스Lemnos섬이었지만 그의 신앙은 점차 소아시아를 거쳐 로마시대에는 에트나Etna 화산이 있는 시칠리아섬과 베수비오Vesuvio 화산이 있는 카파니아 지방 등으로 확산되었다. 고대 로마인들은 아마 헤파이스토스의 대장간의 화덕에서 활활 타오르는 불과 화산에서 분출되는 불에서 유사점을 발견했을 것이다.

제우스와 헤라의 아들 헤파이스토스는 태어날 때부터 매우 못생긴데다가, 한쪽 다리에 장애가 있었다. 헤라는 아들의 그런 모습이 꼴보기 싫어 태어나자마자 젖먹이 아들을 발로 올림포스 궁전에서 아래로 밀어 버렸다. 헤파이스토스는 9일 낮 9일 밤을 하강하여 에게해 렘노스섬 근처에 떨어졌다. 다행히 나중에 영웅 펠레우스Peleus와 결혼하여 아킬레우스Achilleus를 낳게 되는 바다의 여신 테티스Thetis가 헤파이스토스를 발견하고 지극정성으로 키웠다.

신은 인간보다 훨씬 빠르게 자라는 법이다. 헤파이스토스는 9년 만에 어엿한 성인이 되었다. 그는 어렸을 적부터 불 다루는 솜씨가 대단했다. 테티스는 그의 재능을 고려해서 렘노스섬을 그의 영지로 주면서 대장간을 마련해 주었다. 헤파이스토스는 주로 대장간에서 50명이나 되는 테티스 자매들을 위해 황금 장신구와 생활용품을 만들어주었다. 그러던 어느 날 그는 대장간에 틀어박힌 채 며칠 동안 공을 들여 황금으로 멋진 옥좌를 하나 만들더니 어머니 헤라에게 보내 자신의 존재를 알리고 화해를 간청했다.

헤라는 의자를 보자마자 그 위에 앉고 싶은 충동을 억누를 수 없었다. 자신에게 버림받은 아들이 어디서 어떻게 자랐는지 생각할 겨를도 없었다. 그럴 정도로 의자는 아름다웠다. 그녀는 보이지 않는 끈에 이끌리듯 무심코 의자 위에 털썩 주저앉은 다음 엉덩이를 들어 자세를 고치려 했다. 그런데 아뿔싸! 엉덩이가 의자에 달라붙어 꿈쩍도 하지 않는 것이 아닌가. 몸을 아무리 흔들어도 의자는 엉덩이에서 떨어지지 않았다. 헤라는 그제야 의자가 한 맺힌 아들 헤파이스토스가 놓은 덫이라는 것을 깨달았다.

헤라는 제우스를 찾아가 하소연했다. 제우스는 헤르메스를 급파하여 헤파이스토스를 설득했지만, 그는 들은 척도 하지 않았다. 제우스가 직접 나서도 헤파이스토스는 고집을 굽히지 않았다. 애를 태우던 헤라는 마침내 디오니소스를 찾아갔다. 사실 헤라는 디오니소스에게 부탁할 처지도 아니었다. 디오니소스가 부탁을 들어줄 것인지도 불확실

했다. 헤라가 질투심에 불타 디오니소스의 어머니 세멜레^{Semele}를 죽게
한 것도 모자라 그를 집요하게 박해했기 때문이다. 하지만 헤라는 이것
저것 따질 시간이 없었다. 디오니소스와 헤파이스토스가 절친한 사이
라는 것만 중요했을 뿐이다.

'술 좋아하는 사람치고 악한 사람 없다'는 말이 있다. 하물며 포도
주의 신이라면 어떻겠는가. 디오니소스는 헤라에 대한 원한을 씻은 지
오래였다. 그는 이미 소아시아를 거쳐 인도를 여행하며 헤라 때문에 생
긴 마음의 앙금을 깨끗하게 털어 냈다. 디오니소스는 헤라의 부탁을 듣
고는 포도주 부대를 들고 헤파이스토스를 찾아갔다. 그동안 둘은 똑같
이 헤라의 박해를 받았다는 점에서 동병상련을 느껴 왔다. 그들은 가끔
만나 포도주잔을 기울이다가 흉금을 털어놓는 사이로 발전했다. 포도
주가 몇 순배 돌아가자 완강하던 헤파이스토스의 마음도 점차 누그러
지기 시작했다.

이때를 놓치지 않고 디오니소스가 헤파이스토스에게 올림포스에
올라가 우선 헤라를 만나 얘기나 들어 보자고 그의 옷소매를 잡아당기
며 먼저 일어났다. 그러자 헤파이스토스가 못 이기는 체하고 따라나섰

〈헤파이스토스의 올림포스 궁전으로의 귀환〉,
B.C. 485~B.C. 480년경(그리스 도기 그림)

다. 그는 거나하게 취한 터라
약간 비틀거렸다. 그걸 보고
디오니소스가 그를 부축해서
평소 자신이 타고 다니던 당
나귀에 태웠다. 이 대목이 바
로 고대 그리스의 도기 화가
들이 즐겨 소재로 삼았던 버
림받았던 헤파이스토스가 올

림포스로 귀환하는 장면이다. 헤파이스토스가 올림포스에 도착하자 헤라와의 회담이 일사천리로 진행되었다.

이 자리에서 헤파이스토스는 헤라에게 의자에서 풀어 주는 조건으로 자신의 명예 회복과 함께 미의 여신 아프로디테와의 결혼을 요구했다. 헤라는 헤파이스토스의 요구가 터무니없다고 생각했지만 어쩌겠는가? 그녀는 남편 제우스에게 부탁하여 헤파이스토스를 올림포스 신족의 족보에 올리게 하고 대장간을 담당하게 했다. 아프로디테와 헤파이스토스의 결혼도 제우스의 노력이 없었다면 불가능했다. 제우스는 완강하게 버티는 아프로디테를 끈질기게 설득하여 마침내 승낙을 받아 냈다. 헤파이스토스는 감사한 마음에 제우스에게 자신이 대장간에서 만든 수많은 명품을 선물했다.

사람들은 가장 못생긴 신 헤파이스토스와 가장 아름다운 여신 아프로디테와의 결합을 '미녀와 야수'의 원조라고 말한다. 하지만 그 내막을 자세히 들여다보면 이런 표현은 전혀 맞지 않다. 두 사람의 결혼생활은 순탄하지 않았기 때문이다. 자유 부인 아프로디테는 대장간에서 항상 일만 하고 약골인 남편 헤파이스토스가 눈에 차지 않았다. 그래서 제우스 못지않게 한눈을 많이 팔았다. 그중 가장 친밀했던 상대가 바로 전쟁의 신 아레스였다.

아프로디테가 낳은 걱정의 신 데이모스, 공포의 신 포보스, 조화의 여신 하르모니아도 아레스의 자식이었다. 심지어 에로스도 아레스의 자식이었다. 아프로디테는 틈만 나면 트라케의 아레스의 거처로 가서 사랑을 나누었다. 헤파이스토스는 아내 아프로디테의 간통을 눈치채지 못하고 오직 대장간에서 일만 했다. 티탄 신족의 태양신 헬리오스가 안타까운 마음에 헤파이스토스에게 둘의 관계를 귀띔해 주었다. 헬리오스는 하늘 높은 하늘에서 지상을 굽어보기 때문에 이 세상에서 일어나는 모든 일을 알고 있었다.

분노한 헤파이스토스는 올림포스 대장간에 칩거하며 거미줄처럼 미세하지만 찢어지지 않는 청동 그물을 만들어서 그것을 아내 아프로디테 모르게 자신의 침대 주위에 촘촘하게 쳐 놓았다. 그는 트라케의 아레스의 궁전에서 막 돌아와 코린토스에서 아주 바쁜 일이 있었다고 둘러대는 아프로디테에게 이렇게 말했다. "여보, 오늘은 내가 좋아하는 렘노스섬의 대장간에 출장 좀 다녀오겠소." 아프로디테는 그가 시야를 벗어나자 아레스에게 급히 전갈을 보냈다. 아레스는 부리나케 달려왔고 둘은 즐겁게 침대로 올라갔다.

하지만 기쁨은 잠시뿐. 그들이 침대에 올라 옷을 벗고 막 사랑의 불꽃을 태우려는 순간 헤파이스토스가 쳐 놓았던 그물이 그들을 덮쳤다. 그물은 빠져나오려고 하면 할수록 더욱더 그들을 조여 왔다. 바로 그때 렘노스섬에 도착하기 전 다시 헬리오스의 전갈을 받고 잽싸게 집으로 돌아온 헤파이스토스가 침대 위에서 그물에 갇힌 그들을 급습했다. 헤파이스토스는 아내 아프로디테와 아레스의 불륜을 만천하에 알려 그들에게 창피를 줄 요량으로 신들을 그 현장으로 불렀다.

Alexandre Charles Guillemot, 〈아프로디테와 아레스를 급습하는 헤파이스토스〉, 1827

신들이 아프로디테와 아레스의 우스꽝스러운 모습을 구경하기 위해 급히 달려왔다. 여신들은 한편으로는 동정심에서, 다른 한편으로는 부끄러워서 오지 않았다. 이때 아폴론이 헤르메스의 옆구리를 치며 물었다. "헤르메스, 당신은 아레스처럼 저렇게 사슬에 묶인 채 우세를 당해도 아프로디테와 한번 눕고 싶겠소?" 그러자 헤르메스가 대답했다. "3배나 많은 사슬이 나를 옭아매고, 또 여신들까지 와서 구경해도 아프로디테와 한번 잘 수만 있다면 원이 없겠소!"

둘의 대화를 듣고 구경 온 모든 신들이 박장대소를 했다. 이 일화에서 '호메로스의 박장대소'라는 관용구가 유래했다. 그것은 '끊이지 않고 계속 터져 나오는 웃음'을 의미한다. 관용구에 호메로스가 들어간 것은 이 일화가 그가 쓴『오디세이아』에 실려 있기 때문이다. 헤파이스토스는 상황이 자신이 의도한 대로 돌아가지 않자 당황해하며 아버지 제우스가 중매 대가로 받았던 명품을 돌려주지 않는다면 그들을 절대 풀어 주지 않겠다고 선언했다. 이 말을 듣고 심사가 뒤틀릴 대로 뒤틀린 제우스는 헤파이스토스가 그렇게 자신의 사적인 일을 만천하에 폭로하다니 바보가 따로 없다고 조소하며 자리를 박차고 일어났다.

하지만 아프로디테의 벌거벗은 모습에 매료당한 포세이돈은 아레스에 대한 질투심을 감추며 짐짓 헤파이스토스를 동정하는 체 좌중을 둘러보며 말했다. "제우스가 중매 대가로 받은 선물을 내놓는 것을 거절하니, 나는 아레스가 그 선물에 상당하는 물건으로 헤파이스토스에게 위자료를 지불할 것을 제안합니다." "그거 아주 좋은 생각 같습니다." 헤파이스토스가 우울한 목소리로 대답했다. "하지만 아레스가 위자료를 거절하면 당신이 그 대신 그물에 갇혀 있어야 할 것입니다."

"아프로디테와 함께요?" 아폴론이 빙그레 웃으면서 포세이돈의 대답을 가로챘다. "저는 아레스가 위자료를 꼭 지불할 것으로 생각합니다." 포세이돈이 젠체하며 대꾸했다. "하지만 아레스가 약속을 지키지 않으면 제가 그 책임을 지고 위자료를 지불하고 아프로디테와 결혼할 용의가 있습니다." 결국 아레스는 사슬에서 풀려나 트라케로 잽싸게 돌아갔다. 아프로디테는 얼른 파포스로 돌아가서 바다에서 몸을 씻고 처녀성을 다시 회복했다. 그 후부터 은밀하게 만나던 아레스와 아프로디테는 드러내 놓고 만나기 시작했다고 한다.

사랑은 억지로 이루어지지 않는 법이다. 또한 남녀가 부부로 맺어졌더라도 아무런 노력 없이 한마음이 될 수는 없는 법이다. 사랑을 유지하기 위해서는 상대에 대한 배려와 희생이 필요하다. 왜 사랑의 신 에로스의 어깻죽지에 날개가 달렸을까? 그건 아마도 사랑은 변하기 쉬운 것이라 언제든지 날아갈 수 있다는 사실을 암시하는 것은 아닐까? 그런데 헤파이스토스는 아마 대장간에 틀어박혀 고독하게 일만 하느라 그런 사실을 간과했을 것이다. 헤파이스토스가 만든 작품을 보건대 그는 정말 엄청난 일 중독자였기 때문이다.

헤파이스토스의 작품으로는 우선 앞서 언급한 헤라에게 선물로 준 황금 옥좌 그리고 아레스와 아프로디테의 불륜 현장을 덮친 보이지 않는 그물을 들 수 있다. 그는 또한 올림포스 신들의 궁전, 제우스의 번개와 벼락과 천둥, 아레스의 무구, 프로메테우스를 카우카소스산 절벽에 묶은 단단한 사슬, 아폴론의 태양 마차, 아폴론과 아르테미스의 활과 화살, 에로스의 활과 화살, 아킬레우스와 아이네이아스의 무구, 에피메테우스의 아내 판도라도 만들었다.

호메로스의 『일리아스』에 따르면 심지어 올림포스 궁전의 헤파이스토스 대장간에는 로봇의 원조라고 할 만한 그가 황금으로 만든 하녀들이 시중을 들고 있었다. 그는 처음에는 대장장이의 수호신 역할만을 담당했지만, 시간이 지남에 따라 조각, 건축 등으로 점점 영역을 넓혀가다가 결국 나중에는 수공업자의 수호신 역할도 떠맡았다. 그래서 그의 신전도 아테네 아고라Agora의 수공업자 집단 거주 지역에 세워졌다. 현재 그 신전은 그리스 전역에 남아 있는 신전 중 보존 상태가 가장 좋다.

우리나라에는 '헤파이스토스'나 'Hephaistos'를 상호로 쓰는 곳은 거의 없다. 그에 비해 '헤파이스토스'의 영어식 이름 '벌컨'의 또 다른 우리말 표기인 '불칸'을 상호로 쓰는 곳은 꽤 있다. 화덕 피자집, 호프집, 크로스핏Crossfit 헬스장, 컴퓨터 수리점, 주방 가전 전문점 등 아주 다양하다. 특히 국내 아웃도어 전문 회사인 '카릭스Karix'에서 생산하는 스토브와 화로대 브랜드가 '벌컨'이다. 작곡가이자 드럼 연주가 중에 'Vulcan'이 있으며, 게임 회사 중에 '불카누스'가 있다.

아테네 아고라의 헤파이스토스 신전

'데메테르' 향수와 '케레스' 드론

James Thornhill, 〈페르세포네의 납치〉, 1704~1705

'데메테르'는 대지와 곡물의 여신으로 로마에서는 '케레스Ceres'라고 불렀고, 영어로는 '시어리즈Ceres'라고 한다. '데De'는 고대 그리스어로 '땅' 혹은 '대지', '메테르Meter'는 '어머니'라는 뜻이어서, '데메테르'는 결국 '대지의 어머니'라는 뜻이다. '케레스'는 라틴어로 '성장하다', 혹은 '기르다, 양육하다'라는 뜻의 동사 '크레스케레crescere'에서 유래했다.

우리가 주로 아침 대용으로 먹는 '시리얼Cereal'은 데메테르의 영어식 이름인 '시어리즈'에서 나온 말로 '곡물'이라는 뜻이다. 유명한 것으로는 그래놀라Granula, 켈로그Kellogg, 뮤즐리Muesli 등이 있다. 향수 브랜드 중에 '데메테르'가 있다. 데메테르가 곡물뿐 아니라 향수의 원료인 씨앗도 담당했을 터이니 머리를 끄덕이게 하는 네이밍이다. 데메테르를 상징하는 것은 곡물의 여신답게 밀wheat이다. 코르누코피아Cornucopia라고 불리는 풍요의 뿔도 그녀의 상징물이다. ㈜헬셀Helsel에서 만든 농업용 국산 드론 브랜드 중에도 '케레스CERES'가 있다.

데메테르는 제우스의 아들이었던 이아시온Iasion과의 사이에서 풍요의 신 플루토스Plutos를 낳기도 하고, 포세이돈과의 사이에서 사람처럼 말을 할 수 있었던 신비한 말 아레이온Areion을 낳기도 한다. 하지만 데메테르 하면 떠오르는 이야기는 제우스와의 사이에서 태어난 딸 페르세포네Persephone에 대한 남다른 애착이다.

페르세포네는 '딸'이라는 뜻을 지닌 '코레Kore' 혹은 '코라Kora'라고도 했으며, 로마에서는 프로세르피나Proserpina로 불렸다. 어느 날 지하 세계의 왕 하데스가 페르세포네와 사랑에 빠졌다. 지하 세계에서 지상으로 나온 적이 없던 하데스가 언제 그녀를 보고 좋아하게 되었는지는 미스터리다.

어쨌든 하데스는 제우스에게 그녀를 아내로 달라고 간청했다. 제우스는 하데스의 부탁에 시인도 부인도 하지 않았다. 딸 페르세포네가 칠흑처럼 어두운 지하 세계로 자신해서 갈 턱이 없으리라는 것을 알았기 때문이다. 그러자 하데스는 제우스의 반응을 허락으로 받아들이고 페르세포네를 납치하기로 마음먹었다.

하데스가 페르세포네를 납치하는 이야기에는 3가지 버전이 있다. 하나는 『호메로스 찬가』이고, 다른 하나는 오비디우스의 『변신 이야기』이며, 마지막은 마찬가지로 오비디우스의 『로마의 축제일』이다. 그중 호메로스에 따르면 장성한 페르세포네는 어느 날 수선화 꽃밭에서 놀다가 갑자기 전차를 타고 땅을 가르며 나온 하데스에게 납치당했다.

페르세포네는 납치당하면서 단말마의 비명을 질렀지만 헬리오스와 헤카테 이외에 그 누구도 그것을 듣지 못했다. 헬리오스는 티탄 신족의 태양신으로 지상에서 일어나는 어떤 일도 그의 시선을 피할 수 없었으며, 헤카테는 마법의 여신으로 깊은 동굴 속에 살면서 아주 미세한 소리도 감지해 낼 수 있었기 때문이다.

저녁이 되어도 딸이 돌아오지 않자 데메테르는 딸을 찾아 나섰다. 그때부터 그녀는 신주新酒 넥타르와 신식神食 암브로시아도 전혀 입에 대지 않았다. 밤까지 손에 횃불을 들고 하루 종일 딸을 찾아 이곳저곳을 헤맸을 뿐이다. 드디어 10일째 되는 날 밤 데메테르는 어떤 삼거리에서 자신처럼 손에 횃불을 들고 가던 헤카테를 만났다. 데메테르가 그녀에게 반갑게 인사를 건넨 뒤 혹시 자신의 딸을 보았는지를 물었다.

그러자 헤카테는 우연히 페르세포네가 납치당하는 것을 보았지만 범인은 모르겠다고 시치미를 떼며, 데메테르를 올림포스의 헬리오스 궁전으로 안내했다. 데메테르가 헤카테의 의도를 짐작하고 헬리오스에게 딸의 행방을 집요하게 물었다. 그러자 그는 마지못해 하데스가 딸을 데려갔다고 알려 주면서, 하데스는 그녀의 오빠이자 지하 세계의 왕이니 걱정하지 말라고 위로했다.

하지만 데메테르는 하데스가 딸을 납치한 사실에 경악했다. 그녀는 너무나 실망한 나머지 더 이상 신들과 같이 지내고 싶지 않았다. 그래서 아무도 자신을 알아볼 수 없도록 행색이 초라한 노파로 변신한 채 인간 세상을 돌아다녔다. 그러던 어느 날 그녀는 아테네 옆의 엘레우시스까지 와서 파르테니온^{Parthenion}이라는 샘가에 있던 올리브 나무 아래서 쉬고 있었다.

그때 마침 엘레우스시의 왕 켈레오스^{Keleos}의 딸들이 물을 긷기 위해 샘물가로 와서는 깊은 시름에 잠겨 있는 노파를 발견하고 그녀의 이름과 방랑하는 이유를 물었다. 그러자 데메테르는 자신은 크레타섬 출신의 도소^{Doso}인데 해적에게 납치되었다가 오늘 간신히 탈출했다고 둘러댔다.

켈레오스의 딸들은 노파가 측은한 마음이 들어 그녀를 아버지의 궁전으로 초대했다. 그녀는 메타네이라^{Metaneira} 왕비의 진심 어린 환대를 받았지만 어떤 것도 먹으려고 하지 않았다. 와인마저도 거절한 채 다만 물과 곡식을 섞어 만든 우리의 미숫가루와 비슷한 키케온^{Kykeon}이라는 음료수만 마시며 내내 깊은 슬픔에 젖어 있었다. 이암베^{Iambe}라는 시녀가 분위기를 바꿔 보려고 진한 농담을 던지자 잠깐 미소를 지었을 뿐이다.

데메테르는 이렇게 켈레오스의 궁전에서 며칠을 머물다가 왕자 데모폰^{Demophon}을 돌보는 일을 떠맡았다. 왕비 메타네이라가 노파에게서 범상치 않은 기운을 감지했기 때문이다. 데메테르는 자신에게 친절을 베푸는 그녀에게 보답을 하고 싶었다. 그래서 데모폰을 무적의 몸으로 만들어 줄 생각으로 낮이면 그의 몸에 암브로시아를 발라 주었으며, 밤이면 그의 몸을 불에 그슬렸다.

그런데 어느 날 밤 메타네이라가 우연히 아들이 불에 그슬리는 장면을 목격하고 깜짝 놀라 비명을 질렀다. 왕비는 노파가 왕자를 불태워 죽이려 한다고 생각했던 것이다. 이에 분노한 노파는 자신의 정체를 밝힌 다음 왕비에게 자신을 살인자로 오해한 벌로 엘레우시스에 자신의 신전을 세우라고 명령했다. 그래서 엘레우시스에는 그리스에서 가장 큰 데메테르 신전이 있었다.

이어 데메테르는 딸이 납치당하도록 방조한 제우스도 손을 좀 봐 주기로 작정하고 세상의 곡물들을 돌보는 일을 그만두었다. 데메테르가 손을 떼자 세상은 황폐해지기 시작했다. 계속되는 흉년으로 인간들이 기아에 시달리다가 모두 씨가 마를 판이었다. 제우스는 이 세상에 신들만 남아 인간들이 바치는 제물을 즐기지 못할까 봐 두려웠다. 그래서 하데스에게 헤르메스를 급파하여 페르세포네를 당장 데메테르에게 돌려보내라고 명령했다.

하데스는 이제 꼼짝없이 제우스의 뜻에 따라야만 할 것 같았다. 하지만 그는 아주 용의주도했다. 이런 사태를 예견하고 페르세포네를 납치해 올 때 마차에서 그녀에게 석류 몇 알을 건네주었기 때문이다. 데메테르는 딸이 헤르메스의 안내로 지상으로 귀환하자 제일 먼저 지하 세계에서 먹은 게 없는지 물었고, 페르세포네는 하데스의 강요로 어쩔 수 없이 석류 몇 알을 먹었다고 고백했다. 데메테르는 지하 세계의 음식을 조금이라도 먹으면 지상에 온전히 머물 수 없다는 걸 알고 있었기에 몹시 곤혹스러워했다.

결국 제우스가 중재안을 내놓았다. 페르세포네를 1년의 3분의 1은 지하 세계에, 3분의 2는 어머니 품에서 지내도록 하자는 것이다. 그러자 하데스는 데메테르가 다시 대지를 돌보는 조건으로 그녀와 합의를 보았다. 페르세포네가 어머니에게로 귀환하는 것과 다시 지하 세계로 가는 과정은 식물의 순환과정을 상징한다. 다시 말해 페르세포네가 지하 세계에 있을 때는 식물이 성장을 멈추는 겨울을, 페르세포네가 어머니 곁에 있을 때는 식물이 싹을 틔워서 꽃을 피우고 열매를 맺는 봄, 여름, 가을을 의미한다.

1928년 독일에서 창립된 국제 유기농 단체 이름도 '데메테르'다. 정식 명칭은 '데메테르 생명역동 국제 연맹Biodynamic Federation Demeter International'인데 줄여서 '데메테르'라고도 한다. 이 연맹의 유기농 기준을 통과하여 인증서를 부착한 농산물은 유기농 제품으로서 세계적으로 인정을 받을 수 있다. 하지만 그 기준이 까다롭기 그지없다. 우리나라 광주광역시에는 '데메테르'라는 농업 법인이 있으며, 김해에는 '데메테르' 베이커리가, 천안과 경주에는 '데메테르' 카페가 있다. 인천에는 '케레스베이커리'가 있다.

Frederic Leighton, 〈페르세포네의 귀환〉, 1891

코오롱 스포츠 '헤스티아' 패딩

〈헤스티아 주스티니아니〉. B.C. 470∼B.C. 460년경 그리스 진품의 A.D. 120∼140년경 로마 시대 복제품

●

'헤스티아Hestia'는 로마에서는 '베스타Vesta'로 불렀고, 영어로는 '베스터Vesta'라고 한다. 그리스 신화에서 헤스티아는 가정과 공공기관의 화로를 담당하는 여신이다. '헤스티아'는 그리스어로도 '화로'를 의미한다. 영어 '베스터'에도 '성냥, 밀랍'이라는 뜻이 있다. 우리나라에는 '베스타'라는 이름을 지닌 전기 매트나 벽난로 제품도 있다. 코오롱 스포츠 패딩 중에도 '헤스티아'라는 이름이 있다. 모두 다 따뜻한 화로를 염두에 두고 지은 이름일 것이다.

그리스 신화에서 헤스티아는 아테나와 아르테미스처럼 처녀신이다. 남신이나 인간 남자들과 사랑을 한 적이 없다. 물론 남신들이 그녀에게 관심을 보이지 않은 것은 아니다. 언젠가 포세이돈과 아폴론이 그녀에게 구애하자 그녀는 제우스의 머리에 대고 처녀성을 지키겠다고 맹세했다. 그러자 제우스가 그녀의 맹세를 인정하고 가정에서 가장 명예로운 장소인 화로를 관장하도록 주선해 주었다.

헤스티아가 자신의 처녀성을 지키려고 했던 일화는 또 있다. 로마 시대의 신화학자 오비디우스에 따르면, 제우스의 형제자매들의 어머니였던 레아가 신들을 초대한 날, 조용한 곳에 혼자 곤히 잠들어 있던 그녀를, 디오니소스의 아들 프리아포스Priapos가 겁탈하려고 했다. 그걸 보고 디오니소스의 스승 실레노스Silenos가 타고 온 당나귀가 울음소리로 다급하게 베스타를 깨웠다. 그러자 깜짝 놀라 깨어난 베스타가 비명을 질렀고, 신들이 그 비명을 듣고 몰려오자, 당황한 프리아포스는 당나귀를 죽이고 도주했다.

헤스티아는 다른 여신들과는 달리 그녀의 모습을 새긴 상도 거의

Philipp Friedrich von Hetsch, 〈베스
타 신전의 여사제〉, 1758~1838

Jean Raoux, 〈베스타 신전의 여사제들〉,
1771

없고, 그녀의 신상을 모신 신전도 없다. 화로가 그녀의 신전이요 화로
의 불길이 그녀의 신상이었던 셈이다. 그래서 후대의 화가들이 모두 약
속이나 한 듯이 베스타 신전의 여사제들을 마치 샤일라 히잡^{shayla}처럼
머리에 스카프를 깊이 둘러쓴 모습으로 그린 것은 베스타의 속성을 아
주 잘 표현한 것이다. 아주 오랜 옛날 추운 겨울날 화로의 불길도 가족
들의 얼어붙은 몸을 은은하게 덥혀 주었다.

헤스티아는 처음에는 올림포스의 12주신에 포함되었다가 나중에
그 목록에서 빠진다. 가령 아테네 아고라에 있는 올림포스 12주신 제
단에는 그녀의 것이 있다. 이에 비해 파르테논 신전의 동쪽 페디먼트
^{Pediment}에는 그녀 대신 디오니소스가 들어가 있다. 그래서 학자들은 헤
스티아가 12주신에서 빠진 이유를 갈등을 싫어하는 그녀의 성격을 아

146

주 잘 보여 주는 실례로 든다. 그녀는 디오니소스가 가장 늦게 신이 되어 올림포스로 올라오자 올림포스의 평화를 위해 그에게 12주신 자리를 양보했다는 것이다.

우리나라 주택에도 '헤스티아'나 '베스타'라는 브랜드가 꽤 있는데, 고대 그리스의 화로 위치를 생각하면 절로 머리가 끄덕여지는 네이밍이다. 고대 그리스에서 화로는 항상 집안의 한가운데에 놓여 있었다. 또한 집안의 중요한 일은 모두 그곳을 중심으로 이루어졌다. 화로는 어린아이가 태어나면 가정에 입회하는 의식을 치르는 곳이자, 쫓기는 자들이 피난처를 구하는 곳이기도 했으며, 그것에 대고 맹세를 하는 곳이기도 했다.

그래서 크레타나 미케네 궁전의 중앙홀인 '메가론^{Megaron}'이라는 곳에도 한가운데에 커다란 화로가 하나 놓여 있었다. '헤스티아'나 '베스타'는 주택뿐 아니라 어디에도 어울리는 이름이다. 마음이 심란하거나 우울할 때면 그곳에 깃들어 있을 평화주의자 헤스티아가 위로해 줄 테고, 추울 때면 화로의 여신 베스타가 은은하게 덥혀 줄 테니 얼마나 좋겠는가? 그래서 그런지 두 이름은 미용실, 패션, 야영장, 주방가전, 카페, 뷔페, 출판사, 제조업 등에서 아주 다양하게 쓰고 있다.

'디오니스' 호프집과 '디오니소스' 레스토랑

Caravaggio, 〈디오니소스〉, 1595~1597

그리스 신화의 술의 신 '디오니소스Dionysos'는 엄밀히 말해 포도주의 신이다. 하지만 고대 그리스에서는 술은 포도주밖에 없었기 때문에 우리는 디오니소스를 통상 술의 신이라고 부른다. 어쨌든 디오니소스가 술의 신이니만큼 시중에는 디오니소스라는 이름의 술집이 상당히 많으리라 예상할 수 있다.

하지만 디오니소스라는 술집은 거의 찾아볼 수 없다. 오히려 '구찌Gucci'에서 나온 여성용 '디오니소스' 가방이 눈에 띌 뿐이다. 왜 명품 가방에 하필이면 술의 신 디오니소스의 이름을 붙였을까? 디오니소스가 연인 아리아드네Ariadne에게 결혼 선물로 준 황금관을 염두에 두고 아내나 여자친구에게 선물하라고 그런 것일까?

'디오니소스'는 아니지만 거기에서 유래한 '디오니스Dionys'라는 호프 프랜차이즈는 있다. 홈피에서 소개 글을 읽어 보니 디오니소스의 탄생 비화를 자세히 소개하고 있다. 아마 창업주에게 아주 인상 깊었던 모양이다. 그 비화를 내 식으로 재구성하면 다음과 같다. 헤라는 어느 날 남편 제우스가 테베의 왕 카드모스Kadmos의 딸 세멜레Semele를 자주 찾아간다는 소문을 듣고 질투심으로 불타올랐다. 그녀는 당장 세멜레의 어렸을 적 유모로 변신해서 그녀를 찾아가 부추겼다.

아가씨가 만나시는 분이 제우스신이라고 그러는데 그걸 어떻게 믿을 수 있겠어요. 하지만 그의 정체를 확인할 방법이 있지요. 제우스신은 지상으로 내려올 때 입는 옷과 하늘에서 입고 있는 옷이 달라요. 그 옷은 휘황찬란한 광채가 나지요. 그걸 한번 입고 내려오라고 해 보세요.

　헤라가 돌아가자 세멜레는 애인에 대해 점점 의심이 들기 시작했다. 그날 밤 그녀는 자신을 찾아온 제우스에게 아양을 떨며 부탁을 하나 들어 달라고 졸랐다. 제우스가 뭐든지 다 들어주겠다고 하자 그녀는 우선 그 사실을 스틱스강에 대고 맹세해 달라고 부탁했다. 제우스가 시키는 대로 하자 세멜레는 마음에 담아 두었던 얘기를 꺼냈다.

　"하늘에서 입고 있는 옷을 한 번 보여 주세요!" 제우스가 그것만은 제발 안 된다며 말렸지만, 세멜레는 고집을 꺾지 않았다. 제우스는 어쩔 도리가 없었다. 이미 스틱스강에 대고 맹세를 해 버렸기 때문이다. 지하 세계를 흐르는 스틱스강에 대고 맹세를 하면 신이든 인간이든 꼭 그대로 해야 했다. 그건 제우스가 티탄 신족과의 전쟁에서 자식들과 함

Peter Paul Rubens, 〈세멜레의 죽음〉, 1577~1640

께 자신을 도와준 스틱스에게 준 명예로서 신들의 왕인 자신도 예외를 두지 않았다.

제우스는 하릴없이 하늘 궁전으로 올라가 가장 빛이 덜 나는 오래된 옷을 입고 세멜레 앞에 나타났다. 하지만 인간이었던 세멜레는 하늘의 빛을 감당할 수 없었다. 그녀는 그 빛을 쬐자마자 그만 순식간에 한 줌 재로 변하고 말았다. 잿더미 속에서 제우스가 황급히 핏덩이를 하나 꺼냈다. 세멜레는 이미 제우스의 핏줄을 잉태하고 있었던 것이다.

제우스는 채 열 달이 안 된 그 핏덩이를 자신의 허벅지를 가르고 집어넣은 다음 나머지 달을 채워 다시 꺼냈다. 제우스의 허벅지가 현대의 인큐베이터 역할을 한 셈이다. 이 아이가 바로 '두 번 태어난 자'라고 불리기도 하는 포도주(술)의 신 디오니소스다.

호프 프랜차이즈 '디오니스'의 로고에는 나비처럼 생긴 두 개의 날개도 있는데 "신의 자유로움의 상징을 날개 모양에 담고 있습니다"라는 설명이 붙어 있다. 하지만 왜 '디오니소스'를 '디오니스'로 줄였는지에 대한 설명은 없다. 아마 상호를 기억하기 쉽게 한 자 줄였을 수도 있고, '디오니소스'를 빨리 발음하면 '디오니스'처럼 들릴 수 있으니 큰 문제 없다고 생각했을 수 있다.

이에 비해 디오니소스의 로마식 이름인 '바쿠스'를 상호로 사용한 호프와 맥주 전문점은 몇 있다. 특히 피로회복제 중에 '박카스'가 있다. 박카스는 로마식과 발음만 다른 디오니소스의 영어식 이름인 '배커스'를 우리식으로 편하게 표기한 것이다. 박카스가 출시되었을 때 그것을 즐겨 마셨던 사람들이 전하는 바에 따르면, 박카스는 당시 숙취해소에도 탁월한 효과가 있었다는 후문이다.

이 대목에서 불현듯 그리스 아테네 아크로폴리스Akropolis 언덕 바로 아래에 있는 '디오니소스Dionysos Zonar's' 레스토랑이 떠오른다. 그 앞쪽 아크로폴리스 경사면에는 세계적인 예술가들의 꿈의 무대인 로마 시대에 지어진 헤로데스 아티쿠스 극장Herodes Atticus Odeon이 있고, 300여 m 떨어진 곳에는 연극의 발상지로 유명한 디오니소스 원형극장도 있다.

이곳 야외 식탁에서 밤에 와인이나 맥주를 마시며 감상하는 파르테논 신전의 야경은 그야말로 말로 표현할 수가 없다. 오래 전 아테네 근교에 여장을 풀었던 우리 신화 여행단 도반들이 밤늦게 바로 그 디오니소스 레스토랑에서 와인이나 맥주잔을 기울이며 바라보던 파르테논 신전의 야경이 너무 그리워 먼 길을 마다하지 않고 택시를 타고 그곳으로 집결했던 추억이 주마등처럼 머릿속을 스치고 지나간다. 아, 불현듯 그곳에 가고 싶다.

파르테논 신전의 야경

152

BTS의 노래 〈디오니소스〉와 '인트로 퍼포먼스'

BTS(방탄소년단)의 노래 〈디오니소스〉의 '인트로Intro 퍼포먼스'에는 7명의 멤버들이 그들의 노래가 흘러나오는 가운데 각각 그리스 신 중에서 하나씩 역할을 맡아 퍼포먼스를 벌인다. 고대 그리스의 신의 모습으로 분장한 건 아니고 현대의 무대 의상을 입은 채다. 제일 먼저 '태형'이 태양의 신 아폴론으로 등장하여 춤을 춘다. 4명의 서커스 단원이 공중에서 줄이나 링을 잡고 공연을 펼치는 것으로 보아 세계적으로 유명한 '태양의 서커스'의 무대를 비유하는 듯하다.

두 번째로 '남준'이 트로이의 목마를 연상시키는 커다란 인조 말을 타고 무대로 등장하는 것으로 보아 전쟁의 신 아레스 역을 맡은 게 분명하다. 세 번째로 '호석'이 등장하여 춤을 추는데 계속해서 번개인 듯한 섬광들이 번쩍인다. 그는 번개를 무기로 쓰고 있는 신들의 왕 제우스다. 네 번째로 '윤기'가 등장하여 삼면이 화염으로 이글거리는 배경에서 춤을 춘다. 그는 대장장이신 헤파이스토스다.

다섯 번째로 '지민'이 등장하여 달빛 아래 춤을 춘다. 그는 달의 여신 아르테미스다. 여섯 번째로 '정국'이 안개가 싸인 물속에서 춤을 춘다. 그는 바다의 신 포세이돈이다. 마지막으로 포도주(술)의 신 디오니소스 역을 맡은 '남준'이 무대로 나오더니 미리 앞에 세워 놓은 지팡이 하나를 집어 들고 힘껏 바닥을 치자 공중으로 불꽃이 치솟으며 표범이 나타나 입을 크게 벌리며 포효한다.

표범은 디오니소스를 상징하는 동물이다. 그리스 신화에서 디오니소스는 두 마리 표범이 끄는 마차를 타고 다닌다. 지팡이는 디오니소스나 그의 신도들이 갖고 다니던 티르소스^{Thyrsos}다. 지팡이 형태는 긴 자이언트 회향풀 줄기 끝에 솔방울 하나를 박아 넣고 주위에 아이비^{ivy} 덩굴을 감은 것으로 풍요를 상징한다. 그렇다면 각각의 방탄 멤버의 퍼포먼스가 끝날 때마다 무대 뒤 공중에서 커다란 둥근 조명등이 하나씩 내려오며 만들던 것은 과연 무엇일까?

그것은 바로 '북쪽왕관자리'라는 별자리다. 디오니소스는 에게해 키클라데스^{Kyklades} 제도의 낙소스^{Naxos}섬에서 결혼식을 올린다. 상대는 아테네의 왕자 테세우스^{Theseus}에게 버림받은 크레타의 공주 아리아드네. 디오니소스는 그때 아리아드네에게 황금으로 된 왕관을 결혼 선물로 준 다음 식이 끝난 후에는 그것을 하늘에 쏘아 별자리로 만들어 준다. 북쪽왕관자리의 별과 방탄소년단의 멤버가 7명인 것은 정말 기가 막힌 조합이 아닐 수 없다.

Giovanni Battista Tiepolo, 〈바쿠스와 아리아드네〉,
1743~1745(바쿠스가 오른손에 왕관을 들고 있다.
그의 왼쪽 허벅지에 기대어 놓은 게 바로 티르소스 지팡이다.
바쿠스의 발 아래로 표범 위에 올라앉아 놀고 있는
어린아이의 모습이 이채롭다)

Gerard de Lairesse,
〈아리아드네에게 선물로 준
왕관을 하늘의 별자리로
만드는 디오니소스〉,
1680년경

방탄소년단의 노래 〈디오니소스〉의 가사는 산문적이 아니라 시적이다. 서사적이 아니라 파편적이다. 그래서 이해하기가 여간 어려운 게 아니다. 총 6번 나오는 "쭉 들이켜"라는 맨 처음 문장부터 도발적이다. 그 후 그와 비슷한 "마셔"라는 단어도 총 22번이나 나온다. 처음부터 쭉 들이키고 계속해서 마시라는 건 무슨 뜻일까? 그건 바로 노래 제목처럼 가사의 화자인 "우리"는 술의 신 디오니소스라는 일종의 선언이다. 이처럼 〈디오니소스〉에서 방탄소년단은 '인트로 퍼포먼스'와는 사뭇 다르게 7명의 멤버가 각각 서로 다른 신이 아니라 모두가 디오니소스의 아바타로 등장한다.

그래서 방탄소년단이 어떤 점에서 그리스 신화의 디오니소스의 분신인지 계속해서 비교 언급된다. 무엇보다도 디오니소스가 술로 전 세계인들을 황홀경에 빠지게 했다면 그들은 노래로 전 세계를 열광의 도가니로 빠지게 한다. 가사에서 해 뜨고 잠들 때까지 "마셔 다시"와 "불러 다시"를 연달아 병행시킨 것도 디오니소스가 술을 마셨다면 그들은 노래를 부른다는 뜻이다. "예술에 취해 불러"와 "잔 속에 찰랑이는 예술"이라는 가사도 마찬가지다. 디오니소스가 늘 포도주에 취해 있을 때처럼 자신들은 늘 노래에 취해 있다는 뜻이리라.

마이크^{mic}가 "아이비와 거친 나무로 되어" 있다는 건 그들이 한쪽 뺨에 붙인 마이크와 그 끝에 이어진 줄을 디오니소스가 늘 갖고 다니던 회향풀 줄기에 아이비 덩굴로 감은 티르소스 지팡이로 비유한 것이다. "K-pop 아이돌로 태어나 다시 환생"했다는 건 디오니소스가 한 줌 잿더미로 변한 어머니 세멜레에게서 일곱 달 만에 핏덩이로 태어난 후 아버지 제우스의 허벅지에 들어가 나머지 석 달을 채우고 다시 태어난 디오니소스를 암시한 것이다. "꽹과리 치며 불러"에서도 디오니소스 신도들이 축제를 벌일 때 쳤던 팀파논^{Tympanon}이라는 작은북이 연상된다.

그렇다면 "단 한 숨에 나오는 소리"는 없다고 한 것은? 그들이 그렇게 전 세계인의 사랑을 받는 아이돌이 된 건 피나는 연습의 결과라는 뜻이다. 마치 디오니소스가 태아 시절 헤라의 질투로 어머니를 잃고 숱한 시련을 인내한 결과 신으로 등극한 것처럼 말이다. 방탄소년단이 이렇듯 정말 자신들을 술이 아닌 노래로 전 세계인의 마음을 사로잡은 현대판 디오니소스라고 생각한다면 충분히 오만에 빠질 만하다. 하지만 그들은 "새 기록은 자신과의 싸움이지 싸움"이나 "하나 난 여전히 목말라"라는 말로 그것을 철저히 경계한다. 방탄소년단이 여전히 세계 정상에 서 있는 것은 바로 이런 겸손함 덕분 아닐까?

고대 그리스의 디오니소스 신도들은 그의 이름을 딴 디오니시아
Dionysia 축제에서 포도주를 마시며 밤새 디오니소스 찬가인 디티람보스
Dithyrambos를 부르며 춤을 췄다. 그러면서 그들은 원시적인 욕망만을 분
출한 게 아니라 일상, 상식, 이성의 한계를 뛰어넘어 자신과 타인, 주체
와 객체가 하나가 되는 엑스터시를 경험했다. 방탄소년단의 노래 〈디
오니소스〉를 듣고 있노라면 마치 그때의 그 축제 현장에 와 있는 것 같
은 착각이 들 정도로 절로 어깨가 들썩거린다. 다른 점이 있다면 그때
는 신도들이 디오니소스를 위해 노래를 불러 주었다면, 지금은 올림포
스 궁전에서 디오니소스가 직접 하강하여 신도들과 함께 노래를 부른
다는 것이다.

Peter Paul Rubens, 〈안드로스섬의 바카날리아 축제〉, 1630년대
(디오니소스의 축제인 '디오니시아'는 로마시대에는 바카날리아Bacchanalia라고 불렸다)

26.

제1세대 신들의 상징물과
상징하는 동물

●

　제우스는 주지하다시피 그리스 신화의 신들의 왕이다. 로마식 이름은 유피테르이고, 영어식 이름은 주피터다. 우리나라에는 '㈜제우스'라는 회사가 10여 개 있다. 그중 가장 잘 알려진 것은 아마 코스닥에도 상장된 반도체 제조 장비와 산업용 로봇을 생산해서 판매하는 회사일 것이다. '유피테르'라는 이름을 붙인 소형 주택 단지도 있다. '농업회사법인주피터'도 있고, '㈜주피터'도 있으며, '주피터' 전동 공구 세트도 있다.

　특히 'Zeus'라는 포털 사이트와 '하나투어' 여행 브랜드가 눈에 띈다. 포털 사이트 'Zeus'는 'Zone for Equipment Utilization Service'의 이

니셜을 딴 것이다. 군이 우리말로 번역하자면 '장비 사용 서비스 구역'
이다. 홈피에서는 "최상의 서비스를 제공하는 국내 최고의 장비 활용
종합 포털 사이트"라고 소개되어 있다. 또한 여행 브랜드 'Zeus'는 홈피
에서 "최고의 럭셔리 맞춤 여행 브랜드"라고 소개되어 있다. 두 브랜드
는 그리스 신화의 최고신 제우스의 역할을 그야말로 오롯이 담아냈다.

제우스를 상징하는 동물은 독수리고, 상징물은 번개, 벼락, 천둥이
다. 제우스가 신들의 왕이자 하늘을 담당했듯이 독수리는 하늘을 나는
모든 새들의 제왕이다. 제우스는 독수리를 늘 곁에 두고 부리기도 하면
서 동시에 독수리로 변신하기도 했다. 가령 자신의 명령을 어기고 인간
에게 불을 훔쳐 준 프로메테우스를 벌할 때는 자신의 독수리를 보내
그의 간을 쪼아먹도록 했지만, 트로이의 왕자 가니메데스^{Ganymedes}를 납
치할 때는 자신이 직접 독수리로 변신하여 그를 올림포스 궁전으로 데
려왔다.

만약 제우스가 개창한 올림포스 신족의 문장이 있었다면 틀림없이
독수리가 그려져 있었을 것이다. 고대 로마제국, 신성로마제국, 나폴레
옹 제국, 소비에트 제국의 국가
문장에는 커다란 독수리 한 마
리가 그려져 있다. 독일과 미국
의 국가 문장도 마찬가지다. 그
것은 무엇을 의미할까? 혹시 그
들의 국가 문장 속에 신들의 왕
제우스처럼 천하를 손아귀에
넣겠다는 제국주의적인 야심이
숨어 있는 것은 아닐까?

〈제우스와 독수리〉, B.C. 560년경
(그리스 도기 그림)

제우스는 티탄 신족과 싸울 때 할머니이자 대지의 여신 가이아의 조언으로 그녀의 몸속 가장 깊은 곳인 타르타로스에 갇혀 있던 외눈박이 3형제 키클로페스를 꺼내 주었다. 그러자 그들은 그에 대한 보답으로 제우스에게 무기로 쓰라며 번개, 벼락, 천둥을, 포세이돈에게는 삼지창三枝槍을, 하데스에게는 이지창二枝槍을 벼리어 주었다.

'키클로페스'는 3형제를 총칭하는 이름이고, 그들의 이름은 스테로페스Steropes, 아르게스, 브론테스인데, 각각 번개, 벼락, 천둥이라는 뜻이다. 그들은 전쟁이 끝난 후에도 제우스에게 계속해서 그 무기들을 벼리어 주었다. 나중에 그들이 죽자 그 업무는 대장장이의 신 헤파이스토스에게로 넘어갔다. 혹자는 포세이돈의 삼지창과 하데스의 이지창에 이어 제우스의 번개를 '일지창一枝槍'으로 여겼다.

이참에 다른 신들을 상징하는 동물 등을 제우스의 형제자매인 제1세대와 제우스의 자식들인 제2세대로 나누어 총정리 해 보자. 바다의 신 포세이돈을 상징하는 동물은 변덕스러운 그의 성격을 잘 대변해 주는 예민하고 재빠른 말이고, 그의 상징물은 뾰족한 끝이 세 갈래로 나누어진 '삼지창'이다. '삼지창'은 영어로는 '트라이던트Trident'라고 한다. 삼지창은 아마 바닷속에서 문제를 일으키는 괴물이나 물고기를 제압하는 데도 아주 효과적이었을 것이다.

지하 세계의 왕 하데스를 상징하는 동물은 머리가 셋 달린 괴물 개 케르베로스Kerberos다. 그의 상징물은 뾰족한 끝이 두 갈래로 나누어진 '이지창'과 머리에 쓰면 모습이 보이지 않는 두건이다. 영어로 '바이던트Bident'라고 하는 '이지창'은 형태가 현대의 농기구인 쇠스랑과 비슷하다. 두건은 '하데스의 두건'이라는 뜻의 '아이도스 키네에Aidos Kynee'라고 했는데, 사실 하데스는 늘 지하 세계에 있는 터라 이 두건을 쓸데가 없

Walter Crane, 〈넵튠의 말들〉, 1910
(포세이돈을 상징하는 동물은 말이다)

Hendrick Goltzius,
〈플루토〉, 1517~1518

었고, 주로 아테나와 헤르메스에게 빌려주었다. 영웅 페르세우스에게
이 두건을 빌려준 것도 요정들이 아니라 하데스라는 설도 있다.

결혼과 가정의 여신 헤라를 상징하는 동물은 뻐꾸기와 공작새다.
하지만 그리스 신화에 관한 어떤 책에도 뻐꾸기와 공작새가 왜 헤라를
상징하는지에 대한 설명은 없다. 그런데 뻐꾸기는 우리나라에서와는
달리 유럽에서는 봄을 상징했다. 혹시 헤라가 담당한 결혼이 인생의 봄
이라서 뻐꾸기가 헤라의 새가 된 건 아닐까? 어쨌든 헤라는 뻐꾸기를
아주 좋아했던 것으로 보인다. 제우스가 비를 흠뻑 맞은 뻐꾸기로 변신
해서 그녀에게 구애하여 소기의 목적을 달성했으니 말이다.

그렇다면 공작새는? 공작새는 특히 이슬람권에서 정결의 상징이
다. 그 깃털을 코란의 책갈피로 사용할 정도였다. 공작새가 헤라를 상
징하는 새가 된 것은 혹시 그녀가 결혼과 가정의 정결을 최고의 덕목으
로 생각했기 때문이 아닐까? 그래서 그 정결을 훼손하려는 남편 제우
스의 연인들을 처절하게 응징한 건 아닐까? 어쨌든 그녀는 늘 2마리 공

작새가 끄는 마차를 타고 다녔고, 자신의 충복인 괴물 아르고스가 죽자 그를 기리기 위해 그의 눈 100개를 자신의 공작새 꼬리 깃털에 박아 주었다.

곡물의 여신 데메테르의 상징물은 이삭관, 풍요의 뿔, 횃불 등이다. 이삭관과 풍요의 뿔은 곡물의 여신으로서 그녀의 성격을 잘 대변해 주고 있고, 횃불이 그녀의 상징물이 된 데는 특별한 이유가 있다. 데메테르는 외동딸 페르세포네가 하데스에게 납치되어 집에 돌아오지 않자 식음을 전폐하고 곡물의 여신의 의무도 저버린 채 낮뿐 아니라 밤에도 횃불을 들고 딸을 찾아 헤맸다.

화로의 여신 헤스티아는 은둔적이고 조용한 성격에 걸맞게 상징물이 없다. 영국 작가 로버트 그레이브스Robert Graves의 『그리스 신화』에 따르면 헤스티아는 가뜩이나 자신을 드러내기를 꺼렸기에 굳이 번거롭게 상징물을 가질 필요를 느끼지 못했다.

Peter Paul Rubens, 〈헤라와 아르고스〉, 1611년경

Antoine Watteau, 〈케레스〉, 1717~1718

제2세대 신들의 상징물과 상징하는 동물

제우스와 그의 사촌 레토 사이에서 태어난 태양신 아폴론의 상징물은 현이 7개인 U자 형태의 악기 리라^{Lyra}, 활과 화살, 월계관이고, 그를 상징하는 동물은 까마귀다. 리라 그리고 활과 화살은 각각 현악기와 궁술의 신으로서의 아폴론의 정체성을 잘 드러내 준다. 아폴론이 트레이드마크처럼 월계관을 쓰고 다니는 것은 월계수로 변신한 연인 다프네^{Daphne}를 영원히 기리기 위해서였다. 다프네는 그리스어로 '월계수'라는 뜻이다.

그렇다면 까마귀는 왜 하필 아폴론의 새가 되었을까? 그것은 까마귀가 유럽에서는 지능이 아주 뛰어난 새로 알려져 있기 때문이다. 지혜의 신이기도 했던 북유럽 신들의 왕 오딘이 양어깨에 늘 까마귀 두 마리를 데리고 다닌 것은 결코 우연이 아니다. 아폴론은 태양신이면서도 이성의 신이기도 했다. 지능은 이성과 동전의 양면처럼 깊은 관계가 있다. 아폴론은 또한 예언의 신이기도 했는데, 예언의 능력도 바로 냉철한 이성에서 생기는 법이다.

제우스와 숲의 요정 마이아^{Maia} 사이에서 태어난 전령의 신 헤르메스의 상징물은 케리케이온^{Kerykeion} 지팡이다. 이 지팡이는 맨 위에 날개가 달리고, 아래쪽으로는 뱀 2마리가 서로 마주 보며 휘감고 있는데 로마에서는 카두케우스^{Caduceus}라고 했다. 날개 달린 신발과 날개 달린 두건도 헤르메스의 상징물이다. 날개 달린 두건은 시대에 따라서 모자와 투구로 변했다. 헤르메스의 상징물 모두에 날개가 달린 것은 헤르메스

〈아폴론과 까마귀〉, B.C. 460년경(그리스 도기 그림. 아폴론이 앉아 있는 의자가 현대의 등산용 접이 의자를 연상시킨다. 아폴론이 뿌리고 있는 것은 까마귀 모이가 아니라 대지의 여신 가이아 등 상급신에게 바치는 헌주다)

Jan Gerritsz van Bronckhorst, 〈헤르메스에게 아르고스의 목을 베라고 명령하는 제우스〉, 1656년경

는 전령으로서 빨라야 했기 때문일 것이다.

제우스와 헤라 사이에서 태어난 대장장이의 신 헤파이스토스의 상징물은 모루, 부집게, 고대 그리스의 장인들이 썼던 원추형 모자 필로스Pilos다. 특히 고대 그리스의 도기를 보면 헤파이스토스가 디오니소스의 설득으로 불화 관계에 있던 어머니 헤라와 협상하러 올림포스 궁전으로 올라가는 장면이 있는데, 헤파이스토스는 술에 취해 고개를 푹 숙이고 있으면서도 부집게만은 손에 꼭 쥐고 있어 우리의 미소를 자아낸다. 그의 철저한 직업의식을 엿볼 수 있는 모습이기 때문이다.

제우스와 헤라 사이에서 태어난 전쟁의 신 아레스Ares의 상징물은 그의 정체성과 성격을 가장 잘 대변해 주는 창과 방패고, 그를 상징하는 동물은 저돌적인 멧돼지다. 일설에 따르면 아레스는 연인이자 미와 사랑의 여신 아프로디테가 미남 청년 아도니스Adonis와 사랑에 빠져 매일 함께 붙어 다니느라 자신을 소홀히 대하자 분노가 폭발하여 멧돼지로 변신해서 아도니스를 어금니로 들이받아 죽였다.

제우스와 테베의 공주 세멜레 사이에서 태어난 술의 신 디오니소스를 상징하는 동물은 표범이다. 그래서 그는 2마리 표범이 끄는 마차를 타고 다닌다. 표범은 애욕을 상징하는데 아마 디오니소스의 신도 대부분이 여신도여서 그를 상징하는 동물이 되었을 수도 있다. 그의 상징물은 포도 넝쿨로 만든 관, 칸타로스Kantharos 술잔, 티르소스Tyrsos 지팡이다. 특히 지팡이는 기다란 자이언트 회향풀 줄기 맨 위에 솔방울 하나를 박아 넣고 그 아래 줄기를 아이비 덩굴로 감은 것인데 풍요를 상징한다.

크로노스에 의해 거세당한 우라노스의 남근이 바다에 가라앉으면서 생긴 거품에서, 혹은 제우스와 물의 요정 디오네 사이에서 태어난

Peter Paul Rubens,
〈제우스의 번개를
벼르는 헤파이스토스〉,
1636~1638

Diego Velázquez,
〈마즈〉,
1638~1640

Peter Paul Rubens,
〈디오니소스〉,
1638~1640

미와 사랑의 여신 아프로디테를 상징하는 동물은 비둘기와 백조다. 비둘기는 새끼를 많이 낳아 풍요의 상징이고, 백조는 미의 상징이다. 그래서 아프로디테는 2마리 백조가 끄는 마차를 타거나 혹은 한 마리 백조의 등 위를 타고 다녔다. 화가들도 아프로디테를 그릴 때 그 주변에 늘 비둘기도 함께 그려 넣었다. 아이네이아스가 지하 세계의 아버지를 찾아가기 위해 숲속에서 지하 세계 출입증인 겨우살이를 찾아 헤맬 때 그를 안내한 것도 바로 어머니 아프로디테가 보낸 비둘기였다.

아프로디테는 또한 케스토스 히마스^{Kestos Himas}라는 아주 특별한 '마법의 가슴띠'를 갖고 있었다. '케스토스 히마스'는 원래 '수를 놓은 벨트'라는 뜻이다. 하지만 허리가 아닌 가슴에 벨트를 두른다고는 할 수 없는 법. 그래서 '수를 놓은 가슴띠'로 생각하여 아예 '마법의 가슴띠'로 번역하는 게 좋다. 아프로디테뿐 아니라 누군가 그 가슴띠를 두르고 있으면 아무도 그 마력에서 벗어날 수 없었다. 그래서 헤라도 한때 아프로디테에게서 그것을 빌려 긴요하게 썼다.

　아프로디테를 상징하는 꽃은 우리가 사랑하면 떠올리는 꽃 장미다. 또한 그녀를 상징하는 나무는 그 이름이 우리에게는 아주 낯선 도금양桃金孃이다. 도금양은 은매화銀梅花라고도 하는데 영어로는 '머틀Myrtle'이라고 한다. 고대 그리스와 로마에서는 결혼식 때 신부에게 도금양 가지로 만든 관을 씌워 주었고 그 꽃으로 만든 부케를 주었다. 그런 풍습의 유래와 도금양의 탄생에는 아프로디테의 여사제 미리나Myrina의 감동적인 이야기가 깃들어 있다.

　미리나는 원래 미모가 아주 뛰어났고 약혼자도 있었는데 언젠가 도둑 떼에게 납치되었다가 천신만고 끝에 탈출한 뒤론 다시 자유를 찾게 된 게 신들 덕분이라 굳게 믿고 얼마 후 아프로디테의 사제가 되었다. 우리식으로 이야기하자면 절이나 수녀원에 들어간 셈이다. 그러던

〈백조를 탄 아프로디테〉,
B.C. 460년경
(그리스 도기 그림)

Marie Louise Elisabeth Vigee-Lebrun,
〈아프로디테로부터 가슴띠를 빌리는 헤라〉,
1781

어느 날 그녀는 옛 약혼자가 신전으로 찾아와 자신을 억지로 데려가자 그를 죽이고 스스로 도금양으로 변신했다. 아프로디테는 그녀의 충정에 깊이 감동하여 도금양에 향기를 선물하고 그것을 자신의 나무로 삼았다.

제우스와 그의 사촌 레토 사이에서 태어난 달과 사냥의 여신 아르테미스의 상징물은 초승달 모양의 머리띠 장식과 활과 화살이고, 그녀를 상징하는 동물은 사슴과 사냥개다. 활과 화살 그리고 사냥개는 사냥의 여신으로서의 정체성을, 사슴과 초승달은 각각 접근하기 힘들고 차가운 성격을 잘 대변해 준다.

제우스와 지혜의 여신 메티스 사이에서 태어난 지혜의 여신 아테나를 상징하는 동물은 커다란 눈을 지녀 지혜를 상징하는 부엉이 혹은

Luca Penni, 〈사냥의 여신 아르테미스〉.
1550년대

〈아테나와 부엉이〉. B.C. 490∼B.C. 480년경
(그리스 도기 그림)

올빼미다. 참고로 올빼미는 부엉이와는 달리 '귀깃'이라고도 하는 뿔 모양의 깃이 없다. 아테나의 상징물은 아버지 제우스가 그녀에게 맡긴, 마치 현대의 니트 카디건처럼 양어깨에 걸칠 수 있도록 만든 아이기스 Aigis 방패고, 그녀를 상징하는 나무는 올리브다. 아테나는 포세이돈과 아테네시의 수호신 자리를 놓고 경합을 벌일 때 창으로 땅을 쳐서 올리브 나무를 솟아나게 했다.

'아크로' 서울포레스트 아파트

파르테논 신전이 있는 아크로폴리스 언덕

‘아크로폴리스’는 ‘가장 높은’이라는 뜻의 그리스어 ‘아크로스akros’ 와 ‘도시’라는 뜻의 그리스어 ‘폴리스’를 결합하여 만든 단어로 ‘가장 높은 도시’, 혹은 ‘위쪽 도시’라는 뜻이다. 고대 그리스의 거의 모든 도시에는 아크로폴리스가 있었다. 아테네처럼 도시 한가운데에 있거나, 혹은 코린토스처럼 도시 바로 옆에 있었다. 아크로폴리스에는 원래 유사시 최후의 보루가 되어 도시를 방어할 목적으로 성채가 들어서서 왕족들이 거주했다. 하지만 시간이 지남에 따라 성채는 점점 당대 가장 중요한 시설인 신전들로 바뀌었다.

그리스어 ‘아크로스’의 영어식 표기인 ‘애크로우acro’는 우리나라에서 거의 주택이나 아파트 브랜드로 쓰인다. 그중 가장 잘 알려진 게 바로 대림산업 계열 ‘디엘이앤씨DL E&C’의 아파트 브랜드 ‘아크로ACRO’다. ‘아크로’ 홈피에 들어가 보니 브랜드를 이렇게 소개하고 있다. “가장 앞선, 절대 우위의 독보적인 하이엔드 주거의 새로운 기준을 제시합니다.” 타의 추종을 불허하는 최고 품질의 아파트를 짓고 있다는 말이겠지만, 무엇보다도 ‘아크로 서울포레스트’ 등 디엘이앤씨가 ‘아크로’ 브랜드로 지은 아파트는 모두 고대 그리스의 아크로폴리스처럼 그 지역에서 가장 높다.

고대 그리스의 아크로폴리스 중 당대 가장 유명했고, 현재까지 그때 모습을 가장 잘 간직하고 있는 게 바로 아테네의 아크로폴리스다. 누구든 아크로폴리스라는 단어를 접하면 곧바로 아테네를 떠올릴 정도다. 아테네의 아크로폴리스는 156m의 언덕으로 크고 작은 여러 신전의 유적들이 산재해 있다. 그중 우리의 눈길을 사로잡는 것은 단연 파르테논 신전이다. 파르테논은 아테네의 수호여신이었던 아테나의 신전이다. 그렇다면 왜 '아테나 신전'이라고 하지 않고 '파르테논'이라고 했을까? 그건 바로 아테나의 별명 '파르테노스Parthenos'를 따서 신전 이름을 지었기 때문이다.

'파르테노스'는 그리스어로 '처녀'라는 뜻인데 아테나가 사랑을 모르는 처녀 신이었기 때문에 붙여진 별명이다. 그래서 'Parthenon'은 'Parthenos'에 '집'이라는 뜻의 '-on'이 결합하여 만들어진 단어로 '처녀의 집'이라는 뜻인데, 결국 '아테나 여신의 집', 다시 말해 '아테나 신전'이라는 뜻이다. 참고로 '-on'은 라틴어, 혹은 영어에서는 '-um'이 된다. 가령 예술의 여신 뮤즈의 집이라는 뜻의 그리스어 '무세이온Museion'은 라틴어에서는 '뮤지엄Museum'이 된다. 우리나라 '리움Leeum' 미술관에 왜 'um'이 들어 있는지 이제야 이해가 될 것이다. 그건 바로 이건희 미술관이라는 뜻이다.

파르테논 신전은 B.C. 5세기 페르시아 전쟁 때 파괴된 원래의 신전을 당대 권력가 페리클레스Perikles의 발주로 천재 건축가 페이디아스

엘긴의 대리석, 영국 런던 대영박물관

〈아테나 파르테노스〉, 그리스 진품의 로마 시대 복제품. 2세기 초반(페이데아스가 만든 그리스 진품을 로마 시대 축소하여 복제한 것으로 아테네의 바르바케이온Varvakeion 학교 근처에서 발견되어 '아테네 바르바케이온'으로 불린다)

Peidias가 확장하여 재건한 것이다. 그것은 페르시아 대군을 물리치게 해 준 전쟁의 신이자 아테네의 수호여신 아테나에게 보답하기 위해서였다고 한다. 파르테논 신전은 6세기에는 성모 마리아 교회로, 15세기 오스만제국의 점령기에는 이슬람 사원으로 개조되는 수모를 당하기도 했다.

17세기가 되자 파르테논 신전은 오스만제국의 화약 창고로 사용되다가 1687년 베네치아 함대의 총독 프란체스코 모로시니Francesco Morosini가 아크로폴리스 남서쪽에 있던 필로파포스Philopappos 언덕에서 퍼부은 포격을 받고 처참하게 파괴되고 말았다. 이때 신전 외벽과 내벽을 장식하고 있던 메토프와 프리즈 등 조각품 대부분을 당시 주콘스탄티노플 영국대사였던 엘긴Elgin 경이 1801년 불법으로 가져갔는데, 현재 그 조각품들은 '엘긴 대리석Elgin Marbles'이라는 이름으로 영국 런던 대영박물관에 전시되어 있다.

파르테논 신전의 한가운데 셀라Cella에는 상아와 금으로 만들어진 '아테나 파르테노스'라는 아테나 신상이 안치되어 있었다. '아테나 파르테노스'는 '처녀신 아테나'라는 뜻이다. 이 신상은 약 11m의 거상에다가 거기에 들어간 금이 무려 약 1150kg이나 되었다. 현재 이 신상은 신전이 포격을 맞았을 때 소실되어 축소한 복제품만 남아 있다. 아테네의 아크로폴리스에는 파르테논 신전 이외에도 아테네 시민들의 시조 '에리크토니오스Erichthonios(혹은 에레크테우스Erechtheus)'를 모신 '에레크테이온 Erechtheion' 신전도 있다.

이 신전의 주인 에리크토니오스의 출생에는 재미난 일화가 깃들어 있다. 아테나는 스스로 누군가를 사랑해 본 적은 한 번도 없지만, 남신의 구애를 받지 않은 건 아니다. 언젠가 그녀는 무기를 만들어 달라고 부탁하려고 올림포스 궁전의 대장간으로 헤파이스토스를 찾아갔다. 바로 그때 갑자기 그녀에게 사랑의 감정을 느낀 헤파이스토스가 그녀를 덮쳤다. 뜻밖의 애정 공세에 아테나는 기겁하며 헤파이스토스를 뿌리치고 도망치려 했다. 사랑의 감정에 낯선 아테나다운 행동이다.

그런데 둘이 실랑이를 하는 중에 헤파이스토스의 정액이 그만 아테나의 허벅지에 떨어지고 말았고, 아테나는 심한 불쾌감을 느끼고 그것을 천으로 닦아 땅에 버렸다. 얼마 후 그 정액이 떨어진 땅에서 에리크토니오스가 솟아났다. '에리크토니오스'가 바로 '땅에서 태어난 자'라는 뜻이다. 아테나는 이 아이를 남몰래 키우기 위해 바구니에 넣어서 갖고 오다가 당시 아테네의 왕 케크롭스Kekrops의 세 딸인 헤르세Herse, 아글라우로스Aglauros, 판드로소스Pandrosos를 만났다.

그런데 하필이면 이때 아테나가 신들의 왕 제우스로부터 신들의 회의에 참석하라는 전갈을 받았다. 그녀는 하는 수 없이 3자매에게 절대로 열어 보지 말라고 당부하며 그 바구니를 잠시 맡겼다. 세 딸 중 판드로소스는 여신의 명령을 어길 의도가 없었다. 하지만 호기심을 이기지 못한 헤르세와 아글라우로스는 바구니 뚜껑을 열고 그 안에 들어 있던 에리크토니오스의 모습을 보고 깜짝 놀랐다. 뱀 한 마리가 아이를 부드럽게 친친 감싸고 있었기 때문이다. 그 후 케크롭스의 두 딸은 아

Jacob Jordaens, 〈상자를 열어 어린 에리크토니오스를 발견하는 케크롭스의 세 딸〉, 1617

테나의 저주를 받아 실성하여 아크로폴리스 언덕에서 스스로 몸을 던져 자살했다.

그 후 에리크토니오스는 아테나의 보호 아래 아크로폴리스에서 헌헌장부로 장성한 뒤 암픽티온Amphiktyon이라는 당시 아테네의 부정한 왕을 몰아내고 왕이 되었다. 에리크토니오스는 선정을 펼친 것으로 유명하고 명실상부한 아테네 시민들의 조상으로 알려져 있다. 그는 자신의 어머니나 다름없는 아테나를 기리기 위해 판아테나이아 제전을 만들었고, 4마리의 마차가 끄는 마차를 발명했으며, 죽어서는 신으로 추대되어 아크로폴리스에 묻혔는데, 그곳이 바로 '에레크테이온'이다.

다른 설에 의하면 어린 에리크토니오스를 남몰래 키우던 아테나가 아크로폴리스를 보수하기 위해 급히 마케도니아 근처 팔레네Pallene 반도로 가서 석회암을 공수해 와야 했다. 그래서 아이를 바구니에 넣어 케크롭스의 세 딸에게 절대로 열어 보지 말라고 당부하며 잠시 맡겼다. 하지만 헤르세와 아글라우로스가 호기심을 이기지 못하고 바구니 뚜껑을 열었다.

바로 그때 우연히 하늘을 날던 까마귀 한 마리가 그걸 보고 알려 주기 위해 얼른 아테나를 찾아 날아가다가 마침 양손에 커다란 석회암 덩어리를 들고 아크로폴리스를 향해 날아오던 그녀와 마주쳤다. 아테나는 까마귀의 말을 듣는 순간 너무 분노한 나머지 그만 손을 놓고 말았다. 그때 떨어진 석회암 덩어리가 땅에 굳어서 생긴 산이 바로 아크로폴리스 정상에서 멀리 보이는 리카베토스^{Lykabettos}산이다.

이 산은 고대에는 아테네 도심지에서 멀리 떨어져 있었지만 몇천 년이 흐른 지금은 시내 중심가에 놓여 있다. 해발 277m로 아크로폴리스보다 높아서 정상에서 아테네 시가지를 한눈에 내려다볼 수 있다. 계단을 따라 걸어서 올라가거나 혹은 케이블 철도^{Funicular}를 타고 올라갈

에레크테이온 신전

수 있다. 정상에는 레스토랑, 원형극장, 성 조지 교회가 있다. 특히 레스토랑에서 와인을 마시며 창문을 통해 바라보는 아테네 야경이 일품이다.

골프장 '아크로 컨트리클럽', 실시간 취업 정보 사이트 '㈜아크로메이트', '아크로한의원', Led 조명업체 '㈜아크로', 예식장 '㈜아크로', 상품 종합 도매 회사 '㈜아크로' 등에도 아크로가 들어 있으며, 한때 현직 대통령이 살아서 유명해진 서초동 '아크로비스타' 등 '디엘이앤씨' 아파트 브랜드가 아닌 일반 주택단지에도 '아크로'를 쓰고 있다. 가령 '아크로시티', '아크로씨티', '아크로리버빌', '더아크로', '아크로뉴씨티', '아크로팰리스', '아크로파크', '아크로힐', '황학아크로타워' 등이다.

리카베토스산의 야경
(왼쪽 3부 능선쯤에 조그맣게 아크로폴리스의 파르테논 신전이 보인다)

'미토스' 맥주와 '에페스' 맥주

튀르키예 에페스의 아르테미스 신전 유적지

그리스를 대표하는 맥주는 '미토스Mythos'와 '알파Alpha'다. 두 맥주는 그리스에서 우리나라의 카스Cass나 하이트Hite에 비견될 수 있다. '미토스'는 그리스어로 '신화'라는 뜻이고 '알파'는 그리스 알파벳 중 첫 글자다. 난 언제부터인가 그리스에 가서 맥주를 마실 기회가 있을 때마다 늘 제일 먼저 '미토스' 맥주를 찾는데, 없다고 하면 그렇게 아쉬울 수가 없다.

'미토스' 맥주에는 마치 우리가 재미난 신화를 읽을 때처럼 뭔가 말로 설명할 수 없는 깊고 오묘한 맛이 있다. 그리스 식당에서 "미토스 있어요?" 혹은 "미토스 주세요"라고 말할 때마다 나는 내심 미소를 짓곤 한다. 꼭 "신화 있어요?" 혹은 "신화 주세요"로 들리기 때문이다.

튀르키예 맥주 중에 '에페스Efes'가 있다. 에페스는 고대 그리스의 도시 에페소스Ephesos(우리나라 성서에서는 에베소)의 튀르키예식 지명이다. 고대 에페소스는 규모가 너무 엄청나서 고대 세계 7대 불가사의 중 하나가 된 아르테미스 신전으로 유명했다. 이 신전은 B.C. 356년 헤로스트라토스Herostratos라는 인물이 저지른 방화로 소실되었다. 그는 이 건물에 불을 질러 세상에 영원히 자신의 이름을 남기려 했다고 하는데 소기의 목적을 달성한 셈이다.

전해져 내려오는 이야기에 따르면 이 신전에 화재가 일어나던 날 밤에 알렉산드로스(알렉산더)대왕이 태어났다. 그래서 그리스 신화에서 산파의 여신 에일레이티이아Eileithyia의 역할도 함께 수행했던 아르테미스가 특별히 대왕의 탄생을 돌보느라 마케도니아의 펠라Pella에 가 있는 바람에 자신의 신전을 지킬 수 없었다고 한다. 현재 튀르키예 에페스의 아르테미스 신전 유적지에는 복원된 신전의 기둥 한 개만 덩그러니 남아 있어 과거의 화려했던 영광을 무색하게 한다. 이곳은 2015년 유네스코 세계문화유산으로 등록되었다.

에페소스의 아르테미스 신전은 성서의 「사도행전」 19장에도 등장한다. 사도바울이 에페소스에 왔을 때 아르테미스를 섬기는 것이 우상 숭배라며 비난하자 큰 소동이 벌어졌다. 아르테미스 신상을 만들어 팔던 데메트리우스Demetrius라는 은장이의 선동으로 바울의 제자 둘이 그의 직공들과 같은 직종의 사람들에 의해 원형극장으로 잡혀갔기 때문이다.

은장이의 선동으로 극장에 몰려든 군중들은 홍분하며 2시간 동안이나 "에페소스의 아르테미스 여신은 위대하다!"라고 함성을 지르며 바울의 제자들을 위협했다. 그러자 에페소스시의 관리가 그 소동을 듣고 급히 달려와 그들이 문제가 있으면 법정에서 재판을 받도록 하겠다며 가까스로 홍분한 군중을 진정시켰다.

나는 튀르키예 이스탄불에서 '에페스' 맥주를 처음 접했을 때 맨먼저 세계 7대 불가사의였던 아르테미스 신전을 상상했다. 그래서 맥

Philip Schaff, 〈에페소스의 아르테미스 신전 복원도〉, 1887

주 어딘가에 그 신전이 그려 있기를 기대했다. 하지만 세계 맥주 콘테스트에서 몇 번 상을 받았다는 사실만 알 수 있을 뿐 로고나 라벨 그 어디에도 신전의 흔적을 찾을 수 없었다. 하지만 뭐 어떤가? 로고에 신전이 그려져 있다고 상상하고 마시면 되는 거지.

성서의 「사도행전」 19장 24~29절에서 은장이가 사람들을 선동하는 대목을 '새번역' 버전으로 소개한다.

데메드리오라고 하는 은장이가 은으로 아데미 여신의 모형 신전들을 만들어서, 직공들에게 적지 않은 돈벌이를 시켜주었다/그가 직공들과 이런 일에 종사하는 사람들을 모아 놓고 말하였다. '여러분, 여러분이 아시는 바와 같이 우리는 이 사업으로 잘살고 있습니다./그런데 여러분이 보고 듣는 대로, 바울이라는 이 사람이 에베소에서 뿐만 아니라, 거의 온 아시아에 걸쳐서 사람의 손으로 만든 신은 신이 아니라고 말하면서, 많은 사람을 설득해서 마음을 돌려놓았습니다./그러니 우리의 이 사업이 명성을 잃을 위험이 있을 뿐만 아니라, 위대한 아데미 여신의 신당도 무시당하고, 또 나아가서는 온 아시아와 온 세계가 숭배하는 이 여신의 위신이 땅에 떨어지고 말 위험이 있습니다'/거기에 서 있는 사람들이 이 말을 듣고 격분해서 '에베소 사람의 아데미 여신은 위대하다!'하고 소리를 질렀다/그래서 온 도시는 큰 혼란에 빠졌고, 군중이 바울의 동행자들인 마케도니아 사람 가이오와 아리스다고를 잡아가지고, 한꺼번에 극장으로 몰려 들어갔다.

복숭아 '넥타'와 '암브로시아' 카페

대학교에서 그리스 신화 강의를 할 때 시험 기간이 다가오면 생각이 많아진다. 어떻게 하면 학생들에게 부담 없이 편하게 시험을 치르게 할 수 있을까 고민하기 때문이다. 그래서 해가 갈수록 서술형 문제는 적게 출제하는 데 비해 단답형 문제나 보기를 주고 고르는 선택형 문제는 많이 출제하게 된다. 학생들에게 희망을 주고, 정답을 채점하며 보람을 느끼기 위해서다.

그래서 시험지에 약방의 감초처럼 꼭 들어가는 문제들이 있는데 대개 이런 유형이다. '티탄 신족과 올림포스 신족은 몇 년 동안 싸웠나요?' '니오베의 자식은 아들딸 모두 몇 명이었나요? 교재에 있는 대로 쓰시오.' '디오니소스의 여신도들을 총칭하는 이름은 무엇일까요? 참고로 그것은 '미친 여자들'이라는 뜻입니다.' '신들이 먹는 음식은 암브로시아Ambrosia입니다. 그렇다면 신들이 마시는 음료수는 무엇이라고 할까요?'

문제의 정답은 차례로 '10년', '14명', '마이나데스Mainades', '넥타르Nektar'다. 처음 접하면 어려워 보여도 강의 중에 강조한 사항들이라서 학생들은 대부분 정답을 맞게 쓴다. 그런데 마지막 문제에서 가끔 '삼다수'라는 생수 이름이 나올 때가 있다. 심지어 어떤 학생은 이렇게 답을 쓴다. '선생님이 가장 잘 마시는 삼다수'. 물론 충분히 이해가 가고도 남는다. 수업하기 전 늘 삼다수를 두어 병 들고 강의실로 들어가기 때문이다.

'넥타르와 '암브로시아'의 의미는 각각 '영생하는', '죽지 않는'이라는 뜻으로 비슷하다. 그래서 어떤 학자는 둘을 음료와 음식으로 구분하지 않고 모두 음료였다고 주장하기도 한다. 하지만 호메로스에 의하면 '넥타르'는 음료고 '암브로시아'는 음식이다. 그리스 신화에서 원래 인간은 암브로시아와 넥타르를 먹고 마실 수 없지만 딱 한 명 예외가 있었다. 바로 제우스의 아들 탄탈로스Tantalos다.

탄탈로스는 소아시아 프리기아Phrygia의 부유한 왕이었다. 그는 제우스와 요정 플루토Pluto의 아들이었던 덕택으로 신들의 사랑을 한 몸에 받았다. 그래서 그는 자주 올림포스 궁전으로 초대를 받아 신들이 마시는 넥타르나 신들의 음식 암브로시아를 맛보기도 했다. 탄탈로스는 그런 자신이 대견스럽고 자랑스러웠다. 그는 친구들에게 그 사실을 자랑하며 오만을 떨었다. 급기야 친구들이 자신의 말을 믿지 않자 올림포스 궁전에서 넥타르와 암브로시아를 훔쳐다가 맛을 보여 주기도 했다.

Hugues Taraval, 〈탄탈로스가 신들을 위해 연 만찬〉, 1767

신들이 그 사실을 모를 리 없었지만 그를 귀엽게 여겨서 눈감아 주었을 뿐이다.

어느 날 탄탈로스는 신들을 집으로 초대했다. 자신만 대접을 받는 것 같아 미안한 생각도 들었지만 사실은 세상 사람들에게 신들과의 친밀한 관계를 과시하고 싶었다. 그런데 예상하지 못한 사태가 벌어졌다. 음식을 충분히 준비했는데도 신들이 시장했던지 금방 동나 버린 것이다. 탄탈로스는 음식을 다시 장만하다가 불현듯 기상천외한 생각을 하게 되었다. 신들을 한번 시험하고 싶은 생각이 든 것이다. 자신이 넥타르와 암브로시아를 훔쳤는데도 아무 일 없는 것을 보면 신들의 능력이 의심스러웠기 때문이다.

그는 당장 몸부림치는 외아들 펠롭스^{Pelops}의 입을 틀어막고 짐승처럼 잡아 토막을 내 불고기 요리를 해서 신들에게 내놓았다. 하지만 신들이 그 사실을 모를 리 없었다. 곡물의 여신 데메테르만 무심결에 펠롭스의 어깻죽지를 들고 물어뜯고서야 인육인 것을 알았다. 그녀는 마침 지하 세계의 신 하데스에게 납치당한 딸 페르세포네 생각에 정신이 팔려 있었다. 그녀는 얼른 입 안에 있던 살점과 뼛조각을 뱉어 냈고 그것을 신호로 신들의 분노가 폭발했다.

신들은 탄탈로스를 불러 단박에 지하 감옥 타르타로스에 가두고 끝없는 갈증과 허기에 시달리게 했다. 탄탈로스는 타르타로스에 있는 호숫가 한자리에 우두커니 서 있어야 했다. 물은 가슴까지 차 있었고 호숫가에는 과일이 주렁주렁 열린 과일나무들이 즐비했다. 하지만 그가 목이 말라 물을 마시러 고개를 숙이면 호수는 금세 바닥이 드러났고, 배가 고파 과일에 손을 뻗으면 가지가 멀리 달아났다. 그런 탄탈로스의 형벌에서 '감질나게 하다'라는 뜻의 영어 단어 '탠털라이즈^{tantalize}'가 유래했다. '탄탈로스의 형벌'이라는 관용구도 그가 받은 형벌에서 유래했다. 그것은 주변에 아무리 좋은 것이 있어도 그것을 누릴 수 없는 사람들의 애타는 상황을 놓고 하는 말이다.

'넥타르'에서 유래한 영어 단어 '넥타^{Nectar}'는 '꽃의 꿀, 과일즙'이라고 뜻이다. 한때 우리나라에 '복숭아 넥타'라는 음료가 있었다. 왜 하필 복숭아 주스에만 넥타르라는 이름을 붙였는지 알 수는 없다. 아마 중국에서 신선들이 복숭아

Bernard Picart, 〈탄탈로스의 형벌〉, 1673~1733

를 먹었다는 일화에서 착안했을 수 있다. 수입 음료 중에 '암브로시아' 허브 음료가 있다. 아마 암브로시아가 음료일 수도 있다는 생각에서 만든 브랜드일 수 있다.

올림픽 발상지 그리스 올림피아에서 유적지 탐방을 끝내고 입구로 돌아가는 중에 '암브로시아 가든Ambrosia Garden'이라는 레스토랑이 있다. 뜨거운 여름날 탐방 마치고 거기서 마시는 그리스 맥주 '미토스Mythos'는 넥타르 부럽지 않다. 혹시 코로나19로 문을 닫지나 않았을까 하여 구글 지도를 통해 들어가 보니 다행히 아직도 영업 중이다. 속초 델피노Delfino 리조트 10층에 있는 카페 이름도 '암브로시아'다. 우리나라의 '암바사Ambasa'라는 탄산음료 이름도 '암브로시아'에서 유래한 것이다.

31.

'판도라티비'와 '판도라' 주얼리

1999년 설립되어 23년간 많은 사람의 사랑을 받았던 국내 동영상 공유 플랫폼 '판도라티비^{Pandora TV}'가 지난 2023년 1월 31일 자로 동영상 서비스를 종료하고 블록체인 기업으로 변신했다. 2008년 국내에 진출한 '유튜브'에 많은 고객을 뺏기는 바람에 그동안 수년간 적자에 시달렸다는 후문이다. '판도라티비'는 한때 동영상 서비스 업계에서 국내 1위의 시장점유율을 자랑했는데 고객 중 한 사람으로서 안타깝기 그지 없다.

사실 난 맨 처음 '판도라티비'를 접할 때부터 내내 그 네이밍 때문에 마음이 영 편하지 않았다. 즐겁고 유익한 프로그램을 제공해야 할

TV에 하필이면 그리스 신화에서 이 세상 모든 불행의 씨앗이 된 인물 이름을 붙였으니 하는 말이다. 이에 비해 세계적으로 유명한 덴마크 보석회사 '판도라 주얼리'의 네이밍은 판도라의 행적과 아주 잘 맞아떨어진다. 판도라는 태어나자마자 모든 신들에게서 각각 목걸이 등 귀한 선물을 하나씩 받았기 때문이다. 그렇다면 판도라는 어떻게 태어났을까? 판도라가 태어날 때 산파 역할을 한 인물이 바로 프로메테우스다.

프로메테우스는 티탄 12신 중 하나인 이아페토스의 아들이었다. 이아페토스에게는 아틀라스와 에피메테우스라는 두 아들이 더 있었다. 프로메테우스는 제우스가 티탄 신족과 싸울 때 동생 에피메테우스를 데리고 제우스의 편에 합류해 그를 도왔다. 제우스는 전쟁에서 승리한 뒤 상벌을 분명히 했다. 티탄 신족은 포박하여 지하 감옥 타르타로스에 가두었다. 티탄 신족 편에 서서 가장 애를 먹였던 아틀라스에게는 특별히 본때를 보이기 위해 하늘을 떠받치고 있으라는 형벌을 주었다. 이에 비해 자신의 편을 든 프로메테우스와 에피메테우스에게는 이 세상의 동물과 인간을 창조할 수 있는 명예를 주었다.

프로메테우스와 에피메테우스의 생명 창조 작업은 철저히 분업으로 이루어졌다. 프로메테우스가 진흙으로 형상을 만들면 에피메테우스가 커다란 항아리에서 속성을 하나씩 꺼내 주는 식이었다. 가령 독수리에게는 날카로운 발톱이, 사자에게는 사나운 이빨이, 개미에게는 잘록한 허리가, 거북이에게는 딱딱한 등판이 주어졌다. 하지만 에피메테우스가 '나중에 생각하는 자'라는 이름에 걸맞게 아무 생각 없이 속성들을 손에 잡히는 대로 퍼 주다 보니 마지막에 창조된 인간에게는 줄 만한 것이 없었다.

에피메테우스는 형 프로메테우스에게 난처한 상황을 설명하며 도

움을 요청했다. 한참을 궁리하
던 프로메테우스는 결국 인간
에게 불을 주기로 결심했다.
그 당시 제우스는 불이 인간의
손에 넘어가면 위험한 상황이
초래될 것을 염려하여 그것을
엄하게 금하고 있었다. 하지만
프로메테우스는 제우스가 잠
든 사이 그의 손에 들려 있던
번개에서 불씨를 훔쳐 속이 빈
회향풀 줄기에 숨겨 인간에게
건네주었다. 그는 그만큼 자신
이 만든 인간에게 깊은 애정을
품고 있었던 것이다. 얼마 후
제우스는 인간 세상에서 공공

Heinrich Friedrich Füger, 〈인간에게 불을
훔쳐다 주는 프로메테우스〉, 1790~1817
(프로메테우스의 왼팔 모양을 보면 우리나라
유명한 축구선수 박지성의 골 세레모니를
닮았다. 마치 불을 가져오는 데 성공하여
세레모니를 하는 듯하다)

연하게 불꽃이 피어오르는 것을 발견하고 분노가 치밀어 올랐다.

그는 먼저 헤파이스토스에게 단단한 쇠사슬을 만들도록 했다. 이
어 지하 세계를 흐르는 스틱스강의 아들인 힘의 신 크라토스Kratos와 폭
력의 신 비아Bia에게 그 쇠사슬로 프로메테우스를 포박하여 당시 세상
의 동쪽 끝자락에 있던 흑해 연안의 카우카소스산 절벽에 묶도록 했다.
그뿐 아니었다. 동이 트면 프로메테우스에게 자신의 독수리를 보내 그
의 간을 쪼아 먹게 했다가 해가 질 무렵이면 다시 녀석을 불러들였다.
그런데 신기하게도 하루 종일 파 먹힌 프로메테우스의 간은 밤새 원상
회복되어 다음날 또다시 독수리의 먹이가 되었다.

제우스는 자신이 금지한 불을 사양하지 않고 넙죽 받은 인간들에게도 따끔한 맛을 보여 주고 싶었다. 그는 궁리 끝에 인간에게 평생 불행을 껴안고 살아가게 할 심산으로 우선 헤파이스토스에게 진흙으로 아름다운 여자의 모습을 빚어 생명을 불어넣게 했다. 이어 다른 신들에게는 그녀에게 그들이 담당했던 분야에 걸맞은 선물을 하나씩 하도록 했다. 그래서 지혜의 여신이자 수공예의 여신 아테나는 광택이 나는 옷을 입혀 주고, 허리에는 띠를 둘러 주었으며, 머리끝에서 발끝까지 직접 공들여 짠 면사포를 드리웠다.

미와 사랑의 여신 아프로디테는 매력, 고통에 찬 애잔함, 사지의 기운을 쭉 빠지게 하는 한숨 등을 불어넣었다. 우미의 여신 카리테스Charites와 설득의 여신 페이토Peitho는 금 목걸이를 주었고, 계절의 여신 호라이Horai 3자매는 봄꽃으로 화환을 만들어 목에 걸어 주었다. 웅변과 사기의 신 헤르메스는 가슴 속에 기만, 사기, 아첨, 교활한 심성을 불어넣어 주었다. 제우스는 마지막으로 그녀에게 '판도라Pandora'라는 이름을 지어 주었다. 판도라는 '모든 것을 선물받은 자'라는 뜻이다.

그 후 판도라는 제우스의 명령을 받은 헤르메스의 손에 이끌려 에피메테우스에게로 인도되었다. 그러자 에피메테우스는 프로메테우스가 형

Peter Paul Rubens,
〈결박당한 프로메테우스〉, 1611~1812

벌을 받으러 가기 전 '제우스의 선물은 무엇이든 절대 받지 말라!'고 경고한 것도 새까맣게 잊어버린 채 판도라의 손을 덥석 잡고 아내로 삼고 말았다. 헤시오도스의 『신통기』에 따르면 그만큼 판도라는 "저항할 수 없는 유혹"이었다. 하지만 판도라는 얼마 지나지 않아 제우스의 "완벽한 속임수"이자 인간이 프로메테우스로부터 받은 "불의 축복에 대한 벌"이며 "아름다운 재앙"이었음이 드러난다.

판도라가 에피메테우스의 아내가 된 것만으로는 아직 인간에게 엄청난 불행을 안겨 주었다고 할 수는 없다. 판도라는 도대체 어떻게 인간에게 '완벽한 속임수'와 '벌'과 '재앙'이 될 수 있었을까? 그 이유는 바로 그녀가 어느 날 호기심을 이기지 못하고 남편 에피메테우스의 집 창고에 보관되어 있던 항아리 피토스^{Pithos}의 뚜껑을 열고 말았기 때문이다. 그 항아리 안에는 원래 인간에게 해로운 온갖 것들이 아주 오랫동안 갇혀 있었다. 그런데 판도라가 단단히 봉인된 그 뚜껑을 열어젖히자 그 모든 것들이 환호성을 지르며 밖으로 쏟아져 나왔다.

깜짝 놀란 판도라가 황급히 뚜껑을 닫아 항아리 맨 밑에 있던 '희망'만 빠져나오지 못했을 뿐이다. 그때까지 인간은 불행이나 질병, 근심과 걱정 같은 것들을 전혀 모르고 살았다. 하지만 판도라가 항아리 뚜껑을 열어젖힌 순간부터 "모든 셀 수 없는 해로운 불행들"이 인간들 사이를 휘젓고 돌아다니기 시작했다. 그렇다면 항아리는 도대체 어디에서 생겨났을까? 헤시오도스는 거기에 대해 언급을 하지 않았다. 다만 에피메테우스의 아내가 된 판도라가 어느 날 항아리를 열었다는 말만 할 뿐이다.

후대의 신화는 이와 관련하여 2가지 설을 전해 준다. 그중 하나는 제우스가 판도라에게 항아리를 주었다는 설이다. 제우스는 판도라에게 그것을 건네주며 '집 안에 고이 모셔 두고 절대로 열어 보지 말라!'고 신신당부를 했다는 것이다. 그런데 그것은 인간의 호기심을 이용한 제우스의 고도의 술책이었다. 원래 하지 말라고 하면 괜히 더 하고 싶은 게 인간의 속성이니까 말이다. 다른 하나는 에피메테우스 집에 보관되어 있던 항아리를 판도라가 실수로 열었다는 설이다.

즉 에피메테우스는 형과 함께 동물과 인간을 창조하면서 사용하고 남은 나쁜 속성들을 따로 모아 항아리에 가두어 놓았고, 판도라를 아내로 맞이한 뒤 그녀에게 집에 있는 모든 것을 마음대로 해도 좋지만, 그 항아리만은 절대 열어서는 안 된다고 경고했다는 것이다. 2가지 설 가운데 제우스의 '완벽한 속임수'를 보다 극적으로 표현하고 있는 것은 아무래도 첫 번째 설인 것 같다. 그래서 후대에 판도라를 소재로 그린 그림 중에는 헤르메스가 그녀를 품에 안고 에피메테우스에게 데려다줄 때 그녀의 손에 상자가 들려 있다.

〈피토스 항아리〉,
B.C. 675년경, 루브르 박물관
(그리스 도기 그림)

〈판도라〉, John William
Waterhouse, 1896

Jean Alaux, 〈판도라를
에피메테우스에게 데려가는
헤르메스〉, 1786~1864
(판도라의 손에 상자가 들려있는 것이
이채롭다)

판도라 이야기에서 제기되는 또 하나의 의문은 도대체 왜 희망이 나쁜 것들과 함께 섞여 있었는가 하는 것이다. 사람들은 그 희망을 두고 대부분 긍정적으로 해석하곤 한다. 우리 인간은 아무리 힘들고 고통스럽더라도 판도라의 항아리 속에 끝까지 남은 희망처럼 결코 희망을 잃지 않고 살아간다는 것이다. 하지만 다른 측면에서 보면 '희망 고문'이라는 말처럼 희망은 무지개나 신기루 같은 게 아닐까? 잡힐 듯하면서도 다가가면 그만큼 또 멀어지는 무지개처럼 희망은 언제나 희망으로만 남는 것은 아닐까? 그래서 희망이 나쁜 것들과 함께 섞여 있었던 것은 아닐까?

B.C. 5세기 그리스 비극작가 아이스킬로스Aischylos는 『결박당한 프로메테우스』에서 인간의 희망에 대해 니체처럼 아주 비관적인 의견을 제시한다. 그에 따르면 프로메테우스는 인간에게 3가지 아주 결정적인 도움을 주었다. 첫째, 인간에게 불을 훔쳐다 주었다. 둘째, 제우스가 대홍수를 일으켜 멸하려 한 인간을 구해 주었다. 셋째, 인간이 자신의 미래를 보지 못하도록 했는데, 그러기 위해 인간의 마음속에 "맹목적 희망"을 심어 주었다. 그렇다면 도대체 인간의 미래가 얼마나 비극적이길래 프로메테우스는 인간이 그것을 보지 못하도록 '맹목적 희망'을 심어 주었을까? 그것은 바로 노년과 그 후 필연적으로 맞이할 수밖에 없는 죽음이 아닐까?

인간을 벌하기 위해 판도라를 만들었다는 주장은 가부장 사회의 여성 비하 이데올로기를 반영한다. 성서의 이브가 아담을 유혹하여 선악과를 따먹음으로써 에덴동산에서 추방되는 인류의 원흉으로 묘사되고 있는 것과 마찬가지다. 헤시오도스는 『신통기』에서 여성을 비하하고 경멸하려는 의도를 노골적으로 드러낸다. 그는 여자들을 수벌에 비유한다. 여자들이란 일벌들이 하루 종일 뼈 빠지게 일해서 모은 양식을 벌집에 편안히 앉아서 배 안에 쑤셔 넣기만 하는 수벌과 같은 족속이라는 것이다.

특히 판도라의 이야기에서 '항아리'는 '온갖 죄악의 근거지' 혹은 '온갖 추악한 비밀로 가득 찬 곳'이라는 뜻의 관용구로 쓰이기 시작하면서 '상자'로 바뀐다. 아마 그 관용구가 만들어진 시기에 상자가 무척 유행했던 것으로 보인다. 그렇다고 이제부터라도 상자를 항아리로 바로 잡아야 한다는 뜻은 아니다. '판도라의 상자'는 이제 고유명사처럼 자리를 잡은 개념이니 그대로 쓰는 게 맞다. 가끔 대형 범죄를 일으킨 사람이 감옥에 들어가면서 공범들에게 자신을 희생양으로 삼지 말고 구명을 위해 애쓰라는 경고로 자신이 입을 열면 '판도라의 상자'가 될 것이라고 협박하곤 한다.

tvN 방송국에서는 〈판도라-조작된 낙원〉이라는 드라마를 방영한 적이 있고, 현재 MBN 방송국에서는 〈판도라〉라는 시사 교양 프로그램을 방영하고 있는데 주로 '판도라의 상자'처럼 터트릴 게 많은 정치 관련 내용이다. 토성 새턴의 행성 중 하나도 '판도라'고, 영화 〈아바타〉의 배경이 되는 상상의 행성도 '판도라'다. 미국 디즈니 월드의 4개 테마파크 중 하나가 바로 영화 〈아바타〉의 판도라를 재현해 놓은 것인데 제목이 '판도라-아바타의 세계Pandora-The World of Avatar'다.

리들리 스콧 감독의 영화 〈프로메테우스〉

Jean-Simon Berthélemy, 〈인간을 창조하는 프로메테우스와 혼을 불어넣는 아테나〉, 1802~1826

리들리 스콧Ridley Scott 감독의 영화 〈프로메테우스〉(2012)는 에이리언Alien 시리즈 영화 중 〈에이리언〉(1979), 〈에이리언 2〉(1986), 〈에이리언 3〉(1992), 〈에이리언 4〉(1997)에 이어 다섯 번째다. 제목만 생각하면 마치 이 영화에 그리스 신화의 프로메테우스가 진짜 등장할 것처럼 보이지만 그건 큰 오산이다. 영화에서 프로메테우스는 우주선 이름일 뿐이다. 하지만 인간을 창조한 외계 생명체를 찾아 떠난 우주선이기에 그리스 신화의 프로메테우스와 비유적으로 깊은 관련이 있다.

영화는 첫 장면부터 인간의 창조자가 외계에서 왔다는 강한 메시지를 전달한다. 우주선 한 대가 지구일 수도 있는 어떤 행성을 떠나는 가운데, 그 우주선이 내려놓은 것 같은 인조인간 한 명이 거대한 강가에서 미리 준비해 온 검은 용기에 들어 있던 액체를 마시자 그의 몸이 산산이 분해되어 광대한 폭포 아래로 떨어진다. 이어 강물 속에서 그 외계인의 DNA가 분열되었다가 다시 결합한다. 이 장면은 영화의 프롤로그로서 그 외계인의 DNA가 그 행성에 퍼져 인간이 만들어졌다는 사실을 강하게 암시하는 것이리라.

2089년, 고고학자인 엘리자베스 쇼Elizabeth Shaw와 그녀의 애인 찰리 할러웨이Charlie Holloway 박사가 스코틀랜드 스카이Skye섬 동굴 벽화에서 발견된 6개의 별이 그려진 별자리 지도가 서로 관련이 없는 고대의 다른 유적지로부터 발견된 별자리 지도들과 한 치의 오차도 없이 일치한다는 사실에 놀라움을 금치 못한다. 그들은 그 별자리 지도를 인류의 선조들인 소위 "엔지니어Engineers"들이 머나먼 우주의 별에서 지구별 인간들에게 보낸 초대장으로 해석한다.

이런 상황에서 웨이랜드 기업의 회장인 노령의 피터 웨이랜드^{Peter} ^{Weyland}가 그 별자리 지도에 표시된 별들을 탐사할 우주선 '프로메테우스' 제작에 무려 1조 달러나 되는 거금을 지원한다. 그 후 두 박사가 주축이 된 탐사대가 꾸려지고, 2091년 8월, 드디어 프로메테우스가 6개의 별 중 유일하게 생명체가 있을 것으로 추정되는 LV-223 행성을 향해 출발한다. 그 우주선에는 웨일랜드 회장도 탑승하고 있다. 하지만 그 사실을 알고 있는 건 인조인간^{android} 데이비드^{David} 등 몇 명에 불과하다.

우주선은 자동항법장치로 순항 중이고 아주 긴 여정이기에 승무원들은 모두 동면 상태인데, 데이비드가 만약의 사태를 대비해서 계속해서 그들을 살핀다. 데이비드는 또한 장차 외계인과의 대화를 대비하여 원시 인도 유럽어 등 수많은 외국어를 자유자재로 구사할 수 있는 상태다. 2093년 12월, 2년 4개월 만에 마침내 프로메테우스는 LV-223 행성에 도착한다. 그들이 착륙한 곳은 황량한 산악지대의 어느 거대한 인공 구조물 근처. 6명의 탐사 대원이 미로 동굴 같은 구조물 안으로 한참을 들어가자 홀로그램으로 무엇에 쫓기는 듯한 대여섯 명의 거인이 뛰어온다.

탐사 대원들이 그들을 쫓아 그중 마지막 거인이 쓰러진 곳을 가 보니 위에서 커다란 문이 닫히면서 목이 잘린 거인의 몸체가 쓰러져 있다. 웬일인지 뼈만 남은 건 아니고 미라 상태다. 이런 상황에 불안을 느낀 생물학자 밀번^{Millburn}과 지질학자 파이필드^{Fifield}가 서둘러 프로메테우스로 돌아가겠다고 나선다. 2명을 제외한 나머지 4명의 대원이 벽에 숨겨진 스위치를 조작해서 커다란 문을 열고 들어가자 바로 앞에 그 거인의 목에서 잘린 머리가 보인다. 또한 바닥에는 수많은 원통형 용기들이 빽빽하게 세워져 있고, 한쪽 벽에는 인조인간의 거대한 두상이 하나 세워져 있다. 마치 용기들을 굽어보며 관찰하고 있는 듯하다.

쇼 박사가 나중에 자세히 살펴볼 요량으로 거인의 머리를 가방에 넣는 사이, 데이비드가 몰래 원통형 용기 중 하나를 가방에 챙겨 돌아서자, 다른 용기들에서 검은 액체가 스며 나오기 시작한다. 프로메테우스로부터 갑자기 구조물을 향해 거대한 폭풍우가 밀려온다는 다급한 연락을 받고 그들은 탐사를 중지하고 황급히 그곳을 빠져나온다. 그들은 우주선에 도착하고 나서야 비로소 밀번과 파이필드가 아직 귀환하지 않은 걸 확인하고 모니터를 통해 귀환하다가 구조물 안에서 길을 잃은 그들에게 폭풍 때문에 내일 아침에 구조하러 가겠다고 연락한다.

그 후 실험실에서 진행된 실험에서 엔지니어의 머리에서 채취한 DNA와 인간의 DNA가 일치한다는 사실이 밝혀진다. 데이비드는 자신의 방안에서 원통형 용기와 그 안에 들어 있는 4개의 유리용기 속 액체를 살펴본다. 이어 그것을 손가락에 묻혀 놓았다가 유해성을 실험할 심산으로 할러웨이 박사를 찾아가 그 손가락을 살짝 담근 술잔을 건넨다. 그는 아무것도 눈치채지 못한 채 그 잔을 받아 마시고 얼마 후 쇼 박사를 찾아가 격렬하게 정사를 벌인다.

한편 밀번과 파이필드는 출구를 찾아 구조물 안을 헤매다가 어떤 웅덩이에서 뱀처럼 생긴 생유기체를 발견한다. 밀번이 호기심에서 높이 치켜세우고 있는 녀석의 머리에 손을 대자 녀석은 잽싸게 달라붙더니 그의 몸속으로 침투하여 그를 죽인 다음 파이필드의 얼굴을 향해 헬멧을 녹일 정도로 강한 독성의 액체를 날려 그를 웅덩이에 거꾸로 엎어지게 만든다. 다음 날 아침, 쇼와 할러웨이 박사, 데이비드 등으로 꾸려진 구조대가 구조물 안으로 들어가 밀번의 시신을 발견한다. 하지만 파이필드는 어디로 사라졌는지 보이질 않는다.

데이비드는 그들과 따로 구조물을 탐색하다가 무슨 우주선 조종 공간 같은 곳을 찾아 여러 스위치를 눌러보자 홀로그램으로 선명하게 지구를 가리키는 우주 지도가 나타난다. 그는 또한 참수당한 엔지니어와 똑같은 크기의 동면 상태의 엔지니어 한 명의 캡슐도 발견한다. 그 사이 이전에 데이비드에 의해 용기의 액체에 오염된 할러웨이 박사의 몸 상태가 점점 나빠진다. 그들은 서둘러 프로메테우스의 입구에 도착하지만, 탐사대 단장 메레디스 빅커스^{Meredith Vickers}가 화염방사기를 들고 할러웨이의 기내 출입을 저지한다.

결국 쇼 박사의 만류에도 불구하고 할러웨이 박사는 본인의 바람대로 비커스의 화염방사기를 맞고 불길에 휩싸인다. 얼마 후 프로메테우스 안에서 행해진 오염 검사 중 쇼 박사는 불임인데도, 게다가 할러웨이 박사와 정사를 벌인 지가 불과 10시간 전인데도 벌써 임신 3개월이라는 충격적인 사실이 밝혀진다. 그녀는 용기의 액체에 오염된 할러웨이 박사를 통해 외계 생물체가 자신의 뱃속에 들어와 살고 있다고 생각하고 황급히 자동 수술 캡슐로 들어가 네발 달린 문어처럼 생긴 생물체를 꺼내고 얼른 자신은 빠져나온 뒤 녀석은 그 안에 가둔 채 약을 분사하여 죽인다.

쇼 박사는 이어 긴급 수술로 인해 정신이 혼미한 상태에서 우주선 안을 잠시 헤매다가 우연히 노령의 웨이랜드 회장이 비커스 등과 회의를 하고 있던 방으로 들어선다. 깜짝 놀란 쇼 박사가 웨이랜드 회장에게 동승한 이유를 묻자, 그는 인간을 설계한 엔지니어를 만나 인간이 노령으로 죽지 않는 방법을 알아내려 한다고 대답한다. 그는 말하자면 엔지니어의 도움을 받아 영생을 누리고 싶었던 것이다. 이 자리에서 비커스가 사실은 웨일랜드 CEO의 딸이라는 사실도 밝혀진다.

그사이 죽은 줄로 알았던 파이필드의 모니터가 우주선 입구에서 감지된다. 탐사 대원이 밖으로 나가 마치 곤충처럼 잔뜩 웅크리고 있는 뭔가를 발견하고 발로 차보고 아무 반응이 없자 돌아선다. 그런데 아뿔싸! 그건 바로 웅덩이 엎어진 다음 액체에 오염된 후 괴물이 되어 돌아온 파이필드였던 것. 결국 격렬한 싸움 끝에 대원 몇도 죽고 파이필드도 화염방사기를 맞고 최후를 맞이한다.

이후 우주선 선장 야넥Janek은 일련의 사태와 구조물의 설계도 등을 종합하여 분석한 끝에 쇼 박사에게 그곳은 엔지니어들의 행성이 아니고, 그 구조물은 엔지니어들이 행성 밖에 세웠지만, 자신들이 만든 폭력적인 생물학 무기의 반란으로 인해 통제권을 상실한 연구시설 내지는 군사기지며, 용기의 검은 액체가 바로 괴물 생물체로 변하는 생물학 무기이고, 구조물 안에는 커다란 우주선이 감추어져 있다는 사실을 알려 준다.

그 시각 웨일랜드 회장은 이미 데이비드를 통해 구조물 안에 엔지니어 한 명의 캡슐이 있다는 보고를 받고 불편한 몸을 이끌고 그를 만나러 간다. 이때 쇼 박사는 만약에 일어날 파국을 막아 보려 그와 동행한다. 얼마 후 엔지니어가 잠들어 있는 곳에 도착한 웨이랜드는 데이비드를 통해 그를 동면에서 깨운 다음 원시 인도유럽어로 대화를 시도한다. 하지만 그는 다짜고짜 데이비드의 머리를 뽑아 버리고 웨이랜드 회장을 비롯한 수행원들도 모두 죽여 버린다. 그 와중에 쇼 박사만 간신히 그곳을 탈출한다.

잠시 후 굉음이 들리며 구조물 전체가 흔들린다. 조금 전 그녀가 탈출한 곳이 정말 구조물에 감추어진 우주선의 조종 공간이었던 것. 사태를 짐작한 쇼 박사는 웨일랜드 회장 일행이 모두 죽은 걸로 짐작하고 막 지구로 출발하려는 프로메테우스의 야넥 선장에게 동면 상태의 엔지니어가 깨어나 구조물에 감추어진 우주선을 몰고 생물학 무기로 지구를 몰락시키려 한다며 어떻게든 그를 막아 달라고 간청한다. "야넥, 막아 내지 못하면 돌아갈 고향이 없어지고 말 거예요! 저건 죽음을 실은 배라고요! 지구를 향하고 있어요!"

순간 프로메테우스는 무기가 장착된 전함이 아니라고 항변하며 고민하던 야넥은 빨리 출발하라는 비커스의 명령을 거부한 채 부하 두 명과 함께 자신들을 희생해서 지구를 구할 결심을 한다. 이어 비커스를 위해 2년 정도를 버틸 수 있는 우주 구명보트를 내려 주고 그녀를 캡슐로 사출시켜 준 다음 이온 예열기를 추진하여 프로메테우스를 거대한 폭탄으로 만들어 막 이륙하려는 엔지니어의 우주선으로 돌진시켜 그것을 추락시킨다. 그 여파로 캡슐에서 나와 구명정으로 향하던 비커스가 목숨을 잃는다.

쇼 박사가 추락한 구명정으로 들어가서 거의 바닥이 난 산소를 충전하고 한숨 돌리려는 찰나, 죽은 줄 알았던, 그녀가 자신의 몸에서 강제로 적출해 냈던 외계 생물체가 그동안 거대한 성체로 변해 구명정 속 밀폐된 공간에 갇혀 있는 것을 발견한다. 그때 머리가 뽑혀 움직일 수는 없어도 인조인간인지라 모든 상황을 파악하고 있던 데이비드가 모니터를 통해 우주선을 몰던 엔지니어가 살아남아 그녀에게 가고 있다고 경고한다. 쇼 박사는 만반의 준비를 하고 있다가 엔지니어가 구명정의 에어락을 강제로 여는 순간, 외계 생물체가 갇혀있던 공간의 문을 열어 싸움을 붙여 놓은 다음 재빨리 밖으로 몸을 던진다.

쇼 박사가 땅바닥에 그대로 누운 채 이제 무엇을 할 수 있을까 하고 절망감에 싸여 있는 사이 모니터를 통해 데이비드의 목소리가 들려온다. "엘리자베스, 들리십니까? 쇼 박사님! 제 말 들리세요?" "그래, 네 말 잘 들려." "혹시 돌아가셨을까 봐 두려웠습니다." "넌 두려움이라는 게 뭔지도 모르잖아." "우리가 다르다는 건 압니다만 절 좀 구해 주세요. 당신의 도움이 필요합니다." "네가 대체 왜 널 도와야 하지?" "왜냐하면, 박사님은 저 없인 절대 이곳을 떠날 수 없을 테니까요." "우리 중 누구도 이곳을 떠날 수가 없어" "이곳엔 우주선이 한 대만 있는 게 아닙니다. 다른 우주선도 많아요. 제가 조종할 수 있습니다."

그 말을 듣고 쇼 박사는 재빨리 추락한 엔지니어의 우주선으로 가서 데이비드의 머리와 몸체를 챙겨 힘겹게 그곳을 빠져나와 다른 우주선이 있다는 구조물로 향한다. 이때 쇼 박사는 데이비드에게 당장 지구로 돌아가지 않겠다고 잘라 말한다. 우선 엔지니어의 고향 행성으로 날아가 그들에게 왜 기껏 지구에 인류를 창조해 놓고 말살하려고 했는지 꼭 물어보고 싶다는 것이다. 그러는 동안 구명정에서 외계 생물체에 제압당해 대자로 뻗어 있던 엔지니어의 가슴이 터지면서 이전 에이리언 시리즈에 등장했던 외계인과 비슷한 전형적인 모습의 외계인이 하나 튀어나온다. 다음은 영화 마지막에 쇼 박사와 데이비드가 나눈 대화다.

"엔지니어들의 항해 기술을 이해할 수 있다고 했지? 그들의 지도도 볼 줄 알고." "물론입니다. 다른 우주선을 찾기만 하면 지구로 가는 항로를 찾는 건 비교적 간단합니다." "우리가 온 지구로 돌아가고 싶진 않아. 난 그들이 온 행성으로 가고 싶어. 할 수 있겠어, 데이비드?" "예, 할 수 있을 겁니다. 거기 가서 뭘 얻으려는지 물어봐도 될까요?" "그들은 우리를 창조해 놓고 몰살하려고 했어. 마음을 바꿔 먹은 거지. 난 그 이유를 알고 싶어." "저와 상관없는 대답이군요. 그들이 마음을 바꾼 이유가 그렇게 중요합니까?" "그럼, 아주 중요하지." "전 이해가 되지 않습니다." "그런가, 아마 내가 인간이라서 그렇겠지. 넌 로봇이라서 그런 거고."

이솝 버전 '판도라의 항아리'

Diego Velázquez, 〈아이소포스(이솝)〉, 1638년경

이솝^{Aesop}은 B.C. 6세기경 그리스의 우화 작가로 원래 이름은 아이소포스^{Aisopos}다. 이솝은 영어 이름이다. 그에 대해서는 단편적인 기록만 남아 있어 그의 일생은 전설에 가까운 베일에 싸여 있다. 고향도 트라키아의 그리스 식민도시 메셈브리아^{Mesembria}, 고대 트로이 부근의 프리기아, 리디아의 수도 사르디스^{Sardis}, 에게해의 사모스^{Samos}섬 등 여러 곳이 거명된다. 심지어 고향이 아프리카라는 설도 있다.

이솝의 죽음도 마찬가지다. 헤로도토스^{Herodotos}는 이솝이 사모스섬의 이아드몬^{Iadmon}이라는 사람의 노예였다가 자유의 몸이 된 후 델피^{Delphi}에서 살해되었다고 했는데 그 이유는 언급하지 않았다. 아리스토파네스^{Arstophanes}는 희극 『말벌』에서 그가 델피의 아폴론 신전에서 성물을 훔쳐 고소당했다고만 썼다. 플루타르코스^{Plutarchos}에 따르면 이솝은 리디아의 왕 크로이소스^{Kroisos}의 명을 받고 델피로 가던 중에 잠깐 코린토스에 들러 마침 참주 페리안드로스^{Periandros}를 찾아왔던 고대 그리스의 7대 현인들을 만나 식사를 했다.

이솝은 이때 오래전 리디아에서 한 번 만난 적이 있었던 아테네 출신의 현인 솔론^{Solon} 옆에 앉았다. 이어 델피에 도착한 이솝은 크로이소스 왕이 아폴론 신전에 바치는 봉물과 델피인들에게 주는 선물을 전달하는 과정에서 실수로 델피인들을 모욕했다. 그러자 그들은 이솝에게 아폴론 신전의 성물을 훔쳤다는 죄를 뒤집어씌워 사형을 선고한 다음 그를 절벽에서 떨어뜨려 죽었다. 이솝은 주로 동물이 등장하는 우화를 썼지만 몇몇 우화에는 동물이 아닌 그리스 신이 등장한다. 우리가 마치 우리나라 전래 동화처럼 알고 있는 「은도끼와 금도끼」도 사실은 이솝 우화로 원제목이 「나무꾼과 헤르메스」다.

이솝 우화 중 플루토스Plutos, 프로메테우스, 판도라와 관련된 3개의 이야기를 소개한다. 플루토스는 곡물의 여신 데메테르와 제우스의 아들 이아시온Iasion의 아들로 풍요의 신이다. 플루토스는 비슷한 이름 때문에 플루토나 플루톤Plouton과 혼동하기 쉽다. 플루토는 지하 세계의 왕 하데스의 로마와 영어식 이름이고, 플루톤은 하데스의 별명이다. 고대 그리스에서 하데스는 플루톤이라고도 했다는 뜻이다.

이솝은 특히 판도라의 항아리에 희망이 나쁜 것들과 함께 섞여 있었다는 것이 무척 마음에 걸렸던 모양이다. 그래서 항아리 속에는 원래 나쁜 것들이 아니라 희망을 포함한 좋은 것들이 들어 있었고, 또한 판도라가 아니라 그 항아리를 맡고 있던 태초의 인간이 호기심에 그 뚜껑을 열어젖히자, 희망을 제외한 그 안에 들어 있던 좋은 것들이 모두 신들이 사는 하늘의 올림포스 궁전으로 날아가 사라져 버려 지상에는 나쁜 것만 남게 되었다고 고쳤다. 우화 제목은 보통 「제우스와 좋은 것들이 들어 있는 항아리」로 알려져 있다. 하지만 우화를 편찬한 사람에 따라 「이 세상에서 희망을 버릴 수 없는 이유」 등으로 달라질 수 있다. 영어 버전 제목은 「축복의 항아리The Jar of Blessings」다.

1) 「헤라클레스와 플루토스」

헤라클레스가 신이 되어 하늘 궁전으로 올라가 제우스의 회의장에 처음으로 자리를 잡았을 때 모든 신들에게 충심으로 인사를 했다. 하지만 헤라클레스는 플루토스가 마지막으로 회의장에 들어서자 시선을 아래로 향한 채 그를 보려 하지 않았다. 제우스가 그걸 보고 놀라 헤

라클레스에게 왜 모든 신 중 유독 플루토스에게만 인사하지 않는지 물었다. 그러자 헤라클레스가 대답했다. "그를 외면한 것은 제가 지상에서 인간들과 함께 지낼 때 그가 주로 사악한 자들하고만 어울리는 것을 보았기 때문입니다."

2) 「이 세상에 인면수심의 인간이 있는 이유」

프로메테우스가 태초에 제우스의 명령으로 인간과 동물을 창조했을 때 동물이 인간보다 훨씬 많았다. 제우스는 그걸 보고 프로메테우스에게 동물 중 일부를 인간으로 바꾸라고 명령하여 프로메테우스가 그대로 따랐다. 현재 겉만 인간일 뿐 속은 동물인 인간들이 있는 것은 바로 그 때문이다.

3) 「제우스와 좋은 것들이 들어 있는 항아리」

제우스가 어떤 항아리에 좋은 것들을 모두 가두어 넣고 그 위에 뚜껑을 덮은 다음 그것을 태초의 인간에게 주었다. 그 사람은 그 안에 무엇이 들었는지 알고 싶은 호기심을 도저히 참을 수 없어서 마침내 어느 날 항아리 뚜껑을 열었다. 그러자 그 안에 갇혀 있던 좋은 것들이 거의 모두 신들의 궁전으로 올라가 지상으로부터 멀리 떨어져 그곳을 떠돌게 되었지만 잽싸게 뚜껑을 닫아 희망 하나만 건질 수 있었다. 그래서 그 희망만은 우리 곁에 남아서 우리에게 계속해서 날아가 버린 좋은 것들이 돌아올 것이라고 약속한다.

'아카데미' 학원과 '아카데미 시상식'

우리 주변에는 '아카데미Academy'라는 이름의 교육 단체가 아주 많다. 대부분 학원이다. 2021년 4월, 영화 〈미나리〉가 미국 '아카데미 시상식'에서 여우조연상을 받아 큰 화제가 되기도 했다. 그런데 '아카데미'라는 개념이 고대 그리스 아테네 근교에 플라톤이 세운 '아카데미아Akademia'라는 학교 이름에서 유래했고, 아울러 '아카데미아'가 아테네의 영웅 아카데모스Akademos의 이름에서 유래했다는 것을 아는 사람은 그리 많지 않다. 아카데모스의 활약은 당시 아테네의 왕이었던 테세우스의 모험을 배경으로 펼쳐진다.

테세우스는 언젠가 절친 페이리토오스Peirithoos와 자신들의 용기를

Pelagio Palagi, 〈어린 헬레네를 납치하는 테세우스와 페이리토오스〉, 1814

증명할 요량으로 각각 제우스의 딸을 납치하기로 의기투합했다. 형뻘이었던 테세우스가 먼저 스파르타의 공주 헬레네^{Helene}를 지목했다. 그당시 헬레네는 열 살이나 열두 살에 불과했다. 테세우스는 페이리토오스의 도움으로 쉽게 헬레네를 납치했다. 그는 그녀를 아티카^{Attika}의 아피드나이^{Aphidnai}로 데려가 어머니 아이트라^{Aithra}에게 맡긴 다음 페이리토오스의 납치를 도우러 갔다. 헬레네는 이처럼 메넬라오스의 아내일 때 트로이의 왕자 파리스에게 납치되기 전 이미 어린 나이에 테세우스에게 납치당한 적이 있었다.

페이리토오스는 수많은 제우스의 딸 중에서 하필이면 지하 세계의 왕 하데스의 왕비 페르세포네를 지목했다. 테세우스는 내키지 않았어도 페이리토오스를 따라 지하 세계로 가지 않을 수 없었다. 두 사람은 어떤 상황에서든 친구를 돕기로 맹세했기 때문이다. 그들은 나중에 헤라클레스가 그런 것처럼 펠로폰네소스 반도 끝자락 타이나론^{Tainaron} 곶 아래에 있는 동굴을 통해 지하 세계로 내려갔다.

페이리토오스가 찾아온 용건을 말하자 하데스는 묵묵히 듣고만 있다가 그들에게 친절하게 자리를 권하며 시종에게 신선한 음료를 가져오라고 했다. 하지만 그들은 하데스가 가리킨 돌의자에 앉자마자 더 이상 일어날 수 없었다. 의자에 앉는 순간 지하 세계에 온 목적뿐 아니라 모든 기억을 잊어버리고 죽음과도 같은 깊은 잠에 빠져 버렸기 때문이다. 그것은 망각의 의자였던 것이다.

테세우스는 아마 헤라클레스가 아니었다면 지하 세계에 그대로 영원히 머물렀을 것이다. 헤라클레스가 마지막 12번째 과업으로 머리가 셋 달린 괴물 개 케르베로스^{Kerberos}를 데리러 지하 세계로 왔을 때였다. 그가 녀석을 어깨에 메고 막 돌아서는 순간 의자에 앉아 곯아떨어져 있는 테세우스와 페이리토오스를 발견했고, 웬일인지 페이리토오스는 그대로 두고 테세우스만 흔들어 깨워 지상으로 데려왔다. 어쨌든 아직 테세우스가 지하 세계에 잠들어 있는 사이 헬레네의 두 오라비인 카스토르와 폴리데이케스가 그녀를 구하러 군대를 이끌고 아테네로 쳐들어왔던 것이다.

절체절명의 위기의 순간 아테네의 장군 아카데모스가 나서서 테세우스가 헬레네를 숨겨 놓은 곳을 그들에게 알려 주고 정중히 사과하며 형제의 분노를 달래 주었다. 그 덕분에 헬레네의 오빠들은 아테네를 전혀 파괴하지 않고 누이와 테세우스의 어머니 아이트라만 유모로 데려갔다. 그러자 아테네 시민들은 아카데모스를 아테네의 구원자이자 수호자로 칭송하다가, 그가 죽자 아테네 북서쪽에 있는 성스러운 올리브 숲에 무덤을 조성하고 '아카데미아(혹은 아카데메이아)'라고 명명했다.

Jean-Bruno Gassies, 〈헬레네를 구출하는 카스토르와 폴리데우케스〉, 1817
(그림 맨 왼쪽에서 고개를 푹 숙인 채 두 병사에게 끌려가는 여인은 헬레네를 돌보고 있던
테세우스의 어머니 아이트라다)

플라톤은 B.C. 387년 그 숲을 매입해서 9명의 예술의 여신 무사이 Mousai(뮤즈)를 위한 성소를 짓고 철학 수업을 하기 시작했는데, 점차 시간이 흐르자 자연스럽게 숲 이름 '아카데미아'를 자신의 철학 학교 이름으로 쓰게 되었다. '아카데미아' 수업은 주로 올리브 숲속이나 아니면 근처의 체육관Gymnasion에서 거행되었다. 수업이 어떤 체계로 구성되었고, 어떤 형태로 진행되었는가에 대해서는 논란의 여지가 많다.

하지만 학생들이 '아카데미아'에 수업료를 전혀 내지 않았다는 점만은 분명한 사실이다. 학업에 드는 비용은 모두 후원자들이 자발적으로 내는 기부금으로 충당했다. 또한 '아카데미아'의 입학 조건에 가문이나 신분을 따지지도 않았는데 그 당시로서는 아주 파격이었다. 그래서 여자들도 '아카데미아'에 들어갈 수 있었다. 플라톤과 그의 후계자였던 스페우시포스Speusippos의 여자 제자 중 특히 플레이우스Phleius 출신의 악시오테아Axiothea와 만티네이아Mantineia 출신의 라스테네이아Lastheneia가 잘 알려져 있다.

지금까지 연구 결과 플라톤의 '아카데미아'에서 연구와 교수는 아주 자유로웠다. 플라톤의 후계자로서 학교를 이끌어 갈 학교장도 학생들에 의해 선출되었다. 그래서 플라톤과 대립을 이루었던 학자들의 학설들도 자유롭게 소개하고 토의할 수 있었다. 하지만 배우는 학생이나 가르치는 교수들 모두 플라톤의 근본이념들은 공유했다. 만약 그렇지 못하면 아리스토텔레스처럼 학교를 떠날 수밖에 없었다.

'아카데미아'와 '아카데미'는 '뮤즈아카데미아'나 '서울댄스아카데미'처럼 주로 업종 뒤에 붙여 상호를 만든다. 물론 드물게 '아카데미아어학원'이나 '아카데미하우스'처럼 '아카데미'를 앞에 붙이기도 한다. 만약 '아카데미'나 '아카데미아' 뒤에 '학원'을 첨가하면 '학원'은 '아카데미'와 똑같은 뜻이기 때문에 불필요한 동어반복이다. 이탈리아 스파클링 와인 브랜드 중에 '아카데미아Accademia'가 있는데 웬일인지 알파벳 'c'가 두 개다.

'켄타우로스'와 '케이론' 코로나19 변이

〈바위를 들어올리는 켄타우로스〉, B.C. 510~B.C. 500년경(그리스 도기 그림)

코로나19 오미크론 하위 변이 중에 그리스 신화에 등장하는 상반신은 인간, 하반신은 말, 즉 반인반마半人半馬를 총칭하는 괴물인 '켄타우로스Kentauros'가 있다. 그 켄타우로스의 돌연변이 중 하나가 바로 똑같은 반인반마인 '케이론Cheiron'이다. '켄타우로스'는 영어로는 '센타르centaur', 로마식으로는 켄타우루스Centaurus라고 칭한다. '케이론'은 영어로는 '카이런Chiron' 로마식으로는 '키론Chiron'이다.

그렇다면 왜 코로나19 하위 변이에 켄타우로스라는 이름이 붙었을까? 그 이유는 그 변이가 스텔스 오미크론의 변이인 BA.2와 팬데믹을 주도한 변이인 BA.5를 각각 반씩 함유하고 있고, 말처럼 다리가 넷이라서 잽싸고 폭력적이었던 켄타우로스처럼 전파력이 빠르고 중증을 유발하기 때문이라는 후문이다. 그렇다면 케이론은? 그것은 케이론이 다른 켄타우로스족과는 혈통이나 성품이 사뭇 달랐기 때문이다.

켄타우로스의 시조는 테살리아 라피타이족의 왕 익시온Ixion이다. 그는 데이오네우스Deioneus의 딸 디아Dia와 결혼하기 전 장인에게 많은 지참금을 약속했지만 결혼하자 그 약속을 지키지 않았다. 기다리다 지친 장인은 익시온의 암말들을 담보물로 가져갔다. 분노한 익시온은 흉계를 꾸며 놓고 장인을 집으로 유인했다. 암말들을 돌려주면 약속한 지참금을 모두 주겠다는 것이다.

장인이 아무것도 눈치채지 못한 채 찾아오자 익시온은 그를 석탄이 벌겋게 이글이글 타고 있는 구덩이에 밀어 넣어 죽였다. 그것은 인류 최초의 근친 살해였다. 인간이든 신이든 누구도 그가 범한 끔찍한 죄를 씻어 주려 하지 않았다. 결국 평소 그를 예뻐하던 신들의 왕 제우스가 나서서 그 일을 떠맡았다. 그는 익시온을 정죄하고 올림포스 궁전으로 초대하기까지 했다. 하지만 파렴치한 익시온은 제우스의 호의를 또 다른 범죄로 갚았다. 그는 자꾸만 한눈을 파는 남편 제우스 때문에 헤라가 외로울 것이라고 오해하고 그녀를 유혹했다.

정숙한 가정의 신 헤라는 기가 막혔다. 그녀는 그 사실을 당장 남편 제우스에게 알렸다. 제우스는 아내의 말을 믿지 못했다. 그래서 익시온을 한번 시험해 보려고 구름으로 헤라와 똑같은 모습을 한 네펠레Nephele(그리스어로 '구름')라는 여인을 만들어 헤라의 전령이자 무지개의 여신 이리스를 시켜 익시온에게 데려다주었다. 그러자 익시온은 마침내 자신의 유혹이 성공했다고 믿고 헤라와 동침했다. 제우스는 배은망덕한 익시온의 행동에 분노했다. 그래서 익시온을 산 뱀들로 불 마차 바

Peter Paul Rubens, 〈헤라에게 속는 라피타이족의 왕 익시온〉, 1615
(왼쪽부터 익시온, 네펠레, 이리스, 헤라, 에로스, 제우스)

퀴에 단단히 묶어 하늘을 계속해서 굴러다니게 했다가, 나중에는 그대로 지하 세계에서 가장 깊은 타르타로스로 떨어뜨려 영원한 고통에 시달리게 했다.

열 달 후 구름 인간 네펠레는 켄타우로스라는 아들을 낳았다. 그는 등이 심하게 굽었으며 커 갈수록 사람들과 갈등을 일으켰다. 켄타우로스는 급기야 마그네시아Magnesia 펠리온Pelion 산속으로 들어가 혼자 살더니 그곳 야생 암말들과 짝을 이루어 반인반마의 자식들을 생산하여 켄타우로스족의 조상이 되었다.

똑같은 반인반마의 켄타우로스였어도 케이론만은 익시온의 후손이 아니었다. 그는 티탄 신족의 왕이자 제우스의 아버지 크로노스와 대양강의 신 오케아노스의 딸 필리라Philyra의 아들이었다. 크로노스는 아내 레아가 자신 몰래 크레타의 동굴에 빼돌려 키우던 어린 아들 제우스를 찾아다니면서 그녀의 눈을 속이기 위해 말의 모습을 하고 있었다. 그때 크로노스는 우연히 필리라를 만나 첫눈에 반해 사랑을 나누었고, 그 둘 사이에서 반인반마의 케이론이 태어났다.

출신 때문이었을까? 익시온의 후손 켄타우로스족은 모두 폭력적이고 문란했던 반면에 크로노스의 아들 케이론은 이 세상에서 가장 현명하고 선한 성품을 지녔고 모든 분야에 능통하여 일찍부터 영웅들의 스승으로 이름을 날렸다. 이아손Iason과 아킬레우스 등 수많은 영웅이 케이론의 명성을 듣고 가르침을 받기 위해 그가 기거하던 펠리온산의 동굴로 찾아왔다.

어쨌든 익시온이 지하 세계로 떨어지자 그의 아들 페이리토오스가 라피타이족의 왕이 되었다. 그는 평소 아테네의 영웅으로 갓 왕위에 오른 테세우스의 무공을 귀에 못이 박히도록 들은 터라 그의 실력을 한

번 시험해 보고 싶었다. 그래서 마라톤^{Marathon} 지역에 있는 아테네 왕실 소유 가축 떼를 훔쳐 테세우스를 유인했다. 테세우스가 자신을 추격하자 그는 조금 도망치는 척하다가 갑자기 몸을 돌려 그와 맞섰다. 테세우스와 페이리토오스는 하루 종일 싸워도 승부가 나지 않자 서로에게 매료당해 영원한 우정을 맹세했다.

얼마 후 페이리토오스와 아트락스^{Atrax}의 딸 히포다메이아^{Hippodameia}의 결혼식이 벌어졌다. 그때 페이리토오스의 배다른 형제이자 조카들인 켄타우로스족도 초대되었다. 그런데 결혼식이 끝나고 피로연이 절정에 이를 무렵 술에 취한 켄타우로스족이 난동을 부리다가 페이리토오스의 신부 히포다메이아와 그녀의 친구들을 등에 태워 납치하려 했다. 테세우스는 이때 절친 페이리토오스를 도와 수많은 켄타우로스족을 해치웠다. 이게 바로 '켄타우로마키아^{Kentauromachia}'라고 부르는 '켄타우로스족과 라피타이족의 싸움'이다.

Peter Paul Rubens, 〈히포다메이아의 납치〉, 1636~1638

〈라피타이족과 켄타우로스족의 전투〉, 파르테논 신전 메토프, B.C. 435년경

두 부족의 싸움은 괴물과 영웅의 대결을 넘어 야만과 문명의 대결을 상징하며 고대 그리스의 여러 신전의 조각품에 새겨졌는데, 파르테논Parthenon 신전의 메토프Metope에도 새겨져 있다. 그래서 코로나19 변이종 이름을 괴물 켄타우로스로 명명한 것은 아주 의미심장하다. 코로나19 팬데믹 시기에 전 인류가 똘똘 뭉쳐 코로나19와 싸운 것도 일종의 야만과 문명의 싸움이며, '켄타우로마키아'에서 라피타이족이 승리한 것처럼 인류도 결국 코로나19와의 전쟁에서 반드시 승리할 것임을 마치 신탁처럼 예견했기 때문이다.

하늘의 별자리 중에 '센토러스자리Centaurus'가 있는데 '켄타우루스자리'라고도 표기한다. 그것은 켄타우로스족 모두가 아니라 현자로서 수많은 영웅을 길러낸 케이론을 기리기 위해 그가 죽은 뒤 신들의 왕 제우스가 만들어 준 것이다. 프랑스 코냑 '레미 마르탱Rémy Martin'의 로고도 켄타우로스다. 영화 〈나니아 연대기〉와 〈해리포터〉, 디즈니 애니메이션 〈환타지아〉 등에도 켄타우로스족이 등장한다. 파키스탄 이슬라마바드의 유명한 복합 건물 이름도 '센토러스the Centaurus'다. 이 복합 건물은 39층짜리 호텔 1개 동, 23층짜리 아파트와 오피스텔 3개 동, 4층짜리 쇼핑몰로 이루어져 있다.

36.

고대 그리스의 '향연'과 '심포지엄'

고대 그리스에서 '심포시온Symposion'은 '함께 마시다'라는 뜻으로 우리말로는 '향연饗宴'으로 번역되며 귀족 계급들이 만찬 후에 모여 주제를 정해 토론을 하거나, 무슨 계획을 세우거나, 젊은이들의 성인식 등 특별히 축하할 일이 있거나, 자랑거리가 있거나, 단순히 놀고 즐기기 위해 벌인 술 모임으로 이때 마신 술이 바로 와인이었다.

그러니까 고대 그리스에서 향연은 한마디로 귀족 계급들의 와인 모임이었다. 참석자들은 향연을 벌이기 전 와인의 신 디오니소스를 영접하기 위한 정결 의식의 일환으로 우선 깨끗한 물로 손을 씻고 몸에 향수를 뿌렸다. 이어 각자의 머리와 와인이 담겨 있는 항아리 등을 아이비, 은매화, 꽃, 양모 등으로 만든 관으로 장식한 다음, 자신들이 디오니소스의 충실한 제자임을 선언했다.

그 후 참석자들은 큰 잔 하나를 돌려가며 신도 아니고 인간도 아닌 정령Daimon을 위해 마치 우리가 제사를 지낸 후 음복하는 것처럼 한 모금씩 마셨다. 이어 각자의 잔에 와인을 따른 후 신들에게 바치는 헌주로 약간 잔을 기울여 방바닥에 흘렸다. 마지막으로 악기의 반주에 따라 합동으로 아폴론 찬가를 부른 뒤에야 비로소 본격적으로 향연이 시작되었다. 그건 아마 이성의 신 아폴론에게 향연 중 이성의 끈을 놓치지 않게 해 달라는 염원에서였을 것이다.

향연은 우리나라의 사랑채에 해당하는 남자들이 머무는 안드론Andron에서 거행되었다. 현관문 쪽 벽을 제외한 3면의 벽 쪽에 쿠션이 딸린 안락 의자가 세워졌다. 안락의자 숫자는 7~9개, 참석인원은 14~29명이다. 참석자들은 안락의자에서 쿠션에 비스듬히 기댄 채 하인들이 따라 주는 와인을 마셨다. 하지만 젊은이들은 쿠션에 기댈 수 없었다.

〈고대 그리스의 심포시온 장면〉. B.C. 420년경
(그리스 도기 그림. 그림 한가운데 악사가 서서 불고 있는 게 쌍피리 아울로스다)

와인은 크라테르Krater라는 커다란 항아리에 붓고 물을 섞은 다음 오이노코이Oinochoi라는 주전자처럼 생긴 도기로 떠서 칸타로스Kantharos 나 킬릭스Kylix라는 와인 잔에 따라 마셨고, 와인 원액을 마시는 것은 야만인들이나 하는 짓으로 여겼다. 로마인들도 그리스의 향연을 이어받아 즐겼는데 방식은 약간 달랐다.

그리스의 향연은 반드시 만찬을 마친 다음에 개최되었으며 여자들은 참석할 수 없었다. 식사를 하는 만찬과 와인을 마시는 향연이 엄격히 구분되었다는 뜻이다. 이에 비해 에투루리아나 로마의 향연 convivium은 만찬 전후나 심지어 만찬 중에도 자유롭게 개최되었으며 여자들도 참석 가능했다. 만찬과 향연을 서로 구분하지 않았다는 뜻이다.

크라테르Krater는 그리스어로 '섞는다'라는 의미를 지닌 크라시스 krasis, κράσις에서 유래했으며 '희석 동이'라고 했는데 모양이나 장식에 따라 원주형Column, 꽃받침 장식Calyx, 종형Bell, 회오리 장식Volute 크라테르 등으로 나뉜다. 이때 장시간 토론이나 대화를 나눌 때는 와인과 물의 비율이 1:3, 약간의 즐거움을 느끼고 싶을 때는 1:2, 아주 드문 경우지만 진탕 취하고 싶을 때는 1:1이 가장 좋다.

향연이 벌어지기 전 참석자들은 우선 그날 '심포시온의 좌장'인 '심포시아르크 Symposiarch', 다시 말해 그날 병권을 쥘 사람을 뽑는다. 좌장은 술

〈크라테르(꽃받침형)〉, B.C. 400∼B.C. 375년경
(그리스 도기 그림)

시중을 드는 하인들을 통제하고 참석자들의 술에 취한 정도를 파악하여 향연이 진행되는 동안 와인과 물의 비율과 크라테르를 몇 개, 우리식으로 하면 몇 통 마실 것인지 등을 조절하여 너무 과도하게 마시지 않도록 하는 게 가장 큰 임무였다.

만약 현대의 와인을 고대 그리스인들처럼 물에 타서 마시면 무척 싱겁고 와인 맛을 제대로 못 느낄 것이다. 그래서 학자들은 고대 그리스의 와인은 병이나 코르크 등이 발명되기 이전이라 오래 보존하고 이동하면서 생길 수 있는 변질을 막기 위해 건포도로 제조하여 도수와 당도가 아주 높았을 것으로 추측한다. 하지만 고대 그리스에서 어떻게 와인을 만들었는지 정확한 자료가 남아 있지 않아 이것은 어디까지나 추측에 불과하다.

향연에 여자들은 참석할 수 없었지만, 고급 창녀인 헤타이라이Hetairai, ἑταῖραι와 여자 가수들은 보수를 받고 와서 참석자들과 이야기를 나누고 악기를 연주하며 노래할 수 있었다. 이때 연주했던 악기가 바로 아울로스Aulos라는 쌍피리였으며, 불렀던 노래는 스콜리아Skolia라고 했는데, 대부분 신들을 찬양하거나 애국적인 내용이었지만, 외설적인 내용도 있었다.

향연에서 노래를 부를 때 모든 참석자가 순서를 정해 한 소절씩 이어가며 즉흥적으로 가사를 지어 불러서 순번이 다 돌아가면 끝이 났다. 마치 우리 조상들이 술을 마시면서 순서를 정해 한 소절씩 즉흥시를 읊었던 것과 비슷하다. 토론도 마찬가지이다. 주제를 놓고 순서를 정해 토론을 하다가 순번이 다 돌아가면 끝이 났다. 향연에서 물론 노래나 토론만 했던 것은 아니고 코타보스Kottabos라는 게임도 있었다. 그것은 킬릭스Klyx라는 와인 잔에 남아 있는 와인 찌꺼기를 앉아 있는 안락의자

〈코타보스 시합을 하는 향연 참석자〉,
B.C. 570년경(그리스 도기 그림)

〈킬릭스〉, B.C. 550~B.C. 530년경
(그리스 도기 그림)

에서 홀 중앙 기둥에 과녁을 정해 놓고 던지는 것이었다.

고대 그리스인은 무엇보다도 절제를 중시했다. 술도 마찬가지다. B.C. 4세기경 아테네 출신의 희극작가였던 에우불로스Eubulos는 단편적으로만 남아 있는 그의 희극 『세멜레 혹은 디오니소스』라는 작품에서 포도주의 신 디오니소스의 입을 빌어 적당한 음주와 지나친 음주에 대해 이렇게 이야기했다. 참고로 세멜레는 디오니소스의 어머니다.

나는 향연에서 이성적인 남자들을 위해서라면 세 통의 크라테르Krater만 권한다. 첫째 통만 마시면 건강에 좋다. 둘째 통까지 마시면 사랑과 즐기기에 좋다. 셋째 통까지 마시면 수면에 좋다. 난 그 이상은 권하지 않는다. 하지만 넷째 통까지 마시면 손버릇이 나빠진다. 다섯째 통까지 마시면 괜히 고함을 지른다. 여섯째 통까지 마시면 무례하고 모욕적인 언사가 튀어나온다. 일곱째 통까지 마시면 싸움판이 벌어진다. 여덟째 통까지 마시면 가구를 부순다. 아홉째 통까지 마시면 우울증에 빠졌다가, 열째 통까지 마시면 광기에 휩싸이고 인사불성이 된다.

고대 그리스의 향연에서 참석자들은 특히 철학적인 주제를 정해 놓고 토론을 벌이는 것을 좋아했다. 영어 '심포지엄Symposium'이라는 단어와 행사는 바로 그리스어로 '향연'을 뜻하는 '심포시온'과 거기서 벌어졌던 토론에서 유래한 것이다. 물론 현대의 심포지엄에서 참석자들은 토론만 할 뿐 고대 그리스의 와인으로 대변되는 술은 마시지 않는다. 그래서 내 생각엔 고대 그리스의 의미에서 심포지엄은 그 뒤에 벌어지는 뒤풀이로 비로소 완성된다. 아니다. 그 뒤풀이에서 술을 마시면서 하는 토론이 진짜 심포지엄이다.

플라톤의 『향연』도 B.C. 416년 소크라테스의 제자 아가톤Agathon이 아테네의 디오니소스 축제에서 거행된 비극 경연 대회에서 우승한 것

Pietro Testa, 〈플라톤의 향연〉, 1648(소크라테스와 그의 제자들이 탁자 주변에 앉아 사랑에 대해 토론하고 있다가 왼쪽의 알키비아데스에게 방해를 받는다)

을 기념해서 자신의 집에서 스승 소크라테스를 모시고 동학들과 함께 개최한 '향연'에서 '사랑Eros'이라는 주제를 놓고 벌인 토론을 플라톤이 기록한 것이다. 이때 당시 아테네의 청춘 스타 알키비아데스Alkibiades가 다른 향연에 참가했다가 이미 만취한 채 거의 알몸 상태로 갑자기 들이닥치는 바람에 한바탕 소동이 벌어지면서 폭소를 자아낸다.

2015년에 초연된 국립무용단의 대표작 중에 '향연'이 있다. '향연'은 우리말로 '풍성한 연회나 잔치'라는 뜻도 지니고 있기에 전국적으로 특히 중식당 이름으로 많이 사용되고 있다. 전주 한옥 마을에도 내가 이름을 지어준 '향연'이라는 그리스 음식점이 있다. 그런데 간판에서 벌써 그리스 향내가 물씬 풍긴다. 'Συμπόσιον향연'처럼 '향연' 앞에 그리스어 '심포시온'을 넣었기 때문이다.

'솜누스' 수면산소캡슐과 '히프노스' 침대

〈히프노스 청동 두상〉. B.C 350년경 그리스 진품의 로마시대 복제품.
토르소는 현대의 복원품. 대영 박물관

‘솜누스Somnus’라는 수면산소캡슐이 있다. 똑같은 이름의 침구와 커튼 전문 가게도 있고 모텔도 있다. ‘솜누스’ 텐트도 있고 침낭도 있다. 자세히 살펴보면 모두가 하나같이 잠과 연관되어 있다. 왜 그럴까? ‘솜누스’는 바로 그리스 신화의 잠의 신 ‘히프노스Hypnos’의 로마식 이름이기 때문이다.

히프노스는 밤의 여신 닉스Nyx에게서 아버지 없이 태어났거나, 닉스와 암흑의 신 에레보스Erebos 사이에서 태어났으며 죽음의 신 타나토스Thanatos의 형제다. 히프노스의 거처는 렘노스섬이나, 망각의 강 레테Lethe의 발원지이자 낮과 밤이 만나는 지하 세계의 커다란 동굴이다. 그 동굴 입구 주변에는 양귀비나 다른 최면 식물들이 무성하게 자란다.

특히 히프노스의 어깻죽지나 관자놀이에는 날개가 달려 있다. 왜 그럴까? 혹시 그 날개로 살며시 바람을 일으켜 신과 인간의 코에 슬쩍 잠을 불어넣는 것은 아닐까? 트로이 전쟁 때 헤라는 그리스군을 도와주고 싶어 했다. 하지만 제우스는 신들에게 전투

Johann Gottfried Schadow,
〈잠의 신 히프노스〉, 1788
(프로이센의 왕 프리드리히 빌헬름 2세의
사생아로 어려서 죽은 알렉산더 폰 데어
마르크Alexander von der Mark의 묘비, 히프노
스가 기대고 있는 묘비 밑에 양귀비가 자
라고 있는 게 보인다)

에 개입하지 말라고 엄명을 내린 후 트로이 근처 이데^{Ide}산 상상봉에 앉아 전쟁터에서 한시도 감시의 눈을 떼지 않았다.

헤라는 고심 끝에 우선 같은 편이었던 포세이돈 신에게 제우스의 눈을 잠시 다른 데로 돌려놓을 테니 기별하면 마음 놓고 그리스군의 편을 들어주라고 당부했다. 이어 궁전 내실로 들어가 예쁘게 치장한 다음 아프로디테를 찾아가 오케아노스^{Okeanos}와 테티스^{Tethys}의 부부싸움을 말리려고 한다는 구실로 가슴에 두르고 다가가면 누구도 그 마력에서 벗어날 수 없게 만드는 가슴 띠를 빌렸다.

케스토스 히마스^{Kestos Himas}라고 불리는 이 가슴 띠 안에는 애정과 욕망과 누구의 마음도 호릴 수 있는 밀어와 설득이 들어 있었다. 헤라는 아프로디테에게서 그것을 받아들자마자 올림포스에서 훌쩍 뛰어내려 피에리아^{Pieria}산 등 여러 산봉우리를 징검다리 삼아 금세 렘노스섬에 도착했다. 그녀는 그곳에서 잠의 신 히프노스를 찾아가 자신이 제우스를 껴안고 눕거든 즉시 그의 두 눈을 감겨 깊이 잠들게 해달라고 부탁했다.

그러자 히프노스는 손사래를 치며 거절했다. 예전에도 헤라의 부탁으로 그녀가 헤라클레스를 마음대로 괴롭힐 수 있도록 제우스를 잠들게 했다가 그에게 혼쭐이 났다는 것이다. 헤라는 이대로 물러설 수 없었다. 그녀는 히프노스에게 자신의 부탁을 들어주면 우미의 여신 카리테스^{Charites} 3자매 중 하나인 파시테에^{Pasithee}를 아내로 주겠다고 제안했다. 히프노스가 그녀를 마음에 두고 있다는 것을 알았기 때문이다.

귀가 솔깃해진 히프노스는 약속할 수 있냐고 물었다. 그러자 헤라는 지하 세계를 흐르는 스틱스강에 대고 맹세했다. 그제야 히프노스가 선뜻 그녀를 따라나섰다. 헤라는 히프노스를 데리고 급히 이데산에 도착하여 혼자서 상상봉인 가르가론Gargaron으로 향했다. 히프노스는 제우스에게 들키지 않으려고 미리 이데산에서 가장 큰 전나무 가지에 산새의 모습을 하고 숨어 있었다.

과연 제우스는 아프로디테의 가슴 띠를 두르고 있는 헤라를 보자마자 정욕으로 불타올라 그녀와 보낸 달콤했던 첫날밤을 생각하며 다정하게 어디를 급히 가느냐고 물었다. 헤라는 거짓으로 오케아노스와 테티스의 갈등을 풀어 주러 가며, 이데산에 온 것은 아무 말 없이 가면 그가 화낼 것 같아서라고 대답했다. 그러자 제우스가 말했다.

헤라여, 거기라면 나중에도 갈 수 있을 것이오. 자, 그러니 우리 잠자리에 누워 사랑을 즐깁시다. 나는 전에는 한 번도 여신이나 인간 여인에 대해 이런 욕구에 사로잡혀본 적이 없소. 페이리토오스Peirithoos를 낳아준 익시온Ixion의 아내 디아Dia를 사랑했을 때도, 전사 중의 전사 페르세우스Perseus를 낳아준 다나에Danae를 사랑했을 때도, 미노스Minos와 라다만티스Radamanthys를 낳아준 에우로페Europe를 사랑했을 때도, 디오니소스를 낳아준 세멜레Semele를 사랑했을 때도, 헤라클레스를 낳아준 알크메네Alkmene를 사랑했을 때도, 데메테르Demeter에게, 그리고 레토Leto에게, 심지어는 당신에게 첫눈에 반해 사랑에 빠졌을 때도 이렇지는 않았소.

헤라는 제우스의 말에 내심으로는 쾌재를 부르면서도 환히 보이는 이데산에서 부끄럽게 무슨 말을 하는 거냐고 내숭을 떨었다. 다른 신들이 보기라도 하면 웃음거리가 된다는 것이다. 그러면서도 그녀는 정 잠자리가 소원이라면 올림포스 궁전으로 가자고 유혹했다. 하지만 제우스가 아무 걱정하지 말라고 헤라를 안심시키며 품에 안자, 태양조차도 엿볼 수 없는 짙은 황금 구름이 그들을 감쌌다.

바로 그 순간 히프노스가 부드러운 날갯짓으로 바람을 일으켜 제우스의 콧속에 강력한 잠의 기운을 불어넣었다. 제우스가 이내 사랑과 잠에 취해 곯아떨어지자 히프노스는 헤라가 미리 부탁한 대로 즉시 포세이돈을 찾아가 헤라의 뜻을 전했다.

영어로 '최면'이라는 뜻의 '힙노우시스hypnosis'와 '수면제'라는 뜻의 '힙노틱hypnotic'도 그리스 신화의 잠의 신 히프노스에서 유래했으며, 97번째 포켓몬스터인 소위 최면 몬스터 히프노Hypno도 히프노스에서 유래했다. '히프노스'라는 영국 명품 침대도 있다.

'불면증'을 뜻하는 영어 단어 '인섬니어insomnia'는 히프노스의 로마식 이름인 솜누스에서 유래했다. 그래서 휘성의 노래 〈insomnia〉는 연인을 그리

Balthasar Beschey, 〈제우스와 헤라를 잠들게 하는 히프노스〉, 1708~1776

위하느라 불면증에 빠져 버렸다는 내용이다. 휘성은 이렇게 노래한다.

내 고백에 등 돌린 채 외면할까 봐 자꾸 두려워/바늘 같은 걱정을
베고서 오지 않는 잠을 청하고/꿈보다 더 생생한 네 생각 때문에
끝내 밤을 새워

'나이키' 운동화와 혼다 오토바이 로고

〈사모트라케의 니케〉, B.C. 190년경, 루브르 박물관

'니케^{Nike}'는 그리스 신화에서 승리의 여신으로 로마에서는 '빅토리아^{Victoria}'라고 불렸고 영어로는 그리스식 이름에서 스펠링은 똑같고 발음만 달라진 '나이키'라고 한다. 헤시오도스의 『신통기』에 따르면 니케는 지하 세계를 흐르는 스틱스강과 티탄 12신 중의 하나인 크레이오스의 아들 팔라스 사이에서 태어난 딸로 폭력의 신 비아^{Bia}, 힘의 신 크라토스^{Kratos}, 질투의 신 젤로스^{Zelos}와 형제자매 사이다.

고대 그리스에서 승리의 여신 니케상은 부조, 청동 조각상, 대리석 조각상, 합각머리 지붕 장식 등으로 다양하게 만들어졌는데 가장 유명한 것은 에게해에 있는 사모트라케^{Samothrake}섬의 '위대한 신들의 성역^{Sanctuary of the Great Gods}'에서 발견된 대리석 조각상이다. 소위 〈사모트라케의 니케〉로 알려진 이 조각상은 머리도 소실되고 날개도 하나밖에 없으며 조각가도 알 수 없지만, 걸치고 있는 옷은 바람에 나부끼는 것처럼 보이고 바람을 머금은 날개는 마치 금방이라도 날아오르려는 듯 퍼덕이는 것처럼 보인다.

이 조각상은 1864년 주^駐오스만제국 프랑스 부영사 샤를 샹푸아조^{Charles Champoiseau}가 몸체와 가슴 일부, 옷감과 날개 파편 등을 발견하여 루브르 박물관으로 가져가 기적적으로 거의 원본에 가깝게 복원했다. 1880년부터 루브르 박물관의 카리아티데스 홀^{Salle des Caryatides}에 전시되었다가 2차 세계대전 이후인 1945년 피신해 있던 발랑세 성^{Château de Valençay}에서 돌아오면서 '다뤼 갤러리^{Salle Daru}'로 가는 소위 '다뤼 계단' 상부 쪽으로 옮겨져 현재까지 전시되고 있다. 바로 그 옆에는 1950년에 발견된 오른손바닥이 전시되어 있다. 거기에 붙어 있는 손가락 2개는

1875년에 발견되어 오스트리아 빈의 예술사박물관에 보관되어 있던 것이다.

이 조각상은 기단까지 포함해서 총 5.57m지만 조각상만은 2.75m 다. 대좌는 로도스섬의 대리석, 조각상은 파로스Paros섬의 하얀 대리석 으로 만들어졌다. 특히 이 조각상은 마치 뱃머리 조각 장식처럼 선수 모양의 대좌에 선 채 막 사뿐히 날아올라 육지에 상륙하려는 모습이다. 그래서 미술사가들은 이 조각상이 B.C. 255년경에 벌어진 코스Kos 해 전에서 마케도니아 왕국의 안티고노스 2세Antigonos II가 프톨레마이오스 왕국의 함대를 물리친 것에 대한 감사의 표시로 뒤늦게 B.C. 190년경 승리의 여신 니케에게 바친 상으로 추정하고 있다.

니케상은 〈사모트라케의 니케〉처럼 모두 날개가 달려 있다. 하지 만 아테네 아크로폴리스Akropolis의 현관 프로필라이아Propylaia 오른쪽에 있던 아테나-니케 신전의 셀라Cella에 모셔져 있던 니케상만은 날개가 없다. 그것은 승리의 여신을 영원히 아테네에 잡아 두고 싶은 고대 아 테네인들의 열망이 투영된 것이리라. 그래서 그 니케상은 '니케 압테 로스Nike Apteros'라고 부른다. '압테로스'는 그리스어로 '날개가 없는'이라 는 뜻이다. 특히 그 신전 기단에 부조로 새긴 '샌들을 고쳐 신는 니케'는 옷 주름이 실제 옷처럼 생동감이 넘쳐흘러 미술사에서 최고의 부조로 손꼽히며 아크로폴리스 박물관을 방문하는 관람객들의 눈길을 사로잡 는다.

〈사모트라케의 니케〉 다음으로 유명한 고대 그리스의 니케상으로 는 올림피아에서 발굴된 '파이오니오스Paionios의 니케'와 아테네 아크로 폴리스 언덕에서 발굴된 '칼리마코스Kallimachos의 니케'를 들 수 있다. 파 이오니오스는 당시의 유명한 조각가 이름이고, 칼리마코스는 그 니케상을 봉헌한 당시 아테네의 정치가이자 장군 이름이다. 근대의 니케상으로 유명한 것은 독일 베를린의 전승 기념탑 꼭대기에 서 있는 빅토리아 상과 브란덴부르크 문Brandenburger Tor 위의 사두마차에 앉아 있는 빅토리아 상이다.

그리스 신화에서 니케는 늘 제우스나 아테나를 따라다니며 수행했다. 그래서 올림피아 제우스 신전에 있던 제우스 좌상은 오른손에 니케를 들고 있었으며, 아테네 파르테논Parthenon 신전 안에 있던 아테나상

〈샌들을 고쳐 신는 니케〉, 아크로폴리스 니케 신전의 부조, B.C. 420~B.C. 410년경

도 오른손에 니케를 들고 있었다. 제우스는 그리스 신화에서 최고의 신이고 아테나는 전쟁의 신이었기에 전쟁에서의 승리는 모두 그 두 신의 손에 달려 있다는 의미일 것이다. 특히 아테나와 니케는 양치기와 양의 관계처럼 떼려야 뗄 수 없는 한 몸 같은 사이라는 사실을 알 수 있는 게 바로 앞서 말한 아테네 아크로폴리스의 아테나-니케 신전이다.

〈사모트라케의 니케〉와 똑같은 모양과 크기의 복제품을 전시하고 있는 곳으로는 오스트리아 린츠Linz 예술대학교, 프랑스 몽펠리에Montpellier, 스위스 취리히대학교, 독일 튀빙겐대학교와 베를린공과대학교, 독일 뮌헨 '고대 조각 작품 복제품 박물관Museum für Abgüsse Klassischer Bildwerke', 미국 라스베이거스 시저스 팰리스 호텔, 그리스 사모트라케섬의 팔레오폴리Paleopoli 박물관 등을 들 수 있다. 현재 그리스 정부는 이

조각품을 약탈문화재로 규정하고 프랑스 정부에 반환을 요청해 놓은 상태다.

니케는 승리를 상징하기 때문에 그 이름이 현대에도 다양하게 활용되어 왔다. 1945년 미국의 벨연구소에 의해 수행된 미군의 방공망 시스템 이름은 '프로젝트 나이키Project Nike'였는데 거기서 개발되어 1954년 실전 배치된 세계 최초의 지대공 미사일 이름이 바로 '나이키 에이잭스Nike-Ajax'다. '에이잭스'는 트로이 전쟁 때 그리스군에서 아킬레우스 다음으로 용맹스러운 전사였으며 영어식 이름으로 그리스식 이름은 '아이아스Aias'다. '쥘 리메 트로피Jules Rimet trophy'로 명명된 제1회 피파FIFA 월드컵 트로피도 승리의 여신 니케를 모델로 만들어졌다.

호주 멜버른대학교의 문장에도 니케가 그려져 있으며, 일본 혼다Honda 오토바이 회사의 로고에 그려져 있는 날개도 니케 여신의 날개를 모델로 만들어졌다. 특히 미국의 유명한 스포츠화 전문 회사는 아예 이름을 니케의 영어식 이름인 '나이키'로 짓고 로고도 니케 여신의 날개를 형상화했다. 〈사모트라케의 니케〉 날개를 자세히 살펴보라. 스포츠화 '나이키'의 로고를 빼닮았다. 적어도 내가 보기엔 그렇다.

'마세라티' 자동차 로고의 삼지창

세계 각국 자동차 회사 이름이나 로고에는 아주 재미있는 스토리가 담겨 있다. 우리나라 자동차 회사·이름은 현대나 쌍용 자동차처럼 주로 재벌 기업 이름을 그대로 따르고 있다. 물론 각 회사의 자동차 브랜드는 제네시스^{Genesis}, 티볼리^{Tivoli}, K7 등 다양하다. 일본은 어떨까? 일본의 닛산^{Nissan}은 '닛산日産'을 영어로 표기한 것이고, '혼다^{Honda}'는 창업자의 성이다.

'토요타^{Toyota}'는 원래 창업자의 성을 따라 '토요다^{Toyoda}'라고 했다가 발음하기 훨씬 쉽고 회사가 처음 들어선 도시 이름으로 변경한 것이다. 특히 토요타 로고를 구성하고 있는 3개의 타원형 의미가 자못 흥미롭다. 처음 2개의 타원형은 'Toyota'의 첫 글자인 'T' 자를 만들며 서로 연결되고 있어 고객과 회사의 끈끈한 유대 관계를 상징한다. 그것을 둘러싸고 있는 큰 타원형은 회사와 고객을 뛰어넘는 토요타의 세계적인 성장과 무한한 가능성을 상징한다.

'렉서스Lexus'의 유래에 대해서는 3가지 설이 있다. 첫째는 'luxury'와 'elegance'를 적당하게 조합해서 만들었다는 설이다. 둘째는 렉서스가 미국에 수출한 고급 자동차였기에 영어로 "미국 호화 수출품"이라는 뜻의 "luxury exports to the U.S"를 줄여서 만들었다는 설이다. 셋째는 미국에 수출할 당시 미국 최고 인기 TV 드라마 '다이너스티Dynasty'의 주인공 알렉시스Alexis Colby의 이름 'Alexis'에서 첫 글자 'A'를 생략하고 'i'를 'u'로 바꾸었다는 설이다.

미국의 자동차 '크라이슬러Chrysler'와 '포드Ford'는 창업자 이름이고, '지엠GM'은 미국의 다국적기업 자동차 회사인 '제네럴 모터스Genenal Motors'의 회사 이름을 따른 것이다. GM의 4대 자동차 브랜드 중 '쉐보레Chevrolet', '뷰익Buick', '캐딜락Cadillac'은 사람 이름, GMC는 "Genenal Motors Company"의 이니셜이다. 쉐보레는 스위스의 카레이서이고 뷰익은 스코틀랜드 출신의 발명가로 창업자이며, 캐딜락은 GM 본사가 있는 디트로이트를 발견한 프랑스 탐험가 카디야Cadillac를 미국식으로 발음한 것이다.

독일의 자동차 벤츠Benz, 포르쉐Porsche, 마이바흐Mybach도 창업자 이름이며 우리가 흔히 '폭스바겐'으로 발음하는 '폴크스바겐Volkswagen'은 독일어로 '국민차'라는 뜻인데, '바겐Wagen'의 첫 글자 W 한가운데에 '폴크Volk'의 첫 글자 V를 얹어 로고를 만들었다. 프랑스 자동차 르노Renault, 시트로엥Citroën, 푸조Peugeot도 창업자 이름이다. 특히 푸조는 초창기에는 톱날을 주 품목으로 하는 주물 제품을 만들었는데 사자가 아가리를 벌렸을 때 드러나는 날카로운 이빨이 톱날을 빼닮아서 사자를 로고로 쓰기 시작했다고 한다.

이탈리아 마세라티Maserati 자동차 회사는 창업주 이름을 땄는데 그리스 신화의 바다의 신 포세이돈 신의 삼지창을 로고로 쓰고 있다. 그것은 마세라티 자동차 본사가 있는 볼로냐 시내 마지오레 광장Piazza Maggiore의 넵투누스 분수Fontana di Nettuno에서 넵투누스 입상이 오른손에 들고 있는 삼지창을 모델로 만든 것이다. 주지하다시피 넵투누스는 포세이돈의 로마식 이름이다.

스웨덴 자동차 '볼보Volvo'는 '나는 굴린다I roll'라는 뜻의 라틴어인데 그리스 신화의 전쟁의 신 아레스의 창과 방패로 만든 남성 심벌을 로고로 쓰고 있다. 게다가 헤드라이트도 북유럽 신화의 천둥신 토르Thor의 망치 묠니르Mjolnir 모양이다. 볼보의 로고와 헤드라이트는 회사의 슬로건인 '안전'을 제대로 홍보하고 있는 셈이다. 낮에는 전쟁의 신이 방패와 창으로, 밤에는 토르가 망치로 지켜 주고 있으니 얼마나 안전하겠는가.

볼보와 마찬가지로 스웨

Giambologna, 〈넵투누스상〉.
1563~1566(볼로냐 넵투누스 분수.
넵투누스가 오른손에 들고 있는 삼지창이
바로 마세라티 로고의 모델이다)

〈그리핀〉, B.C. 375~B.C. 350년경
(그리스 도기 그림)

〈그리핀 변화〉, 크레타 크노소스의 옥좌가 있는 방
(그리핀이 날개를 접고 있는 것이 이채롭다)

덴 자동차 회사인 사브^{SaaB}는 스웨덴어로 '스웨덴 비행기 유한 회사'를 뜻하는 'Svenska Aeroplan AktieBolag'의 네 단어에서 첫 글자를 딴 것인데 상상 속 동물 그리핀^{Griffin}을 로고로 쓰고 있다. 오펠^{Opel} 자동차의 자매 브랜드인 영국 자동차 복스홀^{Vauxhall}의 로고도 그리핀이다. 복스홀은 그 자동차 회사가 있는 영국 시가지 이름이다.

그리핀은 영어식 표기인데 그리스 신화에서 사자의 몸에 독수리의 날개와 머리를 한 상상의 동물로 그리스어로는 그리폰^{Gryphon, Grypon} 혹은 그립스^{Gryps}라고 한다. 그리핀은 날짐승의 제왕 독수리와 길짐승의 제왕 사자를 조합한 만큼 권력과 힘을 상징한다. 크레타 크노소스^{Knosos} 궁전의 옥좌가 있는 방의 벽에도 그리핀이 그려져 있다. 그래서 사브와 복스홀 자동차 로고에는 세계 자동차의 황제가 되겠다는 야망이 숨어 있다. 하지만 안타깝게도 현재 사브 자동차는 폐업한 상태다.

우리나라 현대 자동차에서 만든 초소형 SUV 차량 브랜드 중에 '스틱스^{STYX}'가 있다. 스틱스는 그리스 신화의 지상과 지하 세계를 가르는 강으로 죽은 혼령은 반드시 이 강을 건너야 지하 세계에 들어갈 수 있었다. 우리나라 민간 신화에 등장하는 황천강과 유사하다. 스틱스는

2008년 국내외 상표등록까지 마치고 해외에는 이미 출시했다는 후문
이지만 국내에는 아직 소식이 없다. 아마 죽음을 연상할 수 있는 '스틱
스'라는 이름 때문에 부담을 느꼈을 수도 있다. 하지만 '스틱스'는 장의
차 브랜드로서는 그야말로 제격이다.

40.

'아레테' 카페와 '아레테' 학원

●

고대 그리스어 '아레테ἀρετή'는 '좋은'이라는 뜻을 지닌 '아가토스ἀγαθός'의 비교급 '아레이온ἀρείων'에서 유래했으며 우리말로는 흔히 '탁월함'으로 번역된다. 이 단어는 일반적으로 어떤 사람이 지닌 출중한 능력, 어떤 동물이 보이는 대단한 특성, 혹은 어떤 사물이 드러내는 뛰어난 가치 등을 의미했다. 말하자면 달리기 선수의 아레테는 잘 달리는 것이고, 개의 아레테는 집을 잘 지키는 것이며, 칼의 아레테는 잘 드는 것인 셈이다.

그런데 고대 그리스인들에게 육체와 정신은 서로 분리된 것이 아니었다. "사람에 대해서 아레테가 쓰일 경우, 그것은 인간이 탁월함을 보이는 다양한 방식들, 즉 도덕적, 지적, 육체적, 실용적인 것들에서 탁월하다는 의미였다." 그래서 '아레테'는 고대 그리스인들에게 삶의 "이상"이었다. 특히 호메로스가 쓴 『일리아스』와 『오디세이아』의 영웅 아킬레우스와 오디세우스는 고대 그리스인에게 '아레테'의 표상이었다.

아킬레우스는 최고의 전사였을 뿐 아니라 "포르밍크스로 마음을 달랠" 정도로 악기연주에도 상당한 실력을 갖추고 있었으며, "말도 잘하고 일도 잘 처리하는" 만능 재주꾼이었다. 게다가 그는 "사랑하는 사람" 파트로클로스를 죽인 헥토르에게 복수하기 위해 목숨을 바칠 정도로 고결한 인간이기도 했다. 또한 자신에게 아들의 시신을 돌려 달라고 간곡하게 부탁하는 트로이의 왕 프리아모스를 보고 고향에 계신 연로하신 아버지의 모습을 떠올리며 기꺼이 시신을 넘겨주는 효자이기도 했다.

오디세우스도 트로이 전쟁 당시 밤중에 트로이 진영에 잠입하여 적장을 죽일 정도로 대담한 전사였고, 목마를 고안하여 트로이를 함락시키는 데 결정적 계기를 마련할 정도로 영리한 책사였으며, 배를 타

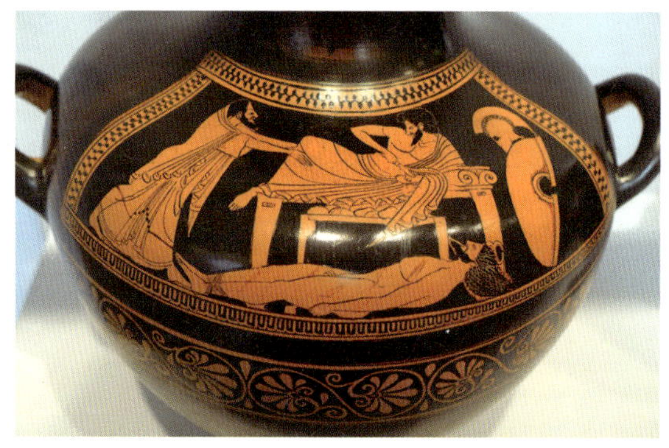

〈아킬레우스에게 헥토르의 시신을 돌려달라고 간청하는 프리아모스〉, B.C. 510~B.C. 500년경
(그리스 도기 그림)

고 10년 동안 바다를 방랑할 정도로 노련한 항해사였고, 원반던지기에서 파이아케스족의 청년들을 압도할 정도로 유능한 운동선수이기도 했다. 게다가 오디세우스는 "귀향과 아내를 애타게 그리는" 지극히 인간적인 사람이기도 했다.

호메로스의 『오디세이아』에는 아레테Arete라는 여인이 등장한다. 그녀는 바로 파이아케스Phaiakes인들의 왕 알키노오스Alkinoos의 아내다. 호메로스가 그녀의 인품을 얼마나 탁월하게 그리고 싶었으면 이름을 아레테로 지었겠는가? 호메로스는 그녀의 이름을 통해 남성뿐 아니라 여성도 탁월한 경지에 이룰 수 있음을 강조한 것이리라.

『오디세이아』에서 아레테를 처음으로 언급한 것은 그녀의 딸 나우시카아Nausikaa 공주였다. 그녀는 해안가 빨래터에서 난파당한 뒤 부하들을 모두 잃고 배 파편 조각에 몸을 의지한 채 홀로 떠내려와 쉬고 있던 오디세우스를 처음 만나 그의 딱한 처지를 전해 듣고 적극적으로 도와주기로 결심한다.

하지만 그녀는 백성들의 이목이 두려워 오디세우스를 직접 궁전으로 데려가지 못한다. 그래서 오디세우스에게 궁전으로 찾아오는 방법을 자세히 알려 준 뒤 먼저 떠나면서 나중에 궁전에 도착하거든 아버지보다도 어머니에게 도움을 청하라고 충고한다. 호메로스는 오디세우스를 궁전으로 안내하던 아테나가 변신한 어떤 여인의 입을 통해서 그녀의 이름에서 풍기는 탁월한 인품을 이렇게 칭찬한다.

남편 밑에서 집안일을 하는 모든 아내 중에서 그렇게 존경받는 아내는 세상에 누구도 없을 거예요. 그만큼 그녀는 사랑하는 자식들과 알키노오스와 백성들로부터 진심으로 존경받았고 여전히 존경

받고 있지요. 백성들은 그녀가 시내를 걸어가는 것을 발견하면 마치 여신인 것처럼 그녀를 우러러보며 공경하는 말로 인사를 하곤 하지요. 그녀는 또한 분별력이 뛰어나 그럴 마음이 생기면 언제든지 남자들을 위해서도 분쟁을 해결해 주기도 하지요.

'아레테'라는 개념은 호메로스 이후에 많은 의미 변화를 겪는다. 소피스트들은 '아레테'를 단순히 연설을 잘하는 전문기술로 배우고 익힐 수 있는 것으로 생각했다. 이에 비해 소크라테스는 '아레테'를 옳은 것이 무엇인지를 알고 실천하는 윤리적인 개념인 '덕성'으로 국한시켰다. 플라톤의 『국가』에서도 아레테라는 개념이 자주 등장하는데 그것이 '미덕'이라는 뜻으로 쓰이면서 윤리적인 성격을 강하게 풍긴다. 하지만 호메로스가 원래 의도했던 아레테는 윤리적 의미보다는 총체적 인간상을 전제하지 않고서는 생각할 수 없다.

고대 소아시아의 에페소스^{Ephesos}에는 117~125년에 지어진 '켈수스 Celsus 도서관'이 있었다. 이 도서관은 소아시아 총독이었던 가이우스 율리우스 아퀼라 폴레마이아누스^{Gaius Julius Aquila Polemaeanus}가 자신의 아버지이자 원로원 의원이며 자신처럼 소아시아 총독이었던 티베리우스 율리우스 켈수스 폴레마이아누스^{Tiberius Julius Celsus Polemaeanus}를 기념하기 위해 세웠다. 1만 2천 두루마리의 장서를 자랑하는 당시 로마 제국에서는 알렉산드리아와 페르가몬에 이어 세 번째로 큰 규모였다.

이 도서관 앱스^{Apse}의 바닥 아래 지하실에는 켈수스의 대리석 관이 놓여 있다. 성당이 아닌 도서관이 영묘^{Mausoleum}로 쓰인 것은 당시 매장 문화에서는 유례를 찾아볼 수 없다. 특히 도서관 입구 정면 벽감^{Niche}에 일정한 간격을 두고 4개의 여신상이 서 있었는데, 그중 두 번째가 바로

켈수스 도서관(이 도서관 정면은 1978년에 복원한 것이다.
입구 정면 벽감에 일정한 간격을 두고 세워져 있는 4개의 입상 중 두 번째가 아레테다)

덕성의 여신 '아레테'다. 아울러 첫 번째는 지혜의 여신 '소피아Sophia', 세 번째는 지성의 여신 '엔노이아Ennoia', 네 번째는 지식의 여신 '에피스테메Episteme'다.

켈수스 도서관이 4개의 여신상을 세운 목적은 분명해 보인다. 4개의 여신상은 지혜, 덕성, 지성, 지식을 고루 갖춘 인물들을 육성하겠다는 켈수스 도서관의 교육이념의 상징일 것이다. 1970년~1978년에 재건된 현재 도서관 정면의 4개의 여신상은 복제품이고 진품은 빈 미술사 박물관Kunsthistorisches Museum Wien 중 노이에 부르크Neue Burg(신왕궁)의 에페소스 박물관Ephesos Museum에 전시되어 있다.

몇 년 전 아끼는 후배가 찾아와서 학원을 차린다고 하면서 이름을 지어 달라고 부탁했다. 나는 우선 그가 평소 생각하고 있던 교육관을

〈소피아와 아레테〉. 빈 미술사 박물관
(첫 번째가 지혜의 여신 소피아.
두 번째가 덕성의 여신 아레테다)

들어 본 다음 간단한 배경 설명과 함께 이름 몇 개를 추천했다. 그때 후배는 특히 '아레테'에 관심을 보였다. 그래서 그가 돌아간 뒤 오래전에 써 두었던 '아레테 소고'라는 제목의 논문을 보내 주었다. 며칠 뒤 후배로부터 전화가 왔다. 논문을 읽어 보니 역시 '아레테'가 더욱더 마음에 들어 학원 이름으로 정하고 로고도 만들겠다는 것이다. 그 후 후배는 정말 '아레테'라는 이름의 학원을 설립해서 쾌속 순항 중이다.

언젠가 한 학기 15주에 걸쳐 서강대 평생교육원에서 그리스 신화를 주제로 강의한 적이 있었다. 강의가 끝난 후 우린 가끔 함께 모여 뒤풀이를 한다. 보통 학교 밖으로 나가 커피나 맥주를 마시는데 어느 날 누군가 구내에 분위기 좋은 카페가 있는데 한번 가 보자고 제안했다. 그래서 무심코 뒤따라갔다가 카페 이름을 확인하고 깜짝 놀랐다. 카페 이름이 바로 내가 후배에게 학원 이름으로 지어 준 '아레테'였기 때문이다. 반가운 마음에 안으로 들어가 살펴보니 잘 보이는 벽 한 자리에 '아레테'의 의미에 대해 친절한 안내문이 붙어 있었다.

248

아레테(Arete)는 Virtue(덕) 혹은 Excellence(탁월)를 의미하는 그리스 철학의 핵심 개념의 하나이다. 아레테(Arete)는 인간이나 사물이 각자 주어진 잠재력을 최대한으로 살아내는 즉 각자의 기능을 온전하게 수행하는 최선의 상태를 뜻한다.

나는 곧장 스마트폰으로 이 안내문과 함께 카페 로고를 찍어 후배에게 보냈다. 그랬더니 답장이 왔다. "형님, 역시 좋은 이름이군요. 제가 정말 탁월한 선택을 했네요." 아쉽게도 서강대 구내 카페 '아레테'는 현재는 다른 이름으로 바뀐 상태다. 충남 예산이나 강남에도 '아레테' 카페가 있다. 현재 내 후배의 학원 이외에도 대여섯 개의 학원이 '아레테'라는 이름으로 운영 중이다.

✕ 41. ✕

소프트웨어 제조회사 '오라클'

미국에 본사를 두고 있는 소프트웨어를 개발하는 다국적기업 중에 '오라클Oracle'이 있다. 오라클은 라틴어로는 '오라쿨룸oraculum'이라고 하며 어원은 '말하다' 혹은 '기도하다'라는 뜻을 지닌 라틴어 '오라레orare'다. 우리말로는 '신탁神託'으로 번역하는데 '신의 뜻' 혹은 '신의 뜻'을 내리는 장소를 의미한다. 고대 그리스에서 신탁을 관장한 신은 아폴론이었고, 신탁소로 가장 유명했던 곳도 바로 델피Delphi의 아폴론 신전이었다.

누군가가 델피의 아폴론 신탁을 듣기 위해서는 까다로운 절차를 거쳐야 했다. 그는 우선 신전에 들어가기 전 입구에 있는 카스탈리아Kastalia 샘에서 몸을 씻어야 했다. 신탁을 받는 순서는 추첨으로 정했다.

델피의 카스탈리아 샘의 현재 모습(겉으론 안 보이지만 지금도 땅속에서 물이
솟아나 수로를 통해 신전 밖으로 흐르도록 돼 있어 근처 주민들이 약수처럼 먹을 수 있다)

하지만 아폴론 신전에 많은 재물을 바쳤거나 큰 도움을 준 사람은 남들보다 우선권이 있었다. 아주 많은 사람이 신탁을 받으러 몰려들었기 때문에 몇 달씩 순서를 기다려야 하는 때도 있었다. 신탁은 4단계의 과정을 거쳐 내려졌다.

첫째, 의뢰인은 적당한 희생 동물을 골라 아폴론 신께 바친 다음 보조 사제에게 신탁을 받으러 온 이유를 설명했다. 둘째, 보조 사제는 이 말을 신전 가장 깊숙한 골방인 아디톤Adyton에 있는 수석 사제이자 여사제인 피티아Pythia에게 전했다. 셋째, 보조 사제로부터 이 말을 전해 들은 피티아는 세발솥에 앉은 채 바위틈에서 솟아나는 유황 가스를 마시고 월계수 잎을 씹으며 환각 상태에서 아폴론 신과 접신接神하여 신탁을 중얼거렸다. 마지막으로 보조 사제는 피티아의 말을 해석하여 시로 적어 의뢰인에게 전해 주었다. 세간에서 인구에 회자되는 고대 그리스의 중요한 신탁은 모두 델피에서 받은 것이다.

John Collier, 〈델피의 여사제 피티아〉, 1891(피티아는 델피의 아폴론 신전 지하에서 세발솥 의자에 앉아 땅바닥에서 솟아나는 유황을 맡고 월계수 잎을 씹으면서 환각 상태에서 신탁을 내렸다)

첫째, 오이디푸스가 아버지를 죽이고 어머니와 결혼할 것이라는 신탁을 받은 곳도 델피였다. 둘째, 기게스^{Gyges}가 리디아의 왕이자 헤라클레스의 후손인 칸다울레스^{Kandaules}의 왕위를 빼앗고 합법적인 왕이 된 것도 델피의 신탁 덕분이었다. 기게스는 자신의 정통성을 의심하는 백성들의 원성을 잠재우기 위해 델피의 신탁을 물었다. 그러자 피티아는 그가 왕위를 찬탈한 것은 정당하지만 앞으로 5대 후에 헤라클레스의 후손의 보복을 받을 것이라고 예언했다. 그런데 정확히 그로부터 5대가 지난 크로이소스^{Kroisos} 왕 때 리디아는 헤라클레스의 후손으로 알려진 페르시아의 키로스^{Kyros} 왕에 의해 멸망했다.

셋째, 리디아의 마지막 왕 크로이소스는 델피, 도도네, 시바 등 그 당시 유명하다는 여러 신탁소들 중 어느 곳이 영험한지 시험하기 위해 그곳으로 사신들을 보내 그들이 떠난 뒤 100일째 되는 날 리디아의 왕 크로이소스가 무엇을 하는지 신탁을 물어보라고 명령했다. 그 뒤 사신들이 신탁을 가져왔는데 유일하게 델피 신탁만이 그가 무엇을 하고 있었는지 알아맞혔다. 그는 사신들을 떠나보낸 지 꼭 100일이 되는 날 신탁소에서 도저히 알아맞히지 못하게 할 요량으로 거북이와 어린 양을 잘게 썰어서 솥에 넣고 삶고 있었는데 델피의 신탁만이 이것을 알아냈던 것이다.

그 사건 이후로 델피의 아폴론 신탁을 절대적으로 신뢰하게 된 크로이소스는 그곳 신전에 수많은 봉납물을 바친 뒤 날로 강성해지는 페르시아를 점령하기 위해 페르시아와 전쟁을 하면 누가 이길지 물었다. 그러자 피티아는 크로이소스가 대제국을 파괴할 것이라고 답했다. 크로이소스는 이 신탁을 믿고 대제국 페르시아를 정복할 것으로 굳게 믿고 출병했다. 하지만 오히려 페르시아에 패배하고 나라를 잃고 말았다. 신탁이 말한 대제국은 바로 페르시아가 아니라 자기가 다스리던 리디아였던 것이다.

넷째, B.C. 490년 페르시아 전쟁이 일어나자 그리스군의 총사령관 테미스토클레스[Temistokles]는 아테네로 물밀듯이 쳐들어오는 페르시아 대군을 맞이하여 델피의 신탁을 묻자, 도시를 떠나 '나무로 된 성벽'에 의지하여 방어하라는 신탁을 받았다. 결국 그는 '나무로 된 성벽'을 '배'로 해석하여 살라미스에서 해전을 벌여 페르시아 대군을 물리쳤다.

다섯째, 알렉산드로스 대왕이 페르시아 원정을 떠나기 전 전투 결과가 어떻게 될 것인지 델피의 신탁소에 묻자 피티아는 아직 신탁을 내릴 때가 아니라며 기다리라고 말했다. 분노를 억누르며 한참을 기다리던 알렉산더는 끝내 화를 참지 못하고 강제로 피티아의 머리끄덩이를 잡고 신전 안으로 데리고 들어가며 신탁을 강요했다. 그러자 피티아가 이렇게 소리쳤다. "제발 좀 이러지 마세요! 당신에게는 정말 못 이기겠네요!" 이 말을 듣고 대왕은 원하는 신탁을 들었으니 더 이상 신탁을 바라지 않겠다고 했다고 한다.

여섯째, 델피 신탁소에 항상 엄청난 봉납물을 바쳐왔던 마그네시아 출신의 어떤 부유한 상인이 자신을 염두에 두고 피티아에게 지금까지 누가 가장 많은 봉납물을 바쳤는지 물었다. 그러자 피티아는 그 사람은 아르카디아의 메티드리온^{Methydrion} 출신의 가난한 농부 클레아르코스^{Klearchos}라고 대답했다. 피티아의 이 신탁은 성서의 「마가복음」 12장 41~44절에서 예수가 헌금에 대해 제자들에게 하는 이야기를 빼닮았다. '새번역' 버전으로 그 대목을 소개하면 다음과 같다.

> 예수께서 헌금함 맞은쪽에 앉아서, 무리가 어떻게 헌금함에 돈을 넣는가를 보고 계셨다. 많이 넣는 부자가 여럿 있었다/그런데 가난한 과부 한 사람은 와서, 렙돈 두 닢 곧 한 고드란트를 넣었다/예수께서 제자들을 곁에 불러 놓고서, 그들에게 말씀하셨다. '내가 진정으로 너희에게 말한다. 헌금함에 돈을 넣은 사람들 가운데, 이 가난한 과부가 어느 누구보다도 더 많이 넣었다/모두 다 넉넉한 데서 얼마씩을 떼어 넣었지만, 이 과부는 가난한 가운데서 가진 것 모두 곧 자기 생활비 전부를 털어 넣었다.'

일곱째, 에피로스와 마케도니아의 왕 피로스^{Pyrrhos}는 B.C. 280년과 B.C. 279년 그리스를 쳐들어 온 로마 군대를 격퇴했지만, 자신의 군대도 치명타를 입은 그리스 장군이다. 그에게서 '피로스의 전투'라는 관용구가 유래했는데, 그것은 '의미 없는 승리'를 의미한다. 피로스는 로마로 출정하기에 앞서 델피의 신탁를 물었는데 피티아로부터 다음과 같은 라틴어로 된 신탁을 받았다. "Aio te, Æacida, Romanos vincere posse. Ibis redibis nunquam per bella peribis."

그는 이 문장을 이렇게 해석했다. "아이아코스의 자손이여, 당신은 로마인들을 이길 것이다. 당신은 출정해서 돌아올 것이며, 절대 전사하지 않을 것이다." 하지만 이 문장은 문법적으로 이렇게 해석할 수도 있다. "아이아코스의 자손이여, 로마인들이 당신을 이길 것이고, 당신은 출정해서 다시는 돌아오지 못할 것이다. 당신은 전쟁에서 전사할 것이다." 그런데 정말 피로스는 로마에서 귀환하여 B.C. 272년 아르고스에서 로마군과 시가전을 벌이다가 그만 전사하고 말았다.

여덟째, 362년 율리아누스^{Flavius Claudius Iulianus} 황제 시절 이교도였던 황제의 특사이자 의사였던 오레이바시오스^{Oreibasios}가 델피의 신탁소를 방문했다. 그는 황제의 부탁으로 기독교가 공인된 된 로마 세계에서 신탁소가 앞으로 어떻게 될지 물었다. 그러자 피티아가 이렇게 대답했다.

잘 보존되어 왔던 신전은 이제 파괴될 것이라고 황제에게 전해 주시오. 포이보스 아폴론은 이제 더 이상 피난처를 찾지 못할 것이다. 성스러운 월계수는 시들어 버릴 것이고, 샘은 영원히 침묵할 것이다. 물이 솟아나는 소리도 그칠 것이다.

우리나라에는 '오라클'이라는 이름의 업체가 꽤 있다. 당연히 '오라클 코리아'도 있고, '법무법인 오라클'도 있으며, '오라클메디컬그룹'도 있다. 그중 '법무법인 오라클' 홈피에 들어가서 보니 이렇게 쓰여 있다. "오라클(ORACLE)은 '신들의 조언과 예언을 전달하는 역할을 하는 사람', '특정 분야에 정통하여 현명한 조언을 하는 사람'을 일컫습니다. 저희 법무법인 구성원들 모두 해당 분야에서 최상의 전문 서비스를 제공하는 '오라클'이 되자는 뜻으로 '오라클'을 법인 이름으로 삼았습니다."

비단구렁이 '파이톤' 롤러코스터

Cornelis de Vos, 〈아폴론과 왕뱀(혹은 용) 피톤〉, 1636~1638

2018년 6월 14일 인도네시아에서는 7m에 달하는 비단구렁이 '파이톤Python'이 밭일을 하던 '와 티바'라는 54세의 여성을 삼켜 버리는 끔찍한 사고가 발생했다. 『국민일보』에 따르면 저녁에 밭으로 일하러 나간 와 티바가 아침이 되어도 집으로 돌아오지 않자 그녀의 여동생이 밭으로 나가 보았지만, 언니 대신 그녀가 신었던 신발과 전등만 발견했을 뿐이다.

그 후 100여 명의 마을 주민들이 밭 주변을 샅샅이 뒤진 끝에 와 티바의 신발이 있던 곳 근처에서 배가 불룩하게 튀어나온 비단구렁이 파이톤 한 마리를 발견했다, 주민들이 불길한 예감에 그 뱀을 잡아 배를 갈라 보니 놀랍게도 그 속에 녀석이 통째로 삼킨 와 티바의 시신이 들어 있었다.

비단구렁이 '파이톤'은 원래 그리스 신화에 등장하는 왕뱀 '피톤'의 영어식 이름이다. 피톤은 대지의 여신 가이아가 혼자 낳은 자식으로 그녀의 명령에 따라 파르나소스Parnassos산에서 최초로 인간들에게 신탁을 내리기 시작했다. 얼마 후 가이아는 델피의 신탁소를 법의 여신 테미스에게 맡겼고, 테미스는 다시 그 관할권을 자매인 포이베Phoibe에게 넘겼다.

그러던 어느 날 피톤은 헤라의 부탁을 받고 제우스의 자식을 잉태한 레토Leto를 찾아 해치우기 위해 길을 나섰다. 하지만 레토가 워낙 꼭꼭 숨어 버린 탓에 피토는 결국 그녀를 찾지 못하고 파르나소스산으로 돌아왔다. 얼마 후 레토는 다행히 델로스Delos섬에서 아폴론과 아르테미스 쌍둥이 남매를 순산했다. 그들은 태어난 지 4일 만에 어머니 레토에게서 피톤의 이야기를 듣고 분노한 나머지 파르나소스로 달려가 화살로 녀석을 쏘아 죽이고 어머니의 원수를 갚았다.

아폴로도로스의 『비블리오테케Bibliotheke』에 따르면 원래 파르나소스산에서 신탁을 내렸던 것은 피톤이 아니라 법의 여신 테미스였고, 피톤은 다만 그 성역을 지키는 파수꾼에 불과했을 뿐이다. '비블리오테케'는 그리스어로 '도서관'이라는 뜻인데, 아폴로도로스의 이 책은 현재 우리나라에서는『원전으로 읽는 그리스 신화』 혹은『그리스 신화』라는 제목으로 번역되어 있다.

어쨌든 티탄 신족과의 전쟁에서 승리한 제우스는 아폴론에게 그 성역을 접수하라는 명령을 내렸다. 하지만 아폴론이 그 성역으로 들어오자 피톤이 완강하게 저항했다. 아폴론은 하는 수 없이 화살 100개를 날려 피톤을 죽이고 그 성역을 강제로 점령한 뒤 그곳에 자신의 신전을 세웠다. 그렇다고 아폴론이 그곳에서 직접 신탁을 내린 것은 아니었다. 그는 피티아Pythia라는 여사제를 뽑아 그 일을 대신 맡도록 했다.

또한 왕뱀 피톤이 죽은 것을 기리기 위해 사람들에게 4년마다 '피

William Turner, 〈아폴론과 피톤〉, 1811

티아 경기'를 개최하도록 했다. 파르나소스의 신탁소는 처음에는 왕뱀 피톤의 이름을 따라 '피토^{Pytho}'라고 불렸다. 하지만 아폴론이 그곳을 점령한 뒤부터는 그 지명이 '델피'로 바뀌었다. '델피'의 복수는 '델포이^{Delphoi}'인데 그리스어로 '자궁'을 뜻하는 '델피스^{delphys}'에서 유래했다.

비단구렁이 파이톤이 똬리를 튼 모습을 보고 아이디어를 얻어서 그랬을까? 미국 오하이오주 신시내티 시내 '코니아일랜드^{ConeyIsland}'라는 테마파크의 롤러코스터 이름이 '파이톤'이다. 네덜란드 노르트브라반트^{Noord-Brabant} 주에 있는 테마파크 '에프텔링^{Efteling}'의 롤러코스터 이름도 '파이톤(750m)'이다. 에프텔링의 전망 타워 '파고다^{Pagode}'에서 바라본 '파이톤' 롤러코스터의 모습은 정말 세계에서 가장 긴 비단구렁이를 연상시킨다.

이스라엘 공대공 미사일에도 '파이톤 시리즈'가 있다. 아마 이 미사일은 발사하면 일직선으로 날아가지 않고 하늘에 비단구렁이가 지상을 빠르게 이동할 때 생기는 것과 비슷한 궤적을 남기며 날아갈지 모른다. 가죽 업계에서 '파이톤 가죽'은 '비단구렁이 가죽'을 의미한다. 그래서 '파이톤 백', '파이톤 지갑', '파이톤 구두' 같은 말이 마치 고유명사처럼 쓰인다.

1969년에 창단하여 1970년대 최전성기를 누린 영국의 세계적인 코미디 팀 이름도 '몬티 파이슨^{Monty Python}'이었다. 왜 이 코미디 팀은 하필이면 '파이슨'이라는 이름을 선택했을까? 그것은 롤러코스터에 그 이름을 붙인 것과 맥락을 같이 하지 않을까? 마치 비단구렁이 롤러코스터의 매끈매끈하고 꾸불꾸불한 몸통을 탈 때처럼 팬들에게 늘 신나는 웃음을 선사하겠다는 의도가 아니었을까?

43.

세계의 배꼽 '옴파로스' 패션 브랜드

아폴론이 왕뱀 피톤을 죽이고 자신의 신전을 세운 델피는 특히 고대 그리스 세계의 정중앙으로도 잘 알려져 있다. 제우스는 어느 날 세상의 한가운데가 어딘지 알아보기 위해 세상의 서쪽과 동쪽 끝 하늘에서 각각 독수리 2마리를 동시에 날려 그들이 만난 공중 지점에서 지상으로 커다란 돌을 하나 떨어뜨렸다. 그러자 그 돌이 운석처럼 아래로 떨어져 도달한 곳이 바로 델피였다. 그래서 사람들은 그 돌을 '옴팔로스Omphalos'라고 부르며 신성하게 여겼다. '옴팔로스'는 원래 '배꼽'이라는 뜻인데, 결국 '세상의 배꼽', 즉 '세상의 중심'이라는 뜻이다.

옴팔로스는 원래 델피의 아폴론 신전에서 피티아가 삼발이 솥을 의자로 삼아 그 위에 앉아 신탁을 내리던 '아디톤Adyton'이라는 공간의 지하에 있었다. 아폴론은 바로 그 옴팔로스 밑에 자신이 죽인 왕뱀 피톤의 시신을 묻고 피티아가 앉아서 신탁을 내렸던 삼발이 솥 위에는 그 가죽을 깔아 주었다. 그래서 옴팔로스는 삼발이와 함께 피티아의 상징물처럼 여겨지고 있으나 세상의 한가운데임을 표시하는 돌이라는 것 이외에는 아직 더 정확한 용도가 밝혀진

델피의 옴팔로스, 델피 고고학 박물관

게 없다. 로마의 테오도시우스 황제가 기독교를 국교로 정하면서 옴팔로스도 철저하게 파괴해 버렸기 때문이다.

하지만 어떤 학자들은 이 돌이 사실은 델피를 맨 처음 관장했던 가이아에게 제물을 바치던 제단이었을 것이라고 주장한다. 델피에는 또한 크로노스가 막내아들 제우스인 줄 알고 삼켰다가 게워 낸 또 다른 돌도 전시되어 숭배를 받았는데, 크기나 형태가 옴팔로스와 아주 비슷해서 사람들이 가끔 두 돌을 혼동하는 경우가 있었다. 그래서 어떤 사람들은 옴팔로스는 다름 아닌 크로노스가 게워 낸 바로 그 돌이라고 주장하기도 하지만 그건 억측에 불과하다.

2세기경의 여행 작가였던 파우사니아스Pausanias에 따르면 옴팔로스는 하늘과 지상과 지하를 서로 연결하는 세계의 축이다. 고대에는 어느 문화권에나 옴팔로스가 있었다. 가령 고대 로마에서는 포로 로마노

Foro Romano의 한가운데에 세워졌던 '도시의 배꼽'이라는 뜻의 '움빌리쿠스 우르비스Umbilicus Urbis'가 그 전통을 이어받았다. 그래서 그 돌을 원점으로 세계 각국의 다른 도시들과의 거리가 측정되었으며 그 돌 자체를 조그만 신전으로 조성하여 신성시했다.

우리나라에도 옴팔로스가 있는 것을 아는 사람은 드물다. 과연 그곳은 어디일까? 한반도를 호랑이라고 상상하고 배꼽이 어디쯤일까 한번 상상해 보자. 어떤 사람들은 한반도의 배꼽은 충주 탑평리 칠층석탑이라고 주장한다. 전설에 따르면 한반도의 남쪽과 북쪽 끝에서 동시에 두 사람이 출발해서 만나는 곳이 바로 이 탑이라고 한다. 그래서 이 탑은 언제부터인지 중앙탑으로 불린다. 하지만 중앙탑은 지리적으로는 한반도의 한가운데일지는 몰라도 정신적인 중심지 옴팔로스는 아니다.

그렇다면 한반도의 배꼽은 과연 어디일까? 그곳은 바로 강화도 마니산의 참성단이다. 그래서 한반도에서는 그곳의 기운이 가장 세다. 실제로 참성단의 자기장 수를 측정해 보니 65회나 되었다. 46회인 합천 해인사의 독성각이나 20회였던 운문사를 훨씬 상회하는 숫자이다. 기도발이 좋아 수능 철이 되면 인산인해를 이루는 팔공산 갓바위도 16회에 불과하다. 단군왕검이 왜 마니산 참성단에서 하늘에 제사를 지냈는지 절로 고개가 끄덕여진다. 아울러 마니산 참성단이 한반도의 배꼽이라면 그 맞은 편 등줄기의 한가운데 지점은 바로 태백산 천제단이다.

델피의 옴팔로스는 현재 델피의 고고학 박물관에 전시되어 있지만 진품이 아니라 헬레니즘이나 로마 시대에 만들어진 복제품이다. 또한 아폴론 신전으로 가는 신성한 길 끝 자락쯤에도 또 다른 옴팔로스 모조품이 하나 세워져 있는데 모양새가 박물관에 있는 것과는 사뭇 다르다. 박물관의 옴팔로스는 직사각형에 가까운 타원형 모양이며 겉이

델피의 옴팔로스. 아폴론 신전 유적지

마치 털실을 둘둘 감은 것 같은 형태의 돌을새김으로 장식되어 있지만, 바깥에 있는 것은 끝이 뾰족한 원추형이며 겉도 밋밋하기 때문이다.

왜 그럴까? 파우사니아스에 의하면 옴팔로스는 원래 옷감으로 덮여 있었다고 한다. 그래서 밖에 있는 것이 옷감 안에 있던 원형에 가까운 모습이고, 박물관에 전시되어 있는 것은 옷감으로 덮은 옴팔로스를 복제한 것으로 추정할 수 있다. 그렇다면 옴팔로스 모조품이 왜 신전 안이 아니라 밖에 서 있는 것일까? 그것은 고대에는 옴팔로스가 참배객들이 들어갈 수 없는 아폴론 신전뿐 아니라 성소 곳곳에 몇 개 세워져 있었는데 아마 그곳에도 하나 있었을 것이다. 또한 신전 밖에 있던 옴팔로스들은 도시국가들이 델피에 바친 봉헌물일 가능성이 크다.

가령 1894년 델피의 아폴론 신전 근처에서 발굴된 조각의 비문에 따르면 아테네와 그 동맹국들도 B.C. 330년경 델피의 아폴론 신에게 옴팔로스를 바쳤음을 알 수 있다. 그 조각은 높이가 대략 13m쯤 되는데 크게 네 부분으로 이루어져 있다. 맨 밑에는 커다란 아칸토스^{Akanthos}라는 식물의 잎사귀가 마치 활짝 핀 꽃처럼 원형으로 잎사귀를 넓게 펼치고 있고, 그 위에는 키가 1.95m에 달하는 여인 셋이 머리에 삼발이를 이고 춤을 추고 있으며, 바로 그 삼발이 위에 옴팔로스가 얹혀 있다. 이 조각은 그 생김새 때문에 "델피의 댄서Dancers of Delphi", 혹은 "아칸토스 기둥Acanthus Column"이라고 불리는데, 현재 델피의 고고학 박물관에 전시되어 있다.

우리나라 패션 브랜드 중에는 '옴팔로스'에서 이름을 따온 '옴파로스'가 있다. '옴파로스'는 바로 '옴팔로스'의 우리식 발음이다. '아틀라스'를 우리식으로 '아트라스'라고 발음하는 것과 같은 식이다. 의류 브랜드 이름을 그렇게 지은 것은 원래 델피의 옴팔로스를 덮고 있던 옷감에서 힌트를 얻었을 수도 있겠지만, 아마 그 업계의 '옴팔로스'가 되고 싶은 열망이 더 컸으리라. 이름 덕택이었을까? '옴파로스'는 한때 전국에 100개의 매장을 가질 정도로 무서운 기세로 사세를 확장했다. 하지만 요즘은 무슨 영문인지 예전처럼 시내에서 '옴파로스' 매장을 좀처럼 찾아보기 힘들다.

자신이 사는 곳만이 세계의 중심이라고 생각하는 극도의 자기중심적인 사고를 옴팔로스 증후군Omphalos Syndrome이라고 한다. 중국과 동의어로 쓰이는 '중화中華'가 세계 '문명의 중심'이라는 뜻이고, 잉카제국의 수도 '쿠스코Cusco'가 잉카제국의 언어인 케추아어로 '배꼽'이라는 뜻인 것을 보면 고대 그리스인이나 로마인들뿐 아니라 고대 중국인들과 잉카인들도 다소 옴팔로스 증후군에 빠져 있었다고 볼 수 있다. 『그리스, 인문학의 옴팔로스』와 『중앙아시아, 마지막 남은 옴팔로스』라는 책도 있다. '옴팔로스'의 원래 의미를 그야말로 오롯이 담아낸 책 제목이다.

명품 베르사체 로고의 '메두사'

〈고르곤 테라코타〉. B.C. 7세기. 시칠리아 시라쿠사(오른손에 들고 있는 천마 페가소스로 보아
메두사임이 틀림없다. 페가소스는 페르세우스에게 잘린 그녀의 목에서 태어나기 때문이다)

헤시오도스의 『신통기』에 따르면 메두사^{Medusa}는 포르키스^{Phorkys}와 케토^{Keto} 사이에서 태어난 3자매 중 하나다. 포르키스와 케토는 대지의 여신 가이아와 태초의 바다의 신 폰토스^{Pontos}의 자식으로 바다의 괴물이었다. 메두사 3자매를 총칭하는 이름은 단수로는 고르고^{Gorgo} 혹은 고르곤^{Gorgon}, 복수로는 고르고네스^{Gorgones}였다. 다른 두 자매는 '강한 자'라는 뜻의 스테노^{Stheno}, '멀리 뛰는 자'라는 뜻의 에우리알레^{Euryale}였는데, 메두사는 '여왕'이라는 뜻이었다. 또한 메두사는 유한한 생명을 갖고 태어났지만, 다른 두 자매는 불사의 몸이었다.

메두사 3자매는 '끔찍한'이라는 뜻을 지닌 '고르고네스'의 의미처럼 태어날 때부터 너무 흉측한 얼굴을 하고 있어서 누구든 그들을 보면 너무 놀라 돌로 변했다. 시라쿠사에서 발견된 B.C. 7세기의 테라코타 휘장의 고르곤은 둥근 얼굴에 어깻죽지에 날개를 달고 있고, 날카로운 멧돼지 엄니 2개를 입 밖으로 드러내고 있으며, 혀를 밖으로 길게 내밀고 있지만, 뱀은 보이지 않는다. 올림피아에서 발견된 B.C. 6세기 말에 만들어진 방패의 고르곤은 위의 모습이 더욱 흉측해져서 팔은 사자의 앞다리, 하체는 물고기 뒷부분이지만, 마찬가지로 뱀은 어디에도 없다.

고르곤의 몸에 뱀이 보이는 것은 그 이후부터다. 가령 B.C. 580년경 지어진 코르푸^{Korfu}섬 아르테미스 신전의 서쪽 페디먼트에 새겨진 고르곤에는 머리 위로 대여섯 마리의 뱀이 똬리를 틀고 있고, 양쪽 어깨에도 뱀 2마리가 나풀거리고 있으며, 또 다른 뱀 2마리가 벨트처럼 꼬리로 허리를 동여맨 채 데칼코마니처럼 서로 마주 보고 있다. B.C. 5세기경 도기에 그려진 고르곤에도 머리에 뱀 12마리가 나풀거리고 있는

메두사, 코로푸섬 아르테미스 신전의
서쪽 페디먼트, B.C. 580년경

〈페르세우스를 추격하는 고르곤의 상세도〉,
B.C. 500년경(그리스 도기 그림)

데, 그 모양이 현대의 레게 머리처럼 생겼다.

고대 그리스인들은 고르고네스 3자매에게 마치 우리나라의 부적이나 귀면와鬼面瓦처럼 나쁜 기운을 막아 주는 벽사辟邪의 기능이 있다고 생각하여 방패 등 무기, 의복, 묘비와 석관, 성벽, 동전 등에 그들의 머리를 그리거나 부조로 새겨 넣었으며, 심지어 건물이나 그릇에도 부조로 새겨 넣거나 부품으로 만들어 부착했다. 이럴 때 그것은 고르고네스 3자매 중 메두사만 특별히 지정하여 '메두사의 머리'라고 칭하는 경우도 있었지만, 주로 그들을 총칭하는 '고르고'라는 단어를 활용하여 '고르고의 머리'라는 뜻의 '고르고네이아Gorgoneia' 혹은 '고르고네이온Gorgoneion'이라고 불렀다.

메두사가 고르곤, 혹은 고르고네스라는 이름의 후광에서 벗어나 자신의 이름을 알리면서 세간의 주목을 받게 된 것은 바로 영웅 페르세우스의 모험을 통해서다. 그가 벌이는 모험의 하이라이트가 바로 메두사의 목을 자르는 것이었기 때문이다. 페르세우스가 그 과업을 완수하기 위해서는 4가지 특별 무기가 필요했다. 머나먼 세상 서쪽 끝자락의 메두사 소굴까지 가기 위해서는 발에 신으면 날 수 있는 한 켤레의 날개 달린 신발이, 메두사의 머리를 잘라 그 안에 넣고 어깨에 메기 위해서는 커다란 마법 자루가, 다른 두 자매의 감시나 추적을 피하기 위해서는 머리에 쓰면 몸이 보이지 않는 마법 두건, 거울로 쓸 청동 방패 등이 필요했다.

페르세우스는 영웅들의 수호신 아테나의 도움으로 이런 무기들을 힘들게 마련한 다음 마침내 고르고네스의 소굴을 향해 날아갔다. 그가 얼마 후 도착한 그들의 소굴 주변에는 부지불식간에 그들의 얼굴을 보고 돌로 변한 사람들이나 동물들의 형상이 즐비했다. 페르세우스는 침착하게 밤이 이슥할 때까지 기다렸다가 청동 방패를 꺼내 반질반질하게 닦은 다음 표면 위에 비친 광경을 보고 소굴 안을 수색하기 시작하여 마침내 곤히 잠든 고르고네스를 찾아냈다. 이어 칼을 빼 들고 메두사에게 살금살금 다가가 방패에 비친 그녀를 잠시 응시하다가 눈을 질끈 감고 순식간에 몸을 돌려 단 한방에 머리를 잘라내 마법 자루에 담

Francesco Maffei, 〈메두사의 목을 베는 페르세우스〉, 1650(그림 왼쪽의 인물은 아테나다. 그녀는 아마 페르세우스 몰래 그를 지켜보고 있었을 것이다. 페르세우스가 눈을 질끈 감은 채 고개를 돌린 것은 메두사의 얼굴을 보지 않기 위해서다)

〈고르고네스 세 자매〉, B.C. 580년경 (그리스 도기 그림. 맨 왼쪽 목이 잘린 게 바로 메두사다)

은 다음 얼른 그곳을 떴다.

메두사가 내지르는 단말마의 비명을 듣고 자매들이 깜짝 놀라 벌떡 일어나 공중으로 날아올랐다. 하지만 보이지 않는 적과 싸울 수는 없는 노릇이었다. 그들은 하릴없이 메두사의 목 잘린 시신 곁에 내려앉아 자매의 죽음을 애도할 수밖에 없었다. 헤시오도스의 『신통기』에 의하면 페르세우스가 메두사의 목을 벨 때 지상에 핏방울이 떨어지자 땅속에서 날개 달린 천마 페가소스Pegasos와 황금 검을 지닌 전사 크리사오르Chrysaor가 태어났다. 다른 설에 의하면 그들은 땅속이 아니라 메두사의 피가 흘러나온 목에서 태어났다.

이때까지만 해도 메두사는 앞서 언급한 모습과 아주 똑같다. 달라진 점이 있다면 보통 날개가 아닌 황금 날개를 달고 있다는 것뿐이다. 하지만 메두사의 모습은 헬레니즘 시기를 거쳐 B.C. 5세기 그리스 고전 미술 시기에 와서 완전히 달라진다. 가령 소위 '메두사 론다니니Rondanini'의 모델이 된 아테네 천재조각가 페이디아스Pheidias의 메두사의 얼굴은 비틀려 있기는커녕 무척 아름답다. 날개도 마치 날개 달린 두건을 쓴 듯 어깻죽지가 아닌 머리 좌우에 달려 있고, 뱀 2마리도 마치 현대의 스카프처럼 꼬리 부분으로 턱을 감싼 채 위쪽 머리카락 속으로 머리를 내밀고 있다.

페이디아스의 메두사는 지금은 소실되었다. 하지만 로마 시대에 만들어진 복제품이 이탈리아 론다니니 가문의 소장품이 되면서 '메두사 론다니니'라는 이름이 붙었다. 어쨌든 이 메두사에 따르면 페이디아스는 메두사를 생명이 있는 것은 무엇이든 그 얼굴을 보면 돌이 되지만, 보지 않고는 못 배기는 치명적인 아름다움을 지닌 미인으로 재해석한 것으로 보인다. '메두사 론다니니'는 1814년 이탈리아를 여행하던

Michelangelo Merisi da Caravaggio,
〈메두사〉, 1597~1598

〈메두사 론다니니〉, 뮌헨 글립토텍 미술관,
B.C. 5세기 그리스 진품의 로마시대 복제품
(이 메두사상은 원래 파르테논 신전에 안치되어
있던 아테나 여신상의 방패에 새겨져 있었다)

바이에른의 왕 루트비히^{Ludwig} 1세에게 팔려 현재 루트비히 왕이 자신의 소장품을 전시하기 위해 만든 뮌헨의 '글립토텍^{Glyptothek} 미술관'에 전시되어 있다. '글립토텍'은 '조각박물관'이라는 뜻인데, 각각 '조각'과 '저장소'라는 뜻의 그리스어 '글립토^{glypto}'와 테케^{theke}가 결합하여 만들어진 단어다.

오비디우스도 『변신 이야기』에서 메두사를 어깻죽지에 날개가 달리고 얼굴이 흉측한 괴물이 아니라 바다의 신 포세이돈이 사랑에 빠질 만큼 무척 예쁜 미인으로 묘사했다. 특히 그녀는 치렁치렁한 머리카락이 빼어나게 아름다웠다. 하지만 포세이돈과 메두사가 어느 날 아테나 신전에서 정사를 나누자, 분노한 아테나는 메두사의 머리카락 한 올 한 올을 실뱀으로 만들어 버렸고, 그 후부터 그녀를 보는 사람은 너무 놀란 나머지 돌이 되고 말았다. 특히 오비디우스의 메두사 이야기에서 주목할 만한 것은 아테나가 메두사의 머리카락과 함께 예쁜 얼굴도 흉측하게 일그러뜨렸다는 언급은 없다는 사실이다. 하지만 카라바조Caravaggio와 루벤스Rubens를 비롯하여 후세의 화가들은 메두사를 실뱀의 머리카락에 얼굴까지 일그러진 모습으로 그렸다.

이탈리아의 명품 베르사체Versace의 로고는 바로 '메두사 론다니니'를 모델로 만들어진 것이다. 베르사체의 창업자 잔니 베르사체Gianni Versace는 고대에 그리스 식민도시가 많아 '대그리스'라는 뜻의 '마그나 그라이키아Magna Graecia'로 불렸던 남부 이탈리아 레조 칼라브리아Reggio Calabria 출신이라서 평소 그리스 신화에 조예가 깊었다. 그래서 그도 메두사를 마치 페이디아스처럼 한번 보면 그 아름다움에 매료되어 도저히 그 마력에서 빠져나올 수 없는 미의 화신으로 해석한 것으로 보인다. 만약 그가 메두사를 끔찍한 얼굴을 지닌 무시무시한 괴물로 해석했다면 왜 자기 회사의 로고로 삼았겠는가? 설혹 그랬더라도 그건 아마 메두사의 머리가 지닌 나쁜 기운을 막는 벽사의 기능을 염두에 두었으리라.

1786년 이탈리아 기행 중 론다니니 궁전 맞은편에 묵고 있던 독일 작가 요한 볼프강 폰 괴테Johann Wolfgang von Goethe는 '메두사 론다니니' 석고상을 사서 소장할 정도로 그 상에 매료당했다. 바이에른의 루트비히 왕에게 그 상을 사라고 권유한 것도 바로 괴테였다. 바티칸 박물관에 전시되어있는 이탈리아 조각가 안토니오 카노바Antonio Canova의 작품 〈메두사의 머리를 들고 있는 페르세우스〉의 메두사의 모델도 바로 '메두사 론다니니'다.

테오도르 제리코의 그림 〈메두사의 뗏목〉

메두사라는 이름은 전 세계적으로 가수의 앨범이나 노래 제목으로 널리 쓰인다. 영국의 둠 메탈 밴드 '패러다이스 로스트Paradise Lost'의 앨범 중에 〈메두사〉가 있다. 우리나라 4인조 걸그룹 '데스티니'의 앨범 중에도 〈Medusa〉가 있고, 가수 타미즈Tamiz의 노래 중에도 〈메두사〉가 있다. 아마 메두사처럼 노래로 사람들의 이목을 한눈에 사로잡겠다는 의도가 들어 있을 것이다. 미국 캘리포니아 발레이오와 뉴저지 잭슨 타운십의 식스 플래그스Six Flags 놀이공원의 롤러코스터 이름도 메두사다. 롤러코스터는 무서울수록 짜릿할 테니 정말 잘 어울리는 네이밍이다.

메두사는 함선 이름에도 제격이다. 그 함선은 마치 메두사처럼 적

Peter Paul Rubens, 〈메두사의 머리〉, 1617~1618

을 모두 돌로 만들어 버릴 테니까 말이다. 한때 프랑스에도 아주 비극적인 이야기가 깃들어 있는 '메두사^{Méduse}'라는 함선이 있었다. 프랑스는 1814년 파리 조약으로 1783년 영국이 합병했던 식민지들을 되찾는다. 그중 하나가 서아프리카의 세네갈이다. 당시 부르봉 왕조는 국내의 복잡한 정치 상황 때문에 2년 뒤인 1816년 6월에야 비로소 세네갈의 수도 생루이^{Saint-Louis}로 영국으로부터 통치권을 이양받을 총독과 군대 등을 파견하기 위해 소규모 함대를 꾸렸다. 함대의 함선은 수송함 '루아르^{Loire}호', 브릭함 '아르고스^{Argos}호', 코르벳함 '에코^{Echo}호', 프리깃함 '메두사호' 등 총 4척.

　그런데 4개의 함선 이름 중 3개가 그리스 신화에 나오는 이름이라서 이채롭다. 가령 '아르고스'는 눈이 100개나 달려 모든 것을 볼 수 있어 감시병으로는 제격이었던 괴물이고, '에코'는 짝사랑하던 나르키소스^{Narkissos}의 저주를 받아 메아리로 변신한 숲속의 요정이며, '메두사'는 주지하다시피 머리카락 한 올 한 올이 실뱀이고 얼굴이 일그러져서 인간은 물론이고 생명이 있는 것이면 무엇이든 그녀의 얼굴을 한번 보기만 하면 너무 놀라 돌로 변해 버리는 괴물이다. 참고로 '누아르'는 길이가 1006km나 되는 프랑스에서 가장 긴 강이다.

4개의 함선의 승객은 총 600여 명이었다. 그중 주력함이었던 '메두사호'에는 세네갈 총독으로 임명된 슈말츠Schmaltz 대령, 함대 사령관 쇼마리스Chaumareys 대위, 160명의 선원, 생루이를 수비할 해군 병사 등 총 400여 명이 타고 있었다. 6월 17일에 로슈포르Rochefort를 출발한 슈말츠는 27일 마데이라Madeira섬에 도착한 이후부터 가능한 한 빨리 생루이에 도착하고 싶은 욕심에서 예정된 항로를 벗어나 가장 짧은 직선 항로로 항해하기 시작했다.

메두사호가 최대 속도를 내자 우선 루아르호와 아르고스호가 한참 뒤로 처지고 말았고, 이어 간신히 따라오던 에코호마저도 이내 메두사호를 놓치고 말았다. 그런데 생루이로 향하는 그 직선 항로는 모래톱이나 암초가 많은 해안에서 아주 가까워 자칫 한눈을 팔았다가 매우 위험했기에 노련한 뱃사람들은 그걸 이용하지 않고 조금 돌아가더라도 늘 해안에서 멀리 떨어진 채 항해하곤 했다. 하지만 불행하게도 메두사호의 항해사는 쇼마리스가 불법적으로 채용한, 항해술은 전혀 모르는 철학도였던 탓에 그 위험성을 알 턱이 없었다.

그 항해사는 결국 함선 선수 쪽으로 멀리 보이는 구름 둑을 블랑곶Cap Blanc으로 오인하고 그것을 돌아 조금만 가면 목적지가 코앞이라고 생각했다. 하지만 메두사호가 안고 돈 것은 바로 현재의 모리타니 해안의 진창투성이인 아구인Arguin 사구였다. 사령관 쇼마리스가 위험을 알아차리고 급히 선수를 바다 쪽으로 돌리라고 명령했을 때는 너무 늦은 후였다. 결국 메두사호는 아프리카 해안에서 50km 떨어진 수심 33m의 진창에 빠지고 말았고, 그 후 3톤짜리 14개 대포의 무게 탓에 점점 더욱 더 깊이 빠져들었다.

메두사호에는 크고 작은 구명보트가 7척밖에 없어 승객들은 한꺼번에 모두 50km 떨어진 해안으로 대피할 수 없었다. 그래서 그들은 두 번에 걸쳐 대피하기로 계획을 세운 다음 우선 메두사호가 더 이상 깊이 빠지지 않도록 선내에서 마련한 목재로 화물을 옮겨 실을 뗏목을 하나 만들었다. '라 마신la Machine'이라고 이름도 지어 주었다. 하지만 그들이 모든 준비를 마치고 막 계획대로 대피하려는 순간에 엄청난 돌풍이 불어와 그것에 타격을 입은 메두사호 여기저기가 부서졌다. 그걸 보고 승객들과 선원들이 패닉상태에 빠지자 쇼마리스는 계획을 바꿔 당장 모두가 함께 배를 버리고 탈출하기로 결정했다.

그래서 원래 화물을 싣기로 했던 뗏목에도 사람을 태우기로 하고 7척의 구명보트와 뗏목에 계급에 따라 인원들을 배정했다. 가령 가장 크고 좋은 2척의 구명보트는 각각 총독 일행과 사령관 일행에게 배정되었다. 그들은 순풍을 받아 3일 만에 그들을 찾아 나섰던 에코호에게 발견되어 무사히 생루이에 도착했다. 특히 그들은 공간도 여유가 있었고 보급품도 아주 넉넉하했다. 가령 총독 일행이 탔던 배는 50명은 족히 탈 수 있었는데도 승선 인원은 36명이었고, 50파운드의 빵, 18병의 와인, 60병의 물을 가져갔다. 대피 중 부상자도 전혀 생기지 않았다. 나머지 5척의 구명보트들도 사정은 거의 마찬가지다.

문제는 바로 뗏목이었다. 이곳에는 주로 해군 병사, 선원, 노동자 등이 승선하도록 배정을 받았는데, 인원 초과로 마치 가라앉을 듯 위태위태한 뗏목을 보고 머뭇거리는 그들에게 장교들이 총을 겨누면서 타도록 강요했다. 뗏목은 원래 메두사호의 몸무게를 줄이려고 임시로 화

Théodore Géricault, 〈메두사의 뗏목〉, 1819

물을 옮겨 싣기 위해 만들어졌기에 돛대나 활대는커녕 방향타 등도 없어 뗏목이라고 부르기에도 부실했다. 그래도 가로 7m, 세로 20m의 이 뗏목에는 남자 146명, 해군 병사의 아내였던 여자 1명 등 총 147명이 그야말로 한 치의 틈도 없이 빽빽하게 올라탔다.

이 모든 상황을 목격하고 17명의 남자는 차라리 메두사호에 남아 구조를 기다리기로 했다. 원래 이 뗏목은 4척의 구명보트들이 앞에서 끌어가기로 했다. 하지만 몇 km도 가지 않아 구명보트들은 제멋대로인 뗏목의 무게에 밀려 몇 번이나 서로 부딪힐 뻔했다. 결국 생명의 위협을 느낀 구명보트의 인솔자들은 하는 수 없이 연결선을 끊고 뗏목을 험한 파도에 맡긴 채 버리고 사라졌다. 그들이 마실 것이라곤 와인 2통과 물 1통, 먹을 것이라곤 젖은 선원용 비스킷 자루 하나뿐이었다. 게다가 그들은 허리까지 바닷물에 잠겨 있어서 너울이 일면 그것을 온몸으로 그대로 받아 내야 했다.

특히 뗏목 가장자리에 있는 사람들은 언제 파도에 밀려 바다로 씻겨 나갈지 몰랐다. 그래서 첫날 밤에 벌써 12명이 죽었다. 또한 적지 않은 사람들이 허술하게 묶여 느슨해진 목재들 틈 사이에 끼이거나 혹은 서로 부딪히면서 부서진 목재에 긁혀 몸 여기저기에 깊은 상처를 입었다. 짠 바닷물이 그 상처에 닿을라치면 살을 에는 듯 아려왔다. 그래서 뗏목 곳곳에서 한탄과 신음이 들려왔다. 게다가 뙤약볕에 목이 말라도 실컷 물을 마실 수 없었다. 제빵사와 2명의 수련생이 끝내 고통을 이겨내지 못하고 바다에 뛰어들어 자살했다. 어떤 사람들은 밀려드는 너울을 피해 한꺼번에 뗏목 가운데로 밀려드는 사람들 밑에 깔려 죽기도 했다.

술에 취해 반란을 일으킨 병사들이 장교들에게 사살되기도 했다. 넷째 날이 되자 뗏목에는 67명의 사람만 남았다. 이후 식량과 식수가 더욱 빠듯해지자 살아남은 사람들은 생존에 방해가 되는 환자들을 바다에 던지고, 어떤 사람은 배고픔에 지친 나머지 죽은 동료의 시신을 먹기도 했다. 결국 13일 만에 아르고스호에 의해 구조된 뗏목에는 13명만 남아 있었다. 그나마 그중 5명은 며칠 되지 않아 숨을 거두고 말았다. 메두사호에 자진해서 남았던 17명의 사람도 3명만 살아남아 있었다.

뗏목의 생존자이자 메두사호의 외과의와 엔지니어였던 앙리 사비니와 알렉상드르 코레아르는 메두사호의 뗏목에서 벌어진 사건을 소재로 『메두사호의 조난』(1817)이라는 책을 썼다. 이 책은 1821년까지 5쇄를 찍었고, 영어, 독일어, 이탈리아어, 네덜란드어 등으로 번역 출간되었으며, 2016년에는 우리말로도 번역 출간되었다. 프랑스 화가 테오도르 제리코^{Théodore Géricault}의 그림 〈메두사의 뗏목〉(1819)은 바로 이 사건을 소재로 그린 것으로 현재 루브르 박물관에 전시되어 있다. 독일 표현주의 작가 게오르크 카이저^{Georg Kaiser}의 희곡 중에도 『메두사의 뗏목』(1940)이 있다. 프랑스 영화 감독 이라디 아지미^{Iradj Azimi}가 만든 영화 중에도 〈메두사의 뗏목〉(1994)이 있다.

46.

'거인의 어깨 위에 올라선 난쟁이'

"거인의 어깨 위에 올라선 난쟁이"라는 관용구가 있다. 라틴어로는 "Nanos gigantum humeris insidentes"다. 이 관용구는 당대에 대단한 업적을 낸 학자들이 과거 그 분야 선구자들을 거인으로, 그에 비해 자기 자신을 그들의 업적에 기대어 그 분야에서 약간의 성과를 낸 난쟁이로 겸손하게 비유한 것이다. 자신들은 과거 선구자들의 업적에서 영감을 받아 그 분야의 발전에 아주 조금 기여했을 뿐이라는 것이다. 다시 말해 그 선구자들의 어깨 위에 올라서서 보았기에 그들보다 조금 더 멀리 보았을 뿐이라는 것이다. 이 관용구는 줄여서 "거인의 어깨 위에 올라서서"로 쓰기도 한다.

이 관용구를 맨 처음 이야기한 것은 12세기 프랑스 철학자 베르나르 드 샤르트르Bernard de Chartres였다. 하지만 현재 그의 저서는 전해지지 않고 12세기 잉글랜드의 철학자 솔즈베리의 요한John of Salisbury은 『메탈로기콘Metalogicon(논리학 변론)』에서 이렇게 말했다.

> 베르나르 드 샤르트르는 우리를 거인들의 어깨 위에 올라선 난쟁이로 비교하곤 했다. 그는 우리가 더 날카로운 시력을 갖고 있고 더 높은 위치를 점하고 있기 때문이 아니라, 높이 들어 올려져서 선구자들의 거대한 어깨 위에 올라선 덕분에 그들보다 더 많이 그리고 더 멀리 볼 수 있는 것이라고 강조했다.

이 관용구는 13세기 초반에 만들어진 샤르트르 성당Chartres Cathedral의 남쪽 장미 창Rose Window에 그려 있는 성화로도 시각화되어 있다. 이 창에는 구약의 4명의 선지자인 이사야Isaiah, 예레미야Jeremiah, 에스겔Ezekiel, 다니엘Daniel이 거인의 모습으로 서 있고, 그들의 어깨 위에는 각각 그들보다도 훨씬 작은 모습으로 마치 난쟁이처럼 신약의 4대 복음서 저자인 마태Matthew, 누가Luke, 마가Mark, 요한John이 올라서 있다. 16세기 스페인 신학자 디에고 데 에스텔라Diego de Estella도 복음서 저자 중 하나인 누가에 대한 저서에서 이 관용구를 활용하여 이렇게 말했다. "거인의 어깨 위에 올라선 난쟁이는 거인 자신보다 더 많이 볼 수 있다."

17세기 영국 작가 로버트 버튼Robert Burton도 『우울의 해부The Anatomy of Melancholy』에서 에스텔라를 인용하며 이렇게 말했다.

> 비록 물리학과 철학 분야에서 지금까지 많은 거인이 있었다고 하

프랑스 사르트르 성당의 남쪽 장미창
Rose Window 아래의 5개의 란세트 창lancet
window(영어 'lancet'는 '창'이라는 뜻이다.
5개의 창 중 한가운데에는 어린 예수를
안고 있는 성모 마리아가 그려져 있다)

더라도 디에고 데 에스텔라의 '거인의 어깨 위에 올라선 난쟁이는 거인 자신보다 더 많이 볼 수 있다'라는 말처럼 나도 아마 그 분야에서 뭔가 보태고, 변화시키고, 나의 전임자들보다 약간 더 멀리 볼 수 있을 것이다.

영국의 물리학자, 천문학자, 수학자 아이작 뉴턴Isaac Newton도 1675년 2월 5일 그의 라이벌이었던 로버트 훅Robert Hooke에게 보낸 편지에서 이렇게 말했다.

제가 좀 더 멀리 보았다면, 그것은 거인들의 어깨 위에 올라선 덕분이었습니다.

이 관용구는 그 후 특히 아이작 뉴턴의 저서를 통해 유명세를 타게 되면서 사람들은 한때 그것을 마치 그가 맨 처음 한 말처럼 여겼다. 1997년 주조된 영국의 2파운드짜리 동전 옆에도 '거인의 어깨 위에 올라서서'의 영어 문장인 'STANDING ON THE SHOULDERS OF GIANTS'가 새겨져 있는데 뉴턴의 말로 소개되었다. 2000년에 발매된 영국의 유명한 록밴드 '오아시스Oasis'의 앨범 이름도 'Standing on the shoulders of giants'다. 그 밴드의 보컬 노엘 갤러거Noel Gallagher는 어느 날 펍에서 술을 마시다가 우연히 동전에서 그 문구를 발견하고 정말 마음에 든 나머지 새 앨범 제목으로 쓸 요량으로 술김에 담뱃갑에 적어 놓았다가 아침에 술에서 깨자마자 그것을 기억하고 나중에 그 제목으로 앨범을 발매했다는 후문이다.

스티브 호킹Stephen Hawking 박사도 이렇게 말했다.

모든 세대는 그 세대를 앞서간 사람들의 어깨 위에 서 있다. 나도 바로 케임브리지대학교에서 박사과정 학생으로 있을 때 아이작 뉴턴, 제임스 클러크 맥스웰James Clerk Maxwell, 알버트 아인슈타인 Albert Einstein 등의 작품에서 영감을 받았다.

호킹은 또한 그에게 영감을 준 물리학과 천문학 분야의 중요 작품들을 개관한 『거인의 어깨 위에서』라는 책을 쓰기도 했다. '구글 학술검색Google Scholar' 검색창 바로 밑에도 'Stand on the shoulders of giants'라는 문장이 쓰여 있다. 우리말로는 이렇게 번역되어 있다.

거인의 어깨에 올라서서 더 넓은 세상을 바라보라
— 아이작 뉴턴

그렇다면 이 관용구의 신화적인 모델은 없는 것일까? 이 관용구를 처음으로 사용한 12세기 프랑스 철학자 베르나르 드 샤르트르는 도대체 어디서 이 관용구를 만들어 낸 것일까? 그것은 바로 그리스 신화의 거인 사냥꾼 오리온Orion의 이야기에서다. 오리온은 바다의 신 포세이돈과 크레타의 왕 미노스^{Minos}의 딸인 에우리알레^{Euryale}와의 사이에서 태어났지만 주로 보이오티아^{Boiotia}에서 살았다. 그는 특히 엄청난 거인으로 천부적인 사냥꾼이었다. 그가 보이오티아의 산과 들을 사냥할 때면 늘 2마리 사냥개 시리우스^{Sirius}와 프로키온^{Prokyon}이 그의 뒤를 따랐다.

포세이돈의 아들이라서 그랬을까? 그는 아무리 거센 폭풍우가 불어 닥쳐도 바다를 마음대로 헤엄쳐 다닐 수 있었으며 바다 위를 걸어 다닐 수도 있었다. 오리온이 어느 날 숲속에서 사냥을 하다가 우연히 숲의 요정 플레이아데스^{Pleiades} 7자매를 보고 그만 마음을 빼앗기고 말았다. 그들은 오리온이 수작을 걸기 위해 다급하게 다가오자 놀라 달아났지만, 거인의 잰걸음을 당해 낼 재간이 없었다. 결국 힘에 부쳐 오리온의 손에 잡히려는 순간 그들은 신들에게 기도하여 비둘기로 변신한 뒤 하늘로 날아가 플레이아데스성단이라는 별자리가 되었다.

Elihu Vedder, 〈플레이아데스〉, 1885

‘플레이아데스’는 티탄신 아틀라스와 오케아노스의 딸 플레이오네Pleione 사이에서 태어났으며 ‘플레이오네의 딸들’이라는 뜻이다. 플레이아데스 7자매의 이름은 알키오네Alkyone, 아스테로페Asterope, 엘렉트라Elektra, 켈라이노Kelaino, 마이아Maia, 메로페Merope, 타이게테Taygete이다. 그들은 대부분 신들의 사랑을 받아 그리스 신화에서 이름만 들어도 알만한 쟁쟁한 자식들을 낳았다. 가령 마이아는 제우스와의 사이에서 전령신 헤르메스를, 엘렉트라는 제우스와의 사이에서 트로이의 시조 다르다노스Dardanos를, 타이게테는 제우스와의 사이에서 스파르타의 시조인 라케다이몬Lakedaimon을 낳았다.

하지만 플레이아데스 중 유일하게 메로페는 신이 아니라 코린토스의 왕이었던 시시포스Sisyphos와 결혼하여 글라우코스Glaukos라는 아들을 낳았다. 글라우코스는 나중에 벨레로폰Bellerophon이라는 걸출한 영웅의 아버지가 되지만, 메로페는 자매들 중 자신만 인간과 결혼했다는 사실이 부끄러워 항상 스카프로 얼굴을 가리고 다녔다. 메로페의 부끄러움은 별이 되어서도 가실 줄 몰랐다. 그래서 플레이아데스성단의 7개의 별들 중 메로페가 변신한 별의 밝기가 가장 약하다.

오리온은 그 일이 있은 지 얼마 지나지 않아 시데Side라는 아름다운 여인을 아내로 맞이했다. 그런데 시데는 자신의 미모를 너무 자만한 나머지 기회가 있을 때마다 결혼과 가정의 여신 헤라와 비교하곤 했다. 그러자 모욕을 느낀 여신은 그녀를 지하 세계에서 가장 깊은 곳인 타르타로스로 던져 버렸다. 아내를 잃고 실의에 빠져 있던 그에게 마침 키오스Chios의 왕이었던 오이노피온Oinopion이 섬에 우글거리는 야수들을 없애 달라고 부탁했다.

오이노피온은 술의 신 디오니소스와 크레타의 공주 아리아드네

Ariadne의 아들로서 키오스섬에 최초로 포도주 제조법을 도입한 것으로 유명하다. 오리온은 오이노피온의 왕궁에 머물면서 야수들을 처치하는 동안 우연히 왕의 딸 메로페를 보고 첫눈에 사랑에 빠졌다. 이 메로페는 플레이아데스 7자매 중 하나인 메로페와는 동명이인이다. 사랑의 열병으로 괴로워하던 오리온은 결국 메로페에게 구혼했지만 안타깝게도 뜻을 이루지 못했다. 오이노피온 왕이 그를 사윗감으로는 전혀 생각하지 않았던 것이다.

정념으로 불태우던 오리온은 어느 날 술에 취해 그만 메로페를 겁탈하고 말았다. 분노한 오이노피온은 오리온이 잠든 사이 그의 눈을 멀게 한 다음 키오스섬에서 추방했다. 졸지에 시력을 잃고 방황하던 오리온에게 얼마 후 반가운 신탁이 내려졌다. 세상의 동쪽 끝자락까지 가서 태양신 헬리오스가 오케아노스에서 숫아오르는 순간 그 빛을 쬐면 시력을 회복할 수 있다는 것. 오리온은 앞을 볼 수 없던 터라 손으로 더듬거리며 길을 나서 간신히 배를 얻어 타고 헤파이스토스의 대장간이 있는 렘노스Lemnos섬으로 갔다.

오리온은 신들의 장인인 헤파이스토스라면 눈먼 자신에게 세상의 동쪽 끝자락까지 갈 수 있는 도구를 만들어 줄 수 있을 것이라는 생각했던 것이다. 오리온의 딱한 사정을 전해 들은 헤파이스토스는 그에게 자신의 조수 케달리온Cedalion을 내주면서 더 쉬운 방법을 귀띔해 주었다. 케달리온을 어깨에 올려 길 안내자로 삼으라는 것이다. 오리온이 마침내 케달리온을 자신의 목마에 태워 목적지에 도착하여 신탁대로 아침에 떠오르는 태양신 헬리오스의 빛을 쬐자 신기하게도 금세 시력이 돌아왔다. '거인의 어깨 위에 올라선 난쟁이'라는 격언은 바로 거인 오리온의 어깨 위에 올라선 케달리온의 이야기에서 유래한 것이다.

우리나라에는 『거인의 어깨』, 『거인의 어깨 위에서』, 『거인의 어깨 위에 앉은 고양이』, 『거인의 어깨를 빌려라』, 『거인의 어깨 위에 올라서서』, 『거인의 어깨 위에서 투자하라』 등의 책이 있고, '거인의 어깨'라는 입시컨설팅 회사도 있으며, TV 조선은 2024년 7월 21일부터 매주 일요일 '거인의 어깨'라는 "거인 자문단이 인생 고민에 대한 조언과 해답을 함께 고민하고 찾아주는 강연 쇼"를 방영하고 있다.

Nicolas Poussin, 〈떠오르는 태양을 찾아가는 눈먼 오리온〉, 1658

47.

'오리온' 초코파이와 '오리온' 맥주

거인 사냥꾼 오리온은 대장장이의 신 헤파이스토스의 조수 케달리온의 도움으로 시력을 되찾자마자 무엇보다도 자신의 눈을 멀게 한 키오스섬의 왕 오이노피온Oniopion에 대한 복수심으로 불타올랐다. 그래서 예전 체력을 회복하자마자 바다에 몸을 던져 헤엄을 쳐서 키오스섬으로 건너갔지만, 오이노피온은 이미 종적을 감춘 뒤였다. 헤파이스토스가 오이노피온의 아버지이자 포도주의 신 디오니소스의 부탁을 받고 지하에 청동 가옥을 만들어 그를 꼭꼭 숨겨 놓았기 때문이다. 이것을 알 턱이 없던 오리온은 오이노피온이 외갓집으로 피신했을 것으로 지레짐작하고 이번에는 크레타로 건너가 섬을 이 잡듯이 뒤졌지만 그를 찾을 리 만무했다.

　오리온은 씁쓸하고 허탈한 마음을 달랠 생각으로 크레타의 어느 숲속으로 들어가 짐승들을 사냥하기 시작했다. 그런데 우연히 같은 숲속에서 요정들과 함께 사냥을 즐기던 달과 사냥의 여신 아르테미스가 사냥에 열정적인 오리온의 모습에 호감을 느끼고, 그에게 다가가 신분을 밝힌 다음 그를 친구로 삼았다. 그렇다고 아르테미스가 오리온의 모습에 반해 사랑에 빠진 것은 아니었다. 아르테미스는 독신자의 수호신이자 처녀 신으로 늘 남신이나 인간 남자를 멀리했기 때문이다.

　오리온과 아르테미스는 다만 사냥이라는 취미가 같은 편한 남사친이나 여사친으로서 숲속에서 함께 사냥하며 우정을 나누었을 뿐이다. 하지만 태양의 신 아폴론은 누나 아르테미스가 오리온과 아주 친하게 지내는 것을 보고 항상 강한 질투심을 느꼈다. 그러던 어느 날 그는 오리온이 저 멀리 수평선에서 수면 위로 목을 내밀고 바다를 헤엄쳐 오는 것을 발견했다. 오리온의 머리는 너무 멀리 떨어져 있는지라 조그만 점으로밖에 보이지 않았다. 아폴론은 뭔가 좋은 생각이 떠올랐다는 듯 회심의 미소를 지으면서 그것을 가리키며 마침 곁에 있던 누나의 자존심을 건드리는 말을 던졌다.

　누나가 사냥의 여신으로서 아무리 화살을 잘 쏜다고 해도 저 검은 점은 맞출 수 없을 거라고 말이다. 그러자 자존심이 상한 아르테미스가 아

Johann Heinrich Tischbein the Elder 공방,
〈다이애나와 오리온〉
1762년 이후

슴아슴하게 보이는 검은 점이 무엇인지 제대로 확인도 하지 않은 채 곧장 화살을 날려 그것을 꿰뚫었다. 얼마 지나지 않아 아르테미스는 자신의 과녁이 오리온의 머리였음을 확인하고 깊이 애도하며 그를 하늘의 별자리로 박아 주었다. 그래서 오리온 별자리에서 다른 별들은 모두 선명하게 보이지만 오리온의 머리 부분에 해당하는 별들인 메이사Meissa는 그에 비해 밝게 빛나지 않는다.

오리온의 죽음에 대해서는 이와는 다른 설이 또 있다. 어느 날 여사친 아르테미스와 함께 사냥하던 오리온이 장차 이 세상의 짐승들을 모두 잡아 버리겠다고 말하자 여신이 그것을 막으려고 거대한 전갈을 보내 그를 살해했다는 것이다. 물론 아르테미스는 금세 자신의 잘못을 뉘우치고 제우스에게 간청하여 친구 오리온과 전갈을 하늘의 별자리로 만들어 주었다고 한다. 혹자는 전갈을 보내 오리온을 죽인 것은 아르테미스가 아니라 이 세상에서 짐승들이 모두 사라지는 것을 안타까워한 대지의 여신 가이아였다고 말한다.

오리온자리는 주로 겨울철에 잘 보이는 별자리다. 이에 비해 전갈자리는 여름철 별자리다. 오리온과 전갈은 별이 되어서도 서로 적대감을 보이며 만나지 않는 것이다. 또한 오리온자리의 앞에는 황소자리가 있어 마치 오리온이 황소를 사냥하는 것처럼 보인다. 또한 이 황소자리 안에 플레이아데스성단이 들어 있어서 마치 오리온이 황소뿐 아니라 여전히 플레이아데스 7자매를 추격하고 있는 것처럼 보인다. 오리온이 사냥할 때 항상 데리고 다녔던 2마리 사냥개 시리우스Sirius와 프로키온Prokyon도 큰개자리와 작은개자리의 대표별이 되어 주인을 뒤따르고 있다.

특히 이 황소자리의 주인공에 대해서는 3가지 설이 있다. 첫째, 녀

Sidney Hall, 〈오리온자리〉, 1825

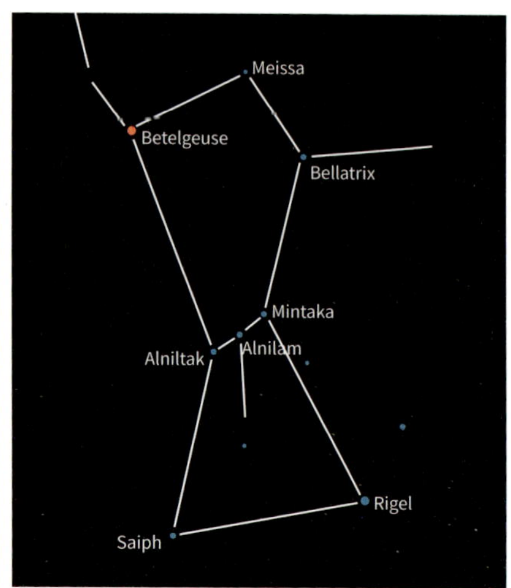

오리온 별자리

석이 신들의 왕 제우스가 페니키아의 공주 에우로페를 크레타로 납치할 때 변신했던 황소라는 설이다. 둘째, 녀석이 사실은 황소가 아니라 제우스가 연인 이오[10]와 놀고 있을 때 아내 헤라가 그 현장을 급습하자 그녀를 보호하기 위해 황급히 변신시킨 암소라는 설이다. 셋째, 녀석이 크레타의 왕 미노스가 두 형제와 왕위 자리를 놓고 경합을 벌일 때 그들을 제압하기 위해 자신의 수호신이자 바다의 신 포세이돈에게 간청하여 선물로 받은 황소라는 설이다.

고대 그리스에서 오리온자리가 뜨고 지는 것은 농업이나 어업에서 중요한 기준이 되었다. 그래서 헤시오도스는 『신통기』에서 이렇게 적고 있다.

거인 오리온 별이 나타나자마자 너의 하인들에게 데메테르의 성
스러운 곡식을 바람이 잘 불고 둥글게 바닥이 다져진 곳에서 타작

하라고 시켜라. 곡식을 저울로 정확하게 달아 통에 담도록 해라. ⋯ 이제 오리온과 시리우스가 하늘 한가운데 있으면 ⋯ 포도를 모두 수확해서 집으로 가져와서 10일 낮과 밤을 햇볕에 펴서 말려라.

이어 플레이아데스, 히아데스 그리고 거인 오리온이 지면 제때 쟁기를 갈고 파종할 것을 생각하라. 정열적인 바다 여행을 하고 싶은 욕망이 너를 충동질하면, 즉 플레이아데스가 거인 오리온 앞에서 사라져서 검은 바닷속으로 지면, 장차 온갖 바람이 격렬하게 불어올 테니, 검은 바다 위에 배를 띄우지 말고, 내가 너에게 시키는 대로 정성스럽게 밭을 갈아라. 배는 육지로 잡아당겨 그 주변에 눅눅한 바람이 불어 닥쳐도 끄떡하지 않을 돌들을 쌓아 단단히 고정해라.

바로 위 단락에서 헤시오도스가 플레이아데스와 함께 거명한 '히아데스Hyades'는 아틀라스와 오케아노스의 딸 아이트라Aithra 사이에서 태어난 딸들을 총칭하는 이름으로 플레이아데스와는 어머니가 다른 자매 사이다. 그들은 하나뿐인 남자 형제 히아스Hyas를 무척 아끼고 사랑했다. 그들의 이름도 바로 히아스의 이름에서 유래한 것으로 '히아스의 누이들'이라는 뜻이다. 그런데 그가 사냥하다가 사고로 목숨을 잃자, 슬픔에 겨운 누이들은 먹고 마시는 것도 잊은 채 매일 애처롭게 오열하기만 했다.

신들은 그런 히아데스의 모습이 너무 안타까운 나머지 그들을 모두 하늘로 불러들여 황소자리 머리 부분에 히아데스성단이라는 별자리로 만들어 주었다. 신들은 히아데스가 플레이아데스와 아버지가 같은 자매 사이임을 고려하여 플레이아데스성단과 같은 황소자리에 배치한 것이다. 히아데스의 수는 셋과 일곱 사이에서 들쑥날쑥하지만, 일곱일 때 주로 거명되는 이름은 암브로시아, 에우도라^{Eudora}, 페딜레^{Pedile}, 코로니스^{Coronis}, 폴릭소^{Polyxo}, 피토^{Phyto}, 티오네^{Thyone} 등이다.

오리온은 로마 시대로 접어들자 그 외연을 넓혀 시칠리아의 메시나^{Messina}시의 건설사에 등장한다. 메시나의 원래 이름은 그 도시의 시조였던 장클루스^{Zanclus}의 이름에서 따온 장클레^{Zancle}였다. 시칠리아의 디오도로스 시켈리오테스^{Diodoros Sikeliotes}에 따르면 오리온은 바로 이 장클루스를 도와 메시나 항구를 건설하고, 푼타 델 파로^{Punta del Faro}곶을 조성했으며, 그 끝자락에 자신의 아버지인 포세이돈의 신전을 지었다. 그 후 그리스의 에우보이아^{Euboia}로 건너가 정착했다가 죽은 후에는 업적을 인정받아 하늘의 별자리가 되어 불멸의 이름을 남겼다.

디오도로스 시켈리오테스의 말대로라면 오리온은 장클루스가 메시나를 건설할 때 도와준 조력자에 불과하다. 하지만 메시나 시민들은 오리온을 한때 장클레로 불렀던 메시나의 시조로 여겼다. 그래서 메시나에는 16세기에 오리온을 기리기 위해 만들어진 소위 '오리온 분수'가 있다. 이 분수의 12각형 저수조 한가운데는 우리나라 사찰의 탑과 비견될 수 있는 총 4층의 조각품이 조성되어 있다. 맨 꼭대기 4층에는 도시의 건설자답게 오리온이 투구와 갑옷을 쓰고 뒤에 사냥개 시리우스를 대동한 채 돌이나 흙을 쥔 오른손을 들고 마치 금방이라도 필요한 곳에 던져 넣을 자세로 서 있다. 그 아래 기단은 입을 벌린 채 물을 뿜어대는 돌고래를 탄 어린아이(푸토 ^{Putto}) 4명이 떠받치고 있다.

또한 돌고래 아래 기단은 물의 요정인 나이아데스^{Naiades} 4명이 머리로 떠받치고 있으며, 그 아래 기단은 다시 포세이돈의 아들이자 남자

인어인 트리톤^{Triton} 4명이 머리로 떠받치고 있다. 또한 트리톤이 서 있는 12각형 저수조의 주위를 둘러싸고 있는 기단 위에는 턱에 수염이 덥수룩한 노인 4명이 옆으로 비스듬히 누운 채 상반신을 약간 들고 있다. 그들은 각각 이집트의 나일^{Nile}강, 이탈리아의 테베레^{Tevere}강, 스페인의 에브로^{Ebro}강, 그리고 메시나시와 이 분수의 수원지인 카마로^{Camaro}강을 의인화한 인물들이다.

오리온은 전 세계적으로 가장 사랑받고 있는 그리스 신화 네이밍 중 하나라고 해도 과언이 아니다. 스위스의 유명한 천문학 잡지 이름도 '오리온'이다. 현재 미국 항공우주국이 개발 중인 차세대 유인 우주선도 '오리온^{Orion Multi-Purpose Crew Vehicle}'이다. 지금은 운항을 종료했지만, 한때 스페인의 전세 항공사와 룩셈부르크의 항공사 이름도 우연히 똑같이 '오리온에어^{Orionair}'였고, 공상 과학 영화 〈스타게이트〉에 등장하는 우주선 이름도 '오리온'이다. 미국의 해상 초계기 이름도 '오리온P-3 Orion'

Giovanni Angelo Montorsoli, 〈시칠리아 메시나의 '오리온 분수'〉, 1547~1553

이며, 미국 해군에서는 수십 년에 걸쳐 군함 이름에 오리온을 반복해서 사용하고 있다. 미국뿐 아니라 프랑스, 독일, 스웨덴 해군에도 '오리온'이라는 이름을 지닌 군함이 있다.

심지어 오리온을 지명으로 사용하는 곳도 있다. 미국의 일리노이, 캘리포니아, 미시간, 미네소타, 앨라배마주, 또한 필리핀, 캐나다, 프랑스, 호주 등에도 '오리온'이라는 도시나 마을이 있다. 포드 자동차의 차종에도 한때 '오리온'이라 승용차가 있었으며, 일본에는 1958년에 설립된 '오리온 전기'가, 헝가리에는 1913년에 설립된 '오리온 전자'가 있다. 독일산 포도 품종에도 '오리온'이 있으며, 미국의 유명 영화사와 영국의 출판사에도 '오리온'이 있다. 스웨덴에서 가장 큰 극장 이름도 '오리온 극장Orion Theatre'이다.

일본의 유명한 만화가 마사무네 시로Masamune Shirow의 작품에도 '오리온'이 있으며, 미국의 환경잡지에도 '오리온'이 있다. 일본의 유명한 음악가 타케미츠 토오루Takemitsu Toru의 협주곡 〈오리온과 플레이아데스〉처럼 오리온은 노래, 앨범, 가수의 별명 등으로도 빈번하게 사용되고 있다. 일본에는 '오리온' 제과 회사와 '오리온' 맥주가 있는데, 우리나라에도 초코파이로 유명한 '오리온' 제과 회사가 있다. 특히 '오리온' 제과 회사의 로고에는 7개의 별들이 그려져 있는데, 그 별들은 혹시 오리온이 사랑했던 플레이아데스 7자매를 형상화한 것은 아닐까? 아니면 오리온 별자리 중에서 머리 부분에 해당하는 메이사를 제외한 가장 밝게 빛나는 7개의 별을 형상화한 것은 아닐까?

48.

‘모이라이’ 옷 가게와 ‘모이라이카페’

‘모이라Moira’는 그리스 신화의 운명의 여신으로 그리스어로 ‘몫, 배당’이라는 뜻이다. 단수형이며 복수형은 ‘모이라이Moirai’다. 고대 그리스인들은 운명의 여신이 인간에게 부여한 운명은 불가항력적이고 불가역적인 것으로 생각했다. 그것을 거스르는 것은 마치 다른 사람의 몫이나 배당에 손을 대는 격이 되어 세상의 질서를 어지럽히는 행위로 간주했다. 오이디푸스가 아버지를 죽이고 어머니와 결혼한다는 신탁을 받고 그 운명에서 벗어나려고 아무리 용을 써도 그럴 수 없었던 것은 바로 그 때문이었다.

호메로스의 『일리아스』에 따르면 ‘모이라’는 인간에게 행운도 미리 정해 주었지만 주로 불행을, 특히 언제 죽을지를 미리 정해 주었다. 가령 트로이 전쟁에서 리카온^{Lykaon}이 아킬레우스와 첫 번째가 아니라 두 번째 맞닥뜨려 죽는 것은 모이라가 그렇게 미리 정해 놓은 탓이었으며, 헥토르^{Hektor}가 트로이 성안으로 도망쳐 숨지 않고 성벽 앞에서 홀로 아킬레우스를 기다린 끝에 그와 일대일 대결을 벌이다 죽는 것도, 암피오스^{Amphios}와 틀레폴레모스^{Tlepolemos}가 각각 아이아스와 사르페돈^{Sarpedon}과 맞닥뜨려 죽는 것도 모이라가 그렇게 미리 정해 놓은 탓이었다.

고대 그리스인들은 인간이 태어나면 모이라가 그에게 미래의 운명을 실로 자아 주는 것으로 생각했다. 트로이 전쟁에서 아킬레우스는 헥토르를 일대일 대결에서 쓰러뜨린 후 그의 시신을 마차 뒤에 묶어 끌고 가서는 개들의 먹이로 던져 주었다. 이에 헥토르의 아버지 프리아모스^{Priamos}는 은밀하게 아킬레우스를 찾아가 몸값을 지불하고 아들의 시신을 찾아오려 했다. 그 말을 듣고 아내 헤카베^{Hekabe}가 남편마저도 아킬레우스의 손에 잃을까 봐 펄쩍 뛰며 말했다.

당신 심장은 정말 무쇠로 만들어진 모양이구려. 그자는 야만적이고 동정심이라고는 눈곱만큼도 없는 자라서 만약 당신이 눈에 띄기만 하면 당장 당신을 붙잡아서 요절을 내고 말 거예요. 그러니 절대 그자를 찾아갈 생각은 마시고 여기 트로이 성안 홀에서 그 아이를 애도하도록 하세요. 내가 그 아이를 낳던 순간 강력한 모이라가 이미 그 아이에게 그런 운명의 실을 자아 주었으니까요. 부모에게서 멀리 떨어진 채 저기 저 잔혹한 그자의 막사에서 개들의 먹이가 되도록요.

'모이라'는 호메로스의 『일리아스』에서는 단수 형태로만 사용되며 정확한 출신이나 숫자는 알 수 없다. 호메로스가 『오디세이아』에서 딱 한 번 '모이라'가 아닌 운명의 '실을 잣는 여신들Kataklothes'을 언급하는 것을 보아, 그것을 알고서도 굳이 밝힐 필요를 느끼지 못했을 수도 있고, 그가 활동하던 당시에는 그것들이 아직 정리되지 않았을 수도 있다. 우리에게 모이라의 출신, 숫자와 더불어 역할까지 정확하게 알려 주고 있는 것은 호메로스보다 한 세대 후에 활동했던 헤시오도스의 『신통기』다. 그것에 따르면 모이라는 밤의 여신 닉스가 혼자 낳은 딸이거나, 혹은 제우스와 법의 여신 테미스의 딸로 3자매를 총칭하는 이름이다.

또한 3자매 이름은 각각 클로토Klotho, 라케시스Lachesis, 아트로포스Atropos인데, 클로토는 운명의 '실을 잣는 자', 라케시스는 그 실을 '나누어 주는 자', 아트로포스는 생명의 실을 끊는 '불가피한 자'라는 뜻이다. 아울러 클로토의 상징물은 물레로 실을 자을 때 실을 감는 가락, 라케시스의 상징물은 실의 길이를 재는 자나 혹은 줄, 아트로포스의 상징물은

Bernardo Strozzi, 〈운명의 3여신〉, 1581~1644

Sodoma, 〈운명의 3여신〉, 1525년경

실을 끊는 가위였다. 모이라이는 로마에서는 파르카이^{Parchae}로 불렸고, 여신들 이름도 각각 노나^{Nona}, 데키마^{Decima}, 모르타^{Morta}로 달라졌다. '모이라이'는 영어로는 '운명'이라는 뜻의 '페이츠^{Fates}'로 쓴다.

하지만 플라톤의 『국가』에 따르면 모이라는 아낭케^{Ananke}의 딸이다. 아낭케도 모이라처럼 운명의 여신이다. 그런데 모이라가 개인적인 운명을 관장했다면 아낭케는 초개인적인 운명을 관장했다. 아낭케가 내린 운명은 신들도 따라야 해야 할 정도로 막강했다. 물론 모이라가 인간에게 내린 죽음의 결정도 신들은 변경할 수 없었다. 그래서 제우스는 트로이 전쟁에서 가장 사랑하는 아들 사르페돈이 죽는 걸 뻔히 보면서도 어쩔 도리가 없었다. 제우스가 '운명의 리더'라는 뜻의 '모이라게테스^{Moiragetes}'라는 별명을 갖게 된 것은 바로 그 때문이다.

보통 인간은 자신의 운명을 모른 채 태어난다. 하지만 칼리돈의 왕자 멜레아그로스^{Meleagros}는 태어난 지 일주일 만에 운명의 여신 모이라이 3자매가 갑자기 그의 어머니 알타이아^{Althaia}의 침실에 나타나 그의 미래를 알려 주었다. 먼저 운명의 실을 잣는 클로토^{Klotho}가 말했다. "이 아이는 아주 영리할 것이다!" 이어 운명의 실을 나누어주는 라케시스^{Lachesis}가 말했다. "이 아이는 아주 용감할 것이다!"

마지막으로 가위를 들고 운명의 실을 끊는 아트로포스^{Atropos}가 화로에서 활활 타오르고 있는 장작 하나를 가리키며 말했다. "이 아이는 저 장작이 다 탈 때까지만 살 것이다!" 알타이아는 이 말을 듣고 화들짝 놀라 침대에서 벌떡 일어나 얼른 운명의 여신 아트로포스가 가리킨 장작을 꺼내 불을 끈 다음 항아리에 소중하게 보관해 두었다. 멜레아그로스는 어머니가 그 장작을 잘 보관한 덕분에 별 탈 없이 천하무적의 용감한 전사로 성장했다.

그러던 어느 날 멜레아그로스의 아버지이자 칼리돈의 왕 오이네우스Oineus가 가을걷이가 끝난 뒤 올림포스 12주신에게 제물을 바치면서 실수로 아르테미스를 빠뜨렸다. 여신은 태양신 헬리오스로부터 오이네우스가 자신에게만 제물을 바치지 않았다는 사실을 전해 듣고 분노했다. 여신은 앙심을 품고 칼리돈 왕국에 엄청나게 크고 난폭한 멧돼지 한 마리를 보냈다.

멧돼지 녀석은 웬만한 황소 크기의 몸집에 온통 하얀색의 강모는 꼬챙이처럼 딱딱했으며 코끼리처럼 강한 이빨을 갖고 있었다. 가축들과 백성들도 죽였을 뿐 아니라 들판을 휘젓고 다니며 곡식을 온통 못 쓰게 만들었다. 멧돼지의 횡포 때문에 백성들의 원성이 들끓자 오이네우스는 그리스 전역에 전령을 보내 아들 멜레아그로스와 함께 멧돼지를 사냥할 영웅들을 불러 모았다. 그는 멧돼지를 죽이는 사람에게 그 가죽과 어금니를 주겠다고 약속했다.

그러자 멧돼지를 사냥하기 위해 그리스 전역에서 영웅들이 대거 칼리돈Kalydon으로 몰려왔다. 그중에는 멜레아그로스의 외삼촌 플렉시포스Plexippos와 에우리필로스Eurypylos도 끼어 있었다. 이윽고 멧돼지 사냥이 성공적으로 끝나고 전리품을 배분하는 과정에서 멜레아그로스는 그만 홧김에 삼촌들을 죽이고 말았다. 알타이아는 오라비들이 아들 손에 죽었다는 비보를 전해 듣고 분노한 나머지 제정신을 잃고, 아들이 갓난아기였을 때 운명의 여신들의 말을 듣고 항아리에 숨겨 두었던 장작을 기억해 냈다.

그녀는 복수심에 불타 당장 그 장작을 꺼내 와 불 속에 던져버렸다. 장작이 활활 타오르며 잿더미로 변해 버리자 바로 그 시각 사냥터에서 돌아오던 멜레아그로스는 갑자기 피를 토하며 최후를 맞았다. 알

타이아는 아들이 죽고 나자 비로소 제정신이 들어 죄책감에 시달리다
결국 스스로 목을 매 목숨을 끊고 말았다. 그러자 멜레아그로스의 아내
클레오파트라Kleopatra도 남편의 죽음을 슬퍼하다가 시어머니의 뒤를 이
어 목을 매 자살했다.

　서울 서대문구, 광진구, 용산구, 서초구, 대구 달성군 등에는 '모이
라이' 옷 가게가, 서울 중구와 부산 해운대구에는 '모이라이'의 단수형
인 '모이라' 옷 가게가 있다. 부산 해운대구에는 '모이라이역술원'과 '모
이라이철학원'도 있다. 모이라가 운명의 실을 짰기 때문에 고개가 절로
끄덕여지는 아이디어다. SK텔레콤의 무선 네트워크 설계 시스템 이름
인 '모이라MOIRA'도 마찬가지다. 이것은 물론 절묘하게도 그 시스템의 영
어 이름 이니셜이다. 하지만 그리스 신화에서의 모이라의 역할을 모르

고서는 나올 수 없는 이름이다. 부산 동구에는 2014년에 창단된 극단 '모이라', 혹은 '문화판 모이라'가 있다.

용인 기흥구에는 '모이라' 원예농원이, 광주 광산구에는 '모이라' 네일 숍이, 순천 서면에는 '모이라' 체험장이, 진주 평거동에는 '모이라' 요리주점이 있다. '모이라네일', '모이라찜닭', '모이라노래연습장', '모이라에스테틱', '모이라카페', '커피모이라', '카페모이라', '모이라이카페', '모이라이키친', '모이라이파티', '모이라이헤어' 등도 있다. 그중 '모이라'를 가게 이름에 넣은 이유는 그리스 신화의 운명의 여신과 전혀 관련이 없고 순전히 그것이 지닌 우리말 의미 때문일 수도 있다. 하지만 '모이라이'는 그리스 신화를 모르고서는 택할 수 없는 이름이다. 그래서 경기도 평택시의 '모이라이카페'는 '모이라이'를 정확하게 "그리스 신화에서 운명을 정하는 3명의 자매"라고 소개하고 있다.

아디다스 축구화 사일로 '네메시스'

Pierre-Paul Prud'hon, 〈살인자를 추격하고 있는 정의의 여신 디케와 복수의 여신 네메시스〉, 1808

세계 최초로 철로 만들어진 전함은 그리스 신화의 복수의 여신의 이름을 딴 영국의 '네메시스Nemesis'다. 이 전함은 당시 영국의 동인도 회사의 비밀 위원회의 발주로 제작된 다음 제1차 아편전쟁에 투입되어 엄청난 전과를 올렸다. 그래서 당시 중국인들은 이 전함을 '악마의 배'로 칭했다. 1904년 7월 선원 32명과 함께 감쪽같이 사라졌던 호주의 수송선 이름도 '네메시스'였다. 이 배는 2022년 다른 침몰 화물을 찾던 해저 수색 업체에 의해 호주 시드니 해안 수심 160m에서 우연히 발견되었다가 정밀 감정을 거쳐 올해 2024년 2월 '네메시스'라는 사실이 최종 확인되었다.

영국의 놀이공원 알탄 타워스Alton Towers와 소프 파크Thorpe Park에 있는 롤러코스터 이름은 각각 '네메시스 리본Nemesis Reborn'과 '네메시스 인페르노Nemesis Inferno'다. 둘 다 스위스의 볼리거 앤 마빌러드Bolliger&Mabillard사 제품인데 굳이 우리말로 번역하자면 '다시 태어난 네메시스'와 '지옥의 네메시스'다. 전함이나 롤러코스터에 복수의 여신의 이름이 붙어 있는 것은 충분히 이해가 간다. 하지만 우리나라 4인조 록 밴드에 그 이름이 붙어 있는 이유는 무엇일까? 이 록 밴드 이름은 알파벳으로는 'Nemesis'지만, 우리말로는 영어 발음인 '네미시스'로 표기했다.

네메시스의 출신에 대해서는 이설이 분분하다. 헤시오도스의 『신통기』에 따르면 그녀는 밤의 여신 닉스가 혼자 낳은 자식들 중 하나다. 하지만 히기누스Gaius Julius Hyginus의 『이야기Fabulae』에 따르면 그녀는 지하세계의 암흑의 신 에레보스와 밤의 여신 닉스의 딸이다. 지금은 소실되고 없는 스타시노스Stasinos의 『키프리아Kypria』에 따르면 그녀는 어머니는 알 수 없는 제우스의 딸이다. 그런데 제우스가 어느 날 네메시스에게 사랑에 빠져 갑자기 달려들었다. 그녀는 제우스의 추적을 따돌리려고 바다를 건너면서 물고기로 변신했다가 세상의 끝자락에 도착해서는 오리와 거위로 변신했다. 하지만 네메시스는 결국 백조로 변신한 제우스에게 사로잡혀 겁탈당하고 말았다.

히기누스의 『천문학에 관하여^{De astronomia}』에 따르면 제우스는 네메시스에게 아무리 구애를 해도 전혀 효과가 없자 아프로디테에게 독수리로 변신한 채 네메시스 눈앞에서 백조로 변신한 자신을 낚아채 가는 시늉을 하도록 했다. 그러자 과연 백조를 불쌍하게 여긴 네메시스가 녀석을 자신의 품 안에 숨겨 주었고, 제우스는 이후에 그녀가 깊은 잠에 빠지자 욕망을 채울 수 있었다. 얼마 후 네메시스가 알을 하나 낳자 제우스는 그것을 스파르타의 왕비 레다^{Leda}에게 맡겼다. 이어 그 알이 부화하여 헬레네가 태어나자 레다는 그녀를 친딸처럼 키웠다. 이 설에 따르면 알을 낳은 것은 우리가 일반적으로 알고 있는 것처럼 레다가 아니고, 또한 헬레네가 나중에 트로이 전쟁의 불씨가 된 것은 그녀가 바로 불화의 여신 네메시스의 딸이

Alfred Rethel, 〈네메시스〉, 1837

었기 때문이다.

그리스 신화에는 네메시스 외에도 에리니에스Erinyes라는 복수의 여신들도 있다. 에리니에스는 태초에 크로노스가 아버지 우라노스를 거세했을 때 잘린 남근에서 떨어진 피가 땅에 스며들어 생긴 복수의 여신 3자매 알렉토Alekto, 메가이라Megaira, 티시포네Tisiphone를 총칭하는 이름이다. 그들은 결국 우라노스와 대지의 여신 가이아의 자식인 셈인데 단수형은 에리니스Erinys다. 우라노스의 피는 땅에 떨어지면서 크로노스에게 복수의 칼을 갈았을 게 분명할 테니 복수의 여신들로 변신했으리라. 그렇다면 그들은 어떤 점이 다를까? 네메시스가 혈연관계가 없는 사람들의 복수를 담당했다면, 에리니에스는 오레스테스Orestes와 같은 모친 살해범 등 혈연관계가 있는 친족간의 복수를 담당했다.

2002년에 개봉한 미국 SF 영화 〈스타 트렉Star Trek〉 시리즈 중에도 '네메시스'가 있다. 노벨상의 아버지 스웨덴 과학자 알프레드 베른하르드 노벨Alfred Bernhard Nobel이 쓴 4막짜리 비극 제목도 『네메시스』다. 이 작품의 주인공은 16세기 말 로마에서 가족들을 상습적으로 학대하던 아버지를 살해한 귀족 여성 베아트리체 첸치Beatrice Cenci다. 이 책은 노벨이 죽기 바로 직전에 인쇄되었지만, 그가 죽자 내용이 너무 불미스럽고 신성모독적이라는 이유로 3부만 제외하고 전량 폐기되었다가, 2004년에야 비로소 출간된 후 슬로베니아어, 프랑스어, 이탈리아어, 스페인어 등으로 번역되었다. 우리나라 문학동네 출판사에서 번역 출간된 미국 작가 필립 로스Philip Roth의 장편 소설 제목도 『네메시스』다.

아디다스 축구화의 사일로Silo 4개 중 하나가 바로 한때 세계 최고의 축구선수 리오넬 메시가 애용해서 유명해진 '네메시스'다. 우연인지, 의도적이었는지 몰라도 '네메시스'에 '메시'의 이름이 들어 있는 것이 이

William-Adolphe Bouguereau, 〈에리니에스의 추격을 받는 오레스테스〉, 1862
(그림 가운데 양손바닥으로 귀를 막고 있는 인물은 오레스테스, 맨 왼쪽 가슴에 단검이 꽂힌 채
에리니에스에게 안겨 있는 인물은 그의 손에 죽은 클리타임네스트라다)

채롭다. 사일로는 축구화를 특성에 따라 분류한 일종의 종류인데, 아디다스의 나머지 사일로는 엑스ˣ, 프레데터Predator, 코파Copa다. 민첩성에 중점을 두고 만들어진 '네메시스'는 현재 단종된 상태다. 나이키 축구화의 사일로도 티엠포Tiempo, 머큐리얼Mercurial, 팬텀 비전Phantom Vsn, 팬텀 베놈Phanton Venom 등 4개였다가 2개의 팬텀이 팬텀 지티Phanton GT로 통합되면서 현재는 3개다. 그중 스피드에 중점을 두고 만들어진 '머큐리얼'은 그리스 신화의 전령신 헤르메스의 영어식 이름인 머큐리Mercury의 형용사로 '잽싼'이라는 뜻이다.

50.

'카이로스' 광장과 '카이로스' 카페

그리스 신화에는 시간과 관련된 신이 2명 있다. 하나는 물리적인 시간을 관장하는 '크로노스Chronos'이고, 다른 하나는 어떤 일을 하는데 가장 적절한 시점을 관장하는 기회의 신 '카이로스Kairos'(라틴어 Occasio)다. 특히 기독교에서 말하는 카이로스는 '하느님이 인간에게 어떤 과업을 완수하라고 주는 특별한 기회', 혹은 '믿음과 불신 사이에서의 결단', 혹은 '죄를 회개할 수 있는 절호의 시간'을 의미한다. 또한 철학에서 말하는 카이로스는 인간이 살아가면서 대면할 수 있는 '결정적인 순간 자체'를 말한다.

카이로스는 시간의 신 크로노스처럼 그리스 신화에서 큰 역할을 하지 않는다. 가문과 출생도 불분명하다. 키오스섬 출신의 이온Ion은 카이로스를 제우스의 막내아들이라고 언급하면서도 그것에 대한 정확한 근거를 대지는 못한다. 카이로스에 대한 이야기도 전혀 없다. 헬레니즘 시기에야 비로소 그의 모습이 등장하는 것을 보면 그때부터 그리스 문화권에 카이로스에 대한 신앙이 생기기 시작한 듯하다. 2세기경의 여행 작가 파우사니아스에 의하면 올림피아에만 유일하게 카이로스 신의 제단이 하나 있었다고 한다.

카이로스의 모습을 맨 처음 청동 부조로 새긴 사람은 올림피아 출신으로 알렉산더 대왕의 궁정 조각가였던 리시포스Lysippos였다. 현재 그의 작품은 로마시대의 복제품으로 일부만 남아 있다. 그 부조에서 확인할 수 있는 카이로스는 맨몸으로 달리고 있는 젊은이의 모습인데, 긴 머리카락이 온통 얼굴 앞쪽으로 늘어져 있고, 뒷머리는 가마가 있는 데부터 반질반질한 대머리다. 또한 어깻죽지와 발꿈치에는 날개가 달려 있으며, 왼손으로는 천칭을 들고 오른손 집게손가락으로는 한쪽으로 약간 기울어진 접시를 가리키고 있다.

B.C. 3세기경의 마케도니아 펠라 출신의 포세이디포스Poseidippos는 카이로스와 여행객과의 대담을 아포리즘 형식으로 남겼는데, 그곳에 묘사되어 있는 카이로스는 손에 날카로운 칼을 들

〈카이로스〉, B.C. 4세기경
그리스 조각가 리시포스가 만든
진품의 로마 시대 복제품

고 있다는 점에서 리시포스의 부조와 약간 다르다. 포세이디포스의 글은 파피루스로 기록되어 부분적으로 전해 내려오고 있는데 소개하면 다음과 같다.

여행객: 당신은 누구신가요?

카이로스: 나는 만물을 제압하고 있는 카이로스로다.

여행객: 당신은 왜 발끝으로 달리나요?

카이로스: 나, 카이로스는 쉬지 않고 달리노라.

여행객: 당신은 왜 발에 날개가 달려 있나요?

카이로스: 나는 바람처럼 달리노라.

여행객: 당신은 왜 손에 날카로운 칼을 들고 있나요?

카이로스: 사람들에게 내가 칼보다 더 날카롭다는 것을 상기시켜 주기 위해서로다.

여행객: 당신은 왜 머리카락을 모두 이마 앞쪽으로 치렁치렁 늘어뜨리고 있나요?

카이로스: 나와 마주치는 사람이 얼른 나를 붙잡도록 하기 위해서로다.

여행객: 당신은 왜 뒷머리가 민둥산인가요?

카이로스: 발을 지닌 나를 한번 놓치면 뒤에서는 그 누구도 아무리 애를 써도 붙잡을 수 없노라.

여행객: 예술가들이 왜 당신을 만들어 냈나요?

카이로스: 그대들 여행객들에게 가르침을 주기 위해서 노라.

그리스 신화에서 카이로스의 모습은 시간이 흐르면서 조금씩 달라진 듯하다. 아마 처음에는 어깻죽지에 날개만 달려 있다가 제우스의 전령 헤르메스신처럼 발꿈치에도 날개가 달리더니, 급기야 법의 여신 테미스와 복수의 여신 네메시스^{Nemesis}처럼 손에 칼까지 들게 된 것 같다. 특히 1522년 독일의 안드레아스 크라탄더^{Andreas Cratander}라는 사람의 인쇄소 마크에 그려진 카이로스는 남자가 아니라 여자이며 날개는 없지만 마치 행운의 여신 티케^{Tyche}처럼 둥근 구 위에 올라서서 아슬아슬하게 균형을 잡으며 달린다.

카이로스의 모습에서 가장 이채로운 것은 뒷머리의 절반 이상이 대머리이며 앞머리에 무성하게 나 있는 머리카락도 이마 쪽으로 길게 내려뜨리고 있는 모습인데, 그것은 포세이디포스가 위의 글에서 명쾌하게 설명하고 있는 것처럼 기회의 신은 만나는 순간 얼른 앞에서 머리채를 잡아채야 하며, 실수로 놓쳐 버리면 나중에 뒤에서는 잡을 수 없다는 것을 상징적으로 보여 준다. 어깻죽지와 발꿈치의 날개도 너무 빨

Francesco Salviati, 〈카이로스〉,
1552~1554

Andrea Mantegna, 〈기회와 후회〉,
1500년경

라 잡기도 힘들고, 실수로 놓치면 따라잡기도 힘든 카이로스의 속성을 설명해 준다.

그렇다면 기회의 신 카이로스가 마치 법의 여신 테미스처럼 천칭을 든 채 집게손가락으로 기울어진 접시를 가리키고 있는 것은 무슨 의미일까? 그것은 카이로스가 천칭 저울로 재듯 모든 상황을 고려하여 인간에게 최적의 기회가 왔음을 알려 주고 있는 신임을 설명해 주는 것이 아닐까? 카이로스는 또한 왜 행운의 여신 티케처럼 구위에서 아슬아슬하게 곡예를 벌이는 것일까? 그것은 기회와 행운이라는 것은 카이로스와 티케처럼 언제라도 불안정한 구위에서 떨어져 사라질지 모른다는 것을 암시하는 것은 아닐까?

카이로스는 또한 왜 손에 칼을 들고 있는 것일까? 그것은 마치 법의 여신 테미스가 손에 들고 있는 칼의 속성처럼 카이로스는 한 번 자신을 지나친 사람에게는 다시는 모습을 드러내지 않는, 칼처럼 단호한 성격을 갖고 있다는 것을 말해 주는 것은 아닐까? 아니면 누군가 좋은 기회를 놓치면 카이로스의 칼의 심판을 받아 혹독한 대가를 치르게 된다는 뜻은 아닐까?

우리나라 제주에는 '카이로스' 호텔과 '카이로스' 카페가 있다. 연예기획사 중에도 '카이로스'가 있으며, '카이로스'라는 학원도 가끔 눈에 띈다. '카이로스'라는 농기구 생산 전문업체도 있으며, '바울선교회'에는 '카이로스'라는 영성 훈련과정이 있고, 미래에셋 대우가 VIP 회원들에게 배포하는 '카이로스'라는 HTS^{Home Trading System} 프로그램이 있다. 모두가 그리스 신화의 기회의 신 카이로스의 이미지를 염두에 두고 지은 이름일 것이다.

특히 전북 부안군은 2018년 4월 구시가지 중심가의 명물 시계탑이

있던 자리에 '카이로스 광장'을 조성하고 무형문화재 석당간石幢竿을 모
티프로 다시 시계탑을 새롭게 복원했다. 『전북도민일보』에 따르면 "카
이로스 광장 시계탑은 부안의 과거와 현재, 미래를 잇는 매개체이자"이
자 "부안의 새로운 랜드마크"이다. 또한 부안군은 카이로스 광장을 통
해 "어르신들에게는 과거 약속·만남의 장소였던 시계탑에 대한 향수
를 선사하고 젊은이들에게는 새로운 광장문화 및 만남문화의 공간으로
제공"할 계획이라고 한다. 그야말로 시간의 신 카이로스의 의미와 이미
지를 오롯이 담아낸 이름이 아닐 수 없다.

'크로노스스위스' 명품시계

Santo Saccomanno, 〈시간의 신 크로노스〉, 1876

●

　　그리스 신화에서 시간의 신 크로노스Chronos와 티탄 신족의 왕 크로노스Kronos는 비슷한 발음 때문에 자주 같은 신으로 여겨졌지만, 엄연히 서로 다른 신이다. 사람들은 자식들을 집어삼키는 무자비한 크로노스가 모든 것을 소진하고 무화시키는 파괴적인 시간을 빼닮았다고 생각하여 두 신이 같은 신이라고 착각했던 것이다. 아울러 크로노스의 만행에서 종종 과거사가 미래의 발목을 잡거나, 구세대가 신세대를 억압하는 데서 드러나는 시간의 폭력성을 연상했으리라.

　　시간의 신 크로노스는 전통적인 그리스 신화에 속하는 신은 아니다. B.C. 6~B.C. 5세기 남부 이탈리아나 흑해 연안에 널리 퍼져있던 오르페우스Orpheus교의 천지창조에만 등장할 뿐이다. 오르페우스교는 이름 그대로 결혼하자마자 독사에 물려 죽은 아내를 구하러 지하 세계에 다녀온 리라와 노래의 달인 오르페우스를 교주로 모셨던 사람들이 모인 밀교다. 단편적으로 구전되어 온 그들의 핵심 교리는 크게 3가지인데, 모두 오르페우스의 행적에서 만들어졌으며 동양의 불교와 비슷하다.

　　첫째, 그들은 오르페우스가 비록 아내를 구하는 데는 실패했어도 지하 세계에서 다시 살아나왔다는 점에서 영혼의 윤회를 믿는다. 둘째, 그들은 결국 혼자가 된 오르페우스가 주변 처녀들이 아무리 구혼을 해도 모두 뿌리친 채 일편단심 아내만 생각하며 살다 죽은 것처럼 금욕을 강조한다. 셋째, 그들은 오르페우스가 산짐승을 찢어 죽이는 퍼포먼스를 했던 디오니소스 여신도들에게 죽임을 당한 만큼 살생을 금지한다.

　　오르페우스교의 천지창조에 따르면 시간의 신 크로노스는 태초에 카오스에서 혼자 생겨난 후, 창공의 신 아이테르Aither에서 거대한 '태초의 알'을 하나 만들어 낸다. 얼마 후 이 알에서 자웅동체이자 '빛나는 자'라는 뜻을 지닌 '파네스Phanes'신이 스스로 태어나 인간들을 비롯한 모든 것을 혼자서 창조해 낸다. 오르페우스교의 '파네스'는 마치 기독교의 여호와와 같은 역할을 하는 셈이다.

그리스 신화에서는 시간의 신 크로노스에 대한 신앙이나 신전은 전혀 없었고, 도기나 조각 작품에서도 그의 모습은 전혀 찾아볼 수 없다. 시간의 신 크로노스는 14세기 이후에야 비로소 화가들의 그림에서 나타나기 시작하는데, 대부분 우라노스의 아들 크로노스처럼 손에는 커다란 낫을 들고 있으며 어깻죽지에는 두 날개가 달려 있다. 그야말로 쏜 화살처럼 재빠르게 흘러가는 세월을 감안하면 시간의 신이 날개가 달렸을 것이라는 상상은 충분히 납득할 만하다. 하지만 낫을 들고 있는 이유는 아무래도 석연치 않다.

시간의 신 크로노스를 백발이 성성하고 턱수염이 무성한 후덕하고 인자한 할아버지의 모습으로 그린 그림들도 눈에 많이 띈다. 그림 제목을 보면 '진실을 구조하는 시간'이나 '진실을 드러내는 시간' 등 시간의 신에 '아버지 시간Father Time'이라는 긍정적인 이미지를 부여하는 것들이 대부분이다. '아버지 시간'이란 마치 '진실은 시간의 딸veritas filia temporis'이라는 격언처럼 시간의 신 크로노스는 모든 진실을 밝혀 주는 자애로운 아버지와 같다는 뜻이다.

또 다른 그림에는 시간의 신 크로노스가 사랑의 신 에로스의 날개를 잘라내는 장면이 그려 있다. 크로노스는 도망치려는 에로스를 강제로 붙잡고 가위 혹은 낫으로 그의 깃털을 잘라내고 있다. 잔뜩 찌푸린 에로스의 얼굴을 보면 크로노스의 손에서 얼른 벗어나고 싶은 기색이

역력하다. 그렇다면 이 그림은 무엇에 대한 알레고리일까? 그 의문은 바로 카라바조의 '승리자 에로스'라는 그림을 이해하면 금세 풀린다.

카라바조의 그림에서 에로스는 날개를 활짝 펴고 마치 승리의 세리머니를 하듯 화살 몇 개를 움켜쥔 오른손을 높이 쳐든 채 활짝 웃고 있다. 또한 그의 발아래에는 무구, 악기, 악보, 월계관, 왕관 등이 아무렇게나 널브러져 나뒹굴고 있다. 이것은 그림 제목이 암시하듯 왕위를 비롯해서 이 세상 그 무엇도 에로스를 대적해서 이길 수 있는 것은 아무것도 없다는 것을 의미한다.

헤시오도스도 『신통기』에서 에로스를 "모든 신들과 인간들의 머릿속 이성과 냉철한 사고를 압도하며 다리의 힘을 마비시키는 신"이라고 정의하고 있다. 그래서 시간의 신 크로노스가 모든 것을 압도하는 천하무적 에로스를 제압해서 날개를 자른다는 것은 사랑의 신을 통제할 수

Pierre Mignard, 〈에로스의 날개를 잘라내는 시간의 신 크로노스〉, 1694

Caravaggio, 〈승리자 에로스〉, 1602~1603

316

있는 것은 오직 시간의 신밖에 없다는 것을 의미한다.

스위스에는 시간의 신 크로노스의 이름을 딴 '크로노스스위스 Chronosswiss'라는 명품 시계가 있다. 우리나라 시계 브랜드 중에 '크로노스Cronous'가 있다. '무신사MUSINSA' 온라인몰에서 그 브랜드가 이렇게 소개되어 있다. "황금시대에 시간을 관장하며 지배한 신인 크로노스(CRONOUS)가 다시 시간을 지배하기 위해 거듭 태어납니다." 하지만 그리스 신화에는 'CRONOUS'라는 신은 없다. 물론 시간의 신 크로노스를 우리식으로 그렇게 표기했을 수도 있다. 크로노스는 영어식으로도 그리스어와 똑같이 'Chronos'로 표기하는데 'Khronos' 혹은 'Chronus'로도 표기한다.

'크로노스'라는 시계전문잡지가 있다. 주인공들이 시간을 뛰어넘어 모험을 펼치는 일본의 롤플레잉 게임 중에 '크로노 트리거Chrono Trigger'가 있었다. 영어 단어 중 '연대학 혹은 연대표'라는 뜻의 '크로놀러지chronology', '연대기'라는 뜻의 '크로니클chronicle', 항해할 때 쓰는 정밀 시계인 '크로나미터chronometer' 등도 그리스 신화의 시간의 신 크로노스가 어원이다. 지질학에서 지층을 고생대, 중생대, 신생대처럼 시간대별로 구분하여 도표로 만든 것을 '시간층서chronostratigraphy'라고 하는데 이 단어에도 '크로노스'가 들어 있다.

'페가수스' 항공사와 '나이키 페가수스'

Edward Burne-Jones, 〈메두사의 죽음〉, 1882
(머리가 잘린 메두사의 목에서 날개 달린 천마 페가소스와 전사 크리사오르가 태어난다)

　'페가수스Pegasus'라는 이름을 지닌 튀르키에 저가 항공사가 있다. '페가수스'는 그리스 신화 속 날개 달린 천마 '페가소스Pegasos'의 영어식 이름이다. 영어 'Pegasus'는 우리말로 발음할 때 '페가수스', 혹은 '페가서스'라고 하기도 한다.

　페가소스의 탄생에 대해서는 2가지 설이 있다. 하나는 영웅 페르세우스Perseus가 괴물 메두사의 목을 칼로 자르자 목덜미에서 피가 솟구쳐 오르며 페가소스가 함께 튀어나왔다는 설이고, 다른 하나는 페르세우스의 칼을 맞은 메두사의 목에서 흘러나온 피가 땅에 스며들더니 한참 후에 땅속에서 페가소스가 태어나 하늘로 날아올랐다는 설이다.

　페르세우스는 메두사의 목을 칠 때 그녀의 얼굴을 보면 안 되었다. 메두사는 머리카락 한 올 한 올이 실뱀이고 얼굴이 너무 흉측한 나머지 인간이든 동물이든 살아 있는 것이라면 무엇이든 그녀의 얼굴을 보면 너무 놀란 나머지 모두 돌로 변했기 때문이다. 그렇다면 페르세우스는 어떻게 메두사의 목을 쳐서 베어 낼 수 있었을까? 그는 아테나가 가르쳐 준 대로 그녀가 건네준 청동 방패를 거울처럼 반질반질하게 닦아서 방패에 비친 메두사의 모습을 보고 목을 잘랐다.

　영웅 페르세우스는 페가소스의 탄생에 산파 역할을 한 것은 분명한 사실이지만, 그것을 직접 타고 모험을 한 것은 아니다. 페가소스는 코린토스의 영웅 벨레로폰Bellerophon이 아테나에게 선물로 받아 괴물 키마이라Chimaira를 물리치는 데 활용한다. 하지만 많은 화가들은 페르세우스가 마치 천마 페가소스를 타고 모험을 하는 것처럼 그림을 그리기도 한다. 〈타이탄〉이라는 영화에도 페르세우스는 페가소스를 타고 에티오피아의 공주 안드로메다Andromeda를 데려가려는 괴물 케토Keto를 처단하고 공주를 구출한다.

그리스 신화에서 페가소스는 시인에게 바쳐진 동물이기도 하다. 왜 그럴까? 시인에게 가장 소중하고 필요한 것은 상상의 날개를 마음껏 펼치는 것이기에 날개 달린 천마 페가소스가 시인의 상상력을 상징하게 된 것은 아닐까? 그래서 페가소스는 9명의 예술의 여신 무사이(뮤즈)와 자주 함께 어울린다.

또한 페가소스가 지상에서 놀다가 땅을 박차고 하늘로 치솟을 때 녀석의 뒷발이 땅을 치면서 히포크레네Hippokrene라는 샘물이 생겼는데,

Giuseppe Cesari, 〈안드로메다와 페르세우스〉, 1632~1630
(페르세우스는 원래 이 그림에서처럼 천마 페가소스가 아니라 비행화를 신고 공중을 날면서 괴물과
싸웠다. 페르세우스가 왼손에 메두사의 머리를 들고 있는 것을 보면 그가 마치 그 머리로 괴물과 대적한
것처럼 보이지만 그것도 화가의 독창적인 해석이다)

Gustave Moreau, 〈여행하는 시인〉, 1826~1898

누구든 그 샘물을 마시면 시심이 샘솟았다고 한다. 현재 그 샘물은 예술의 여신 뮤즈들의 거처 중 하나로 알려진 헬리콘Helikon산에 남아 있다.

스위스의 안락사 지원 단체 이름도 '페가소스Pegasos Swiss Association'다. 이 단체 로고에는 페가소스가 그려져 있다. 스포츠화 전문업체인 '나이키'에도 '나이키 페가수스'라는 이름의 운동화가 있다. 나이키의 로고는 승리의 여신 니케의 날개를 형상화한 것이다. 그러니까 이 운동화에는 2개의 날개가 달린 셈이다. 그러니 그걸 신으면 얼마나 가뿐하고 빠르겠는가?

53.

영국의 록밴드 '뮤즈'와 '뮤즈' 노래방

영국의 유명한 록밴드 '뮤즈^{Muse}'의 이름은 그리스 신화의 '무사^{Mousa}'에서 따온 것이다. '무사'는 그리스 신화에서 예술을 담당했던 여신으로 복수는 '무사이^{Mousai}'다. 무사이의 출신에 대해서는 여러 설^說이 있다. 첫 번째로 무사이는 티탄 신족이라는 설이다. 키케로^{Cicero}에 따르면 그들은 크로노스의 아들과 동명이인이었던 하늘의 신 우라노스의 아들 제우스와 요정 플루시아^{Plusia}의 딸들로 총 4명이었다.

그들은 우라노스의 아들로서 티탄 신족이었던 제우스의 딸들이기에 '티탄 신족의 딸들'이라는 뜻의 '티타니데스^{Titanides}', 혹은 '티탄 무사이'로 불렸다. 키케로에 따르면 그들은 총 4명으로 텔룩시노에^{Thelxinoe}

(마음을 기쁘게 하는 자), 아오이데Aoide(노래), 아르케Arche(시작), 멜레테(연습) 등이다. 2세기경의 그리스 여행 작가 파우사니아스에 따르면 그들은 총 3명으로 멜레테Melete, 므네메Mneme, 아오이데 등이다.

두 번째로 무사이는 태양의 신 아폴론의 딸들이라는 설로 총 3명이었다. 그들이 '아폴론 무사이', '아폴론의 딸들'이라는 뜻의 '아폴로니데스Apollonides', 혹은 아폴론 신전으로 유명한 델피의 이름을 따라서 '델피 무사이'로 불린 것은 바로 그 때문이다. 아폴론 무사이는 보이오티아의 헬리콘Helikon산에 살았기 때문에 또한 "헬리콘산의 딸들"이라는 뜻의 "헬리코니아데스Helikoniades"로도 불렀다.

코린토스 출신의 에우멜로스Eumelos에 따르면 아폴론 무사이 이름은 케피소Kephiso, 아폴로니스Apollonis, 보리스테니스Borysthenis 등이다. 이에 비해 플루타르코스에 따르면 그들 이름은 네테Nete, 메세Mese, 히파테Hypate 등이었는데, 그들의 이름은 또한 아폴론의 악기 리라Lyra의 세 줄현 이름이기도 했다. 플루타르코스는 '박학다식'이라는 뜻의 '폴리마테이라Polymatheia'라는 네 번째 무사를 언급하기도 했다.

세 번째로 무사이는 트라키아 피에레스Pieres족의 시조인 피에로스Pieros와 핌플레이아Pimpleia의 요정 안티오페Antiope 사이에서 태어난 7명의 딸들이라는 설이다. 그래서 그들은 각각 '피에로스의 딸들'과 '핌플레이아의 딸들'이라는 뜻의 '피에리데스' 와 '핌플레이데스Pimpleides'로 불린다. B.C. 5세기경의 시인 트제트제스Tzetzes에 따르면 그들 이름은 네일로Neilo, 트리토네Tritone, 아소포Asopo, 헤프타포라Heptapora, 아켈로이스Achelois, 티토플루스Titoplus, 로디아Rhodia 등이다.

네 번째로 무사이는 제우스와 티탄 12신 중 하나였던 기억의 여신 므네모시네 사이에서 태어난 9명의 딸들이라는 헤시오도스의 설이다. 그들은 '올림포스 신족의 무사이' 혹은 '므네모시네의 딸들'이라는 뜻의 '므네모니데스^{Mnemonides}'로 불린다. 예술은 기억과 아주 깊은 관련이 있으니 무사이와 기억의 여신을 모녀지간으로 만든 건 정말 절묘한 조합이다. 헤시오도스에 따르면 무사이 이름은 클리오^{Klio}, 에우테르페^{Euterpe}, 멜포메네^{Melpomene}, 에라토^{Erato}, 테릅시코레^{Terpsichore}, 우라니아^{Urania}, 탈리아^{Thalia}, 폴리힘니아^{Polyhymnia}, 칼리오페^{Kalliope} 등이다.

헤시오도스는 『신통기』에서 무사이 숫자 9와 그 이름을 거명하면서도 그들의 담당 분야를 언급하지는 않았다. 아마 알고는 있었어도 언급할 필요를 느끼지 못했을 수 있다. 하지만 세월이 흐름에 따라 시인들이 주로 그의 무사이에게 각각 담당 분야를 부여하면서 무사이에 대한 헤시오도스의 분류가 가장 일반적인 버전으로 받아들여졌다. 그에 따르면 클리오는 역사, 에우테르페는 피리와 음악, 멜포메네는 비극, 에

Anton Raphael Mengs, 〈아폴론, 므네모시네, 9명의 뮤즈 여신들〉, 1761 이후
(한가운데 왼손에 리라를 들고 월계관을 쓰고 있는 인물이 아폴론이다. 그는 뮤즈 여신들의 리더로
그들이 춤을 추거나 노래를 부를 때 반주를 해 준다. 아마 그의 왼쪽에 있는 여신이
뮤즈 여신들의 어머니 므네모시네일 것이다)

라토는 연애시와 서정시, 테릅시코레는 합창과 춤, 우라니아는 천문학, 탈리아는 희극, 폴힘니아는 찬가, 칼리오페는 서사시를 담당했다.

고대 그리스의 서사시인 호메로스나 헤시오도스의 작품을 보면 서술자는 작품의 서두부터 계속해서 무사이를 부르며 시심을 돋우어 달라고 기도한다. 가령 호메로스의 『일리아스』는 이렇게 시작한다.

> 노래하소서, 무사 여신이여, 아킬레우스의 분노를, 그리스군에게
> 수많은 고통을 안겨 주었고, 숱한 영웅들의 혼령들을 지하 세계로
> 보내고 그들의 시신들은 개와 새 떼의 먹이가 되게 한 그 잔인한
> 분노를!

고대 서사시인들은 왜 작품의 서두나 중간에서 무사이를 불렀을까? 그것은 그들이 예술을 담당했던 무사이를 자신들의 수호신으로 여겼기 때문이다. 이렇게 시인들이 작품에서 무사이를 부르는 전통은 그리스 신화를 이단으로 죄악시했던 중세에 사라졌다가 근대의 단테[Dante], 셰익스피어[Shakespeare], 밀턴[Milton] 등의 작품에서 부활했다. 괴테[Goethe]의 『헤르만과 도로테아』라는 작품은 총 9개의 노래로 이루어져 있는데, 각각의 노래 제목이 바로 9명의 올림포스 신족의 무사이 이름이다.

무사이의 거처는 두 군데로 알려져 있다. 바로 그리스의 보이오티아[Boiotia] 헬리콘산의 '히포크레네[Hippokrene]' 샘물 근처와 델피 파르나소스산의 카스탈리아[Kastalia] 샘물 근처다. 히포크레네는 천마 페가소스가 이곳에서 놀다가 하늘로 올라가다가 뒷발로 땅을 치면서 만들어졌고, 카스탈리아는 제우스의 구애를 피해 달아나던 카스탈리아라는 요정이 변신하여 만들어졌는데, 두 샘의 물을 마시는 사람은 시심이 샘솟듯 솟아

Johann König,
〈헬리콘산의 뮤즈들을 방문하는 아테나〉,
1620년경

Andrea Mantegna, 〈파르나소스산〉,
1496~1497

났다고 한다. 그래서 두 샘물은 시인들과 그들의 수호신 무사이에게 바쳐졌으며, 히포크레네를 만든 천마도 시인에게 바쳐진 동물이다.

감히 예술의 수호신 무사이에게 도전했다가 패배하여 벌 받은 예술가들이 있다. 트라키아의 타미리스^{Thamyris}는 빼어난 가수였다. 그는 자신의 노래 실력을 너무 과신한 나머지 어느 날 무사이 중 하나에게 노래 시합을 하자고 도전했다. 게다가 만약 그 여신이 패배하면 여신을 자기 아내로 삼겠다고 오만을 떨었다. 그러자 여신 중 하나가 그의 도전을 받아들여 손쉽게 이긴 다음 분노한 나머지 그의 눈을 멀게 하고 기억마저도 빼앗아 버렸다.

마케도니아의 에마티아^{Emathia}의 왕 피에로스^{Pieros}와 그의 왕비 에우이페^{Euippe} 사이에는 7명의 딸들이 있었다. 그들은 '에마티스의 딸들'과 '피에로스의 딸들'이라는 뜻의 '에마티데스^{Emathides}'와 피에리데스^{Pierides}'로 불렸다. 그들은 앞서 트라키아의 타미리스처럼 노래에 천부적

326

인 소질이 있었는데, 어느 날 감히 무사이에게 겁도 없이 노래 시합을 하자고 도전했고 얼마 후 숲의 요정들을 심판관으로 삼고 노래 시합이 벌어졌다.

먼저 피에리데스 중 하나가 나서서 올림포스 신족과 괴물 티포에우스Typhoeus의 전쟁에 대해 노래했다. 이어 여신 중 칼리오페가 나서서 페르세포네가 하데스에게 납치당한 뒤 그녀의 어머니 데메테르가 딸을 찾는 과정에서 벌어진 해프닝을 노래했다. 그러자 심판을 맡았던 요정들이 만장일치로 칼리오페의 손을 들어주었다. 하지만 피에리데스가 결과에 승복하지 않고 욕설을 하며 요정들에게 대들자 분노한 무사이는 그들을 까치로 만들어 버렸다.

무사이의 지휘자는 리라Lyra와 예술의 신이기도 했던 아폴론이다. 그래서 아폴론은 '무사이의 지도자'라는 뜻의 '무사이게테스Mousaigetes'라는 별명을 지니고 있다. 후세의 많은 화가들이 아폴론이 리라를 연주하고 무사이가 그 가락에 맞추어 함께 악기를 연주하거나 춤을 추는 모습을 그린 것은 바로 그 때문이다. 그 그림들 속 9명의 무사이가 춤추는 모습을 찬찬히 보고 있노라면 한때 전 세계적으로 인기를 끌었던 우리나라의 유명한 걸그룹 '소녀시대'가 연상된다. 소녀시대의 멤버도 우연히 9명이었다.

무사이 중 최고의 여신은 서사시를 담당한 칼리오페다. 칼리오페는 아폴론과의 사이에서 음악의 달인 오르페우스를 낳았다. 다른 설에 의하면 오르페우스는 칼리오페와 피에리아Pieria의 왕 오이아그로스Oiagros의 아들인데, 아폴론이 그를 양자로 받아들여 리라를 가르쳤고, 어머니인 칼리오페는 노래를 가르쳤다. 헤라클레스의 음악 스승이었던 리노스Linos도 아폴론과 칼리오페, 혹은 테릅시코레, 혹은 우라니아

Johann Heinrich Tischbein, 〈칼리오페〉, 1780

의 아들이다. 괴조 혹은 인어 자매인 세이레네스^{Seirenes}는 강의 신 아켈로오스^{Acheloos}와 멜포메네 혹은 테릅시코레의 딸들이다. 결혼의 여신 히메나이오스^{Hymenaios}는 아폴론과 칼리오페, 혹은 클리오, 혹은 테릅시코레의 아들이다.

무사이의 신전은 '무세이온^{Museion}'이라고 부른다. 무세이온에서 '뮤지엄^{Museum}'과 '뮤직^{Music}'이라는 영어 단어가 유래했다. 서울 거리에서 '뮤즈^{Muse}'라는 이름을 지닌 노래방이 자주 눈에 띄는 이유를 짐작할 만하다. 무사이 중 역사를 담당했던 '클리오^{Klio}'는 '클레이오^{Kleio}'라고도 하며 영어로는 'Clio'로 표기한다. 미국에서는 매년 혁신적이고 뛰어난 광고를 만든 사람에게 '클리오상^{Clio Awards}'을 수여한다. 우리나라의 메이크업 브랜드 중에도 '클리오^{Clio}'가 있고, 르노 삼성 자동차 브랜드 중에도 '클리오^{CLIO}'가 있다.

밥 딜런의 노래 〈뮤즈의 어머니〉

Gabriel Dante Rosetti, 〈므네모시네〉, 1875~1881(므네모시네가 오른손에 들고 있는 것은 기억의 램프다)

●

밥 딜런Bob Dylan은 미국의 싱어송라이터이자 시인으로 20세기 가장 영향력 있는 음악가로 손꼽히며 2016년 음악가로서는 처음으로 노벨 문학상을 받았다. 그는 2020년 〈뮤즈의 어머니Mother of Muses〉라는 노래를 발표했는데, 고대 서사시인처럼 뮤즈가 아니라 그들의 어머니인 기억의 여신 므네모시네를 노래한 것이 아주 이채롭다. 그 노래는 이렇게 시작한다.

뮤즈의 어머니시여, 저를 위해 노래하소서

왜 그랬을까? 그것은 우선 소중한 것, 다시 말해 정의를 위해 "오롯이 맞서 싸우던 영웅들을" 쉽게 잊어버리는 세태를 풍자한 것일 수 있다. 그만큼 기억의 여신이 절실하게 필요한 시대임을 강조한 것이다. 그것은 또한 "거짓말을 쫓는 데 지쳐버렸으니"라는 가사에서 짐작할 수 있듯이 자꾸만 초심을 잊고 "똑바로 서서 올바른 길을" 가지 못하는 자신에 대한 한탄이자 성찰일 수도 있다. 그의 〈뮤즈의 어머니〉 전문을 소개한다.

뮤즈의 어머니시여, 저를 위해 노래하소서
산, 그리고 깊고 어두운 바다를 노래하소서
호수, 그리고 숲의 요정들을 노래하소서
마음껏 노래하소서, 당신 합창 단원인 딸들과 함께,
명예와 운명과 영광이 되도록 노래하소서

뮤즈의 어머니시여, 저를 위해 노래하소서

뮤즈의 어머니시여, 제 마음을 노래하소서

너무 빨리 떠나 버린 사랑을 노래하소서

오롯이 맞서 싸우던 영웅들을 노래하소서

돌판에 이름이 새겨진 영웅들을

시련과 싸워 세상을 자유롭게 만든 영웅들을

뮤즈의 어머니시여, 저를 위해 노래하소서

서먼과 몽고메리와 스코트를 노래하소서

주코프와 패튼과 그들이 싸운 전투를

프레슬리가 노래할 수 있는 길을 터 준 사람들을

마틴 루터 킹의 길을 닦아준 사람들을

해야 할 일을 하며 꿋꿋하게 자신의 길을 갔던 사람들을

오, 저는 그런 이야기라면 종일 노래할 수 있으니

저는 칼리오페와 사랑에 빠졌는데

누구의 것도 아닌 그녀를 왜 제게 보내 주지 않으시나요?

그녀는 제게 말하고 있어요, 눈으로 말하고 있어요

저는 거짓말을 쫓는 데 지쳐 버렸으니

뮤즈의 어머니시여, 당신이 어디에 계시든지 제발

저는 이미 제 수명을 훨씬 넘겨 살았으니

뮤즈의 어머니시여, 분노를 표출해 주소서

보이지 않는 것들이 제 길을 막고 있으니

제게 지혜를 빌려주소서, 제 운명을 말해 주소서

제가 똑바로 서서 올바른 길을 가게 해 주소서

제 정체성을 내면으로부터 벼리어 내게 해 주소서

당신은 제가 무슨 말을 하는지 아시고 계시니

저를 강으로 데려가 주소서, 당신의 마력을 보여 주소서

당신의 달콤하고 사랑스러운 품에 잠시 눕게 해 주소서

저를 깨워 주소서, 흔들어 주소서, 죄에서 구해 주소서

저를 바람처럼 보이지 않게 해 주소서

저는 마음이 혼란스럽고 어지러워

빛을 여행하고 집으로 가는 중이니

55.

뮤즈 최고의 여신 '칼리오페' 카페

용인의 '칼리오페^{Calliope}' 카페는 오픈하자마자 국내 언론에서 집중 조명을 받을 정도로 화제를 모았다. 국내 최대 규모의 복합 문화단지로서 베이커리, 레스토랑, 서점, 극장 등을 갖추고 있을 뿐 아니라 야외에도 6000평 규모의 야생화 단지가 들어서 있기 때문이다. 특히 '칼리오페'라는 카페 이름이 이채롭다.

'칼리오페'는 그리스 신들의 왕 제우스와 기억의 여신 므네모시네 사이에서 태어난 9명의 딸 중 하나다. 그들을 총칭하는 이름은 단수형은 '무사'이고 복수형은 '무사이'인데 영어로는 '뮤즈^{Muse}'라고 한다. 그들은 모두 예술을 담당했으며 칼리오페는 그중 최고의 여신으로 서사시

Auguste Alexandre Hirsch, 〈오르페우스에게 음악을 가르치는 칼리오페〉, 1865

를 맡았다. 그녀는 또한 자신들의 리더인 태양신 아폴론과의 사이에서 리라^{Lyra}와 노래의 달인 오르페우스를 낳은 것으로 유명하다.

용인의 카페 이름은 원래의 'Kalliope'가 아닌 영어식 이름 'Calliope'를 따랐다. 칼리오페 카페는 이름만 그리스 신을 따른 게 아니다. 총 4개의 층에도 각각 그리스 신의 이름이 붙어 있다. 게다가 그 신이 관장한 분야와 층의 용도도 정확하게 일치한다. 고증을 철저히 했다는 뜻이다.

'가이아의 정원'이라는 이름을 지닌 지하층은 삼면에 계단식 좌석이 있어 연극공연이나 행사도 할 수 있다. 이곳은 계단식 좌석 때문에 고대 그리스의 원형극장을 연상시킨다. 그렇다면 실내인데도 가이아의 정원이라고 한 이유는 무엇일까? 그것은 사실 반지하라서 통유리를 통해 야외 정원을 조망할 수 있기 때문이다. 가이아는 그리스 신화에서 대지의 여신이다.

'데메테르의 만찬'이라는 이름을 지닌 1층은 빵을 먹으면서 커피를 마실 수 있는 곳이다. 데메테르는 그리스 신화에서 곡물과 씨앗의 여신이었으니 정말 절묘한 네이밍이라고 하지 않을 수 없다. 빵도 곡물로 만들고 커피도 원두로 만드니 하는 말이다.

'디오니소스의 비밀 응접실'이라는 이름을 지닌 1.5층은 와인을 비롯한 술을 마시면서 식사를 할 수 있는 레스토랑으로 꾸며져 있다. 그리스 신화에서 디오니소스는 엄밀히 말하면 와인의 신이지만, 현대적 의미에서는 술의 신이다.

마지막으로 '올림푸스 제우스 신전'이라는 이름을 지닌 2층은 카페 블로그에 따르면 "소파 좌석의 벽지가 마치 그리스의 신전에 있는 듯한 착각을 불러일으키는 곳"이자 "독특한 디자인의 조명과 가구들이 신비롭고 고급스러운 분위기를 더해 주는" 곳이다.

『데일리경제』에 따르면 칼리오페 카페는 "그리스 신인 칼리오페라는 이름으로 상호를 사용한 만큼 매장 내부에 그리스 로마 신화를 담고자" 했으며, 앞으로 "새로운 브랜드를 창조하면서 상호명과 컨셉을 통일화시켜 브랜드의 가치를 높이고 차별성과 아이덴티티를 확보할 것"이라고 한다.

56.

삼성역 '파르나스' 몰과 '몽파르나스'

Edward Dodwell, 〈파르나소스산〉, 1821

지하철 2호선 삼성역 현대백화점 지하상가에 '파르나스 몰^{Parnas Mall}'이 있다. 같은 업체인 '파르나스호텔' 홈피에는 이렇게 쓰여 있다. "'파르나스(PARNAS)'라는 이름은 그리스 신화 속 신들이 사는 신성한 영지인 '파르나소스(Parnassus)산'에서 따온 것으로, 항상 고객에게 신비롭고 설레는 경험을 제공한다는 의미를 담고 있습니다."

'Parnassus'는 영어로 발음이 '파르내서스'고 그리스어로는 '파르나소스^{Parnassos}'다. 그리스 중부에 있는 파르나소스산은 해발 2455m이며, 남서쪽 해발 700m 중턱에는 아폴론 신전으로 유명한 델피가 있고, 델피에서 12km 떨어진 남쪽 해발 970m 중턱에는 우리나라 TV 드라마 〈태양의 후예〉의 촬영지로 유명한 '아라호바^{Arachoba}'가 있다.

파르나소스산은 그리스 신화에서 대홍수에서 살아남은 데우칼리온과 그의 아내 피라가 홍수가 잦아든 뒤 처음으로 상륙한 곳이다. 특히 파르나소스산은 음악의 신이기도 했던 아폴론에게 바친 산이자 예술을 담당했던 9명의 여신 무사이(뮤즈)의 거처로 유명하다. 혹자는 파르나소스산이 그들의 고향이라고 주장하기도 한다. 그래서 파르나소스산은 서정시 혹은 예술의 상징으로 수많은 화가들의 단골 소재가 되기도 했다.

쇼핑몰에 '파르나스'라는 이름을 붙인 것은 아마 파르나소스산이 지닌 이런 역할과 이미지를 고려했기 때문이리라. 실제로 홈페이지에 들어가 보니 '파르나스 몰'은 '예술과 문화, 쇼핑이 공존하는 새로운 개념의 공간'이라고 쓰여 있다. 서울에는 '파르나스 몰'이나 '파르나스호텔'이외에도 '파르나스 타워'도 있다. '파르나스호텔'의 정식 명칭은 '그랜드 인터컨티넨탈 서울 파르나스^{Grand InterContinental Seoul Parnas}'다. 예술가의 고향으로 유명한 프랑스 파리의 '몽파르나스^{Montparnasse}' 구역도 파르나소스에서 유래했다. '몽파르나스'는 프랑스어로 '파르나소스산'이라는 뜻이다.

프랑스 파리 몽파르나스 구역의 거리

338

57.

스타벅스 로고와 공습경보 '사이렌'

커피 전문점 '스타벅스' 로고에 그려진 여인은 그리스 신화의 '세이렌Seiren'이다. '세이렌'은 머리는 여자이고 몸통은 새인 괴조怪鳥로 복수형은 '세이레네스Seirenes'이다. 다른 설에 의하면 세이렌은 상반신은 인간이고 하반신은 물고기인 인어다. 그들은 자신들이 사는 섬 인근을 지나는 배를 애잔한 연주와 노랫소리로 유인하여 섬 주변에 지천으로 깔린 암초에 좌초시켰다. 또 다른 설에 의하면 선원들은 그들의 음악 소리를 듣고 그들에게 가까이 다가가기 위해 배에서 뛰어내려 헤엄을 치다 지쳐서 익사했다.

세이레네스는 강의 신 아켈로오스Acheloos와 9명의 무사이 중 하나

Frederic Leighton, 〈어부와 세이렌〉, 1856~1858

인 멜포메네Melpomene, 혹은 칼리오페, 혹은 테릅시코레Terpsichore 사이에서 태어났으며, 신화학자들에 따라 그 수는 2명, 3명, 4명으로 달라진다. 그리스 신화에서 세이레네스는 괴조로 등장하는데 맨 처음 등장하는 곳은 아폴로니오스의 『아르고호의 모험』이다. 그에 따르면 세이렌은 텔크시오네Thelxinoe, 몰페Molpe, 아글라오포노스Aglaophonos 등 총 3명인데, 그중 1명은 리라를 켜고, 다른 1명은 노래를 부르고, 마지막 1명은 피리를 불었다.

이아손을 비롯한 55명의 아르고호의 영웅들은 흑해 연안의 콜키스에서 황금 양피를 탈취한 다음 귀향길에 세이레네스가 사는 섬을 지나가야 했다. 멀리서 그들의 고혹적인 연주와 노랫소리가 들려오자 선원 중 리라와 노래의 달인 오르페우스가 앞으로 나서 연주와 노래를 하기 시작했다. 그러자 세이레네스의 마력이 선원들에게 미치지 못했다. 오르페우스의 연주와 노래가 세이레네스로부터 선원들을 보호해 주는 방어막이자 맞불이었던 셈이다. 단 1명 부테스Butes만은 갑판에서 바다로 뛰어내려 그들이 사는 섬 해안으로 헤엄쳐 가려고 했다. 그러자 미와 사랑의 여신 아프로디테가 그를 구해서 릴리바이온Lilybaion으로 데려가 아들 에릭스Eryx를 낳았다.

그 후 세이레네스가 등장하는 곳은 호메로스의 『오디세이아』다. 이곳에는 세이레네스의 출신이나 이름은 거명되지 않은 채 그 수가 2명이라고만 언급되어 있다. 그에 따르면 오디세우스는 트로이 전쟁이 끝난 뒤 귀향길에 세이레네스가 사는 섬을 지나가야 했다. 호기심이 무척 강했던 오디세우스는 세이레네스의 노랫소리를 꼭 듣고 싶었다. 그래서 이전에 1년 동안 같이 살았던 마녀 키르케Kirke가 당부한 대로 얼른 밀랍을 녹여 부하들의 귀에 발라 준 다음 믿을 만한 부하 2명에게 자신을 돛대에 묶게 하고는 후에 아무리 자신이 몸부림쳐도 풀어 주지 말고 더 단단히 묶으라고 당부했다.

세이레네스는 과연 오디세우스의 배가 사람의 고함이 들릴 만큼 다가오자 그들을 향해 노래를 부르기 시작했다.

오디세우스여, 자 이리 오세요. 배를 세우고 달콤한 우리 노랫소리를 한번 들어 보세요. 우리 입에서 흘러나오는 노랫소리를 제대로 듣지 않고 이곳을 통과한 배는 아직 하나도 없어요. 우리 노랫소리를 들은 사람은 죽어서도 더 많은 것을 알고 가지요. 우리는 풍성한 대지 위에서 일어나는 일은 무엇이든 다 알고 있으니까요. 우리는 트로이에서 그리스군과 트로이군이 벌인 전쟁에 대해서도 아주 잘 알고 있어요.

세이레네스가 절묘한 목소리로 노래 부르자 오디세우스는 그들에게 더 가까이 다가가 듣고 싶은 강한 욕망에 사로잡혀 몸부림치며 부하들에게 자신을 풀어달라고 외쳤다. 하지만 부하들은 아무 소리도 듣지

〈오디세우스와 세이레네스〉,
B.C. 480~B.C. 470년경
(그리스 도기 그림)

Victor Mottez, 〈오디세우스와 세이레네스〉,
1809~1897

〈오디세우스와 세이레네스〉, John William Waterhouse, 1891

못한 터라 노를 젓기만 했다. 다만 페리메데스^{Perimedes}와 에우릴로코스^{Eurylochos}가 오디세우스의 모습을 지켜보다가 미리 시킨 대로 더 많은 밧줄로 그를 더욱더 꽁꽁 묶어 버렸다. 부하들은 세이레네스 노랫소리가 하나도 들리지 않게 되자 비로소 자신들의 귀에 바른 밀랍을 떼어 내고 오디세우스도 밧줄에서 풀어 주었다.

'스타벅스'의 로고는 세이렌이 인어라는 설에 따라 만들어졌다. 초창기 '스타벅스' 로고에는 세이렌 하반신의 물고기 모습이 분명하게 드러나 있지만, 시간이 지날수록 그것이 미적으로 예쁘게 처리되면서 희미해졌다. '스타벅스'가 세계적으로 대단한 성공을 거두고 있는 것은 혹시 회사의 수호신 역할을 하고 있는 로고의 세이렌 덕분 아닐까? 그래서 '스타벅스' 매장 옆을 지나가는 사람들이 그녀가 연주하며 부르는 노랫소리에 홀려 어쩔 수 없이 안으로 들어가 커피 한 잔을 마실 수밖에 없는 게 아닐까? 마치 보이지 않는 실에 이끌리듯 말이다. 달콤한 커피 향까지 뿌려 대며 유혹하는 그녀를 당할 재간이 어디 있겠는가?

　　민방위 훈련 때 울리는 '사이렌siren'도 '세이레네스'의 단수형인 '세이렌'에서 유래한 말이다. 신화 속 세이렌이 아름다운 노래로 선원들을 유혹해서일까? 영미권에는 '사이렌'이라는 노래를 부른 가수와 앨범을 낸 가수가 아주 많고, '사이렌'이라는 밴드도 있다. 영국과 미국의 해군에는 '사이렌'이라고 명명한 전함도 있고, 미국 샌프란시스코에는 '새크라멘토 사이렌스Sacramento Sirens'라는 여자 프로 축구팀이 있다. 남극대륙에는 '사이렌만Siren Bay'과 '사이렌 바위Siren Rock'가 있다.

58.

카프카의 산문
『세이레네스의 침묵』과 『프로메테우스』

작가들이 신화를 소재로 작품을 쓰는 방식에는 크게 4가지가 있다. 첫째는 신화에서 내용이나 시대 등을 전혀 고치지 않고 그대로 재현하는 방식이다. 둘째는 자신이 사는 시대나 속한 문학사조에 맞게 내용을 약간 고쳐 쓰는 방식이다. 셋째는 내용을 완전히 다르게 자신의 구미에 맞게 고쳐 쓰는 방식이다. 넷째는 모티프만 빌려 오고 내용이나 시대 등 모두 완전히 다르게 쓰는 방식이다.

이 중 카프카Franz Kafka의 산문 『세이레네스의 침묵Das Schweigen der Sirenen』은 셋째 방식을 따른 터라 내용이 신화의 원전과 완전히 다르다. 호메로스의 『오디세이아』에 따르면 오디세우스는 귀향 중 선원들을 절묘한 노래로 꾀어 죽음으로 내몰았던 괴조 세이레네스^{Seirenes}가 사는 섬을 지난다. 그때 그는 부하들의 귀는 밀랍으로 틀어막아 노랫소리가 들리지 않게 한 뒤 자신은 돛대에 단단히 몸을 묶은 채 괴로워 몸부림치면서도 궁금했던 세이레네스의 노랫소리도 듣고 부하들과 자신의 목숨도 건진다.

카프카의 오디세우스는 부하들 없이 혼자인 데다 자신의 귀를 밀랍으로도 틀어막고 몸도 돛대에 묶는다. 또한 카프카의 "세이레네스의 노래는 모든 것을 꿰뚫었다. 게다가 유혹당한 사람들의 격정은 사슬이나 돛대를 묶는 기둥보다 더한 것도 부서뜨렸을 것이다. 하지만 오디세우스는 그런 사실을 들어 알고 있었는데도 아랑곳하지 않았다. 그는 한 움큼의 밀랍과 한 묶음의 사슬을 철석같이 믿고서, 그 보잘것없는 수단을 갖고 있다는 사실에 순진하리만큼 기뻐하면서, 세이레네스를 향해 배를 몰았다."

그러자 카프카의 세이레네스는 지금까지 들도 보도 못한 적수의 출현에 무척 당황했다. 그들은 "자신의 힘으로 그들을 물리치고 말겠다는 자신감, 거기서 나오는 모든 것을 휩쓸어 버릴 것만 같은 (오디세우스의) 자만심을 대적할 것은 이 지상에는 아무것도" 없다고 생각하다가 고민 끝에, "이런 적수는 단지 침묵만으로 대적할 수 있다고 믿었는지, 아니면 오직 밀랍과 사슬만을 단단히 믿고 있는 오디세우스의 행복에 겨운 모습을 보고 그만 모든 노래를 잊어버렸는지, 어쨌든 노래를 부르지 않았다." 그래서 오디세우스는 결국 세이레네스의 손아귀에서 무사히 벗어날 수 있었다.

카프카에 따르면 "그 외에도 이 이야기에 대해 주석 하나가 전해진다. 그에 따르면 오디세우스는 너무 꾀돌이이자 여우인지라 운명의 여신들조차도 그의 속내를 꿰뚫어 볼 수 없었다. 그래서 그는 사실 보통 인간의 이성으로는 알 수 없지만 세이레네스가 침묵하고 있다는 걸 알아차렸고, 그들과 여신들에 대한 일종의 방패막이로서 위에서 언급한 그럴듯한 행동을 취한 것이다." 만약 오디세우스가 세이레네스를 보고도 아무런 행동을 취하지 않으면 그들이 분노할 테니까 말이다. 그렇다면 이 작품의 주제는? 그것은 원래 텍스트 맨 앞에 있었던 한 줄 요약에서 드러난다. "불충분하고도 정말 유치한 수단들도 구조에 도움이 될 수 있다는 것에 대한 증명."

그리스 신화에서 프로메테우스는 제우스의 뜻을 어기고 자신이 만든 인간에게 신들의 전유물인 불을 훔쳐다 주었다. 이에 분노한 제우스는 그를 체포하여 흑해 연안의 카우카소스산 절벽에 묶어 놓고 동이 트면 자신의 독수리를 보내 종일 그의 간을 쪼아 먹도록 했다가 해가 질 무렵이면 다시 자신의 궁전으로 불러들였다. 그런데 신기하게도 쪼아 먹힌 프로메테우스의 간은 밤새 다시 돋아나 그다음 날 독수리의 밥이 되었다.

프로메테우스는 그렇게 수천 년 동안 고통을 당하다가 결국 그곳을 지나던 영웅 헤라클레스에 의해 구조를 받았다. 카프카는 『프로메테우스Prometheus』(1918)라는 산문에서 널리 알려진 이 이야기를 첫 번째로 소개한 다음 계속해서 그와는 사뭇 다른 3개의 이야기를 소개한다. 그 3개의 이야기는 첫 번째 이야기 이후 세간에서 새로 만들어진 것들을 카프카가 모아 소개한 것일 수도 있고, 카프카가 직접 창작한 것일 수도 있다. 특히 4개의 이야기는 프로메테우스가 수천 년 동안 벌을 받으면서 순차적으로 겪을 수 있는 상황을 차례로 기록한 것이다. 다음은

Nicolas Sébastien Adam, 〈결박당한 프로메테우스〉, 1762

카프카의 산문 『프로메테우스』 전문이다.

프로메테우스에 대해서는 4가지 전설이 전해 내려오고 있다.

첫 번째 전설에 의하면 프로메테우스는 인간들을 위해 신들을 배반했기 때문에 카우카소스 바위산에 사슬에 단단히 묶인 채 신들이 보낸 독수리들에 의해 계속해서 자라나는 간을 쪼아 먹혔다.

두 번째 전설에 따르면 프로메테우스는 쪼아 대는 독수리 부리에 고통스러워하며 계속 바위 속으로 점점 더 깊이 파고들더니 결국 바위와 한 몸이 되었다.

세 번째 전설에 따르면 수천 년이 흘러가면서 프로메테우스의 배반은 잊혔다. 신들도 잊었고, 독수리들도 잊었고, 그 자신도 잊었다.

네 번째 전설에 따르면 이유를 알 수 없게 된 것에 모두 지쳤다. 신들도 지쳤고, 독수리도 지쳤다. 상처도 지쳐 아물었다.

결국 불가사의한 바위산만 남았다. ― 전설은 불가사의한 것을 설명하려고 한다. 전설은 진실을 기반으로 생기기 때문에 다시 불가사의한 것으로 끝나야 한다.

비교적 쉬운 문장이라 이해하기는 쉽다. 카프카는 아마 인간의 기억에 대해 언급하고 싶은 듯하다. 어떤 진실도 시간이 지나면 망각이나 권태로 인해 전설 속에 파묻혀 버릴 수 있다는 사실에 경종을 울리고 싶었던 것 같다. 하지만 "전설은 불가사의한 것을 설명하려고 한다. 전설은 진실을 기반으로 생기기 때문에 다시 불가사의한 것으로 끝나야 한다"라는 마지막 카프카의 촌평은 아무래도 아리송하다. 그것은 혹시 "진실은 세월이 흐르는 동안 그에 대한 많은 전설이 생겨나면서 잊혀지고 결국 남는 것은 전설밖에 없다"는 말이 아닐까?

세계보건기구 WHO 로고의 지팡이

스위스 제네바 WHO건물(오른쪽에 WHO의 로고가 보인다)

●

세계보건기구 로고에는 뱀 한 마리가 감겨 있는 막대기가 그려져 있다. 이것은 바로 그리스 신화에서 의술의 신이었던 아스클레피오스 Asklepios가 늘 갖고 다니던 지팡이를 그려 넣은 것이다. 그런데 왜 아스클레피오스의 지팡이에 뱀이 감겨 있는 것일까? 고대에 뱀은 여러 문화권에서 신비한 존재로 여겨 신으로 섬겼다. 우리나라 제주도의 '칠성본풀이'도 뱀신에 관한 것이다. 내가 어렸을 적만 해도 우리 동네 어르신들은 집집마다 수호신 역할을 하는 구렁이가 한 마리씩 살고 있다고 여겼다. 그래서 우리에게 마루나 담 밑에서 구렁이가 나와도 수호신이니 절대 죽여서는 안 된다고 당부했다.

고대에 뱀은 특히 의술의 상징으로 여겨졌다. 뱀이 허물을 벗는 것을 녀석이 다시 태어나는 것으로 생각한 까닭이다. 수메르의 『길가메시 서사시』에서도 영웅 길가메시 Gilgamesh가 어렵사리 구한 불로초를 뱀이 훔쳐 가 먹어 버린다. 심지어 악의 근원으로 생각한 성서에서도 정작 모세가 만든 청동 뱀 지팡이는 치유의 효과가 있었다. 게다가 고대에는 뱀의 살이 실제로 여러 질병에 효과가 있어서 약으로 만들어 쓰기도 했다고 한다. 우리나라에서도 한때 뱀이 몸에 좋다고 해서 남획되던 때가 있지 않았던가.

아스클레피오스의 지팡이는 전령신 헤르메스의 지팡이와는 완전히 다르다. 헤르메스의 지팡이에는 뱀 한 마리가 아닌 2마리가 데칼코마니처럼 서로 마주 보고 감겨있고 게다가 독수리 날개까지 달려 있다. 하지만 두 지팡이를 혼동하여 '미 육군 의무대 U.S. Army Medical Corps'처럼 로고를 만들 때 실수로 헤르메스 지팡이를 활용한 경우도 있다. '대한공

중보건의사협의회' 로고에도 예전에
는 헤르메스의 지팡이가 들어가 있었
는데 지금은 제대로 되어 있다. '대한
의사협회^{Korean Medical Association}'의 영어
이니셜 'KMA'로 만든 로고의 'M'에도
뱀 한 마리가 감겨 있다. 간혹 앰뷸런
스에도 아스클레피오스의 지팡이가
그려져 있다.

아스클레피오스는 태양신 아폴
론과 라피타이^{Laphitai}족의 왕 플레기아
스^{Phlegyas}의 딸 코로니스^{Koronis} 사이에
서 태어났다. 아폴론은 언젠가 코로
니스를 보고 첫눈에 반해 사랑을 고

아스클레피오스상,
에피다우로스 박물관

백하여 승낙을 얻어 냈다. 하지만 그녀는 아폴론과 교제를 하는 중에도
틈만 나면 전 애인 이스키스^{Ischys}를 만나 사랑을 나누었다. 소위 양다리
를 걸치고 있었던 것이다. 그러던 어느 날 아폴론의 새였던 까마귀가
여기저기를 날아다니다가 우연히 그들이 애정행각을 벌이고 있는 것을
목격하고 재빨리 아폴론에게 날아가 고해바쳤다.

분노한 아폴론은 나쁜 소식을 가져다준 까마귀를 불태워 원래는
하얗던 털을 검게 만들어 버렸고, 코로니스는 활로 쏘아 죽였다. 이어
화장하기 위해 화장단에 올려놓았던 코로니스의 배가 유난히 불러 있
는 것을 발견하고 배를 가른 후 아이를 하나 끄집어 냈는데 이 아이가
바로 아스클레피오스였다. 아폴론은 이 젖먹이를 당시 영웅 조련사로
명성이 높았던 케이론^{Cheiron} 부부에게 맡겼다. 케이론은 반인반마의 켄

타우로스족으로 의술, 음악, 검술, 창술 등 모르는 게 없는 현자였다.

아스클레피오스는 케이론 부부 슬하에서 자라면서 케이론으로부터 특히 의술을 배워 명의로 명성을 날렸다. 그의 신기한 의술 덕택으로 죽는 인간이 거의 없을 정도였다. 혼령들의 출입이 뜸해지자 지하 세계는 황폐해졌다. 그러자 지하 세계의 왕 하데스는 신들의 왕 제우스에게 거세게 항의했다. 제우스는 분노한 하데스를 달래며 당장 번개를 날려 아스클레피오스를 죽이고 세상의 질서를 바로잡았다.

아폴론은 아들의 죽음을 전해 듣고 분노했다. 그렇다고 아버지에게 대들 수도 없었다. 그래서 분풀이로 아버지에게 번개를 만들어 준 외눈박이 키클로페스 3형제를 화살을 날려 죽였다. 분노한 제우스는 그에게 1년간 신의 지위를 박탈하고 인간의 종노릇을 하라며 인간 세상으로 추방했다. 이때 아폴론은 페라이의 왕 아드메토스를 주인으로 택해 그의 소 떼를 돌보았다. 아폴론은 1년간의 귀양살이를 마치고 돌아온 다음 제우스에게 간청하여 아들 아스클레피오스를 원래 자신의 담당이었던 의술을 관장하는 신으로 만들어 주었다.

아스클레피오스는 로마에서는 아이스쿨라피우스Aesculapius라고 했으며 에피오네Epione와의 사이에 5녀 3남을 두었다. 5명의 딸 중 히기에이아Hygieia(혹은 히게이아Hygeia)는 건강의 여신, 파나케이아Panakeia는 치료의 여신, 아케소Akeso는 치료과정의 여신, 이아소Iaso는 회복의 여신이었다. '만병통치약'이라는 뜻의 영어 '패너시어panacea'는 '파나케이아'에서, '위생'이라는 뜻의 '하이진hygiene'은 '히기에이아'에서 유래한 것이다. 세 아들 중 외과 전문이었던 마카온Machaon과 내과 전문이었던 포달레이리오스Podaleirios는 트로이 전쟁에 그리스 연합군 측 군의관으로 참전했다.

'너 자신을 알라!', 소크라테스의 격언?

Jacques-Louis David, 〈소크라테스의 죽음〉, 1787

그리스 신전은 크게 전실前室, Pronaos, 신실神室, Naos, 후실後室, Opisthodomos 등 세 공간으로 나뉘어 있다. 전실은 신전의 현관이고, 신실은 신상 안치소인데 영어로는 셀라cella라고 하며, 후실은 신에게 바친 봉헌물을 보관하던 곳이었다. 그런데 2세기경의 그리스 여행 작가 파우사니아스에 따르면 델피의 아폴론 신전 전실 기둥에는 당대 현인들의 수많은 경구가 새겨져 있었는데, 아쉽게도 그가 예로 든 것은 '너 자신을 알라gnothi seauton', '아무것도 지나치지 않게meden agan' 등 2개뿐이었다.

두 격언 모두 중용, 균형, 조화를 강조했던 태양의 신 아폴론의 성격에 딱 들어맞는 것이어서 사람들은 아폴론이 그 경구들을 현인들의 입을 통해 인간에게 하사한 것으로 생각했다. 우리는 그중 "너 자신을 알라"를 소크라테스가 말한 것으로 알고 있는데 그것은 사실과 전혀 다르다. 그 격언을 처음 말한 것은 바로 소크라테스가 태어나기 이전 B.C. 6세기경에 살았던 현인 킬론Chilon이다. 물론 그 격언을 말한 게 현인 탈레스Thales라는 설도 있다.

그렇다면 우리는 왜 그 격언을 소크라테스가 말한 걸로 알고 있을까? 그건 아마 플라톤의 『소크라테스의 변론』이 우리나라에 맨 처음 소개될 때 생긴 오해에서 비롯됐을 수 있다. 이 책에서 소크라테스는 '너 자신을 알라'는 말은 직접 하지는 않았어도 그런 취지의 이야기는 했기 때문이다. 『소크라테스의 변론』은 B.C. 399년 도시국가 아테네가 인정하는 신을 믿지 않고 청소년들을 타락시킨다는 죄목으로 고발당한 소크라테스가 법정에서 벌인 최후변론을 그의 제자 플라톤이 정리한 것이다. 소크라테스는 이 변론에서 배심원들과 고발자인 멜레토스Meletos

에게 자신이 받고 있는 2가지 혐의를 조목조목 반박하며 자신은 악의적인 모함을 받았으니 완전 무죄라고 강력하게 주장한다.

소크라테스에 따르면 모함의 발단은 바로 절친 카이레폰^{Chairephon}이 그에게 알려 준 신탁이었다. 카이레폰은 언젠가 델피의 아폴론 신전을 찾아가 이 세상에서 가장 지혜로운 사람이 누군지 물었다가 여사제 피티아부터 소크라테스라는 대답을 듣고 그 사실을 친구에게 알렸다. 소크라테스는 평소 자신이 아무것도 아는 게 없다고 생각해 온 터라, 피티아의 말을 도저히 이해할 수 없어 고민하다가, 자신이 정말 이 세상에서 가장 지혜로운 사람인지 확인하기 위해, 정치가, 시인, 수공업자 순으로 아테네 시민을 찾아다니며 대화를 해 보았다.

그 결과 그들이 모두가 스스로 지혜롭다고 주장하고, 남들에게도 지혜로워 보이지만 사실은 지혜롭지 않다는 걸 깨닫고, 그들에게 그들이 겉으로만 지혜로워 보일 뿐 사실은 그렇지 않다는 걸 조목조목 지적해 준 탓으로 미움을 샀다가, 급기야 그들의 모함을 받게 되었다는 것이다. 그러면서 소크라테스는 델피의 신탁이 자신을 이 세상에서 가장 지혜로운 사람이라고 지목한 것은 다른 사람들은 아무것도 모르면서 안다고 오만을 떨지만, 자신은 아는 게 아무것도 없다는 사실을 스스로 알고 솔직하게 시인하기 때문으로 해석했다.

고대 그리스에는 킬론을 포함하여 뭇사람들의 존경을 한 몸에 받았던 소위 7대 현인이 있었다. 물론 그 구성원에 대해서는 학자에 따라 아직도 논란이 많다. 탈레스, 솔론^{Solon}, 비아스^{Bias}, 피타코스^{Pittakos}는 7대 현인에 항상 들어간다. 클레오불로스^{Kleobulos}, 킬론, 미손^{Myson}은 가끔 7대 현인에서 빠지기도 한다. 가령 미손 대신 페리안드로스^{Periandros}를 넣기도 한다. 7대 현인들은 촌철살인의 짧은 격언을 남긴 것으로 유명하다.

첫째, 밀레토스^{Miletos} 출신의 탈레스는 '보증은 파멸을 가져올 뿐이다', '시샘받는 것보다 동정받는 게 낫다', '올바르게 살 수 있는 최상의 방법은 타인에게 비난하는 것을 스스로 하지 않는 것이다' 등의 격언을 남겼다. 탈레스는 모든 만물의 기원이 물이라고 주장했는데 저서는 전혀 남아 있지 않다. 언젠가 그가 하늘을 관찰하는데 너무 정신이 팔린 나머지 그만 우물에 빠져 버린 적이 있었는데, 그걸 보고 하녀가 깔깔대며 이렇게 말했다. "주인님은 하늘에 있는 것을 보려다가 정작 발 앞에 있는 것은 놓치셨어요!"

누가 그에게 왜 결혼해서 아이들을 갖지 않느냐고 묻자, 탈레스는 자신이 아이들을 너무 사랑하기 때문에 결혼하지 않는 것이라고 대답했다. 탈레스의 어머니가 아들에게 결혼해서 손주를 낳아 달라고 조르자, 그는 아직은 결혼할 때가 아니라고 대답했다가, 더 나이가 들어 어머니로부터 똑같은 압박을 받자 이제는 이미 결혼할 때가 지났다고 대답했다. 탈레스가 사람들에게 삶과 죽음은 전혀 차이가 없다고 설파하자, 그중 한 사람이 그에게 그러면 본인은 왜 죽지 않는지 물었다. 그러자 탈레스는 한 치의 망설임도 없이 바로 차이가 없기 때문에 죽지 않는 것이라고 대답했다.

둘째, 아테네^{Athene} 출신의 솔론은 '무엇이든 지나쳐서는 안 된다', '복종하는 법을 배워라. 그러면 지배하는 법도 알게 될 것이다', '이성을 너의 안내자로 삼아라, 사악한 사람들과의 교제를 피해라, 신을 존경하라, 부모를 공경하라', '가장 편안한 것이 아닌 최상의 것을 충고하라', '친구는 서둘러 사귀지 마라. 하지만 한번 사귄 친구는 함부로 내치지 마라', '웅변은 침묵을 이길 수 없다. 하지만 침묵은 시간을 이길 수 없다' 등의 격언을 남겼다.

셋째, 프리에네Priene 출신의 비아스는 '인간은 대부분 사악하다', '일은 천천히 착수하라. 하지만 시작한 일은 끝까지 해내라', '적시에 말하라', '폭력이 아닌 설득으로 얻어 내라.', '네가 행한 선행은 네가 아닌 신의 일로 돌려라', '많이 들어라', '부자라고 해서 그럴 만한 가치가 없는 사람을 칭찬하지 마라' 등의 격언을 남겼다. 언젠가 비아스가 불신자들과 함께 타고 가던 배가 엄청난 폭풍우를 만나 침몰할 위기에 처했다. 너무 위급한 상황인지라 불신자들이 큰소리로 신들에게 도움을 간청했다. 그걸 보고 비아스가 이렇게 외쳤다. "제발 조용히들 하시오. 신들께서 당신들이 배에 타고 있다는 것을 알아차릴까 봐 두렵소."

넷째, 미틸레네Mytilene 출신의 피타고스는 '정확한 시점을 파악하라', '계획하고 있는 것을 남에게 말하지 마라. 실패하면 비웃음을 당한다', '네 친구에 대해, 그리고 네 적에 대해서조차도 나쁘게 말하지 마라', '이윤을 남기려는 마음은 물릴 줄 모른다', '빌린 돈은 갚아라', '용서가 복수보다 낫다', '가장 좋은 것은 바로 현재 상황에 만족하는 것이다', '복수의 여신의 저주를 피하려거든 남의 실패를 책망하지 마라', '신들조차도 필연을 거스를 수는 없다' 등의 격언을 남겼다.

다섯째, 린도스Lindos 출신의 클레오불로스는 '중용이 최고의 선이다', '많이 말하지 말고 많이 들어라', '욕망을 다스려라', '어떤 것도 강제로 이루려 하지 마라', '민심을 거스르는 자는 적으로 간주하라', '같은 계급끼리 결혼하라. 자신보다 높은 계급과 결혼하면 친척이 아니라 상전이 생긴다', '남을 조롱하는 사람과 함께 웃지 마라. 그렇지 않으면 너는 그 사람이 조롱하는 사람의 증오를 살 것이다', '행복할 때는 자만하지 말고, 불행할 때는 비굴하지 마라' 등의 격언을 남겼다.

여섯째, 스파르타 출신의 킬론은 '너 자신을 알라!', '친구가 축제를 벌일 때는 천천히 가라. 하지만 불행을 당하면 빨리 가라', '술을 마실 때는 많이 말하지 마라. 그렇지 않으면 반드시 후회할 것이다', '죽은 자에 대해서는 나쁘게 말하지 마라', '결혼식을 성대하게 치르지 마라', '불행을 당한 사람을 비웃지 마라', '네 혀를 네 이성보다 앞서 달리게 하지마라', '화를 다스려라', '불가능한 것을 하려고 애쓰지 마라', '연장자를 존중하라', '나쁜 이익을 얻기보다 손해를 감수하라. 손해는 당하는 때만 고통스럽지만, 나쁜 이익은 영원히 고통스럽기 때문이다' 등의 격언을 남겼다.

일곱째, 케나이Chennai 출신의 미손은 다른 현인들과는 달리 농부라서 그런지 정확한 격언을 전해 내려오지 않고 일화만 전해진다. 친구 킬론이 더운 여름 어느 날 미손을 찾아갔다가 그가 쟁기를 매만지고 있는 것을 보고 말했다. "여보게, 지금은 밭을 갈 시기는 아니잖나?" "자네 말이 맞네!" 미손이 대답했다. "하지만 쟁기를 손보아 둘 최적의 시기네." 누군가 한적한 곳에서 혼자 웃고 있는 미손을 발견하고 다가가서 사람들과 완전히 담을 쌓고 살면서 왜 그렇게 웃고 있는지 묻자 그가 대답했다. "바로 그것 때문에 내가 웃고 있다오."

여덟째, 코린토스 출신의 페리안드로스는 '전체를 조망하라', '모든 것은 연습이다', '서두르면 위험하다', '친구에게는 불행할 때나 행복할 때나 한결같이 대하라', '욕망은 허망하고, 덕성은 영원하다', '휴식은 아름다운 것이다', '네 부모에게 네 가치를 보여라', '비밀을 함부로 발설하지 마라' 등의 격언을 남겼다. 특히 그는 '민주제가 참주제보다 더 좋다'라는 격언도 남겼는데, 코린토스의 참주Tyrannos였던 그가 어떻게 이런 말을 할 수 있었는지 참으로 놀랍기만 하다. 고대의 참주는 물론 다른 점은 있지만 현대의 독재자와 아주 비슷했다.

61.

구축함 '이지스'와 '아이기스' 보안업체

군사 용어 중에 '이지스 전투 시스템Aegis Combat System'이라는 게 있다. 『국방과학 기술용어 사전』에 따르면 그것은 "군 함정에서 사용하는 전투 체계로서, 목표의 탐색으로부터 이를 파괴하기까지의 전 과정을 하나의 시스템에 포함시킨 미 해군의 최신 종합 무기 시스템"이다. 바로 이지스 전투 시스템을 갖춘 구축함 등을 '이지스함'이라고 하는데 우리나라에는 최초의 이지스함인 '세종대왕함'을 비롯하여 '율곡이이함'과 '서애류성룡함' 등 총 3척의 이지스함이 있다.

'이지스'는 그리스 신들의 왕 제우스의 방패인 '아이기스Aigis'의 영어식 이름이다. 아이기스는 라틴어로 '아이기스Aegis'라고 했는데 영어로

Nicolas Poussin, 〈제우스의 양육〉, 1636~1637

편입되면서 스펠링은 똑같고 발음만 '이지스'로 바뀌었다. 아이기스의 어원은 '염소'라는 뜻의 '아익스aix'이고, 아이기스는 '염소 가죽'이라는 뜻이다. 제우스는 어렸을 때 아버지 크로노스Kronos의 눈을 피해 크레타 섬의 딕테Dikte산 동굴에서 아말테이아Amaltheia라는 염소의 젖을 먹고 자랐다. 나중에 녀석이 죽자 방패로 쓸 요량으로 가죽을 벗겨 무두질해서 가장자리에 술을 달아 갑옷처럼 만들어 보관하고 있었는데 그게 바로 아이기스다.

그 후 티탄 신족과 올림포스 신족과의 전쟁이 발발하자 제우스는 그 아이기스를 들고 나가 싸웠다. 그는 이때 아이기스를 손에 들고서 티탄 신족이 진지를 구축한 오트리스산에서 올림포스산으로 던진 돌덩이들을 쳐냈다. 그러니까 아이기스는 원래 손에 들고 적의 무기를 막아내는 방패로 사용된 것이다. 제우스는 전쟁이 끝나자 이 아이기스를 아

360

〈아이기스 방패를 걸치고 있는 아테나 여신〉,
B.C. 540년경(그리스 도기 그림)

폴론에게 빌려주기도 했지만 나중에는 총애하는 아테나에게 아예 주어 버린 듯하다.

그래서 아이기스는 전쟁의 여신 아테나의 상징물이다. 그녀는 늘 아이기스를 지닌 모습으로 묘사된다. 하지만 제우스처럼 아이기스를 손에 들고 있는 게 아니라 갑옷처럼 양어깨에 걸치고 있다. 아테나는 그 후 아이기스 한가운데에 괴물 메두사의 머리를 박아 넣었다. 그것은 영웅 페르세우스가 모험을 마치고 자신을 도와준 아테네에게 감사의 표시로 선물로 준 것이다. 아이기스가 자기 소유가 아니라면 어떻게 마음대로 그럴 수 있었겠는가?

로마 황제나 장군의 조각상도 한가운데에 괴물 메두사가 박혀 있는 갑옷을 입고 있는 게 있다. 특히 1세기경에 발굴된 폼페이 프레스코 벽화의 알렉산드로스 대왕도 그런 갑옷을 입고 있다. 그것은 아마 그들이 전쟁의 여신 아테나의 보호를 받고 있어 천하무적이라는 뜻이리라. 호메로스의 『일리아스』에 따르면 아이기스는 제우스의 번개도 꿰뚫을 수 없을 정도로 견고했다. 또한 그것을 흔들면 병사들은 뿌리칠 수 없는 마력에 홀려 공포에 휩싸인 채 전의를 상실했다.

아이기스는 결국 방어뿐 아니라 공격에도 아주 탁월한 능력이 있었던 것이다. 이지스 구축함도 공수 양면에서 빼어난 능력을 자랑한다. 가령 우리나라의 세종대왕함은 반경 1000km 이내에 있는 1000여 개의 표적을 동시에 찾아내 그중 20개를 동시에 요격할 수 있다. 그래서 현대의 해군력은 이지스함의 보유 척 수에 좌우된다고 해도 과언이 아니다. 이지스 구축함은 바로 현대에 부활한 아테나의 아이기스 방패인 셈이다. 이지스 구축함이 '신의 방패'라는 별명을 지닌 것은 바로 그 때문이다.

'아이기스'나 '이지스'를 상호나 브랜드로 쓰는 분야는 옷집, 의자 전문점, 공간대여업, 제조업, 바, 호프집, 카페 등 다양하다. 그중 특히 도장업체, 보안업체, 성인용 기저귀 회사, 화장품 회사, 주짓수 도장 등에 그 이름을 쓴 것은 정말 탁월한 선택이다. 그리스 신화에서 아이기스의 원래 기능인 방패의 의미를 아주 잘 살렸기 때문이다. 장갑, 방범 안전망에 '이지스'라는 브랜드를 붙인 것도 마찬가지다.

62.

테르모필레 전투와 '레오니다스' 초콜릿

테르모필레의 현재 모습(산 아래쪽은 원래 바다였지만 스페르케이오스강의
토사가 쌓여 도로가 날 정도로 넓은 육지로 변했다)

●

테르모필레는 그리스 중부에 있는 칼리드로모스^{Kallidromos}산과 말리아^{Malia}만 사이에 난 좁은 협곡 길로 고대에는 전략적인 요충지였다. 그 길은 말리아만에서 그리스 내부로 들어가는 유일한 통로였기 때문이다. 헤로도토스의 『역사』에 따르면 그 길은 폭이 반 플레트론^{Plethron} (15m) 정도였고, 가장 좁은 곳은 알페노이와^{Alpenoi}와 안텔레^{Anthele} 사이였는데 수레 하나가 겨우 빠져나갈 정도였다. 하지만 2500여 년이 지난 지금 그 길은 스페르케이오스^{Spercheios}강에서 흘러나온 토사가 말리아만 해안에 쌓여 확장되면서 넓은 곳은 수 km에 달한다.

테르모필레는 그리스어 '뜨거운'이라는 뜻의 '테르모스^{thermos}'와 '문^門'을 의미하는 '필레^{pyle}'의 합성어다. 이름에서 암시하듯이 이곳에서는 유황을 함유한 40~42도에 달하는 온천물이 솟아 나온다. 이 온천물을 이용한 노천탕은 휴게소와 주유소 바로 뒤 라미아^{Lamia}와 아테네를 잇는 간선도로 동쪽에 있으며 입장료는 없다. 땅속 두 곳에서 솟아 나온 온천물은 인공으로 조성한 폭포를 타고 개울로 흘러 들어간 다음, 누구나 자유롭게 온천욕을 즐길 수 있도록 만든 노천탕으로 모인다.

테르모필레는 전략적인 요충지답게 고대부터 격전지였다. B.C. 279년에는 이곳에서 칼리포스^{Kallipos}가 2만 4천명의 군사를 이끌고 그리스를 침입한 갈리아족에 대항에서 싸웠다. B.C. 191년에는 이곳에서 로마의 마니우스 아킬리우스 글라브리오^{Manius Acilius Glabrio} 장군과 카토^{Cato} 장군이 셀레우코스 왕조의 안티오코스^{Antiochos} 3세를 격퇴했다. 395년에는 서고트족의 알라리쿠스^{Alaricus}왕이 군대를 이끌고 아무 저항 없이 이곳을 통과해 그리스 내륙으로 들어가 아테네의 항복을 받아 내기도 했다.

이곳에서 벌어진 숱한 전투 중 가장 유명한 것은 바로 B.C. 480년 페르시아 전쟁 때 스파르타의 레오니다스^{Leonidas}왕과 페르시아의 크세르크세스^{Xerxes}왕 사이에 벌어진 테르모필레 전투다. 크세르크세스 왕은 당시 아버지 다레이오스^{Dareios} 대왕의 유지를 받들어 4년간의 전쟁 준비 끝에 수륙 양면으로 그리스를 침공했다. 헤로도토스는 『역사』에서 페르시아군이 보병 170만 명, 삼단노선 1207척, 제국 내 이민족들의 병사 등을 합쳐 총 528만 3220명이라고 기록하고 있다. 하지만 그것은 과장된 숫자고 30만 정도가 적당하다. 그중에는 크세르크세스를 호위하던 정예 병사들로 이루어진 소위 1만 명의 '불사 부대(영어로는 Immortals)'도 있었다.

페르시아군이 쳐들어오자 아테네의 테미스토클레스^{Themistokles} 장

Jacques-Louis David, 〈테르모필레의 레오니다스〉, 1814

군은 코린토스의 이스트모스^{Isthmos} 지협에서 그리스 도시국가 전체 회의를 소집하여 동맹을 결성한 뒤 스파르타를 맹주로 선출하고 몇 가지 사항을 결의했다. 첫째, 그리스 도시국가들은 그동안 있었던 싸움을 중지할 것. 이 결의로 아테네는 아이기나^{Aigina}와의 싸움을 중지하여 페르시아와의 전쟁에만 집중할 수 있었다. 둘째, 페르시아와의 싸움에 소극적이었던 시칠리아와 크레타^{Kreta}의 여러 도시 국가에게 도움을 요청할 것. 셋째, 페르시아군에 첩자를 파견하여 동태를 파악할 것.

이어 얼마 후 이스트모스에서 재차 소집된 회의에서 그리스 도시국가 동맹은 아르테미시온^{Artemision}에서는 아테네를 주축으로 페르시아 해군과 대적해서 싸우고, 테르모필레에서는 스파르타를 주축으로 페르시아 육군과 대적해서 싸우기로 계획을 세웠다. 앞서 언급한 것처럼 테르모필레는 테살리아에서 아테네가 있는 아티카^{Attika} 반도로 들어가는 유일한 통로였기 때문에 페르시아군은 아테네를 치기 위해서는 반드시 그곳을 통과해야 했다.

이때 테르모필레에 모인 그리스 도시국가 동맹군은, 스파르타의 중무장 보병 300명, 테게아^{Tegea}의 500명, 만티네이아^{Mantineia}의 500명, 오르코메노스^{Orchomenos}의 120명, 코린토스^{Korinthos}의 400명, 플레이우스^{Phleius}의 200명, 미케네^{Mykene}의 80명을 포함한 그 밖의 아르카디아 지역에서 온 1000명, 테스피아이^{Thespiai}의 700명, 테베^{Thebe}의 400명, 포키스^{Phokis}의 1000명, 테르모필레에서 가장 가까운 로크리스^{Lokris}의 전 병력 등 4000여 명에 불과했으며 총사령관은 바로 스파르타의 왕 레오니다스^{Leonidas}였다.

하지만 페르시아군은 수적 우세에도 불구하고 그리스 도시국가 동맹군의 방어벽을 뚫을 수 없었다. 이때 트라키스^{Trachis} 출신의 농부

에피알테스Ephialtes가 막대한 보상금을 노리고 페르시아의 장수 히다르네스Hydarnes를 찾아가 산길을 통하는 우회로를 알려 주었다. 그리스 도시국가 동맹군은 테르모필레에서 용감하게 버티다가 어느 날 페르시아군이 그 우회로를 통해 협공한다는 첩보와 새벽에 죽음이 찾아온다는 신탁에 따라 작전상 철수하여 후일을 도모하기로 결정했다. 하지만 스파르타의 레오니다스 왕을 비롯한 300명의 병사들은 철수하지 않고 페르시아군에 용감하게 끝까지 맞서 싸우다가 모두 장렬하게 전사했다.

이 대목에서 2가지 의문점이 생긴다. 첫째는, 레오니다스는 왜 죽을 줄 알면서도 철수하지 않은 것일까? 그 이유는 스파르타인들은 어렸을 때부터 군사훈련을 받으면서 전투에 임해서는 절대로 뒤로 물러서면 안 된다고 배웠기 때문이다. 그래서 스파르타의 어머니들은 전장으로 떠나는 아들들에게 방패를 건네주면서 이렇게 말했다고 한다. "이 방패를 직접 갖고 돌아오든지, 아니면 방패에 실려 돌아오라!" 이와 더불어 레오니다스는 또한 동맹군 육군 수장으로서 아마 자신을 희생시키더라도 아군이 테르모필레에서 안전하게 철수할 수 있도록 시간을 벌어야겠다고 생각했을 수도 있다. 페르시아 기병이 철수하는 아군을 따라잡아 공격하면 큰일이었기 때문이다.

둘째는, 철수하지 않고 테르모필레에 남아 페르시아 대군과 대적했던 그리스 도시국가 동맹 병사가 정말 스파르타군 300명뿐이었냐는 것이다. 헤로도토스의 『역사』에 따르면 당시 스파르타군과 함께 남아 있던 도시국가의 군대는 또 있었는데, 바로 400명의 테베군과 700명의 테스피아이군이었다. 게다가 스파르타의 '중무장 보병'은 '호플리테Hoplite'로 불렸는데 몸에 착용해야 할 무구가 많아 평소 그것을 들고 따라다닐 노예 병사가 3명이나 필요했다. 그래서 300명의 스파르타의 중

무장 보병은 노예 병사 900명을 합치면 총 1200명으로 불어난다.

『역사』에 따르면 테스피아이군은 의리상 스파르타군만 놓고 철수할 수 없다며 자진해서 남았다. 하지만 테베군은 스파르타군이 억지로 붙들어 놓았다고 했는데 그 이유는 알 수 없다. 또한 『역사』에는 페르시아군에 대한 레오니다스의 비장하고 결연한 전투의지를 짐작할 만한 일화가 하나 실려 있다. 본격적으로 전투가 벌어지기 전 트라키스^{Trachis}의 어떤 병사가 레오니다스에게 페르시아군의 규모에 대해 들은 소문을 전하며 두려움을 표시했다. 그들이 화살을 쏘면 해가 가려질 만큼 그 수가 엄청나다는 것이다. 이에 레오니다스는 이렇게 대답했다.

> 트라키스 친구여, 좋은 소식을 전해 주어 고맙구려. 페르시아군이
> 해를 가려 준다면 얼마나 좋은 일이오. 우리는 그늘에서 싸우게 될
> 테니 말이오.

테르모필레 근처 야산 콜로노스^{Kolonos} 언덕 위에는 '레오니다스의 무덤'으로 알려진 곳에 직사각형의 조그만 비석 하나가 땅속에 묻혀 있다. 물론 레오니다스의 진짜 무덤은 스파르타에 있다. 그래서 이 비석은 그리스 도시국가 동맹군이 나중에 페르시아군을 격퇴한 후 세운 승리의 기념비일 가능성이 크다. 그 묘비에는 다음과 같은 케오스^{Keos}섬 출신의 시인 시모니데스^{Simonides}의 시가 새겨져 있다.

> 여행자들이여, 가서 스파르타인들에게 전해주오, 우리가 그들의
> 명령을 수행하고 여기에 누워 있다고.

테르모필레의 콜로노스 언덕 입구

콜로노스 언덕의 시모니데스의 시가 새겨진 묘비명

헤로도토스의 『역사』에는 스파르타 300명의 병사 중 살아남은 3명의 사연이 실려 있는데 자못 흥미롭다. 마지막 전투 전 심한 눈병으로 치료를 위해 알페노이^{Alpenoi}로 후송된 에우리토스^{Eurytos}와 아리스토데모스^{Aristodemos}는 페르시아군이 우회로를 이용하여 협공한다는 이야기를 들었다. 그러자 에우리토스는 곧 노예 병사를 앞세워 전장에 복귀하여 용감하게 싸우다 전사했다. 하지만 아리스토데모스는 두려움을 이기지 못하고 알페노이에 그대로 머물다가 귀국했다.

만약 두 사람이 행동을 같이했더라면 나중에 전혀 문제가 발생하지 않았을 것이다. 하지만 스파르타인들은 똑같은 상황에서 에우리토스는 싸우다 죽었지만 아리스토데모스는 눈병을 구실로 죽음을 면하려 한 사실에 분노하여 그에게 불도 빌려주지 않고 말도 걸지 않고 '겁쟁이 아리스토데모스'라는 별명을 지어 주었다. 전투 전에 테살리아에 전령으로 파견되었던 판티테스^{Pantites}라는 또 한 명의 병사는 귀국하여 치욕을 견디다 못해 자살했다.

테르모필레의 레오니다스 동상과 스파르타 시내의 레오니다스 동상에는 "몰론 라베^{Molon Labe, μολὼν λαβέ}"라는 문구가 새겨 있다. 그것은 테

테르모필레의 레오니다스 동상
(기단에 '몰론 라베'라는 글귀가 보인다)

르모필레 전투 중 군사적으로 절대 우위에 있던 페르시아의 왕 크세르크세스가 레오니다스 장군에게 전령을 보내 무기를 내려놓고 항복하면 살려 주겠다고 말하자 스파르타의 왕 레오니다스 장군이 한 말로 '와서 가져가라!'라는 뜻인데 영어로는 'Come and take them!'으로 번역된다.

"몰론 라베"는 미국에서 무기 소지 금지에 반대하는 사람들의 모임의 표어이자, 그들의 인터넷 사이트 이름이기도 하다. '몰론 라베'는 또한 '그리스군 제1사단'의 표어이자, '미 합동 특수 작전 사령부United States Special Operations Command Central'의 표어이기도 하다. 테르모필레 전투는 〈스팔타 총공격〉(1962), 〈300〉(2006), 〈300: 제국의 부활〉(2014) 등의 제목으로 할리우드 영화로도 만들어졌다. 테르모필레 전투의 영웅 레오니다스의 훈련과 전투로 다져진 명품 초콜릿 근육을 염두에 둔 것일까? 벨기에산 명품 초콜릿 브랜드 중에 '레오니다스'가 있다.

63.

'제피로스' 무선 선풍기와 꽃집

제피로스^{Zephyros}는 새벽의 여신 에오스^{Eos}와 저녁노을의 신 아스트라이오스^{Astraios}와의 사이에서 에우로스^{Euros}, 노토스^{Notos}, 보레아스^{Boreas} 등과 함께 태어났다. 제피로스 4형제는 모두 바람의 신으로 어깻죽지에 날개가 달려 있고, 그들처럼 바람의 신이지만 지위가 높았던 아이올로스^{Aiolos}의 지배를 받았다. 제피로스 4형제를 총칭하는 이름은 그리스어로 '바람'이라는 뜻의 '아네모이^{Anemoi}'였다. 아네모이는 로마 신화에서는 벤티^{Venti}로 불렸다.

아네모이 중 에우로스는 동풍, 제피로스는 서풍, 노토스는 남풍, 보레아스는 북풍을 맡았다. 에우로스는 겨울에 남동쪽에서 부는 바람을, 제피로스는 가장 온화하고 부드러운 초봄과 초여름의 미풍을, 노토스는 늦은 여름과 가을의 폭풍우를, 보레아스는 가장 차가운 겨울바람을 관장했다. 로마 신화에서 에우로스는 불투르누스Vulturnus, 제피로스는 파보니우스Favonius, 노토스는 아우스테르Auster, 보레아스는 아퀼로Aquilo로 불렸다.

서풍의 신 제피로스에게는 총 3명의 연인이 있었다. 그중 포르다게Pordage와의 사이에서는 나중에 아킬레우스Achilleus의 마차를 끄는 명마로 인간처럼 말을 할 수 있었던 크산토스Xanthos와 발리오스Balios가 태어났다. 포르다게는 세이렌Seiren처럼 몸통은 새이고 머리는 여자인 괴조 하르피이아이Harpyiai 중 하나다. 제피로스는 또한 요정 클로리스Chloris를 놓고 형제 보레아스와 경쟁을 벌이다 결국 그녀를 납치하여 결혼한 뒤 꽃의 신 플로라Flora로 변신시켜 주었다.

제피로스는 마지막으로 스파르타의 왕이었던 아미클라스Amyklas의 아들로 뛰어난 미모를 자랑했던 히아킨토스Hyakinthos를 열렬히 사랑했다. 하지만 제피로스에게는 쟁쟁한 연적이 3명이나 있었으니, 태양의 신 아폴론, 형제인 북풍의 신 보레아스, 트라케의 뛰어난 가수 타미리스Thamyris가 바로 그들이었다. 결국 히아킨토스가 4명의 구애자를 놓고 심사숙고 끝에 아폴론을 선택하자 제피로스는 깊은 원한을 품고 호시탐

〈히아킨토스와 제피로스〉,
B.C. 490~B.C. 485년경(그리스 도기 그림)

탐 복수할 기회를 노리고 있었다.

그러던 어느 날 제피로스는 아폴론이 히아킨토스와 심심풀이로 원반던지기 놀이를 하는 것을 발견하고 원한을 갚을 절호의 기회라고 생각하고 회심의 미소를 지었다. 그들은 적당하게 떨어진 채 서로를 향해 원반을 던지며 놀고 있었다. 제피로스는 한참 동안 그 광경을 구경하고 있다가 적당한 때를 골라 아폴론이 원반을 던지는 순간 곧바로 강한 맞바람을 일으켰다. 그러자 원반이 갑자기 방향을 바꿔 거꾸로 날아가더니 히아킨토스의 정수리를 가격하여 그에게 치명상을 입혔다.

사색이 된 아폴론은 의식을 잃은 히아킨토스를 팔에 안은 채 의술의 신으로서 할 수 있는 모든 처치를 다 했다. 하지만 그래도 히아킨토스의 의식이 돌아오지 않자 아폴론은 최후의 수단으로 그의 상처에 인간들의 상처에는 특효약인 신들의 음식 암브로시아를 발랐지만 마찬가지로 아무런 소용이 없었다. 의술의 신 아폴론도 운명의 여신들이 정한 히아킨토스의 죽음을 막을 수는 없었기 때문이다.

결국 히아킨토스가 숨을 멎자 아폴론은 자책하며 절규했다. 그는 할 수만 있다면 자신도 인간이 되어 히아킨토스를 따라 죽고 싶었다. 하지만 그럴 수는 없는 법. 아폴론은 오열하며 히아킨토스의 시신을 안고 절대로 그를 잊지 않겠다고 약속했다. 이어 그의 머리에서 흘러내린 피로 '히아

Peter Paul Rubens,
〈히아킨토스의 죽음〉, 1636

신스hyacinth'라는 꽃을 만들어 냈다. 또한 그 꽃잎에 '아이, 아이AI, AI'라는 그를 애도하는 통곡 소리를 새겨 넣었다.

월리앙 아돌프 부그로William Adolphe Bouguereau 등 유명한 화가들이 '제피로스와 플로라'를 주제로 즐겨 그림을 그렸다. 특히 산드로 보티첼리Sandro Bitticelli의 〈봄〉에서 플로라는 아직 변신하기 이전의 요정 클로리스다. 그녀는 청색 피부에 청색 천을 두른 어떤 남자의 포옹을 피해 아프로디테에게 달려간다. 그녀는 연신 뒤를 돌아보며 입속에서는 계속해서 장미꽃 송이를 뿜어내고 있다. 아마 그녀가 조만간 꽃의 여신이 될 것을 암시하는 듯하다. 그 청색 남자는 바로 바람을 일으키는 부풀린 볼로 보아 클로리스를 납치하려는 서풍의 신 제피로스다.

네이밍계에서는 바람의 신 아네모이 4형제 중 단연 제피로스를 선호한다. 우선 '제피로스플라워'와 '제피로스' 무선 선풍기가 있다. 제피

William-Adolphe Bouguereau, 〈플로라와 제피로스〉, 1875

로스가 바람의 신이고 그의 아내가 꽃의 여신 플로라이니 정말 잘 어울리는 네이밍이다. '제피로스' 시계전문점도 있으며 주택 이름에도 '제피로스'가 붙어 있다. 또한 제주의 골프장 '제피로스 CC'는 정작 다른 이름으로 바뀌었는데, 오픈 예정인 충주의 골프장 이름이 '제피로스'다. 제피로스는 가장 온화하고 부드러운 미풍을 관장했으니 아마 그 골프장은 장차 그 덕을 톡톡히 보게 되리라. 서울 강남에는 골프장 회원권 거래소인 '제피로스'가 있다.

'플로라Flora'는 꽃집 이외에도 카페, 노래방, 두피관리소, 피부관리소, 주택 이름 등으로도 쓰인다. 이불 커버와 침대 패드 전문업체 중에도 '플로라'가 있다. 총 23화로 이루어진 웹소설 제목도 '플로라'다. '플로라' 식물 전용 패드도 있다. '플로라'가 꽃의 여신으로 변하기 전의 이름 '클로리스'도 주로 꽃집이나 화훼농원 이름으로 쓰인다. '클로리스플라워Chloris Flower'나 '슈가클로리스'처럼 클로리스 앞과 뒤에 다른 말을 붙여 쓰기도 한다. '클로리스' 홍차 전문점, 화실, 카페, 주얼리 숍, 공방 등도 있다. 제피란테스Zephyranthes라는 수선화과에 속하는 관상용 꽃 이름은 '제피로스'와 꽃이라는 뜻의 그리스어 '안토스anthos'가 합쳐진 것이다.

동서남북 바람의 신 4남매를 총칭하는 '아네모이Anemoi'의 로마식 이름인 '벤티Venti'는 라틴어인데, 이탈리아어로는 숫자 20이라는 뜻이기도 하다. 그래서 커피 전문점 스타벅스Starbucks에서는 20온스, 약 591ml의 커피 용량을 나타내는 단위로 쓰인다. 현재 우리나라에는 커피 용량 '벤티'의 이름을 딴 '더벤티theVenti'라는 커피 전문점이 있다.

'로투스'와 '델로스' 비스킷

Theodoor van Thulden,
〈로토파고이족의 나라에서 부하 3명을 억지로 끌고 나오는 오디세우스〉, 1633

●

오디세우스는 목마 전술을 고안하여 그리스군이 트로이를 함락시키는 데에 결정적인 역할을 했다. 전쟁 10년 만에 마침내 트로이가 무너지고 오디세우스는 귀향길에 올랐다. 하지만 그는 곧장 귀향하지 못하고 도중에 들른 외눈박이 종족 키클로페스^Kyklopes족이 사는 섬에서 포세이돈 신의 깊은 분노를 사는 바람에 또다시 10년 동안이나 바다를 방랑하며 숱한 시련을 겪었다.

트로이 전쟁이 끝난 뒤 오디세우스가 12척의 함선을 이끌고 케르네소스 반도와 트라케의 키코네스족이 사는 곳을 거쳐 펠로폰네소스 끝자락 말레아^Malea곶 근처를 지나다가 거센 폭풍우를 만나 9일 동안이나 바다를 떠다닌 끝에 세 번째로 도착한 곳이 바로 로토파고이^Lotophagoi족의 나라다. '로토파고이'는 '연蓮을 먹는 사람들'이라는 뜻으로 그들의 주식이 바로 연이라서 얻은 이름이다. '연'은 그리스어로는 '로토스^Lotos', 영어로는 '로우터스^Lotus'다.

오디세우스는 부하 2명과 전령 1명을 선발하여 그곳 주민들이 어떤 사람들인지 알아보도록 해안에서 깊숙한 곳에 있는 그들의 집단 거주지로 보냈다. 하지만 아무리 기다려도 부하들이 돌아오지 않았다. 그들은 로토파고이족이 무심코 건네준 연으로 만든 음식을 먹고 귀향은 잊어버린 채 그곳에 눌러앉아 살고 싶어 했기 때문이다. 외부인이 그들이 내민 음식을 먹는 순간 과거를 깡그리 잊어버리는 기억상실증에 빠져 버렸던 것이다.

오디세우스는 하는 수 없이 로토파고이족을 직접 찾아가 부하들을 강제로 함선에 싣고 떠났다. 그들은 가지 않겠다고 발버둥을 쳤지만 함선에 오르자마자 언제 그랬냐는 듯 제정신으로 돌아왔다. 호메로스의 『오디세이아』에 따르면 오디세우스는 파이아케스Phaiakes족의 알키노오스Alkinoos왕에게 로토파고이족의 로토스의 맛과 효능에 대해 이렇게 묘사하고 있다.

제 부하들 가운데 꿀처럼 달콤한 로토스를 먹은 자들은 귀향하려고 하기는커녕 모든 것을 잊고 그곳에서 로토스를 먹으며 로토파고이족과 함께 살려고 했지요.

1932년 벨기에에서 설립되어 '스페퀼로스speculoos'라는 비스킷으로 세계적인 명성을 얻은 '로투스Lotus'라는 제과 회사가 있다. 이 비스킷은 미국, 영국, 오스트레일리아, 브라질 등에서는 '로투스 비스코프Lotus Biscoff'라는 브랜드로 생산되는데, 우리나라에서는 두 브랜드를 모두 수입하여 판매하고 있다. 주로 카페에서 커피를 마실 때 주전부리로 내놓는다. '비스코프'가 바로 '비스킷biscuit'과 '커피coffee'의 합성어다. 로투스 제과 회사 홈피에서는 그 브랜드 히스토리를 찾아볼 수 없지만 아마 오디세우스의 부하들에게 귀향을 잊게 할 정도로 "꿀처럼 달콤했던" 바로 그 로토스를 염두에 두고 만든 것이리라.

영화 〈퍼시 잭슨과 번개 도둑〉에서 현대판 데미갓 퍼시 잭슨Percy Jackson 일행이 '로투스 카지노Lotus Casino'에 들어가 그곳에서 제공하는 '로투스의 꽃'이라는 과자를 받아먹고 과업을 망각하는데 그 에피소드의 원형이 바로 로토파고이족이다. 우리나라에도 '로투스 비스코프'처럼 카페에서 커피와 함께 먹으라고 주전부리로 내놓는 '델로스Delos'라는 비스킷이 있다. 두 비스킷은 마치 일란성 쌍둥이처럼 빼닮았다. 많은 소비자가 인터넷에서 두 제품의 차이점이 무엇인지 물을 정도다. '로투스'가 90여 년 전에 만들어진 것이니 아무래도 '델로스'가 그것을 벤치마킹한 것일 것이다. 특히 비스킷 이름도 둘 다 그리스 신화와 깊은 관련이 있다.

델로스는 그리스 신화의 태양신 아폴론과 달의 신이자 사냥의 여신 아르테미스가 태어난 섬이다. 아폴론의 아버지는 제우스이고 어머니는 티탄 신족 레토^{Leto}였다. 레토가 해산할 달이 되자 질투의 화신 헤라가 세상의 모든 땅에 그녀가 해산할 장소를 제공하지 말라고 엄명을 내렸다. 명령을 어기는 땅은 초토화시키겠다고도 했다. 모든 땅이 헤라가 무서워 레토를 거절했지만, 에게해를 둥둥 떠다니던 오르티기아^{Ortygia}섬이 그녀를 받아 주었다. 불모의 땅이었던 그 섬은 더 이상 잃을 게 아무것도 없었기 때문이다.

그 후 레토가 오르티기아 섬에서 무사히 쌍둥이 남매 아르테미스

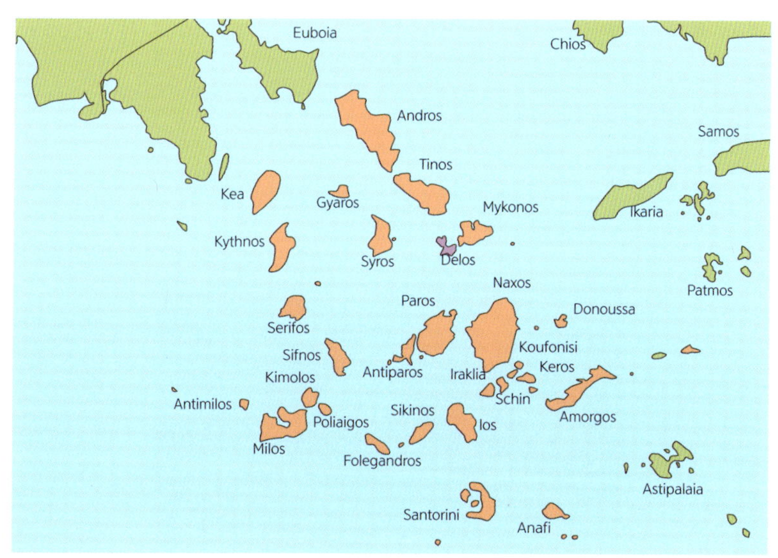

에게해 키클라데스군도의 델로스섬의 위치

와 아폴론을 순산하자 제우스는 그에 대한 고마움의 표시로 바다의 신 포세이돈을 시켜 그 섬이 에게해를 떠돌아다니지 않고 한곳에 머물러 있도록 했다. 섬 이름도 '빛나는 섬'이라는 뜻의 '델로스'로 바꾸어 주었다. 그래서 델로스섬에는 아르테미스와 아폴론의 출생지답게 아르테미스 신전과 아폴론 신전이 세워져 있었다. 특히 아폴론 신전은 3개의 도시국가가 각각 하나씩 나란히 세워 봉헌했는데, 델로스 아폴론 신전, 아테네 아폴론 신전, 포로스Poros 아폴론 신전 등이 바로 그것이다.

'델로스' 비스킷 과자 겉봉에 신전이 그려져 있는 게 있는데, 그것은 3개의 신전 중 가장 큰 델로스 아폴론 신전을, 그리고 그 신전 양쪽에 그려져 있는 2마리 사자는 델로스에 소위 '사자들의 테라스the Terrace of the Lions'라는 이름으로 아폴론 신전으로 가는 소위 '신성한 길'을 따라 세워졌던 포효하는 사자 석상들을 형상화한 것이다. 그 석상들은 낙소스Naxos인들이 아폴론에게 바친 것으로 원래 9~12마리였는데, 그중 한 마리는 베네치아인들이 혼란기에 자국으로 가져가 옛 '베네치아 해군 조선소Venetian Arsenal' 정문에 세워 놓았고, 현재 델로스에 남아 있는 것은 총 7마리다. 물론 유적지에 있는 사자들은 복제품이고 진품은 바로 근처에 있는 델로스 고고학 박물관에 전시되어 있다.

델로스의 '신성한 길'의 사자들의 테라스

〈메아리〉 노래와 '나르시시즘'

Louis Jean François Lagrenée, 〈에코와 나르키소스〉, 1725~1805

아이돌 그룹 NCT 127, 김태우, 박효신, 오마이걸의 노래 중에 〈메아리〉가 있고, 서울대 노래패 중에도 '메아리'가 있다. 메아리는 영어로는 '에코echo'라고 하는데 그리스 신화에서 메아리로 변신한 숲의 요정 에코에게서 유래한 단어다. 가수 선미의 노래 중에 '자기애'라는 뜻의 '나르시시즘Narcissism'이 있다. 나르시시즘은 그리스 신화에서 에코 때문에 수선화로 변신한 아름다운 청년 나르키소스Narkissos에게서 유래한 심리학 개념이다. 나르키소스의 영어식 표기는 '나르시서스narcissus'다. 그래서 수선화를 영어로 '나르시서스'라고 한다.

가수 아이돌 그룹 SF9의 여섯 번째 미니 앨범 이름이 바로 '나르시서스'다. 멜론에서 앨범 정보를 찾아보니 이렇게 쓰여 있다.

> 이번 앨범은 SF9의 내면에 깃든 자기애를 주제로 한다. 그리스 신화에 나오는 아름다운 청년 나르키소스처럼 거울 속에 비친 나 자신에게 '지금도 충분히 예쁘니 더 예뻐지지 말라'고 말하는 나르시시즘 요소를 담고 있다. 또한 자존감을 잃어가는 이들에게 본연의 모습 그대로를 사랑하자고 말하는 성숙한 자기애의 발현이기도 하다.

그리스 신화에서 에코가 메아리로 변신한 화근은 바로 헤라의 질투였다. 헤라는 어느 날 남편 제우스가 숲에서 요정들과 놀고 있다는 정보를 입수했다. 헤라가 조심스럽게 그곳으로 다가갔지만, 마지막 순간 제우스가 눈치를 챘다. 다급해진 제우스는 시간을 벌기 위해 헤라가

오는 길목에 함께 놀던 요정 에코를 보냈다. 에코는 천하의 수다쟁이였다. 그녀는 말을 한번 시작했다 하면 상대방의 혼을 빼놓을 정도였다. 에코의 수다를 정신없이 듣고 있던 헤라는 자신이 왜 그곳에 왔는지 그만 잊어버리고 말았다.

헤라가 한참 만에 정신을 차렸지만 때는 이미 늦었다. 그사이 제우스가 모든 흔적을 없애고 사라졌던 것이다. 화가 난 헤라는 에코에게 저주를 퍼부었다. "너는 앞으로 남이 말을 하기 전에는 절대로 혀를 놀릴 수 없고, 남이 하는 마지막 말만 따라 할 수 있을 것이다." 그러던 어느 날 에코는 숲으로 사냥 나온 미남 청년 나르키소스를 보고 첫눈에 사랑에 빠졌다. 나르키소스는 정말 눈이 부시게 아름다운 청년이었다. 그녀는 나르키소스에게 사랑을 고백하려 했지만, 헤라의 저주 때문에 도무지 말이 나오지 않았다. 에코는 마음을 졸이며 몰래 나르키소스의 뒤만 졸졸 따라다녔다.

언젠가 친구들과 함께 사슴을 쫓던 나르키소스가 자꾸만 깊은 숲속으로 들어가다가 그만 혼자 남게 되었다. 불안해진 그는 친구들을 불렀다. "야, 너희들 어디 있니?" 에코가 이 기회를 놓칠 리 없었다. 그녀는 "사랑해요!"라고 말하고 싶었다. 하지만 입에서 튀어나온 말은 나르키소스가 한 마지막 말 "있니?"였다. 친구들의 대답으로 알아들은 나르키소스가 다시 소리쳤다. "야, 너희들, 이 근처에 있니?" 그러자 에코가 또 따라 했다. "있니?" 짜증이 난 나르키소스가 다시 외쳤다. "장난 그만하고 빨리 나와 함께 가자!"

바로 그 순간 숲에 숨어 있던 에코가 "가자!"를 외치며 튀어나와 나르키소스의 목을 감싸 안았다. 나르키소스가 자신의 마음을 받아 주고 숲에서 나오라는 말로 오해했던 것이다. 깜짝 놀란 나르키소스는 에코

Alexandre Cabanel, 〈에코〉, 1874

를 매몰차게 뿌리치며 도망쳤다. 에코는 그날 이후 동굴이나 계곡에 몸을 숨기고 살았다. 부끄럽고 자존심이 상했기 때문이다. 실연의 아픔으로 날로 야위어 가던 에코는 마침내 몸은 사라지고 목소리만 남아 메아리가 되었다. '에코'는 그리스어로 '메아리'라는 뜻이다.

에코를 불행에 빠뜨린 나르키소스는 어렸을 적부터 여자처럼 빼어난 미모를 자랑했다. 하지만 그가 태어난 지 얼마되지 않아 우연히 집 앞을 지나가던 예언가 테이레시아스Teiresias가 그의 부모에게 불길한 예언을 했다. 아들이 앞으로 자신의 얼굴을 보지 않아야 오래 산다는 것이다. 그래서 그들은 나르키소스가 어렸을 적부터 거울이나 유리 등이 아들 근처에 얼씬 못하도록 했다. 유모나 하인들에게도 아들을 물가에 데려가지 않도록 단단히 일러두었다.

나르키소스는 부모 덕택으로 건강하고 멋진 청년으로 자랐지만, 어찌 된 일인지 사랑을 몰랐다. 그의 관심은 오직 사냥뿐이었다. 에코 이외에도 그전에 수많은 요정들이 그에게 사랑을 고백했다가 번번이 퇴짜를 맞았다. 그에게 거부당한 요정들이 에코의 불행한 소식을 듣고 한마음으로 신들에게 복수를 간청하자, 복수의 여신 네메시스Nemesis가 그들의 청을 들어주었다. 주지하다시피 네메시스는 에리니에스Erinyes와

는 달리 혈연 관계가 아닌 인
간들 사이의 복수를 담당했다.

어느 날 여느 때와 마찬
가지로 숲속에서 사냥하던 나
르키소스는 갑자기 목이 말랐
다. 그는 숲속을 한참 헤매다
가 마침내 아담한 샘물을 발견
하고는 부리나케 몸을 엎드려
수면에 입을 대고 목을 축이려
다 그만 깜짝 놀랐다. 수면에
서 아리따운 샘물의 요정 하나
가 자신을 뚫어지게 바라보고

Giulio Carpioni,
〈아들 나르키소스를 테이레시아스에게
데려가는 리리오페〉, 1671년경

있었기 때문이다. 나르키소스는 첫눈에 그만 그녀와 사랑에 빠지고 말
았다. 지금까지 자신의 얼굴을 한 번도 보지 못한 터라 수면에 비친 자
신의 얼굴을 알아볼 턱이 없었던 것이다.

그는 요정을 한참 동안 바라보다가 애타는 마음에 한번 얼굴에 손
을 대보았다. 하지만 수면에 물결이 일자 요정은 감쪽같이 사라졌다.
나르키소스는 수면에 몇 번이나 손을 뻗어 보았지만 그리움만 더할 뿐
이었다. 그날 이후 나르키소스는 집에 돌아가는 것도, 먹는 것도, 심지
어 자는 것도 잊었다. 그는 샘가에 앉아 수면에 비친 자신의 얼굴만 하
염없이 바라볼 뿐이었다. 결국 그는 자신을 짝사랑하다가 상사병으로
죽은 에코처럼 점점 말라 야위어 가다가 죽어 흔적도 없이 사라졌다.
한참 후에 그가 죽은 자리에서 한 송이 수선화가 피어났다.

나르키소스를 처음으로 심리학과 연관시킨 사람은 1752년 『나

르키소스: 혹은 자기 예찬자 Narcissus: or the Self-Admirer』라는 코미디를 펴낸 프랑스의 장 자크 루소Jean-Jacques Rousseau였다. 그 후 영국의 심리학자 해브록 엘리스Havelock Ellis는 과도한 마스터베이션에 빠진 사람을 "나르키소스 같다Narcissus-like"고 했다. 특히 오스트리아의 심리학자 파울 네케Paul Näcke는 성도착증

Jan Cossiers, 〈나르키소스〉, 1600~1671

을 연구하면서 나르시시즘이라는 용어를 최초로 사용했다. 하지만 그 용어를 체계적으로 정립한 사람은 오스트리아의 심리학자 지그문트 프로이트Sigmund Freud다.

프로이트에 따르면 인간의 성적 에너지인 리비도libido는 유아기에는 당연히 자기 자신에게로만 향한다. 이것이 바로 1차적primary 나르시시즘이다. 그런데 그 리비도는 성인이 되면 자연스럽게 자신과 타인을 자유롭게 오간다. 이처럼 리비도가 소위 '자아 리비도ego-libido'와 '대상 리비도objekt-libido'로 섞바뀌는 것은 지극히 정상적인 현상이다. 그런데 실연 등 어떤 충격적인 사건으로 인해 그 리비도가 타인을 완전히 떠나 오로지 자신에게로만 향할 수 있다. 이것이 바로 2차적secondary 나르시시즘으로 병적인 현상이다.

'나르시시즘'은 정신분석학에서 '자기를 사랑하고 아낀다'는 뜻의 '자기애自己愛'로 번역되어 사용된다. 적당한 자기애는 우리에게 자신감과 자부심을 불러일으킨다. 문제는 그 자기애가 프로이트의 2차적 나

John William Waterhouse, 〈에코와 나르키소스〉, 1903

르시시즘처럼 절제되지 않았을 때 일어난다. 우리 주변에서 흔히 들을 수 있는 왕자병이나 공주병도 일종의 2차적 나르시시즘이다. 2차적 나르시시즘은 개인뿐 아니라 집단에서도 생겨난다. 독일 민족이 최고라며 유대인 학살을 일삼던 히틀러가 바로 그 경우다. 그에 비해 월드컵 때마다 시청이나 광화문 광장에 모여 "대~한민국!"을 외치던 우리의 모습은 얼마나 긍정적인 에너지로 작용했는가?

'아네모네' 꽃과 '아도니스 콤플렉스'

Benjamin West, 〈아도니스〉, 1800

●

'아도니스 콤플렉스'는 미국 하버드대학교의 심리학자 해리슨 포프 Harrison Pope가 만든 심리학 개념이다. 원래는 '근육이형증Muscle dysmorphia' 이라 칭했는데, 독일 학자들이 그 개념을 받아들이면서 그리스 신화에 등장하는 미남 청년 아도니스Adonis의 이름을 따라 '아도니스 콤플렉스' 라고 명명했다. 주요 특징은 주로 남자가 외모에 너무 강한 집착을 보여 자신보다 잘생겼다고 생각하는 사람을 보면 심한 열등감을 느끼며 극심한 우울감을 느끼는 것이다.

아도니스 콤플렉스를 가진 사람은 완벽주의자인 데다 자존감이 무척 낮아 자신의 외모나 몸매에 전혀 만족하지 못한다. 특히 근육에 너무 강한 집착을 보여 자신의 근육을 불리는 데 가학에 가까울 정도의 노력을 기울인다. 몸매에 너무 과도하게 신경을 쓰다가 거식증에 시달리기도 하고, 외모를 가꾸느라 운동 기구나 화장품을 사는 데 지나치게 많이 지출한다. 어떤 심리학자들은 아도니스 콤플렉스를 일종의 병적인 나르시시즘으로 분류하기도 한다.

그리스 신화에서 아도니스는 부녀 사이의 근친상간으로 태어났지만, 미의 여신 아프로디테도 반할 정도로 아름다운 청년이었다. 아폴로도로스Apollodoros의 『도서관』에 따르면 아시리아의 왕 테이아스Theias의 딸 미르라Myrrha는 아프로디테를 섬기는 것을 거부했다. 분노한 여신은 그녀가 아버지를 사랑하게 하여 유모의 도움으로 아버지와 동침하도록 했다. 뒤늦게 이 사실을 알게 된 테이아스가 격분하여 미르라를 죽이려 하자 신들은 그녀를 몰약 나무로 변신시켜 주었다. 열 달 후 그 나무가 갈라지며 아도니스가 태어나자 숲의 요정들이 그를 데려다 키웠다.

　오비디우스의 『변신 이야기』에 따르면 미르라의 아버지는 키프로스의 왕 키니라스Kinyras였다. 미르라의 유모는 어느 날 목을 매려는 그녀를 발견하고 그 이유가 품어서는 안 될 아버지를 향한 연정임을 알아내고 미르라를 구할 방법을 모색했다. 그때 마침 키프로스에서 남자들에게 아내와의 동침을 금했던 곡물의 여신 케레스Ceres의 축제가 벌어지고 있었다. 유모는 좋은 기회라고 생각하여 색에 굶주린 왕에게 적당한 때를 골라 은밀하게 좋은 아가씨가 있다고 귀띔했다. 왕이 그녀의 나이를 묻자 유모는 미르라 공주님과 같은 나이라고 둘러대고 결국 한밤중에 그녀를 아버지의 침실에 밀어 넣는 데 성공했다.

　키니라스는 며칠 밤을 딸과 동침하다가 어느 날 밤 그녀가 잠든 사이 얼굴이 너무 궁금하여 등불을 켜는 바람에 모든 진실을 알게 되었다. 분기탱천한 왕은 벽에 걸려 있던 칼집에서 칼을 빼 딸을 찌르려고 했다. 하지만 그녀는 어둠 덕분에 간신히 아버지의 칼날을 피할 수 있었다. 아버지의 추격을 피해 이리저리 헤매느라 지칠 대로 지친 미르라는 결국 신들에게 하소연하여 몰약 나무로 변신했다. 미르라가 잉태한 아이는 몰약 나무 안에서 계속 자라더니 열 달 후 나무껍질을 뚫고 태어났다. 그 아이가 바로 에로스처럼 잘생긴 미남 아도니스였다.

　바로 그때 그 몰약 나무 근처를 지나던 아프로디테가 갓 태어난 아도니스를 발견하여 하데스의 왕비 페르세포네에게 키워 달라고 맡겼다. 시

Luigi Garzi, 〈아도니스의 탄생과 미르라의 변신〉, 1638~1721

간이 흘러 아도니스가 아름답고 준수한 청년으로 성장하자 아프로디테
는 페르세포네를 찾아가 그를 돌려 달라고 요구했다. 하지만 페르세포
네가 거절하자 아프로디테는 제우스에게 중재를 부탁했다. 이에 제우
스는 아도니스가 앞으로 1년의 1/3은 아프로디테와, 또 1/3은 페르세포
네와, 나머지는 자신이 원하는 여신과 살라고 명령했다.

그러자 아도니스는 자기가 마음대로 쓸 수 있는 1년의 1/3마저도
아프로디테와 함께 살겠다고 공표했다. 이때부터 아프로디테와 아도
니스는 거의 한 몸처럼 붙어 다녔다. 아도니스는 사냥을 무척 좋아했는
데 아프로디테는 그게 마음이 걸려 그에게 항상 큰 짐승을 조심하라고
일렀다. 그러던 어느 날 아도니스는 혼자 사냥을 나갔다가 아프로디테
의 경고를 잊고 커다란 멧돼지를 쫓다가 그만 녀석의 엄니에 받혀 죽고
말았다.

슬픔에 잠긴 아프로디테는 피로 범벅이 된 아도니스의 시신에 신
들의 음료인 넥타르^{Nektar}를 부었다. 그러자 아도니스의 시신이 순식간
에 사라지더니 그 자리에서 아네모네^{Anemone} 꽃 한 송이가 피어났다. 다
른 설에 의하면 아도니스를 엄니로 물어 죽인 멧돼지는 바로 전쟁의 신

Alessandro Turchi, 〈아도니스의 죽음〉,
1578~1649

Jean Monier, 〈아도니스의 죽음〉,
1600~1656

아레스Ares였다. 아도니스에게 애인 아프로디테를 빼앗기자 아레스가 질투심에 사로잡혀 멧돼지로 변신해 그를 응징했다는 것이다.

그러는 사이 아도니스의 시신이 아침 안개처럼 사라지며 그의 핏속에서 아네모네 한 송이가 피어났다. 그래서 그랬을까? 서양에서의 아네모네의 꽃말은 '거절당한 사랑'이다. 하지만 중국에서는 '병의 상징'이고, 일본에서는 '나쁜 소식'의 상징이다. 아네모네의 어원이 그리스 신화에서 동풍의 신 에우로스Euros, 서풍의 신 제피로스Zephyros, 남풍의 신 노토스Notos, 북풍의 신 보레아스Boreas 등 총 4명의 바람의 신을 총칭하는 이름 '아네모이Anemoi'다. 그래서 아네모네는 바람꽃으로 불린다. 왜 그럴까? 그것은 꽃잎이 너무 연약해서 바람에 쉽게 흔들리기 때문이다.

한때 우리나라에 '아도니스Adonis'라는 남성용 녹차 화장품이 있었다. 해마다 노벨상 후보로 추천될 정도로 세계적으로 유명한 시리아 출신 시인의 필명도 '아도니스'다. 그는 본명이 알리 아흐마드 사이드Ali Ahmad Said인데 시집으로는 민음사에서 출간된 『너의 낯섦은 나의 낯섦』이 있다. 핀란드산 코코아 잔 중에 아네모네꽃이 그려진 '아네모네'가 있다. 가수 이영지와 래원의 노래 중에 〈아네모네〉가 있다. 이미자의 노래 중에도 〈아네모네〉가 있는데 마지막 두 소절이 아네모네 꽃말의 핵심을 찌른다.

마음 바쳐 그 사람을 사모하고 있지만/허무한 그 사랑을 달랠 길은 없는가

셰익스피어의 산문시
『비너스와 아도니스』

Titian, 〈비너스와 아도니스〉, 1554

●

　세익스피어는 1953년에 펴낸 199연 총 1194행으로 이루어진 『비너스와 아도니스^{Venus and Adonis}』라는 산문시에서 그리스 신화 속 아도니스 이야기를 원전과는 사뭇 다르게 풀어냈다. 세익스피어의 비너스는 어느 날 꽃미남 청년 아도니스를 보고 첫눈에 사랑에 빠졌다. 그녀는 말을 타고 막 사냥을 떠나려는 아도니스의 한쪽 팔을 붙들고 이제 사냥은 그만두고 자신과 육체의 애욕을 즐기자고 유혹했다. 하지만 아도니스는 비너스가 아무리 달콤한 말로 꼬드겨도 손사래를 치며 무조건 사냥을 가겠다고 고집을 피웠다. 그는 마치 독신주의자처럼 육체의 애욕에는 전혀 관심이 없었고 오직 사냥에만 빠져 살았던 것이다.

　아도니스가 거절한다고 그냥 포기할 비너스가 아니었다. 그녀는 아도니스의 마음속에 사랑의 불씨를 지피기 위해 그에게 달려들어 강제로 키스를 퍼부으며 마치 판소리 『춘향전』의 「사랑가」를 연상시키는 온갖 선정적인 말들을 쏟아 냈다. "한창때 따지 않은 꽃들은 순식간에 시들어 사라지는 법이지요", "내게 한 번만 키스를 해 줘요. 내 그대에게 금방 갚아 드릴게요. 게다가 이자로 한 번 더 해 드릴게요." 그녀는 심지어 자신은 숲이 될 테니 아도니스는 사슴이 되어 그 안에서 맘껏 풀을 뜯어 먹으라고 속삭였다.

　내 입술에서 풀을 뜯어먹으세요. 그 언덕이 가물어지면 조금 아래로 내려오세요. 맛있는 샘물들이 있는 곳으로요.

　하지만 아도니스의 반응은 여전히 찬 바람이 일 정도로 냉담하기만 했다. 결국 비너스는 최후의 수단으로 짐짓 실신한 것처럼 갑자기 땅바닥에 꼬꾸라졌다. 그러자 과연 아도니스는 당황해하며 그녀를 소생시키려고 얼른 비너스에게 다가와 손발을 주무르다가 아무런 효과가 없자 급기야 그녀의 입술에 자신의 입술을 포개고 인공호흡을 하기 시작했다. 비너스는 바로 이 순간을 이용해 아도니스를 힘으로 제압하여 욕심을 채웠다. 이어 쓸쓸한 표정으로 사냥을 떠나는 아도니스에게 내일 다시 만날 수 있는지 물었다. 이에 아도니스는 친구들과의 멧돼지 사냥을 핑계로 단호하게 안 된다고 대답했다.

바로 그 순간 비너스는 멧돼지라는 말에 소스라치게 놀라며 아도니스에게 제발 내일 사냥은 가지 말라고 말렸다. 그래도 굳이 가겠다면 멧돼지 사냥은 피하고 차라리 토끼나 여우나 노루를 잡으라고 애원했다. 지난밤 꿈속에서 그가 멧돼지 엄니에 받혀 죽는 것을 봤다는 것이다. 하지만 사냥 마니아였던 아도니스가 비너스의 말을 들을 리 없었다. 그는 끝내 다음 날 사냥을 하러 갔다가 정말 멧돼지에게 참변을 당했다. 비너스는 유혈이 낭자한 아도니스의 시신을 발견하고 분노한 나머지 사랑에 저주를 퍼부었다.

앞으로 사랑에는 슬픔이 뒤따르리라. 질투도 동반하리라. 사랑은 처음에는 달콤하나 나중에는 쓰디쓰리라. 변덕스럽고 거짓되고 속임수로 가득하리라. 안은 독이 깔려 있으나 겉은 달콤한 꿀로 발라져 있으리라. 사랑 탓에 아무리 건강한 몸이라도 금세 상하게 되리라. 현명한 사람도 바보가 되리라. 사랑은 가장 정직하게 보이면서도 사실 가장 위선적이요, 가장 순종적이면서도 사실 가장 고집불통이 되리라. 사랑은 전쟁과 끔찍한 사건들의 원인이 되리라.

그러는 사이 아도니스의 시신이 아침 안개처럼 사라지며 그의 핏속에서 바람꽃 아네모네 한 송이가 피어났다.

Peter Paul Rubens, 〈아도니스의 죽음〉, 1614(맨 왼쪽이 비너스, 다른 세 여인은 그녀의 수행원인 우미의 여신 3자매인 카리테스Charites다)

John William Waterhouse, 〈아도니스를 깨우는 비너스〉, 1889~1900 (아도니스 주변에 피어 있는 꽃이 바로 아네모네다)

'미다스의 손', '마이다스의 손'

'미다스의 손'이라는 표현을 모르는 사람은 없을 것이다. 그것은 금융계나 증권가 등에서 단시일 내에 고객의 돈을 아주 많이 불려 주는 사람을 뜻한다. '미다스의 손'은 '황금손'이라고도 한다. 미다스Midas는 그리스 신화에 등장하는 탐욕의 아이콘인데, 그가 손으로 만지면 뭐든지 황금으로 변했기 때문이다. 우리말 표기로는 '미다스'의 영어식 발음으로 '마이더스의 손', 혹은 '마이다스의 손'이라고 한다.

고장 난 기계를 척척 수리해 내는 사람이나 흠집이 난 옷이나 가방 등을 감쪽같이 수선하는 사람들도 미다스의 손이라고 한다. 그래서 우리나라 명품 수선 전문점 중에 '마이다스의 손'이 있다. '여수예술랜드' 미디어아트 조각공원에도 '마이다스의 손'이라는 조형물이 있다. 사람의 거대한 오른손이 바다 쪽으로 손바닥을 펴고 있는 형상이다. 관람객들은 계단을 통해 그 손바닥에 올라가서 뷰도 즐기고 사진도 찍는데, 성수기에는 몇 시간이나 기다려야 할 만큼 인기가 아주 좋다. 아마 황금손을 지닌 미다스의 기운을 받고 싶은 강한 열망 때문일 것이다.

그리스 신화의 미다스는 소아시아 프리기아Phrygia의 왕이었다. 그는 아주 계산적이고 용의주도했다. 탐욕스러웠다. 자신에게 조금이라도 이익이 되지 않는 일은 거들떠보지도 않았다. 어느 날 그의 군사들이 국경 근처 산속에서 술에 취해 자고 있던 어떤 노인을 데려왔다. 출신이 미심쩍은 데다 횡설수설하는 게 아무래도 이웃 나라의 첩자 같다는 것이다. 하지만 미다스는 단박에 그 노인이 포도주의 신 디오니소스Dionysos의 스승 실레노스Silenos라는 사실을 알아챘다. 그래서 그는 그 노인을 극진하게 대접하고 선물까지 들려서 집으로 돌려보냈다.

얼마 후 디오니소스가 스승으로부터 사정을 전해 듣고 미다스 왕

Sébastien Bourdon, 〈실레노스를 디오니소스에게 데려다주는 미다스〉, 1637

을 불렀다. 미다스가 회심의 미소를 지으며 찾아가자 디오니소스는 그에게 스승을 잘 대해 주어서 고맙다며 소원을 하나 들어주겠다고 말했다. 미다스는 기다렸다는 듯이 자신이 손으로 만지는 건 모두 황금이 되게 해 달라고 간청했다. 디오니소스는 약간 실망하는 표정을 지으며 왕에게 소원이 이루어졌으니 어서 가 보라고 퉁명스럽게 대답했다.

미다스는 쾌재를 부르면서 자신의 궁전으로 향했다. 그는 자신의 행운을 한번 시험해 보고 싶어 손으로 길 위의 돌멩이를 집어 보았다. 그러자 돌멩이는 바로 황금 돌멩이로 변했다. 이번에는 길가의 나뭇가지를 꺾어 보았다. 그러자 나뭇가지도 금세 황금 나뭇가지로 변했다. 그가 다시 들판의 보리 이삭을 만지자 이삭은 순식간에 황금 이삭으로 변했다. 들뜬 마음으로 궁전에 도착한 미다스는 그래도 미심쩍어 정원의 사과나무에서 사과 하나를 따 보았다. 그러자 사과는 눈 깜짝할 사이에 황금 사과로 변했다.

그제야 미다스는 자신의 엄청난 능력을 실감하고 신하들과 가족들에게 자랑하고 싶었다. 그래서 그는 그들 모두를 초대하여 화려한 잔치를 벌였다. 그는 우선 의기양양하게 궁전 기둥을 손으로 만져 황금 기둥으로 만드는 시범을 보였다. 그러자 그 자리에 모인 사람들이 모두 환호성을 지르며 경탄을 금치 못했다.

바로 그때 미다스에게 갑자기 시장기가 밀려왔다. 그때까지 기쁨에 겨워 먹는 것도 잊어버린 것이다. 그래서 그는 잔칫상에서 사슴의 넓적다리를 재빨리 들어 입에 덥석 물었다. 바로 그 순간 딱딱한 돌을 씹었을 때처럼 우두둑하며 이빨 몇 개가 부러졌다. 사슴의 넓적다리가 그의 손이 닿는 순간 바로 황금으로 변해 버린 것이다. 당황한 그는 목이 타서 이번에는 잔에 포도주를 따랐다. 하지만 포도주는 미다스가 입에 대기도 전에 이미 황금 포도주로 변해 버렸다.

미다스는 그제야 사태의 심각성을 깨달았다. 아무리 생각해도 이 불행에서 벗어날 뾰족한 수가 생각나지 않았다. 그는 결국 몸져누운 채 며칠을 끙끙 앓았다. 그 소식을 듣고 가장 사랑하는 외동딸인 공주가 문병을 왔다. 미다스는 매우 기쁜 나머지 자신의 처지를 잊고 두 손으로 공주를 붙들고 그만 가슴에 끌어안았다. 그러자 순식간에 공주는 황금으로 변해 버렸다.

미다스는 이제 더 이상 자존심만을 세우고 있을 수가 없었다. 그는 염치 불고하고 디오니소스를 다시 찾아가 용서를 빌며 자신의 손을 원래 상태로 돌려달라고 간청했다. 디오니소스는 진심으로 후회하는 미다스를 보고 측은한 마음이 들었다. 그래서 그에게 근처 팍톨로스 Paktolos강의 원류로 가서 몸과 마음을 씻으며 탐욕의 때를 깨끗이 털어내라고 일러주었다. 디오니소스가 시킨 대로 하자 미다스의 손이 원래 상태로 돌아왔다. 강에서 사금이 나오기 시작한 것은 바로 그때부터라고 한다.

미다스는 실재했던 왕이라고 하기도 하고 왕조의 이름이라고도 한다. 미다스가 다스렸던 프리기아는 그 지역에서 가장 부유했던 나라로 알려져 있다. 미다스의 황금손 일화가 나온 것은 바로 그 때문일 것이다.

Nicolas Poussin, 〈팍톨로스강의 원류에서 몸을 씻는 미다스〉, 1627

그래서 미다스는 굳이 손으로 황금을 만드는 재주가 없어도 엄청난 부의 소유자였을 것이다. 그런데도 그는 탐욕을 부리다가 결국 불행을 자초하고 말았다. 물론 나중에라도 자신의 잘못을 깨달은 것은 다행이다.

미다스는 귀가 길어진 사연으로도 유명하다. 언젠가 음악의 신 아폴론과 사티로스^{Satyros}족으로서 팬파이프의 달인이었던 마르시아스^{Marsyas}가 경연을 할 때 미다스가 심판관으로 초빙되었다. 사티로스족이란 상반신은 인간이고 하반신은 염소 모습을 한 괴물을 총칭한다. 머리에 2개의 뿔도 나 있다.

어쨌든 아폴론과 마르시아스의 경연이 끝나자 다른 심판관들은 모두 아폴론의 손을 들어주었지만, 미다스 혼자 마르시아스의 승리를 선언했다. 분노한 아폴론은 "그따위도 귀라고 달고 다니냐?"고 핀잔을 주며 양손으로 미다스의 두 귀를 잡아당겨 당나귀 귀로 만들어 버렸다.

Hendrick de Clerck, 〈판과 아폴론의 경연〉, 1620년경(아폴론은 리라가 아닌 바이올린을 연주하고 있다. 아마 화가가 이 그림을 그릴 당시에 바이올린이 유행했을 수 있다. 미다스는 왼쪽에서 세 번째 귀가 긴 인물이다)

다른 설에 의하면 어느 날 숲속을 헤매던 미다스가 트몰로스^{Tmolos} 산까지 갔다. 마침 그곳에서는 마르시아스의 팬파이프와 아폴론의 리라 경연이 벌어지고 있었다. 연주가 끝나자 예상대로 재판장이자 산의 이름이기도 했던 트몰로스가 아폴론의 승리를 선언했다. 그러자 누가 의견을 묻지도 않았는데도 미다스가 나서서 그의 판결에 이의를 제기했다. 아폴론보다 마르시아스의 연주가 더 훌륭했다고 말이다. 심기가 불편해진 아폴론은 미다스에게 다가가 양손으로 두 귀를 잡아당겨 당나귀 귀처럼 기다랗게 만들어 버렸다.

미다스는 왕관으로 부끄러운 귀를 늘 가리고 다녔지만, 이발사에게만은 비밀을 숨길 수 없었다. 그는 이발사에게 비밀을 발설하지 말라고 함구령을 내렸고, 어길 경우 엄히 다스리겠다는 협박까지 했다. 이발사는 한동안 입을 잘 닫고 살았으나 시간이 갈수록 엄청난 비밀을 말하고 싶어 안달이 났다.

참다못한 이발사는 어느 날 깊은 산속으로 들어가 구덩이를 파고 끓어오르는 말을 마음껏 내뱉고 흙으로 덮었다. 이어 계절이 바뀌자 이발사가 흙으로 덮은 곳에서 억새가 무성하게 자라났다. 그리고 바람이 불어 억새밭이 흔들릴 때마다 이발사가 뱉고 간 말이 쏟아져 나왔다.

Andrea Vaccaro, 〈미다스왕〉, 1604~1670

우리 미다스 왕의 귀는 당나귀 귀다!

미다스의 귀가 길어진 사연은 아련한 초등학교 시절의 추억을 연
상시키며 입가에 지긋이 미소를 짓게 만든다. 그 당시 담임선생님은 친
구들과 노느라 깜박 잊고 숙제를 해 오지 않은 우리를 혼내면서 귀를
심하게 잡아당기는 바람에 벌겋게 축 늘어진 우리 귀는 정말 상당히 길
어진 것처럼 보였다. 그때를 생각하면 아폴론이 귀를 잡아당겼을 때 미
다스가 아프다고 엄살을 떨며 질러 댔을 비명이 또렷하게 귓가에 들리
는 듯하다.

69.

청평의 '마이다스' 호텔&리조트

우리나라에도 그리스 신화의 미다스처럼 귀가 길어진 왕이 있는데 바로 신라의 경문왕이다. 그는 즉위한 지 얼마 되지 않아 갑자기 귀가 당나귀 귀처럼 길어지자 그것을 복두幞頭 속에 감쪽같이 감추고 다녔다. 경문왕은 너무 늘어져 보기 흉한 귀를 관리나 왕후를 비롯하여 나인들에게까지 비밀로 했으나 복두장幞頭匠에게만은 그럴 수 없었다.

복두장도 그 사실을 평생 남에게 발설하지 않고 있다가 죽음이 임박하자 도림사 대숲으로 들어가서 주변에 사람이 없는 것을 확인한 뒤 대숲을 향해 외쳤다. "우리 임금님 귀는 당나귀 귀다!" 그런데 그 후 바람이 불면 대숲에서 댓소리가 났다. "우리 임금님 귀는 당나귀 귀다!"

경문왕은 이 소문을 듣고 즉시 대나무를 베어 내고 산수유나무를 심게 했다. 그러자 바람이 불면 산수유나무 숲에서 댓소리가 났다. '우리 임금님 귀는 기다랗다!' 우리에게 '임금님 귀는 당나귀 귀'라는 동화나 혹은 '여이설화驪耳說話'로 잘 알려진 경문왕 이야기는 신기하게도 그리스 신화의 미다스 이야기를 빼닮았다. 그리스 신화에는 미다스의 귀가 길어진 사연이 자세하게 나와 있다. 그에 비해『삼국유사』에는 경문왕의 귀가 길어진 이유는 밝혀져 있지 않다.

그래도 경문왕의 귀가 길어진 이유를 추정해 볼 수는 있지 않을까? 혹시 경문왕은 백성들의 말을 잘 듣지 않아 하늘의 벌을 받고 그렇게 귀가 길어진 것은 아니었을까? 탐욕스러운 데다가 신을 무시할 만큼 오만방자했던 미다스의 귀를 아폴론이 잡아 늘인 것처럼, 제발 좀 민심에 귀를 기울이라고 타박하며 하늘이 경문왕의 귀를 잡아당겨 나팔처럼 길게 늘어뜨린 것은 아니었을까?

미다스의 이발사와 경문왕의 복두장의 행동은 우리에게 '세상에 비밀은 없다'는 격언의 진실을 새삼 일깨워 준다. 아울러 어린 시절 어디선가 주워들은 '비밀 아닌 비밀'을 친한 친구에게 귓속말로 전해 주면서 낄낄대며 우정을 확인하던 우리들의 순진했던 모습을 떠올리게 한다.

그 당시 '나만 알고 있는 소중한' 비밀을 친구에게 털어놓기 전 우린 꼭 이렇게 말했다. "너한테만 알려 주는 것이니까, 다른 애들에게는 절대로 말하지 마 잉?" 어른이 된 지금은 그런 다짐을 받아 봤자 부질없는 짓이라는 걸 알지만 그땐 정말 얼마나 진지하고 심각했던가?

미다스와 경문왕의 이야기에서 이발사와 복두장의 행적에 대한 언급은 없다. 비밀을 폭로한 뒤 두 사람의 운명은 과연 어떻게 되었을까?

물론 이발사는 미다스로부터 목숨을 담보로 비밀을 엄수하라는 명령받았기 때문에 체포되어 심문을 당한 뒤 결국 사형을 당했을 것이다. 이에 비해 복두장의 행적은 가늠하기 쉽지 않다. 그는 경문왕으로부터 위협을 당해서가 아니라 스스로 알아서 왕의 비밀을 함구한다. 또 왕은 부끄러운 자신의 비밀이 탄로 나자 복두장을 탓하지 않고 애꿎은 대나무만 베어 낸 뒤 그 자리에 산수유나무를 심는다.

역사학자 조범환은 『임금님 귀는 당나귀 귀?』라는 책에서 귀가 길어진 경문왕의 이야기를 그 당시 시대 상황과 결부시켜서 우리의 눈길을 끈다. 그들은 경문왕이 노쇠한 신라를 부흥시키려 부단히 애를 썼지만 실패한 "개혁 군주"였다고 주장한다. 이어 경문왕의 귀가 길어지고 뱀과 함께 잠을 잤다는 일화가 후대에 그의 반대 세력들이 대왕을 깎아내리기 위해 만들어 낸 설화라고 말한다.

즉 경문왕의 '당나귀 귀'는 그의 개혁 정치를 비꼰 표현이고, 경문왕이 늘 함께 잠자리를 같이했다는 뱀은 그가 정치개혁을 위해 심혈을 기울여 키웠던 화랑이나 육두품을 가리킨다는 것이다. 그렇다면 대나무를 베고 그 대신 심은 '산수유'는 무엇을 의미할까? 그들은 산수유가 두통, 두창 등의 여러 가지 질병을 치료하는 데 쓰이는 생약이라는 사실을 근거로, 산수유는 당시 경문왕이 빈발하는 질병에 맞서 백성들을 위해 시행한 정책들을 빗댄 것이라고 말한다.

경기도 청평 북한강 강변에 대교에서 운영하는 '마이다스 호텔&리조트'가 있는데 호텔의 공간 이름을 그리스 신들 이름을 따라 지어서 자못 흥미롭다. 회의장은 태양의 신 '아폴로Apollo', 대연회장은 신들의 왕 '제우스', 레스토랑은 술의 신 '디오니소스'다. 야외 이벤트 플라자는 달과 사냥의 신 '아르테미스Artemis', 글램핑glamping은 화로의 여신 '헤스티아Hestia’, 수상장은 바다의 신 포세이돈Poseidon의 아들 ‘트리톤스Tritons’다.

포세이돈과 바다의 요정 암피트리테Amphitrite 사이에서 태어난 트리톤스는 원래 그리스 신화에서는 ‘s’가 없는 트리톤Triton이다. 아마 영어처럼 복수형으로 만들려고 ‘s’를 붙였을 수도 있다. 트리톤은 상체는 인간 하체는 물고기 모습의 인어로 바다에서 고둥을 불며 말고삐를 잡고 주로 아버지 포세이돈의 수상 마차를 끌었다. 로마의 트레비Trevi 분수에서 고둥을 불며 대양강의 신 오케아노스Okeanos의 마차를 끌고 있는 인물이 바로 트리톤이다.

이탈리아 로마 트레비 분수의 트리톤

젠하이저 '오르페우스' 명품 헤드폰

David Colijns, 〈동물들 앞에서 연주하는 오르페우스〉, 1640년경

대학 시절 동아리 중에 '오르페우스^{Orpheus}'라는 고전 기타반이 있었다. 나는 중학생 때부터 둘째 형의 영향을 받아 통기타를 쳐 왔던 터라 입학하자마자 선뜻 그 동아리를 찾아가 가입 원서를 제출했다. 그러자 그걸 받아 든 선배가 앞으로 동아리에서 교습을 받으려면 수준을 알아야겠다며 자신 있는 곡을 한번 연주해 보라고 했다. 그래서 아르페지오 주법으로 둘째 형의 최애 애창곡 〈애수의 소야곡〉을 신나게 연주했다. 나는 그때까지 트로트, 특히 트로트의 전주처럼 가슴을 후벼 파는 기타 곡은 없다고 생각했기 때문이다.

연주를 묵묵히 다 듣고 난 그 선배가 단호하게 말했다. "앞으로 우리 동아리에 와서는 절대 그런 곡은 연주하지 마라! 기타와 코드 잡는 자세도 엉망이다." 그 말을 듣는 순간 나는 너무 창피한 생각에 금세 얼굴이 벌게졌다. '중학생 때부터 학교에서 소풍 갈 때면 늘 노래 반주를 도맡아 하던 내가 아닌가?' 나는 얼른 그 선배에게 인사를 하는 둥 마는 둥 한 뒤 부리나케 동아리를 빠져나왔다. 가끔 몇십 년 만에 만난 고등학교 친구들이 "여전히 기타는 치고 있는 거지?"라고 물으면 나는 그 당시 그 동아리를 다시 찾아가지 않은 게 은근히 후회된다.

중앙대학교 의과대학 의학전문대학원에는 '오르페우스'라는 음악 동아리가 있고, 우리나라 오페라단 중에도 '오르페우스'가 있으며, 1972년 뉴욕에서 설립된 지휘자 없는 것으로 유명한 체임버 오케스트라 이름도 '오르페우스'다. 세계 최고가를 자랑하는 독일 오디오 전문 회사 젠하이저^{Sennheiser} 헤드폰 브랜드도 '오르페우스'다. 미국에는 로스앤젤레스 등 20여 개의 대도시에 오르페우스의 이름에서 유래한 '오르피움^{Orpheum}'이라는 극장이 있다. '오르피움'은 '오르페우스의 집'이라는 뜻이다. 독일의 드레스덴, 캐나다의 밴쿠버, 몰타에도 똑같은 이름의 극장이 있다. 그렇다면 오르페우스는 도대체 누구일까?

오르페우스는 그리스 신화에서 아폴론과 무사이^{Mousai} 중 서사시를 담당했던 칼리오페^{Kalliope}의 아들이다. 태양신 아폴론은 음악과 리라^{Lyra}의 신이기도 했다. 무사이는 제우스와 기억의 여신 므네모시네^{Mnemosyne}의 딸들로 예술을 담당했던 9명의 여신을 총칭하는 이름이다. 무사^{Mousa}는 단수형이며 영어로는 뮤즈^{Muse}라고 한다. 칼리오페는 그들 중 최고의 여신으로 서사시를 담당했다.

예로부터 핏줄은 속일 수 없다고 했던가. 부모로부터 예술가 유전자를 이어받은 오르페우스는 노래와 리라의 달인이었다. 그가 리라를 켜며 노래를 부르면 들짐승, 날짐승, 길짐승뿐 아니라 산천초목이 화답했다. 사자와 호랑이는 포악한 성정을 눅였다. 나무도 선율에 맞추어 춤을 추듯 가지를 흔들었다. 생명이 없는 바위나 돌조차도 기뻐 날뛸 정도였다.

오르페우스가 숲의 요정 에우리디케^{Eurydike}와 결혼하여 신혼의 단꿈에 젖어 있을 때였다. 에우리디케가 샘의 요정들인 친구들과 트라케의 풀밭에서 놀다가 우연히 꿀벌치기 아리스타이오스^{Aristaios}와 마주쳤다. 아리스타이오스는 에우리디케를 보고 그 미모에

Erasmus Quellinus II, 〈에우리디케의 죽음〉, 1630

반해 그녀에게 수작을 걸었다. 그러자 에우리디케가 잔뜩 겁을 집어먹고 그를 피해 달아나다가 그만 풀 섶에 숨어 있던 독사에 발이 물려 즉사하고 말았다.

졸지에 사랑하는 아내를 잃은 오르페우스는 절망했다. 식음을 전폐하고 서럽게 울기만 했다. 울면서도 그는 내내 아내를 다시 만날 수 있는 방도만을 생각했다. 며칠 뒤 마침내 오르페우스가 마음을 다잡고 일어섰다. 지하 세계로 가서 아내를 찾아오기로 결심했기 때문이다. 오르페우스에게 다시 살아야 할 이유가 생긴 것이다. 그는 사람들에게 수소문한 끝에 지하 세계로 들어가는 통로도 알아냈다. 그곳은 바로 펠로폰네소스 반도 끝자락에 있는 타이나론^{Tainaron}곶의 동굴이었다.

오르페우스가 마침내 스틱스^{Styx}강에 도착하자 뱃사공 카론이 그를 가로막았다. 살아 있는 사람은 절대 지하 세계에 들어갈 수 없다는 것이다. 그는 리라를 연주하고 노래를 부르며 사정을 했다. 그러자 카론은 마법에 걸린 듯 군말 없이 그를 강 저편으로 건네주었다. 이번에는 머리가 셋 달린 개 케르베로스가 나타났다. 오르페우스는 마찬가지 방법으로 케르베로스를 감동하게 하여 허락을 얻어 냈다. 마침내 하데스와 페르세포네 앞에 서자 오르페우스는 자신이 지하 세계에 온 사연을 다시 리라를 연주하며 구슬프게 노래했다.

오르페우스의 절묘한 연주와 노랫소리가 울려 퍼지자 언제나 얼음장처럼 차갑기만 했던 하데스의 마음이 일순간 녹아내렸다. 그는 지금까지 한 번도 이렇게 마음속 깊은 곳에 진한 감동을 느낀 적이 없었다. 그의 아내 페르세포네^{Persephone}도 마찬가지였다. 그녀의 얼굴은 금세 눈물로 범벅이 되었다. 오르페우스의 연주와 노래가 끝나자 하데스는 그에게 당장 아내를 데려가도 좋다고 허락했다. 하지만 전제조건이

Henri Regnault, 〈지하 세계의 오르페우스〉,
1860년대

Peter Paul Rubens, 〈오르페우스와 에우리디케〉,
1636~1638

하나 있었다. 지하 세계의 문턱을 통과할 때까지는 절대로 뒤를 돌아보
아서는 안 된다는 것이다.

　마침내 오르페우스가 앞장서고 에우리디케가 그 뒤를 따라 지하
세계 탈출이 시작되었다. 한참을 앞장서 가던 오르페우스는 갑자기 이
상한 생각이 들었다. 아내의 발자국 소리가 하나도 들리지 않았기 때문
이다. 에우리디케는 지하 세계에 있는 동안은 아직 혼령이어서 중량감
이 없었던 것이다. 그 이유를 알 턱이 없던 오르페우스는 점점 불안해
졌다. 처음에는 큰 소리로 아내를 불러 자주 그 존재를 확인했어도 매
번 그럴 수도 없는 노릇이었다. 그는 갈수록 아내와 자신 사이의 침묵
을 견딜 수 없었다. 지하 세계의 출구까지 왔을 때 그의 인내심은 바닥
이 났다.

　그래서 오르페우스는 막 출구의 문턱에 발을 딛는 순간 조급한 마
음에 그만 뒤를 돌아보고 말았다. 그와 동시에 그의 뒤를 따라오던 아
내 에우리디케는 비명을 지르며 엄청난 속도로 다시 지하 세계로 빨려
들어갔다. 오르페우스는 다시 발걸음을 돌려 뱃사공 카론에게 사정해

보았지만 아무 소용이 없었다. 한 번 속지 두 번 속겠냐는 투였다. 실의에 빠진 오르페우스는 고향 트라케로 돌아와 길거리를 떠돌며 술과 음악으로 세월을 보냈다. 수많은 트라케의 처녀들이 혼자가 된 그에게 구애했다. 하지만 그는 그들에게 눈길 한번 주지 않았다. 그의 마음속에는 오직 아내 에우리디케 한 사람뿐이었기 때문이다.

그해 트라케에서 디오니소스 축제가 벌어졌다. 트라케의 처녀들도 포도주에 취해 광란의 춤을 추다가 멀리서 리라를 연주하며 노래를 부르던 오르페우스를 발견했다. 그들은 평소 자신들의 구애를 매몰차게 뿌리친 오르페우스에게 앙심을 품고 있었다. 그들은 오르페우스에게 가까이 달려가 작심하고 그의 머리를 향해 돌을 던졌다.

처녀들은 마치 사냥감을 발견하고 달려드는 사냥개 같았다. 하지만 힘차게 날아가던 돌은 오르페우스 주변에서 힘없이 뚝뚝 떨어졌다. 오르페우스의 노래와 리라 연주의 마력에 걸려 돌들이 앞으로 뻗어나가지 못했기 때문이다. 광분한 처녀들은 이번에는 한꺼번에 악다구니를 치면서 다시 돌을 던졌다. 그제야 오르페우스의 노래와 연주 소리는 처녀들의 악다구니에 눌려 아무런 힘을 발휘하지 못했다.

오르페우스가 돌 세례를 맞고 쓰러지자 광분한 트라케의 처

Émile Lévy, 〈오르페우스의 죽음〉, 1866

녀들이 그에게 달려들더니 그의 몸을 갈기갈기 찢어 근처의 헤브로스
Hebros강에 버렸다. 오르페우스의 이모들인 무사이가 그의 조각난 시신
을 찾아 모았다. 하지만 그의 머리와 리라는 행방을 알 수 없었다. 하는
수 없이 그들은 찾아낸 시신 조각들만 오르페우스의 고향 트라케에 매
장해 주었다.

얼마 후 오르페우스의 머리는 리라에 박힌 채 강물을 따라 에게해
로 흘러들어 레스보스Lesbos섬에 도착했다. 그러자 섬 주민들이 오르페
우스의 머리를 발견하여 정성껏 매장해 주었다. 무사이는 그 소식을 듣
고 조카 오르페우스를 기리기 위해 주민들로부터 그의 리라를 넘겨받
아 하늘의 별자리로 만들어 주었다. '리라 자리'는 우리말로는 '거문고
자리'라고 부른다.

오르페우스와 에우리디케
의 이야기는 그리스 신화 중에
서 예술가들, 특히 음악가들이
가장 선호했던 작품 소재라고
해도 과언이 아니다. 그중 가장
대표적인 것으로는 18세기 독
일 작곡가 글루크Christoph Willibald
Gluck의 오페라 〈오르페오와 에
우리디체〉(1762), 프란츠 리스트
Franz Liszt의 교향시 「오르페우스」
(1853), 독일 출신 프랑스 작곡
가 오펜바흐Jacques Offenbach의 오
페레타 〈지옥의 오르페Orphee aux

Gustave Moreau, 〈오르페우스의 머리가 박혀
있는 리라를 옮기는 트라케의 처녀〉, 1865

Enfers⟩(1858) 등을 들 수 있다. 프랑스 작가 장 콕토^{Jean Cocteau}가 쓴 희곡 『오르페』를 원작으로 만들어진 소위 '오르페 3부작' 영화 ⟨시인의 피⟩(1930), ⟨오르페⟩(1950), ⟨오르페의 유언⟩(1960)도 있다.

프랑스 감독 마르셀 카뮈^{Marcel Camus}의 ⟨흑인 오르페^{Orfeu Negro}⟩는 브라질 리우를 배경으로 만들어진 영화다. 독일의 감독 헬무트 디틀^{Helmut Dietl}의 영화 ⟨사랑의 추구와 발견⟩(2008)도 독일 베를린을 무대로 펼쳐지는 오르페우스와 에우리디케의 현대 버전이며, 2021년 우리나라에서 초연된 미국 브로드웨이 뮤지컬 ⟨하데스타운⟩도 오르페우스와 에우리디케 이야기를 현대적으로 재해석한 작품이다. 만화 『베르사유의 장미』로 유명한 일본의 이케다 리요코의 작품 중에도 『오르페우스의 창』(2001)이 있다.

마르셀 카뮈 감독의 영화 〈흑인 오르페〉

영화 〈흑인 오르페〉의 독일 포스터

마르셀 카뮈 감독의 〈흑인 오르페〉(1959)는 오르페우스와 에우리디케의 사랑 이야기를 모티프로 한 것이다. 'Orfeu'는 'Orpheus'의 브라질의 공용어인 포르투갈어 표기로 원래 발음은 '오르페오'다. '오르페우스'의 프랑스어 표기가 '오르페Orphée'다. 〈흑인 오르페〉의 무대는 카니발로 유명한 브라질의 리우Rio de Janeiro 도시에 한 번도 가 본 적이 없는 완전 시골 처녀 유리디스Eurydice가 배를 타고 카니발 준비로 시끌벅적한 리우로 향한다.

유리디스는 고향에서부터 끈질기게 자신을 따라다니는 해골가면을 쓴 정체 모를 스토커를 피해 사촌 세르피나Serfina를 찾아가는 중이다. 스토커는 그리스 신화에서 친구들과 숲속에서 놀고 있던 에우리디케를 보고 첫눈에 반해 수작을 걸었다가 놀라 도망치는 그녀를 추격한 끝에 결국 죽게 만든 꿀벌 치기 아리스타이오스Aristaios를 연상시킨다.

마침내 리우에 도착한 유리디스는 우연히 전차 운전기사 오르페가 운전하는 전차에 올라타 종착역에서 내려 사촌 세라피나가 사는 교외 언덕의 판자촌을 찾아간다. 그런데 그녀에게 그곳을 알려 준 사람이 바로 그 종착역 역장 헤르메스Hermes였다. 헤르메스는 그리스 신화에서 전령의 신이자 여행자의 신으로 길의 신이기도 했다.

오르페는 비록 직업은 전차 운전기사라도 기타와 춤의 달인이다. 특히 기타 연주 솜씨가 신기에 가까워서 사람들은 오르페의 연주로 해를 떠오르게 할 수 있다고 믿을 정도다. 늘 구애하는 여자들로 둘러싸여 지내던 그는 얼마 전 질투심 많은 미라Mira와 약혼을 한 상태다. 그날 일과를 끝낸 오르페는 퇴근 시간에 맞춰 찾아온 미라와 함께 미리 혼인 신고를 하러 간다. 관청 직원이 오르페의 이름을 듣더니 미라를 향해 이름이 '유리디스'냐고 농담을 던진다. 미라는 이때 유리디스의 이름을 듣고 뭔지 모를 불안감에 사로잡힌다.

그래서 그녀는 기분 전환을 위해 오르페에게 약혼반지를 사달라고 조른다. 하지만 그는 단박에 그것을 거절하고 마침 그날 받은 월급으로 예전에 전당포에 맡긴 기타를 찾는다. 이어 판자촌 단칸방으로 돌아온 오르페는 기타를 조율하며 연주를 시작한다. 이때 그가 기타를 연주하며 불렀던 노래가 바로 영화의 주제가이기도 한 유명한 '카니발의 아침Manha De Carnival'이다. 그 소리를 듣고 옆방에 혼자 있던 유리디스가 감동하여 곡조에 맞춰 춤을 춘다. 그 옆방이 바로 유리디스의 사촌인 세라피나의 집이었던 것.

얼마 후 서로 알아본 오르페와 유리디스는 보이지 않는 끈에 이끌리듯 그날 밤 운명적인 사랑에 빠지고, 다음날 카니발 첫날 광란의 삼바 리듬에 맞춰 춤을 추며 사랑을 키워 간다. 그런데 혼란 중에 잠시 혼자 남은 유리디스에게 갑자기 그동안 출몰이 뜸했던 정체 모를 스토커가 다시 나타난다. 그녀는 기겁하여 도망치다가 다시 역장 헤르메스의 도움으로 역으로 몸을 피하다가 전기에 감전되어 그만 목숨을 잃고 만다. 그녀의 시신은 스토커가 부른 구급차에 실려 시체 안치소로 이송된다.

뒤늦게 헤르메스로부터 유리디스의 죽음을 알게 된 오르페는 유리디스의 시신을 찾아 헤매다가 실종자 센터를 찾아간다. 그곳 모든 방에는 실종자 서류가 너무 꽉 들어차 있어서 복도에까지 떨어져 흩날리고 있다. 복도에서 빗자루로 떨어진 서류들을 쓸어 모으고 있던 센터장은 오르페를 보고 무슨 일이냐고 묻는다. 그가 유리디스를 잃었다고 하자 센터장은 그녀를 한번 불러 봤는지 묻는다. 오르페가 이미 불러 봤다고 대답하자 센터장은 그에게 말한다.

<blockquote>
자네 목소리만으론 부족해. 또한 서류가 대답해 주진 않을 거야. 종이가 사람의 감정을 갖고 있겠나? 자 날 따라오게나. 내 자네가 갈 곳으로 안내하지. 내가 여길 쓸든 안 쓸든 이건 종이에 불과하니까 말야.
</blockquote>

이렇게 말하며 센터장이 오르페를 데려간 곳은 그가 평소 알고 지내던 노파 심령술사의 집. 그녀의 집은 그리스 신화로 치면 지하 세계인 셈이다. 그에 걸맞게 실종자 센터가 들어서 있는 12층에서 아래로 내려가는 나선형 계단이 꼭 지하 세계로 들어가는 동굴처럼 보인다. 게다가 그 심령술사의 집 대문을 지키는 개의 이름이 바로 케르베로스 Kerberos다. 주지하다시피 그리스 신화에서 케르베로스는 죽은 혼령이 지하 세계에 들어가려면 꼭 건너야 하는 스틱스강 변을 지키는 머리가 셋 달린 괴물 개다. 케르베로스는 웬일인지 센터장과 오르페는 안으로 들어오게 내버려 두지만, 오르페를 따라다니는 열성 팬인 소년은 사납게 짖으며 들어오지 못하도록 제지한다.

심령술사 노파의 집에서는 많은 사람이 함께 춤을 추며 주술 행위가 한창이다. 심령술사는 오르페의 사정을 전해 듣고 그에게 유리디스를 만나게 해줄 테니 그 대신 절대로 뒤를 돌아보지 말라고 충고한다. 심령술사가 시킨 대로 오르페가 눈을 감고 기도하자 갑자기 뒤에서 유리디스의 목소리가 들려온다. 깜짝 놀란 오르페는 절대로 뒤를 돌아보지 말라던 심령술사의 충고를 잊고 그리움에 사무쳐 그만 뒤를 돌아보고 만다. 하지만 유리디스의 모습은 보이지 않고 늙은 심령술사가 유리

Frederic Leighton, 〈오르페우스와 에우리디케〉,
1864(이 그림에서는 뒤따라오던 에우리디케가
달려와 오르페우스의 목을 잡고 얼굴을 보려하자
그가 애써 고개를 돌리며 눈을 감는다)

디스의 목소리로 흐느끼고 있을 뿐이다.

오르페는 실망하여 심령술사의 집을 뛰쳐나와 거리를 헤맨다. 그는 결국 다시 역장 헤르메스의 도움으로 어느 시체안치소에 가서 마침내 유리디스의 시신을 찾아낸다. 그는 비통한 마음으로 그녀의 시신을 안고 리우의 언덕을 오른다. 마침 그때 오르페의 약혼녀 미라가 친구들과 함께 오다가 그 광경을 목격하고 격분한 나머지 그를 향해 달려가며 힘껏 돌을 던진다. 오르페는 불행히도 그 돌을 이마에 맞고 유리디스의 시신을 안은 채 언덕 밑으로 굴러 떨어진다. 그리스 신화에서 오르페우스가 혼자된 그에게 청혼했다가 실연당한 트라케의 여인들이 던진 돌에 맞아 죽는 장면과 판박이다.

글루크의 오페라 〈오르페오와 에우리디체〉

Joseph Siffred Duplessis, 〈크리스토프 빌리발트 글루크〉, 1775

●

　18세기 독일의 오페라 작곡가 크리스토프 빌리발트 글루크의 오페라 『오르페오와 에우리디체^{Orfeo ed Euridice}』(1762)는 그리스 신화 속 오르페우스와 에우리디케의 사랑 이야기를 소재로 한 것이지만 그 내용이 그 신화 이야기와는 사뭇 다르다. 이 오페라의 대본은 당대 글루크의 찰떡궁합 파트너로 유명했던 이탈리아 시인 라니에리 데 칼차비지^{Ranieri de' Calzabigi}가 썼다. 그래서 '오르페오'는 독일어가 아니라 이탈리아어다. 글루크의 오페라는 총 3막으로 구성되어 있다.

　제1막에서 오르페오^{Orfeo}는 친구들과 함께 아내의 죽음을 애도하다가 신들에게 지하 세계로 내려가 그녀를 데려오게 해 달라고 간절히 기도한다. 그러자 신들은 그에게 사랑의 신 아모르^{Amor}를 보내 2가지 전제하에 그것을 허락한다. '아모르'는 그리스 신화의 사랑의 신 '에로스^{Eros}'의 로마식 이름이다. 두 전제 중 하나는 오르페오가 직접 지하 세계에 내려가 노래로 지하 세계의 문지기들을 감동시켜야 한다는 것이고, 다른 하나는 에우리디체^{Euridice}를 데리고 지상으로 돌아올 때 절대로 그녀를 뒤돌아봐서는 안 되며, 동시에 이 금기 사항을 그녀에게 발설해도 안 된다는 것이다.

　제2막에서는 오르페오는 지하 세계와 지상을 가르는 아케론^{Acheron} 강에 도달하여 그곳을 지키고 있던 복수의 여신들을 리라 연주와 노래로 감동시켜 강을 건넌 후에 에우리디체가 있는 지하 세계의 엘리시온^{Elysion}에 도착한다. 엘리시온은 축복받은 사람만이 죽어서 들어갈 수 있는 지하 세계 속 파라다이스다. 엘리시온의 혼령들이 오르페오를 반갑게 맞이하며 편히 쉬라고 한다. 하지만 오르페오는 아내 에우리디체가 없다면 그 어떤 축복의 땅도 의미가 없다며 그들에게 빨리 아내를 만나게 해 달라고 조른다. 엘리시온의 혼령들은 그의 사랑에 감동하며 에우리디체를 그에게 넘겨준다.

제3막은 오르페오와 에우리디체가 지상으로 함께 돌아온다. 하지만 에우리디체가 갑자기 걸음을 멈추며 남편에게 왜 자기를 뒤돌아보지 않는지 묻는다. 오르페오는 대답은 하지 않고 시간이 없다며 빨리 가자고 재촉만 한다. 에우리디체는 점점 불안해하며 애정이 식어 버린 것이 아니냐며 오르페오를 채근한다. 오르페오는 그래도 절대 그녀를 뒤돌아보지 못한다. 결국 남편의 태도에 실망한 에우리디체는 그의 사랑을 잃어버렸다면 차라리 죽어 버리겠다고 외친다. 소스라치게 놀란 오르페오는 더 이상 참지 못하고 몸을 돌려 그녀의 얼굴을 바라본다. 바로 그 순간 에우리디체는 그 자리에 쓰러져 죽고 만다.

Sir Edward John Poynter, 〈오르페우스와 에우리디케〉, 1862

아내를 다시 잃은 오르페오가 절망한 나머지 그 자리에 털썩 주저앉아 스스로 목숨을 끊으려 한다. 죽도록 사랑하는 아내와 영원히 하나가 되기 위해서이다. 하지만 바로 그 순간 사랑의 신 아모르가 다시 나타나 그를 제지한다. 아모르는 지순한 사랑과 정절은 보답을 받아 마땅하다고 말하며 죽은 에우리디체를 다시 살려준다. 오르페오와 에우리디체는 다시 감격의 해후를 하고 아모르에게 깊이 감사를 드린다. 아모르는 그들에게 이렇게 말한다.

더 이상 사랑의 힘을 의심하지 마라. 나는 이 음습한 곳에서 너희들을 데리고 나갈 것이다. 이제부터 사랑의 기쁨을 만끽하라.

73.

'이리스' 주얼리와 〈아이리스〉 드라마

'이리스Iris'는 무지개의 여신으로 영어로는 '아이리스'라고 한다. 우리 눈의 홍채와 '붓꽃과科'의 하나인 '붓꽃 속屬'도 '아이리스'라고 하는데, 그것은 홍채와 붓꽃 색깔이 마치 7가지 무지개 색깔처럼 아주 다양하기 때문이다. KBS 2에서 2009년 10월부터 20부작으로 〈아이리스〉라는 드라마가 방영된 적이 있었다. 한때 35.5%라는 높은 시청률을 기록할 정도로 시청자들의 사랑을 받은 덕분에 2013년 2월부터는 그 후속작 〈아이리스 2〉가 전편과 똑같이 20부작으로 방영되었지만, 전편의 인기를 따라가지는 못했다.

서울 강남구 호텔리베라서울, 김포 구래동에는 '아이리스' 바Bar가,

대구 남구에는 '이리스' 바가, 고양 일산동
구, 서울 광진구와 동작구, 안산 단원구에
는 '아이리스' 주택단지가, 제주도 서귀포시
에는 '이리스 펜션'이 있다. 이 밖에도 우리
나라에서 '아이리스'를 상호로 쓰고 있는 분
야는 문구점, 옷 가게, 전시와 행사 전문점,
판금 업체, 제조업체, 모텔, 여관, 이불집,
미용실, 카페, 신발 가게, 인테리어 전문점,

붓꽃속

한식, 피시방, 세탁소 등 아주 다양하고 많다. 아마 〈아이리스〉라는 TV
드라마의 영향일 수도 있다. '이리스'는 특히 옷 가게에서 선호하는 브
랜드다.

헤시오도스의 『신통기』에 따르면 이리스는 타우마스^{Thaumas}와 엘
렉트라^{Elektra}의 딸로 아르케^{Arke}와 쌍둥이 자매이자 몸통은 새이고 머리
는 여자인 괴조 하르피이아이^{Harpyiai}들과 자매 사이다. 타우마스는 대지
의 여신 가이아^{Gaia}와 태초의 바다의 신 폰토스^{Pontos}의 아들이며, 엘렉트
라는 티탄 12신 중 대양강의 신 오케아노스와 담수의 여신 테티스^{Tethys}
의 딸이다. 이리스는 서풍의 신 제피로스^{Zephyros}와의 사이에서 갈망의
신 포토스^{Pothos}를 낳았다.

사랑의 신 에로스는 일반적으로 전쟁의 신 아레스^{Ares}와 미의 여신
아프로디테^{Aphrodite}의 아들로 알려져 있다. 하지만 B.C. 5세기경의 서정
시인 알카이오스^{Alkaios}에 따르면 에로스는 포토스와 함께 이리스와 제
피로스의 아들이다. 이리스는 올림포스 궁전에서 벌어지는 신들의 만
찬에서 그들에게 음료수인 넥타르를 따라 주기도 했지만 원래 헤르메
스보다 먼저 올림포스 신족, 특히 제우스의 전령 역할을 담당했다. 그

〈어깻죽지에 날개를 달고 카두케우스를 들고 있는 이리스〉, B.C. 5세기 중반(그리스 도기 그림)

래서 도기에 그려진 이리스의 모습을 보면 어깻죽지에 날개가 달렸고 손에는 전령의 상징 케리케이온Kerykeion 지팡이를 들고 있다. 이리스는 특히 하늘에서 지상으로 내려올 때 무지개를 타고 왔다.

이리스는 원래 쌍둥이 자매인 아르케와 함께 올림포스 신족의 전령이었다. 하지만 티타노마키아 전쟁이 발발하자 아르케가 올림포스 신족을 배신하고 티탄 신족 편으로 전향했다. 분노한 제우스는 전쟁에서 승리한 뒤 그녀의 날개를 잘라서 갖고 있다가 바다의 여신 테티스Thetis가 영웅 펠레우스Peleus와 결혼할 때 그녀에게 선물로 주었다. 나중에 그들 사이에서 아킬레우스가 태어나자 테티스는 그 날개를 아들에게 주어 발목에 달도록 했다. 아킬레우스가 가끔 "아르케의 발 같은"이라는 뜻의 "포다르케스Podarkes"로 불리고, 『일리아스』에서 그의 이름 앞에 "빠른 발을 지닌"이라는 수식어가 자주 붙는 것은 바로 그 때문이다.

호메로스의 『일리아스』에 따르면 이리스는 제우스의 명령을 받고 그리스군이 천여 척의 함선을 타고 트로이에 가까이 오자 파수를 보고 있던 트로이의 왕 프리아모스의 아들 폴리테스Polites의 모습을 하고 나타나 그 사실을 트로이성에 알려 주었고, 메넬라오스와 파리스의 일대일 대결이 벌어지기 직전에는 헬레네와 가장 친한 시누이 라오디케Laodike의 모습을 하고 나타나 그녀에게 트로이 성루에 올라가 그 장면을 구경하도록 했으며, 전투 중에는 헥토르에게 직접 나타나 아가멤논이

Michel Corneille the Younger, 〈이리스와 제우스〉, 1701(제우스가 이리스에게 명령을 하달하는 것처럼 보인다)

날뛸 때는 뒤로 물러서 있다가 그가 창이나 화살을 맞고 부상당한 다음에 그를 뒤쫓으라고 충고했다.

이리스는 또한 제우스의 명령을 받고 헤라와 아테나에게는 전투에 개입하지 말라고 경고했고, 포세이돈에게는 전투에서 발을 빼라고 경고했으며, 프리아모스에게는 아킬레우스를 직접 찾아가 몸값을 후하게 치르고 아들 헥토르의 시신을 찾아오라고 충고했다. 트로이 전쟁 중 언젠가 아프로디테가 그리스 장수 디오메데스의 창 공격을 받고 손끝에 상처를 입고 인간의 피에 해당하는 맑은 영액을 흘리며 몹시 난처한 상황에 빠진 적이 있었다. 그러자 갑자기 이리스가 나타나 그녀를 부축하여 올림포스 궁전으로 안내했는데, 이 또한 그렇다는 언급은 없어도 제우스의 명령에 따른 임무임이 틀림없다.

이때 아프로디테는 도중에 우연히 연인 아레스를 만나 한낱 인간에게 당한 자신의 처지를 한탄하며 마차를 빌려달라고 하자 아레스는 당연히 그녀의 말이 끝나기가 무섭게 얼른 마차를 내어 줬다. 그 덕택으로 아프로디테는 이리스를 마부로 삼아 마차를 타고 나는 듯이 달려 올림포스 궁전에 도착하여 안정을 찾을 수 있었다. 이렇게 이리스는 『일리아스』에서는 주로 제우스의 전령 역할을 도맡아 하다가 『오디세이아』에서는 헤르메스에게 그 임무를 넘겨주고 전혀 등장하지 않았다.

Jean Auguste Dominique Ingres, 〈디오메데스에게 상처를 입고 올림포스로 돌아가는 비너스〉, 1800~1803(비너스를 수행하여 올림포스로 데려가는 게 이리스다)

그래서 칼립소^{Kalypso}가 7년 동안이나 오디세우스를 붙잡고 놓아주지 않자 제우스는 그녀에게 이리스가 아닌 헤르메스를 보내 오디세우스를 당장 고향에 보내 주라고 명령했다.

헤시오도스의 『신통기』에 따르면 이리스는 이 밖에도 제우스의 전령으로서 아주 특별한 임무를 수행했다. 제우스는 신들 사이에 분쟁이 일어나면 그녀를 지하 세계로 보내 황금 물잔에 이승과 저승을 가르며 흐르는 스틱스 강물을 떠오게 하여 신들의 진술을 듣기 전 그들에게 이 강물에 대고 앞으로 진실만을 말하겠노라고 맹세하게 했다. 나중에 만약 그 말이 거짓으로 드러나면 신들은 암브로시아와 넥타르도 먹지 못하고 숨도 제대로 쉬지 못한 채 꼬박 1년 동안이나 침대에 묶여 누워 지

내야 했다. 그들은 그렇게 1년 단
위로 점점 무거운 형벌을 받다가
10년을 채우고서야 비로소 풀려
났다.

아폴로니오스의 『아르고호의
모험』에서 이리스는 오직 헤라의
전령 역할만 수행했다. 헤라는 아
르고호의 영웅들을 도와주기 위
해 이리스에게 이렇게 명령했다.

Guy Head, 〈올림포스 궁전의 신들에게
스틱스강 물을 떠서 갖다주는
이리스〉, 1793

충성스러운 이리스야, 지금까
지 나의 임무를 잘 완수했다만,
이번에도 내 일을 좀 해다오!
지금 당장 너의 빠른 날개로 헤파이스토스가 육중한 망치로 청동
모루 위에서 쇠를 벼르고 있는 해안으로 날아가서, 아르고호가 그
곳을 지날 때까지 활활 타오르는 불의 열기를 식혀달라고 전해 줘
라. 넌 그 후 또한 바람의 지배자 아이올로스Aiolos에게 서둘러 가
서 내 뜻을 전해라! 대기에서 태어난 모든 바람을 통치하는 아이올
로스에게 하늘 아래 어떤 바람도 잠재워 달라고 해라! 바다에 바람
한 점 불어서는 안 된다!

이리스는 물론 같은 책에서 헤라의 명령 없이도 보스포로스 해협
에서 그리 멀리 떨어지지 않은 곳에 있던 나라의 왕 피네우스Phineus를
괴롭히다가 절체절명의 위기에 처한 괴조 하르피이아이들의 목숨을 구

430

해 주기도 했다. 피네우스는 북풍의 신 보레아스^{Boreas}의 딸 클레오파트라^{Kleopatra}의 남편이었으니 아르고호의 55명의 영웅 중 보레아스의 쌍둥이 아들 제테스^{Zetes}와 칼라이스^{Kalais}의 매부였다. 왕이자 예언가였던 그는 인간에게 신의 뜻을 너무 자세하게 알려 주어 제우스의 미움을 사 시력을 잃었다.

그뿐 아니었다. 그가 무엇을 먹으려 하면 어디선가 갑자기 괴조 하르피이아이 3마리가 쏜살같이 날아와 음식을 낚아채 갔다. 조금 남아 있는 음식도 그들이 뿌린 악취가 풍겨 먹을 수가 없었다. 그래서 피네우스는 영양실조로 피골이 상접하여 거의 움직일 수가 없었다. 그는 아르고호의 영웅들이 식수와 식량을 보충하기 위해 자신의 나라에 잠시 상륙했다는 소식을 전해 듣고 이제 드디어 고통에서 벗어날 때가 되었다고 생각했다. 신탁에 의하면 자신의 처남인 보레아스의 쌍둥이 아들들이 하르피이아이들을 쫓아준다고 했기 때문이다. 마침내 피네우스를 만나 사정을 전해 들은 아르고호 영웅들은 그가 너무 딱하다고 생각했다.

특히 피네우스의 처남이던 제테스와 칼라이스가 분기탱천하여 매부의 화근을 없애 주겠다고 나섰다. 얼마 후 영웅들은 맛난 음식을 마련하여 피네우스 앞에 미끼로 내놓았다. 그러자 과연 어디선가 괴조 하르피이아이들이 나타나 그것을 순식간에 낚아채 갔다. 북풍의 신의 아들답게 어깻죽지에 날개가 달린 제테스와 칼라이스가 날 준비를 하고 있다가 재빨리 비상하여 녀석들을 뒤쫓았다. 그들이 스트로파데스^{Strophades} 군도 상공에서 막 녀석들을 따라잡아 칼로 치려는 순간 어디선가 갑자기 그들의 자매였던 이리스가 나타나 스틱스강에 대고 맹세코 그들이 다시는 피네우스를 괴롭히는 일이 없을 테니 제발 그들을 살려

Erasmus Quellinus II,
〈하르피이아이의 추격〉, 1630

달라고 간청했다. 제테스와 칼라이스는 그 말을 믿고 재빨리 칼을 거둔 뒤 방향을 틀어 동료들에게로 날아갔다.

베르길리우스의 『아이네이스』에서 카르타고의 여왕 디도Dido는 자신을 버리고 아무 말 없이 떠나 버린 아이네이아스Aineias에게 절망한 나머지 자살하려고 자신의 가슴을 칼로 찔렀다. 하지만 디도는 바로 숨이 끊어지지 않고 고통으로 몹시 힘겨워했다. 그러자 이리스는 헤라의 명령을 받고 디도에게 날아가 그녀의 금발 머리를 잘라 하데스에게 갖다주어 그녀가 육신에서 벗어나서 편안해지도록 도와주었다. 또한 이리스는 아이네이아스를 비롯한 트로이 유민들이 시칠리아에 정착하게 할 심산이었던 헤라의 명령으로 트로이 여인의 모습을 하고 나타나 동료 여인들에게 그들이 타고 온 배에 불을 지르도록 부추겼다.

오비디우스의 『변신 이야기』에 따르면 로마의 초대 왕 로물루스Romulus는 죽은 뒤 전쟁의 신 크비리누스Quirinus가 되었다. 이에 그의 아내 헤르실리아Hersilia는 신들에게 자신도 신이 되어 남편과 다시 함께 살게 해 달라고 간청했다. 헤라는 그녀의 간청을 듣고 즉시 자신의 전령 이리스를 지상에 있는 그녀에게 급파했다. 헤라의 명령을 받고 부리나케 무지개를 타고 지상으로 날아온 이리스는 헤르실리아를 손가락으로 가볍게 터치해서 계절의 여신 호라이Horai 중 하나로 변신시켜서 그녀가 하늘의 올림포스 궁전으로 올라가 남편과 영원히 함께 살도록 했다.

그리스 신화의 무지개의 여신 이리스는 붓꽃의 꽃말처럼 '좋은 소식'을 전달하는 역할을 맡았기 때문에 어느 분야에서든 상호로 써도 무난하다. 하지만 우리가 '무지개' 하면 떠올리는 행복 전도사의 역할을 제대로 살린 것은 아무래도 서울 영등포구, 강동구, 마포구의 '아이리스' 꽃집, 고양시 일산동구의 '아이리스' 화훼농원, 서울 종로구의 '아이리스' 금은방 등일 것이다. 무신사^{MUSINSA} 스토어의 '이리스' 주얼리 브랜드도 마찬가지다. 우리가 사랑하는 사람으로부터 꽃이나 금반지 등을 선물로 받으면 마냥 행복하지 않은가?

'눈'이라는 뜻의 영어 단어 '아이^{Eye}'와 무지개의 여신 '이리스'를 조합해서 만든 경기도 남양주시의 속눈썹 증모 전문점 '아이리스^{Eyeris}'도 돋보인다. 2011년에 해체된 '아이리스'라는 3인조 트로트 가수도 있다. 그들이 2005년 발매한 앨범 제목이 "Message Of Love"다. 자신들이 사랑의 전도사라는 의미일 것이다. '아이리스'라는 여성 가수도 있고, 우리말로는 '아이리스'지만 영어로는 'R'이 두 개인 'IRRIS'인 여성 4인조 그룹도 있다. 가수 임영웅의 노래 중에 〈무지개〉가 있다. 그 노래 가사 중에 '무지개'는 한 번도 등장하지 않는다. 하지만 "행복 가득 담은 배낭 하나 메고서"라는 가사에서 작사자가 왜 그 노래 제목을 '무지개'로 달았는지 금세 이해가 간다.

'피그말리온 효과'와 '피그말리온' 학원

심리학 개념 중에 '피그말리온 효과Pygmalion-effect'가 있다. 『고려대 한국어대사전』에 따르면 그것은 "정신을 집중해 어떠한 것을 간절히 소망하면 불가능한 일도 실현된다는 심리적 효과"다. 간절한 기대는 반드시 현실로 이루어진다는 것이다. 다시 말해 사람의 마음은 기적을 이룰 수 있는 엄청난 에너지를 갖고 있다는 것이다. 그래서 '피그말리온 효과'는 '자기 충족 예언self-fulfillment prophecy'이라고도 하는데, 마음의 힘, 정신의 힘을 강조하는 개념으로 그리스 신화 속 피그말리온이라는 인물에서 유래한 개념이다.

그리스 신화에 등장하는 피그말리온은 총 3명이다. 첫 번째 피그

말리온은 현재의 레바논에 있던 고대 도시 티로스Tyros의 왕 벨루스Belus
의 아들이다. 베르길리우스의 『아이네이스』에 따르면 그는 물욕에 눈
이 어두워 여동생 디도Dido의 남편 시카이우스Sycaeus를 살해하고 그의
재산을 가로챘다. 이에 환멸을 느낀 디도는 측근들을 데리고 조국을 떠
나 방랑 끝에 카르타고를 건설했다.

두 번째 피그말리온은 키프로스Kypros섬의 왕이다. 지금은 소실된
B.C. 3세기경의 그리스 작가 필로스테파노스Philostephanos의 책에 따르면
그는 상아로 만든 미의 여신 아프로디테 조각상과 사랑에 빠져 실제로
정사를 나누었다. 필로스테파노스는 이 이야기를 고대 키프로스인들
의 미의 여신 아프로디테에 대한 돈독한 신앙심을 보여 주는 방증으로
소개했다. 이와 달리 초기 기독교 변증학자 아르노비우스Arnobius와 철
학자 클레멘스Clemens는 이 이야기를 이교도들의 타락을 보여 주는 방증
으로 소개했다.

세 번째 피그말리온은 키프로스의 천재 조각가로 '피그말리온 효
과'라는 개념은 바로 그를 모델로 만들어진 것이다. 오비디우스의 『변
신 이야기』에 따르면 피그말리온은 평생 독신으로 살기로 결심했다.
여자에게는 결점이 너무 많다고 생각했기 때문이다. 그 대신 그는 상아
로 아름다운 여인상을 조각했다. 작품은 완벽했다. 살아 있는 여인으로
착각을 일으킬 정도로 정교하고 생동감이 넘쳐흘렀다. 피그말리온은
날마다 아름다운 조각상을 보며 감탄하다가 그만 그녀와 사랑에 빠지
고 말았다.

그는 조각상을 연인으로 삼아서 날마다 틈만 나면 어루만지며 사
랑의 감정을 키워 갔다. 때로는 바닷가에서 조개껍데기를 주워 선물했
고, 예쁜 꽃을 한 아름 안겨 주기도 했다. 그런가 하면 멋진 옷을 입혀

주고, 금반지를 끼워 주고, 금목걸이를 걸어 주기도 했다. 밤이면 피그말리온은 그녀에게 팔베개를 해 주며 정답게 말을 건네기도 했다. 하지만 금방이라도 열릴 것만 같은 그녀의 입술은 여전히 굳게 닫혀 있었고, 살결은 차디찬 상아에 불과했다. 그래서 그는 언제나 마음이 허전하고 쓸쓸했다.

그러던 어느 날 키프로스에서 사랑의 여신 아프로디테를 기념하는 축제가 벌어졌다. 축제 막바지에 사람들은 여신의 신상 앞에 온갖 제물을 바치며 아프로디테의 속성에 걸맞게 사랑에 관련된 소원을 빌었다. 피그말리온도 정성으로 마련한 제물을 드리고 여신에게 이렇게 간절하게 기도했다.

여신이여, 바라건대 저의 집에 있는 저 상아 처녀를 제 아내가 되게 하소서.

집으로 돌아온 피그말리온은 여느 때처럼 조각상에 다가가 볼에 키스를 했다. 그런데 차가웠던 살결에서 갑자기 따뜻한 온기가 느껴졌다. 깜짝 놀라 눈을 들어 얼굴을 바라보니 여인의 양 볼이 수줍은 듯 빨갛게 물들어 있었다. 급기야 여인은 대좌臺座에서 작업실 바닥으로 걸어 나왔다. 피그말리온의 간절한 기도가 아프로디테의 마음을 움직인 것이다. 피그말리온은 여신의 축복 속에 인간이 된 상아 여인을 갈라테이아Galateia로 이름 짓고 아내로 삼았다.

2016년 브라질 리우 올림픽 펜싱 경기장에서 있었던 일이다. 당시 결승전에 진출한 우리나라의 박상영 선수는 마지막 회전을 앞두고 엄청난 점수 차이로 밀리고 있었다. 누가 봐도 도저히 따라잡을 수 없을

것만 같았다. 하지만 그는 결코
포기하지 않았다. 그는 땀에 흠뻑
젖은 채 의자에 앉아 잠시 쉬면서
도 계속해서 '나는 할 수 있다!'는
말을 되뇌었다. 그러자 그 후 정
말 기적 같은 일이 일어났다. 마
지막 회전을 알리는 버저가 울리
고 용감하게 뛰어나간 박상영 선
수가 상대방을 일방적으로 몰아
붙인 끝에 금메달을 따냈기 때문
이다.

Jean-Léon Gérôme,
〈피그말리온과 갈라테이아〉, 1890년경

피그말리온의 이야기는 또한 정민 교수의 책 『미쳐야 미친다』에
나오는 구절을 생각나게 한다. "불광불급(不狂不及)이라고 했다. 미치
지 않으면 미치지 못한다는 말이다. 남이 미치지 못할 경지에 도달하려
면 미치지 않고는 안 된다. 미쳐야 미친다. 미치려면(及) 미쳐라(狂). 지
켜보는 이에게 광기(狂氣)로 비칠 만큼 정신의 뼈대를 하얗게 세우고,
미친 듯이 몰두하지 않고는 결코 남들보다 우뚝한 보람을 나타낼 수
없다."

미국의 심리학자 로젠탈Robert Rosenthal과 교육학자 제이콥슨Lenore
Jacobson은 이 이론을 학교 교실에 적용했다. 그들이 『피그말리온 효과』
라는 책에서 자세하게 설명하고 있는 실험에 의하면 교사의 간절한 기
대와 믿음은 학생의 자신감과 성적을 올리는 데에 큰 영향을 준다. 그
들은 결국 '교사는 교실 안의 피그말리온'이라는 결론을 내린다. '칭찬
은 고래도 춤추게 만든다'는 말처럼 교사의 기대와 믿음은 학생에게 힘

과 용기를 주어 놀라운 결과를 초래한다는 것이다. 그래서 교육적인 측면에서의 '피그말리온 효과'는 '로젠탈 효과'라고도 부른다.

피그말리온 이야기는 프랑스 화가 장 레옹 제롬Jean-Léon Gérôme 등 전 세계 유명 화가들의 단골 소재가 되었다. 특히 영국 화가 에드워드 번 존스Edward Burne-Jones는 '피그말리온과 조각상'이라는 제목으로 4부작 그림을 그렸는데 각 그림의 부제는 다음과 같다. "1. 마음이 원하다The Heart Desires, 2. 손을 거두다The Hand Refrains, 3. 신의 마음을 움직이다The Godheart Fires, 4. 영혼을 얻다The Soul Attains."

우리나라에서 '피그말리온'을 상호로 하고 있는 곳은 카페, 케이크 전문점, 광고대행업체, 방송프로그램 제작 업체, 돈가스집, 펜션, 고깃집, 피부과 의원, 농원 등 아주 다양하다. 하지만 아무래도 피그말리온 효과라는 심리학 개념을 염두에 두면 그 이름이 상호로 가장 잘 어

Edward Burne–Jones,
〈피그말리온과 조각상 1〉, 1878

Edward Burne–Jones,
〈피그말리온과 조각상 2〉, 1878

438

울리는 곳은 입시학원, 교습소, 영어 학원 등이 아닐까 싶다. 그래서 심지어 '피그마리온' 학원도 2개나 있다. 가수 중에도 2인조와 4인조 그룹 2개가 '피그말리온'이라는 이름을 지니고 있다. 영국의 5인조 그룹 '슬로우다이브 Slowdive'의 앨범 중에도 '〈피그말리온 Pygmalion〉'이 있다.

Edward Burne–Jones,
〈피그말리온과 조각상 3〉, 1878

Edward Burne–Jones,
〈피그말리온과 조각상 4〉, 1878

조지 쿠커 감독의 영화
〈마이 페어 레이디〉

키프로스의 천재 조각가 피그말리온^{Pygmalion} 이야기는 영국 작가 버나드 쇼^{Bernard Shaw}의 5막극 『피그말리온』(1913)의 모티프가 되었다. 버나드 쇼의 작품은 신화와 모티프만 같을 뿐 등장인물들의 이름, 무대, 서사는 전혀 다르다. 그래서 피그말리온과 갈라테이아의 역은 각각 헨리 히긴스^{Henry Higgins}와 일라이자 둘리틀^{Eliza Doolittle}이라는 인물이 맡는다. 이 작품의 무대도 고대의 키프로스에서 현대의 영국 런던으로 옮겨진다.

히긴스는 사람의 말투만으로 출신지를 정확하게 알아내는 천재 음성학 교수다. 그는 어느 날 런던 시내를 산책하다 우연히 시민들에

게 꽃을 파는 빈민가 처녀 일라이
자를 만난다. 그런데 그녀는 입
을 열기만 하면 늘 사투리에 상
스러운 말만 쏟아 낸다. 히긴스
교수는 그런 일라이자에게 흥미
를 느끼고 친구 피커링 대령Colonel
Pickering에게 6개월 안에 고급 영어
를 구사하는 요조숙녀로 키우겠
다고 장담하며 집으로 데려와 교
육을 시작한다.

버나드 쇼

히긴스 교수의 자신감과는
달리 피커링 대령은 친구의 프로
젝트에 대해 아주 회의적이다. 하지만 일라이자는 확신에 찬 히긴스 교
수의 밤낮이 따로 없는 열정 어린 지도로 마침내 화려하게 런던 사교계
의 꽃으로 부상한다. 그러던 어느 날 일라이자는 우연히 히긴스 교수와
피커링의 대화를 엿듣다가 자신이 사랑의 대상이 아니라 내기를 위한
수단에 불과했다는 사실을 알고 집을 뛰쳐나가 끝내 돌아오지 않는다.
일라이자는 "그동안의 훈련과정이 지옥과 같았으며 다시는 이런 짓을
되풀이하지 않겠다!"는 히긴스 교수의 말에 절망한 것이다.

당시 수많은 독자가 히긴스와 일라이자의 비극적인 결별에 너무
안타까운 나머지 수정판에서라도 두 사람의 재회하기를 간절히 바라는
염원을 담아 버나드 쇼에게 일종의 항의가 섞인 편지를 했다. 침묵을
거듭하던 버나드 쇼는 작품이 발표되고 몇 년이 지난 뒤에 덧붙인 후기
에서 두 사람의 사랑은 환상에서는 가능할지 몰라도 현실에서는 어림

없는 일이라며 둘의 결합 가능성을 일축해 버렸다. 일라이자는 비록 히긴스에게 약간 끌리는 마음은 있었어도 그를 진정으로 사랑한 건 아니라고 말이다. 그는 결론적으로 신화에서도 "갈라테이아는 결코 피그말리온을 좋아하지 않았다"고 분명하게 선을 그었다.

버나드 쇼의 『피그말리온』을 영화로 만든 게 바로 조지 큐커^{George Cukor}가 감독을 맡고 오드리 헵번^{Audrey Hepburn}이 주연한 뮤지컬 영화 〈마이 페어 레이디^{My Fair Lady}〉(1964)다. 그런데 이 영화는 할리우드 영화답게 버나드 쇼의 작품과는 달리 결말을 해피엔딩으로 처리했다. 조지 큐커는 버나드 쇼에게 실망한 독자들의 마음을 위로하고 따뜻하게 어루만져 주기 위해 두 사람을 극적으로 다시 만나게 한 것이다. 영화의 스토

브로드웨이 뮤지컬 〈마이 페어 레이디〉에서 꽃파는 처녀 일라이자 둘리틀(줄리 앤드류스)과 언어학 교수 헨리 히긴스(렉스 해리슨)가 런던 거리에서 만나는 장면, 1956

리는 일라이자가 히긴스의 집을 떠나기까지는 버나드 쇼의 작품과 대동소이하다.

하지만 일라이자가 히긴스의 집을 떠난 후 얼마간의 시간이 흐르자 비로소 그는 그녀의 빈자리를 느낀다. 그래서 허전한 마음을 달래려고 연구실로 가서 녹음기에 테이프를 넣고 틀어본다. 그러자 일라이자의 거칠고 상스러운 발음이 들려온다. 예전에 일라이자에게 발음 연습을 시키면서 담아 둔 녹음테이프다. 그 순간 히긴스는 감회에 젖어 눈을 감는다. 그때 마침 집을 나갔던 일라이자도 히긴스 교수를 잊지 못해 연구실로 돌아왔다가 그와 감격적인 해후를 한다.

'파에톤 콤플렉스'와 '파에톤' 롤러코스터

·

'파에톤 콤플렉스Phaeton complex'라는 게 있다. 어떤 사람이 어렸을 때 부모 중 하나 혹은 둘의 부재, 죽음, 학대 등으로 인해 겪는 심리 상태로 2가지 행동으로 표출된다. 하나는 "본인이 걱정하고 있는 것처럼 자신이 정말 무능한 사람인지 시험해 보기 위해 무모하게 위험을 무릅쓰는 것"이다. 다른 하나는 "자신을 정말 무능하다고 생각하는 사람들이 틀렸다는 사실을 증명하기 위해 무모하게 위험을 무릅쓰는 것"이다.

'파에톤 콤플렉스'란 간단하게 말하면 어떤 사람이, 스스로 의식하지는 못하지만, 어렸을 때 제대로 대접받지 못하고 사랑받지 못한 것을 보상받기 위해 과도하게 자신의 능력을 입증해 보이려는 강박증을 뜻한다. 물론 이스라엘의 하이파^{Haifa}대학교 심리학과 명예교수 미차 포퍼^{Micha Popper}에 따르면 영국 총리였던 윈스턴 처칠^{Winston Churchill}의 경우처럼 불행한 어린 시절이 항상 강박증을 불러일으키는 것만은 아니다.

'파에톤 콤플렉스'의 모델이 된 그리스 신화의 파에톤은 티탄 신족의 태양신 헬리오스^{Helios}의 아들이다. 헬리오스는 낮에는 태양 마차를 몰아야 했기 때문에 어느 날 밤 쉬는 틈을 이용하여 하늘에서 지상으로 내려와 휴가를 즐기다가 강의 요정 클리메네^{Klymene}를 만나 사랑에 빠져 하룻밤 풋사랑을 나눈 뒤 훌쩍 떠나 버렸다. 그 후 클리메네는 홀몸으로 아들을 낳아 파에톤^{Phaeton}으로 이름을 지었다.

파에톤은 어린 시절부터 어머니에게서 태양신 헬리오스가 자신의 아버지라는 이야기를 숱하게 들어왔던 터라 친구들에게 그걸 자랑스럽게 자랑하고 다녔다. 그러던 어느 날 신들의 왕 제우스와 이오[10]의 아들이었던 에파포스^{Ephapos}가 그 말을 듣더니 아무런 증거도 없이 자기 엄마 말만 믿고 얼토당토않은 말을 한다며 바보라고 비웃었다. 파에톤이 풀이 죽어 집에 돌아와 엄마에게 하소연하자 클리메네는 하늘의 태양 마차를 가리키며 말했다.

아들아, 저기 네 아버지 헬리오스께서 끌고 가시는 찬란하게 빛나는 태양 마차에 걸고 맹세하건대, 너는 바로 저 태양신 헬리오스의 아들이 분명하다. 만약 내 말이 거짓이라면 이 자리에서 당장 죽어도 좋다. 그래도 의심이 든다면 네가 직접 아버지를 찾아가 진위를 확인하도록 하라. 그분의 궁전은 우리 집에서 그리 멀지 않으니 말이다.

이윽고 어머니의 말이 끝나기가 무섭게 파에톤은 당장 채비를 갖춰 아버지를 찾아 나서 우여곡절 끝에 그의 궁전에 도착했다.

헬리오스는 파에톤이 찾아와 어머니 클리메네를 거명하며 자식이라고 주장하자 당연히 그를 반갑게 맞이하고 아들로 인정했다. 하지만 파에톤은 그것으로 만족하지 않았다. 그는 헬리오스에게 자신이 진짜 아들이라면 부탁을 하나 들어 달라고 간청했다. 그동안 돌보지 못해 양심의 가책을 느낀 아버지는 아들에게 인자하게 미소 지으며 어떤 부탁이든 모두 들어주겠다고 약속했다.

그러자 파에톤은 헬리오스에게 먼저 지하 세계를 흐르는 스틱스강에 대고 맹세해 달라고 간청했다. 스틱스강에 대고 맹세하면 신이든 인간이든 반드시 약속을 지켜야만 했다. 헬리오스가 깊게 생각하지 않고 성급하게 스틱스강에 대고 맹세해 버리자 그는 딱 하루만 아버지가 모는 태양 마차를 몰게 해 달라고 졸랐다. 그는 몹시 당황해하며 태양 마차는 아무나 몰 수 없으니 제발 그것만은 안 된다고 아들을 달랬다. 하지만 아들은 막무가내였다.

어쩔 수 없이 설득을 포기한 헬리오스는 아들에게 말고삐를 넘겨주며 마지막으로 간절하게 당부했다.

잘 들어라, 내 아들아! 제발 너무 높게 날지도 말고, 너무 낮게 날지도 말아라! 너무 높게 날면 하늘 궁전을 태울지 모르고, 너무 낮게 날면 대지를 불태울지 모른다. 중간 길이 가장 안전하고 좋다. 내가 지나간 바퀴 자국만 따라가거라!

파에톤은 아버지의 당부에 그저 건성으로 "예, 예"라고 대답했다.

Johann Michael Rottmayr, 〈파에톤에게 태양 마차를 몰도록 허락하는 아폴론〉, 1690~1695
(이 그림을 그린 로트마이어는 파에톤의 아버지를 티탄 신족의 태양신 헬리오스가 아니라
올림포스 신족의 태양신 아폴론으로 착각했다)

그는 아버지가 하는 일이라면 자신도 뭐든 할 수 있다고 믿었다. 아니 더 잘할 수 있다고 생각했다.

그런데 그가 고삐를 쥐자마자 예민한 말들이 예전과 달라진 무게를 느끼고 한참을 순순히 달리다가 갑자기 몸부림을 쳐 봤다. 전혀 예상치 못한 상황에 깜짝 놀란 파에톤은 그 순간 그만 고삐를 놓치고 말았다. 그러자 기다렸다는 듯이 태양 마차는 순식간에 높이 솟아올라 올림포스의 하늘 궁전을 살짝 그을리더니 그대로 곤두박질쳐 바닷물을 펄펄 끓게 하고 대지를 시뻘겋게 불태웠다.

파에톤의 태양 마차는 그렇게 주로를 이탈한 채 계속해서 하늘과 대지 사이를 순식간에 넘나들며 갈피를 잡지 못했다. 그대로 두었다간 특히 대지의 곡물이 남아나지 못할 판이었다. 참다못한 곡물의 여신 데

Peter Paul Rubens, 〈파에톤의 추락〉, 1604~1605

메테르^{Demeter}의 하소연에 결국 신들의 왕 제우스가 개입하여 재빨리 파에톤을 향해 번개를 날렸다. 그러자 파에톤은 머리털에 불이 붙은 채 거꾸로 땅바닥에 떨어져 죽고 말았다.

　파에톤 이야기는 아버지의 당부를 허투루 듣고 더 높이 날다가 추락하는 이카로스^{Ikaros} 이야기와 마찬가지로 주로 인간의 오만에 경종을 울릴 때 인용하곤 한다. 인생에서 가장 적당한 길은 너무 높지도 않고 낮지도 않은 중간 길이라고 말이다. 독일 폭스바겐^{Volkswagen} 자동차 브랜드 중에 '파에톤^{Phaeton}'이라는 승용차가 있었다. 나는 가끔 시내에서 차를 몰다가 앞이나 옆에서 그 차가 보이면 얼른 피하고는 했다. 이름 탓이었을까? 그 차는 현재 단종된 상태다.

　경북 경주의 놀이공원 '경주월드'에 있는 인버티드^{inverted} 롤러코스터 이름이 바로 '파에톤'이다. '파에톤' 롤러코스터는 시속 90~100km의

448

속도로 달릴 수 있고, 거꾸로
뒤집히는 반전 횟수는 6회, 강
하 횟수는 4회다. 롤러코스터
가 출발하기 전 스피커에서 들
려오는 출발 멘트를 들으면 더
욱더 불안감이 가중된다. "나
는 태양신의 아들 파에톤이다!
태양 마차로 나를 증명해 보겠
다! 이랴! 이히히힝." '내가 파
에톤이라면 태양 마차인 롤러

Jan Carel van Eyck, 〈파에톤의 추락〉, 1636∼1638

코스터는 어떻게 되는 거지?' 궤도가 지구 궤도와 교차하여 지구와 충
돌할 위험성이 가장 높은 소행성 중에 '3200 파에톤'이 있다.

77.

프로이트의 '오이디푸스 콤플렉스'

●

테베의 왕 라이오스^{Laios}는 아내에게 도무지 자식이 생길 기미가 보이지 않자 델피^{Delhi}의 아폴론 신전을 찾아 그 이유를 물었다. 그러자 여사제 피티아^{Phytia}가 실로 어처구니없고 소름 끼치는 신탁을 내렸다. 장차 아들을 낳겠지만 그 아들은 자라서 아비를 죽이고 어미와 결혼한다는 것이다. 그날부터 라이오스는 아내와의 잠자리를 피했다. 하지만 인간의 의지로는 신탁을 모면하기란 어려운 것이었을까. 라이오스는 어느 날 대취하여 그만 자제력을 잃고 아내와 동침하였고, 열 달 뒤 정말 아들이 태어났다.

이제 신탁을 피할 수 있는 길은 그 아이를 없애는 방법밖에 없었다. 라이오스는 차마 자신의 손으로 자식을 죽일 수는 없었다. 고심 끝에 그는 심복 양치기 포르바스^{Phorbas}를 시켜 혹시 아이가 기어서 도망칠까 봐 발목을 가죽끈으로 단단히 묶어 테베 근처의 키타이론^{Kithairon}산의 나무에 묶어 두도록 명령했다. 산짐승들의 먹이가 되도록 하기 위해서다. 하지만 양치기도 차마 어린 것을 죽일 수가 없어 평소 안면이 있던 코린토스의 양치기에게 그 아이를 건네주었다.

코린토스의 왕 폴리보스^{Polybos}와 아내 메로페^{Merope}에게는 마침 아이가 없었다. 그래서 양치기가 데려온 아이를 신의 선물

Antoine-Denis Chaudet 외 2인, 〈오이디푸스와 양치기 포르바스〉, 1763~1810

로 생각하고 자신의 친아들로 키웠다. 이름도 '부은 발'이라는 뜻의 '오이디푸스^{Oidipous}'라고 지었다. 그것은 가죽끈으로 동여맨 아이의 발목이 퉁퉁 부어 있었기 때문에 붙인 이름이었다. 오이디푸스는 그 후 출생의 비밀을 모른 채 코린토스의 왕자로서 훌륭한 청년으로 성장했다.

그러던 어느 날 코린토스 왕궁에서 벌어진 축제에서 술에 취한 누군가가 무심코 그에게 왕의 친아들이 아니라는 말을 내뱉었다. 오이디푸스가 불안한 마음에 부모에게 진위를 물어도 그들은 펄쩍 뛰며 그가

친아들이 틀림없다고 대답했다. 오이디푸스는 결국 델피의 아폴론 신전을 찾아가 자신이 코린토스 왕의 친아들이 맞는지 물었다. 그러자 여사제 피티아는 그 물음에 답하는 대신 엉뚱하게도 그에게 장차 아비를 죽이고 어미와 결혼할 것이라는 신탁을 내렸다. 소스라치게 놀란 오이디푸스는 그 순간 코린토스로 돌아가지 않기로 마음먹었다. 코린토스의 왕 폴리보스를 아직 친아버지라고 생각했기 때문이다.

코린토스를 피해 방랑하던 오이디푸스는 델피에서 다울리아^{Daulia}로 접어드는 어느 삼거리에서 마차를 탄 어떤 노인 일행과 마주쳤다. 그는 좁은 길에서 먼저 양보하라고 했다가 그들과 시비가 붙어 싸우다가 결국 달아난 하인 한 명만 빼고 그 노인을 비롯하여 일행 5명을 모두 죽여 버렸다. 그런데 아뿔싸! 그 노인은 다름 아닌 바로 테베의 왕이자 오이디푸스의 친아버지 라이오스였다. 그는 테베에 어떤 문제가 생겨 그 원인을 알아보기 위해 델피의 아폴론 신탁소로 가다가 참변을 당한 것이다.

테베의 왕 라이오스가 죽자 그의 처남 크레온^{Kreon}이 임시로 왕권을 이어받았다. 그런데 라이오스의 장례식이 끝나고 얼마 지나지 않아 테베의 일곱 성문 중 가장 큰 성문에 괴물 스핑크스^{Sphinx}가 나타났다. '스핑크스'는 '목 졸라 죽이는 자'라는 뜻이다. 녀석은 사자의 몸에 독수리의 날개가 달렸고 여자의 얼굴을 한 아주 흉측한 모습이었는데 성문을 드나드는 행인들에게 수수께끼를 내 알아맞히지 못하면 목 졸라 죽이곤 했다. 벌써 수많은 사람이 녀석의 손에 죽임을 당했다.

크레온은 궁리 끝에 녀석이 내는 수수께끼를 맞히는 자에게는 공석인 테베의 왕위를 주겠다는 포고령을 내렸다. 홀로 된 왕비 이오카스테도 아내로 주겠다고 약속했다. 이미 몇몇 지원자가 용감하게 나섰지만 아까운 목숨만 잃었을 뿐이다. 마침 방랑하던 오이디푸스도 우연히 테베의 그 성문을 통과하게 되었다. 오이디푸스가 나타나자 스핑크스는 그를 불러 예의 그 수수께끼를 냈다.

아침에는 네 발, 점심에는 두 발, 저녁에는 세 발로 걷는 것은?

곰곰이 생각하던 오이디푸스가 한참 만에 갑자기 "인간!"이라고 정답을 말하자 방심하고 있던 스핑크스는 그만 너무 놀라고 억울한 나머지 옆에 있던 바위에 자신의 머리를 부딪혀 자살했다. 괴물 스핑크스를 죽이고 테베 궁전에 도착한 오이디푸스는 그 공로로 테베의 왕위에 올라 친모 이오카스테Iokaste를 왕비로 맞이하여 15여 년 동안 태평성대를 이루며 살았다. 그들 사이에서 2남 2녀의 자식들도 태어났다.

그러던 어느 날 테베에 갑자기 악질 전염병이 창궐했다. 오이디푸스가 처남 크레온을 시켜 델피의 아폴론 신전에서 그 이유를 물으니, 선왕 라이오스를 죽인 자가 테베에서 활개를 치고 있으니 그를 찾아 죽이거나 추방하면 전염병이 물러갈 거라는 신탁이 내렸다. 오이디푸스는 즉시 범인을 색출하기 위해 수사에 착수하지만 결국 자신이 그 범인임을 알고 절망한 나머지 자신의 두 눈을 찔러 스스로 실명하고 나서 참회의 방랑길을 떠났다.

〈오이디푸스와 스핑크스〉,
B.C. 450~B.C. 440년경(그리스 도기 그림)

독일의 작가 구스타프 슈바브Gustav Schwab는 스핑크스의 수수께끼와 오이디푸스의 해답을 좀 더 자세하게 풀어썼다. 그에 따르면 스핑크스는 오이디푸스에게 이렇게 물었다.

그것은 아침에는 네 발, 낮에는 두 발, 저녁에는 세 발을 지녔다. 모든 피조물 중에 그것만이 발의 수를 바꾼다. 하지만 그것이 가장 많은 발을 움직이고 있을 바로 그때 사지의 힘과 속도가 가장 떨어진다.

이에 대해 오이디푸스는 이렇게 대답했다.

그것은 인간이다. 인간은 어린아이인 생의 아침에는 두 발과 두 손으로 기어 다닌다. 그 후 자라서 생의 낮에 이르면 힘이 생겨 두 발로 걸어 다닌다. 또한 노인인 생의 저녁에는 몸을 지탱할 것이 필요해 세 번째 발이 되어 그를 도와줄 지팡이를 짚고 다닌다.

다른 설에 따르면 스핑크스가 낸 수수께끼는 2개였다. 오이디푸스가 첫 번째 수수께끼를 풀자 스핑크스는 다시 수수께끼를 냈다.

계속해서 서로를 번갈아 낳아 주는 두 자매가 있는데 누구누구인가?"

오이디푸스는 이렇게 대답했다.

그 자매는 바로 낮과 밤이다. 밤이 끝나면 낮이 되고, 낮이 끝나면 밤이 된다.

그리스 신화에서 밤의 신은 닉스^{Nyx}, 낮의 신은 헤메라^{Hemera}인데 모두 여신이다. 그런데 헤시오도스^{Hesiodos}에 따르면 헤메라는 닉스가 혼자서 낳았지만, 로마 시대의 신화학자 히기누스^{Hyginus}에 따르면 닉스와 함께 태초의 혼돈 카오스^{Chaos}에서 태어났다. 그래서 스핑크스가 냈다는 두 번째 수수께끼는 닉스와 헤메라가 자매라는 히기누스의 주장에 근거해서 로마 시대에 만들어졌을 가능성이 크다.

프랑스의 노벨문학상 수상자인 앙드레 지드는 스핑크스의 수수께끼에 대해 의미심장한 말을 했다.

내가 만약 오이디푸스였다면 스핑크스가 내게 어떤 질문을 했어도 그것과는 아무런 상관없이 나는 인간이라고 대답했을 것이다. 왜냐하면 이 세상 모든 수수께끼로 얽혀 있는 존재가 바로 인간이기 때문이다.

인간이 수수께끼로 비견될 수 있는 이 세상 모든 문제의 원인이자 그 해답이라는 뜻이 아닐까?

프로이트^{Sigmund Freud}는 오이디푸스의 비극적인 이야기를 토대로 '오이디푸스 콤플렉스'라는 심리학 용어를 만들어 냈다. 프로이트에 따르면 세 살에서 여섯 살 사이 남근기^{男根期}에 있는 사내아이는 부모에 대해 상반된 욕망을 갖는다. 동성인 아버지에 대해서는 타나토스^{Thanatos}적인 살의를 느끼고, 이성인 어머니에 대해서는 에로스^{Eros}적인 성애를 느낀다. 이게 바로 '오이디푸스 콤플렉스'다. 타나토스와 에로스는 각각 그리스 신화에서 죽음과 사랑의 신이다.

그런데 오이디푸스 콤플렉스를 느끼는 사내아이는 자신이 품고 있는 검은 욕망이 아버지에게 발각되어 거세당할지 모른다는 공포심에서 그것과는 전혀 다르게 행동한다. 즉 어머니와는 거리를 두고 아버지를 닮으려고 하면서, 즉 동일화Identification를 통해서 그 욕망을 억누른다. 즉 아버지와 같은 편이라는 것을 보여 주기 위해 짐짓 그의 행동을 따라 하는 것이다. 그 후 사내아이는 유치원과 초등학교에 들어가 교육을 받으면서 도덕과 윤리 등 초자아Superego가 발달하면서 점점 그 욕망을 스스로 통제할 수 있는 능력을 키운다.

프롬Erich Fromm의 오이디푸스 해석은 프로이트와는 사뭇 다르다. 그에 따르면 오이디푸스가 아버지에 대해 품고 있는 적개심은 어머니에 대한 성적인 애착이 아니라 가부장 사회에서의 아버지의 권위에 대한 반항심에서 나온 것이다. 라캉Jacques Lacan은 이보다 한발 더 나아가서 오이디푸스가 살해하는 아버지를 "상징적인 것"으로 해석한다. 그에 의하면 그리스 신화 속 오이디푸스의 아버지는 진짜 아버지라기보다는 우리의 삶을 규정하며 억압하는 권위적인 인물들이나 규범, 종교, 제도 등을 대변한다.

'스핑크스 고양이'와 '스핑크스' 호프집

Gustave Moreau, 〈오이디푸스와 스핑크스〉, 1864

●

　스핑크스 하면 떠오르는 게 바로 이집트의 스핑크스다. 하지만 이집트와 그리스의 스핑크스는 서로 사뭇 다르다. 그리스의 스핑크스는 앞서 언급한 것처럼 사자의 몸에 여자의 머리를 하고 있다. 이에 비해 이집트의 스핑크스는 사자의 몸에 대부분 이집트의 왕 파라오의 머리를 하고 있다. 물론 이집트의 스핑크스 중에는 아주 드물게 여왕, 양, 매의 머리를 한 것도 있다. 가령 카르나크^{Karnak} 신전 앞 스핑크스는 양의 머리를, 하트셉수트^{Hatshepsut}의 스핑크스는 똑같은 이름의 여왕의 머리를 하고 있다.

　게다가 이집트의 스핑크스는 둥근 태양의 형상, 펙토랄레^{Pectorale}라는 가슴 십자가, 우라이오스^{Ouraios}라는 코브라 형상, 이중 왕관 등으로 치장하고 있으며 아주 거대하다. 가령 기자^{Gizeh}의 스핑크스는 길이는 73.5m, 높이는 20m인 통 석회암으로 만들어졌다. 이에 비해 그리스 델피 고고학 박물관의 고대 낙소스인들이 델피에 바친 소위 '낙소스인들의 스핑크스'는 높이가 기껏해야 10m, 미국 뉴욕 '메트로폴리탄 미술관'의 스핑크스는 겨우 1.426m에 불과하다.

　귀스타브 모로^{Gustave Moreau}가 그린 〈메트로폴리탄 미술관〉의 〈오이디푸스와 스핑크스〉는 단연 우리의 눈길을 사로잡는다. 모로의 스핑크스는 만약 날개와 사자의 몸만 안 보인다면 그야말로 빼어난 미모의 여인일 뿐이다. 그래서 미술사가들은 모로의 스핑크스를 19세기 후반기 상징주의 미술의 주요 주제였던 '팜 파탈^{femme fatale}'로 해석한다. 그렇다면 날카로운 발톱을 지닌 스핑크스의 사자는 '치명적 여인' '팜 파탈'이 감추고 있는 마수를 상징하는 셈이다.

　　모로의 그림에서 스핑크스와 오이디푸스는 서로 눈을 뚫어지게 응시하고 있다. 하지만 사랑에 빠진 것 같지는 않고 서로의 정체를 알고 있는 듯하다. 특히 스핑크스가 오이디푸스의 가슴에 앞발을 올려놓고 있어도 그의 얼굴에선 불안한 기색이라곤 전혀 찾아볼 수 없다. 모로의 그림은 앵그르^{Ingres}의 그림 〈오이디푸스와 스핑크스〉를 모델로 한 것이다. 다만 앵그르의 그림에서는 오이디푸스만 정중앙에 있고, 모로의 그림에서는 둘 다 정중앙에 있다.

　　나는 앵그르의 그림을 볼 때마다 로마 바티칸 '에트루리아 박물관 Museo Gregoriano Etrusco'에 전시되어 있는 B.C. 470~B.C. 460년경의 고대 그리스 도기 그림 〈스핑크스의 수수께끼를 듣고 있는 오이디푸스〉를 빼닮았다는 생각을 떨쳐 버릴 수 없다. 또한 이 도기 그림에서 턱에 왼쪽 손목을 괸 채 생각에 잠겨 있는 오이디푸스의 모습은 또한 로댕의

Jean-Auguste-Dominique Ingres,
〈오이디푸스와 스핑크스〉, 1808

〈스핑크스의 수수께끼를 듣고 있는 오이디푸스〉,
B.C. 480~B.C. 470년경(그리스 도기 그림. 재현)

조각 〈생각하는 사람^{Le Penseur}〉'을 빼닮았다.

스핑크스는 그리스나 이집트에서 관문 수호자의 역할을 했기 때문에 경비와 관련된 브랜드로는 제격이지만 아직 국내외에서 그 활용도가 높지 않다. 미국의 4선 대통령 프랭클린 루스벨트^{Franklin Roosevelt}의 별명이 바로 '스핑크스'였다. 그는 3선에 출마할 것인지 아니면 안 할 것인지에 대해 아무런 답을 하지 않아 수천 년 동안 아무 말 없이 피라미드를 지키고 있는 침묵의 화신 이집트의 스핑크스를 따라 그런 별명을 얻었다고 한다.

'캐나다 스핑크스^{Canadian Sphynx}'로 알려진 털이 없는 '스핑크스 고양이^{Sphynx cat}'는 앉아 있는 모습이 이집트 스핑크스를 닮아 그런 이름을 얻었다고 한다. 하지만 원래의 영어 단어에서 스펠링 'i'가 'y'로 바뀌어 있다. 밤의 여신을 영어로 'Nyx', 혹은 'Nix'로 표기하는 것과 유사하다. 프랑스산 화이트 와인 중에 '스핑크스'가 있다. 만리동 한겨레 신문사 앞에는 호프집 '스핑크스'가 신문사 정문을 지키고 있다. 울진읍에도 똑같은 이름의 호프집이 있다.

드니 빌뇌브 감독의 영화 〈그을린 사랑〉

드니 빌뇌브^{Denis Villeneuve} 감독의 영화 〈그을린 사랑〉(2010)은 무대만 현대로 달라졌을 뿐 오이디푸스 이야기를 모티프로 한 것이다. 우선 그 소재가 모자간의 근친상간이다. 또한 근친상간의 원인이 고대의 운명에 비견될 수 있는 현대의 끔찍한 종교 전쟁이다. 아울러 근친상간으로 태어난 쌍둥이 남매가 죽은 어머니의 행적을 추적하여 마침내 아버지이자 동시에 형제인 핏줄을 찾아낸다. 오이디푸스가 끈질긴 수사 끝에 자신이 부지불식간에 아버지를 죽이고 어머니와 결혼하여 2남 2녀를 낳아 테베에 역병을 불러들인 장본인이라는 사실을 밝혀내는 것과 아주 비슷하다.

드니 빌뇌브, 2017

영화가 시작되면 잔느Jeanne와 시몽Simon이라는 쌍둥이 남매가 등장한다. 그들은 어머니 나왈Nawal이 죽은 후에 장 르벨Jean Lebel이라는 프랑스계 캐나다인 공증인을 만난다. 그는 나왈이 생전에 다녔던 회사의 사장이자 가족의 오랜 친구로서 그녀의 유언장 집행인이다. 르벨은 나왈의 유언장을 개봉하여 남매에게 재산을 배분한 뒤 유언장과 함께 들어 있던 편지 두 통도 건넨다. 하나는 나왈이 딸에게 아버지를 찾아 그걸 전달하라는 것이고, 다른 하나는 아들에게 형을 찾아 그걸 전달하라는 것이다.

나왈은 또한 유언장에서 남매에게 그 임무를 완수하기 전에는 자신의 시신을 관에 넣지 말고, 자신이 죽어서도 세상을 등지도록 시신을 엎어서 묻어 주고, 무덤에 묘비를 세우지 말라고 부탁한다. 남매는 어렸을 적부터 아버지는 이미 돌아가셨고 형제도 없었다고 알고 있었기에 깊은 혼란에 빠진다. 평소 어머니와 관계가 좋지 않았던 시몽은 그녀의 시신을 관습대로 매장하려 한다. 하지만 전도유망한 수학도였던 잔느는 그걸 제지하며 지도교수의 도움으로 이 난제를 풀기로 결심한다. 결국 그녀는 어머니의 유품에서 단서가 될 만한 사진 등을 챙겨 그녀의 고향으로 떠난다.

이때부터 〈그을린 사랑〉의 시점은 자주 현재와 과거를 오간다(플

462

래시백). 현재의 무대는 캐나다이고, 과거의 무대는 중동의 내전 지역인 것은 분명하지만 정확하게 어디인지는 특정할 수 없다. 현재의 주인공은 잔느이고, 과거의 주인공은 그녀의 어머니 나왈이다. 나중에 잔느의 애원으로 시몽도 그녀와 합류한다. 남매의 끈질긴 추적을 통해 밝혀지는 어머니 나왈의 과거와 그들의 출생의 비밀은 가히 충격적이다.

나왈은 기독교도이다. 그런데 전쟁통에 그녀의 고향 근처로 피난 온 회교도 청년 와합Wahab과 사랑에 빠진다. 이 사실을 알게 된 나왈의 두 오빠가 와합을 살해한다. 나왈도 그 자리에서 오빠들에 의해 소위 '명예살인名譽殺人'을 당하려는 순간 외할머니의 개입으로 극적으로 목숨을 건진다. 그 후 외할머니 집에 기거하던 나왈은 아들을 낳는다.

외할머니는 갓 태어난 증손주를 곧장 고아원으로 보낸 다음 나왈도 자신의 동생이 있는 다레쉬Daresh로 보내 대학에 다니도록 한다. 특히 외할머니는 증손주를 고아원으로 보낼 때 나왈이 나중에라도 알아볼 수 있도록 그의 오른쪽 발뒤꿈치에 바늘로 3개의 점 문신을 새겨넣는다. 오이디푸스의 부은 발을 연상시키는 대목이다.

다레쉬에도 종교 전쟁의 광풍이 불어닥친다. 평화주의자 나왈은 기독교도이면서도 기독교 민병대의 잔혹함에 치를 떤다. 그녀는 결국 무슬림 지도자 샴세딘Chamseddine의 휘하에 들어가 기독교 민병대 지도자를 암살한다. 현장에서 사로잡힌 나왈은 크파르 리얏Kfar Ryat 감옥에 갇혀 온갖 고초를 당한다. 그녀는 배후를 캐려는 기독교 민병대의 고문에 시달리다 급기야 고문 기술자 아부 타레크Abou Tareq로부터 성고문을 당해 감옥에서 쌍둥이 남매를 낳는다.

얼마 후 샴세딘의 도움으로 감옥에서 출소한 나왈은 젖먹이 쌍둥이 남매와 함께 캐나다로 이주해 살면서도 과거의 고문 트라우마로 늘

정신적 고통에 시달린다. 그러던 어느 날 그녀는 딸과 함께 간 수영장에서 우연히 오른쪽 발뒤꿈치에 3개의 점 문신을 한 남자를 발견하고, 바로 그가 고문 기술자 아부 타레크였음을 확인한 뒤 엄청난 충격에 빠져 실신한다. 그 후유증 때문이었을까? 그 후 얼마 되지 않아 나왈은 경미한 교통사고로 병원에 입원했다가 끝내 기력을 회복하지 못하고 세상을 떠나 버리고 만다.

어머니 나왈의 과거 행적을 추적하면서 이런 엄청난 사실을 알게 된 남매는 어떻게 1+1이 2가 아니라 1이 될 수 있냐며 깊은 충격에 휩싸인다. 딸은 아버지를 찾고, 아들은 형을 찾아야 했기에 남매는 각각 한 사람씩 총 두 사람을 찾아야 했지만, 남매가 찾은 사람은 결국 한 사람이었기 때문이다. 하지만 남매는 끝까지 아부 타레크의 소재지를 추적하여 마침내 그를 만나 담담하게 어머니의 편지를 건넨다.

하르마니^{Harmanni}로 이름을 바꾼 채 버스회사의 청소원으로 일하고 있던 아부 타레크는 엉겁결에 편지를 받아 들고 집으로 돌아와 황급히 편지를 읽는다. 두 통의 편지 중 나왈이 '아이들 아버지에게 보내는 편지'는 적의에 차 있다. 이에 비해 '아들에게 보내는 편지'는 사랑이 넘치고 모든 것을 용서하는 내용이다. 영화는 아부 타레크가 나왈의 묘소를 참배하는 장면으로 끝을 맺는다.

그렇다면 드니 빌뇌브 감독은 오이디푸스 이야기의 핵심 모티프를 현대적으로 고스란히 녹여 낸 영화 〈그을린 사랑〉을 통해 우리에게 어떤 메시지를 전하고 싶었던 것일까? 단순히 오이디푸스의 비극이 현대에도 일어날 수 있다는 것을 경고하고 싶었던 것은 아닐 것이다. 프로이트가 만들어 낸 오이디푸스 콤플렉스의 정당성을 강조하고 싶었던 것도 아닐 것이다. 아마 프롬이나 라캉이 말한 오이디푸스의 아버지로 대변되는 가부장제나 제도의 폭력을 비판하고 싶었을 것이다. 더 나아가 이 순간에도 전 세계 각처에서 종교의 이름으로 벌어지고 있는 전쟁이 나왈의 경우처럼 얼마나 끔찍한 비극을 초래할 수 있는지를 경고하고 싶었을 것이다.

영화 〈그을린 사랑〉의 원제는 〈엥쌍디 Incendies〉다. 'Incendies'는 프랑스어로 '화재' 혹은 '큰불'이라는 뜻인데 비유적으로는 '전란' 혹은 '전쟁'이라는 뜻으로도 사용된다. 영화가 왜 이런 제목을 갖게 된 것일까? 영화의 원전이 바로 레바논계 캐나다인 작가 와즈디 무아와드 Wajdi Mouawad가 쓴 동명의 희곡이기 때문이다. 이 희곡은 레바논 내전 당시 민병대 대장이었던 앙투안 라하드 Antoine Lahad를 암살하려다가 실패한 뒤 10년간 복역한 소하 베차라 Souha Fawaz Bechara라는 여전사의 생애를 소재로 쓰인 것이다.

와즈디 무아와드의 희곡 〈그을린 사랑〉의 공연 장면. 2012년 캐나다 몬트리올 Lise-Guèvremont 극장

오선과 한음의 노래 〈시찌프스의 신화〉

시시포스Sisyphos는 그리스 신화에 등장하는 코린토스의 왕으로 영어로는 '시서퍼스Sisyphus', 프랑스어로는 '시지프Sisyphe'라고 하며 우리말로는 시시포스 이외에도 '시지푸스', '시지프스' 등으로 표기한다. 독일 베를린에는 전 세계 여행객들에게 선풍적인 인기를 끌고 있는 '시시포스Sisyphos'라는 아주 유명한 나이트클럽이 있다. 2021년 JTBC에서 〈시지프스: the myth〉라는 16부작 드라마를 방영한 적이 있었다. 민음사에서 출간된 민혜숙의 『서울대 시지푸스』라는 소설도 있다.

시시포스는 그리스 신화에서 인간 중 가장 교활하고 음흉한 자로 알려져 있다. 그는 언젠가 불화 관계에 있던 형제 살모네우스Salmoneus를 제거하기 위해 델피의 아폴론 신탁소를 찾아가 그 방법을 물었다. 그러자 신탁은 그와 살모네우스의 딸 티로^{Tyro}와의 사이에서 태어난 아들이 그 일을 해 줄 것이라고 대답했다. 시시포스는 그길로 곧장 도둑으로 변장한 채 조카 티로의 침실에 잠입하여 그녀와 동침한 뒤 아들 둘을 얻었다. 하지만 그 신탁을 알게 된 티로가 마음을 독하게 먹고 일찌감치 어린 아들들을 죽이는 바람에 시시포스의 계획은 실패로 돌아갔다.

시시포스는 당대 그리스 신화 최고의 도둑 아우톨리코스^{Autolykos}의 이웃에 살고 있었다. 아우톨리코스는 도둑의 신 헤르메스의 아들답게 검은 것을 희게도 만들고, 흰 것을 검게도 만들었으며, 뿔 없는 동물을 뿔 달린 동물로도, 뿔 달린 동물을 뿔 없는 동물로도 만들 수 있었다. 그는 또한 어떤 상황에서도 마음먹은 것을 훔치지 못한 적이 한 번도 없었으며, 아무리 도둑질을 해도 전혀 발각당하지 않았고, 나중에 그가 범인이라는 사실이 밝혀져도 절대로 그 증거를 찾을 수 없었다.

아우톨리코스는 그래서 이웃한 시시포스의 소와 양과 염소를 감쪽같이 훔쳐 가곤 했다. 시시포스는 언젠가 자신의 가축들은 날마다 자꾸 줄어드는데 아우톨리코스의 가축들은 자꾸 불어나는 것을 알아차리고 자신의 가축들 발굽에 자신만 아는 표시를 해 두었다. 이어 며칠 후 과연 예상대로 자신의 가축 중 일부가 아우톨리코스의 축사에 들어 있는 것을 확인한 다음 해명을 요구하기 위해 그를 찾아갔다. 하지만 아우톨리코스가 그를 순순히 만나줄 리 만무했다.

매번 허탕만 치자 분노한 시시포스는 어느 날 애꿎은 아우톨리코스의 딸 안티클레이아^{Antikleia}를 겁탈하고 돌아왔다. 그 후 그녀는 이타케^{Ithake}섬의 왕 라에르테스^{Laertes}와 결혼하여 영웅 오디세우스^{Odysseus}를 낳았다. 그래서 어떤 사람들은 오디세우스의 실제 아버지는 라에르테스가 아니라 시시포스라고 주장했다. 오디세우스가 목마 전술을 고안하여 트로이를 함락시킬 정도로 술책과 계책에 능했던 것은 교활한 시시포스의 피가 섞여 있기 때문이라는 것이다.

시시포스는 특히 죽음의 신 타나토스와 지하 세계의 왕 하데스Hades를 속일 정도로 말솜씨가 아주 뛰어났다. 그는 언젠가 우연히 신들의 왕 제우스가 강의 신 아소포스Asopos의 딸 아이기나Aigina를 납치하는 것을 목격했다. 제우스는 시시포스에게 그 사실을 아무에게도 말하지 말라고 엄명을 내렸다. 하지만 극심한 가뭄으로 시달리던 시시포스는 귀한 샘물을 얻는 대가로 아소포스에게 그 사실을 귀띔해 주었다. 분노한 제우스는 죽음의 신 타나토스를 시켜 시시포스를 지하 세계로 끌고 오도록 했다.

하지만 시시포스는 끌려오는 도중에 기지를 발휘해서 타나토스에게 술을 먹여 취하게 만든 다음 그를 쇠사슬로 단단히 묶어 버렸다. 죽음의 신이 손발이 꽁꽁 묶여 활동하지 못하자 지하 세계의 질서가 흐트러졌다. 신입 혼령들이 들어오지 않아 지하 세계가 그야말로 개점 휴업 상태가 되어 버린 것이다. 그러자 제우스는 이번에는 전쟁의 신 아레스Ares를 시켜 시시포스를 잡아 오도록 했다. 아레스도 마침 전쟁터에서 더 이상 전사자들이 생겨나지 않자 그야말로 무료해 죽을 지경이었다.

제우스의 명령이 떨어지자 아레스는 당장 지상으로 출발하여 먼저 온몸이 쇠사슬로 꽁꽁 묶인 채 갇혀 있던 타나토스를 구출한 뒤 시시포스를 체포해서 지하 세계로 끌고 왔다. 그런데 시시포스는 이번에도 지하 세계로 잡혀가기 전 이미 아내인 메로페Merope에게 다시 살아올 방도가 있으니 자신이 죽거든 절대 장례를 치르지 말고 시신을 그냥 저잣거리에 내버려두라고 단단히 일러두었다.

지하 세계에 도착한 시시포스는 하데스에게 지상에서 아무렇게나 널브러져서 들짐승들의 먹이로 전락한 자신의 시신을 가리키며 며칠 간의 말미를 주면 망자를 모독한 아내를 혼내 주고 예법에 맞게 장례를 치르게 한 다음 다시 돌아오겠다고 간청했다. 그러자 하데스는 시시포스의 현란한 말솜씨에 속아 그만 그의 부탁을 들어주고 말았다. 하지만 지상으로 귀환한 시시포스는 하데스를 조롱하며 지하 세계로 돌아가지 않고 어디론가 꼭꼭 숨어 버렸다.

분노한 하데스는 다시 업무에 복귀한 타나토스를 보내 시시포스를 추적하여 체포해 오도록 했다. 이어 그가 오만방자하게도 신들을 속이고 인간으로서 마땅히 받아들여야 할 죽음도 거부한 터라 뭇 인간들의 타산지석이 되도록 본때를 보이고 싶었다. 그래서 시시포스를 지하 세계에서도 가장 깊은 곳인 타르타로스^{Tartaros}로 데려가서는 아주 높은 산의 기슭에 놓여 있던 커다란 바윗덩어리를 가리키면서 그것을 그 산 정상에 올려놓으라는 형벌을 내렸다.

그런데 시시포스가 바윗덩어리를 어깨에 메고 끙끙대며 산 정상에 간신히 올려놓는 순간 그것은 용수철처럼 다시 산기슭을 향해 굴러떨어졌다. 그러면 시시포스는 다시 터벅터벅 산 밑으로 내려가서 바윗덩어리를 짊어지고 정상을 향해 산을 올라야 했다. 하지만 시

Tizian, 〈시시포스〉, 1548~1549

시포스가 바윗덩어리를 다시 짊어지고 가까스로 정상에 올려놓으면 바위는 어김없이 다시 저절로 산 밑을 향해 굴러떨어지곤 했다. 그래서 시시포스는 바윗덩어리를 산 정상에 올려놓는 일을 영원히 계속해야 했다.

시시포스가 지하 세계의 감옥 격인 타르타로스에서 받는 형벌에서 '시시포스의 과업', 혹은 '시시포스의 노역'이라는 관용구가 생겨났다. 그것은 바로 '아무런 소득이나 효과가 없이 끝없이 이어지는 일'을 의미한다. 그래서 시시포스의 형벌은 '인간의 조건conditio humana'을 말해 주는 알레고리로 해석되기도 한다. 시시포스의 형벌은 바로 다람쥐 쳇바퀴 돌듯 하루하루 살아가고 있는 우리 인간 삶의 축소판이라는 것이다.

카뮈도 『시지프 신화』에서 시지프(시시포스) 형벌을 '삶의 부조리'로 해석했다. 아울러 우리 인간은 삶이 마치 시지프의 과업처럼 아무리 부조리할지라도 그것을 숙명으로 받아들이고 적극적으로 살아 내야 한다고 주장했다. '부조리한 삶'은 종교나 형이상학이나 심지어 자살을 통해서도 초월하거나 회피하거나 해결할 수 없는 '인간의 실존'이라는 것이다. 그래서 『시지프 신화』는 긍정적인 두 문장으로 끝을 맺는다.

> 정상을 향한 (시지프의) 투쟁은 인간의 마음을 충족시킬 수 있습니다. 우리는 시지프를 행복한 사람으로 상상해야 합니다.

가수 '오선과 한음'의 노래 〈시찌프스 신화〉는 짧은 가사에 카뮈의 『시지프 신화』의 내용을 절묘하게 압축해 놓은 듯하다. 그들은 길거리를 굴러가는 돌멩이를 보면 "시찌프스의 신화"가 생각난다며 자신들을 포함해서 모든 인간은 "돌이 굴러떨어질 것을/알면서 거기 정상이 있기에/우리 모두 젊은 시찌프스처럼/지치고 병들 때까지" 바윗덩어리를 산 정상에 올린다고 노래한다. 특히 명랑한 음색으로 두 번 반복되는 마지막 소절 "우리는 돌을 굴린다/랄랄랄!"은 그럼에도 불구하고 우리는 행복하다라고 강하게 주장하는 듯하다.

빔 벤더스 감독의 영화 〈퍼펙트 데이즈〉(2024)의 주인공 히라야마(야쿠쇼 코지)도 카뮈의 '행복한' 시지프를 빼닮았다. 초로의 독신 히라야마는 시내 공공 화장실 미화원으로 어쩌면 너무 지루해서 아무런 의미가 없을 수도 있는 판에 박힌 고된 일상을 반복한다. 하지만 그간 만고풍상을 겪으면서 이미 삶은 원래 그런 법이라는 이치를 터득했기에 소중할 수밖에 없는 그런 일상을 한껏 즐기며 살아간다. 그는 무엇보다도 본업인 청소일에 정성을 다하고, 출퇴근 시간엔 애마인 낡은 소형 승합차에서 카세트테이프로 좋아하는 음악을 듣곤 한다.

히라야마는 또한 벤치에 앉아 점심을 먹을 땐 나뭇가지 사이로 일렁이며 펼쳐지는 아름다운 햇살을 보고 즐거워하고, 잠들기 전엔 잠시 단골 헌책방에서 구한 문고판 책을 읽으며, 가끔 단골집에서 술잔을 기울이기도 한다. 그의 얼굴은 늘 살아 있음에 감사하는 만족스러운 표정으로 넘쳐 난다. 그렇다면 마지막 장면에서 어느 때처럼 음악을 들으며 가는 출근길에 얼굴엔 환한 미소가 피어오르면서도 눈가엔 눈물이 맺힌 이유는? 혹시 평범한 일상의 소중함을 너무 늦게 깨닫는 바람에 가족을 지켜내지 못한 회한 때문에 그런 것은 아닐까?

Antonio Zanchi, 〈시시포스〉, 1660∼1665

뮤지컬 〈헤드윅〉과 '잃어버린 반쪽'

Anselm Feuerbach, 〈플라톤의 향연Symposion〉, 1869

　　언젠가 MBC TV의 〈복면가왕〉이라는 프로그램에서 탤런트 박광현이 '잃어버린 반쪽을 찾아서'라는 가면을 쓴 채 임재범의 〈사랑보다 깊은 상처〉를 열창한 적이 있었다. 이처럼 '잃어버린 반쪽'은 우리가 흔하게 쓰는 관용구가 된 지 오래다. '잃어버린 반쪽'은 원래 결혼하지 않은 청년의 어딘가에 있을 미래의 짝을 의미했다. 하지만 "잃어버린 반쪽 뿌리", "잃어버린 역사의 반쪽", "잃어버린 예배의 반쪽", "스윙의 잃어버린 반쪽", "잃어버린 반쪽 얼굴" 등 다양한 분야에서 널리 사용하고 있다.

　　가령 한국과 북한도 서로에게 잃어버린 반쪽이 될 수 있다. 유페이퍼(uPaper)에서 전자책으로 펴낸 총 76권의 『월북작가 문학선집』의 부제가 바로 '잃어버린 반쪽'이다. 중국과 대만의 드라마 중에도 〈잃어버린 반쪽〉이 있고, 미국 작가 쉘 실버스타인Shel Silverstein의 작품 중에도 『잃어버린 한 조각 나를 찾으러』라는 어른들을 위한 동화가 있으며, 우리나라에도 『다시 찾은 나의 반쪽』이라는 동화와 『잃어버린 내 반쪽 하나』라는 수필집도 있다. 그렇다면 '잃어버린 반쪽'이라는 말은 도대체 어디서 유래한 것일까? 바로 고대 그리스의 철학자 플라톤의 『향연』이다.

　　B.C. 416년 2월의 어느 날 소크라테스의 제자들 중 아가톤Agathon이 비극 경연 대회에서 대상을 받았다. 제자들은 그것을 축하하기 위해 아가톤의 집에서 '향연Symposion'을 벌였다. 그들은 논의 끝에 이번에는 사랑의 신Eros에 대해서 토론하기로 했다. 지금까지 숱한 향연을 벌이면서 다른 신들에 대해서는 많은 찬가나 송가를 지었지만, 에로스에 대해

서는 전혀 그러지 못했다는 것이다. 플라톤의 『향연』은 소크라테스의 제자들이 그때 벌인 토론을 대화 형식으로 정리한 책이다. 책의 부제도 그 내용에 걸맞게 '사랑에 관하여'다.

그들은 시계 반대 방향으로 돌면서 사랑에 대해 설을 풀어놓기 시작했는데, 네 번째로 발언권을 잡은 제자가 바로 당시 희극 작가로 명성을 떨치던 아리스토파네스^{Aristophanes}였다. 그의 사랑론은 희극 작가답게 우리의 미소를 자아낸다. 그에 따르면 태초에 인간의 성은 '남성'과 '여성'뿐 아니라 제3의 성인 '남여성'이 있었다. 또 원래 인간은 두 사람씩 서로 등이 붙어 있었다. 남성은 남자 둘이, 여성은 여자 둘이, 남여성은 남자와 여자가 서로 등을 맞대고 붙어 있었다.

그래서 태초에 인간은 손도 4개 다리도 4개였으며, 머리 양편에는 똑같은 얼굴 2개가 다른 쪽을 보며 붙어 있었다. 귀도 4개, 음부도 2개였는데, 당연히 나머지 신체기관도 모두 두 사람 분량이라서 힘도 아주 세고 머리 회전도 아주 빨랐다. 특히 남성은 태양, 여성은 지구, 남여성은 달의 자식인지라 조상들의 DNA를 물려받아 한 곳에서 다른 곳으로 이동할 때는 몸을 둥글게 만들어 재빠르게 굴러갈 수도 있었다.

그 후 태초의 인간은 시간이 지날수록 점점 오만해지더니 급기야 신들에게 제물을 바치지도 않

《아리스토파네스 흉상》, 1세기.
우피치 미술관

474

고 겁도 없이 그들의 자리를 넘보고 위협하기 시작했다. 이에 신들의 왕 제우스는 신들의 회의를 소집하여 대책을 논의했지만, 당장 별 뾰족한 수가 나오지 않았다. 그렇다고 인간들을 멸망시킬 수는 없는 노릇이었다. 그들이 사라지면 누가 신들의 존립 근거인 제물을 바치겠는가? 그렇게 신들이 한참 동안 골머리를 앓고 있는 사이 제우스가 마침내 손으로 무릎을 치며 기발한 아이디어를 내놓았다.

> 나는 드디어 인간들이 더 이상 오만하지 못하도록 할 수 있는 방법을 찾았습니다. 그들이 오만을 부리는 건 바로 둘이 붙어 있기 때문입니다. 나는 이제 그들을 둘로 나누어 놓을 생각입니다. 그러면 인간들은 하나가 되어 약해질 것이고 또한 동시에 그 숫자도 두 배가 되니 우리 신들이 받는 제물도 예전의 두 배가 될 것입니다. 그럼에도 불구하고 그들이 또다시 오만을 떤다면 나는 다시 그들을 둘로 나누어 외발 동물로 만들어 버릴 것입니다.

제우스는 이렇게 말하며 마치 우리가 삶은 달걀을 팽팽한 실로 반을 자르듯 번개를 써서 인간을 모두 둘로 나누었다. 그러자 태양의 신이자 의술의 신이기도 했던 아폴론은 인간의 얼굴과 목의 반쪽을 잘려 나간 몸통 쪽으로 돌려놓게 한 다음 잘린 피부를 모아 염낭을 묶듯이 배 중앙에 묶어 배꼽을 만들었다. 얼굴을 돌려놓은 것은 인간이 배꼽을 보며 상처를 기억하고 다시는 오만을 부리지 못하도록 하기 위해서였다. 아리스토파네스에 따르면 이때부터 인간은 자신에게서 떨어져 나간 잃어버린 반쪽을 끊임없이 찾게 되었다. 남성은 잃어버린 반쪽 남성을, 여성은 잃어버린 반쪽 여성을, 남여성은 잃어버린 반쪽 이성을 찾았다.

2000년에 상영된 존 캐머런 미첼John Cameron Mitchel 감독의 뮤지컬 영화 〈헤드윅Hedwig〉의 OST가 바로 플라톤의 『향연』에 등장하는 아리스토파네스의 이야기를 거의 그대로 가사로 활용하고 애니메이션을 곁들여 만든 〈사랑의 기원the origin of love〉이다. 인간은 두 사람이 하나로 붙어 있을 때는 전혀 사랑을 느끼지 못했다가 제우스가 오만에 대한 벌로 그 둘을 갈라놓은 순간부터 비로소 잃어버린 반쪽을 찾아 헤매며 사랑을 느끼기 시작했다는 내용이다.

특히 미첼 감독은 2018년 10월 5일에서 7일까지 세종문화회관 대극장에서 11년 만에 내한 공연을 펼치면서 〈사랑의 기원〉을 불러 한국 팬들에게 다시 한번 큰 감동을 불러일으켰다. 우리나라 뮤지컬 가수 조승우와 오만석 등이 부른 〈사랑의 기원〉도 있다. 한때 아이돌 그룹 '워너원Wanna One'은 첫 번째 정규앨범 〈1"=1(POWER OF DESTINY)〉'의 티저 영상에서 〈헤드윅〉의 상징 이미지를 활용하고 〈사랑의 기원〉의 가사를 인용하여 한동안 표절 시비에 휘말리기도 했다.

'코르누코피아' 카페와
'포르투나' 사주카페

Jean-Baptiste Pigalle, 〈풍요의 뿔〉, 1765(랭스Reims 루아얄 광장Place Royale의 루이 15세 입상의 기단)

그림 동화에는 주인이 명령만 내리면 저절로 진수성찬 밥상이 차려지는 요술 식탁이 나온다. 그리스 신화에도 주인이 원하면 무엇이든지 넘칠 정도로 풍성하게 채워 주는 풍요의 뿔이 있다. 풍요의 뿔은 그리스어로는 '아말테이아의 뿔'이라는 뜻의 '케라스 아말테이아Keras Amaltheia', 라틴어로는 '코르누코피아Cornucopia'라고 한다. 라틴어로 '코르누'는 '뿔', '코피아'는 '풍요'라는 뜻이다. 서울 서초구에 '코르누코피아'라는 디저트 카페가 있다. 그런데 그 스펠링을 자세히 살펴보면 'Cornucopia'가 아니라 'Cornu Coffeea'다. 풍요의 뿔 코르누코피아를 알지 못하고서는 절대 나올 수 없는 기발한 네이밍이다.

풍요의 뿔의 탄생에 산파 역할을 한 인물이 바로 불세출의 영웅 헤라클레스다. 그는 12가지 과업을 완수한 다음 언젠가 아이톨리아Aitolia의 칼리돈Kalydon에 잠시 머문 적이 적이 있었다. 그곳 왕 오이네우스Oineuss 왕에게는 데이아네이라Deianeira라는 딸이 있었는데 무척 아름다워 오이네우스의 궁전은 구혼자들로 문전성시를 이루었다. 헤라클레스도 마침 그녀의 구혼자가 되어 구혼자들과 경합을 벌이다가 강의 신 아켈로오스Acheloos와 단둘이 남게 되자 레슬링으로 담판을 짓기로 합의했다.

첫째 판에서는 힘에서 절대적으로 우위에 있던 헤라클레스가 아켈로오스를 단숨에 제압했다. 그러자 아켈로오스는 기다란 뱀으로 변신해서 그와 대적했다. 하지만 헤라클레스에게 급소인 목을 잡혀 졸리는 바람에 둘째 판도 지고 말았다. 그러자 아켈로오스는 다시 황소로 변신해서 헤라클레스와 대적했다. 하지만 이번에도 헤라클레스에게 두 뿔을 잡혀 그중 하나가 뽑히는 바람에 셋째 판도 지고 말았다. 아켈로오스는 그제야 비로소 깨끗이 패배를 인정하고 헤라클레스에게 데이아네이라를 양보했다.

오비디우스의 『변신 이야기』에 따르면 헤라클레스는 그 후 아켈로오스에게서 뽑은 뿔을 물의 요정 나이아데스[Naiades]에게 주었고, 그들

Cornelis Cornelisz. van Haarlem,
〈헤라클레스와 아켈로오스〉, 1590

은 그것을 풍요의 뿔로 만들어 주었다. 하지만 히기누스[Hyginus]의 『이야기[Fabulae]』에 따르면 헤라클레스에게서 그 뿔을 받아 풍요의 뿔로 만들어 준 것은 바로 헤스페리데스[Hesperides]였다. 헤스페리데스는 헤라가 대지의 여신 가이아로부터 결혼 선물로 받은 황금 사과밭을 지키는 요정들을 총칭하는 이름이다.

또한 핀다로스[Pindaros]의 『송가[Ode]』에 따르면 아켈로오스는 헤라클레스에게 뽑힌 뿔을 돌려받는 대신 아말테이아[Amaltheia]의 뿔을 주었다. 아말테이아는 제우스가 어렸을 때 아버지 크로노스의 눈을 피해 크레타섬 딕테[Dikte]산 동굴에서 자랄 때 그에게 젖을 먹여 주었던 암염소였다. 제우스는 어린시절 아말테이아가 자신을 아버지 크로노스로부터 구하다가 뿔 하나가 부러지자 나중에 신들의 왕이 된 후에 그 공을 기리기 위해 그 뿔을 풍요의 뿔로 만들어 주었는데, 아켈로오스가 어떤 연유인지는 몰라도 마침 그걸 갖고 있었던 것이다.

그리스 신화에서 풍요의 뿔은 하나만 있었던 게 아니다. 풍요와 깊은 관련이 있는 지하세계의 왕 하데스, 그의 아내 페르세포네, 곡물

Jakob Jordaens, 〈제우스의 어린시절〉, 1640년경(크레타의 요정이 암염소 아말테이아의 젖을 짜고 있다. 오른쪽은 일종의 제우스 경호원인 청동 악기를 연주하는 쿠레테스족이다)

의 여신 데메테르, 그녀의 아들이자 풍요의 신 플루토스Plutos 등도 하나씩 갖고 있었다. 그것은 그들이 직접 만든 것일 수도 있거나, 제우스가 아말테이아의 뿔로 만든 풍요의 뿔을 복제하여 그들에게 주었을 수도 있다. 특히 행운의 여신 티케Tyche나 로마의 풍요의 여신 아분단티아Abundantia의 상징물도 풍요의 뿔이다. 티케는 로마에서는 포르투나Fortuna로 불렸다. 그런데 화가들이 그린 포르투나(티케)의 모습은 우리에게 아주 의미심장한 메시지를 전달한다.

어떤 그림은 포르투나가 두 손으로 풍요의 뿔을 들고 그 속에 가득 차 있는 보물들을 짐승들에게 쏟아붓는다. 부富라는 것은 누가 원한다고 해서 얻어지는 게 아니라 포르투나 기분대로 아무에게나, 심지어 짐승들에게도 주어질 수 있다는 뜻이다. 어떤 그림은 똑같은 의미로 포르

480

투나가 둥근 구에 올라서서 헝
겊으로 눈을 가린 채 왼쪽 가슴
에 보물을 한가득 안고서 아무
에게나 나눠 주고 있다. 그런데
포르투나는 왜 구에 올라서 있
는 것일까? 행운의 여신 포르투
나는 굴러다니는 구처럼 빠르

Tadeusz Kuntze, 〈포르투나〉, 1754

고 방향을 예측할 수 없어 누가 붙잡으려 한다고 쉽게 잡히지 않는다는
의미가 아닐까?

　　포르투나는 운명과 우연의 여신이기도 하다. 그리스 신화의 티케
가 운명과 우연의 여신인 것과 마찬가지다. 그래서 포르투나(티케)는 소
위 인간의 '운명의 수레바퀴The Wheel of Fortune'를 돌리고 있는데 화가들이
그린 바퀴 모습이 자못 흥미롭다. 가령 에드워드 번 존스Edward Burne-Jones
의 그림 〈운명의 수레바퀴〉를 보면 포르투나가 바퀴 앞에 서서 지그시
눈을 감고 바퀴에 왼손을 얹은 채 기대어 서 있고, 오른쪽으로 보이는
바퀴에는 노예, 왕관과 홀을 든 왕, 월계관을 쓴 시인 등 셋이 차례로 서
로의 머리를 밟고 서 있다. 사람의 운명은 운명의 수레바퀴를 돌리는
포르투나의 마음에 따라 언제든지 바뀔 수 있다는 의미일 것이다.

　　단테는 『신곡』의 「지옥」의 '탐욕' 편에서 오롯이 운명의 여신 포르
투나의 손에 달려 있는 재화를 서로 차지하려고 처절하게 헛된 싸움을
일삼고 있는 인간들을 한탄하며 이렇게 이야기한다.

모든 지식을 초월하는 그분께서는/하늘을 창조하시고 담당 천사
를 두어/그가 빛을 균일하게 배분하여/온 하늘을 골고루 비추도

Edward Burne-Jones,
〈행운의 여신의 수레바퀴〉, 1883

록 했다/그분께서는 또한 지상의 재화를 담당할 자로는/운명의 여신 포르투나를 선택하셨다/그래서 그녀는 때가 되면 허망한 재화를/다른 민족이나 다른 부족에게 넘겨준다/그때가 언제인지 누구도 알 수 없다/그건 마치 풀 섶에 숨어 있는 뱀처럼/은밀한 그녀의 판단에 달려있을 뿐이다/인간의 어떤 지식도 그에 맞설 수 없다.

조각, 그림, 문헌 등을 살펴보면 그리스의 티케보다는 로마의 포르투나가 압도적으로 많이 등장하고 언급된다. 그 이유는 무엇일까? 혹시 고대 그리스인보다는 로마인들이 부에 대해 더 강한 욕망을 지녔던 것은 아닐까? 그래서 포르투나를 더 섬기고 잘 모셨던 것은 아닐까? 우리나라에는 '티케'를 상호로 쓰는 곳은 하나도 없다. 그에 비해 '포르투나'를 상호로 쓰는 곳은 여행사, 요리주점, 레스토랑, 키즈카페 등 아주 많고 다양하다. 주택이나 주상복합아파트에도 '포르투나'라는 브랜드가 붙어 있다. '㈜포르투나'도 몇 개 있다. 그중 '포르투나' 타로 사주 카페가 가장 눈에 띈다. 행운의 여신 포르투나는 운명의 여신이기도 하지 않는가?

482

83.

승리와 명예의 상징 '월계관'

고대 그리스에는 4개의 '범汎헬레니즘 경기'가 있었다. 범헬레니즘 경기란 어떤 도시국가 하나에만 국한된 경기가 아니라 당시 헬레니즘 문화권, 즉 지금으로 치면 그리스 문화권 전체의 도시국가들이 모두 참가해서 축제처럼 벌이는 경기라는 뜻이다. 4경기 모두 신들을 기리는 경기였고 연극이나 음악 공연 등 문화행사도 함께 열렸다. 범헬레니즘 경기는 '관冠경기'라고 부르기도 했다. 각 경기의 우승자에게 부상으로 마치 현대의 메달이나 트로피처럼 특정한 나무의 가지나 식물로 만든 관을 수여했기 때문이다.

4개의 범헬레니즘 경기 중 올림피아Olympia 경기는 펠로폰네소스

Frederic Leighton, 〈월계관 만들기〉,
1872

반도 엘리스^{Elis}의 올림피아에서 제우스를 기념하기 위해 열렸고 우승자에게는 올리브 관을 수여했다. 이스트미아^{Isthmia} 경기는 2년마다 포세이돈을 기념해서 코린토스 근처의 이스트미아에서 열렸고 우승자에게는 소나무 관을 수여했다. 네메아^{Nemea} 경기는 2년마다 헤라클레스가 12가지 과업 중 하나로 사자를 잡은 곳으로 유명한 네메아에서 제우스를 기념해 열렸고 우승자에게는 샐러리관을 수여했다. 마지막으로 피티아^{Pythia} 경기는 4년마다 아폴론을 기념하기 위해서 델피^{Delphi}에서 열렸고 우승자에게는 그리스 신화의 태양신 아폴론^{Apollon}의 나무인 월계수로 만든 관을 수여했다.

'피티아'는 델피의 아폴론 신전 여사제 이름으로 아폴론이 델피를 접수하면서 죽인 왕뱀 '피톤^{Python}'의 이름에서 유래했다. 어떤 처녀든 아폴론 신전의 여사제로 선택되면 자신의 이름을 잃고 피티아로 불렸다. 피티아 경기는 처음에는 8년마다, 나중에는 4년마다 개최되었다. 또한 처음에는 키타라^{Kithara} 연주, 피리 연주에 따라 노래 부르기, 피리 독주, 연극, 춤 등 예술 경연만 있었지만, 나중에는 달리기 등 육상과 전차 경주, 경마 종목 등으로 확대되었다. 특히 피티아 경기에 그림 그리기 경연도 있었다는 점이 아주 이채롭다. 현재 델피 고고학 박물관에는 피티아 경기에서 사용한 것으로 추정되는 악보를 새긴 대리석이 전시돼 있다. 이것은 B.C. 138년과 B.C. 128년 사이에 작곡된 아폴론 찬가

인데, 작곡자를 알 수 있는 악보
로는 세계 최초다.

　근대 올림픽은 4개의 범헬
레니즘 경기 중 올림피아 경기의
전통을 이어받았다. 마땅히 우승
자의 머리에 올리브 관을 씌워 주
어야 제격이다. 2004년 아테네올

〈아폴론 찬가〉. 델피 고고학 박물관

림픽에서도 우승자에게 모두 올리브 관이 수여되었다. 하지만 당시 국
내 언론은 올리브 관을 "올리브 가지로 만든 월계관"이라고 했다. 월계
관이 이처럼 승리의 상징이 된 것은 고대 로마의 전통에서 유래한다.
고대 로마에서는 맨 먼저 개선장군들이 피티아 경기 우승자가 받았던
월계관을 쓰고 행진을 벌였다. 범헬레니즘 경기가 4세기경의 로마 시
대까지 이어진 만큼 아마 로마인들에게는 그중 피티아 경기가 가장 인
기가 있었을 가능성이 크다.

　월계관은 그 후 로마 황제도 황금으로 만들어 왕관처럼 쓰다가 근
대에 와서는 운동경기의 승자나 유명한 시인 등에게 수여되기 시작했
다. 그래서 아직도 누군가 어떤 경기에서 우승하면 '월계관을 썼다'고
하며, 불후의 명작을 남긴 시인도 '계관시인'이라는 칭호를 받으면서,
월계관이 승리와 명예의 상징이 된 것이다. 1936년 베를린올림픽 때 마
라톤에서 우승한 손기정 선생이 받은 것도 명칭은 월계관이지만 월계
수로 만든 게 아니라 '북미산 참나무로 만든 월계관'이었다. 손기정 선
생이 부상으로 받아 시상식에서 가슴의 일장기를 가린 화분도 북미산
참나무 묘목이었다. 이 묘목은 그동안 거목으로 자라 '월계관수月桂冠樹'라
는 이름으로 현재 서울 만리동 손기정 기념공원에서 우람한 자태를 뽐

Sandro Botticelli,
〈단테의 초상화〉, 1495
(계관시인 단테가 머리에 쓰고
있는 게 바로 월계관이다)

내고 있다.

그렇다면 월계수는 어떻게 아폴론의 나무가 되었을까? 거기에는 재미난 일화가 깃들어 있다. 아폴론이 어느 날 활과 전통을 메고 숲을 거닐다가 우연히 활과 화살을 갖고 놀던 사랑의 신 에로스를 만났다. 아폴론은 평소답지 않게 갑자기 장난기가 발동했다. 그래서 에로스에게 어린아이가 위험한 물건을 가지고 놀면 안 된다고 놀렸다. 자존심이 상한 에로스는 그때부터 아폴론에게 앙심을 품게 되었다. 그러던 어느 날 에로스에게 드디어 복수할 기회가 찾아왔다. 숲속에서 우연히 아폴론이 자신의 연인이었던 요정 다프네Daphne와 함께 놀고 있는 장면을 목격한 것이다.

에로스는 숲에 몸을 숨긴 채로 재빨리 활을 꺼내 아폴론의 가슴에는 황금 화살을, 다프네의 가슴에는 납 화살을 날렸다. 끝이 뾰족한 황금 화살은 사랑의 열병에 빠지게 하고, 무딘 납 화살은 지독한 증오의 마음을 불러일으켰다. 그래서 아폴론과 다프네는 서로 다른 화살을 맞자마자 갑자기 쫓고 쫓기는 추격전을 벌이기 시작했다. 다프네에게 더욱 가까이 다가가고 싶었던 아폴론은 힘껏 뒤쫓았고, 아폴론에게 증오의 마음이 사무쳤던 다프네는 죽어라 달아났기 때문이다.

고대 로마의 신화학자 오비디우스는 『변신 이야기』에서 자꾸만 달아나는 다프네를 뒤쫓아가는 아폴론의 안타까운 심정을 아주 실감 나

Cornelis de Vos, 〈다프네를 추격하는 아폴론〉, 1630

게 묘사했다.

그녀는 가벼운 바람의 숨결보다 더 빨리 달아났고, 그가 아무리 불러도 멈추어 서질 않았다. '페네이오스의 딸이여, 요정이여, 제발 좀 멈추시오! 당신을 뒤쫓지만 나는 당신의 적이 아니오. 요정이여, 제발 좀 멈추시오! 양이 늑대 앞에서나, 사슴이 사자 앞에서나, 비둘기가 날개를 퍼덕이며 독수리 앞에서나, 온갖 생물들이 제 천적 앞에서나 그렇게 도망치는 법이오. 내가 당신을 뒤쫓는 것은 사랑 때문이라오.

결국 긴 추격전 끝에 지칠 대로 지친 다프네가 아버지이자 강의 신 페네이오스Peneios 강물이 보이자 목청껏 구해 달라고 외쳤다. 그러자 외침이 채 끝나기도 전에 다프네는 사지에 마비 증세가 오는 것을 느꼈

다. 이어 부드러운 피부는 나무
껍질로, 머리카락은 나뭇잎으로,
두 팔은 가지로 변했다. 또 발은
뿌리가 되었고 얼굴은 우듬지가
되었다. 다프네가 월계수 나무로
변신한 것이다. 아폴론은 그래도
포기하지 않고 월계수에 키스한
다음 "내 너와 영원히 함께하리
라!" 하고 다짐하며 가지들을 꺾
어 월계관을 만들어 마치 자신의
트레이드마크처럼 머리에 늘 쓰
고 다녔다. 고대 그리스어로 '다
프네'는 '월계수'라는 뜻이다.

Gian Lorenzo Bernini,
〈아폴론과 다프네〉, 1622~1655

'월계수'라는 뜻의 영어 '로럴laurel'에서 유래한 '로리엇Laureate'은 '월
계관 수상자', 혹은 그냥 '수상자'라는 뜻이다. 그래서 '세계보험협회
International Insurance Society'가 매년 세계 보험 산업 발전에 크게 기여한 회원
에게 수여하는 보험업계의 노벨상 'Insurance Hall of Fame Laureate'의
우리말 번역은 '보험 명예의 전당 월계관 수상자', 혹은 '보험 명예의 전
당 수상자'다. 하지만 웬일인지 국내 신문에는 '보험 명예의 전당 월계
관상'으로 번역되어 있다.

미국 오리건주 포틀랜드의 '리드 칼리지Reed College'는 졸업논문을
제출한 학생들에게 월계관을 수여했고, 핀란드의 '헬싱키Helsinki 대학교'
는 석사 졸업식에서 학생들에게 월계관을 수여했다. 전 세계적으로 대
학뿐 아니라 고등학교에서도 졸업식 때 이런 퍼포먼스를 하는 곳이 많

488

〈독일 베를린 전승 기념탑의
빅토리아상〉

다. 독일 베를린 전승 기념탑 위의 승리의 여신 빅토리아Victoria상은 마치 자신을 찾아온 사람들의 머리에 금방이라도 씌워 주려는 듯 오른손으로 월계관을 높이 쳐들고 있다.

엘살바도르, 콜롬비아, 멕시코 등의 국기나 국가 문장에도 월계관이나 월계수가 그려져 있다. 영국의 세계적인 테니스 스타 프레드 페리Fred Ferry가 설립한 스포츠 웨어 브랜드 '프레드 페리'의 로고도 월계관이다. 미국 뉴햄프서주의 주 문장이나 주기에도 월계관이 그려 있고, 프랑스 최고 훈장 '레지옹 도뇌르'에도 월계관이 새겨져 있으며, 다이믈러 자동차와 합병하기 전 벤츠 자동차 로고에도 월계관이 들어 있었다. 그리스 국가 문장도 월계관이다. 일본 사케 브랜드 중에도 '월계관'이 있다. 우리나라에는 '월계관'이라는 이름의 중식, 일본 라면, 닭요리, 한식 전문 식당도 있다. 태릉 선수촌, 남부대학교, 송호대학교, 봉산 초등학교에는 '월계관'이라는 이름의 부속건물이 있다.

올림피아 경기의 기원과 종목
- 스타디온, 스타디움

고대 올림피아 경기의 기원에 대해서는 2가지 설이 있다. 먼저 헤라클레스^{Herakles}가 약속을 지키지 않은 아우게이아스^{Augeias}왕을 응징하고 엘리스를 빼앗은 다음 자신을 도와준 아버지 제우스를 기리기 위해 창설했다는 설이다. 다른 하나는 탄탈로스 가문의 펠롭스^{Pelops}가 전차 경주에서 속임수를 써 예비 장인이었던 피사^{Pisa}의 오이노마오스^{Oinomaos} 왕을 죽이고 아내 히포다메이아^{Hippodameia}를 얻은 다음 그 죄를 씻으려고 경기를 창설하여 제우스에게 바쳤다는 설이다. 이것을 증명이라도 하듯 올림피아 제우스 신전의 합각머리 벽에는 펠롭스가 오이노마오스

〈히포다메이아를 데려가는 펠롭스〉,
B.C. 420~B.C. 410년경(그리스 도기 그림)

3명의 달리기 선수, B.C. 333~B.C. 332년경
(그리스 도기 그림)

와 벌인 전차 경주가 새겨져 있다.

올림피아 경기의 종목은 13회까지는 '단거리 달리기' 하나뿐이었다. 거리는 당시 길이 단위로 1스타디온Stadion. 현대 미터법으로 환산하면 192.78m다. 우승자는 신들의 왕 제우스 신전 앞 제단 횃불에 점화할 수 있는 명예를 누렸다. 올림피아 경기에 대한 기록 중 가장 오래된 것은 B.C. 776년 엘리스 출신의 코로이보스Koroibos라는 선수가 단거리 달리기 종목에서 우승했다는 기록이다. 그래서 학자들은 올림피아 경기의 시작을 B.C. 776년으로 간주한다.

올림피아 경기가 벌어지기 전 고대 그리스의 도시국가들은 서로 모여 '에케케이리아Ekecheiria'라는 '성스러운 휴전'을 선포했다. 휴전 기간은 올림피아 경기 석 달 전부터 경기가 끝나고 선수들과 관객들이 모두 안전하게 고향으로 도착할 때까지였다. 이 기간에는 도시국가들 사이의 전쟁도, 한 도시국가 내의 정쟁도, 죄수에 대한 사형 집행도 금지되었고, 어길 시 막대한 벌금을 내야 했다. 당연히 경기장엔 무기를 갖고 들어갈 수도 없었고, 선수들이나 관객들은 경기가 벌어지는 올림피아에 안전하게 도착해서 고향 도시국가로 안전하게 귀향할 수 있도록 신변안전을 보장받았다. 올림피아 경기의 경호는 스파르타가, 조직은 올림피아를 관할하고 있던 엘리스가 담당했다.

초창기 올림피아 경기의 선수들은 아마추어적 성격이 강했다. 하지만 그들은 점차 프로선수로 변해 갔다. 우승자는 부와 명예를 한 몸에 받았기 때문이다. 우승자는 올리브관을 받았을 뿐 아니라 제우스 신전 등 성소가 자리하고 있는 올림피아의 성스러운 숲인 '알티스Altis'에 자신의 입상을 세울 수도 있었다. 고향에 돌아가서도 많은 혜택을 누렸다. 세금 감면뿐 아니라 연극관이나 축제에서 상석에 앉았고 시인들의 찬가를 받기도 했다. 공공기관의 식당에서 무료로 식사할 수도 있었으며 상금도 받았다. 가령 아테네의 솔론Solon왕은 올림피아 경기 우승자에게 300드라크마drachma의 상금을 주었다. 1드라크마는 당시 노동자의 일당이었다.

올림피아 경기 10개월 전에는 현대의 선수촌에 비견할 수 있는 훈련캠프가 세워졌다. 이곳에는 선수들을 위한 훈련소, 욕실, 숙소, 도서관 등이 있었다. 선수들은 늦어도 경기 개시 30일 전에는 이곳에 들어와서 공동의 프로그램에 따라 한 달간 엄격한 훈련을 받아야 했다. 그들은 소금을 치지 않은 신선한 치즈, 보리죽, 밀빵, 마른 무화과 등 이곳에서 제공하는 특별 음식만 먹을 수 있었다. 음료수로는 물만 제공됐고 와인은 반입이 금지됐다. 현대적 의미의 도핑검사는 없었지만, 가끔 고향에서 가져온 음식을 먹다가 압수되는 경우도 있었다.

'단거리 달리기' 하나뿐이었던 올림피아 경기 종목은 시간이 흘러감에 따라 '단거리 왕복달리기', '장거리 달리기', '권투', '레슬링' 등 여러 종목으로 확대되었다. 경기 기간도 하루에서 5일로 늘어났다. 경기는 하지 이후 두 번째나 세 번째 보름달이 뜨고 나서 이틀 후인 지금으로 치면 8월이나 9월에 개최됐다. 첫날 오전에는 선수들과 심판들이 제우스 신전으로 가서 제물을 바친 뒤 경기 내내 '성스러운 휴전' 약속을 지키고 경기 규칙을 준수하겠다고 맹세했다. 오후에는 본 게임에 대한 오픈게임으로 소년들이 벌이는 단거리 달리기, 레슬링, 권투 경기가 벌어졌다. 둘째 날에는 경마, 전차 경주, 5종 경기가 벌어졌다.

〈원반던지기 선수〉, B.C. 500년경(그리스 도기 그림. 원반 오른쪽에 있는 것은 현대의 아령처럼 팔의 근육을 단련시키거나 멀리뛰기를 할 때 도약에 도움이 되는 균형추인 할테르Halter라는 운동기구다. 할테르의 복수형은 할테레스Halteres다. 왼쪽 다리 뒤로 비스듬히 놓여 있는 것은 땅을 평평하게 고르는 기구다)

5종 경기는 '펜타틀론Pentathlon'이라고 했는데, 단거리 달리기, 멀리뛰기, 원반던지기, 창던지기, 레슬링 등 총 5개의 경기를 말하며, 올림피아 경기의 꽃으로 여겨졌다. 셋째 날에는 황소를 신들에게 제물로 바친 뒤, 장거리 달리기, 단거리 달리기, 단거리 왕복 달리기 경기가 벌어졌다. 넷째 날에는 레슬링, 권투, 격투기, '호플리토드로모스Hoplitodromos'라는 중무장 보병처럼 완전군장하고 달리기 경기가 벌어졌다. 격투기는 '판크라티온Pankration'이라고 했는데, 권투와 레슬링이 혼합된 경기로, 선수들은 온몸을 사용해 한쪽이 쓰러지거나 죽을 때까지 싸웠다. 다만 입으로 상대의 신체 부위를 깨물거나 손가락으로 상대의 눈을 찌르는 행위는 엄격하게 금지되었다. 마지막 날에는 우승자들이 제우스 신전까지 행진을 하고 나서 축제가 벌어졌다.

〈판크라티온(격투기)〉, B.C. 5세기경(도기 그림. 왼쪽에 앉아 있거나 오른쪽에 회초리를
휘두르고 있는 게 심판이다. 아마 오른쪽 선수가 왼쪽 선수의 얼굴을 꼬집는 반칙을 한 것으로 보인다.
심판들이 왼손에 들고 있는 것은 심판을 상징하는 지팡이다)

올림피아 경기에는 헬라노디카이^{Hellanodikai}라고 하는 심판도 있었다. 심판은 선수들이 선수촌에 입소하기 전에는 그들의 자격을 검사하고, 입소한 후에는 그들의 건강과 훈련 상태를 감독하고, 본 경기에서는 그들이 규칙을 지키는지를 살폈다. 선수들을 나이별로 나눌 때는 지금의 주민등록증 같은 신분증 제도가 없었기 때문에 육안으로 결정했다. 심판은 또한 선수들이 규칙을 위반했을 때 그들에게 육체적인 견책을 가할 수 있는 권리가 있었다. 가령 달리기에서 부정 출발하는 선수에게는 채찍 세례를 가했다. 격투기에서 입으로 상대의 신체 부위를 깨물거나 손가락으로 상대의 눈을 찔러도 마찬가지였다.

고대 그리스의 범헬레니즘 4대 경기에서 연달아 우승한 사람은 지금으로 치면 세계 챔피언 타이틀 같은 '페리오도니케^{Periodonike}'라는 칭호를 받았다. 고대 그리스에는 총 46명의 페리오도니케가 있었다. 그중 크로톤^{Kroton} 출신의 밀론^{Milon}은 레슬링 종목에서 6번이나 페리오도니케를 거머쥐었는데, 올림피아 경기에서 6번, 피티아 경기에서 7번, 이스트미아 경기에서 10번, 네메아 경기에서 9번 우승했다.

밀론은 고대 그리스 최고의 운동선수이자 천하장사라고 해도 과언이 아니었다. 그에 대한 일화들도 가히 신화적이다. 밀론은 송아지를 어깨에 메고 다니곤 했는데, 이 훈련 덕분에 그 송아지가 황소가 됐을 때도 녀석을 거뜬히 짊어질 수

Joseph-Benoît Suvée, 〈크로톤의 밀론〉, 1763(Jean-Jacques Bachelier의 그림 복제)

있었다. 그가 손에 쥐고 있는 석류알은 아무도 그의 손가락을 펴서 강제로 빼앗을 수 없었으며 나중에 손을 펴보면 석류알은 전혀 손상을 입지 않은 채 처음 그대로였다.

밀론은 또한 머리에 리라의 현을 머리띠처럼 묶은 다음 잠시 숨을 멈춘 채 이마의 핏줄을 힘껏 부풀려 그것을 끊은 적도 있었다. 그가 언젠가 집에서 다른 사람들과 식사를 하는 도중에 갑자기 기둥 하나가 부러지면서 집이 내려앉으려 하자, 재빨리 두 손으로 들보를 떠받쳤고, 그 사이 사람들은 모두 안전하게 피할 수 있었다. 그는 날마다 17파운드의 고기, 17파운드의 빵, 10*l*의 와인을 먹고 마셨다. 그는 올림피아 경기에서 우승한 뒤 성스러운 숲 '알티스'에 자신의 입상을 손수 짊어지고 와서 세웠다.

밀론의 죽음에 대한 일화도 그가 지닌 괴력과 연관되어 있다. 그가

언젠가 여행을 하다가 숲속에서 농부가 힘들게 망치로 쐐기를 박아 나무 그루터기를 쪼개고 있는 것을 보고 자신이 아예 그것을 뿌리째 뽑아 주겠다고 나섰다. 농부는 고맙다며 선뜻 그 일을 그에게 맡긴 채 그에게 대접할 요량으로 먹을 것을 가지러 마을로 내려

Auguste Vinchon, 〈아들들의 승리에 열광하는 디아고라스〉, 1814

갔다. 그 사이 밀론은 나무 그루터기와 한참 씨름을 하다가 마침내 쐐기가 박혀 있는 틈에 손을 집어넣고 그루터기를 뽑아내는 데 성공했다. 하지만 그 와중에 쐐기가 빠지는 바람에 갑자기 나무 그루터기 틈에 손이 끼이는 사고를 당했고, 하필 그때 근처를 지나던 사자의 공격을 받고 그만 목숨을 잃고 말았다.

로도스섬 출신의 디아고라스Diagoras는 복싱에서 한 번, 그의 막내 아들 도리에우스Dorieus는 격투기 종목에서 3번이나 페리오도니케 타이틀을 받았다. 디아고라스는 특히 3대에 걸쳐 고대 그리스에서 최고의 스포츠 명문 가문을 일구어냈다. 큰아들 다마게토스Damagetos와 둘째 아들 아쿠실라오스Akusilaos도 올림피아 경기에서 각각 격투기와 권투 종목 우승자였고, 손자 에우클레스Eukles와 페이시로도스Peisirodos도 권투 종목 우승자였다.

디아고라스의 죽음 또한 밀론의 일화들 못지않게 신화적이다. 그는 B.C. 448년 큰아들과 둘째 아들이 올림피아 경기에서 우연히 같은 날 우승한 뒤 그 기념으로 아버지를 어깨에 메고 관객들의 환호에 화답하는 사이, 너무 행복에 겨운 나머지 그만 숨을 거두고 말았다. 현재 그

496

리스 로도스섬 국제 공항, 축구장, 프로축구팀 명칭이 그의 이름을 따라 '디아고라스'다. 마치 영국 프리미어 리그에서 대단한 활약을 펼친 박지성을 기리기 위해 우리나라 수원에 '박지성로'가 생긴 것과 같은 이치다.

고대 그리스의 길이 단위인 '스타디온'은 사람 발 길이 600개를 합한 거리였다. 그래서 기준이 되는 발 길이에 따라 도시국가마다 1스타디온의 거리가 달랐다. 가령 올림피아에서는 1스타디온이 198.28m였지만, 델피에서는 177.35m, 아테네에서는 184.30m, 에피다우로스Epidauros에서는 181.30m였다. 스타디온의 라틴어와 영어식 표기가 바로 우리가 '경기장'이라는 뜻으로 쓰고 있는 '스타디움Stadium'이다. 현재 우리나라에서 '스타디온'은 주로 헬스장 이름으로, '스타디움'은 풋살장, 주택, 피시방, 예식장 이름 등으로 사용되고 있다.

올림피아 스타디온

올림픽 성화 채화와 봉송의 기원
- 올림피아드 학원

그리스 올림피아의 김나시온Gymnasion 유적(마치 나무 그루터기처럼 열주의 밑 부분만 남아 있다)

고대 올림피아 경기에서 선수는 맨몸으로 경기를 벌여야 했다. 본 경기에 앞서 훈련을 벌였던 체육관인 김나시온^{Gymnasion}에서도 마찬가지였다. 김나시온의 어원이 바로 그리스어로 '맨몸'이라는 뜻의 '김노스^{Gymnos}'다. 맨몸으로 경기를 벌인 데에는 2가지 이유가 있었다. 하나는 관객들에게 훈련으로 다져진 선수들의 아름다운 몸매를 보고 즐거움을 느끼게 하기 위해서였다. 다른 하나는 올림피아 경기가 신들의 왕 제우스를 기리기 위한 것인 만큼, 선수는 일종의 제우스에게 바치는 봉헌물이었기 때문이다. 고대 그리스에서 신들에게 바친 소년상들도 모두 맨몸이었다. 인공적인 것을 하나도 걸치지 않은 맨몸은 정결을 상징한다. 신들에게는 바치는 봉헌물은 무엇보다도 정결해야 한다.

고대 올림피아 경기에서 선수는 자유 시민 중 법률상 정식 부부 사이에서 태어나고, 어떤 범죄도 저지르지 않은 남자여야 했다. 여자는 선수가 될 수 없었다. 다만 결혼하지 않은 여자는 경기를 관람할 수는 있었다. 결혼한 여자나 노예들은 경기를 관람조차 할 수 없었다. 만약 어떤 여자가 이 규칙을 어기면 당장 체포되어 올림피아 근처의 티파이온^{Typaion}산 절벽에서 아래로 내던져 죽임을 당했다. 하지만 이 법이 엄격하게 시행된 건 아니다. 로도스섬 출신의 칼리파테이라^{Kallipateira}가 그에 대한 좋은 예다. 그녀는 아들 페이시로도스^{Peisirodos}가 올림피아 경기에 권투 종목의 선수로 참가하자 남장을 하고 그의 트레이너로 위장을 해서 경기장에 따라 들어갔다.

얼마 후 경기가 벌어지고 아들이 우승하자 칼리파테이라는 너무 기쁜 나머지 트레이너석을 벗어나 펄쩍펄쩍 뛰다가 실수로 윗옷을 벗어 던지는 바람에 여자라는 게 들통나고 말았다. 그녀는 당장 현장에서 체포되어 티파이온산 절벽에서 내던져질 절체절명의 위기에 처했지만, 3대에 걸쳐 올림피아 경기 우승자들을 배출한 유명한 권투 선수 디아고라스Diagoras의 딸이라는 사실이 밝혀지면서 정상이 참작되어 형을 면제받았다. 하지만 이 사건을 계기로 앞으로는 선수들뿐 아니라 트레이너도 경기장에 입장할 때는 옷을 입지 않은 맨몸 상태여야 한다는 새로운 법이 생겨났다.

모순되는 말이지만 올림피아 경기에서 뛸 수 없었던 여자들도 올림피아 경기의 우승자가 될 기회는 있었다. 유일하게 전차 경주 종목에서는 기수뿐 아니라 그 전차 주인에게도 우승자 타이틀이 수여되었기 때문이다. 이렇게 여자로서 최초로 올림피아 경기 우승자 타이틀을 거머쥔 사람이 바로 키니스카Kyniska라는 스파르타 공주였다. 그는 B.C. 396년에 이어 B.C. 392년에도 올림피아 전차 경주에서 우승했다. 물론 여자들도

Prospero Piatti, 〈헤라이아 경기〉, 1901

4년마다 올림피아에서 올림피아 경기를 피해 헤라를 위해 개최되었던 '헤라이아Heraia' 축제에서는 선수로 등록하고 직접 뛸 수 있었다.

'헤라이아' 축제의 하이라이트가 바로 '달리기' 경기였기 때문이다. 이 달리기에는 결혼하지 않은 여자만 선수로 참가할 수 있었고, 거리는 올림피아 경기보다 짧은 160여 m였다. 선수는 올림피아 경기와는 달리 오른쪽 어깨와 가슴만 드러나 보이는 옷을 입었다. 또한 우승자는 올리브 관과 함께 올림피아 헤라 신전에 제물로 바친 암소 일부를 부상으로 받았으며, 헤라에게 자신의 이름을 새긴 대리석상을 제물로 바치는 영광을 누렸다. 헤라이아 축제는 올림피아뿐 아니라 헤라 신앙이 깊이 뿌리내린 사모스Samos나 아르고스Argos에서도 개최되었다.

고대 올림피아 경기에서 선수들이 규칙을 심하게 어겼을 때는, 마치 현대의 올림픽에서 선수들이 금지약물을 복용하여 도핑 테스트에 걸렸을 때처럼, 차기 올림피아 경기 출전 자격이 박탈되기도 했고, 불

현재 그리스 올림피아 스타디온 입구에 남아 있는 자네스Zanes의 대좌

명예스럽게도 즉시 고향 도시로 추방되기도 했다. 뇌물죄는 처벌이 더 가혹했다. 가령 어떤 선수가 뇌물로 상대 선수를 매수하면 그에게 부과하여 받은 벌금으로 올림피아 경기장 입구에 '자네스Zanes'라는 신들의 왕 제우스 입상을 만들어 세우고, 그 대좌에 그의 이름과 출신 도시국가를 새겨놓아 경기장에 입장하는 선수들이 타산지석으로 삼도록 했다. 현재 이곳에는 16개의 자네스 대좌가 남아 있다. '자네스'는 당시 올림피아 방언으로 제우스의 '복수형'이다.

올림픽 개막식의 성화대 점등 행사는 1928년 제9회 암스테르담올림픽에서 처음 시작되었다. 그때의 성화대 이름이 바로 '마라톤 타워Marathon Tower'다. 하지만 고대 올림피아 경기에서도 그와 똑같이 경기 내내 제우스 신전의 제단에 불을 밝혀 놓았다. 고대 그리스에서는 모든 가정뿐 아니라 도시의 시청인 프리타네이온Prytaneion에 화로의 여신 헤스티아의 성스러운 화로를 모셨다. 그 화로 자체가 여신의 신전이었던 셈이다. 그래서 도시에서 어떤 신을 기리는 행사가 개최되면 그 불씨를 가져다가 그 신의 제단에 불을 밝히고 행사 기간 내내 그 불이 꺼지지 않도록 관리했다.

올림픽이 개최되기 몇 달 전 올림피아에서 성화를 채화하고 봉송하는 행사는 1936년 제11회 베를린올림픽 조직위원장이었던 칼 딤Carl Diem에 의해 처음 시작되었다. 하지만 고대 올림피아 경기에서도

암스테르담 올림픽 스타디움의
'마라톤 타워Marathon Tower' 성화대

그와 유사한 행사가 있었다. 그때도 경기 시작 석 달 전부터 엘리스의 엄선된 달리기 선수들이 다른 도시국가들로 달려가 올림피아 경기 개최 시기와 '성스러운 휴전'의 시작을 알렸다. 그들은 비록 오늘날의 성화봉처럼 손에 횃불을 들고 있지는 않았어도 머리에는 올리브 관을 쓰고 있었다.

올림픽을 앞두고 올림피아 헤라 신전 앞에서 올림픽 성화를 채화하는 퍼포먼스를 하는 여인들은 헤라의 여사제로 분장한 것이다. 하지만 그런 퍼포먼스는 헤스티아 신전 앞에서 그녀의 여사제로 분장한 여인들이 해야 제격이다. 헤스티아가 바로 그리스 신화에서 화로를 담당했던 신이었기 때문이다. 그녀는 한 번도 분쟁이나 스캔들을 일으킨 적이 없다. 제우스가 티탄 신족과 싸울 때도 곡물의 여신 데메테르와 함께 한쪽에 비켜서 있었다. 올림포스 궁전의 평화를 위해 디오니소스에게 12주신 자리를 양보하기도 했다. 그만큼 그녀는 평화와 화합을 사랑했으니 올림픽 정신에도 딱 부합되는 신이다.

육상, 권투, 원반던지기, 레슬링 등 현대의 핵심 경기는 모두 고대 올림피아 경기에서 유래한 것이다. 근대 5종 경기도 고대 5종 경기 펜타틀론Pentathlon이, 종합격투기도 고대 격투기 판크라티온Pankration이 발전한 것이다. 또한 포환던지기는 고대 원반던지기에서, 승마는 고대 경마나 전차 경주에서 유래한 것이고, 철인 삼종경기인 트라이애슬론Triathlon은 고대 중무장 보병처럼 완전군장을 하고 달리

올림픽 성화 채화 장면

는 경기가 그 모태라고 해도 과언은 아니다. 특히 레슬링 종목 중 그레코로만Greco-Roman형은 초기 로마까지 개최되었던 올림피아 경기의 레슬링 방식을 그대로 따른 것으로, 발로는 공격을 할 수 없고 오로지 팔로만 상대의 허리 위를 공격한다.

고대 그리스에서 2개의 올림피아 경기 사이의 4년 동안의 시간을 '올림피아스Olympias'라고 했다. '올림피아스'의 영어식 표기가 바로 '올림피아드Olympiad'다. 그런데 고대와 근대의 시간 산정 방식이 사뭇 달랐다. 고대에는 올림피아 경기가 개최되는 날을, 근대에는 올림픽이 개최되는 해의 첫날을 시점으로 삼아 4년 동안의 시간을 산정했기 때문이다. '올림피아드'는 간혹 '올림픽'이라는 의미로 사용된다. 전 세계 대학생들이 2년마다 모여 개최하는 체육 대회를 '유니버시아드Universiade'라고 하는 것과 마찬가지다. '올림피아드'는 또한 근대 올림픽을 최초로 개최한 1896년을 시점으로 산정하는 시간 단위로도 사용된다. 가령 올해 2024년 1월 1일부터 2027년 12월 31일까지는 근대 올림픽이 시작된 1896부터 '33번째 올림피아드'다.

'올림피아드'는 스포츠가 아닌 일상생활에서는 '경시대회'라는 의미로 매우 널리 애용되고 있다. 전 세계 중고등학생들이 자연과학 분야에서 실력을 겨루는 경시대회 이름도 '국제수학올림피아드', '국제물리올림피아드', '국제화학올림피아드' 등 모두 '올림피아드'라는 말이 들어가 있다. 우리나라에는 '(사)국제무예올림피아드'와 '(주)올림피아드교육'이 있으며, 30곳 이상의 지점을 거느린 수학 전문 '올림피아드학원'도 있다. '켈스올림피아드학원,' '올림피아드수학학원', '예스샘올림피아드' 등 '올림피아드'가 들어간 학원 브랜드도 아주 많은데, 수학 전문학원이 압도적으로 많다. 『올림피아드 수학왕』이라는 5권짜리 만화도 있다.

86.

올림픽 '마라톤'의 기원, 마라톤 전투

현대 이란의 전신 페르시아^{Persia}는 키로스^{Kyros}와 캄비세스^{Kambyses}에 이어 B.C. 549년 왕위에 오른 다레이오스^{Dareios}(영어로는 다리우스^{Darius}) 치하에 최전성기를 맞이했다. 다레이오스는 메디아, 리디아, 바빌로니아, 이집트를 차례로 정복하면서 페르시아를 거대한 제국으로 일궈 냈다. 그는 이 과정에서 에게해와 지금의 튀르키에 서쪽 해안인 소아시아와 발칸반도의 도시국가들도 자신의 영향권에 잡아 둘 요량으로 그들에게 사절을 보내 복종의 표시로 그곳의 땅과 물을 바치라고 요구했다.

일부 도시국가들은 페르시아에 땅과 물을 바치고 속국임을 인정했다. 하지만 아테네는 페르시아의 전령들을 깊은 구덩이 속에, 스파

B.C. 500년경 다리우스 치하의 페르시아 제국

르타는 우물 속에 던지며 거기서 그들 왕에게 줄 흙과 물을 가져가라고 조롱했다. 급기야 B.C. 499년 소아시아 이오니아 지방의 도시국가들도 서로 연합하여 그 요구를 묵살하고 페르시아에 반란을 일으켰다가 진압당하는 일이 발생했다. 특히 B.C. 498년 도시국가 밀레토스^{Miletos}는 페르시아에 반란을 일으키고 스파르타와 아테네에 사절단을 보내 도움을 요청했다.

스파르타의 왕 클레오메네스^{Kleomenes}는 페르시아의 수도 수사^{Susa}까지 육로로 3개월이나 걸린다는 측근의 보고를 듣고 파병을 거절했다. 이에 비해 아테네 민회는 밀레토스 사절의 호소를 듣고 멜란티오스^{Melanthios}를 대장으로 하는 20척의 함대를 보냈다. 칼키스^{Chalkis}와 전쟁을 벌일 때 밀레토스의 도움을 받았던 에우보이아의 에레트리아^{Eretria}도 함선 몇 척을 보냈다. 밀레토스는 아테네와 에레트리아의 지원으로 기세를 몰아 소아시아의 사르디스^{Sardis}를 점령했다. 사르디스는 과거 리디아의 수도로 당시에는 페르시아의 소아시아 거점 도시였다.

　　다레이오스는 밀레토스가 반란을 일으켜 사르디스가 불에 탔다는 보고를 받고 밀레토스보다도 그 배후 핵심 세력인 아테네에 더 분기탱천하여 시종에게 식사 시중을 들 때마다 이렇게 3번 외치도록 하며 복수심을 불태웠다. "전하, 아테네를 기억하시옵소서!" B.C. 494년 다레이오스는 마침내 라데Lade 해전을 승리로 이끌며 밀레토스의 반란을 진압한 뒤 B.C. 490년 두 장수 타티스Datis와 아르타프레네스Artaphrenes에게 대군을 주어 아테네를 정벌하도록 명령했는데, 이게 바로 페르시아 전쟁의 서막인 마라톤Marathon 전투의 시작이다.

　　헤로도토스의 『역사』에는 페르시아군의 수가 정확하게 나와 있지 않고, 병력 규모가 삼단노선 600척이라고만 쓰여 있다. 학자들은 그 수를 어림잡아 보병 2만 5천 명, 기병 1000명, 언제라도 전력화시킬 수 있는 무장한 노꾼 10만 명, 보급선 200척, 말 운반선 50척으로 추산한다. 어쨌든 페르시아군은 아테네 원정길에 올라 우선 그때까지 페르시아에 복속하지 않아 눈엣가시 같았던 낙소스섬을 초토화한 뒤 에우보이아에 상륙하여 우선 에레트리아를 점령했다.

　　페르시아군은 이어 에레트리아에서 가까운 아테네 근교 마라톤에 상륙했다. 이미 마라톤에 도착하여 페르시아군을 기다리고 있던 밀티아데스Miltiades 장군이 이끄는 1만여 명의 아테네군이 그들과 맞섰다. 이때 밀티아데스 장군은 달리기에 소질이 있던 페이디피데스Pheidippides라는 전령을 뽑아 스파르타로 보내 지원군을 요청했다. 이 전령은 마라톤에서 스파르타까지 240km나 되는 거리를 잠도 안 자고 꼬박 이틀을 달려 백척간두에 달린 아테네의 상황을 알렸다. 스파르타는 아테네를 돕고 싶었다. 하지만 그때가 마침 9월 9일이었는데 15일까지는 아폴론을 기리는 카르네이아Karneia 축제를 개최 중이라서 법에 따라 군대를 이동시킬 수 없었다.

　밀티아데스가 보낸 다른 전령을 통해 아테네의 화급한 상황을 전해 듣고 플라타이아이Plataiai가 전군인 1000명을 이끌고 마라톤으로 달려왔다. 이윽고 전투가 벌어지고 아테네군은 수적 열세에도 불구하고 페르시아군을 대파했다. 그리스군 전사자는 192명에 불과했는데 페르시아군 전사자는 6400명에 달했으니 그야말로 페르시아군의 참패가 아닐 수 없다. 그 이유는 페르시아군이 폭풍우가 부는 가운데 상륙하면서 이미 많은 함선을 잃은 데다 마라톤 해안이 예상과는 달리 페르시아가 믿었던 정예 기병이 활동하기에는 아주 힘든 뻘밭이었기 때문이다.

　페르시아의 다레이오스 왕은 아군이 아테네 정벌에 실패하고 돌아오자 분기탱천하여 또다시 아테네를 정벌하기 위해 꼬박 3년 동안이나 전쟁 준비에 몰두하여 제국 내의 각 도시로부터 이전보다 훨씬 많은 군사, 함선, 군마, 군량, 수송선 등을 조달했다. 그 후 이집트가 페르시

John Steeple Davis, 〈마라톤 전투 장면〉, 1900

아의 지배에 반기를 들자 다레이오스는 먼저 그 반란을 진압한 다음 그 길로 아테네를 칠 계획으로 직접 대군을 이끌고 이집트로 출병하려는 순간 그만 갑자기 서거하고 말았다. 아마 화병에 걸려 그랬을 수도 있다. 그러자 그의 뒤를 이어 아들 크세르크세스가 페르시아의 왕위에 올랐다.

페르시아 전쟁이 끝나고 500여 년이 지난 후 1세기의 작가 플루타르코스Plutarchos는 지금은 소실된 헤라클레이데스 폰티코스Herakleides Pontikos의 작품을 근거로 밀티아데스가 스파르타로 보낸 전령 페이디피데스와는 전혀 다른 에우클레스Eukles라는 병사에 대해 언급했다. 플루타르코스에 따르면 마라톤 전투가 아테네군의 승리로 거의 끝날 무렵 에우클레스는 페르시아군의 함선이 퇴각하는 걸 보고 혹시 그들이 후퇴하는 척하다가 아테네로 기수를 돌리지 않을까 걱정했다. 다시 말해 에우클레스는 페르시아군이 승리한 아테네군보다 먼저 아테네에 도착하여 마라톤에서 자신들이 승리했으니 어서 성문을 열고 항복하라고 거짓 전술을 펼치면 큰일이라고 생각했던 것이다.

에우클레스는 생각이 이에 미치자 곧장 전속력으로 뛰기 시작하여 40여 km를 쉬지 않고 달린 끝에 마침내 아테네 민회에 도착하여 의원들에게 큰소리로 "우리가 이겼습니다!"라고 외치자마자 숨을 헐떡이더니 피를 토하며 쓰러져 숨졌다. 그 후 1세기가 지난 2세기의 풍자작가 루키아노스Lukianos

Luc-Olivier Merson, 〈마라톤의 병사〉, 1869

는 플루타르코스와 똑같은 마라톤 병사 이야기를 전하면서도 그 이름을 에우클레스가 아닌 헤로도토스가 언급한 전령 이름과 비슷한 필리피데스Philippides라고 하는 바람에 사람들에게 마치 헤로도토스의 페이디피데스가 마라톤 전투가 끝난 후 아테네로 달려가 승리를 알린 것처럼 혼동하도록 했다. 하지만 마라톤 전투 당시 마라톤에서 아테네로 달려간 병사는 페이디피데스가 아니라 에우클레스다.

그 후 수 세기가 흐르는 동안 마라톤 전투 와중에 조국을 구하려고 스파르타로 달려간 전령 페이디피데스나 아테네로 달려간 병사 에우클레스의 이야기는 사람들 기억 속에서 영영 사라지는 듯했다. 하지만 1890년 그리스의 마라톤에서 B.C. 490년 페르시아와 벌인 전투에서 전사한 192명의 아테네 병사들이 합장된 마치 우리나라의 신라 왕릉 같은 소로스Soros라는 커다란 묘가 발굴되면서 그 이야기는 다시 전 세계인의 주목을 받기 시작했다. 특히 프랑스의 문헌학자 미셸 브레알Michel Bréal은 마침 자신의 절친으로 근대 올림픽을 준비하고 있던 쿠베르탱Pierre de Coubertin에게 그 이야기를 소개하면서 그 당시 병사들이 했던

마라톤 전투에서 전사한 그리스 도시국가 연합군 192명의 합장묘 소로스

장거리 달리기를 근대 올림픽의 경기 종목으로 만들어 보라고 충고했다.

그러자 쿠베르탱은 그 제안을 전격적으로 받아들여 1896년에 시작된 근대 올림픽에서 그 장거리 달리기를 마라톤 전투가 벌어진 지명을 딴 '마라톤'이라는 이름의 새로운 육상 경기로 탄생시켰다. 제1회 아테네 올림픽 마라톤 우승자는 그리스의 물지게꾼이었던 스피리돈 루이스Spyridon Louis였는데, 기록은 2시간 58분 50초였고,

제1회 아테네 올림픽 마라톤 우승자
스피리돈 루이스

당시 마라톤 코스의 거리는 마라톤과 아테네까지의 거리인 40km 정도였다. 마라톤 코스의 거리가 42.195km로 확정된 것은 1908년 런던 올림픽 때부터였다. 올림픽 마라톤 경기는 처음에는 남자들만의 전유물이었다가 1984년 로스앤젤레스 올림픽 때부터는 여자들에게도 개방되었는데, 미국의 조앤 베노잇Joan Benoit이 2시간 24분 52초의 기록으로 우승했다.

물론 제1회 아테네 올림픽 때도 비록 허용되지는 않았어도 유일하게 여자 마라톤 선수가 하나 있기는 했다. 그 주인공은 바로 그리스의 스타마타 레비티Stamata Revithi. 그녀는 마라톤을 뛰고 싶은 열망에 사로잡혀 주변의 갖은 멸시와 놀림에도 아랑곳하지 않고 경기에 참여하여 마침내 코스를 완주했다. 하지만 남자 선수들과 함께 마라톤에서 출발은 했어도 아테네 올림픽 경기장에는 들어갈 수는 없었다. 그녀의 기록은 4시간 30분이었다고 한다. 그렇다면 고대의 아테네 병사인 에우

클레스도 제1회 마라톤 선수들과 똑같이 40km를 뛰어왔을까? 아니다. 그는 펜델리^{Pendeli}산을 통과하는 지름길을 택했을 걸로 보아 최대 34km 정도를 달렸을 것으로 추산된다.

2004년 아테네올림픽의 마라톤 코스도 제1회 아테네올림픽처럼 마라톤에서 아테네까지였지만 40km가 아닌 새로 정해진 국제기준에 맞춰 그보다 다소 연장한 42.195km였다. 이때의 우승자는 이탈리아의 스테파노 발디니^{Stefano Baldini}였으며 기록은 2시간 10분 55초였다. 매년 11월 초에 열리는 '아테네 마라톤^{Athens Classic Marathon}'도 바로 이 코스를 그대로 활용한다. 현재 마라톤 시내에는 마라톤 선수들이 출발하는 시점이 표시되어 있고, 이 코스 길가에는 칼과 방패를 들고 달리는 페이디피데스상이 세워져 있다. 그런데 사실 그것은 에우클레스상이어야 맞지 않을까?

현재 그리스 스파르타에서는 1983년부터 매년 마라톤에서 스파르타까지 총 200여 km를 달린 고대 아테네의 전령 페이디피데스를 기념하여 '스파르타슬론^{Spartathlon}'이라는 울트라마라톤이 개최된다. 이 경기는 마라톤에서 스파르타까지 총 246km를 36시간 이내에 완주해야 한다. '스파르타슬론'은 '스파르타^{Sparta}'와 '경기'라는 뜻의 그리스어 '아틀론^{Athlon}'의 합성어다. '3종경기'를 '트라이애슬론^{Triathlon}'이라고 하는 것과 마찬가지다. 현재 미국에는 '마라톤'이라는 도시가 10여 개가 있으며, 캐나다와 호주에도 각각 하나씩 있다. 미국에서 1930년대 불황기에 유행한 '댄스 마라톤^{Dance marathon}'이란 게 있다. 그것은 그야말로 마라톤처럼 몇 시간 동안 계속해서 추는 춤을 말한다.

87.

조지프 캠벨의 『천의 얼굴을 가진 영웅』

●

세계적인 신화학자 조지프 캠벨^{Joseph Campbell}은 전 세계 신화 속 영웅은 나라와 시대와 상황은 달라도 똑같은 여정을 거친다고 말한다. 그에 따르면 영웅은 누구나 자기가 살던 익숙한 곳을 떠나, 수많은 시련을 겪은 다음, 과업을 완수하고 다시 살던 곳으로 돌아오는 똑같은 단계를 거친다. 무대가 다르고 사건이 다르고 얼굴이 달라도 영웅은 거의 같은 형태의 여정을 취한다. 그래서 캠벨은 『천의 얼굴을 가진 영웅』에서 이렇게 말한다.

보잘것없는 영웅이든 탁월한 영웅이든, 이방인의 영웅이든, 유대인의 영웅이든, 영웅의 여정은 본질적으로 다르지 않다. 세간에 나도는 이야기는 영웅의 행적을 주로 물리적으로 그리고 있지만, 고급종교에서는 영웅의 행적이 도덕적이어야 한다. 그러나 모험의 형태, 등장인물의 역할, 마지막에 얻은 승리의 본질에는 놀라울 정도로 별 차이가 없다.

캠벨은 전 세계 신화 속 영웅의 여정을 '출발, 분리→하강, 입문, 통과→귀환'의 3단계로 압축하고 다시 총 19개 단계로 세분화했다. 할리우드의 스토리 컨설턴트 크리스토퍼 보글러Ch. Vogler는 『신화, 영웅 그리고 시나리오 쓰기』에서 캠벨의 이론에 근거해서 전 세계 신화 속 영웅의 여정을 12단계로 요약하여 현대 영화 속 주인공이 가야 하는 여정의 가장 이상적인 모델로 삼았다.

그에 의하면 영웅은 (1) '일상적인 나날'을 살아가다가, (2) '모험에의 소명'을 부여받고, (3) 그 '소명을 거부'하다가, (4) '정신적 스승'을 만나, (5) '첫 관문을 통과'하여 모험의 세계로 들어서서, (6) '시험'을 당하는 과정에서 '협력자'와 '적대자'를 만나고, (7) 두 번째 관문이자 괴물의 소굴인 '동굴 가장 깊은 곳'으로 들어가, (8) 그 괴물과 싸우는 과정에서 '시련'을 극복한 뒤, (9) 그 '보상'을 받아, (10) '귀환의 길'로 접어들어, (11) 마치 사지에서 '부활'하는 것처럼 세 번째 관문인 또 한 번의 엄청난 시련을 극복한 다음, (12) 드디어 '영약을 가지고 귀환'한다.

보글러는 영화 속 주인공이 신화 속 영웅의 여정인 이 12단계를 충실하게 따랐을 때 비로소 대중들로부터 사랑받을 수 있는 완벽한 스토리를 만들어 낼 수 있다고 주장하며 〈스타워즈〉 시리즈 등 전 세계적으로 주목을 받았던 영화들을 예로 들어 입증했다. 실제로 할리우드의 거

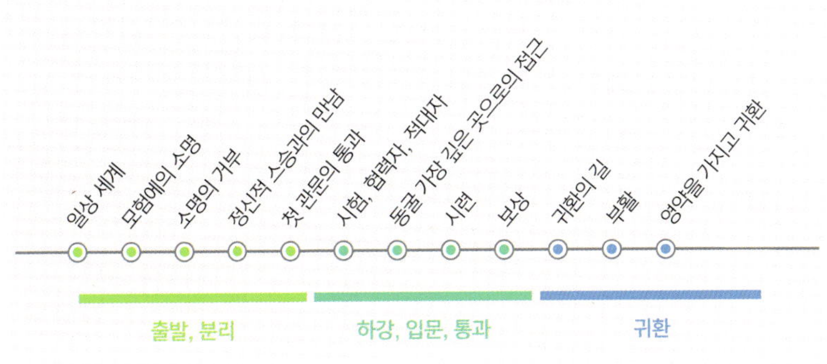

영웅의 여정 12단계

장 감독 조지 루카스^{George Lucas}가 캠벨의 『천의 얼굴을 가진 영웅』으로부터 영감을 받아 〈스타워즈〉 시리즈를 만든 것은 잘 알려진 사실이다.

그리스 신화에서 페르세우스^{Perseus}는 영웅의 원조다. 그래서 그의 모험은 보글러의 12단계 영웅의 여정과 놀라울 정도로 완벽하게 일치한다. 마치 보글러가 캠벨의 19단계 영웅의 여정이 아니라 페르세우스의 모험을 보고 12단계를 만들어 낸 것 같은 착각이 들 정도이다. 페르세우스의 모험을 요약하여 보글러의 12단계에 따라 분석해 보자.

페르세우스는 태어나자마자 어머니 다나에^{Danae}와 함께 외할아버지인 아르고스의 왕 아크리시오스^{Akrisios}에게 버림받는 등 우여곡절을 겪은 끝에 타향 세리포스^{Seriphos}섬에서 헌헌장부로 장성하여 어머니와 '일상적인 나날'(1)을 보내고 있었다. 그러던 어느 날 그는 세리포스섬의 폴리덱테스^{Polydektes}왕으로부터 '모험에의 소명'(2)을 부여받았다. 바로 괴물 메두사^{Medusa}의 머리를 잘라서 가져오라는 것이었다.

그때까지 누구도 메두사와 대적해서 살아서 돌아온 자는 없었다. 그 얼굴을 보면 생명이 있는 것이면 무엇이든 돌로 변했기 때문이다.

페르세우스는 그 소명을 부여받고 한참 고민했다. 갈등하던(3) 페르세우스는 결국 그리스 신화에서 영웅들의 '정신적 스승'(4)이라 할 수 있는 아테나Athena의 도움으로 소명을 완수하기로 결심하고 메두사를 죽이는 데 필요한 무기를 구할 정보를 얻기 위해 그라이아이Graiai 세 노파 자매가 사는 곳으로 향했다(5).

위에서 페르세우스가 모험에의 소명을 부여받고 고민하는 것은 '모험에의 거부'를, 세 노파 자매가 사는 곳으로 가는 과정은 마침내 모험의 '첫 관문을 통과'하는 것을 의미한다. 그 후 페르세우스는 '적대자'인 세 노파가 요정들의 거처를 알려 주려고 하지 않아 '시험'(6)에 들었다가 기지를 발휘해 그들로부터 정보를 얻어내고, 결국 '협력자'인 요정들을 만나 메두사를 죽이는데 필요한 무기들을 얻은 뒤, 두 번째 관문이자 '동굴 가장 깊은 곳'(7)인 메두사의 소굴로 들어가 '시험'보다 더 힘든 시련(8)을 겪었다.

청동 방패 거울을 이용하여 메두사의 머리를 베는 일이나, 메두사 자매들의 추적을 피해 감쪽같이 달아나는 것은 페르세우스가 극복해내야 하는 시련을 대변한다. 결국 그는 모든 어려움을 이겨내고 그 보상(9)으로서 마침내 메두사의 머리를 전리품으로 얻었다. 페르세우스는 이제 과업을 완수했으니 소명을 부여받고 떠나온 세리포스섬을 향해 귀환의 길(10)에 올랐다. 하지만 곧장 귀환하지 못한 채 에티오피아에서 세 번째 관문인 바다의 괴물 케토스Ketos와 사투를 벌인 뒤 마침내 녀석을 해치우고 아내 안드로메다Andromeda까지 얻는 부활(11)을 경험했다.

그 후 부하들과 함께 페르세우스와 안드로메다의 결혼식장에 난입하여 안드로메다를 내어놓으라고 생떼를 부리던 그녀의 약혼자이자 숙부인 피네우스Phineus와 싸워 이긴것도 부활의 경험이다. 이어 외할아버지와 화해를 시도하는 것은 부활 뒤 구체적으로 '영약을 갖고 귀환'(12)하는 것을 의미한다. 여기서 영약이란 인생에 대한 깊은 깨달음을 의미한다. 그는 아마 젊은 시절에는 자신과 어머니를 버린 외할아버지에 대해 원한이 많았을 것이다. 하지만 모험 막바지에 정신적으로 한층 성숙해진 그는 외할아버지에게 품은 원한을 털어 낼 정도로 변모한다.

Anton Raphael Mengs,
〈페르세우스와 안드로메다〉, 1778

　페르세우스가 메두사의 머리를 갖고 자신이 자라던 세리포스섬으로 귀환하여 폴리덱테스를 처치하고 어머니를 위기에서 구한 것을 여정의 마지막 단계인 '영약을 갖고 귀환'하는 것으로 볼 수도 있다. 영약은 메두사의 머리나 영화 〈인디아나 존스〉의 보물처럼 눈에 보이는 물질적인 것이 될 수도 있다는 뜻이다. 어쨌든 페르세우스와 같은 신화 속 영웅의 여정은 인간이 세상을 살아가면서 겪을 수 있는 시련과 그 극복 과정을 가장 완벽하게 구현하고 있다. 그래서 사람의 심금을 울리는 스토리텔링의 모델이자 원형이다.

루이스 리터리어 감독의 영화 〈타이탄〉

2010년 개봉한 루이스 리터리어^{Louis Leterrier} 감독의 영화 〈타이탄〉의 원래 제목은 〈타이탄의 멸망^{Clash of the Titans}〉으로 1981년에 개봉한 동명의 영화를 리메이크한 것이다. 사람들은 '타이탄'이라는 제목만 보고 이 영화가 그리스 신화의 티탄^{Titan} 신족과 올림포스 신족과의 전쟁을 소재로 만들어졌을 것으로 오해할 수 있다. 하지만 이 영화에서 그 전쟁은 이야기의 배경일 뿐이고, 이 영화는 페르세우스의 모험을 소재로 만들어졌다. 영화는 원작과 다를 수밖에 없다. 영화 〈타이탄〉의 페르세우스의 모험도 그리스 신화와는 사뭇 다르게 전개된다.

영화가 본격적으로 시작되기 전 내레이터가 등장한다. 그에 따르면 티탄 신족과의 싸움에서 제우스Zeus, 포세이돈, 하데스는 서로 힘을 합해 승리를 거둔다. 그들이 승리할 수 있었던 결정적인 이유는 하데스가 제우스의 부탁을 받고 자신의 살점으로 괴물 크라켄Kraken을 만들어 싸움에 투입했기 때문이다. 하지만 하데스는 혁혁한 전공을 세우고도 제우스에게 속아 어둠과 고통의 지하 세계를 맡은 후 불만에 차 있다. 이후 제우스는 인간을 창조하여 그들이 바치는 제물과 기도로 신들이 영생을 누릴 수 있도록 만든

Benvenuto Cellini, 〈페르세우스〉, 1545~1554(페르세우스는 원래 비행화만 신었는데 이 조각에서는 머리에도 날개를 두르고 있는 것이 이채롭다)

다. 그런데 처음에는 신에게 경외심을 표했던 인간들이 시간이 흐르자 오만에 빠져 점점 신들의 권위를 의심하더니 마침내 신들에게 대항하기 시작한다.

이런 시대에 갓난아기 페르세우스가 엄마와 함께 궤짝에 실려 파도에 떠밀려오다가 바다에서 고기를 잡던 어부 스피로스Spyros에 의해 구조된다. 페르세우스의 엄마는 궤짝을 타고 오다가 이미 죽은 상태다. 영화 관객들은 처음에는 갓난아기의 출신을 알 수 없다. 그 후 시간이 훌쩍 흘러 페르세우스가 어느새 늠름한 청년으로 자라 양부모를 도와 고기를 잡고 있기 때문이다. 바로 그 순간 아르고스의 군인들이 해안 절벽에 세워져 있던 거대한 제우스 입상을 파괴하는 소동이 벌어진다.

아르고스의 왕 케페우스Kepheus가 신들에게 도전장을 내민 것이다. 제우스 입상이 바다에 떨어지자 하데스의 부하들인 괴조들이 나타나 군인들을 공격한다.

이어 공중에 하데스가 검은 구름의 모습으로 나타나더니 느닷없이 바다에서 부모를 도와 고기를 잡던 페르세우스의 어선을 공격하여 침몰시킨다. 페르세우스가 침몰하는 배를 따라 잠수하여 부모를 구하려고 하지만 실패한다. 결국 페르세우스는 졸지에 가족들을 모두 잃고 간신히 군인들의 구조를 받아 아르고스성으로 들어온다. 장면이 바뀌고 하데스가 올림포스 궁전으로 제우스를 찾아가 배은망덕한 인간들을 가만두어서는 안 된다고 주장한다. 그는 티탄 신족과의 전쟁 후 자신이 데리고 있던 괴물 크라켄을 출동시켜 인간들을 혼내 주고, 그 힘을 이용하여 제우스에게서 신들의 왕의 자리를 빼앗을 심산이다. 아폴론을 비롯한 다른 신들의 반대가 있었지만, 하데스는 마침내 제우스에게서 그를 대신하여 인간들을 응징해도 좋다는 허락을 받는다.

한편 아르고스에서는 신들과의 싸움에서 승리를 자축하는 연회가 벌어진다. 군사들이 많이 희생되었지만, 제우스 신전과 입상이 성공적으로 파괴되었기 때문이다. 페르세우스도 엉겁결에 이 연회에 끼이게 된다. 먼저 아르고스의 왕 케페우스가 신의 시대는 가고 이제 인간의 시대가 시작되었음을 알리며 건배를 제의한다. 아버지의 말을 듣고 공주 안드로메다Andromeda가 불안한 표정을 감추지 못하자, 왕비 카시오페이아Cassiopeia가 기분을 풀라며 공주에게 술잔을 내민다. 그러자 공주는 그새 유심히 살펴보고 있던 페르세우스에게 다가가 그 술잔을 건네며 이름을 묻는다.

페르세우스가 이름을 말한 뒤 잠시 주저하다가 잔을 받으려 하자 공주의 호위 장수인 듯한 자가 감히 어디다 손을 대려고 하냐며 그의 뺨을 후려친다. 케페우스왕이 그 광경을 보고 우리 딸은 인정이 넘친다며 비아냥거리자 안드로메다가 신들을 화나게 해 놓고 연회를 베푸는 것이 걱정스럽다고 대답한다. 하지만 카시오페이아 왕비는 왕보다 한 술 더 떠서 신들은 인간의 기도는 원하면서도 그 보답으로 인간에게 해 준 것이 하나도 없다고 불평하면서 이제 우리가 신이라고 스스로 선언한다. 이어 좌중을 향해 딸 안드로메다의 얼굴을 보라고 주문하며 그녀가 아프로디테보다도 더 아름답지 않느냐며 오만을 떤다.

바로 그 순간 갑자기 하데스가 검은 회오리바람을 일으키며 나타난다. 군사들이 대적하려 하지만 그의 강한 회오리바람에 휩쓸려 힘없이 나가떨어진다. 하데스를 가족의 원수라고 생각해 왔던 페르세우스가 칼을 들고 그에게 돌진하지만, 그 또한 하데스의 회오리바람을 뚫지 못하고 무력하게 나가떨어진다. 이때 하데스는 페르세우스에게서 강한 포스를 느끼고, 그가 바로 제우스의 아들임을 직감한다. 잠시 무서운 눈초리로 좌중을 훑어보던 하데스는 이내 카시오페이아 왕비에게로 다가서더니 대놓고 신들을 모독한 그녀를 단숨에 주름투성이의 노파로 변신시킨 뒤 이렇게 말한다.

난 앞으로 열흘 뒤 태양이 달을 가리면 너희들에게 괴물 크라켄을 보낼 것이다. 그러면 아르고스는 잿더미가 되고 너희들도 모두 죽을 것이다. 만약 살고 싶다면 그 괴물에게 안드로메다 공주를 바쳐라. 너희는 감히 자신들을 신들과 비교하는 오만을 저질렀는데, 공주의 피만이 괴물 크라켄과 제우스의 분노를 잠재울 수 있다.

이어 공중으로 날아오른 하데스는 시선을 페르세우스에게 고정한 채 이렇게 덧붙인다.

아르고스 시민들이여, 어떻게 할 것인가? 파멸과 희생 제물 중 어느 걸 택할 것인가. 이 모든 게 바로 제우스의 뜻이자 네 아버지의 뜻이로다.

하데스에 의해 페르세우스가 제우스의 아들임이 밝혀지자 그는 즉각 체포된다. 아르고스의 군사들은 그를 감옥에 가두고는 제우스의 아들이 맞느냐며 아르고스에 온 목적이 무엇인지 밝히라고 고문을 가한다. 페르세우스가 자신은 한낱 인간의 아들에 불과하다고 주장하자 고문의 강도가 점점 세진다. 그러던 어느날 케페우스왕이 감옥으로 페르세우스를 찾아와 그가 제우스의 아들이 맞다면 감옥에서 풀어줄 테니 괴물 크라켄으로부터 자신들을 구해 달라고 부탁한다. 하지만 자신의 출생의 비밀을 알 턱이 없었던 페르세우스는 자신은 평범한 사람이라며 영문을 몰라 할 뿐이다.

왕의 부탁을 거절하여 여전히 감옥에 갇혀 있던 페르세우스에게 어느 날 어떤 여인이 찾아온다. 그녀의 이름은 이오[10]. 그녀는 그리스 신화에서는 헤라 신전의 여사제로 제우스의 연인이 되었다가 헤라의 질투로 암소로 변신했던 여인이지만 영화에서는 마치 그리스 신화 속 아테나처럼 페르세우스의 수호자다. 이오는 페르세우스에게 자신을 신의 사랑을 거부했다가 그 벌로 영원한 삶을 누리도록 저주받은 그와 똑같은 반신반인Demigod으로 소개하며 그가 태어날 때부터 지켜보았고 그를 양아버지에게 인도한 것도 자신이었다고 말한다. 이어 어떻게 그가 제우스의 아들로 태어났는지 자세하게 출생의 비밀을 알려 준다.

그녀에 따르면 인간들이 계속해서 신들에게 반항하자 제우스는 인간들에게 본때를 보여 주기로 하고 어느 날 아르고스의 선왕 아크리시오스Acrisius가 잠시 자리를 비운 사이, 그의 모습으로 변신하여 궁전 침실로 들어가 그의 아내와 사랑을 나눈다. 얼마 후 궁전에 도착한 아크리시오스가 그를 발견하고 칼을 빼 달려들지만, 제우스는 순식간에 독수리로 변신해서 창문을 통해 날아간다. 분노한 아크리시오스는 제우스를 저주하며 아내와 갓난아기를 궤짝에 넣어 바다에 버린다. 영화 처음에서 어부 스피로가 바다에서 건져 올린 것이 바로 이 궤짝이었던 것이다.

이오는 계속해서 페르세우스에게 그가 신들의 폭정을 끝낼 수 있는 유일한 인물이며 괴물 크라켄을 죽이는 게 그의 운명임을 알려 준다. 그러자 페르세우스는 자신이 누군지는 몰라도 크라켄을 죽이는 게 자신의 임무가 아닌 것은 안다며, 일단 가족의 원수를 갚기 위해 하데스에게 가는 길을 알려달라고 요구한다. 하지만 이오가 하데스의 충복 크라켄을 죽이면 하데스는 약해지고, 그러면 복수도 쉬워진다고 조언하자 페르세우스는 당장 케페우스왕에게 연락하여 사정을 설명한 뒤 감옥에서 나와 크라켄 원정대를 꾸린다.

원정대가 맨 먼저 해야 할 일은 크라켄을 죽이는 방법을 알아내는 것. 그런데 세상의 끝자락에 살고 있는 3명의 마녀가 크라켄의 약점을 알고 있다. 마녀들은 눈이 하나밖에 없어서 그것을 교환해 가면서 사물을 보기도 하고 그 눈으로 운명을 점치기도 한다. 또한 마녀들이 살고 있는 곳은 소위 '마녀들의 정원'으로 괴물 크라켄이 타탄 신족을 몰살시켰던 곳이다. 원정대는 동료들이 죽기도 하는 많은 시련 끝에 마침내 그곳에 도착하여 마녀들에게 크라켄의 약점을 알려달라고 공손하게 부탁한다.

하지만 마녀들은 제물을 충분히 바치지 않으면 크라켄의 약점을 알려 줄 수 없다고 배짱을 부린다. 한참 동안 실랑이 끝에 페르세우스가 마녀들 중 하나가 동료에게 눈을 건네줄 때 그것을 낚아채서 크라켄의 약점을 알려 주지 않으면 눈을 불태워 버리겠다고 위협한다. 그러자 그들은 어쩔 수 없이 크라켄은 지하 세계를 흐르는 스틱스강 너머에 살고 있는 메두사의 머리라면 꼼짝하지 못할 것이라고 알려 준다. 메두사의 눈을 보면 누구라도 돌로 변하기 때문에 크라켄도 그 눈을 보면 돌로 변하여 허무하게 무너진다는 것이다.

길을 떠난 원정대는 우여곡절 끝에 마침내 스틱스강을 건너 메두사가 사는 동굴로 들어가서 그녀와 사투를 벌이지만 메두사의 상대가 되지 못하고 그녀의 눈에서 뿜어져 나오는 광채에 하나둘 돌이 되어 쓰러진다. 이제 남은 건 페르세우스 하나뿐. 그는 메두사의 공격을 요리조리 피하다가 결국 그녀의 눈과 마주치지 않기 위해 방패 표면을 거울삼아 거기에 비친 메두사의 모습을 보고 머리를 자르는 데 성공한다. 이어 그 머리를 자루에 담아 어깨에 메고 동굴에서 빠져나온 다음, 마침 그때 적시에 친부 제우스가 그에게 보내 준 천마 페가소스^{Pegasos}를 타고 부리나케 아르고스로 날아가, 괴물 크라켄이 막 안드로메다를 낚아채 가려는 절체절명의 순간에, 얼른 자루에서 메두사의 머리를 꺼내 보여 녀석을 단숨에 돌로 만들어 버린다.

그렇다면 영화 〈타이탄〉이 그리스 신화의 원전과 다른 점은 무엇일까? 그것을 7가지로 나누어 정리해 보자. 첫째, 영화의 배경이 되는 하데스와 제우스 사이의 불화나 신과 인간 사이의 갈등은 원래 그리스 신화에는 없었다. 둘째, 괴물 메두사는 스틱스강의 지하 세계 쪽 강변에 있는 동굴이 아니라, 원래 세상의 서쪽 끝자락인 지브롤터 근처 북아프리카 해변에 살았다. 셋째, 페르세우스는 메두사의 목을 자르러 원정대를 이끌고 갔던 게 아니라 원래 혼자서 갔다. 넷째, 페르세우스가 마녀에게서 알아낸 것은 크라켄의 약점이 아니라, 원래 메두사의 목을 자르려면 꼭 필요한 무기들을 보관하고 있던 요정들의 거처였고, 마녀도 이름이 없었던 게 아니라 원래 태어날 때부터 백발이 성성한 노파였던 그라이아이Graiai라는 3자매였다.

다섯째, 페르세우스는 날개 달린 천마 페가소스를 탄 게 아니라, 원래 날개 달린 신발을 신고 괴물과 대적했다. 여섯째, 페르세우스가 메두사의 머리를 이용하여 돌로 만든 것은 괴물 크라켄이 아니라, 원래 안드로메다의 약혼자이자 그녀의 숙부였던 피네우스Phineus와 그의 부하들, 그리고 어머니 다나에Danae를 괴롭히던 세리포스섬의 왕 폴리덱테스와 그의 신하들이었다. 일곱째, 페르세우스가 죽인 괴물 이름은 크라켄이 아니라 원래 케토스Ketos였다. 아울러 케토스는 하데스의 살점으로 만들어진 게 아니라 원래 태초의 바다 폰토스Pontos와 대지의 여신 가이아의 아들로 바다의 신 포세이돈의 부하였다.

Titian, 〈페르세우스와 안드로메다〉, 1554~1556(페르세우스는 천마 페가소스가 아닌 비행화를 이용하여 괴물 케토스와 공중전을 펼치고 있다)

89.

크리스 콜럼버스 감독의 영화
〈퍼시 잭슨과 번개 도둑〉

크리스 콜럼버스Christopher Joseph Columbus 감독의 영화 〈퍼시 잭슨과 번개 도둑Percy Jackson & the Olympians: The Lightning Thief〉(2010)은 미국 소설가 릭 라이어던Rick Riordan의 총 5권으로 이루어진 『퍼시 잭슨 시리즈』의 제1권을 대본으로 만든 것이다. 특히 이 영화에서는 주인공 퍼시가 그리스 신화의 내로라 하는 영웅들인 페르세우스, 헤라클레스, 테세우스, 오디세우스 등이 겪었던 시련을 각각 하나씩 이겨 내는 것이 이채롭다.

뉴욕의 엠파이어 스테이트 빌딩 옥상에서 신들의 왕 제우스가 그의 형제 포세이돈을 만난다. 이 옥상은 그리스 신들이 사는 올림포스 궁전과 수직으로 난 하늘길로 통한다. 제우스는 포세이돈에게 대뜸 그와 인간 여인과의 사이에서 태어난 아이인 데미갓^{demigod} 퍼시 잭슨이 자신의 번개를 훔쳤다고 비난한다. '데미갓'은 그리스 신화의 영웅들처럼 신과 인간 사이에 태어난 '반신반인'을 뜻하는 영어 단어다.

포세이돈이 아들 퍼시는 아직 자신의 출신을 모른다고 항변하지만, 제우스는 포세이돈에게 어쨌든 앞으로 2주 뒤 하지 자정까지 번개를 돌려받지 못한다면 자신은 다른 모든 신들과 전쟁을 벌일 수밖에 없다고 일방적으로 선언한 뒤 홀연히 올림포스 궁전으로 사라진다. 이후 신들 사이에 제우스의 번개가 도난당했다는 소문이 파다하게 퍼진다. 특히 평소 제우스에게 불만이 많았던 지옥(지하 세계) 왕 하데스는 도난당한 제우스의 번개를 선점하여 올림포스 궁전의 권력을 차지하기 위해 번개 도둑으로 지목된 퍼시를 공격한다.

16세의 고등학생 퍼시는 어머니 샐리^{Sally Jackson}와 그녀를 노예처럼 부려 먹는 양아버지 게이브 우글리아노^{Gabe Ugliano}와 함께 살고 있다. 퍼시는 학교 수업 중에는 난독증과 주의력 결핍증에 시달리지만, 웬일인지 수영장 물속에서는 아주 오랫동안 잠수해서 사색을 즐길 수 있는 신기한 능력을 지녔다. 그는 어느 날 메트로폴리탄 박물관 견학 수업에서 잠깐 할 말이 있다는 영어 대체 선생 다즈^{Dodds} 부인을 따라 텅 빈 전시실로 들어갔다가, 그녀가 갑자기 무시무시한 괴조 알렉토^{Alektor}로 변신해서 번개를 내놓으라고 위협하는 바람에 큰 위험에 처한다.

하지만 퍼시는 제때 나타난 라틴어 선생 브루너^{Brunner}와 절친 그루버^{Groover}의 도움으로 간신히 위기를 모면한다. 알렉토는 그리스 신화에서 복수의 여신 에리니에스^{Erinyes} 3자매 중 하나의 이름이다. 사태의 심각성을 깨달은 브루너는 퍼시에게 위급할 때 쓰라며 강력한 우주 무기인 볼펜을 하나 건네준 뒤 그루버에게 퍼시와 그의 어머니를 데리고 비교적 안전한 데미갓 캠프로 피신하라고 지시한다. 그 캠프는 미국 전역에 흩어져 있는 청소년 데미갓들을 위한 비밀 여름 캠프로 뉴욕주 롱아일랜드Long Island섬에 있었다.

그루버는 그 말을 듣자마자 누가 쫓아오기라도 하는 듯 황급히 영문을 몰라 하는 퍼시와 함께 그의 집으로 가서 어머니 샐리를 데리고 데미갓 캠프로 향하다가 또다시 하데스가 보낸 괴물 미노타우로스Minotauros의 공격을 받는다. 퍼시는 이때 그 괴물을 마법 검으로 변한 볼펜 무기로 맞서 싸우다가 결국 부러진 녀석의 뿔로 퇴치한다. 하지만 어머니는 감쪽같이 어디론가 사라지고 자신은 기진하여 의식을 잃는다. 미노타우로스는 그리스 신화에서 영웅 테세우스Theseus가 해치운 반인반우半人半牛, 다시 말해 반은 인간이고 반은 황소인 크레타의 괴물이다.

3일 후 데미갓 캠프에서 깨어난 퍼시는 자신은 바다의 신 포세이돈의 아들, 그루버는 반은 인간, 반은 염소인 사티로스Satyros족으로 자신의 수호자, 브루너는 반인반마半人半馬의 켄타우로스족Kentauros인 케이론Cheiron으로 캠프의 교장이라는 사실을 알게 된다. 케이론은 그리스 신화에서 아킬레우스 등 수많은 영웅들의 스승이다. 퍼시는 캠프에서 훈련을 받으면서 자신이 포세이돈의 아들로 물을 다룰 수 있는 초능력과 물로 상처를 치료할 수 있는 능력이 있다는 사실을 알게 된다.

〈미노타우로스〉, B.C. 515년경
(그리스 도기 그림)

528

퍼시는 또한 그곳에서 아테나의 딸, 아레스의 아들, 헤르메스의 아들 등 수많은 또래 데미갓들을 만나는데, 그들의 리더는 바로 헤르메스의 아들 루크Luke Castellan다. 그러던 어느 날 퍼시에게 갑자기 날개 달린 엄청난 괴물의 모습을 한 지옥의 왕 하데스가 나타나 어머니를 찾으려면 제우스의 번개를 갖고 지옥으로 자신을 찾아오라고 말한 뒤 순식간에 사라진다. 그러자 퍼시는 번개가 없는데도 브루너 교장의 명령도 거부한 채 어머니를 찾으러 지옥으로 떠난다.

이때 절친 그루버와 아테나의 딸 아나베스Annabeth Chase가 퍼시를 따라가겠다고 나선다. 그들이 막 캠프를 나오려는 순간 퍼시가 지옥으로 가는 입구를 몰라 난감해하자 아나베스가 알 만한 사람이 있다며 그를 헤르메스의 아들 루크에게 데려간다. 루크는 마치 그들을 기다렸다는 듯이 반갑게 맞이하며, 올림포스 궁전으로 아버지를 만나러 갔을 때 슬쩍한 날개 달린 컨버스 척테일러 운동화 한 켤레를 긴요할 때 쓰라고 그들에게 내민다. 또한 헤라클레스나 오르페우스처럼 죽지 않아도 지옥에 갈 수 있는데, 들어가긴 쉬워도 나오는 게 어렵다고 말하면서 지도를 하나 건네주며 먼저 진주 3개를 찾아 지옥에 들어간 뒤 그것을 깨트러 그곳에서 나오라고 일러준다.

이것은 페르세포네의 진주 지도야. 그녀는 하데스를 무척 싫어해. 다혈질에 괴상해서 말이야, 그래서 바람을 피웠지. 그 결과 세계 곳곳에 진주를 숨겨 놨어. 바람피우다 하데스가 오면 남친들을 진주로 바꾸어 감추어 둔 거지. 바로 이 진주를 찾아 발 밑에 놓고 깨트리면 원하는 곳으로 데려가. 미국에는 3개의 진주가 있어. 지도가 알려 줄 거야. 여기가 첫 번째고, 첫 번째를 찾으면 다음 장소가 나와. 마지막 장소가 바로 지옥의 입구야.

루크는 끝으로 하데스의 공격을 막아 줄 무기로 쓰라며 퍼시에게 조심스럽게 자신이 가장 아낀다는 방패 하나를 건네준다. 이렇게 해서 퍼시의 어머니 구출 작전이 시작된다.

퍼시가 첫 번째로 찾아간 곳은 루크가 지도를 펼쳐 보일 때 손가락으로 가리킨 곳에 저절로 표시되었던 뉴저지의 엠 부인 가든 상점^{Auntie EM's Garden Emporium}. 퍼시는 그곳에서 그루버와 아나베스의 도움으로 우연히 버려진 미니 분수대에서 고대 그리스의 금화 몇 닢을 챙기고 천신만고 끝에 괴물 메두사를 참수하여 그녀의 팔찌에서 첫 번째 진주를 찾아낸 다음 전리품으로 메두사의 머리를 가져간다. 메두사는 그리스 신화에서 아테나의 저주로 머리카락 한 올 한 올이 실뱀이고 얼굴은 일그러져 살아 있는 것은 무엇이든 그 눈을 보면 너무 놀라 돌로 변하는 괴물이다.

퍼시가 첫 번째 진주를 찾자마자 지도에 저절로 내슈빌의 파르테논 신전^{Parthenon in Nashville}이 표시된다. 퍼시는 그곳에서 루크에게서 받은 날개 달린 운동화를 이용하여 거대한 아테나상의 왕관에 박혀 있는 두 번째 진주를 떼어 내고, 그것을 저지하려는 괴물 히드라^{Hydra}를 메두사의 머리를 이용하여 돌로 만들어 버린다. 히드라는 그리스 신화에서 헤라클레스가 두 번째 과업으로 해치우는 머리가 9개 달린 괴물 뱀으로 머리 하나를 자르면 2개의 머리가 솟아났다. 퍼시가 세 번째로 찾아간 곳은 라스베이거스의 로우터스^{Lotus} 카지노 호텔.

하지만 퍼시 일행은 그곳 종업원들이 건네주는 연꽃 과자를 먹고 나자 그곳에 온 이유와 시간을 잊은 채 도박에만 열중한다. 연꽃 과자

내슈빌 파르테논

는 바로 망각의 과자였던 셈이다. 로터스 카지노 호텔은 그리스 신화에서 오디세우스가 들렀던 로토파고이^{Lotophagoi}족의 나라를 벤치마킹한 것이다. '로토파고이'는 '연蓮을 먹는 사람들'이라는 뜻으로 그들의 주식이 바로 연이었기 때문에 얻은 이름이다. '연'은 그리스어로는 '로토스^{Lotos}'이며, 영어로는 '로우터스^{Lotus}'다.

오디세우스는 당시 병사 2명과 전령 1명을 선발하여 그곳 주민들이 어떤 사람들인지 알아보도록 보냈다. 하지만 아무리 기다려도 3명의 부하들이 돌아오지 않았다. 그들은 로토파고이족이 무심코 건네준 연으로 만든 음식을 먹고 귀향은 잊어버린 채 그곳에 눌러앉아 살고 싶어 했기 때문이다. 어쨌든 퍼시는 카지노 종업원이 건네는 연꽃 과자를 받아먹으려는 순간 텔레파시로 그것을 더 이상 먹지 말라고 경고하는 아버지 포세이돈의 음성을 듣고 가까스로 최면상태에서 빠져나온 다음 그루버와 아나베스도 정신을 차리게 하여 카지노에 숨겨진 마지막 진주를 찾아내 그곳을 탈출한다.

이제 그들에게 남은 시간은 단 하루. 그들은 카지노에서 부지불식간에 일주일을 보냈던 것이다. 그들이 급히 지도를 펼치자 마지막으로 지옥의 입구로 표시된 곳은 바로 로스앤젤레스의 할리우드 사인 Hollywood Sign. 그들이 서둘러 그곳에 도착하는 순간 바로 그들은 지옥으로 들어가고 뱃사공 카론에게 엠 부인 가든 상점에서 챙겨두었던 고대 금화들을 주고 배를 타고 스틱스강을 건넌 다음 마침내 하데스의 궁전에 도착한다. 그러자 페르세포네가 3마리의 지옥 개를 데리고 그들을 맞이하여 하데스에게 안내한다. 그 개들은 그리스 신화에서 머리가 셋 달린 괴물 개 케르베로스의 아바타일 것이다. 다음은 하데스와 퍼시의 대화다.

"여기까지 오다니 정말 용감하구나. 자, 가까이 오너라. 너의 눈에서 분노가 보이는구나. 난 이곳이 싫다. 제우스와 네 아버지가 날 이곳으로 추방했지. 여기서 벗어날 방법은 그들을 제압하고 올림포스 궁전을 손에 넣는 수밖에 없다. 그래서 내겐 번개가 필요하다." "전 엄마가 필요해요." "바로 그거야." "네가 번개를 주면, 난 엄마를 돌려주마." "근데 사실 전 번개가 없어요." "그럼 여긴 왜 온 거냐?" "진실을 아시면 엄마를 풀어 줄 것 같아서요." "넌 내가 바보로 보이냐? 내가 바로 하데스거든. 얼른 번개를 주든

로스엔젤레스의 할리우드 사인

지, 아니면 엄마와 영원히 작별 인사를 해라."

이러면서 하데스가 퍼시의 어머니를 대령하자 그는 너무 반가운 나머지 손에 들고 있던 방패를 땅바닥에 내던진 채 어머니에게 달려가 포옹을 한다. 바로 그 순간 방패가 땅에 강하게 부딪히면서 생긴 충격으로 인해 그 안쪽에서 헤르메스의 아들 루크가 숨겨 놓았던 제우스의 번개가 드러나고, 하데스가 얼른 그것을 빼내 자신을 속인 그들을 가만둘 수 없다며 페르세포네를 시켜 죽은 혼령들이 있는 불구덩이 속에 집어넣으라고 명령한다. 이어 지옥의 무시무시한 불구덩이 입구가 열리고 페르세포네가 부른 지옥 개 3마리가 퍼시와 친구들을 그 속으로 몰아붙인다.

절체절명의 순간, 페르세포네가 번개를 들고 기뻐하는 하데스에게 축하의 키스를 하는 척하며 얼른 번개를 빼앗아 그것으로 그에게 일격을 날려 그를 기절시킨 다음 지옥 개들을 쫓아내고 퍼시 일행도 구해준다. 구사일생으로 살아난 퍼시가 페르세포네에게 왜 자신들을 구해주는지 묻자 그녀는 대답한다.

하데스는 잔인하고 폭력적이거든. 내 유일한 기쁨은 지옥에서 몰래 나가 즐기다 오는 건데 신들이 전쟁을 치르면 그것도 끝이 나. 그러면 난 홀로 저놈과 영원히 지옥에 남겠지. 자, 가라, 엄마와 함께 떠나거라.

이제 퍼시 일행이 해야 할 일은 얼른 올림포스 궁전으로 가서 제우스에게 번개를 돌려주고 신들의 전쟁을 막는 것. 하지만 지옥을 빠져나가야 할 사람은 퍼시, 아나베스, 그루버, 퍼시의 어머니 샐리 등 넷인데 진주는 3개뿐. 결국 그루버가 자신이 퍼시의 수호자인 만큼 지옥에 남겠다고 자청한 뒤 셋이 진주를 발로 밟아 깨트리자 그들은 한순간에 지상으로 나와 올림포스 궁전으로 통하는 엠파이어스테이트 빌딩 옥상에 도착한다. 이제 제우스가 정한 시한인 자정까지 남은 시간은 단 10분.

그들이 서둘러 올림포스 궁전으로 떠나려는 찰나 갑자기 헤르메스의 아들 루크가 나타나 그들을 가로막으며 자신이 제우스의 번개 도둑이었고, 하데스를 이용하여 제우스를 권좌에서 밀어낸 뒤 자신을 중심으로 한 젊은 세대가 올림포스 궁전을 차지할 계획이었음을 밝힌다. 이어 맨해튼 상공을 가로지르며 퍼시와 루크의 일대일 대결이 펼쳐지고 결국 퍼시가 루크를 제압하고 막 자정이 되려고 하는 순간에 올림포스 궁전에 도착하여 신들의 전쟁을 막으면서 영화는 대단원의 막을 내린다.

퍼시는 제우스에게 번개를 돌려주면서 번개 도둑이 다름 아닌 헤르메스의 아들 루크였다는 사실 등 그간의 사정을 설명하고 그에게 지옥에 억류되어 있는 자신의 수호자인 그루버를 지상으로 데려와 달라고 간청한 다음 아나베스와 함께 롱 아일랜드의 데미갓 캠프로 향한다. 그들이 캠프에 도착하니 그루버는 벌써 그곳에 돌아와 있었다. 엔딩 장면에서 퍼시의 어머니 샐리는 남편과 이혼하고 집을 떠난다. 화가 난 남편 우글리아노가 맥주를 마시려고 냉장고를 여는 순간, 그는 부지불식간에 퍼시가 캠프로 돌아가기 전 그 속에 숨겨 놓았던 메두사의 머리를 보고 돌로 변한다.

벤 애플렉 감독의 영화
〈아르고〉와 아르고호의 모험

벤 애플렉^{Ben Affleck} 감독의 영화 〈아르고^{Argo}〉(2012)의 무대는 1979년 호메이니 혁명으로 이란 왕정이 무너진 직후의 이란 테헤란. 몰락한 팔레비 왕조의 마지막 샤^{Shah}(왕) 팔레비 2세가 암 치료를 구실로 미국으로 이주하자 분노한 테헤란의 과격 시위대가 미국대사관을 점령하고 52명의 직원들을 억류한다. 그 와중에 죽음의 공포를 느낀 6명의 직원이 뒷문을 통해 대사관을 빠져나가 캐나다 대사의 관저에 몸을 의탁한다.

대사관을 탈출한 그 6명으로 인해 미국은 더욱더 전전긍긍한다. 대사관에 잡혀있는 직원들은 고문 등 열악한 상황에도 그나마 목숨을 잃을 위험은 적지만, 대사관 밖으로 뛰쳐나간 직원들은 만약 이란 혁명

수비대에 발각이 되면 간첩 혐의로 즉결 처형될 위기에 처해 있다. 6명에 대한 이란 혁명 수비대의 압박이 점점 가까이 조여 오는 가운데 그들에 대한 구출 작전이 전개된다. 책임자는 CIA 구출 전문가 토니 멘데스Tony Mendez.

6명을 테헤란 공항에서 비행기에 태워 데려오려면 무엇보다도 공항 검색대의 이란 요원들을 감쪽같이 속일 수 있는 완벽한 속임수가 필요한 상황. 그는 묘안을 짜내는 중에 아들과 통화하다가 당시 그가 보고 있다던 영화 〈혹성탈출: 최후의 생존자〉에 영감을 얻어 평소 친분이 있던 할리우드 영화 제작자인 존 챔버스John Chambers와 레스터 시겔Lester Siegel 등의 도움을 받아 〈아르고〉라는 가짜 사이언스 픽션 영화 촬영팀을 꾸려 테헤란에 들어가 그들을 그 팀에 합류시켜 안전하게 구출할 계획을 세운다.

멘데스는 시나리오나 중요 장면 스케치 등도 마치 모르는 사람이 보면 진짜 영화를 만들 것처럼 치밀하게 준비한다. 심지어 언론과의 사전 인터뷰를 통해 영화 〈아르고〉 촬영 기사가 유명 잡지에 나오게 한다. 멘데스는 존 챔버스가 사무실이 생겼고 포스터도 만들었다고 하자 이렇게 말한다.

혁명 수비대를 속이려면 단 하나라도 대충해선 안 돼요. 우리에게
6명의 목숨이 달려 있어요. 이걸로는 안 돼요. 저 사람들을 속이려
면 거대하고 정말 뭔가 진짜인 걸 만들어야죠.

이윽고 모든 준비를 철저하게 마치고 테헤란에 도착한 멘데스는 캐나다 대사관저를 방문하여 6명에게 작전을 설명하고 캐나다 위조 여

권을 건넨 다음 그들에게 가짜 이름, 가짜 출신, 팀에서의 역할 등을 완벽하게 외우도록 만든다. 그들 중 일부의 반대 등 우여곡절이 있었지만, 그들은 테헤란 공항 검색대를 통과하는 과정에서 그야말로 피를 말리는 몇 번의 위기 끝에 마침내 스위스행 비행기에 올라 탈출에 성공한다. 혁명 수비대가 뒤늦게 감쪽같이 속은 것을 알고 그들을 쫓아가지만, 비행기는 막 이륙한 상태.

영화 〈아르고〉에서 영화 속 영화로 거론되는 사이언스 픽션 영화 '아르고'의 내용이 구체적으로 무엇인지는 알 수 없다. 다만 배우들의 시나리오 리딩 미팅에서 기자와 레스터 시겔이 나눈 대화에서 그 제목이 그리스 신화의 영웅 이아손^{Iason}의 모험에서 유래한 것을 짐작할 수 있는데, 영화 제작자가 기자에게 '아르고'의 뜻을 제대로 설명하지 못하고 버벅대는 장면은 실소를 자아내게 한다. "제목은 무슨 뜻입니까?" "아르고!" "그거 이아손과 황금 양피 같은 건가요?" "아뇨, 그건 배인데 우주선이고 … 모든 곳을 가는 … 모든 … 모든 우주를 가요." "그래서 아르고호라는 건가요? 아르고가 무슨 뜻이냐니깐요?" "몰라요." "모른다고요?"

그렇다면 그리스 신화에서 이아손의 모험은 어떻게 전개될까? 그것을 자세히 살펴보면 위 영화 대사에서 언급된 '이아손', '황금 양피', '아르고호'의 상관 관계가 명확하게 밝혀질 것이다. 이아손은 테살리아의 이올코스의 왕 아이손^{Aison}의 아들이었다. 그는 지긋이 나이가 들자 정치에 염증을 느낀 나머지 아들 이아손에게 권력을 물려주려 했다. 하지만 이아손의 나이가 너무 어려 의붓형제인 펠리아스^{Pelias}에게 아들이 장성할 때까지 임시로 권력을 맡겼다. 그리고 이아손은 당시 영웅 조련사로 유명했던 반인반마 켄타우로스족인 케이론^{Cheiron}에게 보내 황태자수업을 시켰다.

이아손이 몇 년간의 교육을 마치고 돌아와 펠리아스에게 왕위를 요구하자 그사이 권력에 맛을 들인 그는 이아손이 좀 더 힘과 경험을 쌓아야 한다면서 당시 세상의 동쪽 끝자락이었던 흑해 연안의 콜키스Kolchis에 가서 황금 양피를 가져오면 자질을 인정하고 권력을 물려주겠다고 말했다. 이아손은 자신을 오지로 보내 죽게 만들려는 펠리아스의 속셈을 알아챘지만 고심 끝에 그의 제안을 받아들여 지금으로 치면 전국에 인터넷 공지를 하여 영웅들을 모집했다.

헤라클레스를 비롯한 총 54명의 영웅들이 이올코스로 몰려오자 이아손은 우선 아레스토르Arestor의 아들로 그 당시 배 만드는 장인으로 이름을 떨쳤던 아르고스에게 배를 한 척 부탁했다. 그러자 아르고스는 펠리온Pelion산의 소나무로 수공예의 여신이기도 한 아테나의 도움을 받아 지금의 항공모함급에 해당하는 아주 커다란 배를 만들었다. 이아손은 배가 완성되자 그것을 만든 장인 아르고스의 이름을 따서 '아르고Argo'라고 명명했다.

그래서 '이아손의 모험'은 그가 타고 간 배 이름을 따라 '아르고호의 모험'으로도 불린다. 그 후 항해를 시작한 이아손 일행은 콜키스로 가는 도중 수많은 모험을 겪었다. 가장 위험한 순간은 흑해 입구에 있는 심플레가데스Symplegades라는 바위문을 통과할 때였다. 이 문은 서로 부딪히는 바위여서 무엇이든지 지나가면 가루로 만들었다. 그들은 예언가 피네우스Phineus의 도움으로 비둘기를 이용하여 이 바위문을 무사히 통과했다.

마침내 우여곡절 끝에 마침내 콜키스에 상륙한 영웅들은 이아손에게 무력으로 황금 양피를 빼앗자고 제안했다. 하지만 이아손은 흥분한 그들을 진정시킨 뒤 영웅 몇 명을 대동하고 콜키스의 왕 아이에테스Aietes

를 알현하여 만약 황금 양피를 건
네주면 자신들이 해적 등 콜키스
의 골칫거리들을 말끔히 해결해
주겠다고 정중하게 요청했다.

왕은 영웅들이 자신의 왕권
을 빼앗기 위해 왔다고 오해하여
그들을 당장 죽이고 싶었지만 한
번 시험해 보고 싶었다. 더욱이 이
아손이 자신이 데려온 영웅 중 대
부분이 신의 자손들이라고 허풍을
떠는 게 가소로웠다. 그는 그들을

Bernard Picart, 〈심플레가데스를 통과하는
아르고호〉, 1733

실컷 놀려주다가 천천히 죽여도 손해 볼 것이 없다고 생각했다. 그래서
경멸적인 웃음을 지으며 말했다.

내겐 헤파이스토스 신이 선물로 준 황소가 2마리 있다. 황소들은 발
은 청동이고 입으론 불을 내뿜는다. 사람의 살이 불에 닿으면 뼈도
남지 않는다. 내가 그 황소들을 줄 테니 너희들 중 누가 녀석들에게
멍에를 씌워 4일 분량 면적의 밭을 하루 만에 갈아라! 그리고 씨앗
대신 내가 주는 용의 이빨들을 뿌려라! 이빨들이 땅에 뿌려지면 한
참 후에 그 수만큼 땅속에서 천하무적의 전사들이 솟아난다. 그 전
사들도 이삭을 자르듯이 모두 죽여라! 너희들이 이 과업을 완수하
면 황금 양피를 주겠다!

이아손은 왕의 말을 듣는 내내 온몸이 마비된 듯 굳어 버렸다. 자

신은 도저히 이런 엄청난 일을 할 수 없을 것 같았다. 하지만 뾰족한 수가 없으니 우선은 아이에테스의 제안을 받아들일 수밖에 없었다. 그런데 아이에테스 왕의 딸 메데이아^{Medeia}가 아버지와 이야기를 나누던 이아손을 계속해서 쳐다보다가 그만 사랑에 빠지고 말았다. 메데이아는 그날 밤 고민 끝에 이아손을 찾아가 크로커스꽃의 새빨간 즙이 들어 있는 병 하나를 건네주며 사용 방법을 알려 주었다.

그 즙은 바로 황소 2마리가 뿜어 대는 화염으로부터 그와 무구를 하루 동안 보호해 줄 묘약이었다. 그녀는 또한 용의 이빨을 뿌리면 땅에서 솟아 나오는 전사들을 쉽게 해치울 방법도 일러 주었다. 그러면서 메데이아가 내건 유일한 조건은 자신을 그의 신붓감으로 그리스의 이올코스로 데려가 달라는 것이었다. 이아손은 올림포스의 모든 신들에 걸고 그녀에게 항상 충실하겠다고 맹세한 뒤 곧 다시 만날 것을 기약하며 그녀와 헤어졌다.

다음 날 새벽이 되자 그는 메데이아가 일러 준 대로 한적한 곳을 찾아 신들께 제물을 바친 뒤에 병뚜껑을 열고 그 즙을 자신의 온몸과 창, 방패 등 무구에 문질러 바른 다음 손쉽게 황소 2마리를 제압하고 멍에를 얹은 다음 쟁기로 아이에테스 왕의 밭을 반나절 만에 갈아 버렸다. 그가 열심히 밭을 갈면서 용의 이빨을 뿌리자 과연 얼마 후 땅속에서 무장한 전사들이 솟아 나왔다.

이아손은 당황하지 않고 메데이아가 당부한 대로 그들과 맞서 싸우려 하지 않고 은밀하게 그들 사이로 미리 호주머니에 넣어 두었던 조그마한 돌을 하나 던졌다. 그러자 전사들은 누가 돌을 던졌냐며 서로 심하게 싸우다가 거의 다 죽고 마지막에는 몇 명밖에 남지 않았다. 그들도 격렬하게 싸운 터라 모두 심하게 부상을 당한 상태였기 때문에 이

Annibale Carracci, 〈황소 2마리를 길들여 밭을 갈고 용의 이빨을 뿌리는 이아손〉, 1584

아손은 그들을 손쉽게 해치울 수 있었다.

아이에테스 왕은 이아손이 예상과는 달리 자신이 내건 과업을 손쉽게 완수하자 놀라움을 금치 못하면서도 딸 메데이아를 의심했다. 약초에 해박한 그녀 말고는 황소를 제압할 방법을 아는 사람은 아무도 없었기 때문이다. 하지만 당장 시시비비를 가릴 시간이 없었다. 그는 이아손에게 내일 약속대로 황금 양피는 건네주겠다고 하면서 부하들을 시켜 이슥한 밤에 아르고호를 불태워 영웅들을 몰살할 계획을 세웠다.

메데이아는 아버지의 음모를 일찍부터 꿰뚫어 보았다. 아버지의 성격상 이아손이 과업을 완수해도 황금 양피를 내어줄 리 만무했기 때문이다. 그녀는 사태가 급박하게 돌아가는 것을 보고 아르고호를 찾아가 영웅들에게 위험한 상황을 알린 다음 이아손을 아레스에게 바친 숲으로 데려갔다. 숲 한가운데에는 황금 양피가 아름드리 참나무에 걸려 있었고 잠들지 않는 용이 지키고 있었다.

녀석은 똬리를 틀고 있었으며 몸집이 아르고호보다도 더 컸다. 메데이아는 쉭쉭거리는 용을 노래로 살살 달래면서 눈꺼풀 위에 갓 자른 노간주나무즙을 몇 방울 떨어뜨렸다. 그러자 녀석의 눈꺼풀이 스르르 감기더니 깊은 잠에 빠져들었고, 이아손은 참나무에서 얼른 황금 양피를 거둬서는 그녀와 함께 아르고호로 돌아가 즉시 이올코스를 향해 출항했다.

아르고호가 이올코스로 귀환할 때는 앞서 언급한 예언가 피네우스의 충고에 따라 콜키스로 왔던 항로가 아니라 이스트로스Istros강을 이용했다. 이스트로스강은 현재의 도나우강으로 당시 수량이 풍부했으며 유럽 대륙을 관통했다. 하지만 아르고호는 흑해로 흘러드는 이스트로스 강어귀에서 쾌속선을 타고 추격에 나선 아이에테스왕의 함대에 따라잡혔다. 절체절명의 순간 메데이아는 이런 상황에 대비하여 미리 데려온 어린 동생 압시르토스Absyrtos를 죽인 다음 시체를 토막 내어 바다에 던졌다.

아이에테스는 결국 사랑하는 아들의 시신을 수습하기 위해 추격을 멈추지 않을 수 없었다. 그 후 영웅들은 계속해서 세이레네스Seirenes의 섬(헤이레네스의 섬), 플랑크타이Planktai 바위, 헬리오스의 섬, 리비아 사막을 지나 마침내 이올코스로 돌아왔다. B.C. 3세기경 로도스섬 출신

Herbert James Draper, 〈황금양피〉, 1904(메데이아가 아르고호의 영웅들의 도움으로 압시르토스를 바다에 던지고 있다. 그녀 뒤로 황금양피가 보인다)

의 아폴로니오스^{Apollonios Rhodios}가 쓴 『아르고호의 모험^{Argonautika}』은 황금 양피를 찾아 나선 이아손이 갖은 모험 끝에 마침내 임무를 완수하고 콜키스의 공주 메데이아와 함께 이올코스로 돌아오는 과정을 자세하게 그린 작품이다.

아폴로니오스는 헬레니즘 시대의 가장 중요하고 대표적인 시인 중 하나다. 그가 활동했던 B.C. 3세기경 이집트의 알렉산드리아에는 2가지 문학 흐름이 있었다. 둘 다 모두 과거의 문학 전통은 중시했어도 관점이 사뭇 달랐다. 하나는 호메로스 등 과거의 롤 모델에 철저하게 기대서 작품 활동을 해야 한다는 것으로, 그 중심인물이 바로 아폴로니오스였다. 다른 하나는 문학에 새로운 지평을 열고 창조적인 작업을 하기 위해서는 과거의 위대한 작품들을 그대로 모방하는 것은 지양해야 한다는 것으로, 그 중심인물이 바로 칼리마코스^{Kallimachos}였다.

아르고호의 모험 경로

91.

에우리피데스 비극 「메데이아」와
볼프의 소설 『메데이아』

아폴로니오스의 『아르고호의 모험』은 아르고호가 그리스의 이올코스로 돌아오는 것으로 끝을 맺는다. 그 후의 이아손이나 메데이아의 이야기는 무엇보다도 에우리피데스Euripides의 비극 「메데이아」를 통해 알 수 있다. 그것에 따르면 펠리아스 왕은 황금 양피를 받고 나서도 이아손에게 온갖 구실을 대며 왕위를 물려주지 않는다. 심지어 그를 암살할 계획까지 세운다.

분노한 메데이아는 펠리아스의 두 딸의 효심을 이용하여 그를 없애고 이아손을 왕으로 옹립할 계획을 세운다. 약초를 능숙하게 다룰 줄 알았던 메데이아는 어느 날 보여 줄 게 있다며 펠리아스의 두 딸을 불러 여러 가지 약초를 끓인 솥 안에 늙은 양을 토막 내 넣고 새끼 양이 튀어나오는 시범을 보인다. 그런 다음 딸들에게 아버지도 젊게 만들자고 꼬드긴다.

효성이 극진했던 펠리아스의 두 딸은 그 말을 철석같이 믿고 아버지를 토막 내 솥에 넣지만, 메데이아가 펠리아스의 딸들이 자리를 비운 사이 이미 솥에 있던 약물을 바꾸어 버린 터라 펠리아스는 다시 살아나지 못한다. 펠리아스가 죽은 후에도 메데이아의 예상과는 달리 이아손은 이올코스의 왕이 되지 못한다. 이올코스의 원로회의가 펠리아스의 후계자로 이아손이 아닌 펠리아스의 아들 아카스토스^Akastos를 지명하기 때문이다.

게다가 아카스토스는 왕위에 오르자 제일 먼저 선왕의 죽음을 수사하기 시작한다. 신변의 위험을 느낀 메데이아와 이아손은 코린토스^Korinthos로 망명을 떠난다. 그런데 코린토스왕 크레온은 자기 뒤를 이어 왕이 될 아들이 없었다. 그는 이아손을 후계자로 삼고자 환대하며 딸 글라우케^Glauke를 그와 약혼시키고, 메데이아를 추방하려 한다. 하지만 이아손은 이런 크레온의 태도에 수수방관하며 메데이아를 점점 멀리한다.

메데이아는 권력에 눈이 어두워 자신을 헌신짝처럼 버리려는 이아손에게 절망한다. 이아손에게 애원도 하고 저주도 했지만 아무런 소용이 없었다. 결국 그녀는 심적 갈등과 주저 끝에 결국 남편 이아손의 약혼녀 글라우케, 그리고 그동안 이아손과의 사이에서 태어난 자기 두 아들을 죽여 복수하기로 결심한다. 그것이 이아손을 직접 죽이는 것보다 더 큰 상처를 줄 것으로 생각했기 때문이다.

메데이아는 우선 그 당시 마침 코린토스를 방문했던 아테네의 왕

Henri Klagmann, 〈메데이아〉, 1868

아이게우스Aigeus에게 부탁하여 미리 피난처를 마련해 둔다. 모든 준비를 마친 메데이아는 남편의 약혼녀 글라우케에게 마지막 선물이라며 두 아들들 손에 들려 독을 묻힌 결혼 예복을 전달한다. 글라우케가 아름다운 예복에 끌려 그 옷을 한번 입어 보자마자 몸에 불이 붙어 비명을 지르며 살려달라고 애원한다.

그 소리를 듣고 아버지 크레온이 달려와 살갗을 파고드는 옷을 떼어 내려다 독에 오염되어 죽는다. 글라우케도 뜨거움을 참지 못하고 밖으로 뛰쳐나가더니 몸을 식힐 요량으로 우물 속으로 뛰어들어 죽는다. 메데이아는 하녀들로부터 공주가 죽었다는 소식을 듣자마자 두 아들을 잔인하게 칼로 찔러 죽인다. 이어 집에 불을 지른 뒤 할아버지인 티탄 신족의 태양신 헬리오스가 보내 준 용이 끄는 하늘을 나는 수레를 타고 아테네로 도망친다.

결국 에우리피데스는 그동안 동생과 펠리아스를 살해한 것으로만 전승되어 온 메데이아에게 자식 살해라는 오명을 하나 더 붙여 준 셈이다. 메데이아의 이런 행적을 놓고 보면 그녀는 분명 그리스 신화에 등장하는 최고의 악녀라고 해도 전혀 과언이 아니다. 누가 사랑 때문에 부모를 버리고 동생을 토막 살인하고 더 나아가 자식까지 살해한 이 여인을 악녀의 화신이라고 부르지 않겠는가?

메데이아는 그동안 에우리피데스Euripides를 비롯한 수많은 작가들이 작품의 소재로 쓰면서 끊임없이 논란의 대상이 되어 온 인물이다. 문학 작품 속에 그려지는 메데이아의 모습은 크게 2가지로 구분된다. 하나는 자식 살해의 주제를 처음으로 작품에 도입한 그리스 비극작가 에우리피데스의 해석에 따라 메데이아를

〈두 마리 용이 끄는 마차를 타고 도망치는 메데이아〉, B.C. 400년경(그리스 도기 그림)

그리스 신화 최고의 악녀로 보는 시각이고, 다른 하나는 메데이아에 대한 좀 더 오래된 기록들을 찾아 그녀를 가부장제의 희생양으로 복권시키려는 시도이다.

에우리피데스 이래로 메데이아에 대한 평가는 전자가 주류를 이루었다. 하지만 1970년대 이후 일기 시작한 여성 해방 운동의 영향으로 현재는 후자 쪽으로 무게중심이 옮겨지고 있다. 후자의 대표주자라고 해도 과언이 아닌 독일 여성작가 크리스타 볼프Christa Wolf의 『메데이아』는 위와 같은 전통적인 신화의 내용을 모두 거부한다.

그녀는 이 소설을 쓰기 전 찾아낸 메데이아에 대한 희귀한 자료들과 해외에 있는 신화 전문가들에게 행한 질문 등을 통해 메데이아가 원래 여신이자 사제였고 치료사였다는 사실을 밝혀낸다. 아울러 메데이아는 '좋은 충고를 아는 자'라는 뜻이며 어원적으로 볼 때 '지혜'라는 의미를 지닌 '메티스Metis'와 연관이 있으며 '의학medicine'이라는 말도 나중

에 그 이름에서 유래한다는 사실도 알아낸다.

볼프는 이것을 근거로 메데이아를 "오해의 어둠으로부터" 구하기 위해 자신의 작품의 내용을 기존의 작품들과는 근본적으로 다르게 바꾼다. 볼프의 소설 속에서 메데이아의 아버지 아이에테스Aietes는 콜키스 왕국의 권력을 잡고 나서 연임 포함 총 14년의 임기를 모두 채웠는데도 아들에게 권력을 이양하려 하지 않는다. 주위의 사퇴압력에 시달리던 아이에테스는 결국 심복들을 시켜 권력 계승자인 아들을 살해한다.

볼프의 메데이아는 우연히 그런 범죄를 알게 되자 폭력적인 조국 콜키스에 더 이상 남아 있을 수 없다고 생각한다. 이아손 일행이 콜키스에 도착하여 아이에테스왕에게 황금 양피를 요구했을 당시 그녀는 이처럼 조국을 떠날 결심을 하고 그 방법을 놓고 고심하고 있었다. 그래서 메데이아는 이아손이 도착하자 그와 황금 양피를 놓고 거래를 한다. 아버지가 내주기를 거부하는 황금 양피를 갖게 해 줄 테니 자기를 그리스로 데려가 달라는 것이다. 이아손은 목적이 아니라 수단이었던 셈이다.

메데이아는 그때의 심정을 이렇게 토로한다.

내가 이아손과 함께 떠난 것은 타락하고 몰락한 콜키스에 그대로 남아 있을 수 없었기 때문이었다.

따라서 볼프에 의하면 메데이아가 조국을 버린 것은 결코 이아손과의 사랑 때문이 아니었다. 그것은 아버지가 휘두르는 가부장제의 폭력을 거부하는 정치적인 결단이었다. 또한 볼프의 메데이아는 첫눈에 반해 이아손과 결혼하지 않는다. 그녀는 그리스의 이올코스^{Iolkos}로 가는 아르고호에서 그와 많은 이야기를 나눈 끝에 그에게 청혼하여 승낙을 받는다.

볼프의 메데이아는 또한 작품의 마지막에서 이아손에 대한 모든 미련을 접은 채 아이들을 비교적 안전한 헤라^{Hera} 신전에 임시로 맡긴다. 사고무친인 그녀가 나중에 일정한 거처가 정해지면 데려가기 위해서이다. 이어 마지막으로 이아손을 만나 새 아내 글라우케에게 잘해 주라고 부탁한다.

메데이아는 글라우케에게도 자신이 콜키스에서 가져와 그동안 소중하게 간직하고 있던 귀한 옷 한 벌을 결혼 선물로 직접 갖다준 다음 마침내 코린토스를 떠난다. 그런데 이 옷을 입은 글라우케는 추방당한 메데이아에 대한 죄의식에 사로잡혀 우물로 뛰어들어 자살한다. 현재 코린토스에는 그 당시 글라우케가 뛰어들었다는 '글라우케의 샘'이 있다.

메데이아가 코린토스를 떠나자마자 후환을 없애려는 크레온의 사주로 일단의 코린토스인들이 헤라 신전에 난입하여 메데이아의 자식들을 잔인하게 살해하고 그 죄를 추방당한 메데이아에게 뒤집어씌운다. 그 후 코린토스인들은 7년에 한 번 어머니에 의해 살해당한 자식들을 위한다는 명목으로 헤라 신전에서 제사를 지낸다. 메테이아에 대한 정말 완벽한 조작극이 진행된 것이다.

볼프는 여신이자 사제 그리고 치료사로서 전혀 부정적인 측면이라고는 찾아볼 수 없던 메데이아가 그리스 최고의 마녀나 악녀로 전락한 것은 바로 그사이 사회에서 무엇인가 획기적인 변화가 일어났기 때문이라고 확신한다. 볼프에 따르면 그것은 바로 모권제 사회에서 가부장제 사회로의 이행이다. 여신, 사제, 치료사에서 악녀로 추락한 메데이아는 모권제 사회에서 부권제 사회로의 이행 과정을 극명하게 보여주는 인물이라는 것이다.

볼프는 「카산드라에서 메데이아로^{Von Kassandra zu Medea}」라는 논문에서 결국 메데이아에 대한 폄하와 왜곡은 가부장제가 확고하게 뿌리를 내리면서 시작되었다며 이렇게 주장한다.

남성적인 욕구와 가치관에 의해 점점 더 강하게 규정되는 문화는 일반적으로 여성적인 것과 여성에 대해 두려움을 나타냅니다. 그래서 점차 거칠고, 사악하며, 조야한 충동에 사로잡힌 여성상, 사악한 여자 마술사나 마녀상이 필요했던 것입니다.

92.

호주의 패션 브랜드 '데우스 엑스 마키나'

●

'데우스 엑스 마키나Deus ex Machina'는 그리스어 '아포 메카네스 테오스ἀπὸ μηχανῆς Θεός, apo mechanes theos'를 라틴어로 옮긴 것인데, 영어로는 '갓 프럼 더 머신god from the machine'이다. 우리말로는 '기계장치로부터 내려온 신', '기계장치를 타고 내려온 신', 단순하게 '기계장치의 신', '기계장치 신' 등 여러 가지로 불린다. 어원인 그리스어보다는 라틴어가 통용어처럼 쓰인다.

'데우스 엑스 마키나'는 고대 그리스 비극에서 등장인물들 사이의 갈등이 사건 전개에 따라 자연스럽게 해결되는 게 아니라, 현대의 기중기 같은 기계장치를 타고 갑자기 등장한 신에 의해 강제로 해결되는 상황에서 만들어진 개념이다. 하지만 그것은 고대뿐 아니라 로마와 중세를 거쳐 현대에도 등장한다. 글자 그대로 꼭 기계장치를 타고 내려온 신뿐 아니라 줄거리와 관계없이 갈등을 해결하려고 갑자기 일어나는 사건, 갑자기 등장하는 인물, 갑자기 개입하는 초인적인 힘 등도 일종의 '데우스 엑스 마키나'다.

그리스 비극에는 등장인물로는 해결될 수 없는 갈등이 있으면 어쩔 수 없이 신이 개입하여 그것을 해결하고 사건을 종결시킬 수밖에 없었다. '데우스 엑스 마키나'는 바로 그런 역할을 수행하기 위해 만든 플롯 장치다. 이때 신은 주로 현대의 크레인과 비슷한 기중기에 몸을 묶은 채 공중에 떠 있거나, 원형극장의 분장실이 딸린 무대의 건물 지붕에 착륙했다. 그리스 비극에서 데우스 엑스 마키나를 처음 사용한 작가는 아이스킬로스^{Aischylos}다.

아이스킬로스는 「자비로운 여신^{Eumenides}」에서 갑자기 아테나를 등장시킴으로써, 그렇지 않았다면 탄탈로스^{Tantalos} 가문에서 꼬리에 꼬

B.C. 5세기경의 '데우스 엑스 마키나' 모델, 데살로니키 기술박물관

리를 물고 이어졌을 복수의 사슬을 끊어 주었다. 소포클레스Sophokles도
「필록테테스」에서 이미 죽어 고인이 된 헤라클레스를 갑자기 등장시켜
그의 활과 화살을 오디세우스에게 넘겨주지 않으려고 버티는 필록테테
스Philoktetes에게 그것들을 넘겨주라고 충고하여 결국 그를 설복시켰다.

특히 에우리피데스Euripides는 자신의 비극 90여 편 중 절반 이상에
이 플롯 장치를 활용하여 비극의 핵심 장치로 확립했다. 그래서 혹자는
그를 '데우스 엑스 마키나'를 비극에 처음으로 도입한 작가로 오해할 정
도다. 가령 「메데이아」에서는 메데이아Medeia가 자신을 배신한 남편 이
아손에게 복수하기 위해 그의 약혼녀와 두 아들을 죽이자 갑자기 그녀
의 할아버지인 티탄 신족의 태양신 헬리오스가 개입하여 메데이아에게
하늘을 나는 용이 끄는 마차를 보내서 안전하게 그녀를 아테네로 피신
시킨다.

「알케스티스」에서는 알케
스티스Alkestis가 조만간 죽을 남
편 아드메토스Admetos의 수명을
연장하기 위해 자신의 목숨을
초개처럼 던지자, 갑자기 헤라
클레스가 나타나 지하 세계로
내려가 죽음의 신 타나토스와
싸워 알케스티스의 혼령을 빼
앗아 아드메토스에게 데려다준
다. 아리스토파네스는 「테스모
포리아 축제의 여인들」이라는
희극에서 에우리피데스를 기중

데우스 엑스 마키나, 에우리피데스의 〈메데이아〉
공연. 2009년 이탈리아 시라쿠사

기에 태워 무대에 등장시킴으로써 그의 작품에서 '데우스 엑스 마키나'
가 너무 자주 등장하는 것을 패러디했다.

독일의 시인이자 드라마 작가 브레히트의 「서푼짜리 오페라」에서
는 갑자기 여왕의 말 탄 사자가 달려와 교수형을 선고받은 매키 메서
Mackie Messer에게 사면령을 내린다. 영화 〈쥬라기 공원〉에서는 갑자기 티
라노사우루스 공룡이 등장하여 벨로키랍토르 공룡에게 죽을 절체절명
의 위기에 처한 주인공들을 구해 준다. 톨킨의 『반지의 제왕』에서는 갑
자기 거대한 독수리들이 등장하여 프로도Frodo와 샘와이즈Samwise를 모
르도르Mordor로부터 구출해 낸다. 위에서 언급한 말 탄 사자, 티라노사
우루스, 독수리들은 현대판 '데우스 엑스 마키나'인 셈이다.

'데우스 엑스 마키나'는 자주 비예술적이고, 너무 값싸고, 지나치게
단순한 해결책이라고 비판을 받아 왔다. 그것을 최초로 비판한 사람은
B.C. 4세기경의 그리스 희극작가 안티파네스Antiphanes였다. 그는 어떤
작가가 그것을 사용했다면 그것은 그가 작품 속 갈등을 스스로 해결할
수 없다는 사실을 자인하는 꼴이라고 강하게 비판했다. '기계장치로부
터 내려온 신'이라는 그리스어를 처음으로 쓴 아리스토텔레스도 『시학』
에서 이렇게 말했다.

시인은 등장인물의 성격에서도 사건의 구조에서와 마찬가지로 언
제나 필연적이거나 개연적인 것을 추구해야 한다. 어떤 사건 다음
에 다른 사건이 일어날 때, 그것이 필연적이거나 개연적이어야 하
는 것처럼, 어떤 사람이 어떤 것을 말하거나 행할 때도, 그것 또한
필연적이거나 개연적이어야 한다. 갈등 또한 줄거리 자체에서 해
결되어야지, 『메데이아』나 『일리아스』의 그리스군의 귀향 장면에

호메로스의 『일리아스』 제2권에 따르면 그리스군 총사령관 아가멤논은 병사들의 마음을 한번 떠볼 심산으로 그들에게 거짓으로 철수하자고 제안했다. 그러자 병사들은 그동안 오랜 전투로 심신이 지칠 대로 지친 터라 마치 기다렸다는 듯이 환호성을 지르며 함선으로 달려가 귀향 준비를 서둘렀다. 아테나가 그 광경을 보고 하늘의 올림포스 궁전에서 황급히 지상으로 내려와 오디세우스를 시켜 그들을 제지했다. 아마 그러지 않았으면 그리스군은 그길로 귀향했을 것이다.

아리스토텔레스에 따르면 오디세우스의 설득으로 그랬으면 몰라도, 결국 갑자기 하늘에서 내려온 아테나의 개입으로 병사들이 귀향하려는 마음이 바뀐 것은 필연성이나 개연성이 없다는 뜻이다. 로마의 시인 호라티우스Horatius도 『시학』에서 작가들에게 정말 피치 못할 상황이 아니라면 작품의 갈등을 풀기 위해 억지로 신을 무대로 소환해서는 안 된다고 충고했다. 니체도 에우리피데스가 '데우스 엑스 마키나'를 남용함으로써 그리스 비극을 낙관적인 장르로 추락시켰다고 비판했다.

언제부터인가 서울 거리나 지하철에서 가끔 등 뒤에 커다랗게 'Deus Ex Machina'라는 글자가 쓰인 셔츠나 후드티를 입고 있는 사람들이 자주 보이기 시작했다. 나는 맨 처음 그들을 접했을 땐 그들이 연극단 단원이나 연극 공연의 스태프로 착각했다. 나중에 알고 보니 그것은 호주의 패션 브랜드였다. 창업자는 사람들에게 혹시 그 옷을 입고 다니면 설령 어려운 일을 당하더라도 갑자기 하늘에서 내려온 신의 도움을 받아 해결할 것이라는 인상을 심어 주기 위해 그런 브랜드를 만든 것은 아닐까?

그리스에는 '데우스 엑스 마키나'라는 하드코어 펑크 밴드가 있다. 이탈리아에도 똑같은 이름의 재즈 록밴드가 있다. 전 세계적으로 '데우스 엑스 마키나'라는 앨범, 노래, TV 드라마, 영화 등이 산재해 있다. '데우스 엑스 마키나', 혹은 '데우스 엑스'라는 비디오 게임도 있다. 특히 영화 〈매트릭스 3-레볼루션The Matrix Revolutions〉에서 기계 세상의 절대 권력자 이름이 바로 '데우스 엑스 마키나'다. 일본의 만화가 에스노 사카에Sakae Esuno의 『미래일기未来日記』에도 '데우스 엑스 마키나'라는 신이 등장한다.

프로디코스의 '헤라클레스의 선택'

Sebastiano Ricci, 〈갈림길의 헤라클레스〉, 1710~1720

●

그리스 신화 최고의 영웅 헤라클레스는 신들의 왕 제우스와 미케네의 공주 알크메네Alkmene와의 사이에서 태어났다. 그는 아버지 제우스의 총애를 한 몸에 받으며 자라났다. 제우스는 아내 헤라의 미움을 사지 않게 하려고 아들 이름에 헤라의 이름을 넣어 지을 정도로 그를 애지중지했다. '헤라클레스'는 '헤라의 영광을 위하여'라는 뜻이다. 하지만 제우스의 기대와 달리 헤라클레스는 질투의 화신 헤라의 최대 표적이 되었다.

그럼에도 불구하고 헤라클레스는 헤라의 모든 박해를 극복하고 과업을 완수한 뒤 죽을 때가 되자 스스로 장작으로 화장 단을 쌓고 그 위에 올라 불을 붙여 장렬하게 산화했다. 그러자 제우스는 다른 신들의 동의를 얻어 그를 신으로 만들어 올림포스 궁전으로 불러들였다. 그렇다면 수많은 영웅 중 유일하게 헤라클레스만 죽은 뒤 신이 된 것은 과연 아버지 제우스의 남다른 애정과 사랑 덕분이었을까? 다시 말해 그는 별로 노력도 기울이지 않았는데 아버지가 신들의 왕 제우스라는 소위 '아빠 찬스'를 써서 손쉽게 신이 된 것일까?

독일 작가 프리드리히 실러Friedlich Schiller의 「제우스가 헤라클레스에게Zeus zu Herkules」(1795)는 바로 이 질문에 대해 전혀 그렇지 않다고 단호하게 대답한다. 헤라클레스가 죽어서 신이 된 것은 인간으로서 그가 보인 남다른 노력 덕분이었다는 것이다. 실러는 이 시에서 헤라클레스의 노력을 그의 '신적인 힘'으로 표현한다. 신적인 힘은 헤라클레스가 인간으로서 보인 '상상을 초월하는 피나는 노력'이다. 다음은 실러의 시 전문이다.

내가 네게 준 넥타르 덕분에 네가 신성을 얻은 것이 아니다;

너의 신적인 힘 덕분에 네가 넥타르를 얻은 것이다.

Nicht aus meinem Nektar hast du dir Gottheit getrunken;

Deine Götterkraft wars, die dir den Nektar errang.

독일 문학에서 실러는 괴테^{Goethe}와 함께 독일 고전주의를 완성했다. 독일 고전주의 이념 중 하나가 바로 인본주의人本主義였다. 실러의 시 「제우스가 헤라클레스에게」는 이런 독일 고전주의의 인본주의 이념을 장황한 설명 없이 촌철살인의 아주 짧은 2행 시로 명쾌하게 설명해 준다. 아울러 괴테의 『파우스트』에서 하느님이 악마 메피스토^{Mephisto}에게 파우스트의 구원을 염두에 두고 하는 '인간은 노력하는 한 방황한다'라는 말을 떠오르게 한다.

헤라클레스가 유명한 12가지 과업을 하게 된 이유도 자신이 저지른 살인죄를, 그것도 헤라가 자신에게 불어넣은 광기로 인해 저지른 살인죄를 씻으려는 그의 남다른 노력의 소산이다. 헤라클레스가 성장했던 테베는 오래전부터 해마다 이웃 나라인 오르코메노스^{Orchomenos}에게 막대한 조공을 바쳐 왔다. 헤라클레스는 청년기에 접어든 어느 날 테베의 청년들을 모아 의기투합하여 오르코메노스를 정복한 다음 앞으로는 오히려 오르코메노스가 테베로부터 매년 받았던 조공의 두 배를 바치도록 했다.

테베의 왕 크레온은 헤라클레스에게 감사의 표시로 딸 메가라^{Megara}를 아내로 주었다. 그는 메가라와의 사이에 두 아들을 두고 한동안 행복하게 살았다. 하지만 질투의 화신 헤라는 헤라클레스가 잘 사는 것을 그냥 두고 볼 수가 없어 어느 날 그에게 광기를 불어넣었다. 헤라클레스는 광기가 밀물처럼 밀려오자 옆에 있던 아내 메가라는 사자로, 두 아들은 하이에나로 보여 갑자기 그들에게 달려들어 모두 목 졸라 죽이고 말았다.

한참 후 제정신이 든 헤라클레스는 자신이 저지른 범죄에 경악했다. 그는 자진해서 테베를 떠나 방랑하다가 델피의 아폴론 신전을 찾아가 살인죄를 씻으려면 어떻게 해야 할지 신탁을 물었다. 그러자 여사제 피티아Phytia가 대답했다.

미케네로 가서 에우리스테우스Eurystheus왕이 네게 시키는 과업을 완수해라! 네가 이 일을 성공적으로 마치면 너는 두 아들과 아내를 죽인 살인죄를 씻게 될 것이다.

그게 누구이든 인간에게 봉사하는 것은 신들의 왕 제우스의 아들 헤라클레스에게는 자존심이 무척 상하는 아주 가혹한 일이었다. 게다가 에우리스테우스가 누구였던가? 바로 헤라의 도움으로 자신의 왕위를 가로챈 사촌이 아니었던가? 그래도 헤라클레스는 기꺼이 에우리스테우스를 찾아가 그가 맡긴 임무를 완수하겠다고 나섰다. 그게 바로 유명한 '헤라클레스의 12가지 과업'이다.

헤라클레스가 보인 남다른 노력은 또 다른 일화를 통해서도 드러난다. 프로디코스Prodikos의 교훈극 『갈림길의 헤라클레스』에 의하면 헤라클레스는 막 청년기로 들어선 어느 날 비몽사몽간에 꿈을 꾸었는데 자신이 갈림길에 서 있음을 발견했다. 한쪽 길에는 '욕망'이라는 이름의 요염하게 생긴 여자가, 자기와 가는 길은 언제나 장밋빛이며 육체의 욕망뿐 아니라 모든 욕망을 마음껏 채울 수 있다며 함께 가자고 손짓했다.

그런데 다른 길에는 '덕성'이라는 이름의 정숙한 여자가 자기와 가는 길은 고난과 고통의 길이지만 참된 행복을 얻을 수 있는 길이라며 함께 가자고 손짓했다. 헤라클레스는 갈림길에서 한순간 갈등하다가 결국 후자의 길을 택했다. 이 일화에서 바로 '헤라클레스의 선택'이라는 관용구가 유래했다. 그것은 인생에서 쉽지만 타락한 길이 아니라, 힘들지만 올바른 길을 택하는 중요한 결단을 의미한다.

화가 안니발레 카라치Annibale Carracci의 그림 〈갈림길의 헤라클레스〉를 보면 오른쪽에서는 '욕망'이라는 여자가 살이 훤히 비치는 옷을 입고 카드 놀이판, 연극용 가면, 악기가 놓여 있는 길을 가리키고 있다. 이에 비해 그림 왼쪽에서는 '덕성'이라는 여자가 오른손으로 좁고 가파른 길을 가리키고 있는데, 길이 끝나는 곳에는 힘들게 정상에 올라온 사람을 태우고 천상으로 데려갈 천마 페가소스가 대기하고 있다. 이 그림은 이탈리아 명문가 '파르네세Farnese' 가문 소장품 중 하나이며, 페가소스는 바로 그 가문의 상징이다.

Annibale Carracci, 〈갈림길의 헤라클레스〉, 1696

뒤렌마트의 드라마
『헤라클레스와 아우게이아스의 외양간』

●

　『헤라클레스와 아우게이아스의 외양간』은 스위스 작가 프리드리히 뒤렌마트Friedrich Dürrenmatt가 1954년 방송극으로 만들었다가 1962년 희곡으로 개작했다. 헤라클레스가 엘리스의 왕 아우게이아스Augeias의 외양간을 치우는 일은 그의 12가지 과업 중 다섯 번째 과업이다. 그리스 신화에 따르면 헤라클레스는 30년 동안 한 번도 치우지 않아 올림포스 궁전까지 악취를 풍긴 왕의 외양간을 근처를 흐르던 알페이오스Alpheios와 페네이오스Peneios 두 강의 물줄기를 이용해서 말끔하게 치웠다.

　뒤렌마트의 『헤라클레스와 아우게이아스의 외양간』의 무대는 그리스 신화와 똑같지만 시대는 현대로 아우게이아스는 왕이 아니라 대통령이다. 헤라클레스도 대가 없이 모험을 즐기는 게 아니라 성공 보수를 받고 과업을 수행하고, 과업을 늘 완수하는 게 아니라 하는 족족 실패한다. 작품이 시작되면 헤라클레스는 비서 폴리비오스^{Polybios}와 함께 만 5천 드라크마^{Drachma}를 받기로 하고 올림포스산 정상 부근에서 네 번째 과업으로 에리만토스^{Erymanthos}의 멧돼지를 쫓고 있다. 하지만 막 막다른 골목으로 몰아 잡으려는 순간 녀석이 빙벽 사이로 떨어지는 바람에 과업 완수에 실패하고 만다.

폴리비오스는 마침 근처에서 얼어 죽은 암돼지를 발견하고 그것을 수돼지로 둔갑시켜서 가져가자고 제안한다. 만약 수돼지를 잡지 못하면 날아가 버릴 성공 보수가 아까웠던 것이다. 헤라클레스는 분기탱천하며 단호하게 그럴 수 없다고 잘라 말하자 폴리비오스는 그동안 헤라클레스가 여러 곳에 진 부채를 나열하며 경제 사정이 아주 최악의 상태라고 알려 준다. 얼마 후 엘리스의 아우게이아스 대통령으로부터 쓰레기로 뒤덮인 나라를 청소해 달라는 제안을 받자 헤라클레스는 영웅

〈헤라클레스와 에리만토스의 멧돼지〉,
스페인 발렌시아의 릴리아Iliria에서 발굴된 모자이크,
201~250, 스페인 마드리드 국립고고학 박물관

〈아우게이아스 외양간을 치우는 헤라클레스〉,
스페인 발렌시아의 릴리아에서 발굴된 모자이크,
201~250, 스페인 마드리드 국립고고학 박물관

으로서 체면이 깎이는 일이라 내키지는 않았으나 자신의 열악한 경제 사정을 고려하여 엘리스로 떠난다.

헤라클레스는 엘리스에 도착하자마자 그리스 신화에서처럼 두 강의 물줄기를 틀어 오물을 치우려 하지만 난관에 부닥친다. 그것은 바로 먼저 수자원국의 허가를 받아야 한다는 것이다. 그뿐 아니다. 그는 외국인이라서 외국인 관리국의 허가를 받아야 하며, 그 업무는 일종의 건설 업무라서 건설국의 허가도 받아야 하고, 임금을 받고 하는 일이라서 노동국의 허가도 받아야 하며, 더 나아가 비용이 드는 일이라서 재무국의 허가도 받아야 한다.

급기야 소중한 국가 문화재가 쓰레기 더미에 묻혀있을지 모른다는 의문이 제기되어 헤라클레스의 과업은 허가를 받기도 전에 국회 안건으로 상정되어 토의에 부쳐진다. 이 과정에서 의원들의 이해 관계에 따라 각종 위원회를 끊임없이 구성하고 심의하게 되어 헤라클레스의 과업은 언제 조직되어 끝날지 모르는 수많은 위원회들 사이를 정처 없이 표류하는 미아 신세로 전락하고 만다.

그러는 동안 헤라클레스는 채권자들의 등쌀을 견디지 못하고 어쩔 수 없이 탄탈로스 서커스단에서 차력사로 일하면서 빚을 갚고 생활비도 번다. 하지만 헤라클레스는 결국 아우게이아스의 외양

〈헤라클레스와 스팀팔로스 호숫가의 새들〉,
스페인 발렌시아의 릴리아에서 발굴된
모자이크, 201~250, 스페인 마드리드
국립고고학 박물관

간을 치우는 과업을 포기한 채 또다시 제안을 받고 스팀팔로스^{Stymphalos}
호숫가로 새들의 오물을 치우러 간다. 아이게우스 대통령의 아들 필레
우스^{Phyleus}는 헤라클레스의 과업이 백해무익한 절차에 가로막혀 실행
되지 못하는 것을 보고도 아무런 행동을 취하지 않은 아버지를 이해하
지 못하겠다고 하자 아이게우스는 의미심장하게 이렇게 말한다.

내 아들아, 나는 평생 이 정원에서 아무도 몰래 조용히 내 일을 해
왔다. 나는 헤라클레스가 아냐. 그마저도 세상에서 뜻을 펼칠 수
없는 마당에 나라고 별수 있었겠니? 나는 그래서 이 정원을 체념
의 정원이라고 부르지. 나는 물론 정치가다. 그런데 정치도 우리
개인이 스스로 선을 행하지 않는다면 어떤 선도 만들지 못한 채 항
상 실패하게 되어 있다. 그래서 나는 그동안 이 정원에서 쓰레기
를 부식토로 만들어 식물들을 예쁘게 키워 왔다. 지금의 세상에서
는 비록 보잘것없는 것이라도 이렇게 각자 자신이 할 일을 찾아서
하는 게 중요하다. 너도 네가 할 수 있는 일을 찾아서 해라. 이것이
바로 이 시대에 가장 필요한 영웅적인 과업이다.

디즈니 애니메이션 〈헤라클레스〉

〈헤라클레스 파르네세Farnese〉, 그리스 진품의 로마 시대 복제품, 나폴리 고고학 박물관

이야기의 무대는 고대 그리스. 올림포스산 정상 신들의 궁전에서 헤라와 제우스 사이에서 아들 헤라클레스가 태어난다. 모든 신들이 그의 탄생을 축하한다. 하지만 갑자기 지하 세계를 담당하고 있던 제우스의 사악한 형제 하데스가 나타나 제우스와 다른 신들에게 어깃장을 놓고 사라진다. 사실 그는 오래전부터 자신을 칙칙하고 음산한 지하 세계로 쫓아낸 제우스를 비롯한 올림포스 신족에게 앙심을 품고 그를 권좌에서 끌어내고 본인이 신들의 왕이 되려는 야심을 품고 있다.

그는 귀로에 운명의 여신 3자매인 모이라이^{Moirai}를 찾아가 18년 후 행성들이 일직선이 되는 날이 오면 타르타로스에 갇혀 있던 티탄 신족을 탈출시켜 제우스를 제압하고 왕이 될 수 있을 것이라는 예언을 듣는다. 하지만 전제조건이 하나 있었다. 그건 바로 갓 태어난 헤라클레스가 하데스를 방해하지 말아야 한다는 것. 하데스는 곧바로 충복 페인^{Pain}과 패닉^{Panic}에게 어린 헤라클레스를 죽이라고 명령하고, 그들은 올림포스산 정상 신들의 궁전으로 잠입하여 헤라클레스를 지상으로 납치해 온다.

그들이 한창 헤라클레스에게 신의 불멸성을 없애는 묘약을 먹이고 있는 사이 마침 노부부 암피트리온^{Ampytrion}과 알크메네^{Alkmene}가 들일을 마치고 그 옆을 지나간다. 그들이 깜짝 놀라 그 자리를 피하는 바람에 헤라클레스는 묘약 딱 한 방울을 남기게 되고, 그 덕분에 불멸성은 잃었어도 목숨을 건지고 남다른 괴력도 지니게 된다. 노부부가 헤라클레스를 발견하고 아들로 키우려고 집으로 데려가자 페인과 패닉은 하데스에게 그 사실을 숨긴 채 임무를 완수했다고 거짓으로 보고한다.

십수 년의 세월이 흐른 뒤 어느새 청소년이 된 헤라클레스는 주체할 수 없는 괴력 탓에 친구들뿐 아니라 사람들 사이에서도 사고뭉치이자 별종으로 취급받는다. 암피트리온 부부는 어느 날 또다시 그 괴력 때문에 큰 소동을 일으킨 후 깊이 고민하는 그에게 결국 자신들이 친부모가 아니라는 사실을 밝힌다. 이어 헤라클레스를 데려올 때 그의 목에 걸려 있던 올림포스산이 새겨진 메달을 하나 건네준 다음 그가 신이라는 표식일 거라고 귀띔해 준다. 출생의 비밀을 찾아 길을 떠난 헤라클레스는 제일 먼저 마침 근처에 있는 제우스 신전으로 향한다.

제우스 신전에 들어선 헤라클레스는 거대한 제우스 동상 왼쪽 어깨에도 자신의 메달과 똑같은 올림포스산이 새겨진 둥근 문양이 있는 걸 보고 의아하게 생각하며 그 동상을 향해 자신이 누구인지 알려 달라고 간절히 기도한다. 바로 그 순간 갑자기 강한 바람이 일더니 동상이 금세 제우스로 변하면서 큰소리로 헤라클레스를 아들이라고 부른다. 깜짝 놀란 헤라클레스가 도망치자 제우스가 재빨리 그를 손으로 낚아채 손바닥에 올려놓은 다음 부자간 대화가 이루어진다.

"제가 아들이라면 그럼 왜 절 지상에 버리셨어요? 제가 그렇게 싫으셨나요?" "그럴 리가 있겠니! 엄마랑 난 널 진심으로 사랑했단다. 그런데 어떤 놈이 널 납치해서 그만 인간으로 만들어 버렸단다. 올림포스산 정상 신들의 궁전엔 신들만이 살 수 있거든." "다른 방법이 없었나요?" "난 없다. 하지만 네겐 있단다." "그래요? 그게 뭐죠? 뭐든지 하겠어요." "네가 만약 지상에서 진정한 영웅임을 증명하면 너의 신성이 돌아온단다." "진정한 영웅이라고요? 잘 알겠어요. 근데 어떻게 해야 진정한 영웅이 될 수 있죠?" "그렇다면 영웅 조련사인 필록테테스를 찾아가거라" 제우스는 이렇게 말하며 그에게 어렸을 적 소꿉친구라며 날개 달린 천마 페가소스를 불러 길동무로 붙여 준 다음 쏜살같이 사라진다.

필록테테스는 헤라클레스가 찾아와 제자로 키워 달라고 간청하자 그것을 단호하게 거부한다. 이유는 이아손을 비롯하여 오디세우스, 페르세우스, 테세우스 등 수많은 '세우스'들도 결국에는 훈련을 끝까지 이겨내지 못하고 실패하여 모두 자신을 실망시켰다는 것. 마지막 애제자였던 아킬레우스도 결국 그놈의 약한 발뒤꿈치 탓에 실패하고 말았다는 것이다. 하지만 필록테테스는 헤라클레스의 끈질긴 설득에 마음이 움직여 결국 그를 제자로 받아들인다. 이어 헤라클레스는 혹독한 훈련을 이겨내고 마침내 진정한 영웅이 되기 위한 모험을 시작한다.

그가 스승 필록테테스, 소꿉친구 페가소스와 함께 제일 먼저 들르기로 한 곳은 영웅이 해결할 만한 사건이 끊임없이 벌어지는 당시의 대도시 테베. 그는 그곳으로 가는 도중에 우선 메가라^{Megara}라는 여인이 켄타우로스족 네소스^{Nessos}에게 희롱당하는 걸 목격하고 격투 끝에 녀석을 제압한다. 그녀는 사실 자신을 버리고 떠난 남자친구를 살리는 조건으로 하데스에게 영혼을 팔아 그의 노예가 되어 마침 그의 명령으로 네소스를 같은 편으로 끌어들이려는 임무를 수행 중이었다. 두 사람은 첫 만남부터 강한 인상을 받고 서로 통성명을 한 뒤 아쉽게 헤어진다.

하데스는 지하 세계로 복귀한 메가라로부터 헤라클레스라는 영웅 때문에 임무를 수행하지 못했다는 말을 듣고 그를 죽였다고 자신을 속인 페인과 패닉을 호되게 혼낸 다음 헤라클레스를 다시 해칠 음모를 꾸민다. 결국 그는 두 하인을 바위에 깔린 어린아이로 변신을 시켜 헤라클레스를 유인한 다음 머리를 자르면 그 자리에서 다시 몇 개가 솟아나는 괴물 뱀 히드라^{Hydra}를 보내 그를 없애려 한다. 하지만 헤라클레스는 힘든 격투 끝에 히드라를 바위 더미에 묻어 제압한 다음 그 뒤 하데스가 계속해서 보낸 괴물들도 모두 해치워 테베인들에게서 진짜 영웅으로 추앙을 받는다.

의기양양해진 헤라클레스는 다시 예전의 제우스 신전을 찾아가 제우스에게 자신이 물리친 괴물들을 열거하며 이제 그리스에서 가장 유명한 사람이 되었으니 신들과 합류시켜 달라고 요청한다. 하지만 제우스는 헤라클레스에게 정말 훌륭한 일을 했어도 아직 진정한 영웅은 되지 못했다고 말한 다음 유명해지는 것과 진정한 영웅이 되는 건 전혀 다른 것이라고 말한다. 난감해진 헤라클레스가 제우스에게 그럼 무엇을 어떻게 해야 하는지 묻자 그는 그건 스스로 찾아야 한다며 그의 마음을 들여다보라는 도저히 이해할 수 없는 말만 남긴 채 쏜살같이 사라진다.

의기소침해서 저택에 돌아온 헤라클레스에게 그의 약점을 알아 오라는 하데스의 명령을 받은 메가라가 찾아온다. 헤라클레스는 반색하며 그녀를 맞이하고, 두 사람은 하루를 함께 보내면서 서로 점점 사랑에 빠진다. 하데스는 메가라가 헤라클레스의 약점은 알아내지 못했지만, 두 사람이 진심으로 서로 사랑하고 있다는 사실을 간파하고 그것을 이용하여 헤라클레스가 자신의 거사를 방해하지 못하게 할 묘안을 생각해 낸다. 드디어 행성들이 일직선이 되는 거사 전날, 하데스가 메가라를 데리고 헤라클레스를 찾아가 하루만 힘을 쓰지 않겠다고 약속하면 자신의 노예인 그녀를 자유롭게 만들어 주겠다고 제안한다.

그 순간 헤라클레스는 메가라가 하데스의 하수인이었다는 사실을 알고서 마음에 깊은 상처를 받는다. 하지만 여전히 그녀를 사랑하고 있었기에 메가라가 절대 다쳐서는 안 된다는 조건을 달고 하데스가 내민 계약서에 피로 사인한다. 다음 날 드디어 행성들이 일직선이 되고 하데

스는 지하 세계에 갇혀 있던 티탄 신족을 풀어 신들의 궁전을 공격하게
한다. 또한 눈엣가시 같은 헤라클레스를 없애기 위해 그들 중 키클롭스
Kyklops만은 테베로 보내 그에게 무차별적인 공격을 퍼붓게 한다.

헤라클레스는 녀석과 맞서 싸우면서 예전처럼 괴력을 쓸 수 없었
지만 기지를 발휘해서 그를 쓰러뜨린다. 그 와중에 육중한 건물 기둥
하나가 무너지면서 헤라클레스를 덮치려 하자 메가라가 재빨리 몸을
날려 그를 구하고 치명상을 입는다. 바로 그 순간 하데스와의 계약이
무효가 되면서 헤라클레스의 괴력이 다시 살아난다. 절묘한 시점에 메
가라가 절대 다쳐서는 안 된다는 계약 조건이 깨졌기 때문이다. 그 사
이 신들의 궁전은 이미 하데스에게 점령당한다. 화급을 다투는 상황인
지라 헤라클레스는 메가라를 일단 스승 필록테테스에게 맡긴 다음 얼
른 페가소스를 타고 올림포스산으로 날아가 하데스의 포로가 된 아버
지 제우스를 비롯한 올림포스 신족을 모두 구하고 티탄 신족을 다시 지
하 세계로 추방한다.

거사에 실패한 하데스도 헤라클레스에게 쫓겨 지하 세계로 돌아
간다. 그러는 동안 목숨이 경각에 달려 있던 메가라는 죽어 지하 세계
의 스틱스 강물 속으로 끌려간다. 부리나케 메가라 시신 곁으로 돌아
온 헤라클레스는 그녀의 죽음을 슬퍼할 겨를도 없이 메가라를 구하기
위해 곧장 지하 세계로 들어가 거침없이 스틱스 강물 속으로 뛰어든다.
헤라클레스가 메가라의 혼령을 좇아 잠수하면서 점점 생명을 빼앗기
는 절체절명의 순간, 죽음을 불사하는 이런 희생적인 행동으로 인해 헤
라클레스의 신성과 불멸성이 되살아나서 그는 무사히 메가라의 혼령을
구해 스틱스 강물 밖으로 나온다. 이어 자신을 막아서는 하데스에게 강
펀치를 날려 그를 스틱스 강물 속으로 처넣는다. 하데스는 비명을 지르

며 그에게 늘 원한을 품고 있던 강물 속 혼령들에게 사로잡혀 심연으로 끌려 들어간다.

헤라클레스가 메가라를 데리고 돌아오자 온 테베가 환영 인파로 들썩인다. 제우스는 그제야 헤라클레스를 신들의 궁전으로 초대하여 모든 신들 앞에서 아들이 진정한 영웅이 되었다고 선포한다. 제우스는 헤라클레스에게 이렇게 말한다.

진정한 영웅은 힘이 세다고 되는 게 아니라 마음이 넓어야 하는 법이다. 내 아들아, 넌 이제 원래 네 집이었던 신들의 궁전으로 돌아와도 된다.

하지만 헤라클레스는 모든 신들의 예상과는 달리 그들과 합류하지 않고 테베로 내려가 메가라와 함께 살겠다고 선언한다. 헤라클레스가 테베로 돌아오자 밤늦게까지 축하연이 벌어지고 사람들은 어느새 제우스가 아들의 업적을 기리기 위해 하늘에 만들어 준 별자리 헤라클레스자리를 보며 기쁨을 만끽한다.

디즈니 애니메이션 〈헤라클레스〉는 물론 그리스 신화의 헤라클레스의 모험을 소재로 삼고 있다. 하지만 내용은 그와는 사뭇 다르다. 첫째, 그리스 신화에서 헤라클레스의 어머니는 헤라가 아니라 애니메이션에서는 양어머니로 등장하는 알크메네고, 암피트리온은 명목상의 아버지다. 둘째, 그리스 신화에서 하데스가 제우스의 권력을 찬탈하려는 일화는 전혀 없다. 셋째, 그리스 신화에서 필록테테스는 헤라클레스의 스승이 아니라 그의 화장 단에 불을 붙여 주고 그 대가로 그의 활과 화살을 얻는 영웅이다. 그는 또한 반은 염소, 반은 인간인 괴물 사티로스

Satyros도 아니다. 넷째, 그리스 신화에서 메가라는 테베의 공주로 헤라클레스의 첫 번째 아내다.

다섯째, 그리스 신화에서 영웅 조련사는 반인반마의 켄타우로스족인 케이론Cheiron이다. 하지만 헤라클레스는 그의 제자는 아니다. 헤라클레스의 궁술 스승은 에우리토스Eurytos, 검술 스승은 카스토르Kastor다. 여섯째, 그리스 신화에서 티탄 신족은 제우스와의 전쟁에서 패배한 뒤 다시는 신화의 무대에 등장하지 않는다. 그래서 제우스에게 반기를 든 건 티탄 신족이 아니라 24명의 거인족인 기간테스Gigantes다. 또한 헤라클레스를 죽이려 했던 키클롭스Kyklops는 티탄 신족이 아니라 외눈박이 종족을 총칭하는 이름으로 단수형이고, 복수형은 키클로페스Kyklopes

Noël Coypel, 〈헤라클레스의 신격화〉, 1700

다. 일곱째, 그리스 신화에서 사람이 죽으면 스틱스강물 속으로 들어가는 것이 아니라 뱃사공 카론의 배를 타고 그 강물을 건너 지하 세계로 들어간다.

여덟째, 그리스 신화에서 천마 페가소스를 타고 모험을 한 건 헤라클레스가 아니라 벨레로폰Bellerophon이다. 그는 페가소스를 타고 공중전을 펼친 끝에 입에서 불을 뿜어대는 괴물 키마이라Chimaira를 처치한다. 아홉째, 그리스 신화에서 네소스는 헤라클레스의 두 번째 아내 데이아네이라Deianeira를 납치하려다가 그의 화살을 맞고 죽는다. 열째, 그리스 신화에서 헤라클레스는 죽은 뒤에 신이 되어 신들의 궁전으로 올라간다. 그러자 그동안 질투심에 사로잡혀 끈질기게 그를 괴롭히던 헤라는 헤라클레스와 화해하고 자신의 딸로 청춘의 여신이었던 헤베Hebe를 그의 아내로 준다.

96.

테세우스와 '프로크루스테스의 침대'

　　그리스 신화의 영웅 테세우스와 우리 신화의 영웅 유리 왕자의 여정을 살펴보면, 앞서 언급한 천의 얼굴을 지닌 전 세계 신화 속 영웅들의 진면목이 여실히 드러난다. 테세우스의 아버지 아이게우스Aigeus는 고대 아테네가 속해 있던 아티카Attika의 왕이었다. 그는 아티카의 전설적인 왕이었던 판디온Pandion의 큰아들로 아버지가 죽은 뒤 아티카가 여러 정치세력으로 분열되자, 팔라스Pallas를 비롯한 형제들과 힘을 합해 아티카를 다시 통일하고, 형제들의 반란 등 숱한 시련들을 이겨 낸 뒤 부강한 아테네의 초석을 쌓았다.

　　아이게우스는 통일의 대업을 이루었어도 가슴엔 늘 커다란 응어리를 안고 살았다. 아무리 애를 써도 자신의 뒤를 이을 아들이 생기지 않았기 때문이다. 그는 어느 날 델피의 아폴론 신탁소를 찾아 그 이유를 물었다. 그러자 여사제 피티아가 그에게 이런 신탁을 전했다.

아테네로 돌아가기 전에 포도주 부대의 주둥이를 풀지 말라!

'포도주 부대의 주둥이를 풀지 말라'는 말은 '술을 마시지 말라'는 뜻이었지만, 아이게우스는 도무지 신탁의 의미를 가늠할 수 없었다.

그래서 아이게우스는 귀향길에 트로이젠^{Troizen}이라는 나라에 들렀다. 그곳은 전全 그리스에서 현인으로 명성이 자자했던 피테우스^{Pittheus} 왕이 다스리던 나라였다. 아이게우스는 피테우스를 만나자마자 자신이 델피에서 받은 아리송한 신탁의 의미를 물었다. 피테우스는 그 뜻을 즉시 간파했지만, 곧바로 발설하지는 않은 채, 그날 밤 아이게우스를 대취하게 만든 다음 자신의 딸 아이트라^{Aithra}와 동침하도록 했다.

다음 날 아침 아이게우스는 자신 옆에 아이트라가 잠들어 있는 것을 보고 깜짝 놀랐다. 하지만 그는 곧 상황을 파악하고 아이트라를 깨워 커다란 바위가 있는 숲속으로 데려가서는 그 바위를 들어 한쪽으로 치우고 그 밑에 구덩이를 팠다. 이어 지니고 다니던 칼 한 자루를 그 속에 넣고 흙으로 구

〈피티아 앞의 아이게우스〉,
B.C. 440~B.C. 430년경(그리스 도기 그림)

덩이를 메운 후 다시 바위를 제자리에 놓은 다음 말했다.

당신은 장차 아들을 낳을 것이오. 그 아이가 성인이 되어 이 바위를 들어 올릴 만큼 크거든 그 아래에 묻은 신표를 들려 내게 보내시오! 나는 아테네의 왕 아이게우스요!

아이게우스는 아이트라에게 이렇게 당부하고 서둘러 길을 떠났다. 아이트라는 이후 열 달이 흘러 과연 아들을 낳아 이름을 테세우스라고 지었다. 테세우스는 16세가 되니 유난히 힘이 세고 영리한 청년으로 성장했다. 아이트라는 아들을 아버지에게 떠나보낼 때가 되었음을 직감하고 어느 날 그를 예의 그 바위가 있는 숲속으로 데려가서 들어 보라고 했다. 테세우스가 손쉽게 단숨에 바위를 들어 올리자 그 밑에 묻혀 있던 칼을 꺼내 그에게 주며 말했다.

아들아, 너의 아버지는 아테네의 왕 아이게우스시다. 아테네로 아버지를 찾아가라! 이 신표를 갖고 가면 아버지가 너를 금방 알아볼 것이다.

아이트라는 길을 떠나는 아들 테세우스에게 안전하고 짧은 해로를 통해 아테네로 가라고 충고했다. 육로는 악당들로 들끓었기 때문이다. 하지만 테세우스는 굳이 코린토스의 이스트모스Isthmos를 통과하는 위험한 육로로 가겠다고 고집을 피웠다. 테세우스는 결국 어머니의 만류를 뿌리치고 위험한 육로를 택해 길목마다 진을 치고 있던 악당들을 차례로 해치우고 마침내 아테네에 도착하여 신표인 칼을 아버지 아이

Nicolas-Guy Brenet,
〈테세우스에게 아버지의 칼이 묻혀 있는 곳을
알려 주는 아이트라〉, 1768

게우스에게 보이고 그의 후계자가 되었다. 특히 테세우스가 악당들을 해치우는 방식이 독특했다. 악당들이 여행객들을 죽인 방식 그대로 그들을 응징했기 때문이다.

테세우스가 아테네로 입성하기 전 마지막으로 처치한 악당이 바로 다마스테스Damastes였다. 그는 엘레우시스Eleusis 근처 케피소스Kephissos 강가의 큰길가에 진을 치고 있다가 지나가는 여행객을 온갖 감언이설로 구슬려 자신의 집으로 데려와 하룻밤 묵게 했다. 다마스테스는 여행객이 깨어 있을 때는 갖은 정성을 다해 친절을 베푸는 체했다. 하지만 여행객이 여독에 지쳐 그가 제공한 침대에 누워 깊이 잠이 들라치면 조심스럽게 그의 키를 침대의 길이와 비교했다. 이어 만약 여행객의 키가 침대보다 작으면 사지를 망치로 때려 늘려 죽였고 길면 도끼로 그 부분을 잘라 죽였다.

여행객은 살아남으려면 키가 침대 길이와 한 치의 오차도 없이 같아야 했다. 하지만 여행객의 키가 침대 길이와 일치하는 경우는 한 번도 없었다. 영문도 모른 채 다마스테스의 손에 죽은 여행객들은 대부분 키가 침대 길이보다 작았다. 그래서 그는 주로 '프로크루스테스Prokrustes'라는 별명으로 불렸다. 그것은 '잡아 늘이는 자'라는 뜻이다. 테세우스는 다마스테스의 과잉 친절이 아무래도 미덥지 못해 잠든 척하고 있다가 그를 제압하여 침대에 눕힌 다음 망치로 때려 늘여 죽였다. 이 이야기에서 '프로크루스테스의 침대'라는 관용구가 나왔다. 그것은 자기 생각에 맞추어 다른 사람의 생각을 뜯어고치려는 교조주의적인 입장이나 정책을 뜻한다.

유리 왕자의 아버지 주몽은 천제의 아들 해모수와 강의 신인 하백의 딸 유화의 아들이다. 동부여의 왕궁에서 홀어머니 밑에서 성장한 그는 어려서부터 활도 잘 쏘고 아주 총명했다. 이에 대소를 비롯한 7명의 동부여의 왕자들은 질투심에 불타 주몽을 죽이려 했다. 그러자 주몽은 어머니의 뜻을 받들어 부여를 떠나기로 결심했다. 하지만 그는 아내 예씨禮氏를 데리고 갈 수는 없었다. 아내가 임신을 했고 미래도 아주 불투명했기 때문이다.

그래서 주몽은 아내를 동부여의 어머니 곁에 남겨 두고 떠나면서, 아내에게 장차 아들이 태어날 텐데, 그가 장성하여 자신을 찾거든 "일곱 모가 난 돌 위 소나무" 밑에 숨겨둔 신표를 찾아서 자신에게 가져오면 아들로 인정하고 후계자로 삼겠다고 말했다. 과연 주몽이 떠난 후 태어난 유리 왕자는 어려서부터 활쏘기에 특이한 재주가 있었다. 담장이나 나뭇가지에 앉아 있는 참새를 쏘면 그야말로 백발백중이었다. 아버지 주몽도 활쏘기의 명수였으니 피는 속일 수 없나 보다.

유리 왕자는 소년 시절 어느 날 물동이를 이고 가는 동네 아줌마를 보고 장난기가 발동하여 화살을 날려 물동이에 구멍을 냈다. 아줌마가 화를 내며 그를 아비 없는 후레자식이라고 꾸짖었다. 그러자 유리 왕자는 몹시 부끄러움을 느끼며 얼른 화살촉에 진흙을 매달아 다시 화살을 날려 물동이에 생긴 구멍을 막은 다음 집으로 돌아와 어머니에게 물었다.

어머니, 제 아버지는 누구십니까?

어머니가 장난삼아 아버지가 없다고 하자 유리 왕자는 아비 없는 놈이 살아 무슨 의미가 있겠냐며 목에 칼을 대고 찌르는 시늉을 하였다. 깜짝 놀란 어머니가 아들을 말리며 그제야 그의 출생의 비밀을 말해 주었다.

아까 한 말은 장난삼아 한 말이다. 너의 아버지는 천제의 손자이고, 하백의 외손인데 부여의 신하가 되는 것을 원망하다가 도망하여 남쪽 땅에 가서 국가를 창건하였다. 네가 가 보겠느냐?

유리 왕자는 아버지는 임금이 되셨는데 자신은 남의 신하가 되어 몹시 부끄럽다며 아버지를 당장 찾아가겠다고 대답했다. 그러자 어머니는 유리 왕자에게 아버지가 말한 수수께끼를 풀어 신표를 가져가야 한다고 말해 주었다.

너의 아버지가 갈 때 말을 남기기를 '내가 일곱 고개 일곱 골짜기 돌 위 소나무에 물건을 감추어 둔 것이 있으니 이것을 찾아 얻는 자는 내 아들이다!'라고 하셨다.

그날부터 유리 왕자는 '소나무'와 '골짜기'라는 말에 꽂혀 하루 종일 산속을 헤맸지만 만날 허탕을 치고 말았다. 그러던 어느 날 산골짜기를 돌아다니다가 지쳐 집에 돌아와 마루에 앉아 쉬고 있는데, 마루 기둥 위에서 구슬픈 소리가 났다. 무심코 기둥을 살펴보니 그것은 돌 위의 소나무이고 그 모양이 일곱 모서리가 나 있었다.

결국 유리 왕자는 기둥과 주춧돌 사이의 홈에 숨겨져 있던 칼 반쪽을 신표로 들고 아버지 주몽을 찾아갔다. 주몽이 그 칼 반쪽을 자기가 갖고 있던 나머지 반쪽과 맞추어 보니 신기하게도 피가 흐르면서 온전한 칼 한 자루가 되었다. 이에 주몽은 크게 기뻐하며 그를 아들로 인정하고 태자로 책봉했다.

이처럼 그리스 신화의 테세우스 왕자와 한국 신화의 유리 왕자의 이야기는 주인공이 수많은 시련을 겪은 뒤 마침내 대업을 이루는 전체적인 구조뿐 아니라 아예 소재나 모티브가 똑같다. 특히 유리 왕자와 테세우스는 아버지가 왕이라는 것, 홀어머니 밑에서 출생의 비밀을 간

테세우스의 모험 경로

직한 채 자라는 것, 출생의 비밀을 풀어내고 아버지를 찾아가는 것, 아버지가 숨겨둔 칼을 찾아 신표로 들고 가는 것 등은 어느 것이 원조인지 분간할 수 없을 정도로 아주 똑같다.

물론 유리 왕자는 부러진 반쪽 칼을 가져가 아버지 주몽이 갖고 있던 나머지 반쪽과 맞추어 보지만, 테세우스는 온전한 칼을 들고 아버지 아이게우스를 찾아갔다. 또한 아이게우스는 아들 테세우스에게 무거운 바위를 들어 올릴 만한 힘을 요구하지만, 주몽은 아들인 유리 왕자에게 수수께끼를 풀 수 있는 지혜를 요구했다. 하지만 그것은 이야기의 본질을 바꿀 정도로 큰 차이는 아니다. 그래서 캠벨은 전 세계 신화 속 영웅들은 여정은 똑같고 얼굴만 다른 그야말로 '천의 얼굴을 가진 영웅'이라고 주장하는 것이다.

97.

미궁, 아리아드네의 실, 테세우스의 배

‘미궁迷宮’이라는 말이 있다. 국어사전에 따르면 “들어가면 나올 길을 쉽게 찾을 수 없게 되어 있는 곳”이거나 “사건, 문제 따위가 얽혀서 쉽게 해결하지 못하게 된 상태”를 뜻한다. 그렇다면 ‘미궁’에 왜 하필 ‘궁전’이라는 뜻의 한자 ‘궁宮’을 썼을까? 그것은 ‘미궁’이라는 말은 원래 고대 그리스 크레타의 크노소스 궁전에서 유래했기 때문이다. 19세기 말 영국의 에번스경Sir Arthur John Evans이 발굴한 그 궁전은 방이 너무 많은 데다가 2층이라서 한번 들어가면 출구를 찾을 수 없을 정도로 미로였다고 한다.

그리스 신화에서 크레타의 괴물 미노타우로스Minotauros가 갇혀 있는 미로 감옥의 모델도 크노소스의 복잡한 궁전구조다. 그 미로 감옥은 그리스어로는 '라비린토스Labyrinthos', 영어로는 '래버린스Labyrinth'라고 했는데, 우리말로는 미궁, 혹은 미로로 번역되는 것은 결코 우연이 아니다. 서울 을지로에는 '미궁味宮'이 아니라 '미궁迷宮'이라는 중식당이 있다. 혹시 그 식당의 음식 맛이 미궁을 헤매는 것처럼 오묘해서 그런 이름을 쓴 건 아닐까? 걸그룹 '여자친구GFRIEND'의 앨범 중에 '래버린스'가 있고, 그 속에 수록된 노래 중 하나도 〈래버린스〉다.

그리스 신화에서 크레타의 미로 감옥에 갇혀 있는 괴물 미노타우로스를 처치한 영웅이 바로 영웅 테세우스다. 앞서 언급한 것처럼 테세우스는 트로이젠Troizen에서 홀어머니 아이트라Aithra 밑에서 장성한 후 육로를 통해 아버지를 찾아 나섰다가 길목마다 진을 치고 있다가 행인들을 괴롭히던 악당들을 차례로 소탕하면서 마침내 아테네에 입성하여 아버지와 극적으로 해후한 다음 황태자로 인정받았다. 그런데 바로 그 즈음 아테네에는 슬픈 일이 벌어지고 있었다. 크레타에 조공으로 바치기 위해 아테네의 처녀와 총각을 7명씩 추첨으로 선발하고 있었기 때문이다.

그 당시 크레타의 왕은 미노스Minos였다. 그는 제우스가 황소로 변신하여 소아시아의 공주 에우로페Europe를 크레타로 납치하여 낳은 세 아들 중 하나다. 그는 왕이 되기 전 두 형제인 라다만티스Rhadamanthys 및 사르페돈Sarpedon과 크레타의 왕위를 놓고 경합을 벌인 적이 있었다. 그는 그때 형제들이 아무리 해도 자신에게 권력을 양보할 기미를 보이지 않자 평소 자신을 총애하던 포세이돈에게 도움을 요청했다. 만약 형제들이 보는 앞에서 멋진 황소 한 마리만 보내 주면 그걸 이용하여 왕이 된 다음 다시 그 황소를 제물로 바치겠다는 것이다.

얼마 후 미노스는 형제들과 왕위를 놓고 격론을 벌이던 중 갑자기 '포세이돈 찬스'를 꺼내 들었다. 자신은 바다의 신 포세이돈의 후원을 받고 있으니 섬나라 크레타의 왕권을 이어받을 적임자라는 것이다. 형제들이 멈칫하면서도 도저히 믿지 못하겠다는 표정을 짓자 미노스는 그길로 그들을 바닷가로 데리고 가서 포세이돈을 부르며 황소 한 마리만 보내 달라고 기도했다. 그러자 놀랍게도 바다에서 엄청난 파도가 일더니 매끈한 황소 한 마리가 튀어나왔다. 형제들은 그 광경을 보고 지레 겁을 집어먹고 왕위를 미노스에게 양보했다.

하지만 미노스는 왕위에 오르자 마음이 달라졌다. 그는 탐스러운 포세이돈의 황소는 씨황소로 쓰기 위해 자신의 우리에 가두고 그 대신 다른 황소를 잡아 포세이돈에게 바쳤다. 포세이돈이 그 사실을 모를 리 없었다. 분노한 포세이돈은 미노스의 아내 파시파에Pasiphae가 그 황소와 사랑에 빠지게 했다. 황소에 대한 정념으로 애를 태우던 왕비 파시파에는 때마침 아테네에서 조카를 죽인 벌을 받아 크레타로 망명해 살던 천재 조각가이자 건축가였던 다이달로스Daidalos에게 나무로 암소를 한 마리 만들어 달라고 부탁했다.

다이달로스의 기술은 정말 신기에 가까웠다. 그가 단풍나무로 만든 암소는 마치 살아 움직이는 듯했다. 파시파에가 속이 빈 나무 암소 안으로 들어가 황소를 유혹하여 아들 미노타우로스를 낳을 정도였으니 말이다. 인간과 황소의 결합이었으니 아들은 정상일 리가 없었다. 그는 머리는 황소이고 몸통은 사람인 괴물이었다. '미노타우로스'는 '미노스의 황소'라는 뜻이다. 아내가 괴물을 낳자 미노스 왕은 수치스러웠다. 백성들이 괴물을 보고 쑥덕거릴 것이 뻔했다.

미노스는 고민 끝에 괴물 탄생의 주역 다이달로스를 불러 한번 들

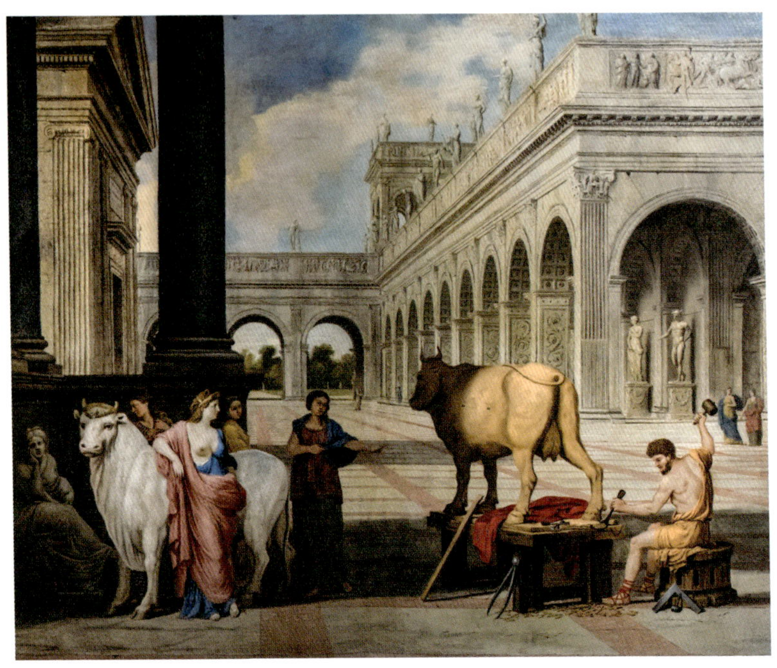

Jean Lemaire, 〈다이달로스와 파시파에〉, 1598~1659

어가면 절대로 빠져나올 수 없는 감옥을 만들라고 명령했다. 그게 바로 앞서 언급한 '라비린토스'라고 불렸던 미로 감옥이었다. 감옥이 완성되자 미노스 왕은 괴물 미노타우로스를 그곳에 가두고 거친 성정을 달래기 위해 9년마다 처녀와 총각을 7명씩 먹잇감으로 주었다. 그는 당연히 그 처녀와 총각을 당시 크레타의 속국이었던 아테네에서 데려왔다.

그런데 테세우스가 아버지를 찾아 트로이젠을 떠나 아테네에 도착한 때가 하필이면 크레타에 조공으로 보낼 처녀와 총각을 뽑는 바로 그때였던 것이다. 테세우스는 아버지로부터 사정을 전해 듣고 바로 7명의 청년 중 하나로 가겠다고 자원했다. 자신이 아테네의 눈엣가시 괴물 미노타우로스를 죽이고 돌아오겠다는 것이다. 아이게우스가 아

586

무리 말려도 그의 고집을 꺾을 수 없었다. 아이게우스는 실낱같은 희망이었지만 테세우스가 미노타우로스를 죽이고 돌아올지 모른다고 생각했다. 그래서 출항을 앞둔 아들에게 부탁했다.

나는 오늘부터 수니온곶 너럭바위에서 크레타 쪽을 보며 너를 기다릴 것이다. 그러니 돌아올 때 살아 있으면 키잡이에게 검은 돛을 흰 돛으로 바꿔 달도록 해라. 조금이라도 빨리 네가 무사하다는 소식을 알고 싶구나.

그 후 테세우스 일행이 크레타에 도착하자 인질들을 위한 최후의 만찬이 벌어졌다. 그와 함께 며칠간 운동경기도 함께 벌어졌다. 바로 이 만찬과 경기에서 미노스의 딸 아리아드네는 준수하고 용감한 적국의 왕자 테세우스에게 첫눈에 마음을 홀랑 빼앗기고 말았다. 그녀는 테세우스가 미로 감옥에 들어가면 괴물을 죽일 수는 있어도 다시 나오지 못한다는 사실에 가슴이 아려왔다.

아리아드네는 사랑하는 사람을 죽게 내버려 둘 수 없어 얼른 감옥을 설계한 다이달로스에게 달려가 도움을 간청했다. 다이달로스는 사정을 전해 듣고 위험을 무릅쓰고라도 테세우스를 돕고 싶었다. 비록 자신이 아테네에서 추방된 신세이지만 테세우스는 동향 사람이었기 때문이다. 다이달로스는 아리아드네에게 실꾸리 하나를 주면서 말했다.

공주님, 그 감옥은 내가 만들었지만 나도 한 번 들어가면 나올 수 없습니다. 그러나 방법은 있습니다. 테세우스에게 이 실꾸리를 이용하라고 하세요. 실을 감옥 입구에 묶고 풀면서 안으로 들어가라고 하세요. 괴물을 죽인 다음에는 실을 따라 다시 나오면 됩니다.

아리아드네는 당장 테세우스에게 달려가 실타래를 건네주면서 간청했다.

아무 조건은 없어요. 제발 절 아테네로 데려가 아내로 삼겠다고 약속만 해 주세요.

결국 테세우스는 아리아드네의 도움으로 괴물 미노타우로스를 죽이고 무사히 미로 감옥을 빠져나와 약속대로 아리아드네를 데리고 아테네로 향했다. 그런데 아리아드네는 아테네로 갈 운명이 아니었다. 테세우스가 식수를 조달하기 위해 잠시 들른 낙소스^{Naxos}섬에서 아리아드네가 피곤했는지 깊이 잠이 들었다. 테세우스는 기다렸다는 듯 부하들에게 급히 출항 준비를 서두르라고 지시한 후 해안에 잠들어 있는 아리아드네를 깨우지 않고 버린 채 재빨리 낙소스섬을 떠나버렸다.

한참 후 잠에서 깨어난 아리아드네는 테세우스를 찾아서 온 섬을 헤매고 다녔지만 어디서도 그를 찾을 수가 없었다. 그녀는 낙심한 채 해안에 넋을 잃고 앉아 있었다. 바로 그때 홀연히 디오니소스가 나타나 그녀를 위로하며 자신의 아내로 삼겠다고 말했다. 이어 거행된 결혼

Willem Strijcker,
〈테세우스와 아리아드네〉, 1657

〈아테나 여신이 지켜보는 가운데 미노타
우로스를 처치하는 테테우스〉,
B.C. 435~B.C. 415년경(그리스 도기 그림)

Angelica Kauffmann,
〈테세우스에게 버림받은 아리아드네〉, 1774

식에서 디오니소스는 그녀에게 아주 예쁜 금관을 선물했다. 결혼식 후
에는 그 금관을 하늘에 던져 '북쪽 금관 자리'라는 별자리로 만들어 주
었다. 아리아드네의 사랑 이야기는 많은 음악가들의 주목을 받았다. 그
중 하이든^{Haydn}과 슈트라우스^{Strauss}는 〈낙소스섬의 아드아드네〉라는 곡
을, 헨델^{Händel}은 〈크레타의 아리아드네〉라는 곡을 작곡했다.

낙소스섬을 떠난 테세우스의 눈에 멀리서 아테네가 자리 잡고 있
는 아티카^{Attika}반도가 아슴아슴 보이기 시작했지만 테세우스는 배의 검
은 돛을 흰 돛으로 바꾸지 못했다. 그는 낙소스섬에 버리고 온 아리아
드네^{Ariadne}에 대한 양심의 가책으로 후회하다가 아버지와의 약속을 그
만 깜박 잊고 만 것이다. 아들이 크레타로 떠난 후부터 노령의 아이게
우스는 날마다 아티카반도 끝자락 수니온곶 너럭바위에 서서 크레타
쪽 바다를 응시한 채 테세우스의 배가 나타나기만을 기다렸다. 이윽고
아들이 탄 배가 멀리서 아스라이 보이기 시작했다.

아이게우스는 얼른 돛의 색깔을 확인하고선 깊은 충격에 빠졌다.
크레타로 떠날 때와 마찬가지로 여전히 검은색이었기 때문이다. 단 하

나 남은 후계자를 잃었다고 지레짐작한 아이게우스는 더 이상 살 희망이 없었다. 그는 곧바로 서 있던 바위에서 바다로 몸을 던졌다. 그때부터 아이게우스가 자살한 바다는 그의 이름을 따 '아이가이온 펠라고스 aigaion pelagos'로 불렸다. 그것은 '아이게우스의 바다'라는 뜻으로 영어로는 'Aegean Sea', 우리말로는 '에게해'라고 한다. 아리아드네가 테세우스에게 건네준 실타래에서 유래한 '아리아드네의 실Ariadne's thread'이라는 관용구도 있다. 그것은 '어려운 문제를 푸는 실마리나 해결책'을 뜻한다.

『플루타르코스 영웅전』에 따르면 고대 아테네인들은 테세우스가 아테네 처녀와 총각 13명과 함께 크레타에 타고 갔다가 돌아온 30노선의 배를 팔레론의 데메트리오스Demetrios가 살던 B.C. 3세기까지 잘 보존했다. 그들은 선재가 낡으면 그것을 새것으로 바꾸어 테세우스의 배를 수선했다. 그런데 이 배에 대해 이런 의문이 들 수 있다. 시간이 흐르면서 선재가 낡아 모두 새것으로 바뀐 배는 원래의 테세우스의 배인가, 아니면 그와는 전혀 다른 배인가? 이게 바로 고대부터 철학자들이 행해왔던 소위 "테세우스의 배"라는 사고 실험이다.

17세기의 영국의 철학자 토머스 홉스Thomas Hobbes는 이 사고 실험을 그 배의 관리인을 등장시켜 약간 바꾸었다. 그에 따르면 아테네인들의 부탁을 받고 테세우스의 배를 관리했던 사람은 아테네인들이 배의 낡은 선재를 새것으로 갈고 버리면 그것을 모두 모아 놓았다가 나중에 원래 순서대로 조립하여 다시 새로운 배를 만들었다. 그런데 이 2개의 배에 대해 이런 의문이 들 수 있다. 그중 어느 것이 원래의 테세우스의 배인가? 낡은 선재를 모두 새것으로 바꾼 배인가, 아니면 관리인이 버려진 낡은 선재를 모두 모아서 만든 배인가? 일본 TV 드라마 중에 똑같은 제목의 만화를 원작으로 만든 10부작 〈테세우스의 배〉가 있다.

우리나라에는 전국적으로 아주 많은 미로공원이 조성되어 있다. 아마 탈출구를 찾으려는 인간의 욕구와 호기심을 자극하여 가능한 한 많은 관광객을 유치할 목적이리라. 가령 제주에는 '메이즈랜드'가 있다. '메이즈^{Maze}'는 '래버린스'와 동의어이니 메이즈랜드는 결국 '미로 나라'라는 뜻이다. 이곳에는 제주의 3가지 상징물 이름을 딴 '돌 미로', '바람의 미로', '여자 미로'가 있다. 제주에는 이 밖에도 녹차 나무로 만든 '녹차미로공원'과 측백나무로 만든 '김녕미로공원'도 있다. '문경생태미로공원'에도 도자기, 연인, 돌, 생태를 주제로 만든 4개의 미로가 있고, 특히 태안에는 가변식으로 만든 '안면도미로공원'이 있다.

세계 각국의 유명 성당에도 미로가 그려져 있다. 가령 프랑스의 아미앵 주교좌 성당^{Cathédrale Notre-Dame d'Amiens}과 샤르트르 대성당^{Cathédrale Notre-Dame de Chartres} 본당 바닥에 대형 미로가 그려져 있다. 이탈리아 토스카나의 루카 대성당^{Duomo di Lucca} 현관 기둥에도 미로와 함께 라틴어로 이런 문구가 새겨져 있다.

이것은 크레타의 다이달로스가 만든 라비린토스다. 이 안에 들어간 사람들은, 아리아드네의 도움을 받은 테세우스만 제외하고, 모두 길을 잃었다.

우리나라 충청북도 제천의 배론성지 최양업 신부 기념 성당 앞 잔디밭에도 커다란 미로가 조성되어 있다.

그렇다면 왜 하필이면 성당에 생뚱맞게 그리스 신화의 미로가 있는 것일까? 그것은 배론성지 미로 안내판에 "약속의 땅으로 가는 길(인

토스카나의 루카 대성당 현관 기둥의 미로

생 여정)"이라는 제목으로 쓰여 있는 글을 보면 금세 이해할 수 있다.

당신은 순례자, 빨리 목적지에 다다르고 싶어 마음이 급하지요. 인생길은 순례의 길, 서두르지 마십시오. 약속의 땅으로 가기 위해 광야에서 40년을 돌아가야 했던 이스라엘 백성처럼 기도하면서 미로를 따라 걸어보십시오. 인생 여정에는 동서남북 사해팔방 춘하추동 생로병사 유소년기 청년기 장년기 노년기가 있습니다. 어느 과정도 생략할 수 없고 모두 거쳐야만 목적지에 이릅니다. 인생 여정에는 지름길이 없습니다. 참고 견디면서 묵묵히 걸으면 반드시 약속은 이루어집니다.

에우리피데스의 「히폴리토스」와 라신의 「페드르」

Alexandre Cabanel, 〈파이드라〉, 1880

파이드라Phaidra는 크레타의 공주로 아테네의 왕 테세우스의 후처
였다. 그녀는 남편의 전처의 아들이었던 히폴리토스Hippolytos를 보고 첫
눈에 반한 나머지 사랑을 고백했다가 거절당하자 분노하여 자신은 자
살하고 히폴리토스도 죽음으로 내몬 인물이다. 파이드라를 소재로 한
최초의 작품은 B.C. 5세기경 고대 그리스 비극작가 에우리피데스가 쓴
비극「히폴리토스」다. 이 작품에서 파이드라가 히폴리토스에게 사랑에
빠진 것은 미와 사랑의 여신이었던 아프로디테의 분노 탓이다.

히폴리토스는 철저한 독신주의자로 남녀의 사랑을 경멸하고 부정
한 나머지 미와 사랑의 여신 아프로디테에게는 제물을 바치지 않고 달
과 사냥의 여신이자 독신자의 수호신이었던 아르테미스에게만 바쳤
다. 주위의 경고에도 아랑곳하지 않았다. 마침내 분노한 아프로디테는
파이드라의 마음에 잘못된 애욕을 불어넣어 히폴리토스를 사랑하게 했
다. 그래서「히폴리토스」는 운명비극이다. 주인공 히폴리토스는 아무
영문도 모른 채 아프로디테에 의해 죽음으로 내몰린다는 뜻이다.

「히폴리토스」에 따르면 잘못된 애욕의 포로가 된 파이드라는 혼자
깊은 고민에 빠졌다. 그녀는 자신이 세 갈래 갈림길에 서 있음을 깨달
았다. 첫째는 자기의 마음을 누구에게도 발설하지 않고 무덤까지 가져
가는 것이고, 둘째는 끝까지 참고 견뎌서 이겨 내는 것이며, 셋째는 그
래도 아프로디테를 이길 수 없다면 조용히 죽어 버리는 것이었다. 갈피
를 잡지 못하고 고민하던 그녀의 모습을 유모가 놓칠 리 없었다.

유모는 집요하게 파고들더니 마침내 전말을 알아내고 "사랑의 여
신을 이길 자는 아무도 없다!"고 외치며 중개자 역할을 자임했다. 하지

만 히폴리토스의 반응은 우리가 예상할 수 있는 것처럼 서릿발이 내릴 정도로 차가웠다. 그는 계모의 사랑 고백을 전해 듣고 더럽혀진 귀를 씻어야겠다며 호통을 쳤다. 이어 계모뿐 아니라 자신에게 그 말을 전해 준 유모도 모두 싸잡아서 마녀라며 저주했다.

유모로부터 히폴리토스의 냉담한 반응을 전해 들은 파이드라는 절망했다. 치욕에 몸을 떨었다. 마침내 그녀는 자신의 순수한 사랑을 매정하게 뿌리친 히폴리토스에게 처절하게 복수를 해 주리라 결심했다. 그녀는 남편 테세우스가 잠깐 외출한 사이 머리카락을 산발하고 옷을 갈기갈기 찢었다. 고의로 손톱으로 자신의 몸 여기저기에 생채기도 냈다. 이어 히폴리토스가 혼자 있을 때 방으로 들어와 자신을 겁탈했다는 거짓 유언장을 하나 남긴 채 목을 맸다.

얼마 후 궁전에 돌아온 테세우스는 아내 손에 들린 유서를 읽고 분기탱천했다. 아들은 평소 독신자의 수호신 아르테미스를 섬기며 독신을 고집하던 녀석이었다. 게다가 감히 어떻게 새어머니를 넘볼 수 있단 말인가. 테세우스는 당장 아들을 불러 심하게 꾸짖었다. 히폴리토스가 아무리 결백을 주장해도 믿지 않았다. 아들이 부인하면 할수록 그의 죄는 그만큼 명백해 보였다. 그는 결국 아들을 아테네에서 추방했다.

테세우스는 그래도 분이 풀리지 않았다. 그는 아들 히폴리토스가 죽이고 싶도록 미웠다. 하지만 자신의 손으로 자식을 죽였다는 오명을 쓰고 싶지는 않았다. 아들을 처단할 방법을 궁리하던 테세우스에게 예전에 꿈에 바다의 신 포세이돈이 나타나 자신에게 한 약속이 퍼뜩 머릿속을 스치고 지나갔다. 그때 포세이돈은 자신이 그의 친부라고 밝히며 아들을 찾은 기념으로 어떤 소원이든 3개를 들어주겠다고 약속했기 때문이다. 분노로 치를 떨던 테세우스는 결국 포세이돈에게 제물을 바치

Lawrence Alma-Tadema, 〈히폴리토스의 죽음〉, 1860

며 첫 번째 소원으로 원수 같은 자식을 좀 죽여 달라고 간절히 기도했다.

바로 그 시각 히폴리토스는 마차를 타고 바닷가 길을 통해 아테네를 빠져나가고 있었다. 바다의 신 포세이돈은 바로 이 순간을 노리고 갑자기 엄청난 너울을 일으켜 마차를 향해 흉측한 괴물을 한 마리 보냈다. 바다에서 갑자기 튀어나온 괴물을 보고 말들이 깜짝 놀라 요동을 쳤다. 히폴리토스는 그 충격으로 마차에서 떨어져 말고삐에 발이 묶인 채 한참을 끌려가다가 길가 바위에 머리를 부딪혀 절명하고 말았다. 결국 아버지에 의해 아테네에서 추방당한 히폴리토스는 포세이돈이 보낸 바다의 괴물로 인해 비극적인 최후를 맞이했다.

17세기 프랑스 극작가 라신^{Jean-Baptiste Racine}의 5막극 「페드르(파이드라)」도 에우리피데스의 비극 「히폴리토스」와 똑같은 주제를 다루고 있다. 하지만 그 초점이 히폴리토스가 아니라 파이드라에 맞추어져 있다. 라신은 특히 히폴리토스의 불운한 운명이 아니라 잘못된 애욕에 사로잡혀 괴로워하다가 끝내는 파멸하는 파이드라의 심리를 심도 있게 추적했다. 그래서 파이드라에게 그런 애욕을 불러일으킨 것은 아프로디테의 분노가 아니라 그녀의 열정이다. 그래서 라신의 「페드르」는 성격 비극이다.

라신의 페드르는 남편 테제^{Thésée}(테세우스)의 전처의 아들에게 마음을 빼앗긴 후 남편에 대한 죄의식과 이포리트^{Hippolyte}(히폴리토스)에 대한 애욕 사이에서 괴로워하다가 명예를 지키는 방법은 죽음밖에 없다고 생각했다. 바로 그 순간 마침 전쟁터로 떠났던 남편 테제가 전사했다는 비보가 날라왔다. 페드르는 남편의 죽음에도 슬퍼할 겨를이 없었다. 사랑이 최우선이었기 때문이다.

그녀는 그길로 쾌재를 부르며 유모 에논^{Oenone}의 힘을 빌리지 않고 직접 이포리트를 찾아갔다. 이어 그 옛날 자신이 언니 아리아드네보다 일찍 태어나고 그가 미로 감옥에 갇혀 있는 괴물 미노타우로스^{Minotauros}를 죽이기 위해 크레타에 왔다면 언니가 아니라 바로 자신이 그에게 실타래를 건네주었을 것이라며 이렇게 사랑을 고백했다.

나는 그때 당신이 겪지 않으면 안 될 위험을 함께 나누기 위해 앞장서서 당신을 미로 감옥으로 안내했을 거예요. 그래서 미로 감옥 밑바닥까지 내려가 그곳에서 살든 죽든 함께 했을 거예요.

하지만 이포리트는 오만할 정도로 냉담했다. 그는 깜짝 놀라면서 귀가 의심스럽다며 자신이 테제 왕의 아들이라는 사실을 잊었냐고 물었다. 그러자 페드르는 갑자기 이포리트에게 잽싸게 다가가 허리춤에 차고 있던 단검을 빼 들고 자신의 사랑을 받아 주지 않으면 차라리 자신을 죽이라고 이포리트를 위협했다. 옥신각신하는 소리에 유모가 달려와 페드르를 만류했다. 페드르는 유모에게 밀려 엉겁결에 이포리트의 단검을 손에 든 채 자신의 방으로 돌아갔다.

실의에 빠진 페드르에게 엎친 데 덮친 격으로 청천벽력 같은 소식이 들려왔다. 죽은 줄 알았던 남편 테제가 살아 돌아오고 있다는 것이다. 페드르는 충격에 휩싸여 어찌할 바를 몰랐다. 바로 그때 유모가 구

Pierre-Narcisse Guérin,
〈파이드라와 히폴리토스〉, 1802

Joseph Désiré Court,
〈히폴리토스의 죽음〉, 1825

세주처럼 그에게 다가와 조언했다. 이포리트가 아버지 테제에게 모든 사실을 고하기 전에 선수를 치자는 것이다. 마침내 테제가 돌아오자 유모는 페드르의 묵인 아래 이포리트를 모함했다. 왕이 없는 사이 그가 감히 왕비를 범하려 했다는 것이다. 유모는 그 증거로 테제에게 이포리트의 단검을 제시했다.

격노한 테제는 아들 이포리트를 불러 칼을 들이대며 해명을 요구했다. 이포리트는 결백을 주장하면서도 새어머니 페드르가 자신을 찾아와서 했던 사랑 고백 얘기는 함구했다. 이성을 잃은 테제는 아들 이포리트에게 저주를 퍼부으며 그를 아테네에서 추방했다. 테제의 저주가 그 효력을 발했던 것일까? 이포리트는 마차를 타고 아테네를 떠나 미케네로 가던 중 갑자기 바다에서 튀어나온 괴물과 싸우다 목숨을 잃었기 때문이다. 그 후 죄책감에 시달리던 페드르도 독약을 마신 채 테제를 찾아와 모든 진실을 밝힌 다음 피를 토하며 꼬꾸라졌다.

99.

줄스 다신 감독의 영화 〈페드라〉
-'훼드라 라면'

그리스 여배우 멜리나 메르꾸리Melina Mercouri와 미국 영화배우 안소니 퍼킨스Anthony Perkins가 열연한 줄스 다신Jules Dassin 감독의 영화 〈페드라Phaedra〉(1962)는 파이드라와 히폴리토스의 이야기를 모티프로 만든 것이다. 하지만 그 내용은 그리스 신화와는 사뭇 다르다. 의붓아들과 새어머니가 서로 사랑하는 사이로 설정되었기 때문이다. 영화의 무대도 고대가 아니라 현대 그리스로 바뀌었다.

그리스 해운업계의 거물 타노스Thanos(테세우스)는 영국인 전처와 이혼한 뒤 같은 업계의 또 다른 거물의 딸 페드라(파이드라)를 후처로 맞이했다. 그에게는 영국인 전처와의 사이에서 태어난 알렉시스Alexis(히폴리토스)라는 스물네 살의 아들이 있었다. 알렉시스는 어머니가 재혼하여 살고 있는 런던에 머물면서 대학교에 다니고 있는데 전공인 경제학 공부보다 그림 그리는 일에 더 열성이다.

타노스는 장차 알렉시스에게 후계자 수업을 시켜 자신의 선박 왕국을 물려주려 했다. 그러던 어느 날 그는 아들이 그림 전시회를 열어서 호평을 받았다는 소식을 전해 듣고 다급하고 걱정스러운 마음에 그를 얼른 그리스로 데려오려 했다. 하지만 그는 파리에 중요한 일이 있어 도저히 런던으로 날아갈 짬이 나지 않았다. 그래서 별로 내켜 하지 않는 아내 페드라를 런던으로 대신 보내 아들에게 그리스로 귀국하도록 설득해 달라고 부탁했다.

그런데 알렉시스는 파르테논 신전의 프리즈인 소위 '엘긴 마블스 Elgin Mables'가 전시되어 있는 런던 대영 박물관의 그리스관에서 새어머니를 처음 본 순간 그만 사랑에 빠지고 말았다. 페드라도 알렉시스처럼 겉으론 노골적으로 표현은 하지 못해도 내심으론 마찬가지. 그녀의 마음은 그날 저녁 식사를 마친 후 숙소로 돌아가다가 템스강 변을 산책하면서 보인 행동에서 비유적이지만 여실히 드러났다. 다음은 그때 그들이 나눈 대화다.

"꼭 그리스로 와라! 싫으면 파리로 가서 아버지를 만나 봐라." "당신이 제가 그리스로 와 주길 바랐으면 좋겠어요. 그게 진심이기도 할 테니까요." "물론이지. 진심으로 네가 그리스로 와 주길 바래. (강물을 가리키며) 저길 봐라. 고대 그리스에선 뭔가를 원할 때 제물을 바치곤 했지. 돼지를 물에 던져 신께 제물로 바치곤 했지." "돼지를요?" "그래, 그런데 돼지가 없는데 어떡하지?" "그럼 다른 걸 바치면 되죠." "이 반지를 바칠까?" "아마 못 할 걸요."

페드라는 알렉시스의 말을 듣는 순간 당장 반지를 빼서 강에 버리는 시늉을 했다. 그가 깜짝 놀라자 그녀는 그에게 반지를 건네며 정말 아름답지 않냐며 잘 살펴보라고 한 다음 다시 돌려받자마자 "네가 그리스에 꼭 와줬으면 좋겠다"라는 말과 함께 미련 없이 강물 속에 던져버렸다. 엘렉시스는 새어머니 페드라의 돌발적인 행동을 보고 "7천 마리, 아니 7백만 마리의 돼지를 템스강에 버리다니요?"라며 미쳤다고 소리쳤다.

하지만 내심으로는 그녀의 마음이 자신과 똑같다는 걸 확인하고 은근히 기뻐하는 눈치다. 그 반지는 바로 영화 도입부에서 타노스가 그녀의 이름을 딴 선박 '페드라호'를 진수시키면서 아내에게 선물로 준 다이아몬드 반지였다. 그래서 그녀가 반지를 템스강에 제물로 바친 것은 일종의 복선으로 앞으로 남편을 버리고 알렉시스를 택하겠다는 그녀의 내밀하지만 강한 의지의 표현이다. 그 후 정말 두 사람은 마음껏 사랑의 정염을 불태우다 그리스로 돌아왔다.

하지만 타노스는 아무것도 눈치채지 못한 채 아내 페드라의 귀띔에 따라 아들에게 귀국 기념으로 그가 런던 유학 시절부터 그토록 갖고 싶어 하던 고급 스포츠카를 사 주었다. 그들은 이후에도 몰래 금단의 사랑을 즐기지만 그들의 관계는 곧 들통이 나고 만다. 타노스가 아들 알렉시스를 엘시Ercy라는 아가씨와 결혼을 시키려고 하자 페드라의 질투심이 폭발한 것이다. 페드라는 알렉시스에게 배신당했다는 생각에 복수심에 불타 선박 사고 수습에 여념이 없던 남편의 사무실로 찾아가 자신과 알렉시스와의 관계를 모두 털어놓았다.

분노한 타노스는 페드라를 아무 말 없이 그대로 보내 준 다음 즉시 아들을 불러 무참하게 폭행한 뒤 집에서 내쫓았다. 그는 도망치듯 사무실을 뛰쳐나가는 아들에게 이렇게 말했다. "그리스에서 사라져! 어딜 가든 내 저주를 받아라." 이 장면은 그리스 신화에서 아들 히폴리토스에게 다시는 아테네에 오지 말라고 추방령을 내리는 테세우스의 모습을 연상시킨다. 얼굴이 피투성이가 된 채 아버지 사무실에서 뛰쳐나온 알렉시스는 자신을 찾아온 페드라에게 죽었으면 좋겠다고 저주하며 아버지가 사준 스포츠카에 올랐다.

알렉시스는 이어 해안 절벽에 난 도로를 질주하다가 맞은 편에서 달려오던 트럭을 피하려다 그만 난간을 뚫고 바다 쪽으로 추락하고 말았다. 그리스 신화에서 추방령을 받은 히폴리토스가 바다에서 튀어나온 괴물에 놀란 말 때문에 마차에서 떨어져 질질 끌려가다가 죽는 것과 판박이다. 그사이 페드라는 집에서 수면제를 과다 복용한 채 잠이 들어 스스로 목숨을 끊었다. 특히 영화에서 알렉시스가 스포츠카를 타고 때마침 라디오에서 흘러나오는 바흐의 오르간곡 〈토카타와 푸가 D 단조 BWV 565〉의 볼륨을 최대한으로 올려놓은 채 페드라를 향한 저주 어린 절규를 쏟아 내는 마지막 장면은 아주 인상적이다. 추락 직전 알렉시스는 차 안에서 이렇게 외쳤다.

달려, 달리는 거야. 그래야지. 넌 시키는 대로 해야 돼. 나의 애마여! 음악을 듣고 싶어? 듣고 싶겠지. 추방당한 이의 음악을 들려주지. 나의 애마여. 우린 바흐의 음악을 들으며 호송되는 것만으로도 영광이지. 잘 있어라, 등대여. 라~라~라~라~라~라라! 라~라~라~라~라~라라! 사람들 말이 맞았어. 넌 알다가도 모를 존재야. 잘 있어라, 바다여. 인정하자 그녀는 날 사랑했어. 바로크 시대 사람들이 그랬던 것처럼. 라~라~라~라~라~라라! 라~라~라~라~라

~라라! 어디에 계세요? 모두 당신 음악에 미쳐있어요. 나도 그리스에서 듣고 있죠. 여긴 왜 왔죠? 아이들이나 돌볼 일이지. 난 적어도 볼일이 있었어요. 아버지를 죽이려 했거든요. 페~드라! 페~드라!

그렇다면 영화 〈페드라〉의 음악 감독 미키스 테오도라키스^{Mikis Theodorakis}는 하필이면 왜 바흐의 이 오르간곡을 마지막 장면에 삽입했을까? 그것은 2가지로 추측할 수 있다. 하나는 바흐가 젊었을 때 작곡한 이 곡의 열정적이고 격정적인 선율이 알렉시스의 그때 심정과 딱 어울렸기 때문일 것이다. 다른 하나는 새어머니와의 사랑을 꿈꿀 정도로 자유분방한 알렉시스와 독실한 가톨릭 신자로서 지극히 도덕적이었던 바흐를 대비시키고 싶었을 것이다. 이 곡의 제목이 바흐를 원망하고 조롱하는 듯한 〈굿바이 존 세바스치안^{Goodbye John Sebastian}〉인 것은 결코 우연이 아니다. 그야말로 기가 막힌 선곡이 아닐 수 없다.

미키스 테오도라키스는 '조르바 춤^{Zorba's Dance}'으로 더 잘 알려진 '시르타키^{Sirtaki}'라는 춤을 전 세계에 유행시킨 안소니 퀸 주연의 영화 〈희랍인 조르바〉의 음악 감독이기도 했다. 그는 2021년 96세의 나이로 타계할 때까지 총 1000여 곡을 작곡했다. 조수미가 불러 유명해진 노래 〈기차는 여덟 시에 떠나네〉의 작곡가도 바로 미키스 테오도라키스다. 참고로 영화 〈페드라〉의 마지막 장면을 촬영한 도로가 바로 아테네에서 수니온^{Sounion}곶의 바다의 신 포세이돈 신전으로 가는 그야말로 빼어난 절경을 자랑하는 아티카반도 서부 해안도로다.

영화 〈페드라〉는 우리나라에서 1967년 〈죽어도 좋아〉라는 제목으로 상영되어 선풍적인 인기를 끌었다. 당시 영화 포스터에 원래 제목이라며 우리말로 '훼드라'라고 쓰여 있다. 신촌 현대백화점 근처에 있는 주점 '훼드라'는 바로 거기서 따온 이름이다. 그 주점은 1973년 개업했으니 올해로 50년을 넘긴 노포로, 특히 1970~80년대 신촌지역 운동권 학생들의 사랑방 역할을 했던 것으로 유명하다. 2010년에 고인이 된 1대 사장님은 데모하다가 감옥에 들어간 학생들의 영치금을 대주기도 했다.

그 당시 '훼드라'는 여러 메뉴 중 특히 매운 라면이 유명했다. 라면이 정말 맵기도 했지만, 격렬한 데모가 끝난 후 학생들은 최루탄 냄새가 난무한 상황에서 눈물에 콧물까지 흘리면서 먹었을 테니 더욱더 매운 느낌을 받았을 것이다. 그래서 현재 간판에 쓰여있는 가게 이름도 '최루탄해장라면 훼드라'다. '훼드라'는 그 명성에 걸맞게 2022년 편의점 CU와 손을 잡고 '훼드라 라면'을 출시했다. 그 라면 겉봉에 "눈물 콧물 쏙쏙 빼는 화끈한 라면"이라는 홍보 문구도 쓰여 있다.

그렇다면 영화 〈죽어도 좋다〉와 '훼드라' 주점은 어떻게 연관이 될 수 있는 것일까? 언뜻 보면 둘은 아무런 연결고리가 없는 것처럼 보인다. 하지만 언젠가부터 평소 무엇이든 반드시 연관성을 만들어 내야 직성이 풀리는 단골 학생들이 마침내 브랜드 히스토리를 만들어 냈다고 한다. '(매워도 맛있으니) 죽어도 좋아'라는 주점의 라면 맛과 '(금지된 사랑을 하다가) 죽어도 좋아'라는 영화의 주인공 훼드라 이야기가 서로 딱 맞아떨어진다고 말이다.

'이카루스의 역설'과 '이카루스 스쿨'

Merry–Joseph Blondel, 〈이카로스의 추락〉, 1819

●

　'이카루스의 역설Icarus Paradox'은 캐나다 경제학자이자 기업 컨설턴트 대니 밀러Danny Miller가 1990년 펴낸 똑같은 제목의 책에서 만들어 낸 경영학 신조어다. 마치 그리스 신화의 이카로스Ikaros가 신나게 하늘을 날다가 갑자기 추락한 것처럼 어떤 회사의 경영이 일정한 기간 성공을 이어가다가 갑자기 나락으로 추락하는 현상을 말한다. 처음에는 성공 요인이었던 것이 마치 이카로스가 아버지 다이달로스Daidalos의 경고를 잊어버리고 더 높이 날려고 욕심을 부리다가 추락한 것처럼 오만, 안주, 독단 등으로 인해 나중에는 실패 요인이 되는 역설적인 현상이다. '이카루스'는 '이카로스'의 영어식 표기다.

　〈이카로스의 꿈〉이라는 4부작 KBS1 시사 교양 프로그램이 있었다. 세계 최초로 패러글라이더를 타고 동서 2400km 히말라야를 횡단하는 과정을 그린 것이다. 영화 〈007 어나더데이〉에서 세계평화를 위협하는 공포의 레이저 신무기 이름이 '이카루스Icarus'다. 영화 〈혹성탈출〉의 주인공들이 탔던 우주선 이름도 '이카루스'다. 미국의 행성 과학 잡지 이름도 '이카루스'고, 세계 최초로 태양광 돛을 달고 태양 에너지를 이용해서 행성 간 우주 비행에 성공한 일본의 우주선 이름도 '이카로스'다.

　영화 〈스타게이트〉의 TV 드라마 버전인 〈스타게이트 SG1〉의 주인공들이 탔던 우주선 이름은 '데덜러스Daedalus'다. SG1은 영문 스타게이트Stagate의 약자로 스타게이트 첫 번째 정찰팀이라는 뜻이고, 데덜러스는 이카로스의 아버지 다이달로스의 영어식 표기다. 미국 MIT 공대에서 만든 인간 동력 비행기 이름도 '데덜러스'다. 미국의 '예술 과학 아카데미’ 잡지 이름이 ‘데덜러스’다. 달의 분화구 이름 중에 ‘이카루스’와 ‘데덜러스’가 있다.

‘영국 행성 간 학회British Interplanetary Society’의 우주 탐사 프로젝트 이름이 ‘데덜러스’와 ‘이카루스’다. 제1차 1973년부터 1978년까지는 ‘프로젝트 데덜러스’, 10년 후 제2차 2009년부터 2019년까지는 ‘프로젝트 이카루스’로 불렸다. 근지구 소행성近地球小行星 중에 ‘1566 이카루스’와 ‘1864 데덜러스’가 있다. 근지구 소행성이란 궤도가 지구 궤도와 교차하여 지구와 충돌할 위험성이 가장 높은 소행성을 말한다. 소행성 앞의 숫자는 그것이 발견된 순서다.

그리스 신화의 다이달로스는 원래 크레타 출신이었다. 하지만 아테네인들이 언제부터인지 그를 아테네인으로 둔갑시켜 놓고 그의 원적을 말소한 탓에 그의 아버지는 아테네의 왕자 에우팔라모스Eupalamos, 어머니는 알키페Alkippe로만 알려져 있다. 그는 천재 조각가이자 발명가였는데 언젠가 누이의 아들 페르딕스Perdix(혹은 탈로스Talos)를 제자로 받아들인 적이 있었다.

페르딕스는 다이달로스를 능가하는 뛰어난 발명가의 자질을 갖고 태어났다. 어느 날 그는 뱀의 턱뼈를 보고 영감을 받아 톱을 발명했다. 질투심이 폭발한 다이달로스는 아크로폴리스 언덕에서 조카를 떨어뜨렸다. 그 광경을 보고 평소 페르딕스의 재능을 높이 샀던 수공예의 신 아테나가 그를 불쌍히 여겨 자고새로 변신시켜 주었다. 그래서 자고새는 높은 나무가 아닌 풀밭에 둥지를 짓는다. 다이달로스는 이 사건으로 재판을 받고 두 아들 중 이카로스만 데리고 미노스왕이 다스리던 크레타Kreta로 추방되었다.

다이달로스는 크레타섬에서 미노스왕의 숙원사업을 많이 해결해 주었다. 그는 특히 왕에게 한 번 들어가면 절대 빠져나올 수 없는 라비린토스Labyrinthos라는 미로 감옥을 만들어 주고, 그 안에 반은 인간이고 반은 황소였던 미노타우로스Minotauros라는 괴물을 가두게 했다. 하지만 다이달로스는 미노스 왕의 공주 아리아드네에게 그 감옥을 탈출할 수 있는 비책을 알려 주어, 그곳에 갇혀 있던 괴물을 죽이러 들어간 아테네의 왕자 테세우스를 구하고, 그와 함께 아테네로 도망치게 만든 벌로, 아들 이카로스와 함께 자신이 만든 미로 감옥에 갇히는 신세가 되었다.

다이달로스는 비록 자신이 감옥을 설계했어도 수중에 실타래가 없어 그곳을 탈출할 수 없었다. 며칠 동안 고민을 하며 탈출 방법을 모색하던 다이달로스는 감옥 위 하늘을 가로지르며 날아다니던 새들이 아래 미로 감옥으로 깃털을 떨어뜨리는 것을 보고 무릎을 쳤다. 그는 곧 깃털을 모아 밀랍으로 이어 붙여 두 쌍의 날개를 만들기 시작했다. 마침내 날개가 모두 완성되자 다이달로스는 한 쌍을 이카로스의 어깻죽지에 묶어 주며 말했다.

Anthony van Dyck,
〈다이달로스와 이카로스〉, 1634

잘 들어라, 내 아들아! 너무 높게 날지도 말고, 너무 낮게 날지도 말아라! 너무 높게 날면 태양열에 밀랍이 녹을지 모르고, 너무 낮게 날면 바닷물에 깃털이 젖을지 모른다.

이어 다이달로스는 자신의 어깻죽지에도 날개를 묶은 다음 하늘

608

을 향해 먼저 날갯짓하며 외쳤다. "아들아, 방향을 바꾸지 말고 내 뒤를 바싹 따라와라!" 그들은 그렇게 크레타섬에서 북동쪽으로 날개를 퍼덕이며 날아갔다.

그들이 왼편으로 에게해 키클라데스Kyklades 군도의 낙소스, 델로스, 파로스Paros섬을 지나 오른편으로 레빈토스Lebinthos와 칼림노스Kalymnos섬을 지나고 있을 때였다. 갑자기 이카로스가 아버지의 경고를 무시하고 기쁨에 겨워 태양 가까이 솟아올랐다. 다이달로스가 자신의 어깨 너머 뒤를 돌아보았을 때는 벌써 이카로스는 사라진 후였다. 몇 개의 깃털만 아래 파도 위에서 출렁거릴 뿐이었다.

이카로스의 날개에서 깃털과 깃털을 서로 단단히 이어주던 밀랍이 태양열에 녹아 버린 바람에 이카로스는 눈 깜짝할 사이에 그만 바다로 추락해서 익사하고 말았던 것이다. 다이달로스는 오열하며 아들의 시신을 찾아 근처 섬에 묻어 주었다. 그때부터 그 섬은 이카로스의 이름을 따라 이카리아Ikaria로 불리고 있다. 그 섬의 오른쪽, 사모스섬 아래쪽 바다도 이카로스의 이름을 따라 이카리아해로 불리고 있다.

쿠웨이트의 파일라카Failaka섬은 B.C. 4세기경에는 당시 페르시아를 점령한 마케도니아의 알렉산드로스 대왕의 명령으로 이카로스로 불렸다. 원래 지명이었던 '아카르Akar'를

Jacob Peter Gowy,
〈이카로스의 추락〉, 1635~1637
(루벤스Peter Paul Rubens 그림의 모사품)

그리스식으로 바꾸면서 발음이 비슷한 '이카로스'로 낙점됐다는 후문이다. 현재 이곳에는 아폴론과 아르테미스 신전 유적이 남아 있다. 그리스군의 공군 조종사를 양성하는 학교 정식 이름은 '그리스 공군 아카데미Hellenic Air Force Academy'지만 별명으로는 '이카루스 스쿨Icarus School'이다. 스쿨 로고에는 이카로스가 어깻죽지에 날개를 달고 힘차게 하늘을 나는 모습이 그려져 있다. 우리나라의 ㈜위메이드이카루스가 만든 모바일과 PC 게임에 '이카루스'가 있다.

이카로스는 전 세계적으로 특히 노래 제목으로 아주 많이 쓰이고 있다. 네덜란드 가수 리햅R3HAB, 영국의 록밴드 바스틸Bastille, 영국의 인디 팝 밴드 케로 케로 보니토Kero Kero Bonito, 일본의 남성 4인조 그룹 '그린Greeeen'의 노래 중에 〈이카루스〉가 있다. 영국 가수 제인 말리크Zayn Malik의 노래 중에 〈이카루스의 추락Icarus Falls〉이 있다. 우리나라 가수의 노래 중에도 로드비RoaD-B의 〈이카루스〉, 곽곤의 〈이카로스의 노래〉, 남성 4인조 그룹 포레스텔라Forestella의 멤버 강형호의 〈이카루스〉, 자우림의 〈이카루스〉 등이 있다.

이카로스를 바라보는 시각은 2가지다. 하나는 아버지의 말을 듣지 않고 자기 마음대로 하늘 높이 날다가 추락한 오만의 화신으로 보는 것이고, 다른 하나는 강형호와 자우림처럼 새로운 길을 열려는 열정으로 충만한 개척정신의 선구자로 보는 것이다. 강형호는 이렇게 노래한다.

더 깊은 어둠 속에 추락한대도/
다시 또 날아 높이 fly to the sky

자우림도 이렇게 노래한다.

멍하니 주저앉아 있으면 아무것도 변하지 않아/자, 힘차게 땅을
박차고 달려 보자/저 먼 곳까지, 세상 끝까지.

Charles Paul Landon, 〈이카로스와 다이달로스〉, 1799

그리스 여신 선발대회와 '미스 월드'

Jan Brueghel the Elder, Hendrick van Balen the Elder, 〈펠레우스와 테티스의 결혼식〉, 1618

세계 미인대회 중 가장 오래된 것은 1951년 영국의 에릭 몰리^{Eric} ^{Morley}가 창설한 '미스 월드^{Miss World}'다. 그것은 '미스 유니버스^{Miss Universe}', '미스 인터내셔널^{Miss International}', '미스 어스^{Miss Earth}'와 함께 세계 4대 미인대회 중 하나다. 그동안 가장 많은 미스 월드를 배출한 나라는 베네수엘라와 인도로 각각 6명이다. 이 밖에도 세계 미인대회는 아주 많다. 가령 세계 4대 미인대회에 '미스 그랜드 인터내셔널^{Miss Grand International}', '미스 인터콘티넨탈^{Miss Intercontinental}', '미스 수프라내셔널^{Supranational}'을 포함하면 세계 7대 미인대회가 된다.

우리나라에도 '미스 코리아'를 필두로 '미스퀸 코리아', '미스 그랜드 코리아', '미스 그린 코리아', '미스 글로벌 코리아', '미스 로얄 코리아', '소서노 여대왕', '세종대왕 소헌황후', '미스 춘향' 등 셀 수 없이 많은 미인대회가 있다. 게다가 지역 특산물을 홍보하기 의한 '고추 아가씨'와 '대추 아가씨'와 같은 미인대회까지 허다하니 가히 그 수를 짐작할 만하다. 그런데 수천 년 전 만들어진 그리스 신화에도 '그리스 여신 선발대회'가 있었고, 심지어 그 대회에서 심사위원에게 뇌물까지 제공되었으니 정말 놀라지 않을 수 없다. 그래서 그리스 여신 선발대회는 그 후에 개최된 전 세계 모든 미인대회의 원형이다.

그리스 여신 선발대회는 아킬레우스의 부모인 펠레우스^{Peleus}와 테티스^{Thetis}의 결혼식장에서 불거진 여신들의 불화에서 그 싹이 터서 트로이 근처 이데^{Ide}산에서 개최된다. 테티스는 태초의 바다의 신 폰토스^{Pontos}의 아들 네레우스^{Nereus}와 대양강의 신 오케아노스의 딸 도리스^{Doris} 사이에서 태어난 딸로 부모의 피를 이어받아 자신도 또한 바다의 여신이었다. 그녀는 50명이나 되는 네레우스의 딸인 네레이데스^{Nereides} 중 가장 아름다워 일찌감치 신들의 왕 제우스와 바다의 신 포세이돈의 구애를 받았다.

하지만 두 신은 미래를 내다볼 수 있었던 프로메테우스에게서 테티스와의 사이에서 태어난 아들이 아버지를 훨씬 능가하여 권력을 찬탈할 것이라는 얘기를 듣고 그녀를 깨끗이 단념했다. 게다가 제우스는 테티스에게 신이 아닌 인간을 남편으로 골라 줘야겠다고 생각했다. 테티스와 다른 신과의 사이에서 태어난 자식도 자신의 권좌에 위협이 될 수도 있었기 때문이다. 테티스의 신랑감을 물색하던 제우스의 눈에 띈 사람이 바로 별 볼 일 없는 영웅이었던 프티아^{Phthia}의 왕 펠레우스^{Peleus}였다.

펠레우스와 테티스의 결혼식은 펠리온산에서 거행되었고 불화의 여신 에리스^{Eris}만 제외하고 모든 신들이 초대받았다. 불화의 여신이 끼어 있으면 결혼식이 잘못될 수 있다는 제우스의 염려에서였다. 그런데 결혼식이 끝나고 피로연이 벌어지고 있을 때 갑자기 에리스가 피로연장 위 구름 위에 숨어서 피로연장 위로 살짝 황금 사과 하나를 떨어뜨렸다. 사과 겉에는 "가장 아름다운 여신에게"라고 쓰여 있었다. 에리스는 밤의 여신 닉스가 혼자 낳은 딸로 주로 고통, 전쟁, 살인, 싸움, 거짓 등을 불러일으켰다. 그녀는 결혼식에 초대받지 못한 것에 분노하여 여신들 사이에 분쟁을 일으키고 싶었던 것이다.

아니나 다를까. 가정의 여신 헤라, 지혜와 전쟁의 여신 아테나, 미와 사랑의 여신 아프로디테 등 세 여신이 그 황금 사과를 놓고 서로 자기 것이라고 다투었다. 세 여신은 옥신각신하다가 결론을 내지 못하고 결국 제우스에게 판결을 부탁했다. 제우스는 세 여신 중 하나를 택해

다른 두 여신의 원한을 사고 싶
지 않았다. 그래서 가장 아름다
운 여신을 고르는 일은 이 세상
에서 가장 잘생긴 남자인 트로
이의 왕자 파리스^{Paris}가 해야 한
다고 둘러대 위기를 모면했다.

Jacob Jordaens, 〈불화의 황금 사과〉, 1633

　　파리스는 트로이의 왕 프
리아모스^{Priamos}의 아들로 그 당시 트로이 근처 이데산에서 소와 양들을
돌보고 있었다. 헤르메스가 세 여신을 대동하고 파리스에게 황금 사과
를 건네주며 제우스의 명령을 전한 그날도 파리스는 이데산에서 소들
에게 꼴을 먹이고 있었다. 영국 작가 로버트 폰 랑케 그레이브스<sup>Robert
von Ranke Graves</sup>의 『그리스 신화』에 따르면 파리스는 이때 헤르메스로부
터 자신의 임무를 전해 듣고 당황한 표정을 지으며 말했다. "저같이 한
낱 보잘것없는 목동이 어떻게 여신들의 아름다움을 판결할 심판관이
될 수 있겠습니까? 차라리 이 사과를 세 여신에게 똑같이 쪼개어 나누
어 드리겠습니다." 그러자 헤르메스가 황급히 대답했다. "아니, 그래
선 안 된다. 너는 그 사과를 한 여신에게만 드려야 한다. 나는 또한 네
게 앞으로 아무런 충고도 할 수가 없다. 너는 네 능력으로 스스로 판단
을 내려야 한다!" 그러자 파리스가 탄식하며 말했다. "그렇게 하겠습니
다. 하지만 저는 우선 선택받지 못할 여신들께 제게 진노하지 마실 것
을 간청합니다. 저는 아주 어리석고 나약한 인간에 불과하기 때문입니
다." 세 여신이 여신들이 그의 결정에 따르겠다고 약속하자 파리스는
헤르메스에게 또다시 물었다. "여신들의 현재 모습으로 판결하는 게 좋
겠습니까, 아니면 옷을 벗은 모습으로 하는 게 좋겠습니까?" "경합의

원칙도 네가 결정해야 한다." 헤르메스가 입가에 살짝 미소를 지으며 대답했다. "그렇다면 이번 경우에는 여신들이 옷을 벗어 주었으면 합니다."

헤르메스는 여신들에게 그렇게 하라고 부탁하고 정중하게 등을 돌렸다. 파리스는 감히 여신들에게 지금으로 치면 수영복 심사를 하겠다고 나선 것이다. 파리스가 요청한 대로 세 여신이 모두 옷을 벗자 그가 말했다. "여신들께서 반대만 안 하신다면 저는 여신들을 한 분씩 살펴보겠습니다. 먼저 헤라 여신께서 이리 오십시오! 다른 두 여신께서는 잠시 우리 둘만 있게 해 주시길 바랍니다." 그러자 헤라는 파리스에게 천천히 몸을 돌리면서 자신의 멋진 몸을 보이며 말했다. "내 몸을 잘 살펴본 다음 만약 네가 나를 가장 아름다운 여신으로 선택해 준다면, 너를 아시아의 군주와 이 세상에서 가장 큰 부자로 만들어 주겠다." "여신님, 저는 뇌물을 받지 않습니다. 고맙습니다. 이걸로 충분합니다. 제가 살펴보고 싶은 것은 다 보았습니다. 자, 다음은 아테나 여신께서 이리 와 주십시오!" 그러자 두 번째로 호명을 받은 아테나 여신이 자신 있게 나서며 이렇게 말했다. "자, 내 몸을 잘 살펴봐라, 그리고 내 말을 잘 들어라. 만약 네가 나를 가장 아름다운 여신으로 선택해 준다면, 나는 네가 전투를 할 때마다 승리자로 만들어 줄 뿐만 아니라, 이 세상 모든 남자 중에서 가장 현명한 사람으로 만들어 주겠다." 그러자 파리스가 이렇게 말했다. "여신님, 저는 군인이 아니라, 하찮은 목동에 불과합니다. 저는 트로이 지역에 평화가 유지되고 프리아모스왕의 지배권이 흔들리지 않게 할 수 있는 분은 당신뿐이라는 것은 잘 알고 있습니다. 저는 단지 황금 사과에 대해 정당하게 판결할 것을 약속드릴 수 있을 뿐입니다. 이제 옷을 입으시고 투구도 쓰십시오. 자, 마지막으로 아프로디테

여신 준비되셨습니까?"

　아프로디테가 그에게 다가오자 파리스는 볼이 빨개졌다. 그녀는 파리스와 몸이 거의 닿을 정도로 가까이 다가왔기 때문이다. "자, 파리스야, 아무것도 놓치지 말고 내 몸을 자세히 살펴봐라. 그런데 너는 정말 아름다운 청년이구나. 하지만 너는 왜 도시로 가서 문명 생활을 누리지 않는 거냐? 네가 그리스로 가서 나처럼 아름답고 정열적인 헬레네와 같이 산다면 어떻겠니? 너는 혹시 헬레네에 대해 들어 본 적이 있느냐?" "아뇨, 아직요, 여신님. 그렇다면 제게 헬레네가 어떤 여인인지 설명해 주시겠습니까?" "헬레네는 제우스신의 딸인데, 이 세상에서 가장 아름다운 여인이다. 어린아이였을 때 벌써 그녀를 차지하려고 전쟁이 일어날 정도였지. 그래서 성인이 되자 그리스의 모든 왕자가 그녀에게 구혼했단다. 지금 그녀는 미케네^{Mykene}의 왕 아가멤논^{Agamemnon}의 동생이자 스파르타^{Sparta}의 왕 메넬라오스^{Menelaos}의 아내다. 하지만 그것은 그렇게 중요하지 않다. 너만 원한다면 그녀를 차지할 수도 있다." 그러자 파리스가 다급하게 물었다. "이미 결혼했는데 어떻게 그럴 수 있지요?" "아이고, 넌 정말 순진하구나! 넌 그런 일을 처리하는 게 신으로서 내 임무라는 것을 들어 보지 못했느냐? 내가 너한테 제안을 하나 하겠다. 내 아들 에로스를 안내자 삼아 그리스로 떠나자. 우리가 스파르타에 도착하면 나와 내 아들은 헬레네가 단숨에 너와 사랑에 빠지도록 도와주겠다." "그 말을 맹세하실 수 있겠습니까?" 파리스가 흥분하여 물었다. 아프로디테가 엄숙하게 맹세하자, 파리스는 더 생각할 것도 없이 세 여신을 당장 모아 놓고 황금 사과는 아프로디테의 것이라고 판결했다.

　이 사건이 바로 루벤스^{Rubens}를 비롯한 수많은 화가가 즐겨 그림의

Peter Paul Rubens, 〈파리스의 심판〉, 1638~1639

소재로 삼았던 유명한 '파리스의 심판'이다. 그 후 파리스는 곧장 트로이 궁전으로 돌아가 아프로디테와 함께 스파르타로 떠날 채비를 했다. 예언가이자 형제자매였던 헬레노스Helenos와 카산드라Kassandra가 파리스를 말렸지만 아무런 소용이 없었다. 파리스가 아프로디테와 에로스의 안내로 스파르타 왕궁에 도착하자 메넬라오스는 그를 극진하게 대접했다.

그는 마침 외할아버지 카트레우스Katreus의 장례식에 참석하기 위해 크레타로 떠나면서도 헬레네에게 파리스를 잘 대접하라고 신신당부했다. 파리스는 남편 메넬라오스가 없는 틈을 노려 헬레네에게 트로이로 가 같이 살자고 유혹했다. 이때 헬레네가 파리스를 따라가지 않으려 했다는 설이 있다. 그래서 아프로디테가 아들 에로스를 시켜 헬레네의 마음에 사랑의 불씨를 지폈다는 것이다.

하지만 유력한 설에 의하면 그녀는 젊고 잘생긴 파리스에 반해 그를 따라갔다. 그것도 모자라 궁전에 있는 금은보화를 몽땅 갖고 갔다.

618

헬레네의 납치를 소재로 그림을
그린 후세의 화가들도 이것을
의식했는지 2가지 입장으로 나
뉜다. 그래서 어떤 화가의 그림
에서는 헬레네는 납치당하지 않
으려고 발버둥을 친다. 이에 비
해 다른 화가의 그림에서 헬레
네는 파리스의 손을 잡고 즐겁
게 그를 따라간다.

Benjamin West, 〈파리스를 헬레네에게 데
려다주는 아프로디테〉, 1776

　아내 헬레네가 손님 파리스와 함께 사라지자 남편 메넬라오스는
분노가 머리끝까지 치밀어 올라 트로이를 응징하기로 결심했다. 그는
우선 당시 최강의 도시국가였던 미케네로 형 아가멤논^{Agamemnon}을 찾아
가 트로이 침공 계획을 철저하게 수립한 뒤, 그리스 전역에 파발마를
띄워 다른 도시국가의 왕들에게도 정중하게 파병을 간청했다. 그러자
수많은 도시국가의 왕들이 총 1186척의 함선들을 이끌고 아울리스^{Aulis}
항으로 모여들었다. 마침내 트로이 전쟁의 서막이 오른 것이다.

　에우리피데스^{Euripides}는 비극 「헬레네」에서 헬레네는 전혀 트로이
에 간 적이 없었다는 매우 생뚱맞은 주장을 펼쳤다. 그에 따르면 소위
'파리스의 심판'에서 패배한 헤라는 기분이 몹시 상한 나머지 파리스와
헬레네가 맺어지지 못하도록 바람으로 헬레네의 모습을 빚어 파리스에
게 주었다. 제우스는 이 기회를 이용하여 그리스와 트로이 사이에 전쟁
을 일으켜 그동안 대지에 너무 과중한 짐이 되었던 인간들의 수도 줄이
고 그리스의 영웅 아킬레우스도 세상에 널리 알리고 싶었다. 그래서 전
령신 헤르메스를 시켜 진짜 헬레네를 이집트의 왕 프로테우스^{Proteus}에

Guido Reni, 〈헬레네의 납치〉,
1620~1626

Giovanni Francesco Romanelli, 〈파리스의 납치〉,
1630~1632

게 잠시 맡기도록 했다. 에우리피데스는 비극 「엘렉트라」에서는 아예 제우스가 헬레네의 허상을 트로이로 보냈다고 주장했다.

헤로도토스Herodotos도 『역사』에서 헬레네의 행적과 관련하여 이와는 약간 색깔은 달라도 본질은 똑같은 이야기를 소개하고 있다. 일반적으로 파리스는 헬레네를 배에 태우고 순풍을 타고 3일 만에 트로이에 도착한 것으로 알려져 있다. 하지만 헤로도토스가 이집트의 사제로부터 들은 이야기는 그와는 사뭇 달랐다. 그에 따르면 파리스의 배는 폭풍우를 만나 한참을 표류하다가 트로이로 가지 못하고 이집트에 도착했다. 이집트의 왕 프로테우스는 그들로부터 자초지종을 전해 듣더니 남의 가정을 파괴한 파리스를 추방하고 헬레네와 그녀가 가지고 간 보물은 억류해 두었다. 그는 헬레네의 남편이 찾으러 오면 아내와 보물을 돌려줄 속셈이었다.

그 사이 아가멤논은 총사령관이 되어 동생 메넬라오스와 함께 그리스 대군을 이끌고 트로이를 포위한 채 성안으로 특사를 보내 헬레네와 보물을 돌려주고 그리스를 모욕한 것에 대해 물질적으로 보상해 달라고 요구했다. 그러자 트로이 측은 헬레네는 트로이에 오지 않았기 때문에 당연히 그녀가 가져왔다는 보물도 있을 턱이 없으며 그녀와 보물은 모두 이집트에서 프로테우스 왕의 억류를 당하고 있으니 그에 대해 물질적으로 보상할 아무런 이유가 없다고 대답했다.

하지만 그리스군은 트로이인들이 거짓말을 하고 있다고 생각하여 트로이를 공격하여 함락한 뒤 트로이 성내에서 아무리 헬레네를 쥐잡듯이 뒤져보아도 그 흔적을 찾을 수 없었고, 살아남은 트로이 왕족을 족처봐도 여전히 똑같은 이야기를 듣게 되자 마침내 그들의 이야기를 믿고 메넬라오스를 이집트의 프로테우스 왕에게 보냈다. 메넬라오스는 나일강을 거슬러 올라가 멤피스에 도착한 다음 왕에게 찾아온 용건을 말하자 환대를 받았다. 또 아무런 해를 입지 않고 편히 지내고 있던 헬레네와 본래 자기 것이었던 보물을 그대로 돌려받았다.

헤로도토스는 자신도 이집트 사제들이 헬레네에 대해 말한 게 사실이라고 생각했다. 그에 따르면 헬레네가 실제로 트로이에 있었다면 파리스의 의지와는 상관없이 그녀를 그리스군에 돌려주었음에 틀림이 없다. 프리아모스를 비롯한 그 누가 과연 자신과 가족 그리고 나라까지 위험에 빠뜨리면서 파리스와 헬레네의 사랑을 지켜 줄 수 있었겠는가. 설령 헬레네의 연인이 프리아모스였다고 해도 그는 트로이를 위험에서 구해 내기 위해 그녀를 그리스군에 되돌려 보냈을 것이다. 또한 이미 노인이 된 프리아모스를 대신해서 용감무쌍한 장남 헥토르가 트로이의 전권을 행사하고 있었을 텐데 아무리 동생이라고 해도 그의 파렴치한 행위를 보고만 있지 않았을 것이다.

헬레네의 행적에 대한 이설들은 우리에게 전쟁의 속성에 대한 중요한 진실을 말해준다. 전쟁은 명분이 있어야 발발하지만, 그 명분은 허울에 지나지 않고 진짜 전쟁의 원인은 따로 있다는 만고의 진실 말이다. 그것은 바로 그 나라를 차지하고 싶은 탐욕이다. 트로이 전쟁은 파리스의 심판으로 인해 트로이에 납치당한 스파르타의 왕비 헬레네를 찾으러 간다는 그럴듯한 명분으로 벌어졌지만, 에우리피데스나 헤로도토스에 의하면 정작 헬레네는 트로이에 간 적이 없었거나 바람으로 빚은 가짜였고 결국 애먼 트로이만 몰락시켰기 때문이다.

고대 그리스인들은 모든 경기에서 우승자만 가렸지 2등과 3등은 선발하지 않았다. 그래서 전 세계 모든 미인대회의 원조인 파리스의 심판에서도 '진眞' 이외에 '선善'과 '미美'는 선발되지 않았다. 마찬가지로 현대 올림픽의 전신인 고대 올림피아 경기에서도 2등과 3등은 없었다. 그래도 만약 파리스의 심판에서 선과 미를 굳이 가려본다면? 아마 아테나가 선, 헤라가 미가 되지 않았을까? 고대에는 아무래도 국가가 주관하는 전쟁이 가정사보다 훨씬 더 중요했을 것이기에 해 본 추측이다.

'헬레나' 플라워 숍과 '헬레네' 향수

헬레네는 로마식으로는 헬레나^{Helena}로, 영어로도 똑같이 헬레나, 혹은 헬렌^{Helen}으로 불린다. 그녀는 그리스 신화 최고의 미녀로 신들의 왕 제우스의 딸이었다. 너무 아름다워 그녀를 차지하려다가 두 번이나 전쟁이 일어날 정도였다. 그래서 헬레네는 전 세계인들에게 미의 아이콘으로 깊게 각인되어 고대부터 현대까지 사람 이름뿐 아니라 지명이나 특히 브랜드 이름으로 부활하여 지금도 여전히 우리 주변에 생생하게 살아 숨 쉬고 있다.

비잔틴의 콘스탄티누스 황제의 어머니와 로마 황제 율리아누스의 아내 이름이 바로 헬레나다. 미국에는 캘리포니아주, 루이지애나주, 미

Evelyn De Morgan,
〈트로이의 헬레네〉, 1898

시간주 등 15개가 넘는 주에 헬레나라는 도시가 있다. 특히 사후 성인이 되는 콘스탄티누스 대제의 어머니 '세인트 헬레나Saint Helena'를 따라 지은 세례명이나 지명도 많은데, 그중 가장 유명한 게 바로 나폴레옹이 유배된 '세인트헬레나섬'이다. 트로이 전쟁이 끝나고 그리스에 도착한 헬레네가 스파르타로 돌아가기 전에 하룻밤 묵은 섬 이름도 '헬레네Helene'였다. 이 섬은 수니온곶에서 4km 떨어진 곳에 있으며 현재는 '마크로니소스Makronisos'로 불린다.

독일 가수 헬레네 피셔Helene Fischer 등 전 세계적으로 헬레네, 헬레나, 혹은 프랑스어식 표기인 '엘렌Hélène'이라는 이름을 지닌 유명인들도 아주 많다. 가령 폴란드의 사업가 헬레나 루빈슈타인Helena Rubinstein은 자신의 이름을 성과 함께 화장품 브랜드로 만들어 고대 그리스 헬레네만큼이나 세계적인 명성을 얻었다. 프랑스 명품 향수 회사 랑세Rancé의 브랜드 '엘렌Hélène'도 나폴레옹과 그의 정부 사이에서 태어난 딸의 이름 '샬롯 엘렌Hélène Charlotte'의 이름을 딴 것인데, 우리말로는 '엘렌'이 아닌 '헬레네'로 표기했다.

624

랑세 가문은 1600년대 초부터 프랑스 그라세^{Grasse}에서 귀족들을 위해 향수 장갑을 만들어 팔면서 유명해졌는데, 1795년 프랑수아 랑세^{François Rancé} 대부터는 아예 '랑세'라는 회사를 설립하여 향수 사업에만 전념하면서 큰 명성을 얻었다. 특히 프랑수아 랑세는 나폴레옹 황제의 전속 조향사가 되어 그를 위해서는 '르방케^{Le Vainqueur(승리자)}', '트리옹페^{Triomphe(승리)}', 그의 아내 조세핀을 위해서는 '랭패라트리스^{l'Impératrice(여제)}'라는 향수를 만들었으며, 특히 나폴레옹이 예뻐했던 정부의 딸을 위해서는 바로 '엘렌'이라는 향수를 만들었다.

우리나라에서 그리스식 이름 헬레네를 상호나 브랜드로 쓰고 있는 곳은 거의 없다. 이에 비해 영어식 이름인 헬레나를 브랜드로 쓰고 있는 곳은 아주 많다. 주로 꽃꽂이, 패션, 네일아트, 여성 의류, 헤어 숍 등 미의 화신 헬레네의 캐릭터에 걸맞게 '아름다움'을 추구하는 사업이다. 특히 눈에 띄는 브랜드가 바로 하이앤드 플라워 숍을 지향하는 '헬레나플라워^{HELENA FLOWER}'다. 그렇다면 고대 그리스의 헬레네는 어떻게 태어났으며, 왜 그녀로 인해 두 번이나 전쟁이 일어난 것일까?

헬레네는 그리스 신들의 왕 제우스의 딸이었다. 제우스는 마음에 드는 여인이 생기면 그녀가 좋아하는 온갖 동물로 변신하여 사랑을 나눈 것으로 유명하다. 그는 언젠가 스파르타의 왕 틴다레오스^{Tyndareos}의 아내 레다^{Leda}의 미모에 반해 그녀가 좋아하는 백조로 변신하여 사랑을 나누었다. 열 달 후 레다는 알 2개를 낳았다.

이윽고 알이 부화하자 각각의 알에서 남녀 한 쌍의 쌍둥이가 태어났다. 알 하나에서는 폴리데우케스^{Polydeukes}와 헬레네가, 다른 알에서는 카스토르^{Kastor}와 클리타임네스트라^{Klytaimnestra}가 태어났다. 그중 폴리데우케스와 헬레네의 아버지는 제우스였고, 카스토르와 클리타임네스트

Sodoma, 〈레다와 백조〉, 1510
(미켈라젤로의 소실된 작품을 복제한 것이
다. 왼쪽 수풀 속에 아직 부화하지 않은
알이 하나 보인다)

라의 아버지는 틴다레오스였다. 카스토르와 폴리데우케스는 아버지는 서로 달랐지만 모두 '제우스의 아들들'이라는 뜻의 '디오스쿠로이Dioskuroi'로 불렸다.

헬레네는 아주 어렸을 때부터 미모가 출중했다. 아테네의 영웅 테세우스가 그 소문을 듣고 절친 페이리토오스Peirithoos의 도움으로 고작 열 살 내지 열두 살밖에 되지 않은 그녀를 납치하자 오빠들이 군대를 이끌고 아테네로 쳐들어와 구해 간 적이 있을 정도였다. 이게 바로 헬레네의 미모 때문에 일어난 첫 번째 전쟁이다. 그 후 헬레네가 장성하여 혼인할 나이가 되자 틴다레오스의 집은 그리스 전역에서 몰려든 구혼자들로 문전성시를 이루었다. 하지만 틴다레오스는 기뻐하기는커녕 어찌할 바 모르고 전전긍긍하고 있었다. 만약 그들 중 하나를 택하면 다른 구혼자들이 그 결정에 불만을 품어 큰 싸움이 벌어질 수 있었기 때문이다.

구혼자들 중 하나였던 꾀쟁이 오디세우스가 틴다레오스의 고충을 간파했다. 그는 틴다레오스에게 자신을 그의 형제인 이카리오스Ikarios의 딸 페넬로페Penelope와 혼인하게 해 주면 문제를 해결해 주겠다고 제안했다. 영리한 오디세우스는 이미 자신이 헬레네의 선택을 받을 것이라고는 전혀 생각하지 않았던 것이다. 전전긍긍하던 틴다레오스가 흔쾌히 그의 말에 동의하자 오디세우스는 구혼자들로부터 누가 헬레네의 신랑이 돼도 그 사실을 받아들일 것이며, 또한 앞으로 헬레네가 결혼한 후에도 그녀의 신상에 무슨 일이 생기면 서로 힘을 합해 도와주겠다는 맹세를 받아 내라고 충고했다.

틴타레오스가 오디세우스의 조언대로 하자 구혼자들은 모두 그의 요구에 순순히 응했다. 그제야 헬레네는 아버지의 뜻에 따라 당시 최강의 도시국가였던 미케네Mykene의 왕 아가멤논의 동생 메넬라오스를 신랑감으로 선택했다. 그 후 틴다레오스는 두 아들 폴리데우케스와 카스토르가 죽자 스파르타의 왕위를 사위에게 물려주었다. 그러자 미케네에서 신혼 생활을 시작했던 헬레네는 스파르타로 이주하여 살면서 딸 헤르미오네Hermione를 낳았다. 영화 〈해리포터〉에 등장하는 '헤르미온느 Hermione'는 이 '헤르미오네'에서 따온 이름이다. 헬레네는 이렇게 메넬라오스와 한참 동안 행복하게 사는 듯했다.

하지만 그녀는 앞서 언급한 '파리스의 심판'의 여파로 트로이의 왕자 파리스가 스파르타로 그녀를 찾아와 아프로디테와 에로스의 지원을 받아 열렬하게 구애하자 자진해서 그를 따라갔다. 당시 아홉 살밖에 되지 않은 딸 헤르미오네를 떼어 놓고 갈 정도였다니 눈에 콩깍지가 씌어도 단단히

Jacopo Amigoni, 〈헬레네의 승선〉, 1682~1752

씌었던 것 같다. 이에 분노한 메넬라오스는 전 그리스의 헬레네 구혼자
들에게 '결혼 후에도 그녀의 신상에 무슨 일이 생기면 서로 힘을 합해
도와주겠다'고 했던 맹세를 근거로 트로이를 응징할 군사와 함선을 보
내 달라고 간청했다. 이게 바로 소위 '트로이 전쟁'인데, 헬레네의 미모
때문에 일어난 두 번째 전쟁이다.

윌리엄 버틀러 예이츠의 시 「레다와 백조」

Paolo Veronese, 〈레다와 백조〉, 1585년경

●

예이츠^{William Butler Yeats}가 1928년에 발표한 시 「레다와 백조^{Leda and the Swan}」는 제우스가 스파르타의 왕 틴다레오스의 아내 레다에게 반해 백조로 변신하여 그녀를 능욕한 이야기를 소재로 쓴 것이다. 예이츠는 그 시 3연에서 이렇게 말한다.

소녀는 허리께를 한 번 부르르 떨더니 그곳에/허물어진 성벽, 불 타는 지붕과 탑/그리고 죽은 아가멤논을 낳는다.

그것은 제우스에 의해 유린당한 레다가 낳은 백조의 알에서 태어 난 헬레네로 인해 트로이 전쟁이 일어났고, 그 전쟁으로 인해 트로이가 몰락하여 성벽이 허물어졌으며, 헬레네의 자매로 그녀처럼 백조의 알 에서 태어난 클리타임네스트라가 자신의 남편이자 그리스군의 총사령 관 아가멤논을 살해한 것을 염두에 두고 한 말이다.

예이츠는 「레다와 백조」를 통해 "비틀거리"며 "무기력"하게 당할 수밖에 없는 폭력이 일상이 되어버린 세태를 고발하는 것일 수 있다. 거시적으로는 문명이라는 가면에 감추어진 서양문명의 원류인 미케네 문명의 민낯을 고발하는 것일 수도 있다. 그런 의도는 "하얀 일격"이라 는 시어에 강하게 배어 있다. "하얀 일격"은 '백인의 폭력'을 비유할 수 있기 때문이다. 예이츠는 또한 당시 수백 년 조국 아일랜드를 지배하면 서 무소불위의 폭력을 휘둘러 왔던 영국의 "야만적인 피"를 고발하는 것일 수도 있다. 그래서 레다가 제우스의 폭력(힘)에 속수무책으로 당한 것도 모자라 그 폭력의 유전자(지식)까지 이어받은 걸 가슴 아파하는 것은 아닐까? 예이츠의 시 「레다와 백조」 전문을 소개한다.

갑작스런 일격: 비틀거리는 소녀 위에서

계속 퍼덕이는 커다란 날개, 검은 물갈퀴에

애무당하는 그녀의 허벅지, 그의 부리에 물린 그녀의 목덜미,

그는 그녀의 무기력한 가슴을 자신의 가슴에 안고 있다.

그 공포에 휩싸인 연약한 손가락들이 어찌 깃털로 덮인

영광을 맥이 풀려 버린 허벅지에서 밀어낼 수 있겠는가?

그리고 하얀 일격에 스러진 몸이라도 어찌

가슴에서 고동치는 낯선 심장을 느끼지 않을 수 있겠는가?

소녀는 허리께를 한 번 부르르 떨더니 그곳에

허물어진 성벽, 불타는 지붕과 탑

그리고 죽은 아가멤논을 낳는다.

그렇게 사로잡힌 채,

하늘의 야만적인 피에 그렇게 정복당하면서,

소녀는 그의 힘과 함께 그의 지식을 이어받았던 것일까,

무심한 부리가 자신을 내려놓기 전에?

104.

헬레네는 파우스트의 아내였다?

헬레네는 뛰어난 미모 탓에 여러 번 결혼한다. 첫 번째 남편은 스파르타의 왕 메넬라오스, 두 번째 남편은 트로이의 왕자 파리스다. 그녀는 트로이에서 파리스가 전사한 뒤에는 그의 형 데이포보스Deiphobos를 세 번째 남편으로 맞는다. 2세기경의 그리스 여행 작가 파우사니아스Pausanias에 따르면 헬레네는 죽어 지하 세계에 가서는 아킬레우스의 아내가 된다. 이것으로 끝이 아니다. 심지어 독일의 세계적인 문호 괴테Goethe는 희곡 『파우스트』에서 그녀를 고대 그리스에서 소환하여 주인공 파우스트Faust와 결혼시킨다. 파우스트가 헬레네를 만나는 장면까지 살펴보자.

파우스트는 철학, 법학, 의학, 신학 등 모든 학문을 섭렵하고도 전혀 만족할 줄 모른 채 오히려 자살 충동을 느낄 정도로 심한 우울증에 빠져 있다가 마침 자신을 찾아온 악마 메피스토펠레스^{Mephistopheles}가 그 공허함을 풀어 주겠다고 제안하자 그와 계약을 맺고 피로 사인한다. 파우스트는 메피스토펠레스에게 자신이 어느 순간 너무 만족스러운 나머지 "아 정말 좋구나. 이 순간이 영원히 지속된다면 얼마나 좋을까!"라는 말이 입에서 절로 나오도록 해 주기만 하면 자신의 영혼을 주겠다고 약속한다.

메피스토펠레스는 파우스트를 만족시키기 위해 서재에만 틀어박혀 있던 그를 데리고 세상 구경을 떠난다. 바야흐로 파우스트는 만족시키기 위한 메피스토의 특급대작전이 시작된 것이다. 파우스트는 메피스토펠레스의 안내로 제일 먼저 라이프치히의 아우어바흐^{Auerbach} 지

Georg Friedrich Kersting,
〈서재의 파우스트〉, 1829

Anton Kaulbach, 〈파우스트와 메피스토〉,
1864~1934

하 술집에 들러 4명의 대학생들과 합류해 즐거운 한때를 보낸 다음 메피스토펠레스의 부하격인 어떤 마녀의 부엌에 들러서는 젊어지는 약을 마시고 30년이나 젊은 청년으로 변신하여 그레트헨Gretchen이라고도 하는 소녀 마르가레테Margarete와 잠깐 사랑에 빠졌다가 싫증을 느끼고, 이어 온갖 악마들이 모여 축제를 벌이는 발푸르기스Walpurgis 밤의 축제에 참가한다.

술집, 사랑, 축제는 개인적인 욕망을 충족시킬 수 있는 수단이지만 파우스트는 전혀 만족을 느끼지 못한다. 그러자 메피스토펠레스는 이번에는 그를 경제난에 빠진 어떤 황제의 궁성으로 데려가 재상으로 만들어 주고 화폐를 발행하여 나라를 구하도록 한다. 파우스트의 공적인 욕망을 충족시켜 그의 만족감을 끌어내려는 수작이다. 파우스트의 능력을 신임한 황제는 어느 날 그에게 생뚱맞게도 고대의 이상적인 커플의 전형 파리스와 헬레네가 보고 싶다며 당장 불러오라고 명령한다. 난감해하던 파우스트는 결국 메피스토의 도움으로 궁전 홀에서 현대의 홀로그램처럼 파리스와 헬레네의 환영을 불러낸다.

그런데 황제보다도 파우스트 자신이 헬레네의 아름다움에 매료당한 채 그녀를 안으려는 파리스에게 질투심에 사로잡힌 나머지 잽싸게 달려가 그를 제지하려다가 헬레네를 건드리는 바람에 폭발이 일어나 그녀는 파리스와 함께 순식간에 사라지고 만다. 파우스트는 그날 이후로 헬레네를 잊지 못해 애를 태우다가 결국 메피스토펠레스에게 계약을 근거로 그녀를 만나게 해 달라고 요구한다. 메피스토펠레스는 어쩔 도리 없이 시간을 거슬러 고대 그리스로 파우스트를 데리고 간다. 때는 10년 동안 지속된 트로이 전쟁이 그리스 연합군의 승리로 끝나고 얼마간의 시간이 흐른 뒤다.

메넬라오스가 파리스에게 빼앗겼던 아내 헬레네를 찾아 대동하고 스파르타의 외항 기테이온Gytheion에 도착한다. 헬레네는 곧 뒤따라가겠다는 남편의 권유로 먼저 스파르타 궁으로 향하면서 왜 남편이 신들에게 제사 지낼 준비는 하라면서 제물은 마련하라고 하지 않는지 의아해하면서, 혹시 파리스를 따라간 전과 때문에 자신이 그 제물이 되는 것은 아닌지 의심한다. 이윽고 스파르타에 도착한 헬레네는 자신을 마중 나온 시종장 포르키아스Phorkyas에게 속내를 털어놓고 그 이유를 묻는다. 그러자 프로키아스는 그녀가 바로 그 제물이란 걸 몰랐냐며 그녀를 경악에 빠뜨린다.

결국 헬레네는 목숨을 부지하기 위해 고민 끝에 시종장의 소개로 트로이 전쟁이 터지기 전 스파르타 근처로 이주해서 지금은 강력한 왕국을 이루고 있는 게르만족의 왕에게 몸을 의탁하는데, 그 왕이 바로 파우스트이고, 시종장은 다름 아닌 메피스토펠레스다. 그 후 파우스트는 헬레네와 살면서 아들 오이포리온Euphorion을 낳는다. 하지만 얼마 후 오이포리온과 헬레네는 이전 황제의 궁성에서의 헬레네와 파리스의 환영처럼 갑자기 폭발 사고가 일어나 사라져 버린다. 파우스트의 공적인 생활도 그를 만족시킬 수 없었다는 뜻일 것이다. 그런데 괴테가 『파우스트』에서 게르만족 왕국의 모델로 삼았던 곳이 바로 그리스의 미스트라스Mystras다.

미스트라스는 고대 스파르타로부터 8km 떨어진 타이게토스산 비탈에 건설된 비잔틴 시대의 도시로 1989년 유네스코 세계문화유산으로 지정되었다. 유적으로는 산 정상의 빌라르두앵Villehardouin 성채, 비잔틴 제국의 마지막 황제인 팔라이올로고스Palaiologos의 후손들이 머물렀던 왕궁, 시민들의 주거지, 성벽 외에도 그리스 정교 교회와 수도원 등

미스트라스의 팔라이올로고스 궁전

이 남아 있다. 괴테는 기행문을 쓸 만큼 이탈리아에는 오래 머물렀어도 그리스를 방문한 적은 전혀 없다. 다만 미스트라스에 관한 자료를 읽고 깊은 인상을 받아 그곳을 파우스트와 헬레네가 만나는 장소로 삼았다는 후문이다. 나는 그리스에 갈 때마다 거의 매번 미스트라스에 들러 여행 도반들에게 그곳에서의 파우스트의 행적을 설명해 주곤 한다.

105.

네덜란드 프로축구팀 '아약스'

우리나라 프로축구의 1부 리그는 "K League 1"이라고 부른다. 프로축구 1부 리그의 명칭은 독일에서는 '분데스리가Bundesliga', 이탈리아에서는 '세리에 에이Serie A', 영국에서는 '프리미어 리그Premier League', 스페인에서는 '라리가Laliga'이다. 스페인어인 '라 리가La Liga'는 영어로 'the League'라는 뜻이다. 그렇다면 네덜란드 프로축구 1부 리그 이름은 무엇일까? 그것은 바로 발음부터 아주 생소한 '에레디비시Eredivisie'이다, 네덜란드어인 '에레디비시'는 '명예의 팀Honour Division'이라는 뜻이다.

'에레디비시'는 총 18개의 프로축구팀으로 이루어져 있다. 그들은 연고지를 팀 이름으로 쓰는 경우도 있지만, 주로 영어 'Football Club'

의 약자 'FC'나, 그 팀의 소속사, 혹은 그 팀과 밀접한 연관이 있는 인물 등을 연고지 앞에 함께 병기해서 팀 이름으로 쓰고 있다. 가령 한때 박지성 선수가 뛰었던 'PSV Eindhoven'은 '필립스'가 소속사이면서 '에인트호번'을 연고지로 하고 있다. 그런데 이 '에레디비시'에는 그리스 신화의 영웅을 이름으로 쓰는 팀이 두 개나 있다. 하나는 '헤라클레스 알멜로Heracles Almelo'이고, 다른 하나는 '아약스 암스테르담Ajax Amsterdam'이다.

헤라클레스는 삼척동자도 알 만한 너무 유명한 영웅이라 더 이상 설명이 필요 없을 것이다. 하지만 '아약스'가 누구인지는 금방 생각나지 않을 것이다. 아약스는 바로 트로이 전쟁 당시 그리스 연합군 소속의 장수였던 '아이아스Aias'의 네덜란드식 이름이다. 그런데 트로이 전쟁에 참전한 그리스 연합군에는 2명의 아이아스가 있었다. 하나는 살라미스Salamis의 왕 텔라몬Telamon의 아들이었던 소위 '대大 아이아스'(혹은 큰 아이아스, 텔라몬의 아이아스)이고, 다른 하나는 로크리스Lokris의 왕 오일레우스Oileus의 아들이었던 소위 '소小 아이아스'(혹은 작은 아이아스, 로크리스의 아이아스)다.

소 아이아스는 트로이 전쟁이 발발하자 로크리스에서 전함 40척을 이끌고 그리스 연합군에 합류했다. 호메로스의 『일리아스』에 따르면 그는 창 던지기의 명수였으며, 특히 그리스 군 전체에서 '준족駿足'이라

Pietro della Vecchia,
〈대 아이아스〉, 1625~1678

는 별명을 지닌 아킬레우스 다음으로 빨랐다. 그래서 파트로클로스의 장례식에서 개최된 달리기 경기에 참가해서 오디세우스와 안틸로코스 Antilochos를 제치고 우승을 목전에 둔 적도 있었다. 하지만 오디세우스에게 아주 호의적이었던 아테나가 막판에 그를 넘어뜨리는 바람에 우승을 놓치고 말았다.

이 사건 이후로 소 아이아스는 아테나에게 깊은 반감을 품고 있다가 트로이가 함락될 당시 기회가 오자 기다렸다는 듯이 그 속내를 드러냈다. 그는 트로이의 공주 카산드라 Kassandra가 자신을 피해 아테나 신전으로 달아나자 거침없이 따라 들어가 아테나 신상인 팔라디온 Palladion상을 붙들고 있는 그녀를 끌어내려 겁탈했기 때문이다. 이에 분노한 아테나는 아버지인 제우스에게 간청하여 소 아이아스의 전함이 그리스로 귀환하는 중에 엄청난 폭풍우를 만나 암초에 부딪혀 난파시켰다. 소 아이아스는 다행히 부하 몇 명과 살아남아 맨몸으로 거친 파도와 싸우며 그 암초 위로 기어오르려 했지만 좀처럼 뜻을 이루지 못했다.

절체절명의 순간, 평소 그에게 호감을 갖고 있던 바다의 신 포세이돈이 큰 너울을 일으켜 그를 그 암초 위에 올려다 주었다. 그러자 한껏 의기양양해진 소 아이아스는 마치 폭풍우로부터 살아남은 것이 자신의 능력인 양 암초 위에 서서 큰소리로 외쳤다. 신들이 아무리 자신을 죽이려 해도 자신은 이렇게 버젓

〈팔라디온상을 붙들고 있는 카산드라를
강제로 떼어 내는 소 아이아스〉,
B.C. 440~B.C. 430년경(그리스 도기 그림)

Francesco Sabatelli, 〈오일레우스의
아들 소 아이아스〉, 1829

이 살아남았다고 말이다. 그 말을 듣자마자 포세이돈은 갑자기 소 아이아스의 오만함에 심한 역겨움을 느끼며 분노가 끓어올랐다. 이에 얼른 삼지창을 들어 소 아이아스가 서 있던 암초를 힘껏 내리쳐서 두 동강 내어 그를 바닷물에 수장시켜 버렸다.

대 아이아스는 트로이 전쟁이 발발하자 살라미스에서 전함 12척을 이끌고 그리스 연합군에 합류했다. 그는 살라미스의 왕이었던 텔라몬의 아들로 그리스 연합군의 맹장 아킬레우스와는 사촌이다. 그의 아버지 텔라몬이 아킬레우스의 아버지 펠레우스^{Peleus}와 형제이기 때문이다. 텔라몬과 펠레우스의 아버지는 신들의 왕 제우스와 아이기나^{Aigina} 사이에서 태어난 아이아코스^{Aiakos}다. 결국 대 아이아스는 제우스의 증손자인 셈이다. 트로이 전쟁 당시 대 아이아스는 아킬레우스 다음으로 뛰어난 전사였으며, 호메로스는 『일리아스』에서 그의 몸집이 아주 거대한 나머지 마치 걸어 다니는 '성벽' 같다고 묘사했다.

대 아이아스는 트로이 전쟁에서 아킬레우스 못지않게 혁혁한 전공을 세웠다. 그는 트로이의 맹장 헥토르가 트로이 군사들을 이끌고 방벽을 뚫고 그리스 진영으로 쳐들어와 전함들을 불태우려 했을 때는, 혼자서 온몸으로 그들을 저지했다. 이어 아킬레우스의 절친 파트로클로스가 헥토르의 손에 죽었을 때는, 메넬라오스가 그의 시신을 안전하게 가져가도록 적들을 막아 주었다. 또한 아킬레우스가 트로이의 왕자 파리스의 화살에 발뒤꿈치를 맞고 전사했을 때는, 오디세우스가 적들을 막고 있는 사이 자신이 직접 그의 시신을 등에 업고 그리스 진영으로 가져왔다.

특히 대 아이아스가 헥토르와 벌인 일대일 대결은 세계 전쟁사에서 최고로 꼽히는 명승부다. 트로이 전쟁 10년 차, 아킬레우스가 전횡을 일삼는 총사령관 아가멤논에게 불만을 품고 전투에서 발을 뺀 적이 있었다, 바로 이 시기에 헥토르가 일대일 대결을 신청하자 그리스 진영에서 9명의 장수들이 서로 앞을 다투어 그와 싸우겠다고 자원했다. 하지만 결국 제비뽑기에서 대 아이아스가 헥토르의 상대로 정해지면서 둘 사이에 그야말로 세기의 대결이 펼쳐졌다. 그들의 싸움은 하루 종일 했는데도 승부가 나질 않았다. 날이 저물자 비로소 그들은 결투를 중단하고 헤어지기 전 서로에게 매료당해 우정의 선물을 교환했다. 이때 대 아이아스는 헥토르에게 검을 묶는 검대를, 헥토르는 대 아이아스에게 은장식이 된 보검을 선물했다.

아킬레우스가 전사한 뒤 그의 어머니 테티스는 헤파이스토스 Hephaistos가 만들어 준 아들의 무구를 가장 용감한 그리스군 장수에게 주기로 결정했다. 그러자 아킬레우스의 시신을 용감하게 지켜 냈던 대 아이아스와 오디세우스가 자신들이 그 무기의 임자라고 주장하며 나섰다. 일설에 의하면 그들은 동료 장수들 앞에서 자기들의 무훈을 자랑하며 무구의 소유권을 주장했다. 그러자 연설을 모두 듣고 난 장수들 대부분이 오디세우스의 손을 들어주었다. 하지만 다른 설에 의하면 그들이 설전을 벌이는 동안 아가멤논은 네스토르의 충고대로 트로이 성에

Agostino Masucci, 〈아킬레우스의 무구를 놓고 논쟁을 벌이는 대 아이아스와 오디세우스〉, 18세기

스파이를 파견하여 이 두 장수에 대한 트로이 시민들의 평가를 염탐하도록 했다. 트로이 시민들이 둘 중 더 높게 평가하는 사람을 무구의 주인으로 정하겠다는 것이다.

트로이 성에 은밀하게 잠입한 스파이는 우물가에서 서로 수다를 떨고 있던 트로이의 젊은 여인들의 이야기를 엿들었다. 그들 중 하나가 폭풍우처럼 쏟아지는 화살을 뚫고 아킬레우스의 시신을 어깨에 메고 전장에서 빼내 온 대 아이아스를 입에 침이 마르도록 칭찬하자, 다른 하나가 아테나의 사주를 받고 이렇게 응수했다.

말도 안 되는 소리! 그건 등에 시신을 올려주기만 하면 여자 노예라도 할 수 있는 일이야. 하지만 그 노예의 손에 무기를 한 번 쥐여 줘 봐. 아마 너무 겁이 나서 무기를 전혀 쓰지 못할걸. 내 생각으로는 우리 아군 공격에 정면으로 맞선 사람은 대 아이아스가 아니라 바로 오디세우스였어.

아가멤논은 귀환한 스파이의 보고를 전해 듣고 아킬레우스의 무구는 오디세우스 것이라고 판결했다. 만약 아킬레우스가 살아 있었다면 아가멤논이 이런 식으로 대 아이아스를 모욕하지는 않았을 것이다. 아킬레우스는 자신의 사촌인 대 아이아스를 그 누구보다 높게 평가했기 때문이다. 엄청난 분노에 사로잡힌 대 아이아스는 그날 밤 자신의 동료들에게 복수할 심산으로 손에 칼을 들고 은밀히 동료 장수들의 막사를 찾아갔다. 하지만 아테나가 광기를 불어넣는 바람에 그가 찾아간 곳은 동료 장수들의 막사가 아니라 병사들에게 먹이기 위해 가축을 기르던 축사였다.

대 아이아스는 실성한 나머지 가축들이 자신을 모욕한 동료 장수들이라고 착각하고 밤새 녀석들을 도륙했다. 그는 자정 무렵이 되어서야 온몸이 피범벅이 된 채 막사로 돌아와서도 따로 특별히 챙겨온 가축들을 대상으로 도살을 계속했다. 특히 그는 그중 수컷 양 2마리를 골라 목을 잘랐다. 이어 한 마리의 사체는 아가멤논이라고 생각하고 혀를 도려냈으며, 다른 한 마리의 사체는 막사 기둥에 똑바로 묶은 다음 배반자 오디세우스 녀석이라고 욕을 해대며 말채찍으로 매질을 가했다.

새벽이 되어서야 제정신으로 돌아온 대 아이아스는 몹시 절망하여 트로이에서 전쟁통에 얻은 아내 테크메사Tekmessa에게 방패를 건네면서 어린 아들 에우리사케스Eurysakes가 장성하면 주라고 당부하며 말했다. "내가 죽거든 나머지 무기는 나와 함께 묻어 주시오." 또 당시 잠시 미시아Mysia로 원정을 떠났던 이복동생 테우크로스Teukros에게는 유서를 남겨 그를 아들의 후견인으로 지정하고, 에우리사케스를 할아버지인 텔라몬에게 데려가 맡겨 달라고 부탁했다. 이어 깊은 숲속으로 들어가 칼 한 자루를 땅에 거꾸로 꽂아 똑바로 세웠다. 그 칼은 바로 헥토르와 일대일 대결을 벌일 때 승부를 가리지 못하고 헤어지기 전 자신의 검대를 주고 그에게서 받았던 것이었다.

대 아이아스는 그 칼로부터 약간 떨어진 채 우선 신들에게 기도를 드렸다. 제우스에게는 자신의 시신을 어디에서 찾을 수 있을지 테우크로스에게 말해 달라고 간청했다. 헤르메스에게는 자신의 혼백을 지하 세계의 영웅들의 안식처인 아스포델Asphodel 평원으로 데려가 달라고 애원했다. 그는 마지막으로 복수의 여신들인 에리니에스Erinyes에게는 자신의 복수를 부탁한 다음 칼 위로 돌진해서 쓰러졌다. 하지만 칼은 자신의 임무를 꺼리며 활 모양으로 뒤로 휘어졌다. 대 아이아스가 칼끝을 억지로 자신의 겨드랑이에 찔러 넣어 목숨이 끊어졌을 때는 벌써 먼동이 틀 무렵이었다.

대 아이아스는 죽어서도 아킬레우스의 무구를 놓고 벌어진 경합에서 오디세우스에게 패배한 것에 깊은 한을 품고 있었다. 『오디세이아』를 보면 오디세우스는 키르케Kirke의 조언으로 그리스 신화 최고의 예언가 테이레시아스Teiresias를 만나러 지하 세계를 들렀다가 아킬레우스를 비롯한 수많은 혼백들과 만나 이야기를 나눈다. 하지만 유독 대 아이아스의 혼백만이 멀리 떨

〈아이아스의 자살〉, B.C. 530~B.C. 525년경
(그리스 도기 그림)

어진 채 그에게 다가오지 않았다. 오디세우스는 안타까운 마음에서 그에게 다정한 목소리로 아직도 분노를 품고 있다면 이제 털어 내고 가까이 다가와 자신이 제물로 바친 짐승의 피를 좀 맛보라고 권했다. 하지만 그 말을 듣고도 대 아이아스는 한마디 말도 없이 다른 혼령들과 함께 재빨리 지하 세계의 암흑인 에레보스^{Erebos} 속으로 사라져 버렸다.

그렇다면 네덜란드 프로축구팀 '아약스'는 이 2명의 그리스 신화의 영웅들 중 누구의 이름을 따라 지었을까? 그것은 바로 제우스의 증손자뻘인 살라미스 출신의 대 아이아스다. '아약스'는 그리스 신화의 맹장 대 아이아스답게, 또한 그들의 별명인 '신들의 아들들^{de Godenzonen}'답게 '에레디비시'에서 33회나 우승했다. 또한 '네덜란드축구협회^{KNVB}' 컵 대회에서도 18회나 우승컵을 거머쥐면서 1부 리그에서 한 번도 강등된 적이 없이 '에레디비시'에서 가장 강한 축구팀 중의 하나로 우뚝 서게 되었다.

'에레디비시'에는 '아약스 암스테르담'과 '헤라클레스 알멜로' 이외에도 그리스 신화와 연관된 프로축구팀이 하나 더 있다. 그것은 바로 그리스 신화 최고의 미녀 헬레네의 고향 스파르타^{Sparta}가 팀 이름에 들어 있는 '스파르타 로테르담^{Sparta Rotterdam}'이다. 그리스에도 살라미스를 연고지로 1931년 창단된 '아이아스 살라미나스^{Aίας Σαλαμίνας/Aias Salaminas}'라는 프로축구팀이 있으며, 에스토니아에도 탈린^{Tallin}의 라스나메에^{Lasnamäe}를 연고지로 1993년 창단된 '아약스 라스나메에'라는 프로축구팀이 있다. 특히 그리스 '아이아스 살라미나스'와 네덜란드 '아약스 암스테르담' 프로축구팀 로고는 모두 투구를 쓴 대 아이아스를 모델로 쓴 까닭에 서로 빼닮았다.

컴퓨터 바이러스 '트로이 목마'

튀르키예 차나칼레Çanakkale(고대 트로이)의 트로이 목마 모형

●

　'트로이 목마'라는 컴퓨터 바이러스가 있다. 유용한 프로그램인 척 가장하고 있다가 사용자의 개인 정보를 몰래 빼 가는 악성 프로그램으로, 트로이 전쟁 당시 그리스군이 트로이를 함락시키기 위해 꾀돌이 오디세우스의 제안으로 만든 거대한 목마에서 유래했다. 이 목마는 화가들이 그림으로도 재현해 놨지만, 나무로도 미국 올림포스산 '워터 앤 테마 파크Water & Theme Park', 고대 트로이 지역인 튀르키에 차나칼레Çanakkale의 히살리크Hisarlik, 독일 앙커스하겐Ankershagen의 하인리히 슐리만 박물관 등지에 재현해 놨다.

　트로이 목마는 우리나라 여주에도 재현해 놨는데 그 명칭이 '트로이 목마'가 아니라 '세종대마'다. 그 대마에는 이런 해설이 붙어 있다.

세종대마는 여주를 상징하는 말 조형물로서 현재 세계 최대 높이 (25.16m)로 국내에서 생산된 낙엽송으로 제작되었으며, 여주시의 새로운 랜드마크로 자리잡기 위해 2016년 4월 6일 여주 시민을 대상으로 한 네이밍 공모를 통해 공식 명칭이 확정되었습니다.

　세종대마는 튀르키에 차나칼레의 '트로이 역사 국립 공원Troy Historical National Park'의 트로이 목마 모형을 빼닮았다.

　그렇다면 고대 트로이 목마는 어떻게 해서 철옹성 트로이 성안으로 옮겨진 것일까? 트로이 전쟁 10년째. 트로이의 거의 모든 유명한 장수들도 전사했어도 트로이 성은 전혀 무너질 기미를 보이지 않았다. 결국 그리스군은 오디세우스의 제안으로 트로이인에게 기만전술을 펼치기 위해 치밀한 비밀 계획을 세워 착착 실행에 옮겼다. 우선 건축가 에페이오스Epeios가 이데Ide산에서 나무를 베어와 아테나의 도움을 받아 엄청나게 큰 목마를 만들었다.

이어 오디세우스를 대장으로 한 40여 명의 정예병을 선발하여 목마 안에 숨겼다. 정예병이 20명 혹은 30명이라는 설도 있다. 어쨌든 목마 안은 독자적으로 작전을 전개할 수 있을 정도의 군사들이 들어갈 정도로 넉넉했다는 의미다. 모든 준비를 마치자 그리스군은 해안에 구축했던 진영을 철거하고 그 목마만을 남긴 채 함선을 타고 퇴각하는 척했다. 하지만 그들은 트로이 해안 앞쪽에 있는 테네도스Tenedos섬까지만 철수하여 그 뒤에 함선들을 숨긴 채 어둠이 내리기를 기다리고 있었다.

적들이 물러가는 것을 지켜보던 트로이인들은 날이 밝자 환호성을 지르며 성에서 밀물처럼 몰려나왔다. 그들은 그리스군이 주둔하던 지역에서 거대한 목마를 발견하고 놀랐지만, 옆구리에 쓰인 문구를 보고는 고무되었다. 그곳에는 '그리스군이 안전한 철수를 위해 아테나 여신에게 바치노라'고 쓰여 있었기 때문이다. 곧 트로인들 사이에서 이 목마를 어떻게 할 것인가를 놓고 격렬한 논쟁이 벌어졌다.

일부 의심 많은 트로이인은 그것을 부수거나, 불에 태우거나, 아니면 계곡 사이에 밀어 넣자고 주장했다. 낙관주의자들이나 신앙심 깊은 자들은 목마를 성안으로 가져가야 한다고 주장했다. 그래야 아테나가 자신들에게 행운을 가져다준다는 것이다. 예언가이자 프리아모스의 딸 카산드라Kassandra가 목마 안에 그리스군 정예병이 숨어 있다고 경고했지만 아무도 그 말을 믿지 않았다.

아폴론 신전의 사제인 라오코온Laokoon도 두 아들과 함께 목마를 경고하기 위해 군중 앞으로 나섰다. 그는 그리스인이 주는 선물은 거저

준대도 조심해야 한다고 말하며 창을 던져 목마의 배를 정통으로 맞추었다. 목마에서 사람의 신음 같은 게 들렸지만 라오코온의 돌발적인 행동에 놀라는 사람들의 웅성거림 속에 가려 아무도 들을 수 없었다. 하지만 라오코온의 행동은 사람들의 심리가 목마의 정체를 의심하는 쪽으로 기울어지게 하기에 충분했다.

바로 그때 그리스군의 낙오병 하나가 사로잡혀 프리아모스 앞으로 끌려왔다. 그의 팔은 상처를 입어 헝겊으로 감았고 옷은 갈기갈기 찢어져 몰골이 말이 아니었다. 겉으로 보기에는 그리스군으로부터 버림받은 것이 분명했다. 하지만 그는 사실 오디세우스의 밀명을 받고 해안에 남아 있다가 사로잡힌 체했을 뿐이다. 그는 잔류 이유를 묻는 프리아모스에게 완전히 날조된 이야기를 술술 풀어냈다.

Pieter Goddyn, 〈프리아모스왕 앞의 시논〉, 1782

저의 이름은 시논^{Sinon}이고 제가 모신 장수는 팔라메데스^{Palamedes}이십니다. 팔라메데스님께서는 오디세우스의 모함을 받아 억울하게 죽임을 당하셨습니다. 오디세우스는 평소에 자신을 트로이 전쟁에 끌어들인 그분께 깊은 원한을 갖고 있었기 때문입니다. 저는 오디세우스에게 강하게 항의했습니다. 그러자 오디세우스가 제게 앙심을 품고 예언가 칼카스를 부추겨 거짓 신탁을 내리게 했습니다. 저를 신들에게 바쳐야 그리스군이 무사히 귀환할 수 있다는 것입니다. 다행히 저는 제물로 바쳐지기 직전 간수를 속이고 간신히 도망쳤습니다.

시논이 절묘하게 꾸며 댄 말을 마치자 트로이인들은 그를 자신들 편이라고 생각했다. 그들은 오디세우스가 미친 척하다가 팔라메데스에게 들켜 참전한 것에 앙심을 품고 그를 모함하여 죽인 사건을 이미 소문으로 알고 있었기 때문이다. 그래서 시논의 결박을 풀어 주고 계속해서 목마를 거대하게 만든 이유를 물었다. 그러자 그는 오디세우스와 함께 짠 각본에 따라 다시 이야기를 시작했다.

그리스군이 트로이에서 아테나 신상인 팔라디온^{Palladion}을 훔쳐 오자 아테나 여신이 분노했습니다. 그래서 팔라디온상의 눈에서 불꽃이 일기도 했고, 여신이 직접 나타나 원망하기도 했습니다. 그러자 칼카스가 목마를 만들어 여신을 달래야 그리스군이 무사히 귀환할 수 있다고 예언했습니다. 그는 목마가 트로이 성안으로 옮겨져서도 안 된다고 했습니다. 그러면 조만간 그리스의 도시들이 트로이인들의 공격을 받아 함락당한다는 것입니다. 그래서 목마를 그렇게 거대하게 만든 것입니다.

오디세우스가 심어 놓은 그리스군의 첩자 시논이 말을 마쳤지만, 트로이인들은 아직도 그의 말을 완전히 믿지 못하고 망설이고 있었다. 바로 그때 그들의 의심을 아침햇살에 안개 사라지듯 싹 가시게 하는 사건이 일어났다. 갑자기 바다에서 아주 큰 뱀 2마리가 육지로 기어오르더니 조금 전 목마를 조심하라고 경고하던 라오코온Laokoon의 아들 둘을 친친 휘감아 조르기 시작했다. 더구나 뱀들은 아들들을 구하러 달려든 아버지 라오코온마저 휘감아 조르더니 급기야 그 셋의 숨통을 끊어 놓았다.

라오코온에게 뱀을 보낸 것은 다름 아닌 아폴론이었다. 아폴론은 예전에 자신의 신전에서 아내와 사랑을 나눈 라오코온을 하필이면 이때 응징한 것이다. 하지만 트로이인들은 라오코온이 아테나에게 바친 목마에 창을 던져 신성을 모독한 벌을 받은 걸로 생각했다. 이 사건 이후로 트로이인들은 목마에 대해 조금 남아 있던 의심의 찌꺼기를 말끔히 떨쳐 버렸다. 마침내 그들은 성벽 일부를 헐어 내고 목마를 트로이 성안으로 옮겼다. 저녁이 되자 트로이인들은 승전을 축하하고 자신들에게 승리를 안겨준 아테나를 기리며 밤새 잔치를 벌인 뒤 곯아떨어졌다.

그 사이 그리스 함선들은 유유히 달빛을 받으며 트로이

〈라오코온 군상〉. B.C. 200년경 그리스 진품의 로마시대 복제품, 바티칸 박물관

해안으로 돌아와 성에 신호를 보냈다. 시논이 재빨리 목마로 다가가 배 밑에 있는 문을 열어주었다. 그러자 줄사다리를 타고 목마에서 내려온 정예병들은 술에 취해 비틀거리면서도 본능적으로 막아서는 몇몇 트로이군을 처치하며 잽싸게 성문을 열어 그리스군을 성안으로 끌어들였다. 그 후 그리스군은 트로이의 모든 건물에 불을 지르고 보이는 사람은 모두 죽인 탓에 트로이는 그야말로 생지옥이나 다름없었다.

앞서 언급한 '세종대마'가 서 있는 건물 1층에는 '카페 트로이Cafe Troy'가 있다. 현재 '트로이 목마'는 일상생활에서도 아주 흔하게 사용하는 개념이다. 가령 어떤 국회의원이 자신도 모르게 자신이 속한 정당에 해로운 발언이나 행위를 하면 사람들은 이렇게 말한다. "그 사람 혹시 트로이 목마 아냐?" 최근 미국 정부는 '틱톡Tik Tok'을 중국판 '트로이 목마'로 규정하고 퇴출 운동에 나섰다. 전 세계의 항만을 점령하다시피 하고 있는 중국산 크레인에 대해서도 마찬가지다. 우리나라에는 '트로이 목마'라는 출판사가 있다. 아마 그 상징성보다는 유명세 때문에 그 이름을 택한 것 같다.

Henri-Paul Motte, 〈트로이의 목마〉, 1874

107.

볼프강 페터젠 감독의 영화 〈트로이〉

2004년에 개봉한 볼프강 페터젠^{Wolfgang Petersen} 감독의 영화 〈트로이〉는 그리스 신화의 트로이 전쟁을 토대로 만들어졌다. 이 영화에 따르면 미케네^{Mykene}의 왕 아가멤논^{Agamemnon}은 천하를 제패하려는 야욕에 사로잡혀 있다. 그는 천하무적의 맹장 아킬레우스의 활약으로 메세네^{Mesene}, 아르카디아^{Arkadia}, 테살리아^{Tessalia} 등을 하나씩 점령하여 마침내 그리스 전역을 무력으로 통일한다. 아울러 잠시 숨을 고르기 위해 적대 관계에 있던 트로이^{Troy}와는 동생인 스파르타의 왕 메넬라오스의 주선으로 스파르타에서 평화협정을 맺는다.

트로이 측에서 협정 특사로 프리아모스왕의 두 아들 헥토르^{Hektor}

와 파리스가 파견된다. 그때 궁전에서 벌어진 환영 파티에서 파리스와 메넬라오스의 아내 헬레네는 서로 첫눈에 반해 모두 파티에 정신이 팔려 있는 사이 대담하게도 위층 그녀의 방에서 격렬하게 애정행각을 벌인다. 다음 날 트로이로 돌아가는 배 위에서 파리스는 형 헥토르에게 배에 헬레네가 타고 있다는 사실과 그녀와의 관계도 고백한다. 깜짝 놀란 헥토르는 헬레네를 스파르타로 돌려보내려고 하지만, 죽더라도 그녀를 따라가겠다고 파리스가 고집을 피우는 바람에 어쩔 수 없이 그대로 헬레네를 데리고 트로이로 돌아온다.

아내 헬레네가 파리스와 함께 사라지자 분기탱천한 메넬라오스는 미케네로 형을 찾아가 자신이 받은 모욕을 갚아 달라고 부탁한다. 아가멤논은 트로이를 점령할 좋은 기회로 여기고 1000여 척의 그리스 함선들을 이끌고 트로이로 향한다. 이어 트로이 땅에 제일 먼저 상륙하여 길을 뚫은 아킬레우스 덕분으로 그리스군은 트로이 해안에 무사히 상륙한다. 이때 아킬레우스는 근처 아폴론 신전을 약탈한 뒤 여사제였던 헥토르의 사촌 브리세이스^{Briseis}를 생포해서 막사로 데려온다. 하지만 그리스 신화의 브리세이스는 헥토르의 사촌이 아니고 아폴론 신전의 여사제도 아니다. 그녀는 아킬레우스가 리르네소스^{Lyrnessos}를 점령하고 생포한 전리품으로 그곳 왕의 아들 미네스^{Mynes}의 아내다.

트로이 해안에 그리스군 진영이 갖추어지고 나서 얼마 후 아가멤논은 아킬레우스가 아폴론 신전을 약탈했다는 소식을 듣고 평소 자신에게 사사건건 대들던 아킬레우스의 기를 꺾어 놓을 요량으로 그를 불러 전리품 중 자기 몫을 바치라고 요구한다. 그러자 아킬레우스는 싸우는 사람 따로 있고 전리품 챙기는 사람 따로 있다고 비아냥거리며 마음대로 가져가라고 대답한다. 분노한 아가멤논은 그럴 줄 알고 자기 몫을 이미 챙겨 왔다며 그 사이 부하들을 시켜 아킬레우스의 막사에서 데려온 브리세이스를 보여 준다. 분노한 아킬레우스는 그때부터 모든 전투에서 발을 빼고 고향으로 돌아가겠다고 선언한다. 그 후 벌어진 전투에서 그리스군은 연전연패한다.

그러자 아킬레우스의 도움이 절실해진 아가멤논이 화해의 손길을 내민다. 하지만 단단히 토라진 아킬레우스는 그 손길을 단호하게 뿌리친다. 트로이군의 공격으로 그리스 진영의 배까지 불에 타자 결국 아킬레우스의 절친 파트로클로스^{Patroklos}가 나선다. 그는 아킬레우스가 막사를 비운 사이 몰래 그의 무구를 차려입고 그의 막사에서 함성을 지르며 튀어나온다. 그리스군 진지를 공격하던 트로이군뿐 아니라 그리스군마저도 그를 아킬레우스로 착각할 정도였다. 가뜩이나 위축됐던 그리스군은 다시 사기충천하고 트로이군은 겁에 질려 도망가기에 바쁘다. 하지만 파트로클로스는 얼마 후 트로이 성벽 앞에서 맞닥뜨린 헥토르와의 일대일 결투에서 그만 허무하게 목숨을 잃고 만다.

영화 〈트로이〉에서 아가멤논이 그리스를 무력으로 통일하는 것이나 그리스군과 트로이군이 평화협정을 체결하는 것은 그리스 신화에는 없는 내용이다. 평화협정 축하연에서 파리스와 헬레네가 사랑에 빠지는 것도 마찬가지다. 그리스 신화에서는 트로이 왕자 파리스 덕분으로 소위 '파리스의 심판'에서 최고의 아름다운 여신으로 선택받은 아프로디테가 파리스를 헬레네와 맺어 준다. 파트로클로스가 스스로 아킬레우스의 무구를 차려입고 출전한 것도 그리스 신화와는 다르다. 그는 원래 백전노장 네스토르^{Nestor}의 부탁을 받고 아킬레우스에게 간청해서 그의 군대와 무구를 빌린다.

어쨌든 헥토르는 파트로클로스를 쓰러뜨린 뒤 전리품으로 챙기려고 먼저 그의 투구를 벗겨 본 뒤에야 자신이 아킬레우스가 아니라 파트로클로스를 죽였다는 사실을 확인하고 깜짝 놀란다. 얼마 후 절친 파트로클로스의 죽음에 절망한 아킬레우스는 즉시 아가멤논과의 불화를 접은 다음 혼자 전차를 타고 트로이 성문 앞으로 몰고 가서 헥토르에게 일대일 대결을 신청한다. 이때 아킬레우스가 트로이 성을 향해 "헥토르!"를 부르며 포효하는 장면은 그야말로 압권이다. 분노의 화신 아킬레우스의 진면목을 여실히 보여 주고 있기 때문이다. 그는 헥토르가 나올 때까지 총 9번이나 그의 이름을 부르짖는다.

헥토르는 결국 갑옷을 챙겨입으며 아내 안드로마케Andromache와 작별 인사를 나눈다. 그는 자신의 죽음과 함께 트로이의 함락을 예감하며 아내에게 트로이가 함락당할 때 안전하게 탈출할 수 있는 비밀통로를 알려 준 다음 흐느끼는 아내를 뒤로하고 아킬레우스가 기다리는 트로이 성문 밖으로 나간다. 이후 벌어진 일대일 대결에서 아킬레우스는 결국 헥토르를 죽이고 그 시신을 마차 뒤에 묶어 질질 끌고 간다. 얼마 후 헥토르의 아버지 프리아모스가 아킬레우스를 찾아가 무릎을 꿇고 아들을 죽인 아킬레우스의 손을 잡고 간절하게 간청한 끝에 아들의 시신을 찾아온다. 이때 아킬레우스는 아가멤논으로부터 돌려받은 브리세이스도 함께 마차에 태워 보내 준다.

헥토르의 장례식이 끝나고

트로이의 목마. 영화 〈트로이〉의 소품. 튀르키예 차나칼레

그리스군이 커다란 목마만 하나 남겨 놓은 채 거짓 철수하자 전쟁은 트로이의 승리로 끝나는 듯하다. 하지만 트로이군은 논란 끝에 목마를 성에 들여놓은 채 밤늦도록 승리를 자축하며 축제를 벌이다 곯아떨어진다. 그사이 오디세우스의 지휘 아래 목마 안에 숨어 있던 40명의 그리스 정예 병사들이 트로이 성문을 열어주자 물밀듯이 들어온 그리스군에 의해 트로이성은 금세 초토화가 된다. 먼발치서 불길에 휩싸인 트로이성을 보고 브리세이스가 몹시 걱정된 아킬레우스는 쏜살같이 말을 타고 트로이성으로 달려와 미친 듯이 그녀를 찾아다닌다. 마침내 그는 그리스 병사들에게 막 사로잡혀 겁탈당하려는 브리세이스를 구한다.

하지만 하필이면 바로 그 순간 역시 브리세이스를 찾아 헤매던 오빠 파리스가 동생과 함께 있던 아킬레우스를 발견하고 화살로 그의 발뒤꿈치를 맞춰 죽인다. 그걸 보고 브리세이스는 절망한다. 파리스는 떠나지 않으려는 브리세이스를 억지로 끌고 비밀통로를 통해 탈출하고 있는 형수 안드로마케 일행과 합류한다. 하지만 그리스 신화에서 비밀통로는 없고, 아킬레우스도 트로이가 함락되는 난리 통이 아니라 그전에 파리스 손에 죽으며, 파리스도 트로이가 함락되기 한참 전에 필록테테스Philoktetes가 쏜 헤라클레스의 화살을 맞고 죽는다. 안드로마케도 트로이를 탈출하지 못하고 그리스군에 사로잡혀 아킬레우스의 아들 네오프톨레모스Neoptolemos의 전리품으로 떨어진다.

128.

프리드리히 실러의 시 「헥토르의 작별」

●

호메로스의 『일리아스』의 총 24권 중 제6권은 성 밖에서 그리스군과 싸우느라 여념이 없던 헥토르가 오랜만에 성안으로 들어가 아킬레우스에게 죽임을 당하기 전 마지막으로 아내 안드로마케와 아들 아스티아낙스^{Astyanaxs}를 만나 나눈 대화가 주된 내용이다. 그래서 제목도 '헥토르와 안드로마케의 만남'이다. 헥토르가 그런 기회를 얻게 된 것은 순전히 동생이자 예언가인 헬레노스 덕분이었다.

그는 헥토르 형과 함께 그리스군의 디오메데스^{Diomedes}와 맞서 싸우다가 형에게 큰소리로 아무래도 신의 도움이 필요한 것 같으니 나중에 기회를 봐서 성안으로 잠깐 들어가 어머니 헤카베^{Hekabe}를 만나 뵙고 전쟁의 여신 아테나 신전에 값비싼 제물을 바치고 트로이군을 위한 기도를 좀 부탁드려 달라고 외쳤다. 한참 후에 전투가 약간 소강상태로 접어들자 헥토르는 성안으로 들어가 어머니를 만나 헬레노스가 시킨 대로 기도를 부탁드린 뒤 불현듯 싸움터에서 좀처럼 모습을 볼 수 없는 동생 파리스가 생각나자 그의 집으로 향했다.

헥토르의 예상대로 파리스는 그곳에서 무구를 만지작거리며 헬레네와 즐겁게 노닥거리고 있었다. 그 광경을 보고 분노가 치밀어오른 헥토르는 이렇게 꾸짖었다.

넌 도대체 생각이 있는 녀석이냐? 모두가 너로 인해 일어난 전쟁에서 목숨을 걸고 싸우고 있는데 정작 당사자인 너는 이렇게 태평

Dutch F. Hendrickx, 〈파리스를 꾸짖는 헥토르〉, 1820년경

하게 아내와 수다나 떨고 있다니. 당장 전쟁터로 복귀하지 않으면
나는 앞으로 너를 동생으로 생각하지 않겠다.

파리스는 느닷없이 형이 나타나 호되게 꾸짖자 당황하면서 그렇
지 않아도 헬레네가 채근하는 터라 막 싸움터로 복귀하려고 했다고 변
명하면서 무구를 걸치기 시작했다. 헥토르는 동생의 비겁한 태도가 무
척 못마땅한지라 아무런 대꾸도 하지 않은 채 서서 그의 행동을 지켜보
고 있었다. 그 광경을 보고 헬레네가 미안했던지 헥토르에게 모든 게
자기 탓이라고 하면서 잠시 앉으라고 청했다.

하지만 헥토르는 아내와 아들을 만나본 뒤 얼른 전쟁터로 복귀해
야 한다며 헬레네에게 파리스를 재촉해서 자신을 따라잡게 해 달라고
부탁한 뒤 동생의 집을 나섰다. 그는 오늘이 아니면 아내와 아들을 영
영 보지 못할지 모른다는 예감이 들었다. 그가 바삐 발걸음을 재촉하
여 집에 들렀지만 아내와 아들은 보이지 않았다. 안드로마케도 불길한
예감에 사로잡혀 남편을 먼발치에서라도 한 번이라도 더 보고 싶은 마
음에 어린 아들 아스티아낙스를 유모 품에 안긴 채 이미 성루에 올라가
성 밖 전쟁터를 살피고 있었다.

그런 사실을 알 턱이 없는 헥토르는 허탈한 마음으로 스카이아
이^{Skaiai} 성문 쪽으로 가다가 마침 성루에서 내려오는 안드로마케와 극
적으로 상봉했다. 이때 헥토르와 안드로마케가 나누는 마지막 대화는
『일리아스』의 명장면 중 하나다. 부부간의 절절하고 애틋한 사랑이 오
롯이 담겨 있기 때문이다. 이때 안드로마케는 남편을 발견하고 득달같
이 달려와 그의 손을 꼭 잡은 채 눈물을 글썽이며 말했다.

여보, 제게는 이제 당신밖에 아무도 남아 있지 않아요. 아킬레우스가 트로이 성 근처 킬리키아^{Kilikia}의 테베^{Thebe}를 점령하고 아버지 에에티온^{Eetion}과 어머니뿐 아니라 7명의 오라비도 모두 죽었으니까요. 그래서 당신은 저의 아버지이자 어머니이며 오라비이기도 해요. 그러니 제발 성 밖 전쟁터로 나가지 마시고 이곳 성안에 머물러 주세요. 제발 당신 자식을 고아로 만들지 마시고, 당신 아내를 과부로 만들지 마세요. 당신은 아들과 제가 불쌍하지도 않으신가요? 제발 성 밖으로 나갈 생각은 추호도 마시고 저기 무화과나무가 있는 곳에 우리 군사들이나 보강해 주세요. 그곳은 취약 지역이라 아가멤논과 메넬라오스 형제를 비롯한 그리스군의 유명한 장수들이 벌써 3번이나 넘어오려다 실패했던 곳이에요.

이에 대해 헥토르는 이렇게 대답했다.

여보, 나라고 어찌 당신과 아들이 걱정되지 않겠소? 하지만 그렇다고 내가 어찌 겁쟁이처럼 싸움을 포기하고 성안에 머무를 수 있겠소. 그건 나의 명예뿐 아니라 우리 트로이 왕국의 명예에 먹칠하는 짓이오. 나는 물론 트로이가 몰락하게 되면 우리 트로이인이나 부모님이나 형제자매가 그리스군에게 당하게 될 수모를 모두 잘 알고 있소. 하지만 나는 무엇보다도 당신이 당하게 될 수모만 생각한다면 가슴이 미어진다오. 그리스인들은 전리품으로 끌려가 그리스 어디선가에서 노예로 남의 시중을 들고 있는 당신을 가리키며 이렇게 수군대겠지요. '저게 바로 트로이 최고의 전사였던 헥토르의 아내다'라고 말이에요. 아, 그래서 나는 당신이 그리스군에

끌려가며 울부짖는 소리를 들
느니 차라리 적들과 싸우다
죽고 싶소!

헥토르는 말을 마치자 유모
가 안고 있는 어린 아들 아스티
아낙스를 향해 두 손을 내밀었
다. 하지만 아들은 흠칫 놀라며
유모의 품속으로 파고들었다.
그걸 보고 헥토르와 안드로마케
는 동시에 서로를 쳐다보며 웃

Karl Friedrich Deckler, 〈헥토르의 작별〉,
1838~1918

음보를 터뜨렸다. 어린 아들이 아버지의 투구에서 무시무시하게 흔들
리는 말총 장식에 겁을 집어먹은 것을 알아차렸기 때문이다.

헥토르는 즉시 투구를 벗어 땅바닥에 내려놓은 다음 다시 한번 아
들에게 두 손을 내밀어 그를 팔에 안고 어르며 볼에 가볍게 한 번 키스
한 뒤 하늘의 신들을 향해 아들을 자신보다 훨씬 뛰어난 전사로 키워
주어 장차 트로이를 지키게 해 달라고 간절히 기도했다. 기도를 마치자
헥토르는 아들을 아내의 팔에 안겨 주었다. 그러자 안드로마케는 아이
를 받아 안고서는 눈물을 글썽이며 쓴웃음을 지었다. 그 순간 헥토르는
아내가 가엾은 생각이 들어 손으로 그녀의 머리를 쓰다듬으며 말했다.

여보, 제발 너무 슬퍼하지 마시오. 누구도 나를 함부로 하데스가
지하 세계로 보내지는 못할 것이오. 그렇다고 인간은 한번 태어난
이상 자신의 운명을 피할 수 없는 법이오.

Anton Kern, 〈헥토르와 안드로마케의 작별〉,
1709~1747

이렇게 말하고 헥토르가 땅바닥에 있던 투구를 집어 들고 성문을 향하자 안드로마케도 마지못해 집을 향해 무거운 발걸음을 옮겼다. 하지만 안드로마케는 자꾸만 뒤를 돌아보며 눈물을 흘렸으며 집에 도착해서는 시녀들과 함께 대성통곡했다. 그녀는 남편이 다시는 집으로 돌아오지 못하리라는 것을 직감했기 때문이다.

괴테와 함께 독일 고전주의를 완성한 실러 Friedrich Schiller는 바로 이 장면에 감동하여 1790년 「헥토르의 작별」이라는 시를 남겼다. 실러는 이 시를 자신의 시에서 "가장 아름다운 시 중 하나"라고 자평했다. 실러의 시 「헥토르의 작별」 전문을 소개한다.

안드로마케

헥토르여, 저를 영원히 떠나려 하시나요?
아킬레우스가 그 누구도 당해낼 수 없는 손으로 그대를
파트로클로스에게 끔찍하게 제물로 바치려는 곳으로?
누가 앞으로 그대의 어린 아들에게
창을 던지고 신을 섬기는 법을 가르칠까요?
무서운 오르쿠스가 그대를 집어삼킨다면 말이에요.

헥토르

사랑하는 아내여, 울음을 참으시오,

내 마음은 전쟁터를 향해 불타오르고 있소.

이 팔이 페르가모스를 지킬 것이오.

나는 신들의 성스러운 화로를 위해 싸우다가

쓰러질 것이오, 나는 조국의 수호자가 되어

스틱스강으로 내려갈 것이오.

안드로마케

저는 이제 더 이상 그대의 무기 부딪히는 소리 듣지 못하겠지요.

그대의 철검鐵劍 하릴없이 홀에 방치돼 있겠지요.

프리아모스의 위대한 영웅의 가문은 이제 없어지겠지요.

그대가 더 이상 햇빛 비치지 않는 곳으로 내려가게 되면 말이에요.

Jean Restout, 〈헥토르와 안드로마케의 작별〉, 1727

코키토스강이 황야를 슬피 울며 흐르는 곳으로,

그대의 사랑도 레테 강물 속에서 사라질 곳으로.

헥토르

나는 내 모든 열망을, 내 모든 상념을

고요한 레테 강물에 가라앉힐 것이오.

그러나 내 사랑만은 아니오.

잘 들으시오! 그 난폭한 자가 벌써 성벽 밑에서 미쳐 날뛰고 있소.

내게 어서 검대劍帶를 채워 주고, 슬픔일랑 접어 두시오.

헥토르의 사랑만은 레테 강물 속에서도 결코 사라지지 않을 것이오.

'카산드라 콤플렉스'와
아바의 노래 〈카산드라〉

Evelyn De Morgan, 〈카산드라〉, 1898

●

　우리나라에서 100만 부 이상 팔린 『개미』의 작가 베르나르 베르베르^{Bernard Werber}의 소설 중에 『카산드라의 거울』이 있다. 작가가 자신을 밀리언셀러 작가로 만들어 준 한국의 독자들에게 미리 약속한 대로 등장인물로 김예빈이라는 한국인을 데뷔시켜 더욱 화제가 된 소설이다. 주인공은 그리스 신화 속 예언가이자 트로이 공주와 이름이 똑같은 카산드라^{Kassandra}.

　그녀는 미래를 볼 수 있었지만 13세 이전의 과거를 기억하지 못했다. 카산드라는 그 진실을 알기 위해 애쓰다가 절체절명의 위기에 빠지곤 하는데 그때마다 주연급 조연 김예빈이 구세주처럼 나타나 그녀를 구해 주었다. 이 소설은 '미래의 이야기', '현재의 이야기', '과거의 이야기' 등 총 3부로 이루어져 있다.

　'카산드라'는 영어로는 '커샌드러^{Cassandra}', 프랑스어로는 '깨송드라^{Cassandre}'로 표기한다. 그녀는 트로이의 왕 프리아모스와 헤카베의 딸이었고, 또한 헥토르와 파리스의 누이이자 막내 공주였던 폴릭세네^{Polyxene}의 언니였으며, 카산드라처럼 예언가였던 헬레노스와는 쌍둥이 남매였다.

　호메로스^{Homeros}의 『일리아스』에 따르면 카산드라는 미의 여신 "아프로디테처럼" 아름다웠다. 그래서 아폴론이 언젠가 그녀를 보고 첫눈에 사랑에 빠져 예언의 능력을 주며 구애했다. 하지만 카산드라가 자신의 마음을 받아 주지 않자 그녀에게 준 예언의 선물을 저주하며 누구도 그녀의 예언을 믿지 않도록 했다. 그녀의 예언에서 설득력을 빼앗아 버린 것이다.

카산드라는 파리스가 태어나자 트로이에 커다란 불행을 안겨 줄 것이라는 것을 예감하고, 부모에게 그를 죽이라고 충고했지만, 파리스는 결국 살아남아 트로이 몰락의 불씨가 되었다. 그녀는 또한 트로이 전쟁 막바지에 그리스인들이 남겨 둔 목마를 보고 계략이 숨어 있으니 불태워 버려야 한다고 외쳤지만, 트로이인들은 그녀의 예언을 믿지 않고 목마를 성안으로 끌고 가 불행을 자초했다.

트로이성이 그리스군의 목마 전술로 화염에 휩싸이자 카산드라는 트로이 성내 아테나 신전으로 도망쳐 아테나 신상 팔라디온Palladion을 끌어안고 버텨보지만 결국 신전에서 로크리스Lokris 출신의 소 아이아스에게 능욕을 당했다. 다른 설에 따르면 카산드라는 신전으로 도망친 게 아니라 아테나 신전의 여사제였다고 한다.

카산드라에게는 아폴론 말고도 끈질기게 구혼하던 '코로이보스Koroibos'라는 남자가 있었다. 그는 트로이의 혈맹이었던 프리기아의 왕 미그돈Mygdon의 아들이었으며, 트로이 전쟁 막바지에 군대를 끌고 와서 트로이를 도와주다가 아테나 신전에서 아이아스에게 겁탈당하는 카산드라를 구하려다가 그리스 장수 디오메데스에게 살해당했다.

트로이가 함락되고 그리

Johann Heinrich Wilhelm Tischbein,
〈소 아이아스와 카산드라〉, 1806

스군이 벌인 논공행상에서 카산드라는 아가멤논의 전리품이 되어 미케네로 끌려갔다. 그녀는 귀향하는 아가멤논의 함선 안에서 그에게 미케네에 도착하자마자 아내에게 살해당할 것이라고 경고했다. 하지만 아가멤논은 그녀의 말을 믿지 않고 방심하다가 결국 아내 클리타임네스트라Klytaimnestra와 그녀의 정부 아이기스토스Aigisthos에게 목욕탕에서 무참하게 살해당했다. 이어 카산드라도 이미 스스로 예감했듯 클리타임네스트라에게 죽임을 당했다.

카산드라의 이야기에서 유래한 '카산드라 콤플렉스'라는 용어가 있다. 누군가 맞는 예언을 해도 아무도 믿지 않는 상황을 가리킨다. 이 용어는 영국의 군사 역사학자 찰스 오만Charles Oman의 『반도 전쟁사History of the Peninsular War』에서 처음으로 언급된 이래 다양한 분야에서 활발하게 사용되고 있는데, '콤플렉스' 대신에 '비유metaphor', '증후군syndrome', '딜레마dilemma', '현상phenomenon' 등을 넣어 다양하게 부르고 있다.

오스트리아의 정신분석학자 멜라니 클라인Melanie Klein에 따르면 그리스 신화의 카산드라는 인간의 도덕적 양심을 대변하는 상징적 인물이다. 그래서 그녀의 화신인 현대의 카산드라도 다른 사람들에게 인간의 도덕적 타락과 그것이 초래할 사회적 파장을 경고한다. 하지만 그의 노력은 마치 그리스 신화에서 카산드라에게서 설득력을 빼앗은 아폴론과 같은 "잔인한 슈퍼 에고의 파괴적인 영향the destructive influences of the cruel super-ego"으로 인해 번번이 좌절된다.

융 심리학자 로리 레이튼 샤피라Laurie Layton Schapira는 카산드라 콤플렉스가 생겨나는 3단계를 분석했다. 첫 단계에서는 어떤 여성이 너무 냉철한 이성의 소유자인 "아폴론 유형Apollo archetype"의 남성과의 관계에서 극심한 장애를 느낀다. 두 번째 단계에서는 그 결과 그 여성은 운동이나 감각 기능에 이상이 생기는 "전환장애conversion disorder"와 같은 히스테리를 보인다. 세 번째 단계에서는 그 여성은 다른 사람들에게 자신의 상황을 하소연해 보지만, 그들은 그녀의 말을 전혀 귀담아듣지 않는다.

『우리 속에 있는 남신들』과 『우리 속에 있는 여신들』이라는 책으로 아주 잘 알려진 캘리포니아대학교의 심리학과 교수 진 시노다 볼린Jean Shinoda Bolen에 따르면 카산드라 콤플렉스는 여성에게만 생기는 게 아니라 남성에게서도 생길 수 있다. 앞서 샤피라가 말한 '아폴론 유형'이 여성이고, 그 상대인 카산드라가 남성이 될 수도 있다는 뜻이다. 볼린에 따르면 아폴론 유형의 인간은 친구, 애인, 아내와의 사이에서 전혀 내밀한 관계를 유지하지 못한다.

그리스 신화의 태양의 신 아폴론이 높은 하늘에서 지상의 만물을 굽어보듯 '아폴론 유형'의 인간도 그들과 언제나 일정한 거리를 유지한다. 언제나 공적이고 사무적으로 대한다. 그래서 그에겐 그들과 함께 공유할 수 있는 사적인 공간이 전혀 없다. 그렇다고 그가 고독을 느끼는 것은 아니다. 원래 그런 성격을 타고났으니 친구, 애인, 아내와의 사이도 그런 관계가 정석이라고 생각한다.

아폴론 유형의 인간은 너무 냉철한 이성의 소유자라서 '가깝게 하기엔 너무 먼 당신'이다. 특히 그의 아내는 어느 날 갑자기 자신이 생명이 없는 기계와 살고 있다고 느낄 수 있다. 그에게 무슨 특별한 문제가 있어서가 아니다. 그는 완벽하고 어디 하나 흠잡을 데가 없다. 하지만 그와 같이 있으면 숨을 쉴 수가 없이 답답하다. 그래서 그녀는 깊은 외로움에 빠졌다가 급기야 조울증이나 히스테리를 보일 수 있는 것이다.

심리학뿐 아니라 경제, 정치, 환경 분야에도 카산드라 콤플렉스를 적용할 수 있다. 1990년 워런 버핏Warren Buffett이 당시 주식 급등이 거품이라고 계속해서 경고했다. 하지만 사람들은 그의 말을 믿지 않다가 많은 손실을 당하고 나서야 비로소 그의 예측이 옳았음을 알았다. 그래서 당시 그를 "월스트리트의 카산드라Wall Street Cassandra"라고 칭했다.

2001년 그리스가 디폴트로 파산하기 직전 연금 개혁안을 내놓았다가 여야 모두로부터 비난의 화살을 받으면서 장관직에서 물러나야 했던 그리스 노동장관 타소스 야니치스는 자신을 카산드라와 비유하며 연금 개혁안의 진정성을 믿어 주지 않은 당시 그리스 정치계를 강하게 비판했다. 현재 전 세계 환경운동가들은 계속해서 기후 위기로 인한 대

Jérome Martin Langlois the Younger,
〈아테나에게 소 아이아스에 대한 복수를 간청하는 카산드라〉, 1810

재앙을 경고한다. 하지만 대부분의 사람들은 그들의 말을 귓등으로 흘려듣는다. 그래서 그들은 현대 환경운동의 카산드라다.

스웨덴을 대표하는 전설적인 4인조 팝그룹 '아바ABBA'의 노래 중에 〈카산드라〉가 있다. 아바의 노래를 듣고 있노라면 마치 그녀가 카산드라가 살던 고대에 그녀의 예언을 무시하고 전혀 귀담아듣지 않았던 사람들을 대신해서 늦게나마 후회하며 카산드라에게 머리 숙여 깊이 사과하는 말처럼 들린다. 그중 한 구절을 소개한다.

미안해요, 카산드라, 내가 당신을 오해했어요/이제 마지막 날이 밝아오고 있어요/우리 중 몇은 경고의 말을 듣긴 했어도/아무도 그 말에 귀를 기울이진 않았지요/또한 칠흑같이 어두운 밤이라/아무도 어떻게 싸워야 할지도 몰랐고/결국 우리는 비몽사몽간에 포로가 되었지요/미안해요, 카산드라, 나는 당신을 믿지 않았어요/당신은 정말 예언의 능력이 있었는데/나는 그것을 당신이 만들어 낸 꿈으로만 생각했어요/마지막 순간까지 말이에요.

110.

캘러웨이 '오디세이' 골프 퍼터

그리스 신화에서 계책의 달인으로 유명한 오디세우스는 10년간의 트로이 전쟁이 끝난 후 귀향하다가 다시 10년 동안이나 바다를 방랑한 후에야 비로소 고향 이타케^{Ithake}섬에 도착했다. 그는 집 떠난 지 꼬박 20년 만에 귀향한 셈이다. 호메로스의 『오디세이아^{Οδύσσεια, Odysseia}』는 '오디세우스의 이야기'라는 뜻으로 오디세우스가 바다를 방랑하면서 겪은 모험을 모아 놓은 것이다. 원어에 s가 2개 있는 걸 고려하여 우리말로 '오딧세이아'라고도 표기하는데, 영어로는 'Odyssey'라고 한다. 'Odyssey'의 우리말 표기는 '오디세이' 혹은 '오딧세이'다.

그렇다면 '캘러웨이^{Callaway}' 골프 퍼터에는 왜 '오디세이'라는 이름

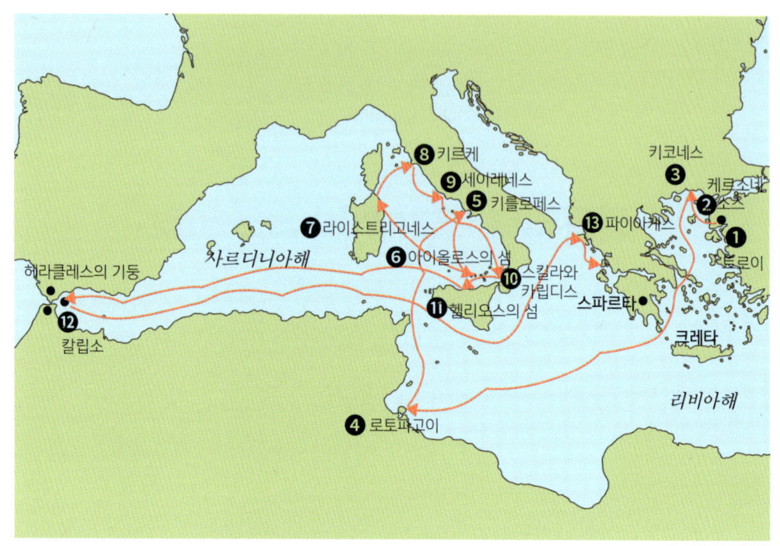

오디세우스의 모험 경로

이 붙었을까? 그것은 바로 골프장 그린의 '홀hole'과 깊은 관련이 있다. 트로이 전쟁이 끝난 뒤 스파르타의 메넬라오스를 끝으로 모든 그리스 장수들이 집으로 돌아왔건만 오디세우스는 여전히 깜깜무소식이었다. 그러자 그의 고향 이타케에서는 그가 죽었다고 생각하고 수많은 구혼자들이 궁정으로 떼거리로 몰려와 오디세우스의 아내 페넬로페에게 자신들 중 하나를 선택해 결혼해 달라며 추근댔다. 그들은 모두 오디세우스 휘하에 있던 왕후장상들의 아들들로 총 108명이나 되었다. 신기하게도 페넬로페의 구혼자들 숫자는 불교의 108번뇌를 연상시킨다.

어쨌든 구혼자들은 날마다 궁전에서 잔치를 벌이면서 포도주와 가축 등 오디세우스의 가산을 축내며 페넬로페에게 결혼을 강요했다. 하지만 남편은 반드시 살아 돌아올 것이라고 굳게 믿고 있던 페넬로페는 구혼자들의 집요한 등쌀을 피하려고 당시 궁전 밖 농장에 살고 있던 노령의 시아버지 라에르테스^{Laertes}의 수의를 완성하면 결혼하겠다고 핑계를 댔다. 그리고 나서 낮에 구혼자들이 볼 때는 수의를 짰다가 저녁에 그들이 집으로 돌아가면 한밤중엔 짠 수의를 다시 풀면서 시간을 끌었다. 하지만 그 속임수도 결국 구혼자와 눈이 맞은 시녀 멜란토^{Melantho}의 밀고로 3년 만에 들통이 나는 바람에 페넬로페는 어쩔 수 없이 그들 중 하나를 남편으로 정해야 했다. 그런데 그녀가 구혼자들에게 제시한 남편감 선발 방식이 아주 기발했다.

오디세우스에겐 트로이 전쟁에 참전하면서도 갖고 가지 않을 정도로 아꼈던 무기가 하나 있었다. 그건 바로 명궁수 에우리토스^{Eurytos}의 아들 이피토스^{Iphitos}가 그와 친구가 된 것을 기념하여 선물로 준 명품 활과 그에 딸린 화살이 빼곡히 들어찬 전통이었다. 오디세우스는 트로이 전쟁이 발발하기 전 심심할 때면 하인들을 시켜 농기구 창고에서 청동 도끼 12자루를 가져오게 하여 끝자락에 '구멍^{hole}'이 뚫린 도낏자루가 위쪽으로 향하게 궁전 마당에 일직선이 되도록 일정한 간격으로 세워 놓게 한 다음 멀리서 그 명품 활로 화살을 날려 정확하게 12개의 도낏자루 구멍을 뚫는 놀이를 하곤 했다.

페넬로페는 평소 거실 벽에 걸려 있던 바로 그 명품 활과 전통을 구혼자들 앞에 던지며 그것으로 남편 오디세우스처럼 할 수 있는 사람을 새 남편으로 삼겠다고 선언했다. 그녀의 말이 떨어지기가 무섭게 진작에 명령을 하달받은 하인들이 농기구 창고에서 도끼 12자루를 가져와 궁전 마당에 세워 놓았고, 구혼자들은 부리나케 순서를 정해 활시위에 활을 얹어 시위를 당기려 했다. 하지만 아무리 용을 써도 활대가 휘어지지 않아 누구도 화살을 날릴 수 없었다. 누군가의 제안으로 활대에 돼지기름을 발라 보아도, 그것을 불에 쬐어 보아도, 궁술의 신 아폴론에게 기도를 드리고 시위를 당겨 보아도 활대는 전혀 꿈쩍하지 않았다.

바로 그때 천신만고 끝에 전날 귀향한 뒤 아테나의 도움으로 볼품없는 거지 노인으로 변신해 궁전으로 들어와 음식을 얻어먹으며 그 광경을 구경하고 있던 오디세우스가 구혼자들에게 자신도 한번 해 보게 해 달라고 간청했다가 결국 그 활과 전통이 그의 손에 건네졌다. 오디세우스는 만감이 교차하는 듯 그것들을 천천히 살펴보더니 전통에서 천천히 화살 하나를 뽑아 시위에 얹고는 손쉽게 시위를 당긴 다음 화살을 날려 순식간에 12개의 도낏자루 구멍을 꿰뚫으며 큰소리로 자신의 정체를 밝히자 신기하게도 그의 모습이 원래대로 돌아왔다.

그걸 보고 구혼자들이 깜짝 놀라 우왕좌왕하는 사이 오디세우스는 날쌔게 전통의 화살들을 날려 구혼자들을 하나씩 처단하기 시작했다. 얼마 뒤 화살이 떨어지자 그는 이미 궁전 밖 돼지치기의 오두막에서 자신을 만난 뒤 먼저 궁전에 들어와 은밀하게 복수극을 준비하고 있던 아들 텔레마코스^{Telemachos}가 건네준 창과 칼로 구혼자들을 마치 108번뇌를 없애듯 모두 처단했다. 그는 구혼자들을 몰살하기 전 그들에게 이렇게 일갈했다.

이 개 같은 자식들아, 너희들은 내가 트로이에서 다시는 돌아오지 못할 줄 알았더냐? 너희들은 내가 살아있는데도 내 가산을 탕진하고 내 궁전 시녀들과 동침하고 내 아내에게 구혼했다. 너희들은 하늘의 신도, 사람들의 비난도 두렵지 않았더냐? 이제 너희들은 파멸을 면치 못하리라!

'오디세이아', '오뒷세이아', '오디세이', '오딧세이', 'Odysseia',

‘Odyssey’ 중 브랜드에서 주로 쓰이는 것은 영어식 명칭인 ‘Odyssey’, ‘오디세이’, ‘오딧세이’ 등이다. 가령 오디세우스가 바다를 방랑하는 동안 거친 파도와 강한 햇볕으로부터 그의 피부를 지켜주었을 것 같은 ‘오딧세이’ 남성 전용 화장품이 있고, 그리

Thomas Degeorge, 〈구혼자들을 처단하는 오디세우스와 텔레마코스〉, 1812

스인들이 자국산 와인을 홍보할 요량으로 전 세계인들에게 아주 친숙한 ‘Odyssey’라고 이름을 지은 그리스 와인도 있다. 미국의 크루즈 기업 로얄캐리비안 인터내셔널Royal Caribbean International에서 운용 중인 퀀텀급Quantum class 유람선 중에도 ‘오디세이Odyssey of the Seas’가 있다.

혼다 자동차 중에도 ‘오디세이’가 있으며, 북아일랜드 벨파스트 타이타닉 쿼터Titanic Quarter의 스포츠와 엔터테인먼트 복합단지 이름도 ‘오디세이 콤플렉스Odyssey Complex’다. 서울시교육청이 오디세우스의 자유로운 영혼에 영감을 받아 설립했을 고교 자유학년제 교육과정 ‘오디세이 학교’도 있고, 오디세우스가 10년 동안 바다를 방랑한 것처럼 어떤 분야를 한번 두루 살펴보겠다는 의도로, ‘마운틴 오디세이’나 ‘클래식 오디세이’처럼, 제목에 ‘오디세이’ 혹은 ‘오딧세이’를 집어넣은 책이나 TV 프로그램도 있다.

알프레드 테니슨의 시 「율리시스」

George Frederic Watts, 〈알프레드 테니슨〉, 1863~1864

호메로스에 『오디세이아』에 따르면 오디세우스는 이타케에서 전함 12척을 끌고 트로이 전쟁에 참전했다. 그는 전쟁 10년째 막바지에 목마를 고안하여 트로이를 함락시키는 데 혁혁한 전공을 세운 뒤 귀환길에 오르지만 곧장 귀향할 운명이 아니었다. 그는 바다의 신 포세이돈의 아들이자 외눈박이 키클로페스 족인 폴리페모스Polyphemos의 하나밖에 없는 눈을 멀게 한 대가로 또다시 10년 동안 바다를 방랑한다. 오디세우스는 결국 수많은 모험을 겪고 부하들과 전함들을 모두 잃고 난 뒤에야 비로소 알키노오스Alkonoos왕이 다스리는 파이아케스Phaiakes인들의 나라에 표착한다.

오디세우스는 이어 그의 사정을 전해 들은 알키노오스 왕의 도움으로 20년 만에 마침내 고향 이타케로 돌아와서 아들 텔레마코스Telemachos와 함께 그의 아내 페넬로페를 괴롭히던 108명의 구혼자들을 모두 처단한 다음 가정의 평화를 회복한다. 하지만 후세의 작가들은 호메로스의 오디세우스가 귀향한 뒤 모험의 대단원을 마무리하는 것에 만족하지 않고 그가 귀향 후 다시 모험을 떠나거나, 혹은 모험에 매료되어 아예 귀향하지 않는 것으로 작품의 내용을 바꿨다.

가령 단테Dante Alighieri는 『신곡』(1321) 중 「지옥」에서 오디세우스를 세상에 대한 헛된 호기심에 사로잡혀 마녀 키르케Kirke의 섬에서 뱃머리를 돌려 지브롤터해협을 지나 모험을 계속하다가 결국 난파당해 죽은 다음 지옥에 떨어지는 것으로 호메로스의 『오디세이아』와는 사뭇 다르게 해석했다. 오디세우스의 혼령은 단테에게 자신이 집에 돌아가지 않고 모험을 계속할 수밖에 없었던 이유는 바로 세상에 대한 무한한 호기심 때문이었다고 고백한다.

> 아들에 대한 그리움도, 늙은 아버지에 대한 효심도, 아내 페넬로페
> 에 대한 사랑도 이 세상과 인간에 대해 모든 것을 알고 싶은 내 가
> 슴 속 열정을 억누를 수 없었지요.

'호기심curiositas'은 중세에 교부 아우구스티누스Augustinus가 『고백』에서 단죄한 이래 기독교 전통에서 근세 초기까지 사악한 것으로 여겨졌다. 호기심은 인간의 마음을 세상, 다시 말해 외적인 것으로 향하게 해서 하느님을 섬기며 자신의 영혼을 구원하는 일에서 멀어지게 만든다는 것이다. 결국 단테는 오디세우스를 연옥산을 둘러싸고 있는 바다에 좌초시켜 죽게 만든 다음, 지옥의 제8구역인 사기 지옥에 떨어뜨려 꺼지지 않는 불꽃 속에서 단짝 전우 디오메데스와 함께 극심한 고통에 시달리게 했다. 그는 비겁하게 목마 전술로 트로이인들을 속여 트로이를 몰락시켰기 때문이다.

그리스 작가 니코스 카잔차키스Nikos Kazantzakis도 『오디세이아』(1938)라는 현대 서사시에서 단테와 비슷하게 오디세우스를 자유와 새로운 삶을 찾아 헤매다가 실패하는 완전히 다른 현대적인 인간으로 탈바꿈시켰다. 그의 오디세우스는 구혼자들을 모두 잔인하게 죽인 뒤 고향에 안착하지 않고 다시 새로운 모험을 감행했다. 고향 이타케처럼 너무 답답하고 좁은 공간에서는 진정한 삶의 의미와 자유를 느낄 수 없었기 때문이다.

카잔차키스의 『오디세이아』에 따르면 오디세우스가 돌아오지 않자 그의 아들 텔레마코스가 이타케의 왕위에 올랐다. 그러던 어느 날

텔레마코스는 죽은 줄로만 생각하고 있던 아버지가 갑자기 나타나 마치 살인마처럼 108명의 구혼자들을 몰살하자 왕위를 빼앗길까 두려워 측근들과 함께 그를 암살할 계획을 세웠다. 오디세우스는 그것을 눈치 채고 동료들을 모집하는 등 은밀하게 이타케를 떠날 준비를 모두 마친 후 어느 날 아들을 불러 자신은 왕위에 전혀 관심 없으니 아무 걱정하지 말라고 안심시킨 다음 미련 없이 고향을 떠났다.

오디세우스는 심지어 헬레네를 데려갈 요량으로 제일 먼저 스파르타에 들렀다. 헬레네에 대한 연정에서가 아니라 그녀도 트로이의 왕자 파리스를 따라갔다가 다시 집으로 돌아온 만큼 자신처럼 다시 집을 떠나고 싶어 한다고 생각했기 때문이다. 그가 스파르타에 도착하여 메넬라오스가 잠깐 자리를 비운 사이 헬레네에게 함께 떠나자고 제안하자 과연 그녀는 기다렸다는 듯이 선뜻 그를 따라나섰다. 이후 카잔차키스의 오디세우스는 숱한 모험으로 점철된 삶을 살다가 폭풍우를 만나 결국 남해의 빙산에 좌초되어 죽음을 맞았다. 연옥산을 둘러싸고 있는 바다에서 좌초되어 죽는 단테의 오디세우스를 연상시키는 대목이다.

영국 시인 알프레드 테니슨^{Alfred Tennyson}도 「율리시스」(1833)라는 시에서 오디세우스를 귀향한 지 3년 만에 새로운 세계를 탐험하고 싶은 욕구를 떨쳐 내지 못한 채 다시 모험을 떠나려는 결연한 의지에 차 있는 인물로 묘사했다. 테니슨은 아마 오디세우스를 통해 인생에서 '안주와 정체는 곧 죽음'이라는 메시지를 전달하고 싶었을 것이다. 주지하다시피 '오디세우스'의 로마식 이름은 '울릭세스^{Ulyxes}'이고, 영어식 이름은 '율리시스^{Ulysses}'다. 테니슨의 시 「율리시스」 중에서 중요한 부분을 소개한다.

쓸모없는 짓이다, 한가한 왕으로서 이 적막한 화롯가에서,

이 거친 암벽 사이에서, 늙어가는 아내와 더불어,

긁어모으고, 먹어 치우고, 잠이나 잘 줄 알지,

나를 전혀 모르는 미개한 족속들에게

어울리지도 않는 법을 집행하고 시행한다는 것은.

나는 여행을 쉴 수 없다. 나는 인생을 마지막

한 방울까지 마시겠다. …

얼마나 지루한 일인가, 쉬고 있다는 것은, 끝마쳤다는 것은,

광을 내지 않아 녹슬어 있다는 것은, 쓰지 않아 윤이 나지 않는다

는 것은!

어디 숨을 쉬고 있다고 살아 있는 것인가! 그저 삶에 삶을 쌓아 간

다는 것은

모두에게 아무런 의미가 없다. 더구나 나의 삶은

별로 남아 있지 않다. …

그래서 그것은 천박한 짓이다,

3년 동안이나 집안에 틀어박혀 몸을 사리고 있는 것은.

이 늙은이는 지는 별처럼

인간이 생각할 수 있는 가장 먼 경계를 넘어서라도

지혜를 추구하려는 갈망으로 가득 차 있는데도.

여기 항구가 있어, 배는 돛을 한껏 부풀리고 있고,

저기 검고 넓은 바다가 어둠 속에 펼쳐져 있다.

나의 동료들이여, 나와 함께 고초를 겪고, 일하고,

생각했던 영혼들이여, 늘 천둥과 뙤약볕을 흔쾌히 받아들이고,

가슴을 활짝 열고 당당하게

그것들과 맞섰던 이들이여, 그대들도 나도 늙었다.

하지만 노년에도 명예와 일거리가 있는 법이다.

죽음은 모든 것을 종결시킨다. 하지만 종말이 오기 전에,

우리는 아직 무엇인가, 신들과 맞서 싸운 사람들 못지않은

고상하고 명예로운 일을 할 수 있다.

바위가 빛을 발산하기 시작한다.

긴 낮이 저물고 있다. 느린 달이 솟아오른다. 바다가

갖가지 소리를 내며 신음하고 있다. 나의 친구들이여 오라!

더 새로운 세상을 찾기엔 아직 늦지 않았다.

배를 몰아라. 줄지어 앉아서

소리치는 파도의 이랑을 쳐라. 내 목표는

내가 죽을 때까지 모든 서녘 별들이

멱을 감는 석양 너머로 항해하는 것. …

112.

제임스 조이스의 소설 『율리시스』

●

오디세우스는 로마에서는 울릭세스^{Ulixes}로 불렸고, 영어권에서는 율리시스로 부른다. 1922년 출간된 제임스 조이스^{James Joyce}의 『율리시스』는 1904년 6월 16일 하루의 더블린^{Dublin} 모습을 3명의 등장인물이 펼치는 삶의 궤적을 통해 묘사했다. 그들은 바로 신문광고 모집인 레오폴드 블룸^{Leopold Bloom}, 그의 아내 마리온 트위디^{Marion Tweedy}, 젊은 선생이자 작가인 스티븐 디덜러스^{Stephen Dedalus}이다.

제임스 조이스의 팬들이 6월 16일을 소설의 주인공 이름을 따서 '블룸스데이^{Bloomsday}'로 정하고 매년 그날이 되면 제임스 조이스와 『율리시스』를 기념하는 행사를 개최하는 것은 바로 그 때문이다. 『율리시

스』는 총 3부 18개의 에피소드
로 이루어져 있는데 각각 호메로
스의 『오디세이아』에서 따온 제
목이 붙어 있다. 다시 말해 소설
의 배경이나 등장인물이 『오디세
이아』의 그것과 대비되고 있다는
뜻이다.

그래서 3부 제목은 각각 『오
디세이아』의 내용의 순서에 따
라 '텔레마키아^{Telemachia}(텔레마코스
의 모험)', '오디세이(오디세우스의 모

Camille Ruf. 〈제임스 조이스〉. 1918년경

험)', '노스토스^{Nostos}(귀향)'다. 주인공 블룸은 오디세우스, 트위디는 페넬
로페, 디덜러스는 텔레마코스에 빗대어 묘사된다. 바^{Bar}에서 일하는 여
자들은 세이레네스^{Seirnes}, 비스킷 상자를 던져대는 열광적인 국수주의
자는 외눈박이 키클로페스, 창녀는 키르케와 비교된다. 블룸의 공동묘
지 방문은 오디세우스의 지하 세계 방문과 비견된다.

조이스는 이 소설을 통해 한편으로는 전통적인 가치관과의 단절,
모든 사고의 상대성, 세상과 자아 사이의 분열을 묘사함으로써 현대적
인 세계상을 만들어 내고 있지만, 다른 한편으로는 『오디세이아』의 인
물과 상황이 갖고 있는 원형적인 측면을 강조하려 했다. B.C. 8세기경
의 『오디세이아』는 현대의 작품과의 현격한 차이가 있음에도 불구하고
우리에게 원형적인 틀을 제시하고 있다는 주장이다.

재미있는 것은 블룸의 아내 마리온의 애칭인 몰리^{Molly}도 호메로스
의 『오디세이아』에서 헤르메스가 오디세우스에게 마녀 키르케를 만나

기 전에 주었던 약초 이름인 몰리^{Moly}에서, 스티븐 디덜러스의 '디덜러스^{Dedalus}'도 그리스 신화에서 크레타의 미로 감옥 라비린토스^{Labyrinthos}를 만든 천재 건축가이자 조각가인 '다이달로스'에서 따왔다는 사실이다.

조이스가 이런 시도를 한 것은 그 당시 제임스 프레이저^{James Frazer}의 『황금가지^{The Golden Bough}』로 촉발된 사고의 원형에 대한 열광적인 관심 때문이었다. 이런 시각에서 보면 오디세우스가 괴조 세이레네스와 만난 것은 심미주의의 유혹을, 키르케의 섬에 머문 것은 감각적인 쾌락주의에 빠지는 것을 비유한다.

<h1 style="text-align:center">113.</h1>

'멘토', '멘티', '멘토링'의 유래

'멘토Mentor'는 어떤 분야에서 경험과 식견이 뛰어나서 다른 사람에게 충고와 조언을 주면 도와주는 사람을 뜻한다. 멘토로부터 도움을 받는 사람을 뜻하는 '멘티Mentee', 혹은 '멘토리Mentoree'라는 단어까지 있어 멘토를 영어로 생각하기 쉽다. 하지만 '멘토'는 호메로스의 『오디세이아』에 등장하는 '멘토르Mentor'라는 인물 이름에서 유래했다. 'Mentee'는 'Mentor'와 영어의 피동 명사 어미 '-ee'의 합성어다. '멘토링Mentoring'은 멘토르가 멘티를 돕기 위해서 하는 활동 전체를 의미한다.

멘토르는 오디세우스의 소꿉친구였다. 트로이 전쟁이 발발하자 오디세우스는 12척의 함선을 이끌고 고향 이타케섬에서 트로이로 떠나면서 멘토르에게 자신이 없는 동안 어린 아들 텔레마코스Telemachos를 잘 돌봐 달라고 부탁했다. 『오디세이아』에서는 멘토르가 구체적으로 어떤 일을 했는지 자세하게 언급되어 있지는 않다. 딱 한 번 직접 등장해서 텔레마코스를 변호해 줄 뿐이다.

트로이 전쟁이 끝나고 7년째로 접어들었는데도 오디세우스가 귀향하지 않자 아내 페넬로페만 제외하고 거의 모두 그가 죽은 것으로 생각했다. 그래서 이타케와 그 주변 섬에서 총 108명이나 되는 귀족의 아들들이 만날 궁전을 찾아와 페넬로페에게 그들 중 하나를 골라 결혼을 해 달라고 치근대며 행패를 부렸다. 그러기를 벌써 어언 4년째. 텔레마코스는 처음에는 대항할 엄두를 내지 못하다가 20여 세의 헌헌장부로 성장하자 그들에게 일침을 가하기로 굳게 결심하고 기회를 노리고 있었다.

텔레마코스는 그러던 어느 날 전격적으로 이타케 백성들의 전체 회의를 소집하여 그 자리에 함께한 구혼자들에게 강력하게 항의했다.

법의 여신 테미스의 이름으로 구혼자 여러분들에게 간청합니다. 제발 우리 아버지가 여러분들에게 베푼 선정을 생각하시고 이 모든 짓을 그만두고 떠나가시오. 우리 가족을 제발 혼자 내버려 두란 말이오.

그는 아마 은근히 이타케 백성들이 자신을 도와줄 것으로 생각했던 것 같다. 하지만 백성들은 후환이 두려워 아무도 선뜻 나서서 그를 옹호하지 않았다. 그러자 더 기세가 등등해진 구혼자들이 텔레마코스를 협박했다. 바로 이때 멘토르가 용감히 일어서서 백성들의 비겁한 태도를 호되게 질타했다.

이타케 백성들이여, 정말 안타까운 일이오. 오디세우스는 여러분들에게 아버지 같은 존재였건만 여러분들 중 그를 기억하는 사람은 하나도 없으니 말이오. 지금 나를 화나게 하는 건 오디세우스의 가산을 축내는 구혼자들이 아니오. 오히려 수적으로도 훨씬 우세한데도 얼마 안 되는 구혼자들이 무서워 벌벌 떨고 있는 당신들이 더 원망스럽소.

백성들은 멘토르의 꾸지람을 듣고도 여전히 꿈쩍도 하지 않았다. 게다가 멘토르는 구혼자들의 야유와 협박을 받고 즉각 연설을 중단해야 했고, 결국 백성들도 뿔뿔이 흩어져 집으로 돌아갔다. 이후 멘토르는 『오디세이아』에서 더 이상 직접 모습을 보이지 않았다. 그 대신 아테나가 위기 때마다 그의 모습을 하고 나타나 텔레마코스를 독려했다. 그 사실로 미루어 보건대 오디세우스가 집을 비운 동안 멘토르가 텔레마코스에게 얼마나 큰 역할을 했는지 충분히 짐작할 수 있다.

가령 아테나는 텔레마코스가 아버지의 행방을 찾아 이타케 청년들을 모아 배를 몰고 필로스Pylos와 스파르타Sparta로 갈 때도 멘토르의 모습을 하고 나타나 동행하며 그의 용기를 북돋웠다. 또한 오디세우스가 귀향하여 구혼자들을 처단하는 와중에도 멘토르의 모습을 하고 나타나 텔레마코스를 독려했다. 마지막으로 구혼자들이 몰살당한 사실을 알고 분노한 그들의 가족들이 무장하고 몰려오자 양측이 평화조약을 맺게 주선한 것도 바로 멘토르의 모습을 한 아테나였다.

17세기 프랑스 작가 프랑수와 페늘롱François Fénelon은 『오디세이아』에서는 아주 짤막하게만 언급되는 아버지의 행적을 찾아 나선 텔레마코스의 이야기에 영감을 받아 『텔레마코스의 모험』이라는 교육소설을

Charles Meynier, 〈멘토르의 충고로 칼립소의 섬을 떠나는 텔레마코스〉, 1799~1800

썼다. 이 책에서 텔레마코스는 오디세우스의 행적을 추적하면서 그와 거의 유사한 아주 긴 모험을 하는데, 멘토르는 그와 끝까지 동행하며 깨알 같은 충고를 아끼지 않으면서 위기 때마다 그를 구해 주었다.

텔레마코스가 모험 중 한때 난파당해 아버지처럼 요정 칼립소의 섬에 상륙한 적이 있었다. 멘토르는 이때 텔레마코스가 그곳에서 만나 사랑에 빠진 칼립소의 시녀이자 요정인 에우카리스^{Eucharis}와 헤어지는 게 못내 아쉬워 차마 그 섬을 떠나지 못하고 머뭇거리자 그에게 이렇게 충고했다. "자신의 약점과 애욕의 폭력성을 깨닫지 못한 사람은 아직 현명하다고 볼 수 없다." 텔레마코스는 결국 멘토르의 충고를 받아들여 그 섬을 떠났다.

'멘토르' 혹은 '멘토'는 '스승'이라는 뜻이기에 어떤 분야에서든 상호로 써도 무난하다. 그 분야의 스승이 되겠다는 다짐 혹은 약속이기 때문이다. 그래서 우리나라에서도 사주 카페 등 아주 다양한 분야에서 상호로 사용하고 있다. '더멘토^{the Mentor}'를 넣은 상호도 있다. 또한 스펜서 존슨의 『멘토』 등 '멘토'만을 제목으로 쓰고 있는 책도 꽤 있고, 한기정의 『멘토 셰익스피어』처럼 '멘토'라는 단어가 들어간 책은 아주 많다. 심지어 『멘토의 멘토』라는 책도 있다.

114.

『레테의 연가』 장편 소설과 노래

그리스 신화에서 '레테Lethe'는 지하 세계를 흐르는 망각의 강이다. 이문열의 장편 소설 중에 『레테의 연가』가 있다. 젊은 청춘 남녀의 이루어질 수 없는 사랑과 이별을 그린 소설이다. 1983년 중앙일보에서 펴낸 이래 현재까지 41쇄가 판매된 밀리언셀러다. 이 소설은 1987년 똑같은 제목의 영화로도 만들어졌다. 감독은 장길수, 각본은 장선우, 주연은 신성일과 윤석화였다. 이 소설은 또한 1991년 KBS 2TV에서 8부작 수목드라마로 만들어지기도 했다.

가수이면서 펀드매니저이자 애널리스트라는 독특한 이력을 지닌 김광진의 노래 중에도 이문열의 소설 이름과 똑같은 〈레테의 연가〉가 있다. 김광진은 1985년 연세대학교 100주년 기념 가요제에서 '동물원'의 리더 김창기와 안치환 등 쟁쟁한 경쟁자를 물리치고 대상을 차지했다. 특히 그가 박용준과 함께 2인조 그룹 '더 클래식'을 결성하여 부른 노래 〈마법의 성〉이 폭발적인 인기를 끌면서 1994년 발매된 음반 〈더 클래식〉이 100만 장 이상 팔렸다.

〈레테의 연가〉에서 화자는 앞으론 자신을 가둬 놓는 사랑 따윈 절대 하지 않겠다고 다짐하며 이젠 헤어진 애인과의 모든 추억을 잊겠다는 강한 의지의 표현으로 다음과 같은 가사를 3번이나 되뇐다.

> 너와 함께 보냈던 그 많은 시간 많은 얘기/모두 다 잊어버려 태워
> 버려 지워버려/하늘 위로 날려 보내 강물 위로 띄워 보내/더 이상
> 더 이상은 내 주위에 머물지 않게

온라인 패션 스토어 무신사의 가방 브랜드 중에 '레테'가 있다. 혹시 그 가방을 메면 모든 근심과 걱정을 잊어버린다는 생각으로 만든 브랜드가 아닐까?

그리스 신화의 지하 세계에는 레테강 이외에도 공포의 강 스틱스, 비통의 강 아케론Acheron, 불의 강 플레게톤Phlegeton, 비탄의 강 코키토스Kokytos 등 4개의 강이 더 있다. 호메로스, 베르길리우스Vergilius, 오비디우스 등에 따르면 죽은 사람의 혼령이 지하 세계로 가려면 꼭 건너야 하는 강은 스틱스강이다. 하지만 아이스킬로스Aischylos, 에우리피데스Euripides, 플라톤 등에 따르면 그 강은 아케론강이다. 이런 고대의 두 흐름은 후세까지 그대로 이어진다.

가령 단테에 따르면 그 강은 아케론강이다. 하지만 독일 작가 구

스타프 슈바브Gustav Schwab에 따르면 그 강은 스틱스강이다. 그런데 이런 상반된 입장은 호메로스의『오디세이아』와 베르길리우스의『아이네이스』에 묘사된 두 강의 위치를 살펴보면 쉽게 이해가 간다.『오디세이아』에 따르면 오디세우스는 마녀 키르케의 충고를 따라 이미 고인이 된 그리스 신화 최고의 예언가 테이레시아스Teiressias에게 앞으로 남은 귀향길에 어떤 난관이 있는지 물어보기 위해 지하 세계를 방문했다.

오디세우스가 그때 대지를 둘러싸고 있는 대양강 오케아노스를 건너 지하 세계로 들어가 맨 처음 도착한 곳은 "플레게톤강과 스틱스강의 지류인 코키토스강이 아케론강으로 흘러 들어가는" 강가의 바위 암벽이었다. 오디세우스는 거기서 스틱스강을 건너 지하 세계로 더 이상 들어가지는 않은 채 암벽 앞에 구덩이를 파고 제물의 피를 부었다. 이어 그 냄새를 맡고 몰려든 테이레시아스를 비롯한 수많은 혼령들과 차례차례 이야기를 나누면서 지하 세계를 관찰했다. 참으로 대단한 투시력이 아닐 수 없다.『오디세이아』 11권의 내용은 바로 이런 오디세우스의 지하 세계 탐방을 기록한 것이다.

『아이네이스』에 따르면 아이네이아스가 아폴론의 여사제 시빌레Sibylle를 길라잡이로 삼아 아베르누스Avernus 호숫가의 동굴을 통해 지하 세계로 들어가 맨 처음 도착한 곳은 스틱스 호수 아래쪽 "아케론강이 시작되는 곳"이었다. 그곳은 "거대한 심연이 소용돌이치고 끓어오르며 진흙과 모래를 코키토스강으로 토해 냈다." 이 말은 코키토스강의 하구와 아케론강의 발원지가 아주 가까웠다는 뜻이다. 아이네이아스와 시빌레가 강가에 나타나자 호수 중간에 배를 타고 대기하고 있던 뱃사공 카론이 재빠르게 노를 저어 다가오더니 산자는 지하 세계에 들어갈 수 없으니 돌아가라고 호통을 쳤다.

Giuseppe Maria Crespi, 〈아이네이아스, 시빌레, 카론〉, 1695~1705

Jan Brueghel the Elder, 〈지하세계에서의 아이네이아스와 시빌레〉, 1600~1625

바로 그 순간 시빌레가 카론에게 미리 준비해 온 겨우살이를 내보이자 카론은 순순히 그들을 배에 태워 스틱스강을 건네줬다. 겨우살이는 특히 겨울에 황금색으로 반짝거려 황금가지라고도 했다. 고대 그리스인들은 사람이 죽으면 카론에게 뱃삯으로 주라며 우리나라의 100원짜리 같은 오볼로스Obolos라는 동전을 입에 넣어 주었는데, 아마 산자가 지하 세계에 들어갈 때는 황금가지 같은 특별한 출입증이 필요했던 모양이다.

아이네이아스와 시빌레가 카론의 배를 타고 스틱스강 건너편에 도착하자 머리가 셋 달린 괴물 개 케르베로스가 동굴에서 튀어나오더니 으르렁거리며 그들을 막아섰다. 녀석은 지하 세계에 한 번 들어온 혼령들은 밖으로 나가지 못하도록 했고, 산 채로 지하 세계로 들어오는 사람들도 막았다. 하지만 케르베로스는 시빌레가 황금가지와 함께 미리 준비해 온 꿀떡 3개를 아가리에 던져 주자 맛있게 씹어 먹더니 금세 잠이 들었다. 꿀떡에는 수면제가 들어 있었다.

이어 아이네이아스는 지하 세계로 더욱더 깊숙이 들어가 크레타의 왕 미노스가 무고를 당하여 억울하게 죽은 자들을 재심하는 곳을 거치고 지하 감옥 타르타로스와 하데스의 궁전으로 갈라지는 삼거리를 지나 마침내 엘리시온^{Elysion}에 도착하여 아버지 앙키세스^{Anchises}를 만났다. 『아이네이스』 6권의 내용은 바로 이런 아이네이아스의 지하 세계 탐방을 기록한 것이다.

특히 아이네이아스의 지하 세계 탐방은 스틱스강을 건너 지하 세계의 핵심부까지 이어지기 때문에 오디세우스의 그것보다는 더욱더 구체적이고 체계적이다. 그래서 단테의 『신곡』 중 「지옥」의 구조는 바로 『아이네이스』 6권을 토대로 만들어진 것이다. 어쨌든 이제 『오디세이아』와 『아이네이스』에 언급된 위의 기록을 근거로 지하 세계의 5개의 강의 위치를 알기 쉽게 재구성해 보자.

우선 지하 세계에 막 들어온 혼령의 위치에서 보았을 때, 바로 앞

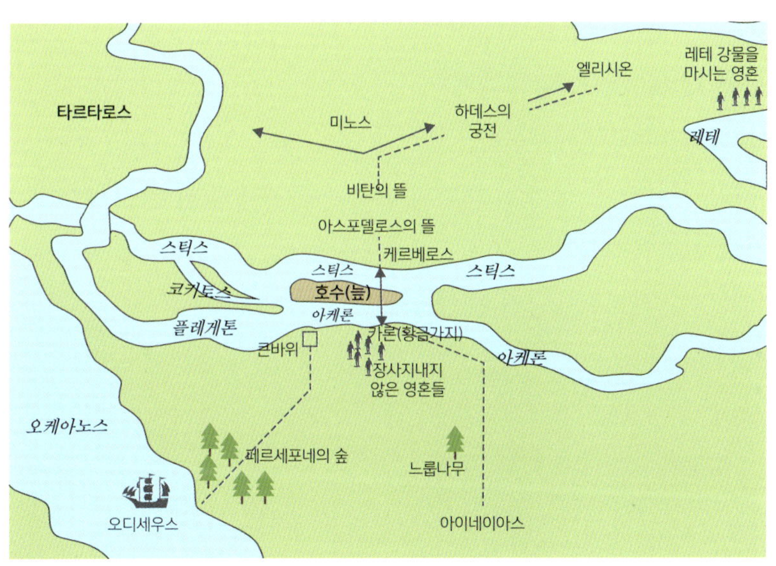

지하세계의 5개의 강

강변을 따라 좌에서 우로 흐르는 물줄기는 아케론강, 강 한가운데는 ‘스틱스 호수’, 혹은 ‘스틱스 늪’, 그 너머 강변을 따라 좌에서 우로 흐르는 물줄기는 스틱스강이다. 다음으로 플레게톤강은 미노스의 동생 라다만티스Radamanthys가 삼중 성벽으로 둘러싸고 다스리고 있는 지하 감옥 타르타로스를 ‘화염의 급류’로 ‘휘감아’ 흐른 뒤, 스틱스강을 거의 직선으로 가로질러 코키토스강과 합류하자마자 스틱스 호수로 흘러들었다.

플레게톤강과 코키토스강의 하구가 스틱스 호숫가에서 하나로 합쳐진다는 뜻이다. 코키토스강은 스틱스강 왼쪽에서 갈라져 나와 짧게 흐르다가 플레게톤강과 합류하자마자 소멸되어 스틱스 호수가 되었다. 아케론강은 스틱스 호수 아래의 맨 왼쪽 강 속에서 발원하여 강변을 따라 오른쪽으로 흐르다가 빠져나갔다. 그렇다면 죽은 사람의 혼령은 지하 세계로 가려면 어쨌든 아케론강을 지나 스틱스강을 건너야 했다.

2개의 강 중 지하 세계로 가는 혼령이 먼저 건너는 강을 기준으로 삼으면 아케론강이고, 나중에 건너는 강을 기준으로 삼으면 스틱스강이 될 테니 하는 말이다. 그래서 아케론강을 기준으로 삼았던 플라톤은 스틱스 호수를 아케론이라는 단어가 들어 있는 ‘아케루시아Acherouia’ 호수라고 부르기도 했다. 그렇다면 망각의 강 레테의 위치는? 아이네이스에 따르면 레테는 앞서 언급한 4개의 강과는 동떨어진 채 앙키세스가 머물던 하데스의 궁전 옆 엘리시온 근처를 흘렀다.

지하 세계의 괴물 개 '케르베루스 폭염'

William Blake, 〈케르베로스〉, 1757~1827

2023년은 전 세계적으로 이상 기후 현상이 유사 이래 최고조에 이른 해다. 우리나라에서는 '호우'라는 말도 부족해 '극한호우'라는 말이 만들어지고, 그것이 처음으로 관측된 것이 바로 2023년 7월이다. '극한호우'란 1시간 누적 강수량이 50㎜ 이상이면서 동시에 3시간 누적 강수량이 90㎜ 이상일 때를 말한다. 이에 비해 유럽은 2023년 7월 그야말로 펄펄 끓는 가마솥이 돼 버렸다. 파르테논^{Parthenon} 신전이 세워져 있는 그리스 아테네 아크로폴리스^{Akropolis} 언덕이 오후엔 문을 닫을 정도였다.

그래서 이탈리아 기상청은 2023년 무더위를 '폭염'이라는 말로도 부족해 '케르베루스^{Cerberus} 폭염'이라고 명명했다. 당시 우리 언론에서는 케르베루스를 단테의 『신곡』의 「지옥」에 등장하는 괴물개로 소개하면서 '케르베루스 폭염'을 '괴물 폭염' 혹은 '괴물개 폭염'으로 번역했다. 하지만 사실 케르베루스가 맨 처음 등장하는 곳은 그리스 신화다. 그리스 신화에서 케르베루스는 죽은 혼령이 꼭 건너야 하는 스틱스강가를 지키는 머리가 셋 달린 괴물개 케르베로스의 로마식 이름이다.

단테는 그리스 신화의 케르베로스가 머리가 3개라서 입도 3개인지라 많이 먹을 걸로 상상하여 녀석을 데려다가 「지옥」의 9개의 원^{Circle} 중 세 번째인 '탐식 지옥'을 지키는 파수꾼으로 삼았다. 「지옥」에 따르면 단테를 데리고 탐식 지옥에 들어선 베르길리우스는 케르베로스가 짖으며 막아서자 얼른 바닥의 흙을 집어 녀석의 3개의 입에 던져 넣었다. 단테는 그 장면을 이렇게 묘사했다.

거대한 지옥 벌레 케르베로스는 우리를 보더니/세 아가리를 벌리고 어금니를 내보이며/온몸을 부들부들 떨어 댔다/하지만 나의 스승님은 양손을 뻗어/땅바닥에서 흙을 가득 집어 들더니/녀석의 탐욕스러운 세 아가리 안에 던져 넣었다/마치 먹이를 달라고 사납게 짖어대던 개가/일단 먹이를 입에 물면 단지 그걸 씹어 삼킬 생각에/금세 조용해지는 것처럼/혼령들을 귀머거리로 만들 정도로/고약하게 짖어 대던 더러운 악마 케르베로스의/시끄러운 세 아가리도 그랬다.

그리스 신화에서 케르베로스는 머리가 셋일 뿐 아니라 꼬리도 뱀 모양을 한 괴물 개였으며 지하 세계 쪽 스틱스강변에서 지하 세계로 들어온 혼령이 밖으로 절대 나가지 못하도록 지켰다. 게다가 헤시오도스의 『신통기』에 따르면 케르베로스는 머리가 셋이 아니라 50개였다. 또한 헤라클레스의 마지막 열두 번째 과업이 바로 케르베로스를 지상으로 데려오는 것이었다.

Gustave Doré, 〈단테와 베르길리우스를 막아서는 케르베로스〉, 1861

헤라클레스는 헤르메스가 알려 준 대로 펠로폰네소스 반도 끝자락 타이나론 Tainaron곶 아래에 있던 동굴을 통해 지하 세계로 내려갔다. 이어 지하 세계의 왕 하데스를 만나 케르베로스를 잠시만 빌려 달라고 간청했다. 그러자 하데스는 무기를 사용하지 않고 케르베로스를 제압한다면 데려가도 좋다고 허락했다.

하데스의 말이 끝나기가 무섭게 헤라클레스는 케르베로스의 목을 움켜잡았다. 케르베로스가 꼬리에 나 있는 독침으로 헤라클레스를 마구 찔러대도 그는 절대로 손을 놓지 않았다. 결국 케르베로스는 지친 나머지 복종의 표시로 헤라클레스에게 배를 보이며 뒷다리를 내렸다.

헤라클레스가 케르베로스를 메고 궁전 앞에 도착하자 에우리스테우스는 공포에 질려 이럴 때 쓰려고 궁전에 미리 마련해 두었던 청동 항아리 속으로 숨어 버렸다. 헤라클레스는 하데스와 약속한 대로 케르베로스를 죽이지 않고 다시 지하 세계로 데려다주었다.

Peter Paul Rubens, 〈헤라클레스와 케르베로스〉, 1636

스틱스강의 뱃사공 '카론 폭염'

Gustave Doré, 〈뱃사공 카론〉, 1832~1883

2023년 여름은 전 세계적으로 초역대급 무더위가 무섭게 연일 맹위를 떨쳤다. '세계기상기구' 'WMO'는 2023년 7월이 관측 사상 최고로 더운 달로 기록될 것으로 전망했다. 특히 7월 유럽의 최고 기온은 튀니지 50도, 알제리 48도, 이탈리아 47도, 스페인 45도, 그리스 44도, 프랑스 42도에 달했다. 급기야 그 여파로 지중해 주변국 수십 곳에서 산불이 일어나 "지중해가 불타고 있다"는 언론 보도가 무색할 정도로 현재 그야말로 지옥 불처럼 번지고 있다. 그래서 유럽에서는 이번 무더위를 '폭염'으로 칭하는 것으로도 모자라 지난번에는 '케르베루스 폭염'이라고 칭하더니, 이번에는 '카론 폭염'이라고 칭했다.

케르베루스는 앞서 언급했듯이 그리스 신화에서 지하 세계의 스틱스강변을 지키는 머리가 셋 달린 괴물 개인 케르베로스의 라틴어 이름이고, 카론은 케르베로스의 단짝으로 스틱스강변에서 뱃삯을 받고 죽은 혼령들을 케르베로스가 있는 반대편 강변 쪽으로 건네주는 뱃사공 이름이다. 이번 폭염이 지하 세계의 파수꾼 케르베로스나 카론처럼 지옥을 연상시킨다는 의미일 것이다. 안토니우 구테흐스 UN 사무총장도 이제 바야흐로 "'지구 온난화' 시대는 끝나고 '끓는 지구'의 시대가 시작됐다"고 경고했다. 지구가 펄펄 끓는다면 그 속에 살고 있는 우리 인간은 도대체 어떻게 되겠는가? 생각만 해도 끔찍해서 절로 몸서리가 쳐진다.

단테의 「지옥」에 따르면 지옥에 떨어진 혼령이 지옥문을 통과하면 스틱스강이 아니라 아케론강을 건너 진짜 지옥의 영역으로 들어갔다. 뱃사공 카론도 스틱스 강변이 아니라 아케론 강변에서 혼령들을 배에 태워 건네주었다. 현재 이렇게 폭염에 이름을 붙이는 것은 태풍에 이름을 붙이는 것처럼 지역 국가 간에 협의가 되지 않은 것이라 임의적인 것이다. 우리나라 언론이 그 주체를 지난번에는 '이탈리아 기상청'이라 했다가, 이번에는 '유럽우주국ESA'이라고 한 것은 바로 그 때문이다. 어쨌든 태풍처럼 폭염에도 주변 국가들이 제안한 이름들이 번갈아 쓰이는 날이 제발 오지 않기를 간절히 바랄 뿐이다.

고대 그리스에서는 사람들이 죽으면 지하 세계에 들어가면서 스틱스나 아케론강을 건널 때 뱃사공 카론에게 뱃삯으로 주라고 시신의 혀 밑에 오볼로스Obolos라는 은화를 넣어 주었다. 이 은화를 영어로는 '카론의 오볼Charon'obol'이라 했는데, '카론의 동전'이나 '카론의 배삯'으로 번역할 수 있을 것이다. 하지만 우리말에도 그에 딱 맞는 말이 있다. 그건 바로 사람이 죽으면 저승길에 편히 가라고 수의에 넣어주거나 상여에 꽂아주었던 '노잣돈'이다. '오볼로스'는 라틴어로는 '오볼루스Obolus'라고 했고, 영어로는 '오볼Obol'이라고 한다. 그 당시 1오볼로스는 8칼코이Khalkoi였고, 6오볼로스가 1드라크마Drachma였다. 당시 사창가의 공식 화

Otto Brausewetter, 〈카론의 배〉, 1833~1904

대가 3오볼로스였고, 1오볼로스로 약 3*l*의 와인을 살 수 있었다.

단테의 「지옥」에서 카론은 혼령들에게서 오볼로스 동전을 받지 않고 그냥 그들을 아케론강 건너편으로 건네주었다. 단테가 베르길리우스의 안내를 받으며 수많은 혼령들이 운집해 있는 강가에 도착하자 얼마 되지 않아 멀리서 "머리카락이 새하얀 노인"인 카론이 그들을 향해 오며 소리쳤다.

사악한 영혼들이여, 고통받을지어다! 하늘을 보리라고 기대하지 마라. 나는 너희를 맞은편 강가, 영원한 어둠 속으로 끌고 가려고 왔노라.

이어 강가에 도착한 카론은 혼령들을 한데 모으면서 이글거리는 눈빛으로 그들을 살펴보면서 조금이라도 머뭇거리는 녀석들이 있으면 사정없이 노로 후려쳤다.

Gustave Doré, 〈혼령들을 노로 후려쳐서 배에 태우는 카론〉, 1857

'엘리제' 궁전과 '샹젤리제' 거리

그리스 신화에서 엘리시온Elysion은 신의 은총을 받은 인간들이 죽어서 머무는 곳이다. 그곳은 "눈도 폭풍우도 비도 오지 않고" 부드러운 서풍만 부는 그리스 신화의 파라다이스다. 베르길리우스의 엘리시온은 지하 세계에 있는 일정한 구역이지만, 호메로스에 따르면 세상의 서쪽 끝자락인 오케아노스 강 근처에 놓여 있는 어떤 섬의 들판 이름이다. 헤시오도스의 『노동과 나날』에도 "행복한 자들의 섬"이 등장한다. 헤시오도스는 그 섬을 위대한 업적을 남긴 영웅들이 죽은 후에 가는 곳으로 세상의 서쪽 끝자락에 있다고 했는데 호메로스가 말한 '엘리시온의 들판'을 가리키는 게 틀림없다.

Léon Bakst, 〈엘리시온〉, 1906

Schwabe Carlos, 〈엘리시온의 들판〉, 1903

2017년 서울 고척 스카이돔에서 열린 아이돌 그룹 엑소^{Exo}의 네 번째 단독 콘서트 타이틀이 "엑소 플래닛 디 엘리시온^{EXO PLANET #4 The ElyXion}"이다. 그런데 'ElyXion'을 사전에서 찾아보면 나오질 않는다. 도대체 무슨 뜻일까? 그건 바로 앞서 언급한 그리스 신화의 파라다이스 엘리시온^{Elysion}에서 따온 말이다. 우리나라에서는 '엘리시온'이 주로 주택 이름에 붙어 있다. 전병을 전문적으로 제조하여 판매하는 '엘리시온'이라는 회사도 있다. 프랑스의 대통령 궁 '엘리제^{Élysée}'도 바로 '엘리시온'에서 나온 말이다. 샹젤리제 거리^{Avenue des Champs-Élysées}에서 '샹젤리제'는 '엘리시온의 들판'이라는 뜻이다.

베르길리우스의 『아이네이스』에 따르면 아이네이아스는 돌아가신 아버지 앙키세스가 연이은 악재에 지쳐 잔뜩 풀이 죽어 있는 아들의 용기를 북돋아 줄 요량으로 꿈속에서 나타나 자신을 찾아오라고 권유

개선문에서 바라본 샹젤리제 거리

하자 지하 세계의 엘리시온으로 내려가 그를 만났다. 그가 아버지를 따라 언덕에 오르니 저 멀리 강가에 수많은 혼령이 운집해 있는 것이 보였다. 아이네이아스가 그 이유를 묻자 앙키세스는 그 강은 망각의 강 레테인데 다시 태어나고 싶은 혼령들이 그 물을 마시고 전생을 잊기 위해 순서를 기다리는 중이라고 말해 주었다. 이어 그중 한 혼령을 가리키며 말했다.

내 아들아, 잘 들어라! 바로 저 젊은이가 앞으로 너의 막내아들로 태어날 실비우스^{Silvius}다. 그는 장차 알바 롱가^{Alba Longa}를 건설할 아스카니오스^{Askanios}의 뒤를 이어 후대 왕들의 아버지가 될 것이다. 그 옆이 각각 알바 롱가의 2대, 8대, 14대 왕인 아이네이아스 실비우스^{Aineias Silvius}, 카피스^{Capys}, 프로카스^{Prochas}이고, 그다음이 15대 왕 누미토르^{Numitor}이다. 또 저 젊은이가 바로 로마를 건설하게 될 누미토르의 외손자 로물루스^{Romulus}다. 그의 통치권은 온

대지에 미치고 그 기백은 하늘을 찌를 것이다. 로마는 일곱 언덕을
하나의 성으로 둘러싼 철옹성이 될 것이다.

아이네이아스는 엘리시온에서 아버지와 해후하여 미래의 운명을
전해 듣고 사기충천해서 지상으로 나온다.

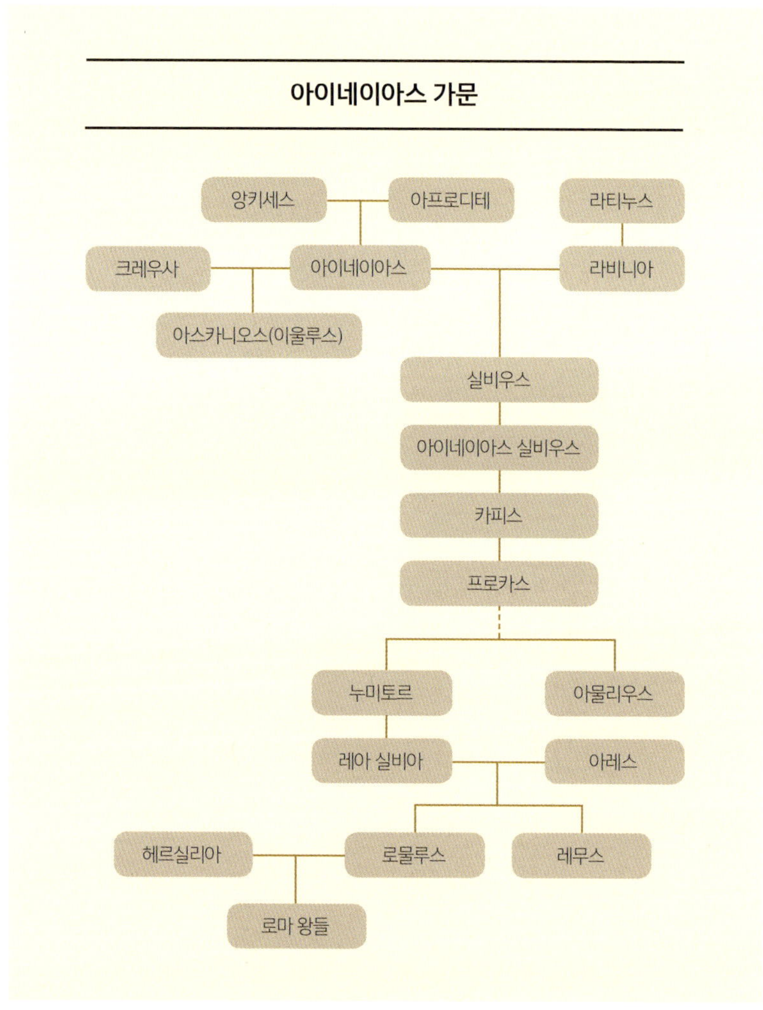

　지하 세계를 흐르는 5개의 강인 스틱스, 아케론, 플레게톤, 코키토스, 레테 중 특히 '스틱스'는 그 강의 여신이기도 했다. 앞서 언급한 것처럼 그녀는 올림포스 신족과 티탄 신족 사이에 전쟁이 일어나자 승리의 여신 니케Nike, 힘의 신 크라토스Kratos, 질투의 신 젤로스Zelos, 폭력의 신 비아Bia 등 3남 1녀의 자식들을 데리고 제일 먼저 달려와 제우스를 도왔다. 제우스는 전쟁에서 승리한 뒤 그에 대한 보답으로 인간들이나 신들이 그녀의 강물에 대고 맹세하여 반드시 지키도록 하는 영광을 누리게 해 주었다.

　만약 신들 중 누구라도 스틱스강물에 대고 맹세를 한 뒤에 지키지 않으면, 그 신은 10년 동안이나 신들의 회의에 참석하지도 못하고 신들의 음식인 암브로시아Ambrosia나 음료수인 넥타르Nektar도 마시지 못한 채 침대에 묶여 누워있어야 했다. 신들의 왕 제우스도 이런 원칙에서 예외가 될 수 없었다. 그래서 그는 경솔하게 스틱스강물에 대고 맹세를 한 탓에 연인이자 디오니소스의 어머니 세멜레Semele를 잃었고, 아들 헤라클레스에게 돌아갈 왕위도 눈물을 머금고 에우리스테우스Eurystheus에게 양도할 수밖에 없었다. 티탄 신족의 태양신 헬리오스도 별생각 없이 스틱스강물에 대고 맹세를 하는 바람에 아들 파에톤Phaeton을 잃었다.

　아이돌 그룹 빅스VIXX의 앨범 중에 〈젤로스〉, 〈하데스〉, 〈크라토스〉가 있다. 앨범에 왜 스틱스의 두 아들과 지하 세계의 왕 이름을 붙였을까? 그것은 각 앨범의 타이틀곡을 들어 보면 충분히 이해가 가고도 남는다. 〈젤로스〉의 타이틀곡은 〈다이너마이트〉인데 주인공이 자신을 버리고 다른 남자에게 간 연인 때문에 생긴 '질투심Zelos'으로 마치 다이너마이트처럼 폭발할 것만 같은 마음을 노래하고 있다. 〈하데스〉의 타이틀 곡은 〈Fantasy〉인데 마침내 연인이 떠나가고 그야말로 죽음의 도시 '지하 세계Hades'가 되어 버린 주인공의 심정을 노래하고 있다. 〈크라토스〉의 타이틀곡은 〈The Closer〉인데 이제 주인공이 모든 걸 끝내고 새로운 사랑에 빠져 있어 그야말로 '활력Kratos'에 넘쳐 있다.

성남 분당구에는 '스틱스'라는 바가 있다. 1972년에 결성된 미국의 록 밴드 이름이 '스틱스'인데, 같은 해 그들이 처음으로 발매한 음반 이름도 '스틱스'다. 우리나라에서도 수입하여 판매하고 있는 독일의 유명한 마사지 오일 생산 업체 이름이 바로 '스틱스'다. 아마 테티스가 어린 아들 아킬레우스의 발꿈치를 잡고 스틱스강물에 적셔 천하무적으로 만든 일화에서 만든 이름일 수 있다. 오스트레일리아 태즈메이니아Tasmania주에도 '스틱스'강이 있는데 그 지류 중 하나가 '카론'이다. 2012년에 발견된 명왕성 플루토Pluto의 다섯 번째 위성이 '스틱스'다.

플루토는 그리스 신화의 지하 세계의 왕 하데스의 영어식 이름이다. 명왕성의 나머지 4개의 위성은 카론, 케르베로스, 닉스Nix, 히드라Hydra다. 카론은 그리스 신화에서 혼령들을 배에 태워 스틱스강을 건네주는 뱃사공이고, 케르베로스는 스틱스강 저편에서 지하 세계의 관문을 지키는 머리가 셋 달린 괴물 개다. 또한 닉스는 밤의 여신 닉스Nyx의 알파벳 'y'를 'i'로 바꾼 것이고, 히드라는 머리가 9개 달린 괴물 뱀이다. 명왕성의 5개 위성 모두 다 칙칙한 지하 세계의 분위기에 딱 어울리는 이름이다.

1988년에 결성된 미국의 데스 메탈 밴드와 1990년에 결성된 오스트레일리아 데스 메탈 밴드 이름도 '아케론'이다. 우리나라에는 한때 '아케론'이라는 모바일 게임이 있었다. 그리스 북서부 에피로스Epiros 지방에는 '아케론'이라는 강이 실제로 흐르고 있다. 1988년에 결성된 핀란드의 데스 메탈 밴드 이름이 '플레게톤'이었고, 우리나라의 온라인 통신 판매업체 중에도 '플레게톤'이 있다. 이 밖에도 우리나라의 종합 엔터테인먼트 회사 중에 '카론 크리에이티브^{Charon Creative}'가 있다. 그 이름에는 마치 카론이 혼령들을 지하 세계로 잘 인도한 것처럼 소속 크리에이터들을 성공의 길로 잘 인도하겠다는 목표가 깃들어 있는 듯 하다.

118.

드라마 〈키마이라〉와 '키메라' 화석

2021년 10월부터 OCN TV에서 16부작으로 〈키마이라〉라는 스릴러 드라마가 방영되었다. 시놉시스는 다음과 같다. 35년 전 연쇄 폭발 사건으로 3명이 사망하는 사건이 발생했는데, 그 원인을 밝히지 못한 채 유일한 단서인 라이터에 괴물 '키마이라Chimaira'가 그려져 있어 일명 '키마이라 사건'이라는 미제 사건으로 분류된다. 그런데 35년 만에 그와 비슷한 연쇄 폭발 살인사건이 2번이나 연이어 일어난다. 그러자 강력계 형사 차재환, 외과 의사 이중엽, 프로파일러 유진 헤더웨이 등이 각각 다른 목적으로 범인인 키마이라를 추적한다.

그리스 신화에 등장하는 괴물 키마이라는 '암염소'라는 뜻으로 영어로는 '키메라Chimera', 라틴어로는 '키마이라Chimaera'라고 한다. 헤시오도스의 『신통기』에 따르면 키마이라는 태초의 괴물로 반은 여자, 반은 뱀이었던 에키드나Echidna와 티폰Typhon의 딸로 녀석처럼 괴물이었던 히드라, 케르베로스, 스핑크스, 오르토스Orthos 등과는 형제자매 사이다. 또한

아레초Arezzo의 키마이라 청동상. B.C. 400년경. 플로렌스 국립 고고학 박물관

녀석의 몸은 서로 다른 동물 3개의 신체가 합쳐진 형상으로, 머리는 사자, 몸통은 염소, 꼬리는 혀를 날름거리는 뱀 모양을 하고 있었고, 입으로는 화염을 뿜었다.

우리나라 출신의 세계적인 가수 '키메라Kimera'의 이름은 본명의 성 김Kim과 오페라Opera를 조합한 것이지만 키메라의 이름도 염두에 둔 것이다. 의학이나 생물학에 '키메리즘Chimerism'이라는 개념이 있다. 어떤 생물의 기관이 2개 이상의 DNA를 지닌 세포나 조직으로 이루어진 것을 뜻한다. '키메리즘'은 2021년 구미 3세 여아 살인사건으로 한때 언론의 집중 조명을 받았는데 '키메라'로 부르기도 한다. 고생물학에도 키메리즘이 있다. 그것은 고생물학자들이 화석을 팔아 큰돈을 벌 목적으로 2개 이상의 선사시대 동물의 신체를 조합하여 실재하지 않았던 동물 화석을 조작하는 것을 말하는데, 그 화석은 '키메라'로 부른다.

키메라 화석의 대표적인 예가 바로 1997년 중국 북부 랴오닝성에서 발견된 아르카이오랍토르Archaeoraptor이다. 이 화석은 마치 그리스 신화의 괴물 키마이라처럼 세 부분이 서로 다른 동물의 신체로 이루어져

리키아의 키마이라

있었다. 꼬리는 날개 4개 달린 공룡 미크로랍토르Microraptor, 몸통과 머리는 백악기 전기의 새 야노르니스Yanornis, 다리와 발은 정체를 알 수 없는 동물의 것이었는데, 2년 뒤인 1999년에 가짜로 밝혀졌다. 현재의 튀르키예에 있던 고대의 리키아에 '키마이라'라는 곳이 있었다. 그곳 산기슭 바위 지대의 갈라진 틈에서는 지금도 마치 키마이라의 입에서처럼 화염이 뿜어져 나온다.

그리스 신화에서 영웅들이 벌이는 모험의 클라이맥스는 괴물과의 싸움이다. 가령 페르세우스는 괴물 메두사를, 헤라클레스는 괴물 히드라를, 테세우스는 괴물 미노타우로스Minotauros를 해치운다. 그런데 괴물 키마이라를 해치우는 영웅이 바로 벨레로폰Bellerophon이다. 그는 코린토스의 왕 글라우코스Glaukos의 아들이었는데 실수로 형제 벨레로스Belleros를 죽인 뒤 조국에서 추방당해 티린스Tiryns의 왕 프로이토스Proitos를 찾아가 몸을 의탁했다. 그의 별명 '벨레로폰테스Bellerophontes'는 바로 '벨레로스를 죽인 자'라는 뜻이다. 얼마 후 프로이토스의 아내 안테이아Anteia가 궁전에서 우연히 벨레로폰을 보고 첫눈에 반해 버렸다.

그런데 안테이아는 벨레로폰이 자신의 구애를 거절하자 그에게 자신을 유혹하려 했다는 누명을 씌웠다. 프로이토스는 아내의 말만 믿고 복수심에 불타올랐다. 그래도 감히 손님을 죽여 복수의 여신의 분노를 사고 싶지 않았다. 궁리 끝에 그는 봉인한 편지와 함께 벨레로폰을 소아시아 리키아^{Lykia}의 왕이자 장인이었던 이오바테스^{Iobates}에게 보냈다. 편지에는 이렇게 쓰여 있었다.

> 이 편지를 가지고 가는 자를 없애 주십시오. 그자는 바로 저의 아내이자 장인어른의 딸인 안테이아를 겁탈하려고 한 자입니다.

프로이토스가 벨레로폰의 손에 들려 장인 이오바테스에게 보낸 편지에서 바로 '벨레로폰의 편지^{Bellerophontos ta grammata}'라는 관용구가 유래했다. 그것은 자신도 모르게 자신에게 몹시 불리한 편지를 직접 갖고 가는 경우를 말한다. 셰익스피어의 『햄릿』에도 똑같은 모티프가 등장한다. 덴마크의 왕 클로어디스^{Claudius}는 조카 햄릿을 영국 왕에게 보내면서 그를 도착하는 즉시 죽여 달라고 부탁하는 편지를 함께 보낸다. 물론 햄릿이 아니라 그와 동행한 두 친구 로젠크란츠^{Rosencrantz}와 길덴스턴^{Guildenstern}에게 들려 보낸다는 점이 약간 다르다.

프로이토스의 편지를 읽고 난 이오바테스도 손님을 죽였다는 비난을 듣기가 두려웠다. 그래서 벨레로폰에게 이웃 나라 카리아^{Karia}의 골칫거리 괴물 키마이라를 죽여 달라고 부탁했다. 녀석은 그 당시 카리아뿐 아니라 리키아까지 휘젓고 다니며 사람 짐승 할 것 없이 닥치는 대로 해치고 다녔다. 그동안 숱한 영웅들이 괴물 키마이라를 잡으러 갔나가 도리어 그에게 희생되었다. 이오바테스 왕은 벨레로폰도 키마이라를 죽이려다가 목숨을 잃을 것으로 생각했다.

벨레로폰은 과업에 착수하기 전 우선 예언가 폴리에이도스^{Polyeidos}

〈키마이라〉, B.C. 350~B.C. 340년경
(그리스 도기 그림)

를 찾아가 조언을 구했다. 그러자 폴리에이도스는 그에게 키마이라를 처치하려면 날개 달린 천마 페가소스가 꼭 필요하다고 충고했다. 페가소스는 영웅 페르세우스가 괴물 메두사의 머리를 자를 때 흘린 피가 땅에 스며들어 태어났다. 페가소스는 태어나자마자 예술가들이 자신들의 친구로 삼았다. 녀석의 날개와 예술가들에게 필요한 상상의 날개는 서로 통하는 게 있었기 때문이다. 그리스 신화에서 예술을 담당했던 신은 9명의 무사이다. 그래서 페가소스는 여신들의 총애를 받으며 주로 그들의 거처인 헬리콘Helikon산에서 지냈다.

헬리콘산에 페가소스가 언젠가 땅을 박차고 하늘로 날아오르면서 뒷발로 파놓은 히포크레네Hippokrene라는 샘물이 있는 것은 바로 그 때문이다. 고대에 시인들이 그 샘물을 마시면 시심이 샘솟았다고 한다. 하지만 그 당시 페가소스는 마침 헬리콘산을 떠나 마음 내키는 대로 세상을 떠돌아다니고 있었다. 벨레로폰은 녀석의 흔적을 추적한 끝에 드디어 코린토스의 페이레네Peirene샘 근처에서 페가소스를 발견했다. 하지만 녀석을 제압할 방법을 몰라 근처 아테나 신전에 들어가 여신에게 간절히 도움을 청했다. 그러자 여신은 영웅의 수호신답게 그가 잠든 사이 하늘에서 내려와 황금 재갈과 채찍을 손에 쥐어 주며 사용 방법을 귀띔해 주었다.

Mary Hamilton Frye,
〈페가소스를 탄 벨레로폰〉, 1914

벨레로폰과 키마이라, B.C. 425~B.C. 420년경
(그리스 도기 그림)

벨레로폰이 아테나가 시킨 대로 재갈을 잠든 페가소스 머리 위에 살짝 던지자 그것이 저절로 녀석의 주둥이에 채워졌다. 벨레로폰은 마침내 페가소스를 타고 공중을 날아다니며 키마이라가 뿜어 대는 화염을 피하다가 적당한 때 기회를 노려 창끝에 납덩어리를 묶어 주둥이 안에 던져 넣었다. 이윽고 키마이라의 화염을 머금은 숨결이 납을 녹였고, 납은 목구멍을 타고 내려가 녀석의 내장을 태웠다.

이오바테스는 이런 대담한 일을 완수한 벨레로폰에게 칭찬이나 상은 고사하고 곧바로 리키아의 숙적인 호전적인 솔리모이^{Solymoi}족과 그 동맹자 아마존^{Amazon}족을 정벌해 달라고 부탁했다. 벨레로폰은 아무 불평 없이 다시 페가소스를 타고 하늘을 날아다니며 화살 사정거리 밖에서 거대한 바위들을 아래로 던져 그들을 모두 제압했다. 그런데 벨레로폰의 모험은 그게 끝이 아니었다. 그는 숨 쉴 틈도 없이 다시 이오바테스의 부탁을 받고 크산토스^{Xanthos} 평원으로 달려가 카리아의 해적단을 몰아내야 했다.

이오바테스는 이번에도 벨레로폰에게 고마움을 전혀 표시하지 않았다. 오히려 왕궁수비대를 보내 귀환하는 그를 급습하여 암살하려 했다. 하지만 왕궁수비대도 벨레로폰의 적수가 되지 못했다. 벨레로폰은 습격을 받고도 오히려 그들을 하나도 남김없이 모두 처치해 버렸다. 이오바테스는 그제야 비로소 벨레로폰이 신들의 비호를 받고 있다는 사실을 깨닫고 그에게 사위 프로이토스의 편지를 보여 주며 용서를 구했다. 또 자신의 딸 필로노에^{Philonoe}를 아내로 주고 그를 리키아 왕권의 후계자로 삼았다.

여기까지는 벨레로폰에게 아무런 문제가 없었다. 하지만 그는 행복의 정점에서 그만 오만에 빠지고 말았다. 그는 어느 날 사람들에게 마치 신이나 된 것처럼 으스대더니 신들의 왕 제우스와 식사하고 오겠다며 갑자기 페가소스를 타고 올림포스 궁전을 향해 날아갔다. 분노한 제우스가 그에게 커다란 쇠파리인 등에 한 마리를 날려 보냈다. 등에는 짐승의 등에 달라붙어 피를 빠는 곤충이다. 등에는 쏜살같이 날아가 페가소스의 꼬리 밑을 물었다.

놀란 페가소스가 갑자기 하늘로 치솟아 올랐다. 벨레로폰은 그 충격으로 땅바닥에 내동댕이처지는 바람에 가시덤불 속에 떨어져 한쪽 다리를 절게 되고 눈이 멀고 말았

Walter Crane, 〈페가소스와 추락하는 벨레로폰〉, 1892

다. 그는 죽음이 구원해 줄 때까지 사람들이 다니는 길을 피해 노숙자처럼 쓸쓸히 거리를 맴돌았다. 영웅은 잘나갈 때 조심해야 한다. 신은 영웅이 최정점에 있을 때 그에게 오만이라는 깊은 함정을 파놓고 그를 시험하기 때문이다. 거칠 것 없는 영웅에게 오만은 꿀처럼 달콤하다. 그래서 영웅은 아무 생각 없이 오만을 맛보다가 결국 추락하고 만다.

톰 크루즈 주연의 영화 〈미션 임파서블 2〉에도 키마이라와 벨레로폰이 등장한다. 이 영화에서 악당 숀 앰브로스Sean Ambrose는 러시아의 생물공학자인 네코비치 박사Dr. Nekhrovich가 만든 악성 바이러스와 그 치료제를 탈취하여 큰돈을 챙기려 한다. 그런데 악성 바이러스와 그 치료제 이름이 바로 키마이라와 벨레로폰이다. 그리스 신화에서 영웅 벨레로폰이 괴물 키마이라를 해치웠으니 그야말로 최상의 조합이 아닐 수 없다. 하지만 앰브로스의 야욕은 톰 크루즈가 분장한 IMFImpossible Mission Force 요원 이단 헌트Ethan Hunt의 활약으로 물거품으로 돌아간다.

슈베르트의 가곡 〈그리스 신들〉

Wilhelm August Rieder, 〈프란츠 슈베르트〉, 1875

●

오스트리아의 작곡가 프란츠 슈베르트^{Franz Schubert}는 괴테와 쌍벽을 이루는 독일 작가 프리드리히 실러^{Friedrich Schiller}의 시 「그리스 신들^{Die Götter Griechenlandes}」(1788)을 가사로 똑같은 제목의 가곡을 만들었다. 실러의 시는 고대 그리스처럼 신들과 인간들이 함께 어우러져 살던 세계가 사라져 버린 현실을 안타까워하며 그리워하는 내용이다. 그중 일부를 소개하면 다음과 같다.

그대들이 아직 아름다운 세계를 다스리고,

환희라는 걸음마 용 가벼운 끈으로,

축복받은 종족들을 아직 이끌고 있었을 때는,

동화 나라의 아름다운 존재들이여!

아, 그대들의 환희에 젖은 일들이 아직 빛을 발하고 있었을 때는,

그때는 얼마나 다르고, 또 달랐던가!

사람들이 아직 그대의 신전들을 화환으로 장식했을 때는,

비너스 아마투시아여!

…

그때는 저 월계수가 도와 달라며 몸부림쳤고,

탄탈로스의 딸은 이 돌이 되어 침묵하고,

저 갈대에서는 시링크스의 한탄이 흘러나오고,

이 숲에서는 필로멜라의 고통이 들려왔노라.

저 시냇물은 데메테르가 페르세포네를 위해,

흘린 눈물을 받아들였고,

이 언덕으로부터는 키테레이아가 소리쳤지만,

아, 미남 연인에게는 아무런 소용이 없었노라!

…

아름다운 세계여, 그대는 어디 있는가? 다시 돌아오라,

자연의 사랑스러운 청춘 시절이여!

아, 노래가 있는 동화의 나라에서만

아직도 그대의 아름다운 흔적이 남아 있구나.

들판은 황량하게 비탄에 잠겨 있고,

내 눈에는 신성은 전혀 보이지 않으니,

아, 그때의 따스한 모습에서

남아 있는 것이라곤 그림자뿐이구나.

위의 실러의 시에서 '아마투시아Amathusia'는 고대에 미와 사랑의 여신 아프로디테 신앙의 중심지였던 키프로스섬의 아마투스Amathus라는 도시 이름에서 나온 아프로디테의 별명으로 아마툰티아Amathuntia라고도 한다. '월계수'는 그리스어로 '다프네Daphne'라고 하는데, 다프네는 물의 요정의 이름이기도 하다, 다프네는 언젠가 태양의 신 아폴론의 구애를 피해 도망치다가 아버지이자 강의 신 페네이오스Peneios에게 도움을 청하여 월계수로 변신한다.

'탄탈로스의 딸'은 '니오베Niobe'를 가리킨다. 테베의 왕비 니오베

는 자식이 많은 것에 오만을 떨다가 7남 7녀나 되는 자식들을 모두 잃고 슬피 울다 바위샘으로 변신한다. '시링크스Syrinx'는 숲의 요정으로 목축의 신 판Pan의 구애를 피해 달아나다가 갈대로 변신한다. '필로멜라Philomela'는 프로크네Prokne의 동생으로 형부인 트라케의 왕 테레우스Tereus가 그녀의 미모에 반해 아내 몰래 겁탈한 뒤 혀를 잘라 깊은 숲속 오두막에 가둔다.

'데메테르'는 지하 세계의 왕 하데스에게 납치당한 딸 페르세포네를 찾아 밤낮을 가리지 않고 울며불며 대지를 헤매고 다닌다. '키테레이아Kythereia'는 아프로디테의 별명으로 그녀가 바다 거품에서 태어나 맨 먼저 키테라Kythera섬에 상륙한 데서 유래한 별명이다. '미남 연인'은 아프로디테가 사랑했던 조각 미남 청년 '아도니스Adonis'를 가리킨다. 아도니스는 연인 아프로디테의 경고를 무시하고 혼자 사냥하러 숲속으로 들어갔다가 멧돼지의 엄니에 받혀 죽는다.

슈베르트는 총 18연으로 이루어진 실러의 「그리스 신들」 중 가장 핵심적인 부분이라고 할 수 있는 맨 마지막 연 8행만을 가사로 활용했다. 어떤 행은 중복해서 사용했다. 슈베르트의 가곡 〈그리스 신들〉(1819)의 가사 전문을 소개한다. 슈베르트는 이 가곡을 "성스러운 그리움을 품고 천천히langsam mit heiliger Sehnsucht" 부르라고 주문하고 있다.

아름다운 세계여, 그대는 어디 있는가? 다시 돌아오라,
자연의 사랑스러운 청춘 시절이여!
다시 돌아오라,
자연의 사랑스러운 청춘 시절이여!
아, 노래가 있는 동화의 나라에서만

그대의 아름다운 흔적이 아직 남아 있구나

아, 노래가 있는 동화의 나라에서만

그대의 아름다운 흔적이 아직 남아 있구나

들판은 황량하게 비탄에 잠겨 있고,

내 눈에는 신성은 전혀 보이지 않으니,

아, 그때의 따스한 모습에서

남아 있는 것이라곤 그림자뿐이구나

남아 있는 것이라곤 그림자뿐이구나

아름다운 세계여, 그대는 어디 있는가? 다시 돌아오라,

자연의 사랑스러운 청춘 시절이여!

다시 돌아오라,

자연의 사랑스러운 청춘 시절이여!

아름다운 세계여, 그대는 어디 있는가?

그대는 어디 있는가?

하이네의 시 「그리스 신들」

Moritz Daniel Oppenheim, 〈시인 하인리히 하이네〉, 1831

●

　독일의 시인 하인리히 하이네Heinrich Heine는 일반적으로 「로렐라이Lolelei」와 같은 감미로운 시를 쓴 낭만주의 시인으로 알려져 있다. 하지만 그는 원래 1830년 프랑스에서 일어난 6월 시민 혁명을 열렬하게 지지했던 혁명 시인이었다. 그래서 『독일, 겨울 동화』라는 시집을 출간하여 당시 독일의 현실을 겨울로 비유하며 신랄하게 비판하기도 했다. 그는 결국 당시 프로이센 당국의 억압과 검열에 시달리다 1831년 프랑스 파리로 망명하여 활동하다가 1856년 그곳에서 생을 마감했다.

　하이네의 「그리스 신들Die Götter Griechenlands」은 1827년에 나온 그의 첫 시집 『노래의 책Buch der Lieder』에 실려 있다. 이 시에서 화자는 우연히 하늘을 처다보다가 구름 속에서 "한때 즐겁게 이 세상을 지배했지만/이제는 쫓겨나고 멸족해 버려/마치 무시무시한 유령처럼/한밤중에 하늘을 이리저리 떠돌아다니고" 있는 그리스 신들의 형상을 발견하고 제우스를 필두로 헤라, 아테나, 아프로디테, 아레스, 헤파이스토스 등에 대해 묘사한다.

　그렇다고 하이네가 앞서 다룬 실러의 똑같은 제목의 시 「그리스 신들」처럼 그들의 부재를 안타까워하는 건 아니다. 그것은 그리스 신들과의 전쟁에서 "새로 지배 세력이 된" "승리한 신들"이 "음흉한 신들"이자 "겸손이라는 양가죽을 둘러쓴 사악한 신들"이기에 반대급부로 생긴 '연민'과 '동정'일 뿐이다. "승리한 신들"이란 비록 복수형으로 되어 있지만 바로 기독교의 하나님을 말한다. 마르크스보다 10년 앞서 종교를 민중의 아편으로 규정한 혁명 시인으로서 하이네의 면모를 여실히 확인할 수 있는 대목이다. 하이네와 실러의 경우처럼 신화는 그것을 보는 사람에 따라, 혹은 시대에 따라 사뭇 다르게 해석될 수 있다. 하이네의 시 「그리스 신들」 전문을 소개한다.

만개한 보름달이여! 그대가 빛을 비추니
금가루가 흐르듯 바다가 반짝거리는구나.
한낮처럼 밝지만, 마법에 걸린 듯 어슴푸레하게,
바다는 넓게 펼쳐진 해변 너머에 누워 있구나.
그리고 별 하나 보이지 않는 담청색 하늘에는
하얀 구름들이 두둥실 떠다니고 있구나.
구름들은 마치 빛나는 대리석으로 만든
거대한 신상들처럼 보이는구나.

아니, 전혀 그렇지 않구나. 저것은 구름들이 아니로구나!
저것은 다름이 아니라 그들, 바로 고대 그리스의 신들이구나.
그들은 한때 즐겁게 이 세상을 지배했지만,
이제는 쫓겨나고 멸족해 버려
마치 무시무시한 유령처럼
한밤중에 하늘을 이리저리 떠돌아다니고 있구나.

놀란 가슴으로, 이상하게도 눈이 부시지만, 나는
하늘에 아로새겨진 그리스 신들을 찬찬히 살펴보노라.
아무 말이 없어 엄숙하지만 공포를 불러일으키는
그 거대한 그리스 신들의 모습들을.

저기 저 신은 크로노스의 아들 제우스, 하늘의 왕이로구나.

머리에 난 곱슬머리는 눈처럼 하얗구나.

저게 바로 올림포스를 뒤흔들던 유명한 곱슬머리로구나.

그는 손에 꺼져버린 번개를 들고 있고,

그의 얼굴에는 불행과 원한이 서려 있지만,

그 옛날 자존심만은 아직도 여전하구나.

오, 제우스여, 그때가 더 좋은 시절이었노라.

그때 그대는 소년들과 요정들과 함께 제물들을

흠향하며 마냥 행복해했었지.

하지만 신들도 영원히 지배하지는 못하노라,

젊은 신들이 노쇠한 신들을 밀어내기 때문이노라.

마치 예전에 그대 자신이 백발의 아버지와

백부들인 티탄 신족을 권좌에서 밀어낸 것처럼,

오, 아버지의 권력을 찬탈한 제우스여!

자존심이 센 헤라여, 난 또한 그대를 알고 있노라!

그대가 남다른 질투심으로 아무리 불안해하여도

그대의 홀笏은 이미 다른 여신이 차지했노라.

하여 그대는 이제 더 이상 천상의 여왕이 아니고,

그대의 커다란 눈동자는 이제 딱딱하게 굳었으며,

그대의 백합 같은 팔은 이제 아무 힘이 없고,

그대의 복수의 화살도 이제 더 이상

신의 아들들을 잉태한 여인들과

기적을 행하는 신의 아들들을 맞히지 못하노라.

팔라스 아테나여, 나는 또한 그대를 알아보노라!

그대는 방패와 지혜로 신들의 몰락을 막을 수 없었는가?

아프로디테여, 나는 또한 그대, 그대를 알아보노라!

한때는 황금의 여신이었지만, 이제는 은의 여신이여!

그대의 가슴 띠에서 뿜어 나오는 매력이 아직도 그대를 휘감고 있지만

나는 은근히 그대의 아름다움이 두렵구나.

그대의 아름다운 몸매 다른 영웅들처럼 나를 아무리

즐겁게 해 주려 해도 나는 불안해 죽을 지경이노라.

아프로디테여, 그대는 나에게 마치

죽음의 여신처럼 보이는구나!

하여 저기 저 끔찍한 아레스도 이제 더 이상

애정 어린 눈빛으로 그대를 바라보지 않는구나!

저기 젊은 청년 아폴론의 표정은 아주 슬프구나.

신들의 향연에서 즐겁게 울려 퍼졌던

그의 수금도 이제 침묵하고 있구나.

소문대로 정말 절름발이인 저기 저 헤파이스토스의 표정은

더욱더 슬프구나! 그는 이제 다시는 더 이상

헤베의 지위를 떠맡아서 신들의 향연에서 신들에게

달콤한 넥타르를 따르지 않는구나. 이렇게 그칠 줄 몰랐던

신들의 박장대소는 오래전에 사라지고 말았구나.

그리스 신들이여, 나는 그대들을 한 번도 사랑한 적이 없노라.

나는 그대들 그리스인들이 마음에 안 들었고,

더군다나 로마인들도 싫었기 때문이노라.

그래도 내가 저기 위 하늘을 맴돌고 있는 그대들 신들을

생각할 때면 성스러운 연민과

끔찍한 동정의 마음이 생기노라.

버림받은 그대들 신들을,

밤길을 거니는 혼령처럼 죽은 그대들 신들을,

바람에도 사라지는 안개처럼 약해 빠진 그대들 신들을 생각할 때면.

또한 그대들을 밀어내고 승리한 신들이,

새로 지배 세력이 된 음흉한 신들이,

사실은 겸손이라는 양가죽을 쓴 사악한 신들이며

얼마나 비열하고 경박한지를 생각할 때면.

오, 그럴 때면 나는 우울하게도 깊은 원망에 사로잡혀,

새로 들어선 신전들을 파괴하고,

그대들 노쇠한 신들을 위해 싸우고 싶구나.

그대들과 그대들의 빛나는 권리를 위해

그대들의 높은 제단 앞에,

재건되어 번제물에서 연기가 솟아오르는 그대들의 제단 앞에

무릎을 꿇고 두 손 높이 든 채

애원하며 기도하고 싶구나.

그대들 한물간 신들은 예전에 인간들의 싸움에서

항상 승리자의 편을 들었노라.

하지만 인간은 그대들보다 더 관대하도다.

그래서 나는 신들의 싸움에서 패배한 신들의 편을 들겠노라.

***

내가 이렇게 말하자 저 하늘 위 구름으로 만들어진

그리스 신들의 얼굴이 눈에 띄게 붉어졌노라.

이어 마치 죽어가는 사람들처럼 모든 고통에서 정화된 채

나를 빤히 쳐다보다가 갑자기 사라져 버렸도다.

바로 그때 달이 더 어둡게 다가오던 구름 뒤로 살짝 몸을 숨겼고,

바닷물결이 살랑대기 시작했노라.

그러자 당당하게 하늘에 영원한 별들이 나타났도다.

나가는 말

사람들은 왜 그리스 신화 속 인물의 이름을 브랜드로 즐겨 활용할까? 그 이유는 불 보듯 뻔하다. 우선 그 이름이 어렸을 적부터 그리스 신화를 접해 본 수많은 독자에겐 이미 아주 익숙한 것이라서 그 브랜드는 출시되자마자 저절로 홍보 효과를 누릴 수 있다. 게다가 마치 커피 전문점 스타벅스 로고의 '세이레네스Seirenes'처럼 그 인물의 그리스 신화 속 행적에서 드러나는 상징적 의미를 통해 그 브랜드의 홍보 효과는 더욱 배가된다.

'브랜드 속 그리스 신화' 강의가 끝나면 간혹 장차 회사를 창업할 예정인데 나중에 상호를 부탁하겠다는 말과 함께 명함을 건네며 필자의 명함도 받아 가는 수강생이 있다. 어떤 수강생은 아예 앞으로 소위 '신화 브랜딩' 사업을 함께 하고 싶다는 의향을 내비치기도 한다. 하지만 관심은 그때뿐, 연락을 받아 본 적은 없다. 마음을 애태우며 연락을 기다린 적도 없다. 그래도 연락을 해서 진지하게 부탁을 했다면 힘닿는 데까지 도왔을 것이다. 물론 가끔 지인들이 요청하면 필자가 정리해 놓은 간단한 행적을 곁들인 그리스 신화 속 인물의 이름 목록을 보내 준다.

'신화 브랜딩'은 아직 전문적으로 하는 곳이 없어서 블루 오션이다. 그리스 신화뿐 아니라 북유럽 신화, 수메르 신화, 이집트 신화까지 포함하면 신화 속 인물의 이름을 활용할 수 있는 범위는 더욱더 넓어진다. 신화 브랜딩을 할 때 가장 중요한 점은 가능한 한 업종의 성격과 인물의 행적이 일치하는 이름을 엄선한 다음 전문가의 도움을 받아 정확하게 고증하여 감동적인 스토리텔링을 만드는 것이다. 잘 알고 있다고 지레짐작하고 스스로 만들면 내용도 맞지 않고 호소력도 전혀 없는 스토리텔링이 될 수 있기 때문이다.

그렇다고 그리스 신화 속 인물의 행적과 그 이름을 브랜드로 쓸 업종의 성격이 꼭 부합될 필요는 없다. 순전히 어감이 좋거나 예뻐서 그것을 브랜드로 선택할 수도 있다. 또한 신들이 먹는 음식 '암브로시아Ambrosia'에서 탄산음료 브랜드 '암바사Ambasa'를, 술의 신 '디오니소스Dionysos'에서 호프 프랜차이즈 브랜드 '디오니스Dionys'를 만들어 낸 것처럼 원래 이름을 그대로 쓸 필요도 없다. 다만 그 사실을 '브랜드 히스토리' 코너를 만들어 명시해 주는 게 좋다. 그게 아니더라도 소비자들에게 브랜드의 유래를 알려 주는 코너는 꼭 필요하다.

이 책의 화룡점정으로 북유럽 신화를 소재로 한 브랜드를 3개 소개한다. 첫 번째는 서울 지하철 7호선 공릉역 근처에 '바네하임Vaneheim'이라는 수제 맥주 전문점이다. 이곳 메뉴판에서 맥주 종류를 살펴보면 '프레아 에일Frea Ale'과 '노트 에일Nott Ale'이 눈에 띈다. '바네하임'은 북유럽 신화의 공간 이름이고, '프레아'와 '노트'는 여신 이름이다. 그중 '노트'는 밤의 여신인데 절묘하게도 이 맥주 전문점은 '흑맥주'에 그런 이름을 붙였다.

그렇다면 '프레아'는 누구일까? 그녀는 우선 북유럽 신화의 신들의 왕 오딘의 아내인 '프리그Frigg'일 것이다. 가정과 결혼의 여신 '프리그'는 '프레아'로도 불렸기 때문이다. '프레아'는 또한 사랑의 여신 '프레이야Freyja'일 수도 있다. '프레이야'는 '프레아'로 불리지는 않았지만 여기서는 그 오기일 가능성이 크다. 술은 아무래도 가정과 결혼의 여신보다는 사랑의 여신과 더 깊은 관계가 있을 테니까 말이다.

'바네하임'은 북유럽 신화에 등장하는 반Van 신족이 사는 공간이다. 원래는 '바나헤임Vanaheim'인데 아마 알파벳 하나를 바꾸고 '헤임heim'의 발음도 독일어 발음처럼 '하임'으로 바꿨다. 독일어로 '하임'은 '집'이라는 뜻이다. 어쨌든 맥주 맛이 일품이어서 가끔 그 가게에 들를 때마다 궁금증이 일어난다. 창업자는 물론 북유럽 신화를 알고 그런 이름을 지었을 텐데, 과연 종업원들도 가게나 맥주 이름에 그런 이야기가 숨어 있다는 사실을 알고 있을까? 특히 고객들에게 이런 이야기를 알려 주면 홍보 효과가 크지 않을까? 하지만 메뉴판을 아무리 뒤져 봐도 그에 대한 설명은 없다.

두 번째와 세 번째는 영국의 자동차 회사 '애스턴 마틴Aston Martin'의 슈퍼카 '발할라Valhalla'와 '발키리Valkyrie'다. '발할라'는 북유럽 신들의 왕 오딘의 궁전이고, '발키리'는 오딘의 특별 수행원 '발키리아Valkyrja'의 영어식 이름이다. 오딘은 북유럽 신들이 사는 공간 아스가르드Asgard에 궁전을 3채 가지고 있었다. 첫 번째는 다른 신들과 함께 회의를 진행하는 '글라드스헤임Gladsheim', 두 번째는 자신의 거처인 '발라스캴프Valaskjalf', 그리고 세 번째가 바로 지상의 전장에서 죽은 영웅들과 함께 연회를 즐기는 '발할라'였다.

특히 죽은 영웅들을 발할라로 데려오는 임무를 맡았던 게 바로 오딘의 특별 수행원 '발키리아'였다. 그들은 9명의 처녀를 총칭하는 이름인데, 여신으로 불리기도 하고, 귀족의 딸 중에서 오딘의 선택을 받아 하늘로 불려 왔다고도 하지만 정확한 출신은 알 수 없으며, 그 수도 들쑥날쑥하다. 발키리아의 복수는 '발키류르Valkyrjur'인데, 바그너Wagner는 『니벨룽의 반지』에서 그들을 '발퀴레Walküre'라고 칭했다. 발키리아는 하늘에서 백마를 타고 지상으로 내려와 전장에서 죽은 영웅들을 오딘에게 데려갔을 뿐 아니라 발할라에서 신들과 함께 향연을 즐기는 그들에게 벌꿀 술을 따라주었다.

오딘은 죽은 영웅들을 특히 환대하고 아꼈기에 '전사자들의 아버지'라는 뜻을 지닌 '발포드Valfodr'라는 별명으로 불리기도 했다. 오딘은 거인들을 비롯한 악의 세력과의 최후의 전쟁 라그나뢰크Ragnarök에 대비하기 위해 발할라에서 죽은 영웅들에게 혹독한 훈련을 시켰다. 영웅들

Emil Doepler, 〈발할라〉, 1905(맨 왼쪽에서는 발키리아가 에인헤랴르의 벌꿀술을 따라 주고 있고, 맨 오른쪽에는 오딘이 옆에 늑대 한 마리를 대동한 채 옥좌에 앉아 있다)

은 바로 발할라 궁전에서 양편으로 나뉘어 실전처럼 서로 전력을 다해 싸웠기 때문에 부상자나 전사자가 속출했다. 하지만 훈련이 끝나면 부상자의 상처는 말끔히 나았고 전사자는 다시 살아났다.

발할라에 도착한 죽은 영웅들을 총칭하는 이름은 '에인헤랴르 Einherjar'다. 이 말은 '한 번 싸우는 자들'이라는 뜻이다. 그것은 그들이 오딘의 편이 되어 북유럽 신화 최후의 전쟁 라그나뢰크에서 마지막으로 단 한 번 싸우기 때문에 붙여진 이름이다. 어쨌든 슈퍼카 '발할라'와 '발키리' 자동차를 타는 사람은 얼마나 신나겠는가? 북유럽 신들의 왕 오딘의 궁전과 그의 특별 수행원 발키리아의 말들을 타고 있으니 말이다.

Peter Nicolai Arbo, 〈발키리아〉, 1865

애스턴 마틴 발할라

부록: 헤시오도스의 『신통기』에 따른 신들의 계보

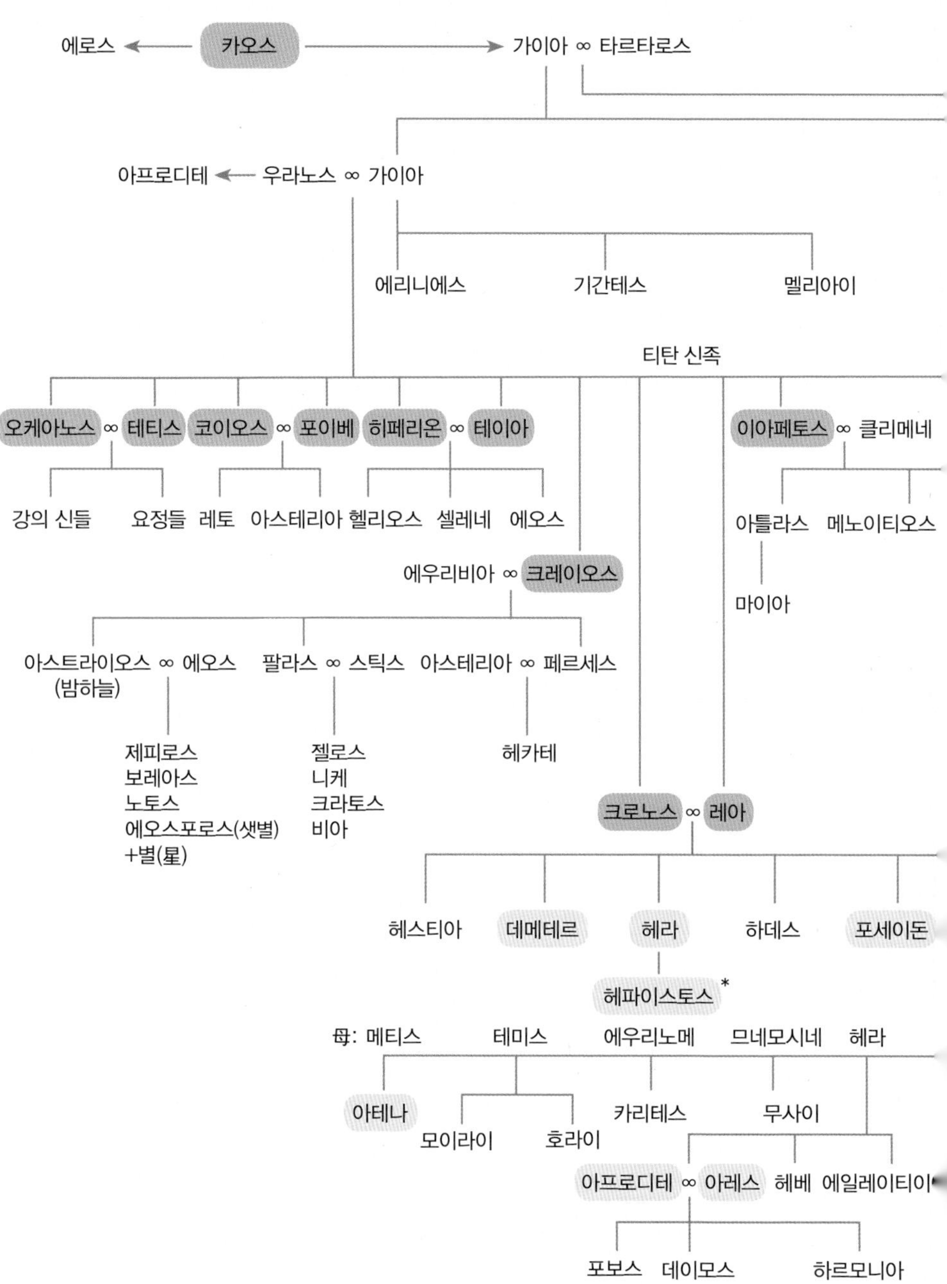

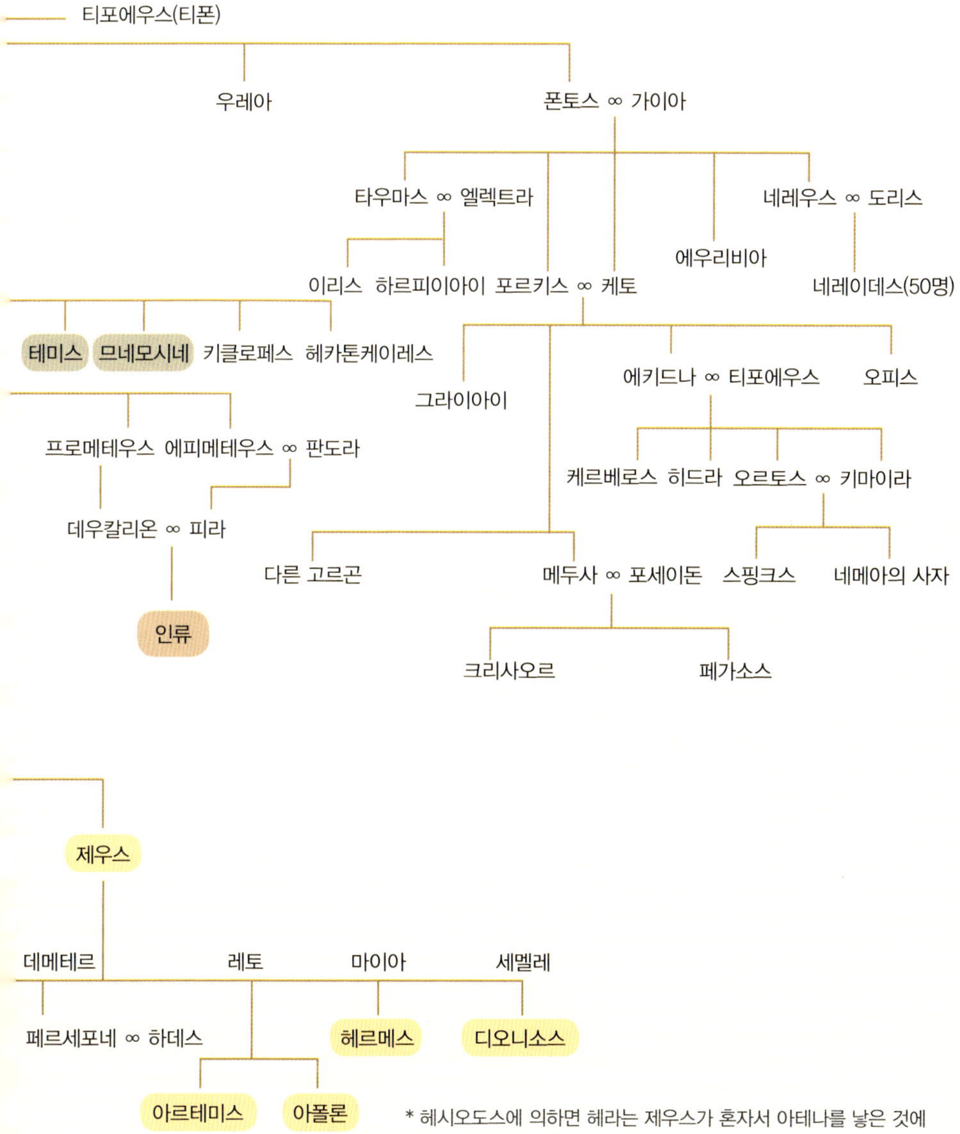

티포에우스(티폰)
우레아
폰토스 ∞ 가이아
타우마스 ∞ 엘렉트라
네레우스 ∞ 도리스
에우리비아
이리스
하르피이아이
포르키스 ∞ 케토
네레이데스(50명)
테미스
므네모시네
키클로페스
헤카톤케이레스
그라이아이
에키드나 ∞ 티포에우스
오피스
프로메테우스
에피메테우스 ∞ 판도라
케르베로스
히드라
오르토스 ∞ 키마이라
데우칼리온 ∞ 피라
다른 고르곤
메두사 ∞ 포세이돈
스핑크스
네메아의 사자
인류
크리사오르
페가소스
제우스
데메테르
레토
마이아
세멜레
페르세포네 ∞ 하데스
헤르메스
디오니소스
아르테미스
아폴론

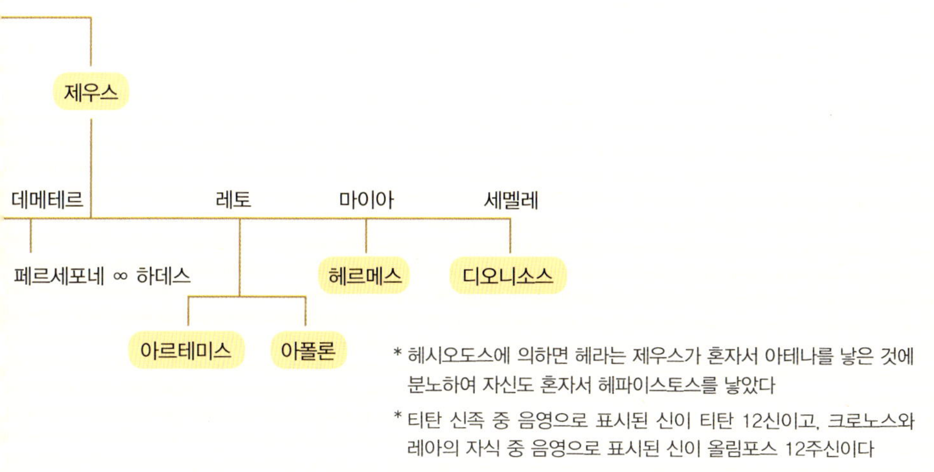

* 헤시오도스에 의하면 헤라는 제우스가 혼자서 아테나를 낳은 것에 분노하여 자신도 혼자서 헤파이스토스를 낳았다

* 티탄 신족 중 음영으로 표시된 신이 티탄 12신이고, 크로노스와 레아의 자식 중 음영으로 표시된 신이 올림포스 12주신이다

2024 .09. --

2024 .09. --